꽤 두꺼운 원고 뭉치를 며칠에 걸쳐 읽어야 했지만, 읽은 후에는 그 시간과 노고를 충분히 보상받았다. 이 책은 '칼뱅에 관한 정보의 박물관'이다. 칼뱅에 관한 책들은 너무 전문적이거나 일반적이어서, 읽기에 어렵거나 새로운 지식을 제공하지 못하는 경우가 많다. 그러나 이 책은 충분히 전문적이면서도 누구든 쉽게 읽도록 쓰였다. 가장 돋보이는 장점은 당시의 역사적 배경, 그 속의 삶과 고뇌를 통합적으로 다루면서 칼뱅에 대한 양질의 풍부한 정보들을 제공한다는 점이다. 실제로 나는 이 책을 읽으며 파편처럼 흩어져 있던 제네바 개혁가에 대한 지식들을 서로 연결시키는 기쁨을 누렸다. 또한 이전에 다른 책에서 보지 못한 새로운 사실들도 알게 되었다. 차분하게 책상 앞에 앉아 이 책과 여기서 언급되는 많은 자료를 함께 읽는다면, 한 학기 수업량을 넘어서는 지식을 얻을 것이다. 그 지식들 덕분에 우리는 더욱 지혜로워지고, 복음의 가치에 대한 확신 속에서 그리스도와 교회를 더욱 사랑하게 될 것이다.

김남준 열린교회 담임 목사

칼뱅 탄생 500주년에 나온 브루스 고든의 칼뱅 전기가 스위스 종교개혁 500주년을 기념하는 시기에 역간된 것은 참으로 시의적절하다. 이 전기는 고든이 예일 대학교 교회사 교수로 가기 전, 14년간 근대 역사 교수로 재직한 세인트앤드루스 대학교에서 쓴 것이다. 중세 후기와 종교개혁사에 대하여 깊이 연구한 숙련된 학자답게 칼뱅의 역사적 배경과 맥락을 세밀하게 그린다. 또한 칼뱅의 저술과 서간에 대한 폭넓은 연구로 칼뱅의 인물됨, 공적인 활동상, 주요한 신학 사상들을 잘 제시한다. 역사가의 관점에서 쓴 이 전기는 위인전도 아니고 근거 없는 비난을 담은 책도 아니다. 오히려 비판적 전기라 하는 것이 정확한 평가일 것이다. 이 책은 칼뱅의 위대한 면모를 솔직히 인정하지만, 그의 인간적 약점도 주저 없이 지적하기 때문에 다소 불편한 독서가 될 수도 있다. 그럼에도 불구하고 칼뱅에 관심 있는 독자라면 이미 출간된 몇몇 전기들과 더불어 고든의 이 평전을 진지하게 탐독할 것을 권하고 싶다. 새롭게 배울 지점들이 많을 뿐 아니라, 앞으로 이어져야 할 연구에도 큰 자극이 될 것이다.

이상웅 총신대학교신학대학원 조직신학 교수

오랜 기간 한국 교회는 신학이라는 상아탑에 갇혀 추상적 사고에 종속되는 경향을 보여 왔다. 많은 그리스도인이 열정적으로 노력했지만, 대부분 적당한 수준의 사고에 그칠 뿐 주체적인 역사적 책임 의식을 지니고 세계사적 변화 가운데 능동적이고 유능하게 대처하지 못했다. 그리스도인으로서 신앙의 역사적 측면에 대한 깊은 이해를 우선시하지 않았던 것이 그 한 가지 이유일 것이다. 브루스 고든의 『칼뱅』은 바로 이 지점을 관통한다. 칼뱅주의라는 사상을 넘어 종교개혁가 칼뱅이라는 인물과 종교개혁이라는 시대를 이해하며 이야기를 풀어가고 있기 때문이다. 이제 신학이라는 제한된 범위를 벗어나 그 시대 속으로 들어가서 제대로 된 배움을 얻을 시간이 되었다. 저자가 그리는 역사 속을 살아간 인간 칼뱅을 통해 강력한 도전과 빛나는 통찰을 얻기 바란다.

심용환 역사N교육연구소 소장, 『역사 전쟁』 저자

2009년 칼뱅 탄생 500주년에 출판된 수많은 칼뱅 전기 중 독보적 위치를 차지했던 브루스 고든의 『칼뱅』이 국내에 소개되니, 진작 번역을 주선하지 못했던 안타까움과 책임감을 한꺼번에 떨쳐 버리는 기쁨이 크다. 저자는 이 책에서 스스로에 대해 말을 아끼고 무덤조차 알리지 말라고 한 칼뱅을 역사적 사료에 근거하여 소개한다. 칼뱅이 당대 누구보다 성경 이해와 수사 및 문장력이 탁월했고 확고한 소명 의식으로 목회 활동에 열정적이었지만 육신에 갇힌 한 인간이기도 했음을 전해 준다. 또한 칼뱅이 지속적으로 교류한 수많은 친구, 가족, 동료들과의 관계 속에서 위대한 개혁자로 살았음을 그의 서신들과 글들을 통해 매우 훌륭하고 신선하게 감동적으로 재구성했다.

이정숙 횃불트리니티신학대학원대학교 총장, 세계칼빈학회 중앙위원

고든은 칼뱅을 쉬지 않고 움직이는 인물, 정치적·종교적 혼란 속에서 사면초가에 몰린 인물, "자신의 대의를 완전히 통제하지는 못한" 지도자로 세밀하게 그린다. 특별한 가치가 있는 작품이다.

「뉴욕 타임스」 New York Times

고든의 전기는 위대한 사상가이자 종교개혁자로서 칼뱅뿐 아니라, 인간으로서 칼뱅에 대한 풍성하고 생동감 넘치는 초상을 그린다. 읽는 내내 독자의 마음을 사로잡는다.

「굿 북 가이드」 Good Book Guide

대작이다. 고든의 『칼뱅』은 칼뱅의 삶과 세계에 생생한 통찰을 부여함으로써 경이적인 성공을 이루어 낸 역작이다. 이 전기는 제네바 종교개혁자에 대한 표준적 입문서가 될 만하다.

「더 태블릿」 The Tablet

고든은 엄청나게 글을 잘 쓰며 설명에 탁월할 뿐 아니라, 독자를 즐겁게 하려고도 노력하는 이상적인 안내자다. 매혹 그 자체인 이 전기에서는 사소한 이야기 하나도 작게 느껴지지 않는다.

「더 헤럴드」 The Herald

사려 깊고 균형 잡히고 공정하며 엄청나게 많은 정보가 담겨 있는데, 읽기 쉬운 문체로 쓰이기까지 했다. 또한 분별 있는 어조와 공정한 평가는 이 책에서 가장 유익한 부분이라 할 수 있다. 당대에는 이방인으로 미움받고 오늘날에는 광신자로 멸시받는 칼뱅은 재평가되어야 한다. 고든의 전기는 이를 탁월하게 성취한다.

「리터러리 리뷰」 Literary Review

이 책은 새로운 표준 저술로 인정받아야 한다. 고든은 칼뱅의 삶뿐 아니라 그를 둘러싼 맥락도 섭렵했기에, 우리에게 풍성한 학식과 선명하고 방대한 읽을거리를 선사한다. 그러나 이 책이 수많은 유사 서적을 넘어서는 위치를 차지하는 이유는 그 안에 담긴 학식의 방대함뿐 아니라, 인간성이 생생히 살아 숨 쉬는 칼뱅의 초상을 그려 낸다는 사실에 있다.

「처치 타임스」 Church Times

칼뱅의 삶을 통찰력 넘치고 매력적으로 기술한 책이다. 칼뱅에 대한 복잡하지만 설득력 있는 그림이 이 탁월한 전기의 각 페이지에서 수없이 등장한다. 아름다운 저술이다.

「더 메소디스트 레코더」 The Methodist Recorder

고든은 스위스 종교개혁 분야의 권위자다. 보다 넓은 유럽 정치의 맥락에서 그린 칼뱅의 이 초상은 타의 추종을 불허한다. 탁월하다.

「더 위클리 스탠다드」 The Weekly Standard

그동안의 자료 공백을 고려하면, 칼뱅에 관한 이야기를 하는 것은 불가능할 정도로 어려운 일이었다. 그러나 고든의 칼뱅 전기는 계속 확장되는 학술 문헌들 속에서 넘어서야 할 새로운 기준을 만들었다. 칼뱅 전기의 결정판으로 인정받아 마땅하다.

「BBC 히스토리」 BBC History

엄청난 전기다. 고든은 너무도 오랫동안 우리를 사로잡고 있던 수많은 고정 관념에서 해방시키고, 칼뱅을 살과 피를 가진 인간으로 바꾸어 놓는다.

「크리스천 센추리」 Christian Century

진지하게 연구하는 학자에게 지니는 이 책의 가치는 말할 것도 없고, 칼뱅의 성품에 대한 풍성한 통찰을 제공한다. 고든은 칼뱅이 누구인지 알려 주는 수많은 편지에 기초하여 연구한 덕분에, 그를 인간화하고 역사적 맥락에 배치시킴으로써 참으로 견고한 전기를 주조해 냈다.

「ALA 북리스트」 ALA Booklist

2009년은 칼뱅 탄생 500주년이었다. 이를 기념하기 위해 출간된 수많은 찬사를 보낼 만한 저술 중에서도 고든의 『칼뱅』은 눈에 띈다. 이 책은 아주 오랫동안 칼뱅의 생애에 대한 표준적 입문서가 될 충분한 가치가 있다.

「처치 히스토리」 Church History

고든은 대작인 이 전기에서 종교개혁자 칼뱅을 그가 살던 16세기 맥락에서 살피며, 예언자와 사도로 묘사한다. 칼뱅의 천재성은 성경을 해석하는 능력, 또한 신의 영원히 변치 않는 사랑에 대한 일관되고도 폐부를 꿰뚫는 그리고 명쾌한 비전을 표현하는 능력에 있었다고 평가한다.

「퍼블리셔스 위클리」 Publisher's Weekly

지금까지 출간된 장 칼뱅에 대한 최고의 전기가 마침내 등장했다.

'크리스채너티닷컴' Christianity.com

칼뱅 탄생 500주년에 고든은 단순한 성인전이 아니라, 엄청난 재능과 위대한 믿음을 가진 동시에 흠도 많았던 한 인물에 대한 정직한 평가를 담았다. 학문적이지만 쉽게 읽히는 연구서가 나왔다.

「라이브러리 저널」 Library Journal

고든 교수는 우리의 가장 높은 기대치를 훌쩍 뛰어넘는다. 고든의 『칼뱅』은 표준적 전기가 될 것이 분명하다. 이 작품은 독자를 가능한 최대한 확보할 가치가 충분한 책이다. 아름답게 집필되었고 믿을 만하며 동시에 즐겁게 읽힌다.

「오데인드 서번트」 Ordained Servant

칼뱅

IVP(InterVarsity Press)는
캠퍼스와 세상 속의 하나님 나라 운동을 지향하는
IVF(InterVarsity Christian Fellowship)의 출판부로
생각하는 그리스도인을 위한 문서 운동을 실천합니다.

© 2009 Bruce Gordon
Originally published in English as *Calvin*
by Yale University Press, New Haven, CT, USA and London, UK.
All rights reserved.

This Korean edition is published by arrangement of Yale University Press
through rMaeng2, Seoul, Republic of Korea.

This Korean Edition © 2018 by Korea InterVarsity Press
156-10 Donggyo-Ro, Mapo-Gu, Seoul 04031, Republic of Korea

이 한국어판의 저작권은 알맹2 에이전시를 통해
Yale University Press와 독점 계약한 IVP에 있습니다.
신 저작권법에 의해 보호를 받는 저작물이므로
무단 전재와 복제를 금합니다.

칼뱅

브루스 고든 | 이재근 옮김

IVP

차례

머리말 __15

감사의 글 __25

지도 __28

1. 프랑스 청년   31
2. 법학의 왕자들과 보낸 시간   59
3. "마침내 구원받다": 회심과 도피   81
4. 숨겨진 구석에서의 망명 생활   107
5. 폭력적 종교개혁과 소동   133
6. 교회를 발견하다   163
7. 교회를 위한 "간결 명료성": 로마서   199
8. 그리스도의 교회를 세우다   229
9. 칼뱅의 세계   267
10. 그리스도의 몸을 치료하다   295
11. "칼뱅이 그렇게 용감하게 행동한다면, 왜 여기 오지 않는가?": 프랑스   329
12. 갈등의 나날들   357
13. "이 괴물이 끄집어내지 않은 불신앙은 하나도 없습니다"   389

14. 루터의 상속자들 417
15. 유럽의 종교개혁자 447
16. "그리스도의 완전한 학교" 491
17. 교회와 피: 프랑스 537
18. 마지막 581

약어 __603

주 __605

참고문헌 __660

찾아보기 __676

연표 __705

옮긴이의 말 __708

삽화 목록

자크 르페브르 데타플. 테오도르 드 베즈, 이콘화, 1580. 53쪽

나바르의 마르그리트. 테오도르 드 베즈, 이콘화, 1580. 55쪽

마르틴 부처. 테오도르 드 베즈, 이콘화, 1580. 117쪽

칼뱅의 제네바. 제바스티안 뮌스터의 『우주 구조학』에 실린 그림, 1550. 세인트앤드루스 대학교. 259쪽

기욤 파렐. 테오도르 드 베즈, 이콘화, 1580. 277쪽

피에르 비레. 테오도르 드 베즈, 이콘화, 1580. 278쪽

세바스티앙 카스텔리오. 사진, 저자 소장. 289쪽

프랑스 지도. 제바스티안 뮌스터의 지도, 『우주 구조학』, 1550. 328쪽

하인리히 불링거. 사진, 저자 소장. 368쪽

"늑대와 강도에게 설교하는 칼뱅." 목판화, 16세기. 그레인저 소장, 뉴욕. 384쪽

1562년 3월 1일, 바시 학살. 17세기 선묘. 그레인저 소장, 뉴욕. 566쪽

장 칼뱅. 16세기 선각 판화. 그레인저 소장, 뉴욕. 599쪽

로나에게

"현재에 대한 분명한 지식이 없고
미래에 대한 지속적이고 망설임 없는 확신이 없다면
누가 감히 영광에 대해 말할 수 있겠는가?"

칼뱅의 로마서 5장 2절 주석

일러두기
각주는 옮긴이의 주이며, 번호가 붙은 미주는 저자의 주다.

머리말

장 칼뱅은 16세기 가장 위대한 프로테스탄트 종교개혁가로, 탁월하고 통찰력 넘치며 상징적인 인물이었다. 그의 뛰어난 지성은 그가 한 모든 일에서 두드러지게 나타났다. 동시에 그는 무자비했고, 증오심을 표현하는 데서도 두드러졌다. 또한 로마 가톨릭교회, 아나뱁티스트, 그가 생각하기에 복음을 나약한 마음으로 받아들이고 잘못된 우상숭배의 길로 간 사람들을 증오했다. 칼뱅은 스스로를 하나님의 도구이자 어떤 경쟁자도 허용치 않는 교회의 예언자로 인식했다. 자신과 지적으로 동등한 수준의 사람은 만난 적 없다고 생각했는데, 아마도 그의 생각이 맞을 것이다. 옳다고 믿는 바를 이루기 위해 그는 할 수 있는 거의 모든 것을 했다. 육체적으로 건장한 인물은 아니었지만, 다른 사람을 지배했고 관계를 자기 뜻대로 조종하는 법을 잘 알았다. 최악의 악행 몇 가지는 차치하고, 친구들을 위협하고 괴롭히며 굴욕을 주기도 했다. 그러나 칼뱅이 죽어 갈 때, 그들은 그의 침대 곁에서 몸을 가누지 못할 만큼 슬퍼했다. 세상에 이런 사람은 또 없을 것이다.

이 책은 프랑스 르네상스의 엘리트 세계를 순전히 재능으로 통과하며 성장했고, 시골 출신에다 집안이 부유하지도 않았던 한 비범한 젊은이의 이야기다. 그는 파리와 여러 최고 대학들에서 당대의 지도급 학자들에게 배웠다. 그보다 더 나은 교육을 받은 사람도, 그보다 지적으로 더 잘 준비된 사람도 거의 없었을 것이다. 그러나 일찍 꽃핀 재능을 가진 이 사람은 까다로운 인물이자 편치 않은 양심의 소유자였다. 이 감수성 예민한 젊은이는 마르틴 루터의 혁명적 관점뿐 아니라 위대한 프랑스 복음주의자들의 종교 사상에 사로잡혀 완전한 변화를 맞았다. 그의 남은 인생은 이 회심을 인정하고 따르는 것이었다.

그러나 무엇이 칼뱅을 그토록 위대하게 만들었을까? 이상해 보일 수 있겠지만, 이 전기를 쓰면서 나는 그의 삶에 일어난 사건들에서 답을 찾을 수 없으리라 확신했다. 그의 지성을 형성한 많고 다양한 영향이 답을 주는 것도 아니다. 이런 영향들은 중요하다. 그러나 앞으로 살펴보겠지만 그보다 더 많은 것이 있다. 칼뱅을 여느 16세기 저술가가 아닌 칼뱅으로 만든 것은 사상가이자 저술가로서의 탁월함, 무엇보다도 성경을 해석하는 그의 능력이었다. 그 시대의 가장 훌륭한 산문 중 하나인 그의 글에 표현된, 인간을 향한 하나님의 변치 않는 사랑에 대한 일관성 있고 예리하며 명료한 조망은 수 세기 동안 교훈과 영감의 근원이 되고 있다. 모든 위대한 저자들과 마찬가지로 칼뱅은 자신의 시대를 초월한 인물이다.

칼뱅은 자신의 재능을 분명히 알았고, 이 재능이 자신을 향한 하나님의 특별한 부르심의 일부라 생각했다. 그의 여정은 이 부르심에 합당한 소명을 찾아내는 것이었다. 요나가 니느웨에서 경험한 것과 비슷한, 그가 붙잡은 이 소명은 결국 상대적으로 변두리인 제네바에서 이루어졌다. 그러나 칼뱅은 자신의 운명이 제네바 성벽 너머에까지 뻗어 있다고 인식했다. 즉 그는 교회의 사람이었기에, 교회의 일치야말로 그의 가장 깊은 열망이었다. 루터는 하나님께 구원받는다는 것이 무슨 의미인지 놀랍도록 훌륭히 표현했다. 이 발견이 유럽을 바꾸었다. 칼뱅의 천재성은 교회를 찾아내, 변덕스러운 잉글랜드 튜더 왕조 통치 아래 포위된 도시에 살거나 핍박받고 망명 생활을 하며 난민으로 사는 상황에서도 그 몸의 일원이 된다는 것이 무엇인지 가르친 것이다.

이런 우월한 특성을 지녔어도, 칼뱅은 저작에서 자기 자신에게는 좀처럼 주목하지 않거나 마지못해 언급할 뿐이다. 그는 성경 혹은 모세, 다윗, 예언자들 같은 성경의 주요 인물을 통해 말한다. 그러나 무엇보다도 칼뱅이 모범으로 삼은 인물은 한 교회에 속하지 않고 모든 사람을 향해 말한 위대한 교사이자 목사인 사도 바울이었다. 너무도 완전하게 동일시한 나머지, 그는 바울 사도를 묘사하면서 자기를 투영하여 자기 사상, 투쟁, 고뇌 모두에 이를 반영했다. 칼뱅은 자기의 경험을 망명^{exile}이라 정의했는데, 그는 스위스와 독일 땅을 방랑하며 특정한 어떤 곳에도 귀속되지 못했다. 이 경험은 그에게 가장 강력하고 울림 깊은 메시지, 즉 그리스도인은 하나님 안에 본향이 있으므로 결코 혼자가 아니라는 메시지를 전해 주었다.

그러면 이 전기의 요점은 무엇인가? 변명하지 않고 단순하게 말하면 칼뱅이 매력적인 삶의 필수 요소인 위험, 비극, 갈등, 배신으로 이루어진 삶을 살았다는 것이다. 물론 우정, 사랑, 꿈도 있었다. 요약하면, 장 칼뱅은 먹고 자고 연약한 육신으로 고통당한 한 인간이었다. 이와 같이, 그의 탁월한 지성과 쓰고 말하는 눈부신 언어 재능은 **무에서**^ex nihilo^ 갑자기 생겨나지 않았다. 칼뱅은 그리스도인의 삶을 여정이라는 관점에서 보았고, 그에게 이 여정은 육체적·지적·영적인 것이었다. 그는 프랑스, 신성로마제국, 이탈리아, 스위스 연방을 연구 차, 핍박을 피해, 또한 그리스도인의 일치 증진을 위해 두루 다녔다. 지칠 줄 모르는 지식욕으로 인해 궁극적으로 책과 지적인 소통에 헌신하는 일평생의 학생이 되었으나, 그것은 자신의 영화를 위해서가 아니라 교회를 섬기기 위해서였다. 고대와 중세, 동시대 저자들의 가르침을 쉼 없이 빨아들인 결과, 그의 지적 능력은 끝없이 진화했다. 칼뱅은 자신의 성경 해석 작업을 비롯한 신학 전통과 당대의 논쟁거리에 대한 독서를 통해, 또한 올바르고 가장 분명한 논증 질서를 찾아내고자, 1536년에서 1559년까지『기독교강요』^Institutes of the Christian Religion^를 광범위하게 재작업하고 개정했다. 같은 방식으로 성경 주석들도 개정하고 재간행했다. 이 작업에 완전히 몰두하여, 칼뱅은 그리스도 안에 드러난 하나님의 구원하시는 행위에 대한 지식을 사람들에게 전하고 그가 복음의 대적자라 믿은 이들과 싸우기 위해 하루에 허락된 모든 시간 동안 씨름했다. 그가 걸어간 길을 따라가기 위해서는 그의 말과 행동이 이루어진 맥락을 반드시 이해해야 한다. 그에게 주어진 불후의 명성에도 불구하고, 그는 16세기 사람이었기에 그 세계로 들어가지 않으면 그를 이해할 수 없다.

이 세계는 다른 많은 사람들이 살았던 시기이기에, 전설 속의 칼뱅은 혼자이지만 우리가 다룰 이야기는 전혀 다른 이야기다. 친구, 가족, 동료, 학생 들이 그의 삶에 가득했다. 이들은 연극 무대의 행인 1, 2가 아니었다. 칼뱅은 다른 이들과 직접, 때로는 유럽 전역에 뻗어 있던 서신 네트워크를 통해 지속적으로 대화했다. 이것이 그가 자신의 신학과 교회에서 했던 역할 모두를 정의하는 방식이었다. 정보의 지속적 교환으로 종교개혁에 필요한 생명의 피를 수혈했기에, 그는 스스로를 동역자들과 함께 일하며 교회들을 연결하는 존재로 인식했다. 이 중 필립 멜란히톤과 하인리히 불링거가 가장 저명한 인물이었지만, 이외에도 많은 사람이 있었다. 이런 관계들은 복잡해지기도 하고 폭풍우가 몰아치는 상황도 겪었지만, 이 관계를 유지하기 위해 칼뱅만큼 수고하고 노력한 사람은 없었다. 이 책에서는 그가 사람들과 맺은 관계의 밀물과 썰물에도 많은 관심을 기울일 것이다.

칼뱅의 무덤이 어디에 있는지 알려지지 않은 것은 그가 그러기를 원했기 때문이다. 그는 자신의 명성을 잘 알았고 자신의 추종자들을 현혹시킬 수도 있음을 인식했기에, 숭배의 대상이 될까 봐 두려워했다. 제네바에 이 프랑스인의 거대한 조각상이 종교개혁 기념비로 세워지는 일이야말로 소름 끼치는 일이었다. 그는 의도적으로 자신과 자기 삶에 대해서 거의 아무것도 쓰지 않았다. 1557년 시편 주석 서문에 영적 자서전을 기록하기는 했지만, 오늘날의 관점으로 보면 내용이 너무 짧다. 그 글의 목적이 하나님의 전능함과 자신이 받은 섭리적 소명을 강조하려는 것이었기에 놀랄 일은 아니다. 편지와 소책자에 흩어진 일부가 있기는 하지만, 전반적으로 우리는 칼뱅의 저작에서 그에 대한 더 많은 개인 정보를 얻으려고 승산 없는 노력을 기울인다. 그러나 셰익스피어와 비교하면 명확해지는 것처럼, 칼뱅은 부분적인 것만 숨겼을 뿐이라는 사실을 주목할 필요가 있다. 둘 다 삶이 안개에 덮여 있는 것은 동일하지만, 셰익스피어에 대해서는 오직 그가 창조한 등장인물이 생각한 것만 알 수 있고, 인물들의 말과 행동이 실제 작가의 생각을 얼마나 표현하느냐는 여전히 논쟁거리인 반면, 칼뱅이 믿은 것이 무엇이었나 하는 점은 의심의 여지 없이 명확하다. 우리는 칼뱅이 프로테스탄트였는지 아니면 가톨릭교도였는지 토론할 필요가 없다. 그는 기독교 신앙의 근본적 도구인 사상과 표현을 명확히 하는 일에 헌신된 교사였다. 많은 동시대인과 마찬가지로, 칼뱅은 자신의 삶과 인격에 대한 상세한 설명은 그 자체로는 불경한 생각일 뿐이며, 어떤 식으로든 그 메시지를 모호하게 해서는 안 된다고 믿었다. 그는 자신을 숨김으로써 신자가 하나님을 직접 만날 수 있는 공간을 창조했다.

이 전기는 그의 삶에서 일어난 사건들을 추적하고 편지와 저술을 통해 그의 사상을 정리하면서 우리가 알 수 있는 칼뱅에 집중하고자 한다. 문제가 산적해 있기 때문에 역사가는 이 과정을 조심스럽게 구성해야 한다. 칼뱅이 자기 시대 사람들의 사상과 사건들에 대해 어떻게 생각했는지 가장 잘 보여 주는 자료인 편지에는 가장 친한 친구들을 비롯한 다른 이들의 실패를 맹렬히 비난하는 그의 과격하고 신경과민적 면모가 자주 드러난다. 이 사람에 대해 과하게 부정적인 관점을 그려 내기는 쉽지만, 그것은 결코 이 책의 의도가 아니다. 그러나 칼뱅은 사람이었기에 판단 착오와 오류를 범하기도 했다. 그의 인물됨은 종교개혁의 길에 있던 극복하기 어려운 장벽들에 저항하여 자주 승산 없는 싸움을 벌인 다른 종교개혁자들과 나란히 놓고 파악해야 한다. 격렬한 가톨릭파 반대자들, 개혁을 주저하거나 심지어 적대적이었던 정치 지도자들 그리고 평신도는 변화의 필요성에 전혀 설득되지 않는 경우가 많았다. 이들은 사건은 빠른 속도로 지나가고 정보는 천천히 퍼지는 시대에 살았다. 이들의 행동과 사상은 자신들이 거의 통제하지 못하는 세계의 영향을 크게 받았다. 이것이 바로 예정과 섭리에 대한 칼뱅의 가르침이 많은 이들에게 널리 수용된 이유였다.

자료에 의하면, 칼뱅은 다른 이들과의 관계를 짐처럼 여기거나 최소한 성가시다고 생각했던 까다롭고 변덕스러운 인물이었다. 공적 공간에서 칼뱅은 경이로울 정도로 확신을 가지고 나아갔고 발언했다. 그러나 본인도 인정했듯이 사적으로는 수줍고 서툴렀다. 아내를 지극히 사랑했고, 어린 아들이 죽었을 때 심히 고통스러워했다. 제네바에 온 난민을 위해 쉬지 않고 일했으며, 과부와 아이들의 복리에 특별한 관심을 쏟았다. 친밀한 이들에게 칼뱅은 자애로운 아버지였지만 다른 한편으로는 징벌을 내리고 심지어 잔혹한 적이 되기도 했지만, 상황에 따라서는 진실을 굽히거나 최소한 숨기는 법을 알았다. 칼뱅은 때로는 마치 자신의 명성이 가장 중요한 이슈라도 되는 듯이, 화를 내며 자기를 변호하는 데 집착하기도 했다. 그가 어떤 사람에 대해 무언가를 결심하면 거의 흔들림 없이 좋든 나쁘든 그 사람과 운명을 같이했다. 이는 종종 갈등이나 심각한 배신감을 불러오기도 했다. 칼뱅은 자신과 친밀한 이들에게 완전한 충성을 요구했다. 오류와 무지는 용납할 수 있었지만 반대는 결코 용납하지 않았다. 자신의 판단을 확신한 결과 독일 루터파, 잉글랜드, 프랑스와의 관계에서 심각한 문제를 야기하기도 했다. 그도 사람이었다는 뜻이다.

용어와 용례에 대해서 몇 마디 해야겠다. 16세기 종교 운동에 붙은 모든 꼬리표에는 반드시 경고문이 붙어야 하지만, 여기서는 취할 용어와 그렇지 않을 용어를 구별했다. "칼뱅주의자"[Calvinist]라는 용어는 우리 문맥에서 모호하고 잘못된 오해를 불러올 수 있기 때문에 피했다. 칼뱅이 살았던 곳에는 "칼뱅주의자"가 없었다. 스위스 연방에서 등장하여 칼뱅이 그 탄생과 성장에 중요한 기여를 한 신학 전통을 표기할 때에는 "개혁파"Reformed라는 이름을 택했다. 그러나 비텐베르크와 취리히에서 등장한 이들을 가리킬 때는 "루터파"Lutheran와 "츠빙글리파"Zwinglian라는 용어를 계속 사용했다. 비슷한 방식으로 프랑스에서 진행된 종교개혁 운동에 대해서 "복음주의자"evangelicals라 부르는데, 이들의 사상 체계는 광범위했지만 일치된 핵심부에는 성경이 자리 잡고 있었기 때문이다. 1550년대가 되어야 교회를 탄생시킨 이들을 프랑스 프로테스탄트라 부를 수 있다. 간결하게 "위그노"Huguenot와 같이 표기하지는 않았다. 마지막으로는 가톨릭과 프로테스탄트 교회들churches에 대해 언급하려 한다. 칼뱅은 로마의 사상을 가톨릭이라 부르며 미워했지만, 의미가 명료해진 것은 현대에 만들어진 관습 덕분이다. 대문자로 표기된 'Church'(교회)는 보편적 형태를 지칭한다. 이런 용어들의 선택은 어떤 신앙고백적인 특징을 드러내려는 의도라기보다는 그저 더 명료하게 하기 위해서일 뿐이다. 칼뱅과 다른 자료들을 인용할 때, 가능하면 현존하는 훌륭한 번역 자료들을 활용했다. 그러나 편지의 경우는 보네Bonnet 번역이 잘못된 부분이 많기 때문에 대부분 라틴어와 프랑스어 원전을 참고하여 재번역했다. 그렇지만 더 많이 읽고 싶은 이들을 위해 가능한 곳에서는 주에서 보네 자료를 언급했다. 관심 있는 독자는 보네 편지 자료에 제시된 날짜가 정확하지 않은 경우가 많다는 것도 알고 있어야 한다.

이 책은 장 칼뱅에 관심이 있지만 칼뱅이나 16세기에 친숙하지 않은 독자를 위해 기획되었다. 나는 독자의 인내심을 해치지 않으면서도 사건, 인물, 사상 등에 대한 충분한 배경을 제공하려 노력했다. 신학 논쟁을 다루는 부분과 같은 곳에서도 혼동을 피하기 위해 가능한 한 과도한 전문 용어를 지양하려고 노력했다. 더 읽고 싶은 사람들을 위해서는 영어로 작성된 전문 연구 자료들을 책 말미의 "참고문헌"에 소개해 두었다.

감사의 글

이 프로젝트를 시작하고 완료할 수 있도록, 시간과 인내와 전문 지식이 뒷받침된 것에 감사를 표할 수 있어 기쁘다. 먼저 예일 대학교 출판부의 헤더 맥켈럼은 더 많은 독자가 읽을 수 있는 전기를 칼뱅 비전문가가 쓸 수 있다고 나를 설득하고 지속적으로 격려해 주었다. 이처럼 나는 다른 이들의 친절에 큰 빚을 졌다. 이레나 백커스, 워드 홀더, 데이비드 횃퍼드가 기꺼이 초고를 읽고 유익한 비평과 교정을 해 준 것은 엄청난 행운이었다. 오하이오주 데이턴에 있는 유나이티드 신학교에서 데이비드 횃퍼드가 개설한 칼뱅 관련 수업에서도 내 초기 원고를 읽고 이후 글이 완성되는 데 큰 도움을 주었다. 그들에게 감사를 표한다. 마이클 브루닝은 관대하게도 자신이 쓴 보 지방에 대한 책을 출간도 되기 전에 읽어 보도록 허락해 주었다. 그 작품에 진 빚도 뚜렷하다. 엄청난 시간과 전문가적 역량을 들여 보고서를 작성해 준 출판사의 독자 한 분에게도 특히 감사한다. 그 보고서에서 엄청난 유익을 얻었다. 우리 모두에게 가르침을 준 전문 학문 및 인문학의 모범이었다.

세인트앤드루스에서는 앤드루 페티그리, 브리짓 힐, 제인 스티븐스, 매튜 맥린, 찰스 드러몬드가 원고를 읽고 개선할 부분을 많이 알려 주었다. 피터 쿠쉬너도 중요한 시기에 큰 도움을 주었기에 그의 수고에 감사한다. 종교개혁 연구 석사 과정의 수업에 참여한 학생들은 초기 원고를 읽고 토론하며 날카롭고 통찰력 넘치는 평을 많이 남겼다. 베트 탭스코트, 앤디 드리넌, 애덤 마크스, 리사 클리퍼드, 태런 하인츠, 멜리사 아치, 티파니 크리스티엔슨, 로버트 잭슨에게 감사를 전한다. 북부 르네상스에 관한 학부 수업 학생들도 책 일부를 읽고 기분 좋은 격려를 해 주었다. 그들에게도 감사한다. 필립 존이 컴퓨터 화면 위에 지도를 그려 내는 능력에 나는 감탄했다. 모든 과정에서 격려하고 지지해 준 여러 사람들에게도 큰 감사를 전한다.

  이 책의 최종 원고는 내가 14년을 보낸 세인트앤드루스를 떠나 미국에서 가족과 함께 새 삶을 막 시작하려던 시점에 완성되었다. 어느 금요일 늦은 오후 나는 연구실에 앉아 그 기간 동안 큰 즐거움을 준 학생들과 동료들을 생각하지 않을 수 없었다. 내가 가르칠 수 있는 것보다 더 많은 것을 그들에게 배웠다. 그들의 관대함은 오래도록 기억에 남을 것이다. 세인트앤드루스 대학교 종교개혁 연구소는 내 지성의 고향이었으며, 앤드루 페티그리와 쌓은 지속적인 우정 또한 기쁨이다. 한 사람의 이름을 더 언급해도 된다면, 키이스 브라운이야말로 어려운 때 진정한 친구임을 입증함으로써 로마서 13장에 대한 칼뱅의 견해를 확증해 주었다. 또 감사를 표하고 싶은 이들 중에 머리 라이쉬만이 있다. 그 자신이 생각하는 것 이상으로 그의 지혜 덕분에 나는 영감을 얻었다. 또한 슬픔을 안고, 20년 넘게 그를 아는 영예를 누리게 해 준 데이비드 라이트를 언급해야겠다. 나와 다른 많은 이들에게, 그는 그리스도인 학자의 이상을 구현한 인물임을 보여 주었다.

가족에게는 거의 모든 것을 빚졌다고 말하지 않을 수 없다. 샬롯은 최고의 질문들을 던졌다. 로나는 "아플 때나 건강할 때나"라는 우리의 맹세가 의미하는 바를 내게 가르쳐 주었기에, 내 모든 사랑을 담아 이 책을 로나에게 바친다.

2008년 세인트앤드루스에서

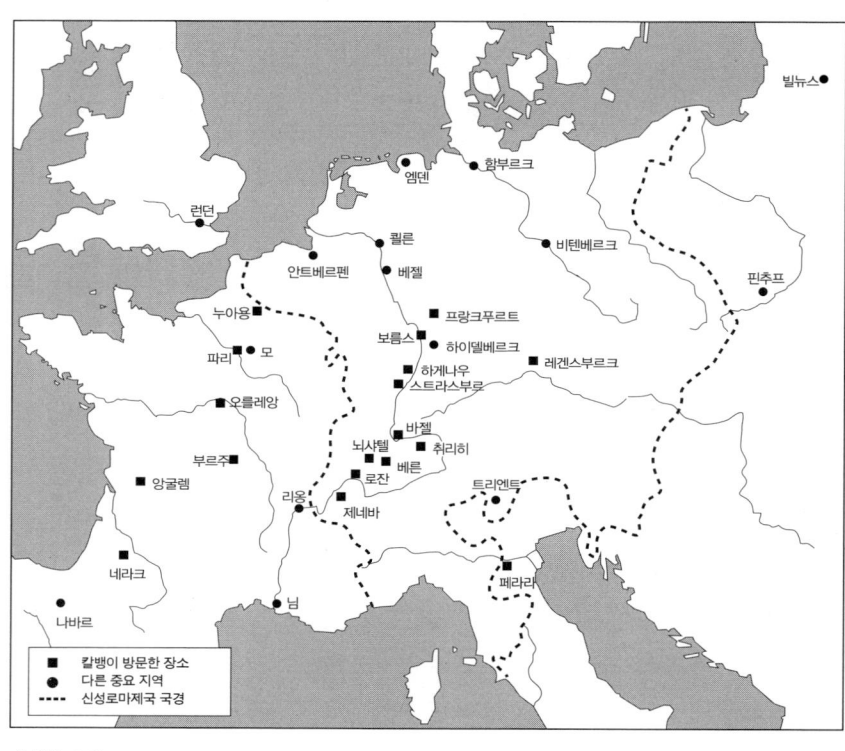

칼뱅의 유럽

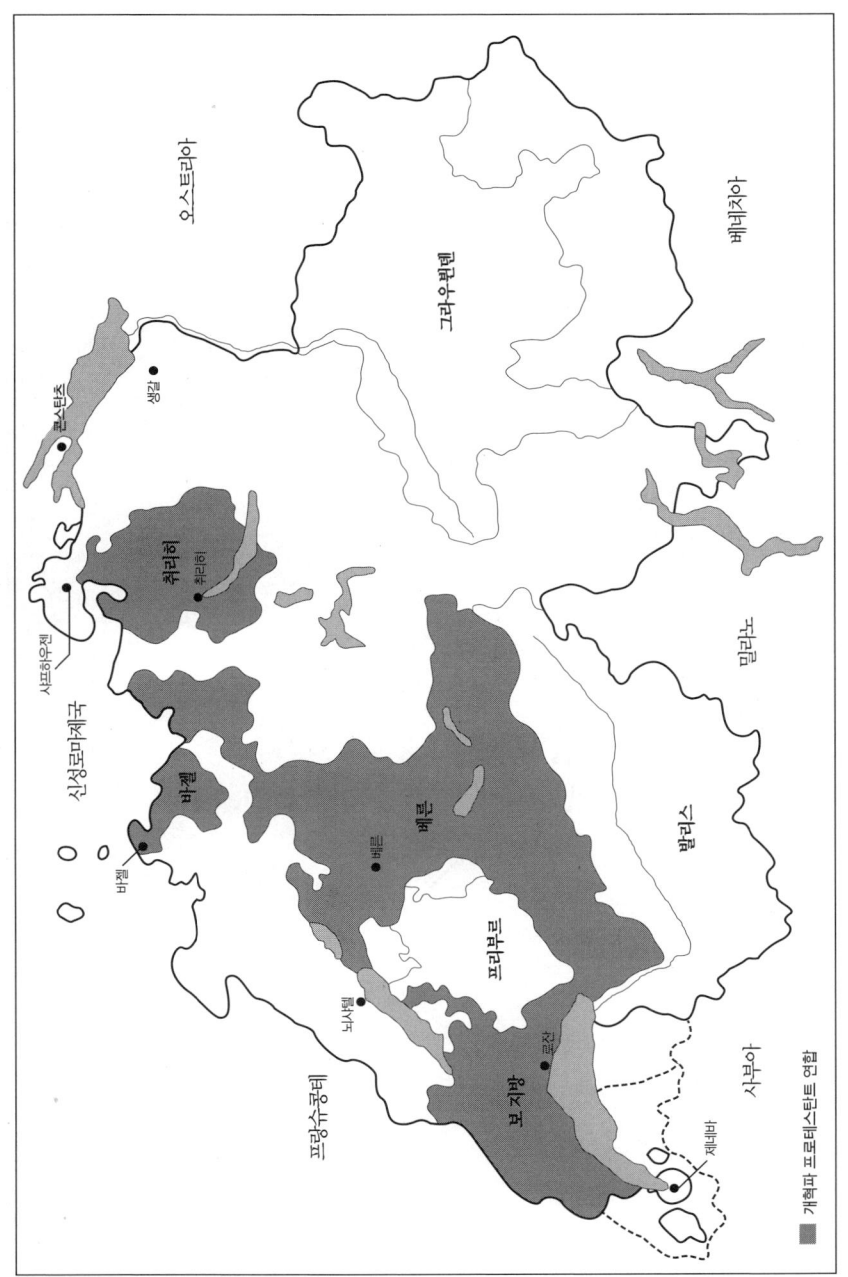

제네바와 스위스

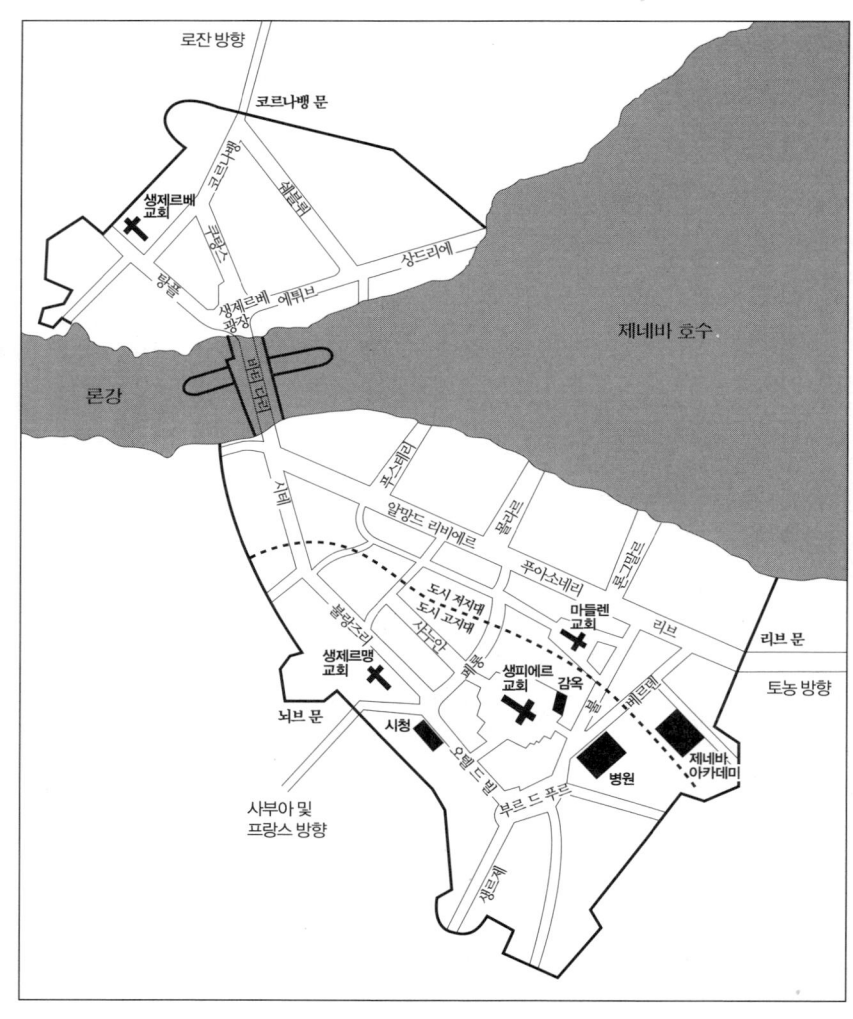

칼뱅 시대 제네바

1

프랑스 청년

표현 방식

어린 시절의 장 칼뱅은 눈에 잘 띄지 않는다. 칼뱅을 생각하면 수년 동안의 고된 수고와 질병으로 나이 들고 수염 난 모습의 익숙한 이미지, 노쇠한 시기에 앉아 설교했다고 전해지는 의자, 움츠린 신자들 앞에서 열변을 토하는 위대한 예언자를 묘사하는 19세기 그림 같은 것이 떠오른다. 파리에서 북쪽으로 96킬로미터 떨어진 대성당 도시 누아용 Noyon에서 자란 이 젊은이에 대해 우리는 거의 아무것도 모른다. 칼뱅의 저작에는 젊은 시절에 대한 자세한 이야기가 전혀 등장하지 않는다. 심지어 인생 후반에 시편 주석 서문에 담은 자신에 관한 서술에서도 피카르디 Picardy에서 보낸 어린 시절에 대해서는 거의 침묵으로 일관한다. 자기 아버지가 마음의 변화를 겪었다는 단편만을 전할 뿐이다. "내가 아직 아주 어린 소년이었을 때, 아버지는 내 길을 신학 공부로 정해 놓으셨다. 그러나 이후에는 법조계에서 부유한 이들이 많이 나왔다고 생각해서서, 그런 기대로 갑자기 아들의 진로를 바꾸셨다."¹ 외로운 어린 시절에 대한 기억은 1543년에 쓴 소책자에 나오는데, 여기서 칼뱅은 누아용의 선량한 사람들이 성인들의 유물을 어떻게 숭배했는지 회상한다.

그러나 기록된 글을 통해 그를 알 수 있다. 1557년 시편 주석 서문에서 칼뱅은 자신을 한때 서툴고 소심하고 수줍음도 많았던 사람으로 묘사하는데, 이후의 칼뱅 대적자들은 그의 이런 기질을 인식하지 못한 것에 대해 면제받을 수도 있다. 그러나 그가 쓴 모든 글은 맥락이 필수다. 이 서문은 현대적 의미에서의 자서전이 아니라 자신이 목회로 부름받은 섭리적 소명에 대한 신중한 서술이므로 감상적인 생각은 전혀 담겨 있지 않다. 섭리는 인간에게는 신비한 하나님의 뜻으로, 모든 것을 주관한다. 그리고 특정 사건과 행동에까지 확장되고, 특정한 인간의 특징을 통해 역사하며, 세상이 임의적이거나 혼돈 상태가 아니라 하나님의 손안에 있다고 믿는 사람들에게 위안을 준다. 특별한 능력으로 봉사하도록 선택받은 것은 칼뱅을 향한 하나님의 섭리였다. 그러나 우아한 라틴어 산문의 행간에는 성인이 된 한 소년에 대한 무언가가 들어 있고, 이를 통해 우리는 칼뱅 이야기의 심장부로 들어간다. 그의 위대한 수고는 성경을 해석해서 전 세계에 알린 것이며, 성경을 통해 그는 자신의 삶의 지형이 정돈되는 것을 보았다. 성경에서 그는 어떤 사람으로 부름받았는지 발견했다. 즉 한 가지 대의에 한마음으로 헌신하는 예언자이자 사도가 되는 것이었다. 시편 주석 서문에 묘사된 대로, 소명으로 인해 그는 하나님의 명령과 얼굴을 맞대어 만났고, 자신과 다른 이들에게 필요한 것 즉 의문을 제기하지 않는 순종을 요구했다. 칼뱅은 세상에서 사는 동시에 하나님 존전에서 살았다. 심판이 기다리고 있으므로, 소명의 긴박성과 충분히 끝내지 못했다는 의식이 그를 짓눌렀다. 그의 약점은 이를 더 강화시킬 뿐이었다. 몸을 무너뜨리는 질병과 변덕스런 기질은 그의 사명 의식 속에 신학적으로 해석되고 받아들여졌다. 신적 소명과 인간적 연약함이 공존하며 칼뱅의 정체성을 형성한 것이다.

성경은 칼뱅에게 그의 삶의 이야기를 제공했기에, 그가 집요하게 글로 쓰고 설교에서 다룬 성경 인물들을 통해 칼뱅의 잃어버린 어린 시절을 재구성할 수 있다. 주로 신학적 의도로 집필된 성경 해설에서는 칼뱅이 자기 이야기를 너무 간단하게만 언급하기 때문에 자전적 이야기를 직접 끄집어내기 어렵지만, 성경에 등장하는 어린 시절을 언급하는 방식을 보면 그가 자기 경험에 굴절된 빛을 비추고 있다는 사실을 알 수 있다. 우리 시대와는 대조적이지만, 칼뱅은 동시대 사람들처럼 어린 시절을 정신 형성기로 보지 않고 주로 무지, 변덕, 고집이 한데 묶인, 성인기를 위한 짧고 거친 준비기로 이해했다.² 당시로서는 흔한 관점이었다. 예컨대, 위대한 네덜란드 인문주의자 데시데리우스 에라스무스^{Desiderius Erasmus}조차 성 아우구스티누스의 『고백록』^{Confessions}에 관심이 없었다. 그는 이 교부가 자기 얘기를 너무 많이 하며, "어린 시절, 청소년기, 정욕 따위에 대한 감정" 같은 "어리석고" "천박한" 주제들을 논한다고 생각했다.³ 칼뱅은 자신의 삶을 섭리의 관점에서 평가할 수 있는 성숙한 어른의 관점에서 보면서, 어린 시절을 젊은이가 부모, 교사, 정신적 지도자와 함께 보내야 하는 시기라고 여겼다. 권위와 통제 없는 유치한 생활 습관은 성격을 뒤틀리게 하는데, 이렇게 왜곡된 기질은 이후에는 교정이 어렵다는 것이다.

칼뱅은 성경에 스스로를 투영시켜 읽었다. 회심한 지 25년 후에 이를 묘사하면서, 그는 이스라엘의 왕으로 부름받은 양치기 소년 다윗을 자신과 비교했다.

나는 다윗과는 거리가 멀고 그에 비하면 너무도 부족하며 그가 큰 어려움을 겪으면서 느려도 탁월함으로 얻은 많은 미덕을 나도 열망하지만, 여전히 나는 정반대의 악으로 오염되어 있다고 느낀다. 그러나 만일 나와 그가 공통된 것이 무엇이라도 있다면, 주저 없이 나 자신을 그와 비교할 것이다. 그의 믿음, 인내, 열정, 열의, 성실의 본을 읽을 때, 그에게 도저히 근접할 수 없는 나를 보며 헤아릴 수 없는 신음과 한숨이 나오지 않을 수 없다. 그러나 내 소명의 시작과 행위의 지속 과정을 마치 거울을 보듯 그를 통해 바라보는 것이 내게는 아주 큰 유익이다. 이로써 그 가장 뛰어난 왕이자 예언자가 당한 무슨 고통이든, 하나님이 내게 따라야 할 본으로 드러내셨음을 더욱 분명히 깨닫는다.[4]

거울 혹은 반사경의 이미지는 유사점과 차이점 모두를 설명하는 맥락에서 칼뱅의 저술 전체에 반복적으로 등장한다. 칼뱅이 보기에, 그와 다윗 사이에 엄청난 시대적·문화적 차이가 있다는 점에서 둘은 다르지만, 하나님이 특별한 직임으로 부른 비천한 인간이라는 점은 같았다. "그가 양 떼들 사이에서 부름받아 최고 권위자의 자리에 오른 것처럼, 하나님은 나를 눈에 띄지 않고 비천한 원래 상태에서 끄집어내셔서 복음 설교자와 목회자라는 영예로운 자리에 앉게 하실 만큼 가치 있는 존재로 여겨 주셨다."[5]

다윗이라는 고대 이스라엘인을 통해 칼뱅의 경험을 읽으면 칼뱅 사상의 핵심적 측면과 그의 성격에 근본적으로 내재된 양면성을 보게 된다. 칼뱅을 비롯한 여러 프로테스탄트 종교개혁자들은 현재를 위해 과거가 회복되어야 한다고 보았다. 구약 시대의 갑옷이나 로마인의 토가를 입어야 한다는 뜻이 아니라, 당대 사회의 부패와 오류를 해결하기 위해 이전 시대로부터 좋은 것을 취하여 전유하고 적용하는 것을 의미했다. 이리하여 칼뱅은 성경에 등장하는 고대 인물들에게서 자신을 발견했다. 그러나 여기에도 문제는 있었다. 칼뱅에게는 제네바Geneva만이 아니라 전 교회의 개혁자로 하나님께 임명받았다는 절대적 확신도 있었지만, 자신이 그 사명을 감당하기에는 비참할 정도로 부족하다는 불편하고 초조한 느낌도 있었다. 어떤 주제에 대해 생각을 바꾸는 일은 거의 없었지만, 더 나은 명료함과 통찰을 추구하며 자신의 생각을 계속해서 쉼 없이 다시 정립하고 고쳐 썼다.

어린 시절

그러면 이 수수께끼 같은 인물의 이야기를 어떻게 시작해야 할까? 칼뱅의 어린 시절에 대한 자료는 극히 드물어서 거의 알려지지 않은 사실들을 찾아내야 한다.[6] 먼저, 칼뱅이라는 이름은 그의 인생의 다른 많은 부분과 마찬가지로 어른이 된 후에 만든 것이다. 장 칼뱅은 장 코뱅Jean Cauvin이라는 이름으로 태어났고, 후에 아마도 바젤Basle에서 위대한 로마 정치인이자 연설가이며 로마 지방 총독인 키케로Cicero, 주전 106-43에게 붙은 이름을 모방하여 라틴어식 이름 칼비누스

Calvinus를 사용한 것 같다. 꽤 타당성 있는 추측이다. 키케로는 많은 면에서 칼뱅에게 고대 세계를 알려 준 인물이었다. 칼뱅이 고대 철학과 문학의 많은 내용에 친숙해진 것도 이 로마 작가를 통해서였고, 테오도르 드 베즈Théodore de Bèze, 1519-1605가 칼뱅 사후에 쓴 전기를 보면 칼뱅이 키케로의 글을 매년 다시 읽었다는 것을 알 수 있다. 이름을 바꾸는 일은 16세기 인문주의자에게는 흔했다. 글자 그대로 집안의 등이라는 뜻인 요한네스 호이제겐Johannes Heusegen이 바젤의 개혁자 외콜람파디우스Oecolampadius가 되었고, 검은 땅이라는 뜻의 이름을 가진 루터의 동료 필립 슈바르처트Philip Schwarzerd는 멜란히톤Melanchthon이 되었다.

이제 이름에서 지리로 이동할 차례다. 16세기 피카르디 지방은 파리의 북부에서 북해 연안 저지대*로 흐르는 솜강Somme river 유역의 땅으로 이루어져 있었는데, 제1차 세계대전 당시 최악의 격전이 벌어진 무대이기도 했다. 주민들이 사용하던 피카르디어는 프랑스어와 가깝기도 하고 멀기도 한 언어로, 이 방언이 칼뱅의 모국어였을 것이다. 코뱅 집안은 누아용 지역에 살았는데, 장 코뱅의 아버지는 아들이 태어나기 10여 년 전인 1497년에 부르주아 신분을 획득한 근면하고 야심 있는 인물이었다. 통 제작자cooper의 아들이었던 지라르 코뱅Girard Cauvin은 누아용의 주교를 역임한 드 앙게스트de Hangest 집안의 후원에 힘입어 놀라운 지위 향상을 이루었다. 지라르의 아내는 지역 여관업자의 경건한 딸 잔 르 프랑Jeanne Le Franc으로, 아들 장이 불과 여섯 살이던 1515년에 세상을 떠났다. 믿음 좋은 집안에서

* 오늘날의 베네룩스 3국(벨기에, 네덜란드, 룩셈부르크)을 가리킨다.

자라는 이들이 누릴 복에 대한 칼뱅의 긍정적 인상은 어린 시절 기억의 흔적일 수 있는데, 칼뱅의 어머니가 아이들에게 신앙을 가르쳤기 때문이다. 자신이 미신에 눈멀어 있었다는 이후의 주장은 그가 전수받은 전통적 경건에 대한 최소한의 에두른 칭찬이었다고 할 수 있다.[7]

코뱅 집안에는 아이가 많았다. 장에게는 샤를Charles이라는 형과 프랑수아François, 앙투안Antoine이라는 두 남동생이 있었다. 형 샤를은 사제였는데, 결국은 로마 가톨릭교회를 등진다. 프랑수아는 어릴 때 죽은 것 같고, 앙투안은 장을 따라 제네바로 가서 그의 가까운 친구이자 사업 담당자가 되었다. 두 누이에 대해서는 알려진 것이 거의 없다. 이들은 지라르Girard 코뱅의 두 번째 아내가 낳은 자녀였는데, 이 중 유일하게 이름이 알려진 마리Marie도 제네바로 갔다.[8]

지라르 코뱅은 그가 누린 후원 관계의 효과를 입증하는 중요하고 탁월한 일련의 직책을 보유하고 있었는데, 바로 공증인, 대성당 참사회 서무, 법원 회원이었다. 또한 목회자와의 관계가 편안하지는 않았고, 아들에게도 유전되었음이 분명한 기질, 즉 싸움에서 한 치도 물러서지 않는 성격의 소유자였음에도 불구하고, 교회 일에 깊이 관여했다. 장은 아버지가 적극적으로 가꾸어 놓은 드 앙게스트 집안과의 친밀한 관계 덕분에, 열두 살의 나이에 누아용 대성당의 제단 중 하나인 라 게신La Gésine*의 수입에서 다량의 밀을 받는 식으로 교회의 성직록을 처음으로 받았다. 칼뱅은 이런 방식으로 종교적 의무를 수행해야 하는 귀찮은 책임을 지지 않아도 교회 성직록

* 마리아의 "해산"을 기념하는 제단 이름이다.

에서 수입을 얻었다. 재능 있는 어린 소년의 교육을 지원하는 수단이라는 점에서 이 방식에 그다지 특이할 것은 없었다. 교회의 수입은 오랫동안 후원 네트워크를 확장하고 싶어 하는 집안들의 손에 좌지우지되어 왔기 때문이다.

칼뱅이 받은 교육은 귀족들의 후원에 빚진 바가 컸고, 이에 감사하지 않을 수 없었다. 그러나 사회 고위층과 칼뱅의 관계는 일평생 큰 문제가 되었다. 어떤 면에서 그는 귀족주의에 취해 있었고, 귀족이 통치하는 것이 당연하다고 강하게 주장했다. 동시에 이들의 부도덕성, 종교적·정치적 타협의 세계, 물질적 안락에 대한 집착을 경멸했다. 이는 신이 부여한 사회 질서와 죄의 부식시키는 힘 사이의 갈등으로, 칼뱅이 결국 해결하지 못한 긴장이었다. 드 앙게스트 집안의 지원 덕에 칼뱅은 누아용의 콜레주 데 카페트Collège des Capettes에서 초등 교육을 받았는데, 교복으로 입은 짧은 가운을 보면 이 학교 학생임을 알아볼 수 있었다. 칼뱅은 여기서 처음으로 라틴어를 배웠는데, 당시 라틴어는 교회든 법조계든 세상에 진출하기 위해 필수적으로 배워야 할 과목이었다.[9] 비록 누아용에서 제공되는 교육이 부족하다는 지적이 있었음에도 불구하고, 지라르 코뱅은 집안의 지위 향상에 좋은 교육이 얼마나 중요한지 잘 알고 있었다. 칼뱅의 학창 시절에 대해서는 알려진 것이 없지만, 그다지 즐거웠던 것 같지는 않다. 학교는 기계적 암기와 체벌로 가득한 가혹한 세계였다. 토머스 모어Thomas More의 1516년작 『유토피아』Utopia에 따르면, 잉글랜드 학교 교장은 학생들을 가르치는 것보다 때리는 것에 더 재빨랐다.[10]

가장 널리 받아들여진, 혹은 최소한 가장 많이 반복된 이야기는 칼뱅이 1523년에 몽모Montmor 집안 아들 몇 명과 함께 누아용을 떠나 파리로 갔다는 것이다. 테오도르 드 베즈는 칼뱅 사후 개인 정보에 근거하여 쓴 전기 두 편에서 칼뱅이 마튀랭 코르디에Maturin Cordier의 지도하에 콜레주 드 라 마르슈Collège de la Marche에서 한 과목을 청강생auditeur으로 수강하며 공부를 시작했다고 말한다.¹¹ 이 이야기는 극히 단편적이긴 하지만, 이 사건들의 구성을 어그러지게 하려는 시도가 설득력 있는 것으로 입증되지는 못했다.¹² 확실한 것은 드 앙게스트 집안의 재정 지원과 더불어, 아버지는 사제 공부를 시키기 위해 젊은 칼뱅을 파리로 보냈고, 그를 코르디에가 가르쳤다는 사실이다. 후에 칼뱅은 애정을 담아 데살로니가전서 주석을 코르디에에게 헌정하면서 자신이 코르디에에게 배운 것을 섭리로 이해했다.¹³ 칼뱅은 라틴어를 잘하지 못했던 어린 소년에게 베푼 선생님의 관대함을 떠올렸고, 이 행동을 "하나님 편에서 나온 두드러진 친절"로 기억하면서 그가 기꺼이 인내하며 언어의 기초를 가르쳤다고 회상했다.¹⁴ 칼뱅은 정말로 운이 좋았다. 마튀랭 코르디에는 그리스도인의 삶을 향상시키는 연구에 헌신했으며 특히 젊은이 교육에 천재성을 지닌 인물로, 최고의 프랑스 인문주의 교육자였다.¹⁵ 그가 쓴 『우리가 쓰는 말에서 잘못된 표현들을 교정하기 위한 소책자』*A Little Book for the Amendment of Corrupt Phrases in Our Speech*, 파리, 1530에는 분명한 신념이 담겨 있다. "내가 이 일을 하는 이유는 두 가지다. 첫째는 모든 교육받은 사람이 더 나은 것을 쓰게 하려 함이고, 둘째는 젊은이들이 라틴어로 말하는 일에 자극을 받고 또한 고귀한 삶을 살아가게 하려는 것이다.…경건하지 않은 이가 어떻게 글에서 진보를 보일 수 있겠는가?"¹⁶ 에라스무스의 유명한 표현이기도 한, 파리의 이 젊은 학생 머릿속에 심어진 공부와 신앙의 상호 작용은 칼뱅의 일평생 기준이 되었다.

이 칭송받던 인문주의 스승과 그의 어린 학생의 삶이 그토록 밀접하게 연결될 줄을 1523년에는 미처 알지 못했을 것이다. 1534년에 "루터파"[lutherién]라는 명칭이 붙은 코르디에는 파리를 떠나 보르도로 갔다가, 제네바로 가서 콜레주 드 리브[Collège de Rive]에서 가르쳤다. 그러나 불명예를 안은 칼뱅과 관계가 가깝다는 이유로 이 직임은 내려놓아야 했다.[17] 두 사람은 40년간 교제했는데, 스승은 학생보다 서른 살 더 많았지만 제자와 같은 해에 사망했다. 이 탁월한 인물에게서 영감을 얻은 사람은 칼뱅만이 아니었다. 칼뱅과 처음에는 우정으로 시작했다가 노골적인 적대 관계로 돌아선 사부아인[Savoyard] 세바스티앙 카스텔리오[Sebastian Castellio]도 코르디에에게서 인문주의 교육과 성경적 경건이 완벽히 조화를 이룬 것을 보았다. 카스텔리오는 코르디에를 자신의 영적 스승이라 불렀다.[18]

칼뱅은 콜레주 드 라 마르슈에서 첫 공부를 마친 후에, 1523년 말 더 명문이었던 콜레주 드 몽테규[Collège de Montaigu]로 옮겨 갔다.[19] 파리 대학교는 설립 때부터 40개 콜레주로 구성되어 4개 학부(인문학, 의학, 법학, 신학)로 나뉘었는데, 후견인들이 자기 지역 출신 젊은이들을 도시에서 공부할 수 있게 하려고 세운 곳이었다.[20] 이들 콜레주들은 라틴계 지역의 몽타뉴 생트 쥬느비에브[Montagne Sainte-Geneviève]에 자리 잡고 있었는데, 이 지역 거주자들은 학생들의 난폭하고 방탕한 행실에 대해 늘 불만스러워했다. 학습은 콜레주를 통해 이루어졌지만, 상위 학부인 신학, 법학, 의학은 탁월함을 유지했다. 대학은 프랑스, 피카르디, 노르망디, 독일의 네 나라로 구성되어 있었고, 이 중 프랑스는 부르주, 파리, 랭스, 센, 투르의 다섯 개 지방으로 나뉘었다.[21] 각 콜레주는 중세 후기 교육의 중심에 있던 영향력 있는 인물인 학장 혹은 교장 덕분에 각각 독특한 특징이 있었다. 1520년대 중반 칼뱅은 콜레주 드 몽테규에 도착하면서 학생을 주로 우리가 아는 한 젊은이의 출세를 보장하는 길인 교회를 위해 일하도록 키우고, 20년 넘게 급진적으로 개혁하던 명문 대학에 입학한 것이었다. 몽테규 소속 학생 200명은 생계유지를 위해 일을 하는 힘든 시기를 견뎌야 했던 "하인"domestiques 혹은 "구두창을 덧댄"galoches 학생, 장학생, 또 다른 "기숙"caméristes 학생으로 나뉘었다. 누아용 출신의 이 재능 있는 소년은 마지막 그룹에 속했는데, 그는 자기 지방 후원자들 덕에 숙박비를 낼 수 있었다.

그 세기 초 노엘 베다Noël Beda가 학장으로 있던 기간에 몽테규는 보수파 학문과 종교의 중심지로 부상했다.[22] 베다는 몽테규를 파리 대학 내 엘리트 기관 중 하나로 성장시켰고, 엄격함으로 명성이 자자했다. 학생들 사이에서 늘 그랬던 것은 아니었더라도 말이다. 이 학교 문을 통과한 이들 중에는 에라스무스, 저술가 프랑수아 라블레François Rabelais가 있었고, 학교를 다니는 동안 칼뱅은 이후 예수회를 창설하는 에스파냐 사람 이그나티우스 로욜라Ignatius Loyola와 만났을 가능성이 있다. 삶의 불편함에 대해 왈가불가하는 사람이 아니었던 에라스무스조차 자기 경험에 대해 다음과 같이 냉혹한 비판을 남겼다. "한겨울에도 소량의 빵만 배급되고, 아침 추위에 얼어붙지 않았을 때에는 위험할 정도로 오염된 우물에서 물을 길어 마셔야 했다. 나는 당시 몽테규에서 걸린 병이 지금까지 낫지 않은 사람을 많이 안다.…아무것도 하지 않았는데도 학생을 채찍질했던 잔인함에 대해서는 아예 말도 꺼내지 않겠다."[23]

라블레, 칼뱅, 로욜라가 다닌 1520년대 몽테규는 엄격한 수도원적 체계에다 그 개인의 잔혹함과 외고집을 덧붙인 것으로 악명 높던 피에르 탕페트$^{Pierre\ Tempête}$가 학장직을 맡고 있었다. 학생들은 새벽 4시에 기상해서 한 시간 후부터 수업을 들었다. 7시에는 미사를 드렸고, 이어서 조악한 빵을 아침으로 먹었다. 8시부터 정오까지는 인문학 교육 과정의 주요 과목을 배웠다. 점심 식사 후에는 선생들이 보는 앞에서 공적 논쟁에서 토론하는 기술을 연마하며 시간을 보냈다. 저녁 식사 이후에는 추가적인 공부와 기도 시간이 있었고, 9시면 잠자리에 들었다. 이런 일정은 가혹할 수 있었지만, 칼뱅에게는 그가 죽을 때까지 유지했던 삶과 사역의 절제된 틀이 주입되는 과정이었다. 병으로 인해 멈추어야 하는 경우가 아니라면, 성인이 된 칼뱅은 매일 4시 어간에 일어났고, 기도와 간단한 식사로 잠시 멈추는 시간을 제외하고는 내내 일하며 하루를 보냈다.

몽테규의 학생들은 복종하는 것으로 유명했는데, 종교적 후견이라는 수단으로 행하는 선생들의 통제를 미덕으로 여겼다기보다는 눈치 빠른 상황 인식에 의한 것이었다. 학생 대부분은 교회 사역, 선행, 근면함으로 준비되었고, 탕페트의 승인은 안정된 미래로 가는 진입로를 뜻했다. 젊은이들은 이단에 맞서 종교적 정통의 수호자가 되고 교회에 복종하는 종이 되라는 베다의 정신으로 훈련받았다. 이 때문에 학자들은 칼뱅이 이후에 후견인 제도에 대해 취하는 모호한 태도가 몽테규의 권위주의적 환경에 의해 큰 영향을 받았기 때문이라고 추측한다. 칼뱅이 몽테규에서 1520년대에 파리의 거리와 가정들을 관통하던 복음주의* 흐름을 접하지 못한 것은 분명하다. 그러나 이 흐름이 그냥 사라져 버린 것은 아니었다.

몽테귀에서 칼뱅이 공부한 것이 정확히 무엇이었는지는 여러 추측이 있지만, 그저 추측일 뿐이다. 유명론^{唯名論}이나 중세 후기 아우구스티누스주의 같은 넓은 범위의 신학 사상과 칼뱅을 연결하려는 여러 시도가 있었다.[24] 토마스 아퀴나스$^{Thomas\ Aquinas}$, 둔스 스코투스$^{Duns\ Scotus}$, 아르미노의 그레고리우스$^{Gregory\ of\ Rimini}$, 또는 중세 신학의 여러 위대한 신학자를 공부했다는 주장도 있다. 그러나 다시 한번 말하지만, 확실한 것은 아무것도 없다. 칼뱅이 파리에서 신학을 공부했는지 아닌지조차 알려지지 않았다. 몽테귀에 있는 동안 그가 인문학 과정을 공부하면서 문법, 논리, 수사의 3학^{trivium}과 산수, 음악, 기하, 천문의 4과^{quadrivium}로 구성된 전통적 교육 과정에 따라 교육받은 것이 가장 확실해 보인다. 그의 아버지가 원래 의도했던 대로 이는 신학이라는 고등 학문을 위한 예비 과정이었으나, 그는 곧 이 길을 포기한다.

칼뱅 젊은 시절의 프랑스

전기 작가는 생애의 공백을 배경 설명으로 채우거나 특정 의도에 맞는 연결 고리들을 만들어 내려는 유혹을 받는다. 그러나 칼뱅의 특성이 형성된 과정을 이해하려면 강렬하고 흥미진진하지만 위기로 가득했던 세계인 르네상스 시기 프랑스에 대한 지식이 필수적이다. 이 시기 그의 삶에 대한 세부 지식이 극히 부족하긴 하지만, 칼뱅이 학생 시절에 목격한 사건들의 소용돌이에 깊은 영향을 받았음은 알

- 여기서는 루터의 종교개혁 신학을 의미한다.

수 있다. 그가 태어난 시절의 프랑스 종교계는 중세 후기 서유럽 전역에서 보였던 혼란스러운 반목의 상황이었다. 백년전쟁1337-1453으로 프랑스 도처에 반세기 동안 거의 복구되지 않고 방치된 수도원 및 지역 교회가 상처 가득한 풍경으로 남았다. 목회자 교육은 끔찍한 경우가 많았다. 교회의 고위 성직은 귀족 집안의 자격 없는 자녀들이 주로 차지했고 수도회는 무질서했다. 교회는 주교, 대성당 참사회, 수도원, 대학, 고등법원 간의 끝없는 관할권 갈등에 시달렸다. 고등법원은 법을 집행하고 칙령을 제안하는 사법 기관으로 중세에 탄생했으나, 결과적으로 왕권과 자주 충돌했다. 이 가운데 파리 고등법원이 가장 크고 중요했는데, 이 기관의 관할권은 북부 프랑스의 많은 지역까지 미쳤다. 1499년에는 상황이 아주 심각해져서 파리 대학이 파업에 들어갈 정도였다. 그러나 동시에 개혁을 외치는 순전하고 강력한 목소리도 등장했다. 국왕 샤를 8세는 1490년대에 종교 회의를 후원하여 신앙, 교리, 기관, 법, 국가 재정 문제를 조사하게 했다. 그러나 프랑스 교회를 회복하려던 그의 소망은 정치적 야망의 희생물로 전락했고, 1494년에 프랑스가 이탈리아를 침공하면서 개혁 계획은 포연 속으로 사라져 버렸다.

중세 후기 프랑스 교회 내부의 고질적 문제는 권한에 관한 것이었다. 직분자 임명권을 둘러싼 첨예한 갈등은 왕과 교황 사이에서 최고조에 달했다. 1438년의 부르주 칙령으로 프랑스 교회는 로마로부터 상당한 수준의 독립권을 부여받았다. 교황의 특권 대부분은 폐지되고, 프랑스의 모든 법적 절차를 거치기 전에는 로마에 호소하는 것이 금지되었으며, 주교, 대수도원장, 소수도원장 선거권이 다시 참사회에 주어졌다. 갈리아의 자유(또는 교황권 제한주의)Gallican liberties로 알려진 프랑스 교회의 상대적 독립은 프랑스 영토 안에서는 왕과 교회 조직들 간의 긴장을 고조시켰다.

프랑수아 1세는 1516년에 교황 레오 10세가 프랑스 왕에게 교회 통제권을 아주 많이 부여한 볼로냐 협약을 통해 권력을 강화했다. 왕이 부르주 칙령에 제시된 자유를 짓밟아 버릴까 두려워한 파리 고등법원이 2년을 질질 끈 후에야 이 협약을 승인하자 폭풍이 몰아쳤다.[25] 1518년에 왕이 고등법원을 강압하여 자기 뜻을 관철시키자 대학이 들고일어났지만, 왕은 이를 잔혹하게 진압하고 더 이상 국가의 일에 간섭하면 특권을 박탈할 것이라며 아주 분명하게 경고했다.[26] 갈리아 교회*의 수호자들이 걱정할 이유는 충분했다. 왕에게는 프랑스에서 대수도원장 800명을 비롯해 주교 및 대주교 114명을 임명할 권한이 있었다. 교황의 승인은 그저 형식일 뿐이었다.

왕이 교회와 맺은 관계가 르네상스 정치 이론들, 법제 개혁, 인문주의자가 자극한 종교 사상을 수용하고 있던 프랑스 지성계를 장악했다. 왕권을 가장 강력하게 지지한 인물은 클로드 드 세셀Claude de Seyssel과 기욤 뷔데Guillaume Budé였다. 왕실에서 오래 일한 경험을 바탕으로 기술한 세셀의 『프랑스의 군주제』Monarchy of France, 1519는 사회, 정치, 경제 영역에서 정부에 대해 종합적으로 연구한 서적이었다.[27] 세셀은 프랑스 군주제의 신성한 본질을 주장했고, 갈리아의 자유를 왕권과 연결 지음으로써 프랑스 왕을 기독교 신앙의 수호자로, 소르본 대학을 탁월한 신학 기관으로 부각시켰다. 친구인 데시데리우스 에라스무스와 마찬가지로, 뷔데에게도 문학, 역사, 언어에 대한

* 프랑스 가톨릭교회를 의미한다.

인문주의적 연구는 단지 엘리트 계층의 개인적 취향이 아니었다. 이들은 바로 이 연구를 통해 사회가 신성해질 수 있다고 생각했다. 뷔데는 프랑스가 로마의 영예로운 법 전통을 수용하도록 하는 새로운 길을 하나 놓았다. 그의 작업은 새로운 세대에 영감을 주고 이들을 매혹시켜, 젊은 장 칼뱅을 비롯한 수많은 학생이 법학부로 몰려들었다. 이는 그 시대의 가장 흥미로운 지적 발전 양상으로, 프랑스의 새로운 희망이었다. 1513년에 뷔데는 젊은 프랑수아 1세에게 『군주를 위한 교훈』*De l'institution du Prince*이라는 제목의 원고를 헌정했는데, 이 책은 르네상스 군주를 위한 강령이었다.[28] 여기서 그는 인문주의 연구를 통해 군주가 갖는 권위의 본질적 기반을 구축하는 사례를 만들었는데, 이후 칼뱅도 세네카 주석에서 뷔데가 왕권에 두는 제도적 제한에 반대한 것과 비슷한 목소리를 냈다. 인문주의와 군주의 권위가 꼭 이런 식으로 연결되어야 하는 것은 아니었는데도, 뷔데는 인문주의 학문이 프랑수아를 정의롭고 지혜로운 통치자가 되도록 자연스럽게 가르칠 것이라는 낙관적 인식을 포기하지 않았다. 말하자면, 왕은 새로운 솔로몬이 되기 위해 단순히 후원자가 아니라 동시에 학생이어야 했다.

이런 노력에 걸맞게 프랑수아는 열심 있는 학생임을 입증했다.[29] 이탈리아 르네상스로부터 파생된 인문주의는 고대 문헌과 수사적 웅변, 우아하고 고전적인 라틴어 저술에 대한 열정을 받아들였다.[30] 비록 대학 바깥에서였지만 프랑스에서도 이 새로운 학문이 번성했다. 왕은 통치 시작부터 파리를 참된 르네상스 군주가 통치하는 확실한 학문의 전당으로 만들기 위해 인문주의 연구에 집중하는 왕립 콜레주 설립을 추진했다.[31] 1517년에 뷔데는 유럽의 지도자급 학자였던 에라스무스를 파리로 오게 하려고 관대한 말로 설득하기 시작했다. "당신은 얼마나 탁월한지요! 당신의 그 학식이 세상 군주 중 가장 위대하고 가장 훌륭한 분의 마음을 끌고, 그래서 그분이 당신을 찾아서 이 멀리로 불러들이신다면, 전반적으로 학자들의 수준이 얼마나 높아지겠습니까?"[32] 에라스무스는 파리 신학부, 즉 소르본에 있는 자기 적들과 가까워질 것을 두려워했기에 미끼를 바로 물지 않았다. 인문주의 콜레주 문제는 1520년대 내내 파리에서 복음주의 사상에 대한 강력한 반대가 일어나면서 더 복잡해졌다. 그러나 뷔데는 이를 계속 밀고 나갔고, 1522년부터는 활발한 작전을 벌여 결국 1530년 왕립 강좌가 개설되게 했다.

복음주의 운동의 탄생

제도의 문제가 중세 후기 프랑스 종교계의 유일한 논란거리는 아니었다. 잉글랜드나 독일에서와 마찬가지로, 생각할 수 있는 모든 종류의 신앙 행위가 넘쳐 났다.[33] 15세기는 도시와 마을을 돌아다니던 설교자들의 전성기였다. 이들은 사람들에게 생활을 개혁하라고 권했을 뿐 아니라 유흥 거리도 많이 제공했다. 상당수 신자들이 지역의 성지나 생미셸Saint-Michel 같은 중심지로 순례를 떠났다. 교회 공동체에서는 구원을 얻는 과정에서 더 많은 역할을 맡으려는 평신도가 교구 일에 대한 통제를 늘려 가고 있었고, 지위가 낮은 성직자는 이런 평신도 권력의 강화를 거의 반대하지 않았다. 성찬은 가장 강력한 상징이었다. 대부분의 사람이 1년에 한 번만 성찬에 참여했음에도, 성례와 의식에서 성찬이 차지하는 힘은 모든 교회에서 두

드러졌다.³⁴

프랑스는 이른바 북부 르네상스로부터 큰 영향을 받았는데, 고대 문화를 숭배하는 정신이 신앙 갱신 운동으로도 흘러들었다. 이교도 학문과 기독교 신앙을 조화시킬 수 있다고 믿은 에라스무스가 가장 위대하고 유명한 인물이었다. 그의 『잠언』Adages과 그리스어 신약성경은 신선하고 새로운 모든 것을 대표했고, 폴란드에서 잉글랜드까지 젊은 학자라면 모두 교회와 사회에서 봉사하며 고전 학문을 수용하도록 자극받았다.

중세 후기 종교에서 평신도의 역할이 커지자 프랑스어로 된 경건 서적 및 교육 서적이 유통되는 수익성 좋은 시장이 형성되었다.³⁵ 유통되는 작품 중 가장 눈에 띄는 것은 장 드 렐리 Jean de Rély가 번역한 성경¹⁴⁹⁵이었다. 이 성경은 16세기 초에 여러 번 재판을 찍었는데, 1507년에는 라틴어를 모르는 독자를 위해 바울 서신에 주석을 단 새 판이 출간되었다. 이와 더불어, 학식 있는 그리스도인은 에라스무스의 친구 프랑수아 르노 François Regnault가 쓴 『우리 주님이 산에서 전하신 설교 강해』Exposition of the Sermon Delivered by Our Lord on the Mount, 1515 같은 작품도 읽었다. 15세기 프랑스에서 가장 위대한 종교인이라 할 수 있을 장 제르송 Jean Gerson, 1363-1429도 인기 있었고, 그가 가난한 목회자와 평신도를 위해 쓴 교육서 『3부작』Opus Tripartitum은 1520년대와 1530년대 초까지 계속 출간되었다.³⁶

1518년에는 루터 논쟁이 프랑스에 이르렀다.³⁷ 이 비텐베르크 교수는 개혁에 대한 소명을 가지고 교황제에 도전했다. 그의 글은 1519년에 로마와 에스파냐령 네덜란드에 있는 루뱅과 독일 쾰른의 신학자들에게 공식적으로 정죄를 받았지만, 프랑스에서는 반응이 느렸고 소르본은 1521년까지도 아무런 행동을 취하지 않았다. 당시 루터의 작품은 프랑스 왕국에서 몇 년간 유통되기도 했다.[38] 바젤의 인쇄업자 요한 프로벤Johann Froben은 루터에게 루터의 책 600부가 프랑스와 에스파냐로 배송되어, 일부 신학 교수들을 비롯해 사람들에게 받아들여졌다고 보고했다.[39] 그러나 이 작품들은 라틴어로 작성되었으므로 영향력을 과장해서는 안 된다. 루터와 멜란히톤이 쓴 작품들이 1521년 이전에 프랑스어로 번역되었다는 암시가 있기는 하지만 현재는 증거가 남아 있지 않다.[40] 그러나 이들 예언자적 개혁 목소리는 프랑스 상황이 암울해지면서 그 영향력이 상당히 증폭되었다. 1520년대 초에는 흉년이 들고 전쟁이 횡행하고 전염병이 모질게 몰아쳤다. 고등법원과 소르본 모두 사회 불안을 두려워했다.[41] 공포에 사로잡힌 가톨릭 지도자들의 눈에 루터파 사상의 침투는 왕국에 화가 닥친 것이자, 신이 프랑스를 냉대한다는 표지였다.

그러나 프랑스에서 일어난 사건들이 독일 종교개혁을 그대로 모방한 것은 아니다. 루터의 역할을 과장하기란 쉽지만, 소르본에서 규탄하기를 미룬 것에서 알 수 있듯 루터는 주연 배우가 아니었다. 루터는 외국에 있었고, 독일 상황에서 형성된 그의 많은 사상은 프랑스에는 별로 적절하지 않았다. 『기독교 교회의 바벨론 포로됨에 관하여』On the Babylonian Captivity of the Christian Church나 『독일 민족의 그리스도인 귀족들에게 보내는 연설』Address to the Christian Nobility of the German Nation 같은 논쟁적 문서와 교황제에 대한 공격은 이 주제가 별로 긴급하지 않은 프랑스에서는 인쇄되지 않았다. 반대로 루터의 경건 서적이나 교육 서적에 좀더 가까운 책들이 확실히 더 사랑을 받았다.[42] 루터의 작품은 종종 에라스무스의 작품과 함께 인쇄되었으며, 서로 엄청나게 모욕을 주고받았던 이 두 사람은 성경에 기초한 기독교의 지지자라는 공통 연결 고리가 있었다. 결론을 말하면, 프랑스에서 알려진 루터는 독일인에게 알려진 민족의 영웅 이미지와는 아주 달랐다.[43]

신학 교수진이 더 염려했던 훨씬 크고 직접적인 위협은 많은 추종자를 거느린 프랑스인 자크 르페브르 데타플 Jacques Lefèvre d'Etaples 의 주장이었다.[44] 칼뱅처럼 피카르디 출신인 르페브르는 1490년부터 1507년까지 파리의 카디널르무안느 콜레주 Collège du Cardinal-Lemoine 에서 철학을 가르쳤고, 고전 그리스 문학과 신플라톤주의 철학을 공부하려고 이탈리아로 갔다. 파리에서 르페브르는 완벽하지는 않지만 탁월한 그리스어 능력을 갖춘 저명한 아리스토텔레스 학자였다.[45] 그는 1507년부터 이전에 그의 학생이었던 기욤 브리송네 Guillaume Briçonnet 가 대수도원장으로 있는 파리의 생제르맹데프레 대수도원 Saint-Germain-des-Prés Abbey 에서 살았고, 문서 편집을 자신의 소명으로 여기고 그 일에 헌신했다. 1509년에 발간되고 1513년에 개정된 『다섯 시편들』 Psalterium quintuplex (시편의 다섯 가지 라틴어 역)로 르페브르는 유럽 전역에 명성을 떨쳤다. 이후에 종교개혁자가 되는 두 명의 젊은이, 곧 마르틴 루터 Martin Luther 와 울리히 츠빙글리 Huldrych Zwingli 가 이 책을 주의 기울여 읽고 주석을 남기기도 했다.[46] 르페브르는 바울 서신에 대한 주석도 썼는데, 여기서 성사와 제도 교회의 역할을 폄하하는 신령주의 spiritualist 성향을 노골적으로 드러냈다. 이 주석 제2판에서는 1516년에 나온 에라스무스의 신약성경에 대한 의문을 제기하여, 이 네덜란드 사람의 여러 가지 해석을 비판했다. 두 사람 사이에 벌어진 유명한 논쟁은 이들의 연구 분야를 훨씬 뛰어넘는 의미가 있었다.[47] 르페브르는 프랑스와 그곳의 지적 성취를 대표하는 인물이었기에,

그가 에라스무스와 벌인 논쟁은 애국심 뜨거운 많은 사람의 지지를 받았다.

따라서 1520년대에 프랑스 복음주의 사상의 틀을 형성한 인물은 루터가 아니라 르페브르였다. 독일 종교개혁자 루터의 저술은 프랑스 인문주의자 르페브르의 관점으로 해석되었다. 르페브르의 중요성은 그가 단지 영성을 갱신하는 소명을 받은 것이나 성경을 프랑스어로 번역한 것에 국한되지 않았다. 르페브르는 아이콘 같은 인물, 곧 프랑스 인문주의가 이룬 업적과 교회 개혁의 가능성을 보여주는 상징이었다. 그는 에라스무스도 루터도 이를 수 없었던 올림포스산 정상에 올랐으므로, 대적자들의 눈에는 르페브르보다 위험한 인물은 없었다. 루터는 르페브르가 칭의 교리를 완전히 이해하지 못했다고 믿었기에 그에게 동의하지 않는 부분이 있었으나, 바울에 대한 그의 저술을 높이 평가했다.[48] 반대로 르페브르는 독일 및 스위스 종교개혁자들의 작품을 읽고 동의했지만 가톨릭교회를 떠날 생각은 없었다.[49] 1520년대 중반에는 프랑스에서 르페브르를 따르는 이들과 신성로마제국에서 종교개혁자들을 따르는 이들 사이에 선명한 접촉선이 형성되었는데, 발트해에서 스위스까지 뻗은 공국들, 제국령의 도시들, 교회 영토 등 넓은 범위를 아울렀다.

그러자 노엘 베다가 이끄는 소르본의 복음주의 반대 세력이 결집했다.[50] 1523년에 신학 교수단은 평소보다 훨씬 많은 103차례 만나서 루터, 에라스무스, 멜란히톤, 카롤리, 르페브르의 저술에 담긴 이단 사상을 정죄했다.[51] 소르본은 프랑스 종교계 정치에서 새로운 역할을 담당했다. 기존에는 정통 교리의 수호자 역할을 했다면, 이번에는 저명한 인물을 공격하는 것도 주저하지 않는 종교 재판소가 되었다. 1523년 8월 베다는 교수단이 모든 그리스어, 히브리어, 프랑스어 성경을 정죄하는 일을 주도했고, 이듬해 4월에는 르페브르의 작품에 대한 토론이 금지되었다. 베다는 여기서 만족하지 않고 그해 가을에 에라스무스의 작품을 정죄하려는 강력한 시도도 거의 성공시켰다.[52] 소르본이 내린 최악의 결정 중 하나가 될 결정은 프랑스어 성경 번역을 금한 것이다. 이것이 계기가 되어, 후에 복음주의자들은 프랑스로 자기들의 모국어 성경을 홍수처럼 흘려보낸다. 왕은 인문주의 학문에 대한 사랑과 왕국을 이단에 감염되지 않게 지켜 내야 하는 책무 사이에서 갈팡질팡하는 어려운 처지에 놓였다. 프랑수아 1세는 인문주의가 이단이 숨어 있는 트로이 목마라는 베다의 결론을 수용하고 싶어 하지 않았지만, 독일과 스위스 종교개혁에서 분리된 교회의 등장 방식이나 급진적 종교 사상이 핵심 역할을 했던 1525년 독일 농민전쟁이 야기한 사회적·정치적 혼돈으로 인해 다른 많은 프랑스 사람처럼 헤어나기 어려운 충격을 받았다. 게다가 왕이 아끼던 누이이자 속칭 모 서클 Circle of Meaux 이라는 개혁 성향의 그룹과 가까웠던 나바르의 마르그리트 Marguerite of Navarre 때문에 이런 상황은 더 복잡해졌다.[53]

개혁과 모 서클

12세기에서 16세기 사이에 지은 웅장한 고딕 대성당이 자리한 모 Meaux 는 파리에서 북동부 방향으로 40킬로미터 떨어진 지점에 있다. 모의 교구와 주교는 프랑스 중세 교회에서 중요한 위치였으며, 1516년부터 모의 담당 성직자는 프랑수아 1세가 힘을 실어 준 유형의 귀족 집안 출신인 기욤 브리송네였다.[54] 그가 모 교구로 부임한 1516년에 볼로냐 협약으로 이어진 교황 레오 10세와의 협상에 참여한 것을 보면 브리송네의 지위가 얼마나 높았는지 알 수 있다. 그러나 당대의 많은 주교들과 달리 브리송네의 신앙적 확신은 강하고 진지했다. 그가 추진한 개혁은 설교와 성경 읽기를 강조한 것으로, 이는 중세 후기에 끊임없이 제정된 개혁 법령의 정신에 들어 있는 아주 고귀한 목표였다. 차이점은 브리송네가 그 개혁의 완성을 의도했다는 데 있었다.[55] 그러나 그의 주요 관심사는 루터의 가르침을 도입하는 것이 아니라 영성과 도덕성을 회복하는 것이었기에, 1523년 그는 교구 내 목회자들이 독일 종교개혁자 루터의 책을 소지하는 것을 금했다. 그러나 그가 추진한 개혁 과정이 신성로마제국으로부터 프랑스로 유입되는 흐름과 유사해 보이자 소르본의 분노를 샀다.

모에 도착하자마자 브리송네는 목회자 수준 향상을 목적으로 일련의 개혁을 단행했다. 자신의 교구로 인문주의 성향의 종교개혁자 몇 명을 초청한 것도 이런 이유 때문이었다. 르페브르는 파리에서 어려움을 겪고 1521년에 모에 도착해서, 히브리어 학자 프랑수아 바타블François Vatable, 제라르 루셀Gérard Roussel, 궁정 설

자크 르페브르 데타플(약 1450-1536). 칼뱅이 네라크에서 만난 프랑스 기독교 인문주의 지도자.

1. 프랑스 청년　53

교자 미셸 다랑드Michel d'Arande, 소르본 의사 마르시알 마쉬리에Martial Masurier, 기욤 파렐Guillaume Farel이 속한 그룹에 합류했다. 부모가 한때 군대에 보내려 했던 파렐은 르페브르를 통해 브리송네의 관심을 끌었다. 당시 모 서클이라는 이름으로 알려진 이 그룹은 기록에 남는 공식 기관이기보다는 개인적 만남과 서신 왕래를 갖는 영적 사교 단체에 가까웠다. 성경 연구에 열정적이었던 다양한 인물들이 모인 이 단체는 르페브르의 바울 서신 작품에서 영감을 얻었으며, 이 덕망 있는 학자의 프랑스어 신약 번역은 의심할 바 없는 가장 위대한 성취였다. 이 성경은 1523년에서 1525년까지 파리에서만 네 번, 앙베르Anvers에서 한 번, 바젤에서 한 번 인쇄되었고, 이후로 10년 동안 프랑스 전역에서 수없이 인쇄되었다. 르페브르가 신약 번역에 이어 1524년에는 시편과 1528년에는 구약을 번역하여, 성경 출판에 이은 기초 신앙 교육이 쏟아지기 시작했다. 모 서클의 또 다른 일원도 길을 여는 데 기여했다. 기욤 파렐은 1524년에 주기도문과 신조에 대한 강해서를 발행한 후, 이듬해 파리에서 개정하고 재출간했다.[56] 이 서클은 평신도를 대상으로 설교하는 데 노력을 크게 기울였고, 그리스도 중심적인 쉬운 성경 강해를 이상으로 삼았다. 이미 1523년에 구성원 몇 명이 좀더 급진화되면서 조직의 결속에 균열이 일어나기 시작했다. 일부가 떠나자, 1525년에 화형대에서 처형당하는 마티유 소니에Matthieu Saunier, 후에 끊임없이 파렐과 칼뱅의 애를 먹였던 파리의 의사 피에르 카롤리Pierre Caroli 같은 이들이 자리를 메웠다. 파렐은 스위스 종교개혁자 울리히 츠빙글리의 신학에 영향을 받아 다른 방향으로 이동하고 있었다. 프랑스 종교개혁의 음정에 불협화음이 생겨나고 있었던 것이다.

이 복음주의 목회자 서클은 왕과 연결되어 있었기에 유지될 수 있었다. 나바르의 마르그리트는 경건하고 재능이 많은 여성으로, 남자 형제들처럼 학문을 사랑하기는 했지만 그보다는 신앙에 더 관심을 기울였다. 마르그리트는 르페브르의 사상에 깊이 매혹되어, 1521년부터 모 서클에 참여하면서 미셸 다랑드를 궁정 설교자로 초청하고, 르페브르의 번역 성경과 브리송네의 목회 서신 배포에도 관여했다.57 마르그리트는 자신과 이들 서클 구성원들이 "같은 정신과 신앙으로 하나 되어 있다"고 생각했다.58

나바르의 마르그리트(1492-1549). 프랑수아 1세의 누이, 저술가, 프랑스 복음주의자의 중요한 변호사. 칼뱅은 마르그리트를 경계하여 거리를 두었지만, 중요성을 과소평가한 것은 아니었다.

1525년 파비아에서 에스파냐군이 프랑스군을 궤멸시키자 프랑수아 1세가 마드리드의 감옥에 투옥되었다. 파리에서 섭정을 맡은 왕의 어머니 사부아의 루이즈Louise of Savoy는 모 서클에 적대적이었다. (마르그리트를 중심으로 모였다는 의미로 이름 붙여진) 나바르파Navarrists의 반대자들은 기회를 재빠르게 활용했다. 그들은 프랑스가 파비아에서 패배한 것은 거짓 종교를 관용한 일에 대한 신의 심판이므로, 파리 고등법원이 이단을 화형대로 보내도록 재판소를 설치해야 한다고 요구했다. 루이즈는 이에 전적으로 공감했고, 교황의 지지를 받아 고등법원이 이단 사건을 통제할 수 있게 되었다. 1526년부터 이단이라 의심되는 이들에 대한 핍박을 강화하여, 책을 검열하고 인쇄업자와 서적상들을 위협하며 복음주의 문헌을 공개적으로 불태웠다. 모 서클의 지도급 인사들은 이단으로 기소되었다. 프랑수아 1세는 마드리드의 감옥에서 인문주의자를 위해 사태에 개입하려 했으나 소용이 없었다. 르페브르, 루셀, 카롤리, 파렐, 다랑드를 비롯한 다수의 나바르파가 스트라스부르Strasbourg로 피신했고 그다음 제국령으로 갔으며 그곳에서는 환대를 받았다.[59]

한편, 1526년 프랑스로 돌아온 프랑수아 1세는 계속해서 복음주의 저자들을 지원했고, 이에 반대자들은 실망했다. 모 서클은 해체되었지만, 마르그리트는 여전히 중요한 후원자였다. 브리송네는 왕실의 교사, 루셀은 개인 사제, 다랑드는 주교가 되었다. 그러나 모든 것이 그대로는 아니었다. 기존의 연대는 교회 안에서 개혁을 외치는 온건한 목소리와, 파렐처럼 로마 가톨릭교회 내부 개혁의 희망을 완전히 포기하고 더 급진적인 스위스 노선의 개혁을 추진하는 이들의 목소리로 날카롭게 쪼개졌다. 이들 두 진영의 차이가 칼뱅이 성장하던 시기 프랑스의 종교 지형도를 형성했다. 다수파는 기존 권력에 따르는 것이 교회 개혁에 가장 큰 소망이 된다고 믿었던 이들이며, 소수파 급진주의자는 로마 가톨릭교회에 등을 돌린 이들이었다. 이제 프랑스 왕국에는 이 소수파가 머물 공간이 없었기에 이들은 망명하지 않을 수 없었다. 파렐과 동료들은 프랑스어권 스위스 연방으로 이동해서 1534년에 악명 높은 사건을 일으키게 된다.

1520년대는 복음주의 대의가 프랑스에서 살아남기 위해 싸운 뜨거운 시기였지만, 이를 해석하는 데는 균형 잡힌 관점이 필요하다. 복음주의 서적이 당시 프랑스에서 인쇄된 서적들에서 차지하는 비율은 극히 낮아서, 1521년에서 1530년까지 출간된 2,500권 중 대략 80권 정도뿐이었다.[60] 그럼에도 불구하고 이 적은 양의 출판물은 엄청난 공포를 불러일으킬 수 있었다. 특히 당국이 왕국 내 얼마나 많은 이가 종교개혁자들의 주장에 공감하는지 몰랐기 때문이었다. 루터와 멜란히톤의 작품을 규탄하기 전인 1521년 3월, 고등법원은 신학 교수단의 사전 검토 없이는 종교 서적을 인쇄할 수 없다고 선언했다. 실제로 복음주의자가 할 수 있는 최선은 고등법원과 교수진이 이런 가혹한 규정을 강제할 능력이 없다고 방어하는 것이었다.[61] 더구나 파리 고등법원이 가진 권위는 제한적이었기에, 지방의 고등법원들에서도 유사한 칙령이 발효되어야 했다. 예컨대, 시민의 독립성 전통을 자랑하는 리옹에서는 수도로부터 내려온 이런 종류의 명령을 받아들이지 않을 가능성이 컸다.[62]

인쇄업자들은 늘 동기를 확실하게 드러내지는 않았지만, 개혁 운동의 초기 단계에서 조용히 자기 역할을 수행했다. 많은 이가 깊은 신앙적 확신으로 움직였고, 자기 나라 사람들에게 복음주의 문헌을 보급하는 위험을 감수했다. 어떤 이는 신앙 정서를 이윤과 쉽게 결합시키기도 했다. 대중적인 종교개혁 저자들을 위한 시장이 커지자 돈이 돌았다. 인쇄업자들은 주로 소규모 친구 및 동료 집단을 형성했지만, 외국과의 관계망을 확장하면서 검열망을 통과하여 문헌을 프랑스로 꾸준히 유입하는 것도 가능해졌다. 바젤과 스트라스부르는 도서와 소책자가 프랑스로 유입되는 주요 기반 도시였다.[63] 당국이 효과적인 대응책을 찾으려고 분투할 정도로 유통되는 출판물이 많았다.

1520년대에 일어난 이런 움직임들 가운데 청년 칼뱅과 연관시킬 수 있는 것은 없다. 우리는 당시 그의 신앙적 입장에 대해 아는 바가 전혀 없다. 엄청난 사건들에 대해 그는 어떤 평가도 남기지 않았지만, 콜레주의 벽들로도 파리에서 일어난 변혁으로부터 그를 완전하게 보호하지는 못했다. 그리고 그의 개인 신상에도 중요한 변화가 일어났다. 그는 법을 공부하려고 파리를 떠나 오를레앙으로 향했다.

2

법학의 왕자들과 보낸 시간

칼뱅이 1520년대 후반 전공을 신학에서 법학으로 바꾼 일로 역사가들은 오랫동안 당황했다. 크게는 그가 왜, 언제 그렇게 했는지 암시를 전혀 남겨 두지 않았기 때문이다.[1] 칼뱅 전기를 쓴 베즈와 니콜라 콜라동Nicolas Colladon은 개인적으로 알고 있는 지식을 바탕으로 이에 대해 다양하게 설명한다. 즉 칼뱅이 아버지에 대한 존경심 때문에 진로를 바꾸었거나(베즈), 신학의 본질이 타락한 것을 경멸하여 신학을 떠났거나(콜라동), 칼뱅과 그의 아버지가 모두 생각을 바꾸었다(베즈의 두 번째 견해)는 것이다.[2] 가장 유명한 이야기이자 칼뱅 스스로 밝힌 이유는 그의 아버지가 아들이 좀더 돈을 잘 버는 법조계 경력을 쌓게 했다는 것이다. 아버지의 동기에 대한 이 혹독한 판단을 입증하는 증거는 없지만, 의심할 바 없이 칼뱅과 그의 아버지의 관계가 복잡했음을 알 수 있다. 두 사람이 대립했다는 기록은 없으며, 칼뱅은 아버지가 죽어 갈 때 집으로 돌아가 임종을 지킨 충실한 아들이었음에 틀림없다. 그러나 아버지와의 관계는 칼뱅의 생애에서 밝혀지지 않은 여러 흐릿한 영역 중 하나다. 재능 있고 야망

넘치는 젊은이에게 법 공부는 자연스러운 길이었고, 그가 열심히 공부하지 않고 다른 일에 매달렸다는 증거는 없다. 그러나 수십 년이 지난 1557년에 이 이야기를 반복하며, 칼뱅은 그 야망이 자신의 것이 아니라 아버지의 것이었다고 주장한다. 그는 기억 이외의 여러 요소들에 의지하여—반복적으로 스스로를 변호해 왔던 것에 반하는—야망이라는 죄악이 자신과는 아무런 관련이 없었음을 공들여 이야기했다.

베즈에 따르면 피에르로베르 올리베탕 Pierre-Robert Olivétan 또는 Olivetanus 은 칼뱅의 신앙 형성에 결정적인 역할을 한 인물로 마찬가지로 신비에 싸여 있다. 혈연지간이고(둘은 친척이었다) 모두 누아용 출신인 두 사람은—피에르로베르의 전공이 고전어 및 성경 언어이긴 했지만—파리와 오를레앙에서 함께 지냈다. 올리베탕은 1530년대 중반 스위스 종교개혁자 울리히 츠빙글리의 신학을 깊이 따르긴 했지만, 그가 그보다 수년 전에 칼뱅과 함께 있을 때도 마찬가지였다고 추정할 수는 없으므로 두 사람 간 관계의 성격이 어떠했는지 쉽게 결론 내리기는 어렵다.³ 칼뱅이 성경적 인문주의로 견해를 바꾼 것이 자기 가족의 일원을 통해 그렇게 되었을 가능성이 있지만, 이 또한 추측일 뿐이다.

좀더 확실한 사실은 칼뱅이 1528년 초 오를레앙에 도착했다는 것이다. 파리 남쪽 128킬로미터 지점에 있는 이 고대 도시는 로마 황제 마르쿠스 아우렐리우스의 이름을 따서 지어졌다. 이탈리아 밖에 있는 가장 오래된 대학 중 하나인 이 도시의 13세기 대학 법학부는 북유럽에서 손꼽히는 곳이었다. 칼뱅과 동료들을 자석처럼 끌어당긴 근원은 위대한 피에르 드 레스투알 Pierre de l'Estoile 로, 당시에 탁월한 프랑스 법학자로 오래도록 명성을 유지했다.[4] 드 레스투알은 아내가 죽은 후 수도원에 들어간 교회의 사람으로, 오를레앙 교구의 주교 총대리였다. 이 비범한 인물을 통해 칼뱅은 법학, 교회, 정치가 맺고 있는 복잡한 상호 관계를 보았다. 드 레스투알은 상아탑에 갇힌 학자가 아니었다. 주교 총대리로서 그는 왕과 소르본이 주도하는 이단 반대 캠페인에 참여했다. 학문과 가르침과 핍박의 목적은 같았다. 전통에 깊이 천착한 드 레스투알은 복음주의 대의에 전혀 동의하지 않았고, 그 세대의 많은 이들과 마찬가지로 교회 개혁은 잘못된 것을 뿌리 뽑는 것이지 권위를 전복하는 것이 아니라 생각했다. 이 시점에서 칼뱅의 신앙 입장은 무엇이었는지 알 수 없다. 하지만 스승이 그 시대의 종교적 쇄신에 대해 적대감을 보이긴 했으나 "프랑스 법학자들의 왕자"라 불렸던 이 사람에 대한 칼뱅의 존경심이 약화되지는 않았다.

오를레앙은 지적으로도 개인적으로도 칼뱅에게 많은 것을 주었다. 칼뱅은 지도급 지성에게 배울 기회를 얻은 것에 더하여, 자신보다 12살 연상인 탁월한 학자이자 아마도 그의 첫 그리스어 선생이었을 독일인 멜히오르 볼마르 Melchior Wolmar를 비롯해, 동료 법학생 프랑수아 다니엘 François Daniel, 프랑수아 드 코낭 François de Connan, 니콜라 뒤슈맹 Nicolas Duchemin과 가까운 우정을 쌓았다.[5] 비록 볼마르를 제외하고는 누구도 종교개혁을 수용하지 않지만, 이들 친우 집단은 칼뱅의 이후 생애에서 중요한 역할을 하게 된다. 칼뱅은 다니엘의 집에 초대받아 뒤슈맹과 숙소를 함께 썼다. 이들이 무슨 토론을 했을지 우리는 단지 궁금해할 수밖에 없지만, 분명한 것은 이들이 드 레스투알의 강연 관련 주제부터 성경에 대한 에라스무스와 르페브르의 가르침, 프랑수아 1세 치하의 왕국에서 종교가 처한 위태로운 상태에 이르기까지 여러 다양한 주제를 넘나들며 논했으리라는 사실이다.

칼뱅은 아마도 1529년 봄에 오를레앙을 떠나 부르주로 향한 것 같다. 부르주의 대학에서는 불꽃같이 열정적인 이탈리아인 안드레아 알치아티^Andrea Alciati가 법학을 가르치고 있었다. 이 시기 부르주는 나바르의 마르그리트에게서 후원을 받는 개혁 사상의 피난처였다. 나중에 볼마르, 다니엘, 뒤슈맹 모두 이 도시에서 칼뱅과 합류한다. 당시 소르본이 르페브르의 영적 제자들인 콜레주 루아얄^Collège Royal의 왕립 강사들(뷔데, 니콜라 코프, 피에르 다네, 프랑수아 바타블)을 주시하면서 파리에 먹구름이 몰려들기 때문이다.

칼뱅은 편안한 마음으로 법을 공부하며, 라이벌 관계에 있던 프랑스와 이탈리아의 스승들이 주장한 다른 접근법을 보면서 프랑스 르네상스의 지적이고 영적인 중심 질문들을 탐구했다. 이 두 라이벌은 인문주의 방법론의 주창자들이었지만 그 방식은 많이 달랐다. 드 레스투알은 중세의 법 주석 전통을 고집했다. 수사적이고 역사적인 분석을 강조하는 르네상스식 접근을 거부하고 『시민법대전』^Corpus iuris civilis으로 알려진 16세기 로마법이 속^genus과 종^species에 따라 해석된 방식을 선호했다.[6] 이는 소재를 다룰 때 역사적 발전을 거의 고려하지 않는 방식으로 세부적인 표제나 주제에 따라 함께 모아 놓는 것을 의미했다.

칼뱅은 부르주에서 알치아티를 아주 짧게 만났지만, 고대 문헌을 어떻게 읽어야 하는지를 비롯해 과거와 현재의 관계에 대해서도 색다른 견해를 배웠다. 파비아와 볼로냐에서 공부한 전문 법학자이자 인문주의자인 알치아티는 알프스를 사이에 두고 이탈리아 지성계와 프랑스 지성계를 연결하는 활력 넘치는 인물이었다.[7] 주요 용어에 대해 본문을 세심하게 탐구하는 드 레스투알의 연구 방식과는 달리, 알치아티는 추론과 직관에 근거한 좀더 과감한 접근법을 받아들였다.[8] 알치아티를 고대 문헌을 자기 방식대로 취사선택하는 어설픈 아마추어로 여겼던 많은 반대자들을 놀라게 했다. 그러나 알치아티 자신은 뭔가 다른 일을 하고 있다고 믿었다. 드 레스투알과 마찬가지로 그도 『시민법대전』을 논리 정연한 작품으로 보았고, 구절 간 상호 연결 관계를 밝히는 것이 해석자의 과업이라 주장했다. 그러면서도 기저에 깔린 논리적 의미의 층이 있다는 드 레스투알의 믿음은 거부했다. 오히려 단어와 구절은 양식적(수사적) 특성을 조사해야 하며, 특정 의미를 분별하려면 (역사적) 특정 상황을 고려해야 한다고 주장했다. 알치아티에게 이 접근이 모순적일 수 있다는 사실은 큰 문제가 아니었다. 그는 학자는 이러한 해석 방법으로 증거더미에서 "적합한" 해석을 증류해 낼 수 있다고 믿었다.

두 사람의 견해 차이는 알치아티가 드 레스투알을 인쇄물을 통해 가차 없이 공격하면서 강의실을 벗어나 확장되었다. 이 시점에서 두 학자 간의 지적 소통은 칼뱅에게 사적인 일이 되었다. 친구 니콜라 뒤슈맹이 드 레스투알을 변호하는 차원에서 『아우렐리우스 알부치에 대한 변증』Antapologia adversus Aurelii Albucii을 쓰고 칼뱅에게 서문을 써 달라고 부탁한 것이다. 아마도 1529년에 초고가 작성되었을 이 글은 1531년까지는 출판되지 않았는데, 드 레스투알의 방법론에 대한 강력한 신뢰를 표명한 책이었다. 칼뱅은 파리의 소규모 출판업자 제라르 모르시Gérard Morrhy를 통해 이 책이 출판되도록 주선했는데, 1531년 3월 6일자로 서명된 서문은 칼뱅을 좀더 정확히 이해할 수 있는 흔하지 않은 기회를 제공한다. 그가 기고한 글은 동료 학생 프랑수아 드 코낭에게 보내는 편지 형식을 띠는데, 여기서 그는 논쟁 중인 양측의 중재자 입장을 취하는 것처럼 보인다. 따라서 흥미롭게도 드 레스투알을 옹호하려는 뒤슈맹의 의도와는 상충된다.[9] 본문의 통일성을 무너뜨리는 이런 외골수적 태도에서 우리는 처음으로 칼뱅의 지적 독립성을 목격한다. 서문에는 칼뱅의 탁월한 라틴어 산문 실력과 고전 참고문헌에 정통한 지식이 드러난다.[10] 더 중요한 것은 이 글이 다른 이들의 지적 의제에 순응하지 않으려는 칼뱅의 태도를 보여 준다는 사실이다.

알치아티가 뷔데 전통에서 인문주의 법학의 최고봉을 제시했고, 본문의 역사적·문맥적 읽기를 강조한 것이 칼뱅의 이후 작품들의 핵심이 된다는 점을 보면 칼뱅이 이 이탈리아인을 더 매력적인 인물이라고 생각했을 수도 있다. 그러나 사실은 그렇지 않았다. 당시의 많은 동료 학생과 마찬가지로 칼뱅도 프랑스와 프랑스 문화에 대한 알치아티의 모욕적 평가에 감정이 상했기에, 그의 서문은 드 레스투알의 학문과 인품에 대한 열렬한 지지로 시작된다. 이 위대한 인물이 갖춘 로마법에 대한 해박한 지식은 오를레앙의 젊은 칼뱅에게 깊은 인상을 주었다. 이러한 학식은 이후 칼뱅이 그를 따라 성경 대부분과 엄청난 양의 교부 문헌을 암기하는 일에 헌신하도록 영향을 주었다. 칼뱅이 정말로 알치아티를 싫어했는지 아닌지는 자료상에는 충분히 나와 있지 않으며 그리 중요한 주제도 아니다. 칼뱅에게 드 레스투알의 중요성은 학문적 영역 그 이상이었다. 드 레스투알은 프랑스 교회, 그리고 로마에서 독립한 자랑스러운 프랑스 전통을 대변했다. 인문주의자 칼뱅도 역시 프랑스인 칼뱅이었다.

서문을 쓴 데는 다른 이유도 있었다. 1531년 봄에 "법학 석사 장 코뱅"Maistre Jean Cauvin, licentié en lois이 된 칼뱅은 이제 법조계, 교계, 학계 어디로든 갈 수 있었지만, 명확한 진로를 결정하지는 않았다. 그가 교회로 들어가려 했다는 증거가 전혀 없으므로, 아마도 법률가와 학자 중 하나를 선택하려 했을 것이다. 이런 직업을 선택하려면 후원자가 필요했지만, 이름이 알려지지 않은 지방 출신의 학생을 위한 후원자를 찾기란 어려운 일이었다.

칼뱅의 생애를 연구하는 역사가에게 칼뱅이 법을 공부한 기간은 잃어버린 해에 속한다. 베즈가 이 젊은 학생에 대해 남긴 묘사를 포함한다 해도 파편밖에 남은 것이 없기 때문이다. 뒤슈맹의 책에 남긴 서문은 고전과 법률 문헌에 대한 풍부한 지식을 비롯해 칼뱅이 공부한 학문의 범위를 보여 주는데, 베즈는 독자들로 하여금 칼뱅의 놀라운 지식욕과 지적 에너지에 주의를 기울이게 한다.

> 그[칼뱅]는 대학에서 열심히 공부했으며, 오를레앙에서 그와 친밀한 관계를 유지했던 신뢰할 만한 사람들 가운데 오늘날에도 살아 있는 이들이 그가 공부하느라 자정까지도 깨어 있었고, 공부에 대한 열정 때문에 저녁도 거르곤 했다는 사실을 증언할 수 있다. 매일 아침 깨어나면 잠시 침대를 떠나지 않고 전날 공부한 것을 머릿속에 다시 떠올렸다. 말하자면 곰곰이 묵상을 한 것이다.[11]

베즈는 칼뱅의 공부 방식이 "성경 연구 분야에서의 심오한 학문성"을 위해 그를 준비시켰고, "그의 이후 삶에서 두드러지게 나타난 경이로운 암기력을 발달시키는 데 기여했다"고 덧붙인다. 칼뱅은 이처럼 긴 공부 시간으로 인해 결국 영구적으로 건강이 상하는 대가를 치러야 했다.

칼뱅이 경험한 엄격한 법학 훈련은 그의 삶의 모든 영역에 새겨졌다. 본문을 해석하고 인문주의 방법론에 근거하여 정확한 논증을 할 수 있도록 지성이 다듬어졌고, 결혼과 재산, 범죄에 이르기까지 주제를 철저하게 장악할 수 있는 능력도 갖추게 되었다. 칼뱅은 법률 제정의 틀을 만들고 법령을 작성하며 법률적 의견을 제시하는 훈련도 받았는데, 이 모든 것은 제네바에서 이력을 쌓는 동안 크게 빛을 발한다. 법학 훈련의 유산은 또한 학문적 영역에도 미쳤다. "증인"이신 성령, "칭의"의 본질, "율법의 제정자"이자 "재판관"이신 하나님, "영원한 변호자"이신 그리스도 등, 그의 가장 근본적인 신학 개념 일부를 태동시킨 근원은 법학이었다.[12] 드 레스투알과 알치아티에게서 배운 문헌학적·역사적 방법론은 이후 칼뱅이 쓴 성경 주석의 기반이 되는데, 이로써 칼뱅은 성경 해석 방법론에 일대 혁신을 일으킨다.

세네카

뒤슈맹의 작품에 서문을 완성한 지 얼마 지나지 않아 칼뱅은 죽어 가는 아버지를 만나러 누아용으로 떠났다. 1531년 여름에 고향 도시에 머무는 동안에 세네카의 『관용론』*De clementia*에 대한 주석을 썼는데, 아마도 부르주에서 떠나기 전에 이미 집필을 시작한 것 같다. 아직 법학도였던 칼뱅은 자기 전문 분야에서 위대한 에라스무스에게 도전함으로써 자신의 이름을 프랑스 인문주의자 목록에 올리고

픈 야망을 드러냈다. 칼뱅은 이 네덜란드인이 번역한 1529년판 세네카의 『관용론』을 개선하고자 했다. 칼뱅은 이 주석을 생 엘로이 대수도원장 클로드Claude 드 앙게스트에게 헌정했는데, 이는 아버지의 죽음이 가까워진 때도 호기 넘치는 작업을 수행하는 한 젊은이의 모습을 잘 보여 준다. 후견인 선택은 전적으로 상식적인 행동이었다. 드 앙게스트 집안은 오랫동안 코뱅 집안을 후원했으며, 장 칼뱅이 파리에서 받은 초기 교육에도 재정을 댔다. 대수도원장은 칼뱅과 같은 나이대의 귀족이었고, 대대로 주교로 봉사할 정도로 누아용에서 저명한 집안 출신이었다.[13] 그러나 첫 작품을 출간하려는 열망으로 가득 차 있던 젊은 저자가 드 앙게스트의 후원으로는 출간이 어렵겠다고 곧바로 파악할 만큼 당시 이들의 관계는 더 복잡다단했다. 칼뱅은 물려받은 재산 일부를 팔고 니콜라 뒤슈맹에게서 빚을 얻지 않을 수 없었다. 책은 결국 1532년 초에 파리에서 출판되었지만, 상황에 대한 압박감과 굴욕감으로 건강이 상했다. 생애 마지막 때는 아니었지만, 칼뱅은 지독한 설사에 시달려 앓아누웠다.[14]

세네카 주석에 실린 헌정 편지에는 칼뱅의 복잡한 마음이 비친다. 클로드 드 앙게스트를 거의 언급하지 않으며 후원자의 학식과 덕을 칭송하는 상투적 표현을 피한다.[15] 칼뱅이 할 수 있었던 가장 뜨거운 찬사는 드 앙게스트의 "활기차고 관대한 성품"과 "탁월한 기억력"에 대한 것으로, 잠재적 후원자의 마음과 지갑을 얻어 내고자 기를 쓰는 것이 예사였던 르네상스 저자 전통의 화려한 찬사와는 거리가 멀었다. 대조적으로 칼뱅은 일종의 거꾸로 된 찬사를 보내는데, 여기에는 아첨에 대한 혐오가 가득하고 자신의 지적 우월성에 대한 분명한 인식이 곁들여 있다. 후원자에게 집중하는 대신,

칼뱅은 자기 위치를 생각하고 글을 쓰기로 한 결심을 변호하면서 자신과 세네카에 대해서 썼다. 칼뱅은 "별로 말할 것도 없으면서 오만하게 출판하는 이들이 있다"고 주장하면서, 자기 자신에 대해서는 "적당한 아니 소소한 배움의 기회를 가진 서민 계급 출신의 평범한 사람이며, 앞으로 유명 인사가 될 만한 희망을 기대할 만한 어떤 것도 없다. 사실상 지금까지 내가 아무것도 출판하지 않은 이유는 바로 나 자신이 아무 이름 없는 하찮은 존재였다는 사실 때문이다"라고 했다.[16] 칼뱅은 책 헌정받기를 당연시하는 후원자의 권리를 고집스럽게 거부했고, 저자로서 그의 의중을 꿰뚫었던 것 같다. 이는 칼뱅이 익히지 못했던 위장된 겸양 같은 것이라기보다는, 인문주의자 세계에서 야망과 영광을 추구하는 것에 대해 고민하는 태도를 반영한다고 보아야 한다.[17] 자료를 통해서는 확인하기 어렵지만, 후에 야망 문제를 놓고 칼뱅이 바울을 인용하는 글을 읽어 보면 어느 정도 영향이 있었다고 믿고 싶어진다.[18]

세네카를 주제로 택한 것은 중요하고 의미 있는 일이었다. 로마의 스토아학파 철학자이자 정치인이었던 세네카[주전 4-주후 65]는 네로 황제의 고문이었고, 말년에 쓴 관용론은 중세 및 르네상스 시대 저술가들이 특히 선호하는 문헌이었다. 세네카는 좋은 정부에 대한 인문주의 담론의 중심에 있었으며, 칼뱅은 에라스무스가 근래 『관용론』에 대한 주석 두 편을 완성한 사실을 잘 알고 있었다. 비록 칼뱅이 독자들에게 이 네덜란드인의 글에서 몇몇 오류를 발견할 수 있다고 암시를 주긴 했지만, 유럽에서 가장 유명한 인문주의자와 경쟁하여 점수를 따려 했다는 주장은 칼뱅의 의도를 충분히 설명하지 못한다. 칼뱅은 출판으로 이어진 이 첫 도전으로 세상이 바뀌지 않으리라는 사실을 너무도 잘 알았다. 그는 무명일 뿐이었다. 그럼에도 불구하고 칼뱅은 뷔데를 당대 최고의 인문주의자로 칭송하고 에라스무스는 다음 자리에 둠으로써 프랑스인의 애국심에 호소했다.[19] 이 주석은 학식 있는 프랑스 청중에게 칼뱅 자신의 법, 언어, 철학 분야의 실력을 보여 주려는 의도로 쓴 것이었다. 그러나 이 젊은 학자는 고전 문화와 당대 사회 사이의 관계를 이해하는 자기만의 틀을 만들고, 앞으로 나아갈 길을 찾기 위해 자신이 받은 교육을 활용하기 위해 작업을 한 것이기도 했다. 긴 지적 여정을 위한 시작점이었던 것이다.

세네카의 짧은 논문은 두 권으로 나뉘는데, 3년간 통치한 젊은 황제 네로에게 바치는 조언의 형태를 띤다. 권력과 정의의 본질, 폭군이 되지 않으려는 군주가 어떻게 이를 제대로 활용할 수 있을지 일련의 생각을 논한 것이다. 세네카는 진정한 스토아학파가 행하던 방식으로 소시민의 삶을 지배하려는 열망을 넘어서야 한다고 네로에게 조언했는데, 군주는 법에 종속되지 않으므로 결국 자기 자신을 다스려야 하기 때문이다. 영예를 안겨 주고 징벌을 가하는 데 신중한 관용*liberalitas*은 필수이며, 징벌은 복수 행위가 되어서는 절대 안 되고 오히려 법을 위반한 개인과 공동체를 치료하는 약이 되어야 한다. 열정에서 나오는 자유는 지혜를 가져와 통치자가 가장 정의로운 일을 행할 수 있게 한다. 관용은 군주에게 속한 덕으로, 오직 군주만이 각 사건에서 최선이 무엇인지를 알 때 자비로 법의 완전한 엄정함을 완화시킬 수 있다. 세네카는 관용을 베풀어서 시민들이 군주를 사랑하게 만들라고 네로에게 조언했다. 반대로 독재자는 적을 영원히 두려워할 수밖에 없으며, 자신을 섬기라고 강제할 경우 결코 사람들의 지지를 기대할 수 없다. 잔혹함은 군주의 직분에 속한 것이 아니며, 반대로 평화의 근원인 관용은 통치자를 "신과 같이" 만들어 준다.

칼뱅은 이 글로 무엇을 하려 했을까? 실제로 그는 다양한 시도들을 했다. 학문적 측면에서, 학생이자 고전 문헌과 기독교 자료를 부지런히 읽은 독자로서 획득한 학식을 과시할 황금 같은 기회였다. 칼뱅의 주석은 어원과 문법을 분석한 기록으로 넘쳐 나는데, 그는 스스로 해설자를 자처했다. 대략 50가지의 수사적 용어를 해설하며 세네카의 문체가 그의 수사적 의도에 의해 얼마나 심오하게 형성되었는지 보여 주려 했다. 이는 "적응"accommodation에 대한 논의에서 가장 분명하게 드러난다. 적응은 세네카가 자신의 메시지를 청중에게 맞추어 조정하는 방식을 가리킨다. 칼뱅이 기록했듯이, 『관용론』에서 이 로마의 웅변가는 지혜나 덕의 실천으로는 전혀 유명하지 않은 황제를 향해 자기 생각을 피력했다. 칼뱅에 따르면, 세네카는 네로를 분노하게 만들지 않으면서도 이 엄청난 장벽을 넘기 위해, 아첨하여 황제가 스스로를 선한 군주의 모델에 비추어 보게 한다. 아첨은 찬사와 칭찬으로 위장한 채 교훈으로 가는 길을 열어 주어, 세네카의 철학 사상의 진보를 가능하게 했다. 교사나 설교자가 청중의 필요와 성향에 적응해야 한다는 생각은 칼뱅이 일평생 가졌던 확신이었다.

전문적인 난외주들이 상당한 양의 역사, 철학, 문학 주석에 덧붙여졌다. 칼뱅의 역사 사랑은 로마 제도와 법, 문화에 대한 길고 상세한 설명뿐 아니라, 『관용론』에 언급되는 여러 사건들의 배경 상황을 상세히 설명하는 데 주목한 것에서도 분명히 드러난다. 리비우스Livy,

타키투스Tacitus, 플루타르코스Plutarch도 많이 인용하지만, 칼뱅이 주로 인용하는 자료는 2세기 로마 역사가 수에토니우스Suetonius, 69-122?로, 『황제들의 생애』Lives of the Caesars에서 초기 황제 11명을 간결하면서도 인상적으로 언급한 인물이었다. 여기서 그가 사용한 명료하고 예리한 문체에 매력을 느꼈기에, 칼뱅은 세네카를 가장 가혹하게 비판하는 주제를 다룰 때 이 문체를 활용했다. 비록 키케로와 대*플리니우스Pliny the Elder를 읽어서 얻게 된 간접 지식이겠지만, 철학 문제를 다루는 곳에서는 고대 철학의 다른 학파들에 대해 잘 알고 있다는 것과 마찬가지로 칼뱅이 아리스토텔레스와 특히 그의 『윤리학』Ethics을 공부했다는 사실이 책 전체에 명백히 드러난다.

　주석 곳곳에서 칼뱅은 고대 저자들에게서 얻은 잠언 같은 지혜를 본문에 투영하는데, 종종 익살스러운 분위기를 자아낸다. 일례로, 죽여서 벌려 놓은 동물로 신의 뜻을 점치는 일로 기소된 사제들이 거리에서 서로 마주치면 웃음을 참을 수 없을 것이라는 카토Cato의 논평을 인용하여 로마 종교와 점괘에 의존하는 것의 미신적 본질을 조소하려고 한다. 칼뱅은 고대 자료뿐만 아니라 당대 작품도 상당수 활용했다. 에라스무스의 작품도 꽤 알고 있었음에 틀림없다. 칼뱅은 이 네덜란드인이 쓴 세네카에 대한 작품을 철저히 꿰뚫고 있었으며, 에라스무스의 『잠언』도 칼뱅의 독서 목록에서 중심부에 있었다. 칼뱅의 세네카 주석에 활용된 참고문헌을 보면 이 20세 청년에게 광범위한 고전 문헌에 대한 깊은 지식이 있었는지 아닌지 추측할 수 있다. 확실히 칼뱅은 고전 연구에 투신하여 닥치는 대로 읽는 학생이었지만, 그가 사용한 자료 중 다수는 당시 구하기 쉬운 원전 자료 모음집에 있는 것이었다. 예를 들면, 칼뱅은 에라스무스의 『잠언』에 더하여 대ᄎ 필리푸스 베로알두스Philippus Beroaldus the Elder가 쓴 수에토니우스, 아풀레이우스, 키케로에 대한 주석들에서도 자료를 확보했다. 또한 법 공부를 하던 시절부터 잘 알고 있었던 로마 황제 그라티아누스의 『법령』Decretum에서 자료를 모으며 이 책을 광범위하게 활용했다. 르네상스 저술가들 사이에서 흔한 이런 관습은 부끄러운 일이 아니었다.[20] 아직 그리스어를 아주 높은 수준으로 익히지 못했던 칼뱅은 거의 전적으로 라틴어 자료에 의존했다.[21]

비판을 하지 않았던 것은 아니지만, 칼뱅은 세네카에게 호의적이었다. 서문에서 칼뱅은 이 로마 정치인을 부당하게 공격받고 조롱받은 "최고의 작가"로 묘사하면서 그의 명성과 특징으로 곧장 초점을 옮긴다. 웅변가이자 법 저술가였던 퀸틸리아누스Quintilian, 약 35-100는 개인적인 적의 때문에 세네카를 중상모략했지만, 그러면서도 세네카의 재능은 인정했다. 칼뱅이 세네카에게서 발견한 매력은 그의 "방대한 박학다식과 뛰어난 웅변" 및 "철학자가 되기에 합당한 온화함을 갖춘 저술가의 인이 새겨진" "우아하고 화려한" 언어 능력이었다.[22] 그는 세네카만이 키케로 다음가는 사람일 수 있다고 인정하긴 했지만, 비판을 하지 않은 것은 아니다. 특히 이 로마인이 논증의 질서를 정해 놓고도 그대로 실행하지 못하는 것에 불만을 가졌다. 이런 지적·학문적 혼돈이 칼뱅의 정확성과 질서 의식을 불편하게 한 것이다. 후에 누구든 자신이 쓴 글을 용감하게 칼뱅에게 읽히는 사람은 장황한 문체와 조악한 구조에 관해 혼날 위험을 감수했다.

칼뱅이 주석에 사용한 저술 방식은 중요하다. 칼뱅은 세네카의 『관용론』 본문을 저자의 의도를 해설하는 방식으로 한 줄 한 줄 따라간다. 저자의 느슨한 논증이 아주 못마땅한 경우에도 주석가는 본문의 흐름을 따라야 한다는 책임을 고집스럽게 지켰다. 이 방식은 1539년 로마서 주석에 담겨 유명해진 서문에서 칼뱅이 요약하여 제시할 성경 주해 방법론의 전조다. 주석가는 분석하는 작품에 자기의 범주를 들이대서는 안 되며, 본문의 원래 모습을 존중해야 한다. 다만 해설하는 것은 다른 문제다. 칼뱅은 자세히 설명하기 위해 세네카의 논증을 다시 풀어 쓰거나 재배열하는 것에 상당히 자유로웠다. 이를 통해 칼뱅은 세네카의 원전과 꽤 다른 이야기를 할 수 있기를 바랐고 실제로 그렇게 했다. 칼뱅은 후에 바울의 논증을 요약하고 자기 말로 다시 쓸 때도 이 방식을 사용했다.

칼뱅이 받은 법학 훈련은 주석 전체에 스며들어 있으며, 로마법의 공평^{aequitas} 개념에 대해 칼뱅은 당대의 주요 인문주의 법학자들, 그중에서도 그가 존경한 뷔데와 관심사를 공유했다.[23] 프랑스 법문화에 끼친 이 저명한 학자 뷔데의 유산은 법을 실제로 적용할 도덕적·철학적 기초를 찾는 것이었다. 세네카를 읽으면서 칼뱅은 뷔데의 제자로서 동일한 목표를 추구하고 있었다.[24] 젊은 학자 칼뱅의 법 정신은 세네카가 규정한 법의 세 가지 용도를 다루면서도 드러났다. 즉 범죄자의 성품을 개선시키기 위해 처벌하고, 개인을 공동체를 위한 본보기로 삼으며, 죄인을 제거해서 공동체를 보호하는 데 사용하는 것이다. 악한 자들은 군주를 두려워하지 않을 수 없지만 선한 자는 군주를 사랑한다. 이를 논증하기 위해 칼뱅은 고대의 시인, 철학자, 역사가들을 증인으로 세워 든든한 지지를 확보했다. 이것이 법의 정당한 용도이며, 아우구스투스 황제의 관용 정책이 예시했듯 법의 적용을 가능하게 한다. 칼뱅은 이러한 법의 세 가지 용도를 자기 시대에도 적용되어야 할 로마법 체계의 기본 토대로 인식

했다. 그가 제네바에서 교회의 치리 규정을 제정할 때 적용한 것도 바로 이 로마법 체계였다.[25]

이토록 기민하고 예리한 본문 작업 뒤에는 로마 문화에 대한 양가적 태도가 놓여 있었다. 로마의 제도와 사상에 대해 존경했으나, 폭정과 부패에 대한 혐오감으로 그늘이 드리워져 있었다. 로마인은 인류의 가능성과 오류를 동시에 구현했다. 칼뱅은 이들이 성취한 것에 마땅한 경외감을 느꼈고, 동시대 사람들과 마찬가지로 로마법을 인간 이성의 최고 표현으로 여겼다. 그러나 동시에 로마제국은 "전쟁으로 예속된 사람들은 공물을 바쳐야 하고, 조약을 맺기 원하는 이들은 노예 상태와 별로 다를 바 없는 야심 가득한 연대를 위해 비싼 돈을 지불해야 하는 거대한 날강도"라 지칭했다.[26] 칼뱅은 로마인의 공포스러움과 잔혹함을 티베리우스 황제와 칼리굴라 황제를 다루면서 효과적으로 묘사했고, 아우구스투스를 신으로 격상시키는 주장 또한 비웃었다. 로마 종교는 오만하고 탐욕스러운 사람의 미신보다 별로 나을 바 없는 것으로 격하되었다. 그러나 타당하게 고안된 그들의 법체계와 제도 속에서 정의와 관용과 선한 통치를 가능하게 하는 자연법의 존재를 보았다. 칼뱅은 결코 로마의 제도에 기독교적 계시가 부재하기 때문에 결함이 있는 것이라고 주장하지 않았다. 그러나 네로 자신이 적절한 사례가 되었듯이, 부패의 악취는 널리 퍼져 있었다. 칼뱅은 자연법의 존재, 인간의 모든 법을 가능하게 하는 창조에 내재된 법질서를 강조했다. 이것이 로마 통치의 기초이자 가장 위대한 영광이었다. 칼뱅은 이후 『기독교강요』에서 모든 법은 평등 구현을 추구해야 하며, 평등과 자연법 그리고 십계명은 연결되어 있다고 주장한다.

주석을 읽으면 세네카의 스토아 철학을 다루는 칼뱅의 진지함에 놀라지 않을 수 없다. 칼뱅은 그 안에서 자신과 맞는 부분을 많이 발견했고, 회심 이후에는 그 개념들을 기독교화하려 했으며, 성경의 렌즈를 통해 고전 철학을 해석하는 일을 지속적으로 했다.[27] 세네카는 관용을 "공동선을 위해 탄생한 것으로, 인간을 사회적 동물로 간주하는 우리뿐 아니라, 말과 행동 모두에서 자기 이익만 구하며 쾌락에 자신을 내어 맡기는 이들을 위해서도 필수적인 확신"이라고 설명했다.[28] 칼뱅은 이 스토아 철학의 공동체적 이상, 그리고 이 철학이 덕을 단순히 개인주의적인 것이라 여겨 거부하는 것에 끌렸다. 그래서 그는 "관용은 일종의 인간 사회와 친족 간의 연대다. 그것이 공동선을 위한 것이라면, 인간이 동료를 위해 서로의 짐을 나누고 서로 격려하고 자기 자신 및 자기 소유를 나누려고 태어났음은 자명하다"고 응답했다.[29] 칼뱅은 논점을 보강하기 위해 플라톤, 아리스토텔레스, 키케로의 작품과 세네카의 다른 작품 등을 언급했다. 칼뱅은 이 작품에서 인간의 사회성 개념을 행동 규범을 규정하는 자연법과 직접 연결하지는 않지만, 1536년 『기독교강요』에서는 스토아 철학자들에게서 끌어온 인간 공동체에 대한 표현 방식이 기독교와 공존할 수 있다는 믿음을 반영하여 그 두 개념을 직접 연결한다.[30]

칼뱅이 고전과 기독교 사상을 조화시키려고 연구했다는 좀더 명확한 사례는 그가 관용과 가정에 대한 세네카의 언급에 주목한 데서 확인할 수 있다. 세네카는 관용이라는 주제를 주로 통치자가 실천하는 것으로 인식했고, "관용이 들어가는 모든 집에는 평화와 행복이 찾아오겠지만, 관용이 더 드문 곳인 궁전에서 관용은 더 찬란한 법"이라고 말했다.³¹ 칼뱅은 이 구절을 다음과 같이 다르게 풀어냈다.

> 관용은 정말로 모든 집에 임한다. 가정의 아버지가 아내, 자녀, 하인에게 일하라고 닦달하는 대신 온화하게 행동하면, 그리고 용서하고 너그러이 넘기고 친절히 대하며 정중히 부탁한다면, 관용은 가난한 오두막이나 소박한 농가에도 임한다. 이 때문에 베드로는 정경이 된 그의 서신에서 주인이 하인에게 화를 내고 거칠게 대하기를 바라지 않는다.

이 구절은 칼뱅이 세네카의 말과 성경을 조화시키려 하는 몇 구절 중 하나이기도 했지만, 평범한 가정에서도 관용에 대한 이야기를 하도록 의도적으로 방향을 설정한 것이기도 했다. 칼뱅의 로마법 이해에 뿌리를 둔 관용은 가정생활과 관계의 올바른 기초다.

칼뱅 신학에 녹아 있는 법학 훈련의 유산은 어마어마하다. 신자가 하나님의 뜻을 알게 되는 도구로서 율법에 대한 긍정적 평가, 교회의 질서와 치리에 대한 강한 믿음, 하나님의 위엄에 대한 강조는 모두 그가 받은 법학 교육에서 비롯된 것이다.³² 특히 그의 성경 이해와 성경 해석의 중심부를 차지하는, 원칙이 특정 상황에 맞게 조정되어야 한다는 "적응" 이론은 공평 개념에 대한 인문주의 법학계 내부의 논쟁에 기반을 둔 것이었다.³³ 법률가이자 신학자였던 칼뱅은 인간 삶의 변화하는 상황 속에서 특정 법들이 어떻게 변하지 않는 하나님의 율법을 충분히 드러낼 수 있는지 관심이 아주 깊었다.

우정

세네카 주석의 대상 독자는 칼뱅이 속한 세대였다. 즉 프랑스 인문주의자의 세계에 깊은 영향을 받은, 젊고 대학 교육을 받았으며 법률가가 되는 과정에 있는 이들이었다. 일평생 칼뱅은 우정을 공동의 대의에 대한 헌신으로 정의하며, 이 정의는 그가 형제애와 친밀감을 표현할 수 있는 틀이었다. 이러한 우정의 본은 고전 문헌과 동시대 모두에서 찾을 수 있었다. 키케로가 쓴 우정에 대한 논문은 같은 주제를 다룬 에라스무스의 글과 마찬가지로 당시 르네상스 독자들에게 표준 도서였다. 칼뱅의 법학 선생 알치아티도 네 장에 걸쳐 이상적인 우정을 다루는 상징적인 책을 출판했다. 이 저자들이 동의한 우정은 이것이 공동체의 기반을 형성한다는 아리스토텔레스의 믿음에서 비롯되었다. 당시의 우정은 오늘날과 같은 느슨한 개념은 아니었다. 우정은 법학에 속했고, 칼뱅의 연구에 필수적인 구성 요소였다. 우정은 법적 개념으로, 친구 사이에는 상호 이익을 주고받는 계약이 존재했다.[34] 그리고 형식적 구조를 위해 여러 방식으로 자기 이익을 부정하는 일련의 의무를 규정했다. 친밀하고 개인적인 관계가 차지할 자리는 거의 없었다. 법적 표명을 넘어, 우정은 학문 생활과 공동체의 기초로 이해되었다. 고전적 모델을 따라, 독서, 집필, 책을 수집하는 행위는 학문 생활의 본질적 측면이었다.[35] 이는 학문에 대한 엄격한 헌신을 요구하고, 필수 훈련을 받은 이들로만 제한되는 살아 내기 어려운 삶이었다. 이런 친밀한 관계들은 단지 동등한 학생이나 학자 사이에서만 형성된 것이 아니라 교사와 학생 간의 더 계층적인 관계에까지 확장되었다. 학문적이며 개인적인 형태의 이러한 우정은 장 칼뱅에게 결정적 영향을 끼쳤다.

고전적이고 인문주의적인 우정의 원리를 따라, 칼뱅은 친구들이 그의 작품을 권하고 가르칠 때도 사용하기를 바랐다. 그러면서 책의 판매와 평판을 무척 염려했다. 그는 불안감을 친구 프랑수아 다니엘에게 다음과 같이 명백하게 표현했다.

> 가능한 한 빨리 편지로 이것들[세네카 주석 사본들]이 호의적으로 수용되었는지 아니면 냉소적인 평가를 받았는지 알려 주십시오. 또한 란드랭이 이 책으로 강의하도록 설득해 주십시오. 당신을 위해 한 권을 보냅니다. 다른 다섯 권을 부르주에 있는 르 로이, 피네이, 수케, 브로스, 바라티에에게 전해 줄 수 있겠소? 수케가 책을 받아서 강의용으로 사용한다면, 그의 도움은 작지 않은 선물이 될 겁니다.[36]

법학 공부를 하는 동안 칼뱅의 친구들은 칼뱅 자신과 그의 가족에게 부족했던 안정감을 주었다. 칼뱅은 우정이 결코 쉬운 것이라 생각하지는 않았지만, 이후 기욤 파렐과의 오랜 관계에서 보게 되듯이 우정 관계를 많이 누렸다. 우정은 그에게 있는 가장 모순적인 충동들을 자극했다. 칼뱅은 그와 가장 가까운 이들에게는 거칠고 가혹한 사람일 수 있었지만, 자주 자기 잘못을 인정하지는 않으면서도 독특한 형태로 절박하게 뉘우치곤 했다. 자신이 다른 사람과 동급이라는 생각과 싸우고 있었기 때문에 그는 내심 우정이 어려웠다. 가장 초기에 쓴 자료들에 의하면, 그가 주변에 있는 이들보다 지적으로 우월하다는 의식을 갖고 있었던 것은 분명하다. 세네카 주석은 그 자체로 칼뱅의 자기 확신의 상징물 같은 것이었으며,

헌사에서 그는 자부심을 거의 숨기지 않는다. 뒤슈맹의 작은 책에 쓴 서문과 세네카 주석에는 이 젊은이의 일찍 꽃핀 재능, 눈에 띄게 독자적인 지성, 후원자의 요구에서 벗어나려는 쉼 없는 갈망이 드러난다.

세네카 주석에는 정치적·법적 영역을 뛰어넘는 중요한 교훈이 있었다. 칼뱅은 인색하기 그지없는 비주류 후원자에 의존했고 그에게 크게 화가 났기에, 이 분노를 헌사에서 마지못한 찬사로 표현했다. 그러나 세네카가 지혜롭고 오래된 선생임은 분명했다. 칼뱅은 그에게서 열정으로부터, 또한 덕스러운 삶이라는 다른 사람의 찬사로부터 스스로 자유로워져야 한다는 스토아 철학의 강조점을 가져왔다.[37] 이는 그가 찾던 내적 평화, 즉 평온한 양심을 발견하고자 하는 의지를 충동했다. 이런 삶으로 출생 신분이 낮은 이들은 세상에서 떠오를 수 있었다. 다른 이들에게 아첨하면서까지 추구하는 야망은 도덕적으로 변명의 여지가 없는 것이지만, 출신 성분이 낮음에도 불구하고 야망을 가진 저자는 덕을 함양함으로써 세상에서 부상할 수 있었다. 세네카 주석은 아버지가 죽어 가던 시기 칼뱅의 성격을 증언해 준다. 세네카를 통해 그는 자신自信과 자립이라는 스토아학파의 덕을 추구하고 있었다. 칼뱅의 지적 성장은 그가 쓴 주석의 수용도에 비할 바 아니었다. 칼뱅 자신과 친구들이 노력했음에도 불구하고, 그의 책은 그해 파리에서 출판된 수많은 다른 책들과의 경쟁에서 완패했다. 말하자면 아무런 인상을 남기지 못했다. 세네카 주석을 접한 프랑스 지성계가 마치 귀가 먹은 듯 침묵하자 칼뱅은 상처를 받았고, 틀림없이 자존심도 크게 상했을 것이다. 그러나 칼뱅은 시선을 돌려 그 보상을 파리에서 찾으려 했다.

3

"마침내 구원받다": 회심과 도피

파리

큰 뜻을 품은 프랑스 인문주의자에게 파리는 모든 것이었다. 1531년 3월에 칼뱅은 콜레주 루아얄 소속 교수들 밑에서 공부하고자 파리로 돌아갔다. 또한 그는 자신의 서문으로 완성된 뒤슈맹의 『변증』 출판을 책임지는 과제도 맡았다. 아마도 칼뱅은 자신이 세네카 주석에서 칭송한 콜레주의 원로 기욤 뷔데를 만나고 싶었을 수도 있다. 부르주와 오를레앙에서 그는 드 레스투알과 알치아티라는 위대한 인물들에게 배웠지만 그 이상을 원했다. 즉 올림포스산의 신들과 같은 프랑스 인문주의 대가들과 머무르고 싶어 했다.

곧이어 아버지가 위독하다는 소식을 들은 칼뱅은 누아용으로 달려갔다. 여러 번의 다툼 이후로 지라르 코뱅은 대성당 참사회에 의해 파문당했고, 교회의 성사를 받지 못하고 1531년 5월 26일에 사망했다. 장의 형제 샤를은 아버지가 성별된 땅에 매장될 수 있도록 사후 면책, 즉 죄 용서 문제를 놓고 협상을 벌여야 했다. 이 죽음에 대한 칼뱅의 반응은 놀랍게도 침묵이다. 자기 책 출간이 늦어지는 것을 걱정하는 뒤슈맹에게 편지하면서 칼뱅은 슬픔이라든지 감정을 거의 내보이지 않는데, 그가 자기 친구들에게 뜨거운 우정을 과장되게 표현하는 것을 고려할 때 이는 매우 당혹스럽다.[1] 이러한 차이를 어떻게 설명해야 할까? 칼뱅과 아버지의 관계는 차갑지는 않았지만 복잡했다. 칼뱅의 감정적 연대가 그가 거의 만날 일 없던 가족보다는 함께 살고 공부하며 여행했던 친구들과 더 깊었을 가능성이 크다. 그가 깊이 빠져 있던 세네카의 스토아 철학의 영향도 무시할 수 없으니, 이 편지는 상실감을 다루는 수단으로써 태연함의 정형화된 모습을 보여 주고 있는 것 같다. 그가 아버지의 죽음과 그로 인한 슬픔에 전혀 영향을 받지 않았다는 주장은 분명한 오류다. 후에 친한 친구들뿐 아니라 영아기의 아들과 아내를 잃었을 때 칼뱅이 보인 솔직한 감정을 보면, 그가 돌 같은 인간이라는 인식은 사실과 전혀 다르다. 이보다는, 1531년에는 칼뱅이 아직 마땅한 표현을 찾지 못했기 때문에 느낌과 감정을 숨기고 있었다고 보는 편이 더 타당하다. 회심 이후에야 그리고 구약과 신약 이야기를 다루는 성경 주석에서, 특히 시편을 다루며 그는 22살 젊은 시절에는 표현할 수 없었던 감정 언어를 찾을 수 있었다.

아버지의 사망 이후 칼뱅은 다시 파리로 돌아가 여러 곳에 머물다가, 결국 라틴계 지역에 있는 콜레주 드 포르테 안에 거처를 확보했다. 그는 콜레주 루아얄의 왕실 임명 교수들의 강의를 따라다니며 듣는 "청강생"이 되었는데, 콜레주 루아얄은 학교 기관이라기보다 학생들이 따르는 학식 있는 개인들의 동아리 같은 성격이었다. 여기서 칼뱅은 그리스어 지식을 더 심화시켰고 아마 히브리어도 공부한 것 같다.² 비록 위기로 가득 찬 상황이었지만, 이곳은 인문주의 학문의 순도 높은 산소 같은 공간이었다. 1530년에 소르본은 성경 언어가 성경 연구에 필수라는 주장을 정죄했다. 그러나 파리에서 칼뱅의 공부를 종결시킨 주체는 신학 교수단이 아니었다. 가을에 전염병이 도시를 덮치자 모든 강의가 취소되고, 벗어날 수 있는 이들은 안전한 곳으로 대규모 피신을 하지 않을 수 없었다. 이 시기의 칼뱅은 군중 속에서 겨우 눈에 띄는 정도다. 세네카 주석은 1532년 2월에 완성되어 4월에 파리에서 출간되었다.

칼뱅은 법 공부를 계속하기 위해 다시 오를레앙으로 돌아가는데, 이후 거의 1년 반 동안 다시 한번 역사 기록에서 사라진다. 오를레앙에 있던 기록 보관소가 제2차 세계대전 중에 파괴되면서 이 몇 달의 기록이 묻혀 버려, 칼뱅이 무엇을 했고 어디에 있었는지에 대한 세부 내용을 거의 알 수 없다. 이 시기에 칼뱅은 프랑수아 다니엘, 니콜라 뒤슈맹, 프랑수아 드 코낭 등의 친구들과 함께 시간을 보냈다. 다니엘은 칼뱅보다 나이가 조금 많았고, 드 코낭은 오를레앙의 저명한 집안 출신이었다. 이들 가운데 가장 가까웠던 친구는 다니엘이었는데, 칼뱅은 다니엘의 가족도 잘 알았다.³

1533년에 프랑수아 다니엘은 칼뱅에게 주교 총대리 자리에 지원해서 후원자를 찾으라고 조언했다.⁴ 법학 공부를 한 젊은이에게는 자연스러운 과정이었고, 칼뱅은 이 자리에 앉을 자격이 충분했다. 우리는 칼뱅이 어떤 반응을 보였는지 전혀 모르지만, 그가 문헌 방면으로 경력을 쌓는 것 외에 다른 것을 원했다는 언급이 없기 때문에 이 자리에 썩 열의를 보였을 것 같지는 않다. 그럼에도 불구하고, 애정에서든 의무감에서든 다니엘 가족은 젊은 칼뱅을 돌보아 주었다. 1533년 가을에 칼뱅은 다니엘 가족의 요청에 따라 파리로 돌아가, 다니엘의 누이 중 한 명이 수도 서원을 하는 문제를 놓고 대성당 참사원 장 콥$^{Jean\ Cop}$과 옥^{Aug}의 여자 대수도원장과 협상하는 일에 관여했다. 칼뱅이 오를레앙에서 깊은 관계를 맺은 유일한 가족은 아니었지만 다니엘 가족은 칼뱅을 가족처럼 생각했다. 칼뱅은 또한 콥 가족과도 가까워졌는데, 대성당 참사원 콥의 친척 아저씨인 니콜라는 파리 대학 학장이었다.

회심

1530년대 초 칼뱅은 낙관주의자가 될 만한 충분한 이유가 있었다. 인문주의자들은 소르본에 저항하며 기세를 드높이고 있는 듯했고, 칼뱅은 수익성 높은 경력으로 이어지는 문을 열어 줄 수 있는 부유하고 저명한 가문들로부터 물질적 후원을 받았다. 그러나 1533년 가을 모든 것이 변했다. 후에 쓴 글에 의하면, 그는 "교황제의 미신에 고집스럽게 집착했다."

> [그러나] 하나님은 갑작스런 회심으로 내 마음을 압도하셔서 나를 가르치기 쉬운 모양으로 바꾸셨다. 당시 내 마음은 내 어린 시절에 사람들이 예상했던 것보다 훨씬 강퍅해져 있었다. 따라서 나는 참된 경건의 맛과 지식을 받아들이면서, 즉각적으로 이를 더 맛보고자 하는 지극히 강렬한 열망에 휩싸였고, 다른 공부를 모조리 포기하지는 않았지만 그런 공부에는 그리 많은 열정을 보이지 않았다.[5]

칼뱅은 자신의 회심에 대해 두 종류의 기록을 남겼는데, 두 내용이 많이 다르다.[6] 1539년 사돌레토 추기경에게 자신은 그리스도인으로 자랐으며 회심으로 인해 근본적으로 충성의 대상이 로마 가톨릭교회에서 하나님의 말씀으로 바뀌었다고 강조했다. 그는 이를 하나님의 심판에 대한 두려움과 괴로운 양심에 자극을 받아 일어난 점진적 이동이라고 설명한다.[7] 회심은 거짓 예배 또는 우상숭배에 대한 거부이자, 성경과 하나님께 드리는 참된 예배를 점증적으로 발견한 것으로 묘사된다. 칼뱅은 교회에 대해 지속적으로 관심이 있었으므로 젊은 시절의 신앙에서 떠나지는 않았지만, 자신의 양심이 속박되었던 이 종교의 권위가 거짓되었다는 것을 알게 되었다. 그리고 "마치 깊은 잠에 빠진 것처럼 세상이 무지와 나태에 빠져, 하나님의 말씀에 의해서 교회의 수장으로 임명된 것도 분명히 아니고 교회의 적법한 행위에 의해 임명된 것도 아니며 오히려 단순히 스스로의 선택에 의해서 교황이 그토록 높은 자리에 올랐다"는 것을 깨달았다.[8] 교회에 대한 타고난 충성심, 한편으로는 자신이 계속 속해 있던 그 거짓 종교를 매일 스스로에게 상기시켰던 양심 사이에서 찢겨진 마음으로 칼뱅은 절망에 빠졌다.

제 자신이 빠져 있던 그 불행에 너무도 놀라고, 그리고 그보다도 영원한 죽음에 더욱 두려움을 느껴 저는 고통과 눈물이 있었던 제 과거의 삶을 청산하고 당신의 길을 따르는 것을 가장 우선적인 일로 삼았나이다. 오 주님이여! 이제 저와 같이 비참한 자에게 남은 일은 변명이 아니라 당신의 말씀을 저버렸던 두려운 행적에 따라 심판을 거두어 달라고 당신께 간구 드리는 것 외에 달리 무엇이 있겠습니

까? 당신은 당신의 놀라운 선하심으로 마침내 저를 그러한 죄로부터 구원해 주셨나이다.[9]

마르틴 루터와 유사한 표현으로, 칼뱅도 옛 방식과 단절하는 과정에서 겪는 영적·정신적 고뇌, 즉 괴로운 양심과 하나님의 심판에 대한 두려움에 관해 이야기했다. 칼뱅은 이 복잡하고 인간적인 그림 속에서 더 큰 소외감을 느끼게 할 뿐이었던 교회의 권위에 순복하고 수용하라고 했던 압박을 떠올렸다. '다마스쿠스 도상'과 같은 순간이나 번쩍이는 빛이 있지는 않았다. 오히려 신앙생활이 자신을 둘러싼 세계와 점점 더 갈등하는 것을 경험하던 한 젊은이의 이야기였다. 이 기록은 외국 땅에서 나그네로 살아가던 칼뱅이 남긴 이른 시기의 표현이다.

거의 20년 후, 칼뱅은 시편 주석[1557] 서문에 자신의 회심에 대한 두 번째 이야기를 남겼다. 오래 지속되던 내적 고뇌 이야기가 사라지고, 사도 바울과 분명한 유사성을 보이는 "갑작스런 회심" 이야기로 대체되었다.[10] 칼뱅은 자신을 더 이상 고뇌하고 절망하는 가엾은 인물이 아니라 다른 사람이 가르침을 청하는 수줍고 소심한 인물이자 주저하는 하나님의 종으로 제시하며, 모세, 다윗, 예레미야, 바울의 이미지를 의도적으로 차용한다. 그의 책을 읽는 독자도 이 같은 연결점을 놓치지 않았을 것이다. 1557년 시편 주석 서문을 쓴 이 인물은 자신을 교회의 예언자로 인식하고 있었다.

두 기록에는 칼뱅의 기억이 그다지 일관되지 않았다는 것이 나타나기는 하지만 서로 반대되지는 않는다. 오히려 이는 같은 경험을 표현하는 두 가지 방식으로, 그가 말한 회심이 무엇인지를 멈추어

서서 생각할 이유를 던져 준다. 이 젊은 프랑스인은 가장 이른 시기에 쓴 기독교 저술에서부터 그리스도인의 삶을 여행과 순례라는 은유로 묘사했다. 이 이미지는 히브리 성경(구약) 속 고대의 책들만큼 오래되었지만, 칼뱅의 탁월함은 옛 전통들을 새로운 삶에 불어넣는 능력에 있었다. 그가 믿기에 회심은 여행의 시작점이지 결말이 아니었다. 정신적 고뇌라는 표현이든 갑작스런 회심이라는 표현이든, 그는 하나님이 그의 삶을 변화시키고 그를 새로운 길 위에 올려놓으시려고 또한 그를 다른 방향으로 보내시려고 어떻게 역사하셨는지 설명하려 했을 뿐이다. 두 설명 모두에 신학이 가득하다. 자신이 교회에서 자랐다고 말함으로써, 칼뱅은 자신의 회심이 아무것도 없는 무에서 기독교 신앙으로의 회심이 아니었음을 보여 주고자 했다. 핵심은 교회를 위한 그의 새로운 섬김의 삶 그리고 예언자로서의 그의 지위라는 다른 곳에 있었다. 비슷한 방식으로 자신의 인간적 약점 및 자신과 젊은 다윗 사이의 유사성을 설명하면서, 칼뱅은 하나님, 오직 하나님만이 이 회심 이야기의 주인공으로 남으셔야 함을 분명히 하고자 했다.

칼뱅의 두 회심 이야기에는 그리스도인으로 산다는 것과 소명에 대한 그의 관점이 드러난다. 두려움은 하나님이 인간을 휴면 상태에서 자기 성찰의 자리로 불러내시는 수단이다. 이 성찰로 한 개인의 죄성과 우상숭배가 드러난다. 두려움은 칼뱅의 신학에서 중요한 역할을 하는데, 그는 이 감정을 프랑스에 살 때부터 잘 알았을 뿐 아니라 생생하게 묘사할 수도 있었다.[11] 하나님을 배신했다는 사실을 알게 된 고통스런 양심은 성경에 계시된 하나님의 약속에서만 발견되는 위로를 찾는다. 이런 약속은 지적 동의 그 이상, 곧 그리스도를 따르는 삶의 급진적 변화를 요구한다. 칼뱅은 분명 자신의 개인적 회심이 다른 사람을 위한 모범이 되게 하려 했을 것이다. 그가 자신을 모든 미덕에서 본받을 만한 사례로 여겼기 때문이 아니라, 각 개인에게 역사하시는 하나님의 능력을 드러내는 도구로 생각했기 때문이다. 칼뱅이 자기가 특별한 직분으로 부름받았다는 점을 명확히 했기에 유추는 여기까지만 가능하다. 예언자 칼뱅의 회심은 한 개인의 사건이 아니라 교회의 행위였다. 그는 하나님에 대한 참된 두려움과 경건을 가르치는 자로 부름받았다. 그 회심으로 지도자가 태어났다.

파리 복귀와 첫 도피

그러면 칼뱅은 과연 어디로 회심한 것일까? 프랑스에는 프로테스탄트 교회가 없었다. 칼뱅이 회심 후 바로 가톨릭교회를 떠난 것도 아니었다. 이 문제에 답하려 할 때 발생하는 난제의 일부는 우리가 이 시기 칼뱅의 행적을 맛보기 정도로만 안다는 점이다. 칼뱅이 1533년 8월 말 누아용에 있으면서 대성당 참사회 모임에 참석했다는 것과 당시 창궐하던 전염병의 진행을 막기로 한 결정이 여기서 이루어졌다는 것은 알려진 사실이다.[12] 그러나 이에 대한 칼뱅의 반응이나 그 밖의 일들에 대해서는 알려진 것이 없다. 가장 그럴싸한 추정은 칼뱅이 르페브르식 복음주의 쪽으로 움직였으리라는 것이다.

칼뱅의 회심 당시, 프랑수아 1세가 콜레주 루아얄을 세운 후 프랑스 왕국은 지역별로 더 많이 분열되어 있었다.[13] 프랑수아는 소르본과 파리 고등법원에 맞서 자기 권위를 계속 주장했다.[14] 마르그리트 주위의 나바르파는 루터의 작품 상당수에 호의적이었지만, 독일 제국에서 일어나는 사건들을 보고 공포에 질려 분열을 피해야 한다는 의지를 필사적으로 키웠다. 이들은 가톨릭교회를 포기할 준비가 되어 있지 않았다. 수많은 오류에도 불구하고 가톨릭교회가 그리스도의 참된 몸인 것은 틀림없다고 믿으며, 단지 내부 개혁을 바랐다. 1533년과 1534년 사순절 기간에 르페브르의 이전 제자이자 당시 마르그리트의 궁정에서 구제 사업을 담당하던 제라르 루셀이 약 5천 명의 청중 앞에서 여러 차례에 걸쳐 설교를 전했다.[15] 소르본이 어리석게도 루셀의 설교를 비난한 후 노엘 베다가 1533년 파리에서 추방당한 것을 보면 이들이 누린 왕실의 지원이 어느 정도였는지 분명히 드러난다.[16] 루셀의 설교는 1533년에 파리에서 일어난 격변의 출발점이었다.[17] 그때 모인 5천 명 청중 가운데 장 칼뱅도 있었다.

정치의 힘이 이 사건을 좌지우지했다. 왕은 르네상스 문학과 문화를 깊이 사랑했고, 에라스무스를 정죄한 소르본 학자들을 향해 분노하기는 했지만, 누이와 종교 성향을 공유하지는 않았다. 프랑수아 1세는 복음주의자를 지원하지도 않았지만 그렇다고 왕실이 교회 위에 군림하는 권력의 집중을 허용한 볼로냐 협약에 저항했던 소르본을 지지하지도 않았다. 오히려 그의 행동은 주로 황제 카를 5세와 지속적으로 벌인 전쟁으로 결정되었다. 카를이 프랑수아를 누르고 1519년에 신성로마제국 황제로 선출됨으로써, 합스부르크가*는 왕가의 지위를 1806년까지 누렸다. 증오하는 라이벌 합스부르크가를 무너뜨리기 위해, 프랑수아는 황제의 예상되는 공격으로부터 독일 종교개혁을 보호하려고 프로테스탄트 독일 제후들과 도시들이 1531년에 결성한 슈말칼덴 연맹을 지원했다. 프랑수아와 연맹과의 관계는 적의 적은 친구가 된다는 사실을 분명히 보여 주는 사례였다. 종교개혁자에 대한 박해는 이 전략에 도움이 되지 않을 것이었다. 그러나 프랑수아가 프랑스에서 복음주의 활동을 관용했다고 해서 이들을 지지했다고 혼동해서는 안 된다. 교황은 그를 "가장 기독교적인 군주"라 이름 붙였고, 프랑수아의 시각에서 이는 자신의 왕국을 이단으로부터 보호해야 한다는 의미였다.

1530년대 초 내내 파리 전역에 인문주의와 복음주의 사상의 바람이 불었고, 칼뱅도 이를 감지했다. 1532년에는 프랑수아 라블레가 익명으로 『팡타그뤼엘』*Pantagruel*을 출간하여 소르본의 박사들을 조롱거리로 삼았다. 칼뱅은 회심한 해인 1533년 10월자로 다니엘 랑베르*Daniel Lambert*에게 보낸 길고 화젯거리가 풍부한 편지에서, 관원들이 조사에 착수하게 된 학생들의 추문성 연극 공연을 둘러싼 사건을 자세히 설명한다.[18] 이어서 그는 1531년 알랑송에서, 그보다 2년 후 파리에서 출간된 『죄 많은 영혼의 거울』*The Mirror of the Sinful Soul*이라는 제목의 신앙적인 시를 담은 작품을 신학 교수들이 정죄했다는 참담한 이야기로 넘어가는데, 그 책의 저자는 다름 아닌 국왕인 남동생에게 즉각 불만을 표했던 나바르의 마르그리트로 밝혀졌다. 신학 교수단의 이런 참담한 행위는 고등법원이 통과시킨 책에 대한 검열 금지 조항의 분명한 위반이었기에, 신학자들이 곤란에 처했다. 다른 학과 교수들은 이 사건과 자신들은 관련이 없음을 천명했고, 이어 대학 학장이 조사를 시작했다. 신학 교수진은 굴욕 속에 후퇴하지 않을 수 없었다. 칼뱅은 이 사건에 어떤 심리적 개입도 하지 않으면서 냉정하고 냉담하게 이야기를 기술한다. 여기서 칼뱅은 관찰자이자 기자이며, 누군가의 부하나 어느 특정 교수의 제자도 아닙니다.

그렇다면 칼뱅은 파리에서 무엇을 하고 있었을까? 회심 이야기에 따르면 칼뱅은 공부를 계속했다. 1533년 여름과 가을에 그는 콜레주 루아얄에서 강의를 들으면서 교부와 당대 저자들의 글을 읽고 있었음이 거의 틀림없다. 또한 그가 파리에서 세네카의 『관용론』을 강의하고 있었다는 것도 알 수 있다.[19] 이 시기에 그가 기독교 신앙에 대해 얼마나 확신하고 있었든지 간에, 고전 공부와 강의에 몰두하고 있었던 것만은 확실하다.

칼뱅이 읽고 있던 저자 중에는 분명히 마르틴 루터도 있었다. 루터의 저작은 1520년대 초부터 프랑스에서 라틴어와 프랑스어 번역으로 유통되었다. 칼뱅이 이 독일 종교개혁자의 어떤 글을 읽었는지 알 수 있는 직접적 증거는 없지만, 그가 루터의 사상에 익숙했다는 사실은 1533년 만성절All Saints' Day에 마튀랭의 교회에서 대학 신임학장 니콜라 콥이 행한 유명한 혹은 악명 높은 취임 연설에서 드러났다. 대학에 모인 청중 앞에서 콥은 자기 연설의 주제가 "기독교 철학"이라고 밝혔지만, 청중이 들은 것은 노골적으로 루터파의 강조점 특히 율법과 복음에 대한 루터파의 지향점을 담은 에라스무스적 성경 해설이었다. 연설의 1부는 에라스무스의 1516년 성경의 라틴어 번역판 서문인 『파라클레시스』Paraclesis에서 비롯된 것이었고, 또한 마르틴 부처Martin Bucer의 라틴어 번역문에서 발췌한 마르틴 루터의 마태복음 5장 3절 해석이 길게 인용되었다.[20] 콥은 율법은 "훈계 속에 담겨 있고 위협하며 짐을 지우고 선한 의지를 약속하지 않는다. 복음은 위협함 없이 역사하며 훈계로 사람을 움직이게 하는 것이 아니라, 우리를 향한 하나님의 최고의 선한 의지를 가르친다"고 주장했다.[21] 신학부 대표자들은 즉각 수상한 낌새를 느꼈다. 이들은 의사인 콥이 이런 단어를 생각해 낼 만한 능력이 있는지 의심이 들어, 뒤에 숨은 유령 저자를 찾는 수색을 시작했다. 이들이 찾는 그 저자가 칼뱅인지 아닌지 학자들의 의견이 분분하지만, 최신 연구에서 학자들은 그가 원고 작성에 실제로 관여했다고 주장한다.[22] 베즈의 전기에서는 칼뱅이 저자라고 단언한다.[23] 쉽게 해결되는 문제는 아니다. 이후에 나온 사본일 수도 있지만, 칼뱅이 그 원고 한 부를 갖고 있었던 것은 사실이다. 반면, 핵심 성경 구절인 마태복음 5장 3절에 대한 칼뱅의 이후 해석은 콥의 연설에 등장한 해석과 많이 다르다. 주지한 것처럼 이 해석은 루터의 것이었다.[24] 사실이 어떻든 간에, 칼뱅이 연설문을 직접 쓰지는 않았다 해도 친구의 의도에 공감했을 뿐 아니라 적어도 이를 알았음은 분명한 것 같다. 곧바로 반발이 뒤따랐다. 콥은 파리를 떠나 스위스 도시 바젤로 달아났고 루셀은 체포되었다. 칼뱅도 파리를 급히 떠났다는데 그 사실은 그가 사건에 연루되었다고 스스로 인지했음을 보여 주는 가장 설득력 있는 증거다.

친구들의 아량

칼뱅의 피난처는 클레^{Claix}의 사제이자 좋은 친구였던 루이 뒤 틸레^{Louis du Tillet}의 시골집이었다. 명문가였던 뒤 틸레 집안은 프랑스 남서부 앙굴렘^{Angoulême} 근교에 상당한 규모의 주택을 보유하고 있었다.[25] 이름이 장^{Jean}인 두 명을 비롯하여 다섯 명의 뒤 틸레 형제들은 궁정과 고등법원에도 직위를 갖는 등 파리의 고위 공무원직에 이름을 올렸다. 16세기 말 자료에 의하면, 칼뱅은 앙굴렘에 살 때 이 집안의 가정교사로 일했다. 그는 학창 시절에 이 가까운 친구의 집을 수차례 방문할 수 있었을 뿐 아니라, 자크 르페브르를 비롯해 나바르의 마르그리트를 중심으로 네라크^{Nérac}에 모인 개혁 성향의 목회자들과도 가까웠다. 당시 프랑스 복음주의 사상의 원로 자리를 지키고 있던 르페브르는 노엘 베다가 주도한 인문주의자 공격 이후 은거를 위해 네라크에 내려와 있었다. 이 노인을 방문할 기회가 주어지자 칼뱅은 기회를 붙잡았지만, 결과는 그리 좋지 못했다. 베즈는 이에 대해 다음과 같이 기록한다. "이 선한 노인은…젊은 칼뱅과 만난 것을 기뻐했고, 그가 프랑스에 천국을 회복시키는 탁월한 도구가 되리라 예측했다."[26] 아마도 베즈는 이 이야기를 칼뱅에게 직접 들었겠지만, 칼뱅은 이 만남에 대해서 이후에 다시 언급한 적이 없다. 신앙 때문에 많은 고난을 받은 르페브르는 핍박을 피해 내려온 남부에서 피난처를 찾았다. 반면 칼뱅은 고백한 대로 행동한다는 것이 무슨 의미인지 이제 막 배우기 시작했다. 이 만남에서 일어난 일이 무엇이든, 프랑스 남부에서 보낸 몇 개월은 뒤 틸레와 앙굴렘이 제공한 풍성한 장서들을 이용하며 여유와 평화 속에 연구에 전념한 시간이었다. 여기서 초대교회 교부들의 글에 몰두했고, 이내 이들을 외워서 인용할 수 있었다.[27]

1534년 초 칼뱅은 다니엘에게 날짜를 기재하지 않은 편지를 쓰면서 세상에 다시 나타났다. 자기 상황을 설명하며, 그는 "당신이 잘 아는 내 체질상의 약점과 질환"에도 불구하고 자신이 "점점 좋아지고" 있다고 언급한다. 자신의 현재 상황을 가장 잘 표현하는 단어가 "유배"인지 "은거"인지 확실히 알 수는 없었지만, 파리 탈출 이후 주어진 평안과 고요에 대해 큰 감사를 표했다. 앙굴렘에서 누리는 삶에 만족하고 공부에 전념할 필요성에 대해서도 다니엘에게 언급했다. 이 편지에서 칼뱅은 그의 생각을 지배하고 기대를 드러내는 섭리적 언어를 처음으로 사용한다. "내가 편하고 고요한 삶을 살고자 했을 때는 내가 가장 기대하지 않았던 일이 닥쳤고, 반대로 받아들이기 어려운 상황처럼 보였을 때는 예상과 달리 나를 위한 고요한 둥지가 만들어졌습니다. 이것은 주님이 하신 일입니다."[28]

칼뱅의 생애에는 해결되지 않은 모호한 면이 많았다. 파리의 혼돈을 벗어난 상대적으로 평화로운 세계에서 그가 속한 종교란 무엇이었나? 칼뱅은 가톨릭교회 사제였던 한 친구와 함께 살았는데, 그러면서도 그는 칼뱅식의 개혁적 견해 다수를 분명히 공유했다. 프로테스탄트 교회가 없었으니 칼뱅은 계속 미사에 참석했을까? 아마도 능청스럽게 신자인 척 가장하며 미사에 참석하여 그가 가르침을 거부한 교회의 겉치레 의식을 계속 관찰했을 것인데, 프랑스를 떠난 후 칼뱅은 이러한 행위를 악마의 것이라고 가혹하게 비난한다. 그가 어느 정도는 순응하면서 자신의 신앙에 균형을 잡으려 한 증거가 있다. 이는 이후 프랑스에서 이단의 기원에 대한 대중 역사서를 쓴 당대의 논쟁적 가톨릭 법학자 플로리몽 드 레몽Florimond de Raemond이 남긴 이야기에서 찾을 수 있다.[29]

칼뱅은 수년 동안 앙굴렘시에 머무르며 가톨릭의 가면을 쓰고 있었지만, 아주 가끔씩만 교회에 나타났다. 성당 참사회는 교회 회의가 저녁 만찬을 위해 모였을 때 관습에 따라 라틴어 설교를 해 달라고 칼뱅에게 요청했다. 그는 이렇게 생피에르 교회에서 두세 차례 설교를 했다. 그는 앙굴렘에 있는 동안 가톨릭 관습에 위배되는 방식으로는 설교나 기도, 예배를 하지 않았다.[30]

이 자료는 칼뱅이 적대적이지만 일종의 가르치는 일에 참여하고 있었다는 베즈와 콜라동의 진술을 확증해 준다. 그는 학식 있는 사람으로 그 지역에 알려졌으며, 이단적 신앙을 숨기고 있었다고는 하지만 어쨌든 신앙과 관련된 일에 고용되어 있었음은 분명하다.

칼뱅이 두드러진 복음주의 견해를 형성한 시기는 1534년 겨울과 봄이었던 것 같다. 그가 프랑스 남부에 머무르던 시기에는 파리의 유명한 개혁자들과 연락을 주고받았다는 희미한 흔적이 있고,[31] 이는 그가 뒤 틸레의 집에 있는 동안 『기독교강요』를 쓰기 시작했다는 연구자들의 오래된 믿음에 더 신빙성을 부여한다.[32] 증거가 완전하지는 않지만, 1534년 봄과 초여름에 칼뱅의 생각이 근본적으로 바뀐 것은 거의 확실하다. 다만 아직 스스로 공언할 만큼 준비되지는 못한 상태였다. 앙굴렘에 있으면서 위장했던 경험이 참된 교회는 거짓된 것과의 완전하고 공개적인 단절을 통해서만 세워진다는 이후의 타협 없는 믿음을 키우는 데 크게 기여한 것 같다.

1534년 4월 말 칼뱅은 특별한 목적을 지니고 누아용으로 다시 한번 떠났다. 12살부터 그와 그가 받은 교육을 후원했던 교회로부터 오는 생활비를 포기하기로 결심한 뒤였다. 25살이 된 칼뱅은 누아용 대성당 참사회에 이제 교회에서 주는 돈을 받지 않겠다고 통보했다. 드 라 게신^{de la Gésine} 예배당의 수입을 소액에 다른 사람에게 넘겼고, 퐁 레베크^{Pont l'Evêque} 교구에서 나오는 재정은 친구에게 양도

3. "마침내 구원받다": 회심과 도피　　95

했다. 이런 행동의 배경은 무엇이었을까? 우선 나이를 고려해야 한다. 25살의 칼뱅은 법적 성인이었고, 이전 그 어느 때보다 경력에 신경을 써야 할 시기였다. 그러나 나이는 부수적 문제였을 것이다. 더 설득력 있는 설명은 1534년 봄 칼뱅이 르페브르식에 대한 단순한 공감을 넘어 가톨릭교회에 등을 돌리는 쪽으로 한 발 더 움직이고 있었다는 주장이다. 칼뱅에게는 그를 지원하는 부유한 친구들 무리가 있었고, 이들은 그와 종교 사상을 공유했으며, 법학 훈련을 받은 그의 장래는 밝았다.

회심 후에도 칼뱅은 가톨릭교회 경계 내에 머무는 르페브르식 복음주의 기독교를 수용했지만, 아마도 단지 형식적이었을 것이다. 1533-1534년 가을과 봄에는 무슨 일이 있었는지 거의 알려지지 않았고, 그는 인생에서 중요했던 이 시기에 대해 어떤 빛도 던져 주지 않았다. 추측하건대, 자기 신앙이 이제 가톨릭교회와는 타협이 불가능하다고 결론 내렸고 따라서 그가 일종의 위장 행위를 하게 되었다고 보는 편이 가장 그럴싸한데, 이후 그는 이런 유형의 행위를 그리스도인답지 않은 것이라 비난한다.

벽보 사건

벽보 사건에서 칼뱅이 직접 어떤 역할을 맡은 것은 아니었지만, 이 사건은 칼뱅의 초기 경력을 결정짓는 순간이다. 1534년 10월 17일 한밤중에 미사의 희생제를 혐오스러운 것으로 비난하는 벽보가 놀랄 만큼 과감하게 왕의 침실문을 비롯한 파리 전역에 붙었다.[33] 내용은 조악했지만, 반응은 빠르고 과격했다. 이후 몇 주 동안 개혁 운동을 지지하는 수백 명이 모여들었는데, 그런 징조는 거의 보이지 않았지만 왕은 이 운동이 폭동으로 번질까 봐 두려워했다. 핍박의 물결이 시작되자 책은 압류되고, 9명이 처형당했다. 벽보가 1535년 1월 6일에 다시 등장하자 반응은 한층 더 격렬해졌다. 열 달 만에 11명이 처형되고 추방과 재산 압류가 동반되었다. "루터교도" 73명의 명단이 작성되었는데, 이 가운데 인쇄업자가 셋, 제본업자 둘, 서적 판매상이 하나 있었다.[34] 프랑수아 1세의 반응은 가톨릭교회에 대한 그의 충성심을 잘 드러냈다. 핍박은 1535년 여름, 즉 쿠시 칙령Edict of Coucy으로 프랑수아가 "성찬기념론자"sacramentarians로 밝혀진 이들을 제외한 모두를 석방할 때까지 이어졌다. 성찬기념론자란 츠빙글리의 추종자들이 성찬 때 그리스도의 임재를 거부한다고 알려졌기 때문에 붙은 이름이었다. 그러나 이 조치는 슈말칼덴 연맹에 속한 독일 프로테스탄트 영주들의 환심을 사려는 행동일 뿐이었다.

확실히 눈에 띄는 행동이긴 했지만, 벽보는 오히려 개혁을 반대하는 이들의 손아귀에 놀아나는 결과를 초래했다. 주로 츠빙글리의 신학에서 끌어온 벽보 내용은 프랑스 복음주의자 대다수를 거의 대표하지 못했기에, 마르그리트는 자신이 이 사건과 아무 연관도 없다고 신속히 공표했다.[35] 이 사건의 중요성은 다른 곳에서 찾아야 한다. 소르본의 홍보가 대성공을 거두어, 복음주의 신앙을 옹호하는 모든 행위는 손쉽게 폭동을 시도하는 것으로 여겨졌다. 1535년 1월 21일에 파리에서는 왕의 궁정, 대학, 수도회, 길드가 이끄는 장대한 행렬로 이단을 제거하는 정화 의식이 치러졌다. 가톨릭 군주와 교회는 한껏 위엄을 과시했다. 파리의 교회들이 보유한 가장 귀한 성물도 성찬을 집례하는 파리 주교를 통해 거리 행진에서 공개되었다. 주교 바로 뒤에는 프랑수아 1세가 머리를 밀고 검은 옷을 입고 불을 붙인 양초를 들고 참회하며 걸어갔다.[36] 그는 파리를 비롯한 프랑스인 모두에게 이단을 비난하도록 몰아댔고, 화형식이 뒤를 이었다.

벽보가 파리나 프랑스도 아니고 스위스 연방의 뇌샤텔에서 인쇄된 것이었기 때문에, 국경 바깥에서 날아든 적의 공격으로 왕국은 공황에 빠졌다. 그러나 벽보는 제네바에서 설교하던 프랑스인 앙투안 마르쿠르Antoine Marcourt의 작품이었고, 파리, 루앙, 오를레앙, 블루아, 투르에서 동시에 등장했다.[37] 목회자들이 여전히 가톨릭교회에 충성을 다하고 있었음에도 불구하고, 상인과 장인들 가운데 복음주의 논쟁에서 수용적 태도를 보인 청중이 많았기 때문에 벽보 사건에서는 평신도의 역할이 컸다. 이곳저곳 돌아다니는 상인은 전복적 사상을 선전하는 통로가 되었는데, 사업차 여러 도시를 오가는 한 사람 한 사람을 다 조사할 수는 없었기 때문에 왕실 관리들에게 치명타를 날렸다. 이 벽보 제작 과정에서 유일한 현실적 한계는 이런 문서를 출판하려 하거나 할 수 있는 인쇄업자의 수가 적었다는 것이다.

벽보 사건은 프랑스 종교개혁 내부에 얼마나 극명하게 다른 두 양상이 존재했는지 보여 준다. 나바르의 마르그리트 주위에 있던 사람들, 즉 제라르 루셀 같은 사람들은 교회 제도 내부에서 개혁을 시행하려는 에라스무스식 이상을 계속 지지했다. 이를 강하게 반대한 이들은 가톨릭교회와 그 계급 제도를 거부했고, 가톨릭교회에 남아 있는 이들을 복음을 반역한 자들로 여겼다. 후자 그룹에서 가장 유명한 인물이 기욤 파렐로, 한때 모 서클의 일원이었지만 이제는 스위스 연방에서 망명 생활을 하고 있었다. 파렐과 마르쿠르 및 다른 이들은 1520년대와 1530년대 초에 일어난 박해와 억압으로 급진화되어 있었다.

칼뱅은 이들 그룹 어디에도 속하지 않았지만, 자신이 신앙 견해 때문에 위험에 처했음을 알고 다시 한번 파리를 떠나 오를레앙으로 향했다. 사건의 여파가 그리 강렬하지는 않았던 첫 번째 벽보 사건 후에 그가 파리를 떠나기로 했다는 점이 중요하다. 심지어 오를레앙에서도 칼뱅은 자신이 안전하지 않다는 사실을 알았고, 망명 생활을 할 수 있다는 것도 예상했다. 그는 한 번도 프랑스 바깥으로 나가 본 적이 없었고, 라틴어 외에는 다른 나라 말도 할 줄 몰랐다. 프랑스를 떠난다는 것은 가족과 친구들에게서 단절되는 것을 의미했다.

1534년 말에 칼뱅과 친한 친구 루이 뒤 틸레는 추적을 피하기 위해 이름을 가명으로 바꾸고 프랑스를 떠났다. 칼뱅이 사용한 가명은 마르티누스 루키아누스$^{Martinus\ Lucianus}$였다. 그들은 알자스 지방을 가로질러 스트라스부르에 도착했다. 칼뱅은 스트라스부르의 종교개혁자이자 남부 독일 종교개혁의 지도자 볼프강 카피토$^{Wolfgang\ Capito}$ 및 마르틴 부처와 미리 연락을 주고받은 상태였다. 그러나 이때 그의 최종 목적지가 스트라스부르는 아니었다. 칼뱅은 종교개혁자가 되거나 교회의 지도자가 되려 하지 않았다. 그저 앙굴렘처럼 계속 공부하고 글을 쓸 수 있는 또 다른 장소를 찾으려 했다. 이런 바람으로 그는 라인강을 따라 남하해서 스위스 연방으로 들어갔고, 결국 바젤에 도착했다.

"우리는 이제 약속의 땅으로 간다": 순례

망명은 예언자들 그리고 사울을 피해 도망하는 다윗의 운명이었다. 이제는 이것이 칼뱅의 몫이었다. 회심을 경험하면서 칼뱅은 가톨릭 교회와 서서히 단절하게 되는 영적 여정을 시작했다. 이 여정에 결정적이거나 극적인 순간은 없었다. 공부하고 대화하고 기도하는 중에 일어난 일이었을 뿐이다. 이 모든 일은 역사가들의 시야에서 여전히 숨겨져 있다. 망명은 하나님께 순종하고, 거짓 교회로부터 분리되며, 신앙을 선언하는 행위였다. 예언자의 역할은 외부자가 되는 것이므로, 회심을 통해 하나님의 소명을 받은 칼뱅은 그에 응답하여 프랑스를 떠나야 했다.

오를레앙에 있을 때, 칼뱅은 프랑스를 떠나기 직전 자신의 영적 여행을 지도처럼 그려 낸 작품의 집필을 시작했다. 최종적으로 『영혼의 잠』*Psychopannychia*이라는 제목이 붙은 이 책은 1542년 스트라스부르에서 인쇄되었는데, 원고 형태일 때 칼뱅의 친구들과 동료들이 회람해서 읽은 적이 있었다. 첫 반응은 별로 고무적이지 않았다. 이후 칼뱅은 스트라스부르의 볼프강 카피토에게 필사본을 보냈다. 그는 이 글을 아직 출판해서는 안 된다는 생각에 공감하던 사람이었다.[38] 카피토는 칼뱅의 육필 원고가 판독이 어려울 뿐 아니라 주제와 논조도 적절하지 않다고 생각했다.[39] 양극화되고 있는 프랑스 종교계에 대한 칼뱅의 생각을 담은 공격적인 산문은 서로 대치하는 두 진영 간 세심한 균형이 유지되어야 했던 스트라스부르와 바젤에서는 환영받지 못했다. 칼뱅은 원고를 바젤로 가져가서 비평적 반응을 반영한 새 서문을 썼다. 그러나 논지가 근본적으로 바뀐 주장은 없다.⁴⁰ 심지어 현재 우리가 읽는 수정된 형태의 『영혼의 잠』은 프랑스 복음주의 그늘에서 벗어나기 시작하던 칼뱅의 사상을 처음으로 세밀하게 관찰할 수 있게 해 준다.

그가 이 주제를 선택한 것에 대해 동시대 사람들이 당황했으리라는 것은 어렵지 않게 알아차릴 수 있다. 자신의 신앙 때문에 핍박받을 위험에 처해 있는 이 젊은이는 왜 영혼 불멸이라는 주제를 종이 위에 펼쳐 놓으려 했을까? 당연히 이 질문은 중요하고 심지어 인기 있었으며, 15세기 및 16세기 초의 신학자와 철학자들은 그 질문에 사로잡혀 있었다.⁴¹ 더욱 흥미롭게도, 칼뱅이 육체가 사망할 때 영혼이 잠든다는 거짓 교리를 가르친 "아나뱁티스트"의 가르침을 공격하고 있는 것이라는 주장도 있다. 그러나 실제로는 영혼 불멸 교리도 아나뱁티스트도 칼뱅의 주 관심사가 아니었다. 그는 파리 시절에 만난 다른 이를 염두에 두고 있었는데, 바로 의학도 미카엘 세르베투스Michael Servetus와 그가 주도하는 파리의 이탈리아인 모임이었다.⁴² 미카엘 세르베투스는 에스파냐 출신 인문주의자이면서 신학자 및 의사로, 1520년대와 1530년대에 탁월하면서도 이단적인 사상의 조합물을 퍼뜨리며 유럽 전역을 돌아다녔다. 악명 높았던 그는 1553년에 칼뱅의 제네바에서 죽음을 맞이하는데, 이는 유럽 전역에 추문을 유발한다.⁴³ 칼뱅과 세르베투스는 분명히 서로를 이미 알고 있었고, 1534년 이 프랑스인은 뒤 틸레와 머물던 생통주Saintonge를 떠나 파리 생앙투안 거리로 이 에스파냐인을 만나러 갔다. 칼뱅이 20년 후 제네바에서 지적한 대로, 당시 세르베투스는 약속을 어겼다. 베즈는 칼뱅이 상당한 위험을 감수하면서까지 이단자를 만나는 데 동의한 이유는 그의 입을 다물게 하려는 소망 때문이었다고 주장한다.⁴⁴ 직접 만나서는 입을 다물게 할 수 없었기에 『영혼의 잠』을 썼을 수도 있다. 사실이 무엇이든, 세르베투스와 영혼의 잠 교리는 전체 그림의 일부일 뿐이다. 모국을 떠나기 전에, 칼뱅은 이 작품에서 성경에 대한 복음주의자들의 믿음을 감동적으로 변증했다.

이 책에서 칼뱅은 성경을 묵상하며 자신이 일평생 발전시킬 주제 하나를 펼쳐 보인다. 즉 세상을 통과해 영원으로 가는 순례로서의 그리스도인의 삶이다. 칼뱅은 자신에 대한 언급을 전혀 하지 않으면서도 자기 경험을 글에 투영하여, 욥과 아브라함 같은 위대한 성경 인물의 사례를 들면서 하나님의 말씀을 믿는 믿음 때문에 고난당한 이들에게 위로를 준다. 죽음은 기괴하거나 병적인 주제가 아니라 모든 신앙인이 스스로 준비해야 하는 순간, 이 세상의 고통과 고난에서 놓여나는 기쁨의 해방이었다. 『영혼의 잠』에서 압도적으로 중요한 주제는 모든 선의 근원이신 하나님, 그분 안에만 확실한 것이 존재하는 하나님에 대한 인식이었다. 영혼의 죽음은 육체적인 것이 아니라 하나님께 버림받는 것이며, 이 상태에서 "정신은 인식 능력을 여전히 유지하지만, 원래 그랬던 것처럼, 악한 욕망이 일종의 정신적 혼수상태를 유발한다."⁴⁵ 죽음에는 두 가지 형태가 있다. 하나는 몸과 영혼의 분리로 모든 인간의 운명이며, 다른 하나는 하나님으로부터의 소외로 그때 사람은 "심연"과 "혼돈" 속에 산다. 하나님의 임재를 인식하는 사람은 반드시 고통과 고뇌를 견뎌야 하는데, 이들이 하나님의 심판을 두려워하며 살기 때문이다.

칼뱅은 독자에게 하나님이 "아담아 네가 어디 있느냐?"하고 물으실 때 아담이 어떻게 느꼈을지 상상해 보라고 한다. 칼뱅에게 욥은 모든 사람, 아마도 심지어는 장 칼뱅 자신으로, 그리스도인이 하나님의 진노만을 실재로서 인식할 때의 순간을 대표하는 인물이었다. 『영혼의 잠』에서 고통받는 사람의 모델이 욥이었다면, 칼뱅이 믿음의 사람으로 여긴 인물은 아브라함이었다.

사도는 망명자이자 나그네로서 낯선 이들에 둘러싸여 외국 땅에 살았던 아브라함과 그의 후손들에 대해 말한다. 하나님이 주신 명령에 순종하여 누추한 오두막에 살며 몸을 편히 쉬게 할 안식처를 거의 갖지 못했던 아브라함은 자기 본토와 친척을 떠났다. 하나님은 그들에게 아직 나타나지 않은 것을 약속하셨다. 그러므로 이들은 아주 멀리 있는 약속을 신뢰했고, 하나님의 약속이 언젠가 성취되리라는 확고한 믿음을 가지고 죽었다. 이 믿음에 따라 그들은 이 땅에는 고정된 처소가 없으며, 이 땅 너머에 자신들이 기대했던 나라, 즉 천국이 있다고 고백했다.[46]

구약의 족장들에게는 하나님의 약속이 멀리 있는 빛이었을 수 있지만, 그리스도인에게 하나님의 나라는 부분적으로 이미 성취되었다. 이 나라는 "완전함" 속에 성장하는 각 개인 안에 존재한다.[47] "이렇게 하나님 나라를 그들 안에 갖고 하나님과 함께 다스리는 이들은 하나님 나라 안에 존재하게 되며, 지옥의 문이 그들을 이기지 못한다."[48] 이 나라는 "그리스도와 함께 숨겨져" 있어 믿음으로 사는 이들만 알아볼 수 있다. 하나님 나라에 대한 인식은 행동이 동반되어야 하는 "기대" 상태를 위한 필수 요소다. 그리스도인은 "금욕"과 "정화"를 통해 감각을 길들이고 형성함으로써 그리스도의 삶을 따라야 한다.[49]

죽음은 모든 그리스도인에게 닥치지만, 이것이 여정의 끝은 아니다. 죽음 이후에 아브라함의 품에 안겨 쉬는 상태는 위안은 되지만 영혼의 마지막 단계는 아니다. "우리의 복은 모든 과정을 끝내고 종결할 그날까지 계속 진행되며, 따라서 택함받은 자의 영광 그리고 소망의 완전한 소진, 곧 모든 것이 완성될 그날을 고대한다. 복 혹은 영광의 완성은 하나님과의 완전한 연합 이외에는 어느 곳에도 존재하지 않는다는 사실을 모두가 인정한다."[50]

칼뱅은 고린도 교회에 보낸 바울의 편지(고린도전서 10:1-5)를 정교하게 확장하여, 이스라엘의 출애굽을 예로 들어 그리스도인의 영적 여정을 설명한다.

> 세례 안에서 우리의 파라오가 익사하고 우리의 옛 사람이 십자가에 못 박히며 우리의 지체들은 고난을 당하고 우리가 그리스도와 함께 묻혀 마귀의 속박과 죽음의 권세에서 해방되었지만, 주님이 하늘에서 만나를 내려 주시고 바위에서 물을 솟아나게 하시지 않았다면 그저 메마르고 빈궁한 광야로 옮겨졌을 뿐이라 할 수 있다. 물이 없는 땅처럼, 우리 영혼은 주님이 그분 영의 은혜로 물을 내려 주시기까지는 모든 것이 부족할 뿐이다. 그런 후에야 우리는 눈의 아들 여호수아의 인도하에 약속의 땅, 젖과 꿀이 흐르는 땅으로 들어간다. 하나님의 은혜는 우리의 땀과 피가 아니라 우리 주 예수 그리스도를 통해 죽음의 몸에서 우리를 자유케 한다. 우리의 육체는 영혼을 거스르며 가장 강한 힘으로 영혼과 싸우기 때문이다. 그 땅에서 자리를 잡은 후 우리는 풍성한 음식을 먹는다. 흰옷과 안식이 주어진다. 그러나 왕국의 수도이자 중심지 예루살렘은 아직 세워지지 않았다.

평화의 왕자 솔로몬도 아직 왕의 홀을 쥐거나 모두를 다스리지도 못한다. 그러므로 대적의 손을 피한 성도의 영혼은 죽은 후에야 평안을 얻는다. "풍요에 풍요를 더하게 될 것"이라는 말씀이 그들에게 주어졌으므로, 모든 것을 넘치도록 공급받을 것이다. 그러나 천상의 예루살렘이 영광 중에 나타날 때, 참된 솔로몬이신 평화의 왕자 그리스도가 보좌에 앉으실 것이며, 참이스라엘 사람들이 그들의 왕과 함께 다스릴 것이다.[51]

이 구절은 칼뱅이 생애 후반에 쓰게 되는 글만큼이나 아름답다. 망명자 칼뱅은 순례자 칼뱅이었고, 에라스무스와 르페브르에게서 바울의 편지를 영적 여정이라는 틀로 읽는 법을 배웠다.[52] 바울은 칼뱅의 안내자였을 뿐 아니라, 칼뱅은 사도의 강조점 또한 분명하게 인식했다. 『영혼의 잠』에는 칼뱅이 성경 언어를 어느 정도까지 자신의 것으로 만들 수 있었는지 드러난다. 이는 하나님께로 가는 그의 여정에 대한 목소리가 되었다. 본문은 망명에 대한 이미지로 가득하지만, 동시에 계속해서 양식과 소망을 주시면서 순례를 앞장서서 이끄시는 하나님을 가리킨다. 이 책에서는 칼뱅의 회심에 담긴 의미가 내비친다. 그의 회심은 곧 한 사람의 시야가 오직 하나님만을 향하는 삶으로의 변화, 즉 고난과 염려를 특징으로 하는 순종의 여정이었다. 칼뱅에게는 내적 자아와 외적 자아의 고통이었는데, 그가 하나님의 확실한 약속이 이끄는 내적 여정의 풍성함을 발견하면서 동시에 육체적으로는 고향이자 애정의 대상이었던 땅을 떠나고 있었기 때문이었다. 그는 예루살렘을 떠나는 동시에 예루살렘으로 향하고 있었던 것이다.

1534년은 아마도 칼뱅의 삶에서 가장 흥미진진한 해일 것이다. 우리가 확실히 아는 것도 일부 있지만, 대부분은 여전히 안개에 휩싸여 있다. 콥의 연설 이후 그리고 1534년 말 고향 땅을 떠나기 전에 남쪽으로 내려간 그에게 무슨 일이 있었을까? 우리는 그가 복음주의 대의에 공감한 친구들 및 가족과 함께 공부하고 설교하며 이동했다는 것은 알지만, 그의 길은 전반적으로 단독자의 여정이었다. 그는 가톨릭교회를 떠나 다른 비전을 향하는 영적 여정을 걷고 있었다. 그렇다면 그의 목적은 무엇이었을까? 프랑스 남부에 있을 때 칼뱅이 자신만의 독특한 신학 체계를 형성하기 시작했고, 이미 1534년 말 혹은 1535년 초 바젤에 도착하기 전에 최소한 『기독교강요』의 밑그림을 그려 놓았다는 오랜 믿음을 받아들일 만한 타당한 이유가 있다.[53] 『기독교강요』의 마지막 두 부분에는 이 믿음이 사실일 가능성이 아주 잘 드러나는데, 여기서 칼뱅이 벽보 사건으로 핍박받은 복음주의자들을 열정적으로 변호했기 때문이다.

4

숨겨진 구석에서의 망명 생활

에라스무스의 도시

바젤로 향하는 칼뱅의 여정에는 16세기 여행을 할 때 겪는 위험이 가득했다. 베즈는 다음과 같이 기록한다. "메츠 근교에서 그는 하인 하나에게 습격을 당했는데, 하인은 가장 튼튼한 말 중 하나에 타고 있다가 여행에 필요한 모든 것을 주인들로부터 훔쳐서 잡지 못할 엄청난 속도로 달아나 이들을 큰 곤경에 빠뜨렸다. 그러나 또 다른 하인이 10크라운을 빌려준 덕에, 그들은 스트라스부르에 이어 바젤까지 가는 상당히 불편한 여행을 감당할 수 있었다."[1] 시편 주석 서문에서 칼뱅은 프랑스에서 떠난 이유가 원치 않았던 악평을 피해서 문헌 연구에 집중할 수 있는 이상향으로 떠난 것이라며 차분히 언급한다. 그가 여전히 인문주의 학자로서의 경력을 희망했을 수는 있지만, 요점은 개인의 욕망과 하나님의 섭리적 계획을 대조하는 것이었다. "요약하면, 나의 최대 목표는 누구에게도 알려지지 않고 조용히 사는 것이었지만, 하나님은 여러 다른 전환과 변화를 통해 나를 인도하셔서서, 내 타고난 성향과 관계없이 대중 앞에 설 때까지 어디서도 안식을 누리지 못하게 하셨다."[2] 이후 1557년 시점에서 칼뱅이 보기에 자신을 바젤로 이끌어 유명하게 만든 것은 하나님의 섭리였지만, 이는 하나님을 위한 것이었다.

문헌 분야의 경력을 열정적으로 추구한 한 젊은이가 바젤을 선택할 이유는 충분했다. 이 도시는 칼뱅이 묘사한 것 같은 "어두컴컴한 구석"이 결코 아니었다.[3] 벽보 사건 이후, 프랑스 귀족 다수가 프랑스 및 그 나라의 복음주의 대의와 밀접하게 연결된 라인강 유역의 이 스위스 도시로 피신했다. 이 도시에서 자신들이 환영받았다기보다는 용인되었다는 사실을 깨달은 수많은 프랑스 난민 중에는 전 학장 니콜라 콥도 있었는데, 소르본의 복수 때문에 망명하지 않을 수 없었다. 이렇게 칼뱅은 가족 모두와 친했던 친구 콥과 재회했는데, 틀림없이 그 지역 언어를 전혀 하지 못했던 젊은 프랑스인 칼뱅에게 이방 땅에서 마음에 위안을 준 인물이었을 것이다.

바젤은 프랑스 난민에게 상대적인 안식처이긴 했지만, 당대의 소동과 단절되어 벽으로 둘러싸인 정원은 아니었다. 이 도시는 1529년에야 종교개혁을 수용했고, 해결되지 않은 긴장이 여전했다.[4] 종교 분야의 변화는 지도급 설교자보다는 숙련공과 수공업자의 선동, 심지어 폭력에 기인한 바가 더 컸다. 지도층 귀족 계급은 자신들의 취향과는 별로 맞지 않는, 스위스에 대한 강렬한 애국심을 표현하는 츠빙글리와 취리히 모두에 냉담한 거리를 유지했다. 취리히나 베른 등 주요 스위스 도시와는 달리 바젤은 스스로 신성로마제국과 더 가깝다고 인식했기에 자유 제국 도시로 남았는데, 이는 이 도시가 황제에게 충성했고 제국의회에 대표자를 파견할 자격이 있다는 의미였다. 바젤의 종교개혁 최고 지도자 요한네스 외콜람파디우스와 츠빙글리의 신학적 유사성에도 불구하고 두 도시의 차이는 너무도 분명했다. 따라서 바젤 시민은 1531년 가톨릭계 스위스 연맹이 개혁파 도시 취리히를 괴멸시킨 제2차 카펠전쟁에서 취리히를 지원하는 데 주저했다.[5] 이 전쟁은 10월에 츠빙글리가 군사 작전에 실패하여 비참하게 전사하면서 재앙으로 끝났다. 외콜람파디우스도 곧이어 자연사하는데, 가톨릭 대적자들은 이 죽음이 자살이라는 거짓말을 지어냈다. 그러나 바젤은 프로테스탄트 내부적으로는 적대감의 대상이었으나, 가톨릭계 스위스 연방의 관점에서 볼 때는 이단적 프로테스탄트 연맹의 정회원이었기에, 카펠 이후의 평화 정착 과정에서 감당해야 할 재정 손실이 컸다. 이로 인해 바젤은 심각한 피해를 입었다. 당시까지 스위스 연방에서 가장 부유했던 이 도시는 자주 다른 연방 도시들의 물주 역할을 떠맡았다. 바젤 귀족과 상인은 츠빙글리와 취리히의 호전적인 종교 정치가 그들의 사업에 악영향을 줄 것임을 예상했고, 그것은 머지않아 현실이 되었다.

바젤은 나이 든 에라스무스가 머물던 도시이기도 했는데, 그는 공적 활동에 별로 참여하지 않았고 새로운 종교와도 확실히 거리를 두었다.[6] 아머바흐 집안 등 그와 가까웠던 이들 대부분은 개혁파 신앙에 집착하지 않았고 오히려 그들만의 기준을 만들었다.[7] 이들의 종교 성향은 복음주의와 인문주의 원리의 유연한 혼합으로, 그들 교회의 지도자인 오스발트 미코니우스$^{\text{Oswald Myconius}}$보다 마르틴 부처의 사상에 대체로 더 공감했다. 에라스무스는 미코니우스를 한때 "바보 멍청이"$^{\text{homo ineptus}}$라 부르기도 했다. 바젤 교회 지도부는 특정한 신학적 지향점 없이 분열되어 있었다. 미코니우스는 한때 사망한 개혁자 츠빙글리를 기념하여 성인전 형식의 시를 쓸 만큼 그를 열렬히 옹호했던 나약하고 우유부단한 인물이었다. 그와 완전히 대조되는 인물로 루터의 오랜 대적 안드레아스 보덴슈타인 폰 카를슈타트Andreas Bodenstein von Karlstadt가 있었는데, 당시 바젤에 거주하던 그의 신학은 더 급진적이었다.[8] 이들의 중간에 지몬 그리나이우스Simon Grynaeus와 제바스티안 뮌스터Sebastian Münster 같은 그리스어 및 히브리어 전문 인문주의 학자들이 있었다. 칼뱅이 도착할 당시 바젤 교회와 시 당국은 1529년 이후 문을 닫은 대학을 둘러싸고 격렬한 논쟁을 거듭하고 있었다.[9] 주요 쟁점은 최근 다시 문을 연 대학이 학위를 수여하느냐 마느냐 하는 것이었다. 겉보기에는 이해하기 힘든 논쟁이지만, 종교개혁자들에게 중세 대학과 그 전통은 거대한 대적이었기에, 학위 수여는 혐오스러운 로마 가톨릭 관습으로 되돌아가는 것이나 마찬가지였다.

칼뱅에게 바젤의 주요 매력은 인쇄 산업으로, 바젤은 학술적이고 화려하며 주로 라틴어로 된 저작들의 출판 산업으로 명성을 누렸다.[10] 여기에는 에라스무스의 그림자가 짙게 드리워 있었다. 북부 르네상스 최고의 작품 중 하나인 그의 1513년판 『잠언』은 이 작품을 위해 특별 제작된 멋들어진 새 로마체 활자를 사용해서 바젤의 출판사들이 출간했다. 시각적으로 경이적인 이 결과물로 유럽의 이 지도적 인문주의자와 바젤의 관계는 견고해졌고, 이 도시는 최고의 인쇄 중심지가 되었다. 바젤의 인쇄업자들은 우아한 목판 번각 및 여러 다른 활자체들을 사용하여 작품의 전반적인 "조화 및 간결함"의 효과를 내는 기술적이면서도 예술적인 솜씨로 명성을 얻었다.[11] 바젤은 성경 인쇄가 가장 빈번히 이루어진 곳으로, 종교개혁 이전부터 성경이 간행되고 있었다. 또한 원전 비평본으로도 유명했는데, 에라스무스가 표준을 만들었다. 에라스무스는 이내 가까운 친구가 된 요한 프로벤이 인쇄한 히에로니무스 비평본[1516]을 감독하러 바젤에 왔다. 이후 50년 이상 바젤에서는 아우구스티누스, 크리소스토무스, 오리게네스 같은 교부들의 여러 인상적인 비평본이 출간되었는데, 이 모든 책을 편집한 사람이 바로 이 위대한 네덜란드 인문주의자였다.

비록 1520년대 말에 쇠락하기는 했지만, 1520년대 잠시 바젤은 프랑스어 복음주의 인쇄물의 중심지가 되기도 했다. 1520년대에 자크 르페브르 데타플의 성경 주석 몇 권을 출판한 인물인 안드레아스 크라탄더[Andreas Cratander]가 1524년 기욤 파렐의 초기 소책자들을 인쇄했다. 칼뱅이 바젤에서 알게 된 다양한 사람들은 프랑스로 흘러 들어 간 복음주의 문헌 출판에 결정적 역할을 했다. 그가 묵었던 집 주인인 콘라트 레쉬[Conrad Resch]와 그의 아내 카타리나 클라인[Katarina Klein]이 좋은 사례였다. 레쉬를 통해 칼뱅은 발타자르 라시우스[Balthasar Lasius], 토마스 플라터[Thomas Platter], 로베르트 빈터[Robert Winter], 요한네스 오포리누스[Johannes Oporinus] 등 복음주의 대의에 깊이 헌신한 일단의 학자-인쇄업자들을 소개받았다.[12] 이들 가운데 플라터는 생애 후반에 16세기의 가장 독특한 자전적 작품 중 하나를 썼는데, 여기서 발리스[Wallis](현재의 스위스 남서부 지역)의 가난한 생활에서 벗어나 취리히와 바젤에서 진행되던 개혁 운동의 중심부로 이동한 여정을 묘사했다.[13] 그는 츠빙글리의 초기 지지자 중 하나였는데, 후에는 오스발트 미코니우스의 하녀 한 사람과 결혼했다. 바젤에서 플라터는 요한네스 오포리누스의 후원을 받았고, 한 학교의 그리스어 선생으로 채용되기 전까지 오포리누스를 위해 일했다. 결국 플라터, 오포리누스, 라시우스는 인쇄소를 차릴 수 있었다. 플라터의 아들 펠릭스Felix도 일기에서 어린 시절 자신과 아버지가 1541년 스트라스부르에서 제네바로 가는 길에 바젤을 통과하던 장 칼뱅과 만난 일화를 남겼다. 일기에 따르면, 이 어린 소년은 칼뱅과 자기 아버지가 지역 여관에서 설탕으로 만든 술을 마시며 『기독교강요』에 대해 이야기하는 동안 이들을 기다려야 했다.[14]

이 그룹의 지도자는 의심의 여지 없이 바젤 토박이이자 인쇄업자 프로벤의 조수 출신인 요한네스 오포리누스였다.[15] 오포리누스는 기술자이자 사업가이기도 했지만, 동시에 고대 언어에 대한 지식으로 젊은 칼뱅에게 분명한 인상을 남긴 학자이기도 했다. 그는 본문을 세심하게 편집하는 일을 하면서 그리스어와 라틴어에 모두 통달했고, 칼뱅이 바젤에서 떠난 지 얼마 되지 않아 바젤 대학의 그리스어 교수가 되었다.

칼뱅이 바젤에 도착하고 30년 후, 개혁파 신학자 페트루스 라무스Peter Ramus는 레쉬의 집에 묵으면서 1535년의 젊은 프랑스 망명자 칼뱅을 기억하고 있던 나이 든 과부 카타리나를 만났다. 라무스에게 들려준 카타리나의 회상은 칼뱅이 시편 주석 서문에서 진술한 내용과는 다소 다르다. 칼뱅은 시편 서문에서 "숨겨진" 존재로서의 외로움과 고독을 강조한다. 카타리나는 칼뱅이 접촉했던 수많은 프랑스인 학생과 난민, 그중에서도 특히 니콜라 콥, 루이 뒤 틸레를 기억하는데, 프랑스를 떠나 바젤에 도착했을 때 칼뱅이 함께한 이들이었다.[16] 실제로 칼뱅은 은둔하는 대신 1535년 가을에 대학 입학 허가를 받은 도피네 출신 두 학생, 즉 가스파르 카르멜Gaspard Carmel과

클로드 샤니시엥Claude Chanisien과 가까운 친구가 되는 등 프랑스어 및 독일어권 모임에서 관계를 만들었던 것 같다. 또한 후에 스트라스부르에서 가까이 일하게 되는 클로드 드 페레Claude de Féray도 알게 되었다. 다른 유명 인사 중에는 1535년 11월 바젤에 잠시 들렀다가 칼뱅을 만난 피에르 비레Pierre Viret가 있었다. 썩 내키지 않는 만남으로는 미래의 적이 되는 피에르 투쌩Pierre Toussaint과 피에르 카롤리Pierre Caroli와의 만남이 있었다. 바젤에 도착하자, 카롤리는 자신을 제네바에서 살해하려 했다며 기욤 파렐을 이미 비난하고 있었다.[17]

바젤 지성계의 중심인물은 지몬 그리나이우스로, 그는 1535년 여름에 튀빙겐에 있는 루터파 대학에 있다가 콜레기움Collegium(성직 자문위원회)으로 돌아와 살면서 프랑스인 학생 서클도 함께 불러 모았다.[18] 앙투안 모를레 뒤 뮈소Antoine Morelet du Museau가 칼뱅을 그리나이우스에게 소개했는데, 앙투안은 브리송네 집안과 결혼 관계를 맺은 프랑스의 저명한 집안 출신의 탁월한 인물이었다. 그는 지도급 스위스 종교개혁자들뿐만 아니라 에라스무스와 뷔데와도 가까웠고, 벽보 사건 직전에 바젤로 오기 전에는 파리에서 왕실 비서를 지내기도 했다.[19] 바젤에는 복음주의자로 입장을 표명한 왕실 관리들이 많았으나 앙투안은 이들과 달랐다. 그가 왕실의 외교관직으로 돌아갔고 1552년에 바젤에서 사망할 때까지 이 직책을 계속 맡기는 했지만, 그의 신앙은 신실했다. 망명자로 사는 것은 극단적으로 위험했으며, 특히 유명한 사람은 더 위험했다. 프랑스를 떠날 때 모든 재산을 버려야 했을 뿐 아니라, 모든 면에서 위험에 처해 있었다. 프랑스 귀족이 바젤 성벽 바깥에서 공격당하거나 납치되는 경우도 드물지 않았다. 시골에서 말을 타는 것은 특히 치명적이었다. 지방 산적뿐

만 아니라 왕실 관리들도 위험 요소였다.[20]

그리나이우스 곁에는 바젤의 지도급 인문주의 학자이자 히브리어 학자인 제바스티안 뮌스터가 있었는데, 그는 칼뱅이 도착하기 직전에 구약성경을 라틴어로 번역했다.[21] 내성적인 성품의 뮌스터는 문헌학을 통해 가능한 최상의 본문을 찾아낼 수 있다고 믿었던 에라스무스의 정신을 지닌 진정한 인문주의자였다. 그는 또한 중세 유대교 자료도 광범위하게 활용했는데, 논란이 심했던 이 방식 때문에 일부에게 "유대주의자"라는 평판을 얻기도 했다. 루터는 번역에 관해서는 뮌스터를 존경했지만, 유대교 학문에 친화적인 것에 대해서는 비판했다. 반면 가톨릭 신학자 요한네스 에크Johannes Eck는 뮌스터를 "랍비 뮌스터"라 불렀다. 칼뱅은 이 온화한 학자에게 매력을 느꼈고, 두 사람은 뮌스터가 1552년에 전염병으로 사망하기 전까지 편지를 주고받았다. 콜라동이 쓴 칼뱅 전기에 따르면, 칼뱅이 뮌스터와 함께 히브리어를 공부했을 가능성이 있지만 결정적 증거는 없다.[22] 칼뱅이 이 대가가 그의 라틴어 역 히브리 성경에 남긴 주석을 신뢰했던 것을 보면 칼뱅이 뮌스터와 얼마나 가까웠는지 드러난다. 또한 칼뱅의 친척 올리베탕이 1531년에 뮌스터의 창세기 강의를 들은 적이 있었기 때문에, 둘 사이에는 가족을 통한 연결 고리도 있었다. 바젤에 머무는 동안 칼뱅은 아마도 대학에서 뮌스터의 강의를 들었을 테지만, 이때는 학생이 아니라 방문자 신분이었을 것이다.[23]

칼뱅이 만난 적 없는 인물 중에는 에라스무스가 있다. 1535년 바젤로 돌아왔을 때의 에라스무스는 병이 중했다. 에라스무스가 칼뱅에 대해 아는 것이 있었는지는 모르겠지만, 도시에서 이 네덜란드 사람의 가장 가까운 친구들은 젊은 프랑스인 칼뱅을 따뜻하게 대했다. 보니파키우스 아머바흐^Bonifacius Amerbach도 알치아티에게 배운 유명한 법학자였다. 수준 높은 학자이자 폭넓은 관점을 지닌 아머바흐는 엄격한 언어적·문법적 접근법으로 법 문서를 연구해야 한다고 믿었는데, 이 접근법이 칼뱅의 사상을 형성한 전통이었다.[24] 그의 신학은 에라스무스적이었지만 마르틴 부처의 영향을 많이 받았다. 그는 성찬에서 영적 임재를 더 강력하게 인식하는 견해를 선호했기에 바젤 종교개혁자들이 지지한 츠빙글리주의를 거부했다. 칼뱅은 같은 생각과 공감대를 가진 기분 좋은 동료를 만난 것이 분명하다.

바젤을 드나드는 망명자와 상인들을 통해 프랑스의 절망적 상황을 알리는 암울한 뉴스가 전해졌다. 가톨릭 신자들은 폭동 기도라는 날조된 기소를 활용해, 왕이 복음주의 신앙 지지자들에게서 등을 돌리게 만들었다. 칼뱅은 이를 형제에 대한 중상모략으로 여겨『기독교강요』를 썼고, 프랑수아 1세에게 헌정하는 편지에서도 핍박 문제를 정면으로 언급했다. 바젤에서도 칼뱅은 자기 모국에서 연이어 일어나는 사건에 몰두했지만, 피난처였던 그 도시의 문화는 그에게 뚜렷한 흔적을 남겼다. 바젤은 칼뱅이 처음으로 경험한 공식 프로테스탄트 정부였다. 비록 이 도시의 개혁파 교회가 분열되어 있었고 정치 형태도 여전히 유동적이긴 했지만, 칼뱅은 처음으로 프로테스탄트 관원이 활약하는 것을 목격했다. 언어를 이해하지는 못했지만, 새로운 예전이 시행되는 교회에서 예배했다. 등록은 하지 않고 몇 과목을 들었던 대학은 파리와 오를레앙, 혹은 부르주에 필적하지는 못했지만, 그가 프로테스탄트 고등교육기관을 처음으로 경험한 사건이었다. 전반적으로, 그가 프랑스에서 보거나 알았던 모든 것과 완전히 달랐다.

찢긴 몸

바젤에서 칼뱅은 독일어권 프로테스탄트 세계를 찢어 놓는 다툼을 가감 없이 목격했다. 이 다툼은 성찬을 둘러싼 논쟁이었다. 종교개혁 초기부터 마르틴 루터와 울리히 츠빙글리는 성찬에서 일어나는 일에 대한 가르침과 관련하여 극심하고 날카롭게 갈라져 있었다.[25] 복잡한 사건을 짧게 요약하자면, 논점은 그리스도가 빵과 포도주 안에 임재하시는지 여부와 방식이었다. 양측 모두 미사에서 빵과 포도주가 실제로 그리스도의 몸과 피가 된다고 주장하는 사상, 즉 미사의 핵심인 중세의 화체설transubstantiation, 化體說을 노골적이고 분명하게 거부했다. 그러나 루터와 그를 따르는 이들은 그럼에도 그리스도가 실제로 임재한다고 믿었다. 반대로, 츠빙글리는 그리스도가 육체로 임재하는 것이 아니라 택함받은 자들이 믿음으로 그리스도와 연합하는 것이라고 강조했다. 비텐베르크와 취리히 사이에 전선이 형성되었지만, 많은 종교개혁자들은 이 두 적대자들 중간쯤의 입장을 취했다. 논쟁을 극히 파괴적으로 만든 것은 아주 심각한 신학적 분열뿐만이 아니라, 성찬에 대한 합의 없는 독일과 스위스 프로테스탄트들 사이에 어떤 형태의 일치도 가능하지 않으리라는 사실이었다. 실제로 이것이 종교개혁을 심각하게 절룩거리게 만들었다.

가장 큰 피해를 입은 것은 가톨릭 황제에 대항하는 프로테스탄트 군주들과 도시들의 연합체였다. 가장 주목할 만한 화해 시도는 헤센의 필립Philip of Hesse이 주도한 것으로, 그는 1529년 루터와 츠빙글리를 마르부르크에 함께 데려왔다. 그러나 이 시도는 실패로 돌아갔다. 적대감은 신학적인 동시에 개인적인 것이었다. 츠빙글리가 1531

년 10월 11일에 전사했을 때 루터는 경멸하며 코웃음 쳤다. 칼뱅의 일생을 지배하게 되는 비텐베르크와 취리히 사이의 적대감은 이 논쟁이 너무 추상적으로 보여 이해하기 다소 어렵지만, 그 중요성은 과장할 수 없을 만큼 컸다. 근본적으로, 두 진영은 기독교 일치의 핵심적 상징인 성찬 교리에서 화해할 수 없었다. 마음으로는

마르틴 부처(1491-1551). 스트라스부르의 종교개혁자이자 칼뱅의 멘토.

성찬에 그리스도가 임재한다고 믿었던 칼뱅이 추구한 교회의 일치는 화해 불가능해 보이는 이 논쟁을 해결하는 데 달려 있었다.

프로테스탄트라는 휘장은 찢어졌고, 찢긴 휘장을 수선하려는 모든 노력은 실패로 끝날 운명인 것처럼 보였다. 이 소망 없어 보이는 대의를 가장 적극적으로 추구한 인물은 스트라스부르의 개혁자 마르틴 부처였다. 처음에 루터보다는 츠빙글리와 더 가까웠던 부처는 1530년대 초의 많은 시간을 남부 독일 도시들을 통일된 신학적 전선으로 이끌기 위해 노력했다.[26] 스위스의 완전한 굴복을 원했던 루터는 화해에 대해 변덕을 부렸다. 비텐베르크의 탁월한 교수이자 신학자인 필립 멜란히톤은 반대로 훨씬 유연하고 사려 깊었다. 부처와 볼프강 카피토는 수백 킬로미터를 다니며 평화를 위한 문서들을 계속 작성했다. 루터 및 츠빙글리에 이어 취리히 교회의 수장이 된 하인리히 불링거 Heinrich Bullinger 와는 달리, 그들에게 "이것은 내 몸이니라"

라는 말씀의 의미를 둘러싼 논쟁은 차분한 이성으로 해결될 단어 싸움에 불과했다.

그러나 황제에 대항하는 방어 연대를 구성하려고 새로 형성된 프로테스탄트 제후들과 도시들의 슈말칼덴 연맹은 큰 위기에 처해 있었기에 신학적 일치가 필사적으로 요구되는 상황이었다.[27] 1534년 말 카셀에서 모임을 가진 후, 부처는 성찬에 대한 루터의 입장을 많은 부분 수용했다. 이로써 남부 독일 도시들과 공국들이 슈말칼덴 연맹에 가입하는 길을 마련했다. 1536년 5월 비텐베르크에서 열린 대회에서 만들어진 신학 조항은 양편의 타협을 이끌어 냈지만, 그 결과로 작성된 비텐베르크 협약Wittenberg Concord은 이미 알려진 대로 루터파에 가까운 성격을 띠었다.[28] 협약 기안문의 주요 저자는 필립 멜란히톤이었고, 응답을 맡은 부처의 글은 특유의 장황함이 묻어나긴 하지만 본질적으로는 긍정적이었다.

스위스 개혁파는 그들 나름대로 1531년 카펠 재앙 이후 신학적 일치를 추진했다. 1536년 1월 유력한 신학자들이 바젤에 모여 라틴어로 자신들의 신학적 입장을 진술하는 글을 작성했다.[29] 주도자였던 하인리히 불링거는 후에 이 모임에서 젊은 장 칼뱅을 만난 일을 회고한 바 있다. 부처와 카피토가 회의에 참석해 루터파와의 협상 기반을 만드는 데 기여하고 싶다고 밝혔다. 심지어 루터도 제1차 스위스 신앙고백First Helvetic Confession으로 알려지는 이 스위스 문서를 전적으로 배제하지는 않았다. 그러나 스위스가 비텐베르크 협약을 거부하기로 선언하자 경기가 종결되고 오랜 적대감이 되살아났다. 스위스 편에서는 제1차 스위스 신앙고백이 츠빙글리의 죽음 이후 신학적 재건의 핵심 단계였고, 이 과정을 통해 스위스 교회의 지도적 목회자로서 하인리히 불링거의 수위권이 확정되었다. 그러나 비텐베르크 협약을 받아들이기를 거부했기 때문에 이들은 슈말칼덴 연맹에 포함되지 못했고, 결국 독일 종교개혁의 울타리 바깥에 머물 수밖에 없었다. 이들은 남부 독일 도시들과 영토에 영향을 끼칠 기회를 잃었다. 이제 마르틴 부처가 남부 독일 지역 프로테스탄트 신학과 교회의 주요 대변자로 등극했다.

칼뱅은 종교개혁 내부의 자기 파괴적 분열을 통해 첫 번째 교훈을 배우고 있었다. 이후 20년 넘게, 루터파와 츠빙글리파 사이의 분열은 그가 난국을 타개하려고 시도할 때마다 유령처럼 출몰하여 괴롭힌다. 부처처럼 칼뱅도 양측이 정말로 원하기만 하면 타협이 가능했다고 믿게 되었다. 마르틴 부처는 연합에 대한 끈질긴 노력을 보여 주며, 칼뱅의 목회자 모델이자 칼뱅이 목사와 교사가 되는 데 가장 큰 영향을 끼친 인물이 되었다.

새로운 저자

칼뱅은 여러 측면으로 바젤에서 자신이 찾던 것, 즉 글을 쓰고 공부할 곳을 확보했다. 그가 탁월한 작업 능력을 드러내면서 했던 노동의 열매는 대단했다. 프랑스에서 썼던 『영혼의 잠』을 개정했고, 1535년 가을에는 『기독교강요』를 완성했으며, 책이 이듬해 봄까지도 출간되지 않자 오포리누스의 속도가 느리다며 신랄하게 탓했다. 책은 그가 프랑스에 뒤 틸레와 함께 있을 때 이미 집필을 시작했지만, 그 세련되고 정밀한 내용으로 비추어 볼 때 이후로도 오랫동안 수고해서 개정했음을 짐작할 수 있다. 바젤에 머무는 동안 이룩한 학문 저술 분야의 성취는 부분적으로 칼뱅이 접하고 있던 지적 분위기를 보여 준다. 칼뱅은 저서인 로마서 주석을 지몬 그리나이우스에게 헌정하면서, 두 사람이 성경 및 성경 해석을 놓고 토론했던 우애 깊은 순간을 회상했다. 바젤에서는 다양한 유명 인사들과 그런 종류의 대화를 할 기회가 많았다. 그러나 이런 결과가 단지 상황과 만남들 때문만은 아니었다. 바젤에서 보낸 시간은 칼뱅의 놀라운 깊이를 드러내고 정교한 지적 통찰이 담긴 작품들이 등장한 시기였다. 신학을 한 번도 공식적으로 공부한 적 없는 젊은이가 동시대 사람들을 깜짝 놀라게 만든 작품들을 세상에 내놓은 것이다. 눈부신 저자 하나가 등장했다.

칼뱅은 1534년 말 바젤에 도착하여, 파리 시절 이후에는 만난 적이 없었던 친척 피에르로베르 올리베탕(올리베타누스)과 만났다. (세리에르 성경 Serrières Bible으로 알려진) 올리베탕판 프랑스어 성경은 도피네와 피드몽 지역에서 번성하여 프로테스탄트 종교개혁자들을 통해 복음화된 왈도파 신자들이 값을 치렀고, 6월 초 인쇄를 준비하고 있었다. 칼뱅은 라틴어와 프랑스어로 각각 신약성경 서문을 써 달라는 부탁을 받았다.[30] 올리베탕이 이 성경을 직접 번역했는지 아닌지는 알려져 있지 않지만, 다음과 같은 복잡함에 대해 토로하기는 했다. "히브리어 및 그리스어 표현을 프랑스어로 번역하는 일은 점잖은 소리를 내는 종달새에게 깍깍거리는 까마귀의 소리를 내도록 가르치는 것만큼이나 어렵다."[31] 실제로, 칼뱅은 10년 넘게 지난 1546년에 올리베탕의 성경 본문을 개정하면서, 친척을 비판하지 않으려 조심하면서도 이 성경의 언어가 "조악"하고 오류가 많다고 지적했다.[32] 당시 프랑스어는 급속한 변화를 겪고 있었다. 작품 인쇄 때 만들어지는 새로운 형식과 틀에 발맞춘 엄청난 창조성이 발휘되던 시기였다. 칼뱅은 이 이야기에서 주연 배우로 활약하고는 했다.

"그리스도의 나라에 속한 모든 황제, 왕, 제후, 백성"에게 보낸 편지 형식의 라틴어 서문은 성경의 본질과 번역의 어려움에 대한 일반적 생각들을 담고 있는데, 아주 뛰어나지는 않다.[33] 칼뱅은 가톨릭 신학자를 공격하고 복음주의 인쇄업자를 변호했다. 이 인쇄업자들은 1534년의 유명한 벽보를 생산한 피에르 드 뱅글$^{Pierre\ de\ Vingle}$이 자주 사용한 방식대로, 작품에 자기 이름을 넣지 않고 비워 두려 했다는 이유로 비난을 받고 있었기 때문이다. 또한 칼뱅은 성경이 모국어로 번역되어야 하는지도 언급했다. 교부 아우구스티누스, 히에로니무스, 크리소스토무스의 사례를 인용하면서, 성경을 "평범한 사람"이 읽을 수 있게 한 오래되고 영예로운 전통이 있다고 주장했다. 1531년 출간된 취리히 독일어 성경을 비롯해 이 시기의 모든 프로테스탄트 모국어 번역 성경에서 실제로 보이듯이, 이 점에 대해서는 전혀 과격하지 않았다.[34]

그러나 "예수 그리스도와 그분의 복음을 사랑하는 모든 이에게 보내는 편지"$^{Letter\ to\ All\ Those\ Who\ Love\ Jesus\ Christ}$라는 제목으로 신약성경 서두에 실린 프랑스어 서문은 글의 구조가 달랐다. 이 글은 하나님의 영광과 창조를 찬양하는 송가였다. 이 서문은 『기독교강요』 초판과 놀랄 정도로 유사한데, 특히 참된 경건에 대한 관심이 그렇다. 칼뱅은 인간이 하나님의 형상으로 창조되었지만 자유 의지를 실행하면서 죄를 선택했다고 쓴다.[35] 그럼에도 불구하고, 인류가 하나님을 거절했을 때도 하나님은 신적 임재의 흔적이 가득한 창조 세계로부터 등을 돌리지 않으셨다는 것이 『기독교강요』의 주요 주제다.[36] 칼뱅은 바울에게서 단서를 확보("이는 하나님을 알 만한 것이 그들 속에 보임이라. 하나님께서 이를 그들에게 보이셨느니라", 로마서 1:19)하여, 어떻게 세상에서 말 못 하는 피조물조차 하나님의 역사를 찬송하는지 환기시키는 설명을 내놓는다. 우주에 드러난 하나님의 계시는 인간이 하나님을 찾을 수 있도록 바른길로 이끌지만, 바울에 따르면 그 계시는 인간 안에서 찾아야 한다는 것이다.[37]

하나님의 언약과 창조 질서 사이에 부조화는 없다. 하나님은 한 백성, 곧 이스라엘 백성을 선민으로 부르셨지만, 이들은 하나님의 율법에 신실하지 않았고 참된 예배보다 우상숭배를 더 좋아했다. 이방인과 유대인을 화해시키려고 하나님은 두 번째 아담 예수 그리스도를 통해 두 번째 계약을 맺으셨다. 그리스도는 아브라함에게 주어진 약속의 성취이며, 구약의 의식법은 하나님 아들의 선하심을 보이는 예시였다. 그리스도는 메시아이고, 구약과 신약은 그 증언을 통해 진리로 하나 되며, 메시아는 때가 차면 다시 오신다. 그분의 오심과 함께 그리스도는 십자가에서 죽으심으로 인을 치신 새롭고 영원한 언약을 완성하셨다. 이 모두를 실재로 만드는 것은 믿음이다. 눈을 열어 세상에서 하나님의 선하심과 통치하심의 표적을 보게 하는 것은 믿음이다.

『영혼의 잠』과 함께 읽으면, 이 성경 서문은 칼뱅의 신학적 능력과 성경적 경건의 깊이를 보여 준다. 그러나 가장 눈에 띄는 것은 칼뱅이 그리는 하나님의 친밀한 본성으로, 하나님은 구약의 위대한 인물들 안에 그리스도를 통해 거하시는 분이다. 서문은 복음서와 바울 서신을 풍성하게 인용하며 예수 그리스도의 신성과 인성에 올려드리는 정교한 찬송이다. 칼뱅은 잘못 인용한 테르툴리아누스를 비롯하여 다양한 교부 작품들을 인용했다. 어떻게 그렇게 많이 습득할 수 있었을까? 이 저작의 모델로 여러 작품이 제시되었는데, 그가 바젤에서 수많은 프로테스탄트 문헌을 구해 소유했을 수도 있지만 분명한 실례는 없다.[38] 서문은 독창적 사고의 결과물이었다. 칼뱅은 『영혼의 잠』에 처음 내보였던 하나님에 대한 이해를 발전시켰다. 하나님은 멀리 계시지 않고, 신자와 함께 세상에 임재하신다. 이 점에서, 성경에서 하나님을 발견할 수 있다고 인정하는 칼뱅의 가르침은 하나님이 멀리 떨어져 계시는 존재라고 주장하는 스토아 철학자들의 가르침과 다르다. 하나님은 먼 곳에서가 아니라 내주하시는 성령을 통해 세상을 순례하는 이들과 함께하신다. 이를 통해 우리는 칼뱅이 경험한 회심의 본질에 대한 가장 명료한 힌트를 얻을 수 있다. 즉 그의 회심은 가까이 계시는 하나님에 대한 친밀하고 편안한 인식이다. 망명자의 고향은 어떤 장소가 아니라 하나님과의 연합이다.

"선동적인 말이 아니다": 1536년 『기독교강요』

올리베탕 성경에 실린 서문은 왕과 주교를 향해 신자 교육에 헌신하라고 요청하며 끝난다. 이 정신이 칼뱅의 바젤 시절 가장 위대한 성취인 『기독교강요』를 이끌고 형성했다. 프랑수아 1세에게 헌정한 서문에서 알 수 있듯, 『기독교강요』는 프랑스에서 개혁파의 신앙 변증서이자 참된 경건의 본질을 가르치는 도구로 사용하기 위해 쓰였다. 율법, 사도신경, 주기도문, 성찬과 세례라는 두 성사를 다루는 여섯 장으로 구성되어 있으며 전통적인 교리문답 형식을 차용했는데, 이는 이 글이 신앙의 중심되는 학습 요소들을 따랐음을 의미했다.

이러한 의미에서, 칼뱅이 루터의 1522년 『소교리문답』 Small Catechism과 1529년 『대교리문답』 Large Catechism을 모범으로 삼았다는 사실이 오랫동안 인정되었다.

바젤에서 여러 사람들을 만나면서 칼뱅은 프랑스에서 개혁을 반대하는 이들이 복음주의자 핍박을 정당화하려고 사용한 모략을 듣고 매우 놀랐다. "어떤 사악하고 거짓된 소책자들이 유포되고 있는데, 외골수적인 광신과 거짓된 견해로 종교뿐 아니라 사회질서까지 전복하는 아나뱁티스트나 폭동 선동가 말고는 아무도 그런 잔인한 취급을 받지 않는다고 한다."[39] 복음주의자가 아나뱁티스트이거나 혹은 폭동 선동가라는 주장에 분노한 칼뱅은 "이런 보고들이 거짓이자 중상모략임을 입증하고, 주님 보시기에 귀중한 죽음을 맞은 내 형제들을 변호"하고자 했다. "또한 동일한 잔혹 행위가 많은 불행한 개인들에게 연이어 자행된다면, 다른 나라들이 그들에게 적어도 얼마간의 동정심과 우려를 표할 것이다"라고 했다.[40] 20년 후 그는 당시 자신의 의도를 돌아보았다. "내가 온 힘을 다해 반대하지 않았다면, 나의 침묵으로 인해 겁쟁이와 반역자라는 혐의를 벗을 수 없었을 것이다. 이러한 생각 끝에 나는 『기독교강요』를 출판하게 되었다."[41]

"강요" institute, institutio라는 용어는 의미심장한 선택이었기에 설명이 필요하다. 이 용어는 로마 저술가 퀸틸리아누스와 락탄티우스 Lactantius가 사용했었고 더 근래에는 에라스무스와 루터가 사용했는데, 루터의 1529년 『대교리문답』에 이 용어가 등장한다. 『기독교강요』 1536년판을 이후 판들과 혼동해서는 안 된다. 바젤에서 출간된 1536년판은 기독교 신앙을 종합적으로 다루려는 의도가 없었다. 기본적으로 『기독교강요』는 교리문답처럼 가르치기 위한 실용서였다.[42]

칼뱅이 마지막 글로 의도하고 쓴 것이 결코 아니었다. 그는 책을 끝내자마자 거의 곧바로 수정과 확장을 시작해서 1559년에 최종판을 마무리했다. 작품의 형태는 바뀌었지만 중요한 본질적 특징은 그대로였다. 칼뱅은 신앙 항목들을 이해하기 쉽게 만드는 가장 분명한 방법을 찾고 싶었던 것이다.[43]

프랑수아 1세에게 헌정된 편지는 왕이 죽은 지 12년이 지난 1559년에 최종판이 나올 때까지 출간된 모든 개정판에 실렸다. 칼뱅은 편지 내용도 수정했는데, 특히 1539년판에 실린 편지가 그러하다. 분위기는 대체로 동일하지만 내용이 많이 바뀌어, 자신이 작품을 쓰게 된 상황에 대한 설명, 박해받는 형제들을 위한 호소, 가톨릭의 공격에 대항하여 개혁파 신앙을 변호하는 내용이 담겼다. 인문주의자이자 법학자로서, 칼뱅은 이 아름다운 산문에서 언어와 사상이 정밀하게 조화된 논증을 펼쳤다. 군주제(왕정)에 깊은 경의를 표했던 칼뱅은 결코 프랑수아 왕을 비난하거나 왕국에서 일어난 사건들에 그의 책임이 있다고 주장하지 않았다. "저는 어떤 사악한 인간들의 분노가 지금껏 폐하의 왕국에 팽배했기 때문에 건전한 교리가 설 자리가 없다고 생각했습니다."[44] 칼뱅이 생각하기에 자신의 역할은 "오늘날 폐하의 영토를 칼과 불로 망가뜨리고 있는 이 미치광이들이 분노에 차서 반대하는 그 교리의 본질을 폐하께서 아실 수 있도록…알려 드리는" 것이었다. 칼뱅은 세네카가 되었고, 프랑수아는 칼뱅의 네로였다. 그는 다시 한번 잘못을 지적하지 않은 채, 왕에게 복음주의자들에 대한 핍박을 멈추어 달라고 탄원했다. 이와 마찬가지로, 자기가 개인적 이득을 얻으려는 생각으로 글을 쓴 것은 아니라고 주장했다.

제가 여기서 스스로 변호함으로써 무사히 조국으로 돌아갈 준비를 하고 있다고는 생각하지 마십시오. 비록 제게 조국을 사랑하는 마음이 드는 것은 어쩔 수 없지만, 지금 같은 상황에서는 추방되어 있는 것이 그리 유감스럽지는 않습니다. 오히려 저는 모든 신자들의 공통된 대의, 즉 그리스도의 대의를 기꺼이 붙들고자 합니다. 이 대의는 현재 폐하의 왕국에서는 완전히 짓밟히고 철저하게 버림받았는데, 그것은 폐하의 승인에 의한 것이라기보다는 어떤 바리새인들의 폭정에 의한 것입니다.[45]

칼뱅은 복음주의자의 신앙이 새롭고, 의심스러우며, 불확실하다는 비난에 맞서 이들을 변호했다. 그러면서 개혁이 일어난 이유를 가톨릭교회의 약탈 때문이라 주장했다. 복음이 오래도록 거짓된 신앙생활의 허구 아래 묻혀 있었다는 것이다. 복음주의자는 기적으로 신앙을 확증해야 한다는 요구에 대해, "사탄도 자기의 기적을 행한다는 점을 기억하는 것이 좋습니다. 그것은 진정한 권능이라기보다는 사기에 불과하지만, 단순하고 교육받지 못한 사람들을 미혹하기에는 안성맞춤입니다"라고 주장했다.[46] 칼뱅은 복음주의 신앙이 가톨릭교회의 동맥인 전통을 끊어 버린 신무기라고 하는 가톨릭 논쟁가들의 핵심 주장을 반복해서 공격했다. 다른 모든 종교개혁자와 마찬가지로 칼뱅은 자신이 권위와 전통 문제에 답할 수 있어야 한다는 것을 완전히 이해하고 있었다. 칼뱅은 일반적인 예상과 달리, 로마 가톨릭교회의 가르침, 실천, 법은 초대교회 교부들에 기반을 두지 않음을 프랑수아에게 확인해 주고자 했다. 오히려 반대로, 교부들의 성경적 교리들을 가르치는 것은 복음주의자들이라고 칼뱅은 주장했다. 마찬가지로, 가톨릭의 "관습"은 근거 없는 것이었다. 어떤 실천 양식이 교회에서 관습화되었다고 해서 그것이 하나님의 인정을 받았음을 뜻하지는 않기 때문이었다. 가장 인상적인 구절 중 하나에서 칼뱅은 다음과 같은 논증을 펼친다.

> 그러므로 이제 우리의 대적들로 하여금 그들이 원하는 대로 과거와 현세대들의 수많은 사례를 우리에게 제시하게 내버려 두십시오. 만일 우리가 만군의 여호와를 거룩하게 한다면 우리는 크게 두려워하지 않을 것입니다. 비록 많은 세대가 동일한 불경건에 동의하였다 할지라도, 주님은 심지어 삼사 대까지 보복하실 만큼 강하십니다. 전 세계가 동일한 사악함으로 음모를 꾸민다 할지라도, 그분은 우리에게 큰 무리와 함께 범죄하는 자들의 최후가 어떠한지 경험으로 가르쳐 주셨습니다.[47]

참된 교회는 부패한 계층으로 이루어진 가시적 기관이 아니다. 교회는 하나님의 말씀을 전하고 들으며 성례가 적법하게 이루어지는 곳에서 찾을 수 있다. 칼뱅에 의하면, 교회는 때로 눈에 보이지 않을 수 있어서 역사에서 분명 사라진 때도 있었지만 그때에도 완전히 상실된 것은 아니었다. 하나님은 선택받은 자들을 아신다. "그러므로 그분이 때로는 자기 교회의 외적 표시를 인간의 시야에서 없애 버리실 때도 있음을 인정하며 그분께 맡깁시다."

비텐베르크에서 취리히에 이르기까지 모든 종교개혁자가 맞닥뜨린 비난, 즉 그들의 교리가 사회 및 정치 소요의 근원이라는 정죄에 대한 응답으로 칼뱅은 표준 답변을 제시한다. 그는 열왕기상 18장을 인용하며 이렇게 주장했다. "엘리야는 우리가 그러한 고발에 어떻게 대답해야 할지 가르쳐 주었습니다. 오류를 널리 퍼뜨리거나 소요를 불러일으키는 자는 우리가 아니라 하나님의 능력에 대항하여 싸우고 있는 그들이라는 것입니다." 그는 복음주의자를 사탄의 진짜 대리인이자 불안의 전파자인 아나뱁티스트와 혼동하게 하는 모든 인상을 프랑수아에게서 없애고자 했다. 그리스도를 진실로 고백하는 이들은 그분의 복음을 따르고, 군주에게도 온전히 충성한다. 칼뱅은 놀라운 반전으로 결론을 장식한다.

또한 우리는 우리가 최소한의 혐의도 준 적 없는 일을 의도했다는 부당한 비난을 받고 있습니다. 짐작하건대, 우리가 나라를 전복시키려는 모의를 꾸미고 있다는 것입니다. 우리는 한 번도 선동적인 발언을 한 적 없으며, 폐하의 치하에 살던 동안에도 항상 고요하고 단순한 삶을 살았음을 인정받았으며, 고국으로부터 피신해 있는 지금도 폐하와 폐하의 왕국의 번영을 위하여 기도를 쉬지 않는데도 말입니다. 우리가 방탕한 죄악들을 거침없이 저지르고 있다니요! 비록 우리가 하는 도덕적 행위들 속에도 비난받아 마땅한 일들이 많이 있다 해도, 그토록 과도한 비난은 천부당만부당합니다.

이 서문은 프랑스 복음주의자를 위한 탁월한 법적 변론이자, 가톨릭 교황제에 대한 신랄한 고발이며, 교회의 비전에 대한 선언이다. 『기독교강요』는 경건 서적이 아니라 교회에 속한 이들을 위해 쓰였다. 인간은 약하고 죄인이기 때문에, 참된 믿음은 교회의 구조 안에 존재하며 질서와 형태를 가져야 한다. 하나님은 교회를 향해 우상숭배를 거부하고 참된 예배를 받아들이라고 부르신다. 이 헌정 편지는 칼뱅의 법적 세계와 성경적 세계를 통합한다. 훈련된 법학자이자 독학한 신학자가 여기에 함께 있다. 이 순간 그는 참종교를 위한 표본을 만들고 있었으며, 교회의 법적 구조를 구축하고 있었다.

칼뱅이 루터를 모방하지는 않았지만, 칼뱅의 1536년 『기독교강요』에 끼친 루터의 영향은 뚜렷하다. 이 책은 칼뱅의 유명한 언급으로 시작된다. "거의 모든 거룩한 교리는 두 부분으로 구성되어 있다. 곧 하나님을 아는 지식과 우리 자신을 아는 지식이다." 칼뱅은 자신의 목소리로, 믿음의 최고봉은 "하나님의 진리가 너무도 확실해서, 그분의 거룩한 말씀으로 약속하신 것이 성취되지 않을 수 없음을 스스로 결단하는 마음의 굳은 확신 바로 그것"(로마서 10:11)이라고 표현했다.[48] 그는 참된 단 한 분의 중보자이신 그리스도의 역할을 강하게 주장했고, 삼위일체에 대한 내용을 성경에서 찾을 수 없다고 주장하는 이들에 대항하여 이 교리를 단호하게 변호했다. "참된 아들이신 그리스도를 그분[성부]은 우리에게 형제로 주셨는데, 이는 양자로 삼으신 덕에 우리가 확고한 믿음으로 이 큰 복을 붙잡기만 하면 그분께 속한 것이 본질상 우리의 것이 되게 하려 함이다."[49] 성례에 대해 다루면서는 약간의 비판과 함께 츠빙글리의 영향을 언급했다. 로마 가톨릭의 미사 교리 및 성례의 역할을 약화시킨 이들을 모두 비판하면서, 종교개혁 사상의 험난한 물결 위를 세심하게 항해한 후 그저 타협이라고만은 할 수 없는 자신만의 독특한 입장을 제시한다. 믿음과 성례는 함께 뒤섞여 있지만, 서로 종속된 관계는 아니다. 이는 그가 이후 수십 년 이상 확장하고 발전시킬 논증이었다.

『기독교강요』 마지막 부에서 칼뱅은 종교개혁자로서 자신의 삶에 이정표가 될 주제들을 다룬다. 그리스도인의 자유, 교회와 정치 당국과의 관계가 그것이다. 다시 한번 루터의 영향을 반영하는 것으로, 그리스도인의 자유는 강요 없이 하나님께 순종하는 자유다. 이 자유는 하나님에 대한 섬김으로 이어지지만, 다른 사람을 고통스럽게 하지 않고 인간의 전통에 속박당하지 않아야 한다. 중요한 구별점은 믿음에 본질적인 것들과 본질적이지 않은 것들 간의 차이에 있다. 두 가지가 뒤섞이면 그리스도인의 자유가 위태로워진다. 교회는 인간의 법으로 신자의 양심을 속박해서는 안 된다. 하나님께 드리는 참되고 질서 있는 예배를 보장하고 신자 공동체를 보존하며 인간의 규정을 지혜롭게 사용함으로써 화합을 촉진하는 것이 교회의 역할이다. 하나님께 국가를 유지하라는 명령을 받은 지상의 통치자들은 하나님의 승인하에 이 의무를 수행한다. 이들은 독재와 지나친 관대함 모두를 피해야 한다. 세네카 주석의 주제인 공평은 칼뱅의 논의에서 두드러진 주제다. 국가의 실정법은 균형과 적합성의 원리에 따라 제정되어야 한다. 통치자들은 심판과 처벌을 적용할 때 지혜롭게 분별해야 한다. 그리스도인을 비롯한 시민들에게는 정부의 안정된 통치가 필요하다. 세상에는 거룩한 이와 그렇지 않은 이가 섞여 있고, 관원은 이들을 구별 없이 통치한다. 칼뱅은 그리스도인을 비롯하여 모든 이가 하나님의 종인 관원에게 순종해야 한다고 주장하며, 정치적 저항에 대한 어떤 근거도 제시하지 않는다.

칼뱅은 교부들을 집중적으로 연구하여 1539년 『기독교강요』의 구조를 근본적으로 바꾸었지만, 신학자가 된다는 것의 의미에 대한 이해는 바젤에 있을 때와 달라지지 않았다. 하나님은 성경 속에서 인간에게 말씀하셨고, 그 안에서 남녀가 하나님을 알고 예배하도록 관계를 여셨다. 이 예배는 종교적 의식에만 제한되지 않고 인간 존재의 모든 영역을 포괄한다. 하나님의 말씀은 모든 인간의 능력에 생기를 불어넣으며, 하나님을 섬기는 일에 헌신하게 한다. 수사학이라는 도구에 능한 신학자는 말씀을 해석하여 이를 공공 영역으로 가져온다. 이를 듣는 자는 가르침을 받을 뿐 아니라 사랑과 희생을 특징으로 하는 그리스도인의 삶을 살게 된다. 이것이 『기독교강요』의 수사적 요소다. 칼뱅은 사람들을 가르칠 뿐 아니라 사람들에게 진리를 납득시키고자 했다. 그는 사색적인 과학으로서의 신학을 거부했다. 신학은 그리스도인들이 어떻게 살아야 할지를 배우는 온전히 실천적인 기술이다. 이를 위해 그리스도인들을 설득하며 변화시켜야 했다.

칼뱅은 신학의 본질에 대해 위대한 중세 도미니코 수도회 신학자 토마스 아퀴나스와 근본적으로 의견이 달랐다. 『기독교강요』는 하나님의 은혜를 깨달은 이들이 성경을 더 잘 이해할 수 있도록 돕는 안내서로 집필되었다. 그래서 이들이 하나님이 약속하신 구원에 대한 분명한 지식 안에서 성장하게 하려는 목적이었다. 요약하면, 참된 경건과 헌신을 촉진하려는 것이었다. 하나님의 사랑의 능력에 대한 이토록 아름다운 표현과 해석이 어떻게 신학 공부를 공식적으로 한 적 없는 25세 망명자의 손에서 나올 수 있었는지 역사적 상황으로는 제대로 설명하기 어렵다. 세네카 주석은 실패했지만 『기독교강요』는 정반대였다. 출간 즉시 성공을 거두었고, 프로테스탄트 세계 전역에서 찬사가 잇따랐다. 『기독교강요』는 칼뱅의 자아 인식에 거대한 변화를 가져왔다. 『영혼의 잠』에서 칼뱅은 성경의 언어,

무엇보다도 바울의 언어로 말하는 법을 배웠다. 이제 그는 자신을 교회를 고치는 의사라고 표현했다. 또한 말씀에 대한 학식이 풍성한 해석자로서 믿는 이들을 가르치고 있었다.

5

폭력적 종교개혁과 소동

궁정 모의

칼뱅의 바젤 거주가 끝날 무렵, 신기한 사건이 일어났다. 1536년 3월 칼뱅과 루이 뒤 틸레는 갑자기 이탈리아로 여행을 가 프랑스 루이 12세[Louis XII, 1498-1515]의 딸 르네[Renée of France]가 있던 페라라 궁전을 방문한 것이다. 칼뱅이 『기독교강요』를 출판한 이후 초대받은 것 같기는 하지만, 여행의 세부 사항은 밝혀지지 않았다. 르네는 신체가 기형이어서 끔찍할 정도로 조롱받았고 바람둥이 남편과 결혼했지만, 놀라운 성품을 가지고 있어서 칼뱅은 그런 르네에게 진지하고 지속적인 애정을 품었다.[1] 복음주의 신앙에 철저히 헌신한 르네는 교황과의 관계를 유지하면서도 자신의 궁전을 프랑스 종교 난민들의 피난처로 만들었다. 친척인 앙굴렘의 마르그리트처럼 르네의 상황도 쉽지는 않았다. 가톨릭계로부터는 이단 의심을 받고 종교개혁자들로부터는 로마 가톨릭교회를 떠나지 않는다는 비난을 받으면서도, 그녀는 자신의 왕족 지위를 유지함과 동시에 스스로 정한 신앙 원칙에 충실하려고 했다. 페라라에서 칼뱅은 르네 및 그녀의 측근들과 좋은 관계를 누렸다. 성금요일까지는 모든 일이 잘되었으나, 성금요일에 예배당에서 십자가 숭배에 반대하는 시위가 열린 후 수많은 복음주의자가 르네의 보호하에 궁전에서 살고 있다는 사실이 눈에 띄었다. 실제로 르네는 1534년 벽보 사건에 연루된 이들을 보호하고 있었다. 이 때문에 복음주의 신앙을 끔찍하게 싫어한 남편 공작과 심하게 다투었다. 피난자들은 체포되었고, 당시 체포된 무리 중에 칼뱅이 있었다는 주장도 있다. 르네는 친척 프랑수아 1세에게 호소해서 사면을 허락받았다. 이 소동 중에 칼뱅과 뒤 틸레는 도망쳐 바젤로 돌아갔다.

페라라에서 칼뱅은 귀족 궁전 문화의 냄새나는 세계를 보았다. 거기서 종교적 확신은 정치적·문화적 요구와 자주 부딪쳤다. 심지어 르네처럼 깊은 성경적 신앙을 가진 이들도 탄로 나고 핍박받는 일을 피하려고 신앙을 감추어야 했다. 페라라에서 칼뱅은 위장 문화를 또 한 번 경험했다. 그가 프랑스에서 알았고 도망쳤던 문화였다. 그러나 마르그리트가 프랑스에서 그러했던 것처럼, 높은 지위의 여성이 이를 활용하여 복음주의 운동을 보호하기 위해 어떤 행동을 할 수 있는지도 목격했다. 칼뱅은 이들에게서 영적 연대감을 느끼고 경건하지는 않지만 정치적으로는 단호한 그들의 남편을 대하면서, 이 경건한 프랑스 여성들에게 마음이 끌렸다.

예언적 조우

1535년 7월에 쿠시 칙령이 발효되면서, 망명자가 여섯 달 안에 이단 사상을 포기하는 조건으로 프랑스에 돌아오는 것이 허락되었다.[2] 다음 해에 칼뱅은 이 기회를 이용해 조국을 방문하여 가업을 마무리 지었다. 신앙을 철회하려는 목적은 없었다. 그러나 그는 이번이 마지막 모국 방문이 될 줄 몰랐을 것이다. 이탈리아를 떠난 그는 파리로 계속 올라가 동생 앙투안을 데리고 바젤로 갔다. 또 형제들에게 누아용에 남아 있는 가족의 땅을 팔라고 조언했다. 바젤로 돌아오는 길은 카를 5세와 프랑수아 1세 사이에 재개된 전쟁으로 복잡해졌다. 스트라스부르를 통과해서 라인강을 따라가는 일반적인 경로가 대치하는 군대들 때문에 막히자, 칼뱅은 앙투안과 누이 마리와 함께 제네바를 통과하는 우회로를 택했다.

레만 호수에 있는 이 도시를 하룻밤 사이 통과한 다음, 칼뱅이 집필 압박에 시달리고 있던 바젤로 돌아가는 것이 원래 계획이었다. 그는 자신의 도착을 아무에게도 알리지 않았고 가명을 사용했다. 그러나 친한 친구가 왔음을 알게 된 루이 뒤 틸레가 흥분해서 기욤 파렐에게 알렸다. 파렐은 때를 놓치지 않고 동료 프랑스인 칼뱅을 찾아왔다. 다음에 일어난 일은 전설이 될 만큼 유명해졌다.

복음을 확장시키려는 특별한 열의로 불타올랐던 파렐은 곧바로 나를 붙들어 두려고 온통 신경을 곤두세웠다. 내가 개인 연구에 일생을 바치기로 결심했고 그래서 다른 일에서 자유롭고 싶어 하는 것을 알고 또 간청해도 소용이 없다는 사실을 깨닫자, 그는 이토록 필요가 긴급한 상황에서 내가 한발 물러서 도와주지 않는다면 하나님이 내가 일선에서 물러나 원했던 공부를 하는 평안을 저주하실 것이라며 위협을 퍼붓기 시작했다. 나는 공포에 질려서 진행하려던 여행을 그만두었지만, 타고난 수줍음과 소심함 때문에 어떤 특정 직무를 수행하는 의무는 무엇이든 맡지 않으려 했다.³

교회를 섬기는 일에 헌신하지 않으면 영원한 저주를 받게 된다고 위협하며 숫기 없고 소심한 칼뱅 앞에 불쑥 나타난 이 사람은 도대체 누구인가? 기욤 파렐은 선동가 예언자 기질을 지닌 극도로 분열을 조장하는 인물로, 스위스 연방의 프랑스어권 지역에서 종교개혁을 이끌다 제네바로 와서 이 운동을 이어갔다.⁴ 그의 사역 모델은 구약에서 그대로 가져왔는데, 그 인물의 특징이 칼뱅과 극적인 만남에 그대로 담겨 있다. 그가 설교로 캠페인을 벌이는 동안 교회들은 부서지고, 사제들은 공개적으로 조롱당했으며, 사람들은 자신들의 우상숭배로 인해 하나님이 진노하신다는 경고를 들었다. 파렐은 충돌을 일으키는 사람이었다. 다른 사람들이 파렐에게서 이글거리는 악마를 보았다면, 칼뱅은 그에게서 하나님의 손길을 느꼈다.

광포한 종교개혁자들과 주저하는 사람들: 보 지방

칼뱅이 제네바에 도착한 사건은 오늘날의 스위스 서부에 해당하는 프랑스어권 종교개혁 배경을 알아야만 이해가 가능하다. 1528년부터 파렐은 베른 사람들이 개혁파 신앙을 자신들의 통제하에 있던 프랑스어 사용 지역에 확산시키는 일에 참여했다. 파렐은 무척 활발히 활동했지만 아주 성공적이지는 않았다. 그의 선동적인 설교는 잘 받아들여지지 않았고, 미움을 받아 이 공동체에서 저 공동체로 쫓겨 다니는 일이 다반사였다. 그가 경험한 가장 큰 승리는 1530년 가을 뇌샤텔에서 미사와 사제들에 대해 독설을 퍼붓는 설교 이후 거둔 것이었다.[5] 그는 1534년 벽보 사건으로 악명을 떨치게 된 전략과 언어를 사용했다. 미사를 드리는 이들을 "악당, 살인자, 도둑, 예수 그리스도를 부인하는 자, 사람을 속이는 자"라 비난하는 벽보를 1530년에 뇌샤텔에 붙인 것이다.[6] 미사에 대한 공격이 파렐이 벌인 활동의 핵심이었다. 교회가 우상숭배하는 죄를 씻어야 한다는 것이었다. 이는 취리히에서 시작된 메시지였는데, 파렐과 그를 따르는 설교자들은 강단과 거리에서 격렬한 수사를 사용해 이 메시지를 선포했다.

1530년 가을 격앙된 청중이 파렐을 뇌샤텔 대성당으로 데려가자, 파렐은 거기서 형상의 혐오스러움을 비난하고 지적했다. 파렐의 비난에 자극을 받은 청중은 분노에 사로잡혀 성인, 제단, 제의까지 파괴하려 했다. 청중의 폭력으로 종교개혁이 표결에 부쳐졌고, 결국 간발의 차로 새로운 신앙이 승리했다. 파렐은 뇌샤텔을 처음으로 종교개혁을 수용한 프랑스어권 도시이면서 이웃한 프랑스에 이 운동을 전파하는 생동감 넘치는 기지로 만들었다. 이전에 파렐이 가르친 학생이자 오르브Orbe에서 온 보 사람 피에르 비레가 합류했다. 이들의 활동은 인쇄업자 피에르 드 뱅글이 뇌샤텔에 도착하면서 훨씬 든든해졌다. 뱅글은 벽보 사건에서 앙투안 마르쿠르가 쓴 소책자를 출간한 인물이었다. 파렐과 비레, 마르쿠르는 뱅글의 출판사를 활용하여 미사와 가톨릭의 사제 제도를 웃음거리로 만드는 악의에 찬 문헌을 출간했다. 파렐이 뇌샤텔에서 제네바로 가면서, 1532년부터 제네바가 종교개혁으로 방향을 전환하는 데 결정적 영향을 끼쳤다.

5. 폭력적 종교개혁과 소동

파렐의 개혁 활동은 베른과 베른의 상당한 군사력의 보호 아래 진행되었다. 베른 사람들은 파괴적이고 불법적인 행동을 묵인함으로써 파렐의 폭력 캠페인을 지원했다. 사제를 매도하는 비난을 출간한 것에 더하여, 파렐과 동료 목회자들은 종종 한밤중에 벌어지는 은밀한 성상 파괴 행위에 가담하여, 가톨릭교회들을 공격하고 성상을 훼손했다. 폭력의 유형은 다양했다. 인쇄물로 혐오를 표현하고, 설교로 비난하고, 교회에 물리적 손상을 입혔다. 스위스 연방의 독일어권 지역에서 진행되던 평화로운 종교개혁과는 전혀 다른 세계였다. 프랑스어권에서는 소수의 광신적 종교개혁자들과 상대의 장점을 조금도 인정하지 않고 자기 신앙에만 투철한 가톨릭 인구가 격전을 벌였다.

그러나 1536년에 베른 군대가 보$^{the\ Vaud}$ 지방을 가로질러 제네바 성벽을 향해 서진해서 사부아 공작$^{Duke\ of\ Savoy}$에게 속했던 땅을 무력으로 차지하자 모든 것이 변했다. 레만 호숫가의 대성당 도시 로잔^{Lausanne}은 베른의 행정적 전초 기지가 되었지만, 제네바는 베른에 정치적·군사적으로 의존했음에도 불구하고 자치를 인정받았다. 사실상 저항 없이 쉽게 성공을 거둔 캠페인은 더 심각한 문제를 덮었다. 보 지방 사람들은 자신이 속한 사부아 군주들에게 애정이 없었을 수 있지만, 이들은 베른의 개혁과 신앙에 관심이 없었고 충실한 가톨릭 신자였다.[7] 그러나 제네바에서는 베른 군대가 도착하기 수년 전에 이미 상당한 복음주의자들이 활동했다. 파렐과 그 무리는 도시의 통치자들이 여전히 미적지근한 상태로 남아 있을 때조차 자신들이 설득력 있는 선교사들임을 증명했던 것이다.

베른의 종교개혁자의 관점에서, 보 지방의 상황은 암울했다. 이 지역의 154개 교구 중 오직 12개 교구에서만 복음주의 활동의 흔적을 찾을 수 있었다.[8] 개혁파 신앙은 칼뱅이 제네바에 도착한 직후인 1536년 여름부터 도입되었다. 새로운 신앙의 합법성을 보증하고자, 베른의 관원들은 스위스 종교개혁에서 사용되곤 했던 전략을 활용하여 양편의 싸움을 허용하는 토론회를 열었다. 10월 로잔에서 열린 토론회에서는 개혁파 가르침의 10가지 요점이 논의의 기초였다. 이 토론회는 견해를 공개적으로 상호 교환하는 자리가 아니었다. 베른 당국이 주저하는 보 지방 주민에게 새로운 신앙을 받아들일 것을 설득하려고 의도했으므로, 결과는 이미 결정된 것이나 마찬가지였다.[9] 파렐, 피에르 카롤리, 앙투안 마르쿠르의 지원을 받은 피에르 비레가 개혁파 진영을 이끌고 명제 중 7가지를 설명했다.[10] 반대편에는 대성당 참사회가 나섰는데, 회의장에서 이들에게 허락된 대응 기회에는 방해 요소가 많았다. 그러나 가톨릭 대표단은 수적으로도 열세였을 뿐 아니라 지적으로도 취약했다.

주목할 만한 것은 당시 27살이던 장 칼뱅의 공헌으로, 그는 성찬 논쟁에서 테르툴리아누스를 인용했다.[11] 학자들은 이때 토론의 향방을 뒤집을 수 있는 칼뱅의 지성과 능력이 발휘되었다고 평가했다. 칼뱅이 득점에 성공하기는 했지만, 이미 그가 속한 팀은 뒤집을 수 없을 만큼 앞서가고 있었다. 비레와 파렐은 승리했고, 결과는 의심의 여지가 없었다.[12] 그렇지만 칼뱅의 개입이 흥미로운 것은 완전히 정확하지는 않더라도 그가 암기하고 있던 교부의 말을 인용했기 때문이다. 칼뱅은 자신의 연구가 나아가고 있는 방향을 보여 준 것이다. 이 초기 사건에서 증명되었듯, 칼뱅의 엄청난 기억력으로 인해 불운한 적대 세력들은 고통을 겪었지만 그의 경력에는 보증 마크가 남았다. 그러나 로잔에서 칼뱅은 그저 팀의 일원이었다. 이미 정해진 것과 다름없는 결론이 선언되었다. 보 지방에서 미사는 폐지될 것이며, 첫 종교개혁 칙령으로 10월 19일까지 제단, 성상, 예전 도구가 제거될 것이었다. 그러나 종교적 반감이 이 물건들의 가치까지 무시하지는 않았기에, 이 중 다수가 이웃한 가톨릭 교구들에 팔렸고 일부는 베른으로 옮겨졌다.[13] 이동이 불가능한 물건들만 파괴되었다. 유럽의 다른 지역에서와 마찬가지로 보 지방의 종교개혁도 부당 이득을 취했다.

만약 칼뱅이 믿지 않으면서도 종교 행위에 순응한 사람들로 가득 찬 '반쪽짜리 개혁파 교회'의 의미를 배울 필요가 있었다면, 보 지방이 교훈을 제공했다고 할 수 있다. 베른은 명목상으로만 종교개혁을 받아들인 지역을 통치해야 하는 우스운 상황에 놓였다. 개혁파 파당은 가톨릭 신앙을 계속 유지하려 하는 적대적인 시민들을 대하는 작은 당파에 지나지 않았다. 약 200명 남짓한 소수의 사제만이 제안을 받아들여 개혁파 목사가 되었지만, 이들 거의 모두는 교구에 그대로 살면서 생활을 유지했다. 사제에서 목사로 전향한 이들은 새로운 신앙을 촉진하는 데는 전혀 관심이 없었고, 직무 유지로 얻는 재정적 안정 때문에 망명을 선택할 마음도 없었다. 결과적으로, 이들은 프랑스에서 보였던 것과 반대되는 형태로 위장된 신앙생활을 했다. 이들의 소망은 만투아에서 열릴 공의회에서나 사부아 공작을 통해 가톨릭 신앙이 궁극적으로 회복되는 것이었다. 그때까지는 많은 사람이 보기에 종교적 신념을 타협하지는 않으면서도 적어도 겉보기에는 순응하며 참여할 준비가 되어 있었다. 베른의 통치에 반대한 중심 도시는 로잔으로, 여기서는 벌을 받으리라는 두려움 없이 미사가 계속 드려졌다. 목사는 계속 사제 복장을 하고, 사람들은 묵주와 성인상을 여전히 가지고 있는 이상하고 어중간한 상태 limbo였다. 평신도 중에 성찬에 참여하거나 아이에게 개혁파 세례를 받게 하는 이는 거의 없었으며, 복음주의 설교 유사한 것도 거의 없었다. 오히려 정규 예배 시간 이외에는 개혁파 교회에서도 가톨릭식 기도가 자주 울려 퍼졌다.[14]

도시 종교개혁: 제네바

1530년대에 이런 사건들이 일어나는 와중에 제네바는 독특한 상황을 겪고 있었다. 주교를 중심으로 모이면서 사부아 집안과 연대하는 외국인 성직자 지도자들이 1520년대 중반까지 제네바의 정치 및 경제생활을 지배하고 있었던 것이다. 사부아로부터 독립을 쟁취하기로 결정한 제네바 관원들은 엄청난 땅을 소유하고 수입을 벌어들이던 교회의 힘을 이겨 내야 했다. 이로써 1520년대와 1530년대에 영적 권위와 세속적 권위 간의 결정적 갈등이 시작되었다. 1527년 제네바의 사부아 정부가 붕괴되었지만, 교회 문제와 교회가 누구에게 충성을 바칠 것인가 하는 문제는 조금도 해결될 기미가 없었다. 많은 이들이 사부아 사람이 대부분인 목회자회를 새로운 공화국과 공화국의 자유에 반대하는 적대적 외국 세력으로 여겼다.[15] 1535년까지 관원들은 교회의 재정적 원천을 체계적으로 압류하기 시작했다. 파렐 및 다른 이들의 설교를 통해 복음주의 사상이 도시에 들어오기 시작하면서 제네바 시민 중에 지지자가 생기고 종교적 긴장감이 팽팽한 분위기가 형성된 것은 이 무렵이었다.

제네바가 1536년에 주교와 단절했다고 해서 독립 도시가 된 것은 아니었다.[16] 더구나 새로운 질서에 압승을 가져온 혁명은 종교, 교육, 사법 체계, 대법원, 국방 등 정부의 모든 영역에서 철저한 구조 조정을 요구했다. 프랑스어가 라틴어 대신 제네바의 공식 기록 언어가 되었다.

제네바는 인구 약 1만 2천 명의 평범한 도시 공동체였고, 대부분은 1530년대에 재건된 성벽 안에 살았다. 제네바는 "아래" 도시와 "위" 도시로 나뉘어 있었는데, 더 부유한 시민들 다수가 살았던 성벽 밖 교외 지역이 붕괴되면서 인구가 늘었다. 상인, 장인, 여관이 많았던 아래 도시에는 커다란 광장이 세 개 있었고 마들렌 교회가 이 지역을 담당했다.[17] 도시 위쪽으로 가려면 이전에 생피에르 대성당이었던 건물과 시청에 도착하기 전에 먼저 제네바의 빈민 구제소인 오피탈^{Hôpital}을 지나야 했다. 이 빈민 구제소는 칼뱅 시대에 콩시스투아르^{Consistoire}*와 목사회$^{Company\ of\ Pastors}$가 모임을 하는 생피에르 근교의 수도원 건물에 있었다. 제네바를 둘로 가르는 론강에는 16세기에 지은 커다란 목조 다리가 강을 가로지르고 있었는데, 강변 한쪽에는 제네바에서 두 번째로 중요한 교회인 생제르베 교회와 함께 가게, 집, 공장 들이 열을 맞춰 서 있었다. 상인과 여행자들은 리옹 및 남쪽 지방, 파리와 디종 그리고 로잔과 스위스 영토로 이어지는 세 군데 주요 도로를 통해 도시로 들어왔다. 레만 호수는 사람들

* 제네바 콩시스투아르는 제네바 개혁 교회의 대표적인 치리회이지만, 이후 영미 장로 교회에서 발전하는 당회, 노회, 대회, 총회와는 구성과 기능이 달랐으므로, 정확히 대응하는 한글 번역어가 없다. 따라서 원어 발음 그대로 표기했다.

에게 신선한 물, 물고기, 여행길을 제공했다. 바젤, 취리히, 베른과는 대조적으로 제네바는 시골 농경 지역이 아주 작았는데, 다른 많은 문제 중에도 특히 위협이 있을 때 군대를 소집할 수 없다는 뜻이었다. 군사적 취약점, 특히 적대적인 이웃 사부아와 프랑스의 존재 때문에 제네바의 베른 의존도는 더 높아졌다.

제네바 정부에서 가장 중요한 조직은 소의회Small Council였는데, 의원이 20명이었고 실행 위원회를 구성하는 네 명의 행정장관syndics이 주재했다.[18] 소의회는 제네바시에 관해 가장 중요한 결정을 내렸는데, 종교개혁 이후에는 목회자를 고용하고 해고하기도 하고 콩시스투아르와 함께 일하며 교회를 통제했다. 이어서 200인 의회Council of Two Hundred는 소위원회가 제시한 방식에 따라 투표하는 도시의 각 지역 대표자들로 구성되어 있었다. 제네바에서 가장 큰 조직은 총회General Assembly로, 모든 가정의 가장이 포함되었으며 1년에 네 차례 모였다. 총회의 역할은 200인 의회에서 제정한 법을 승인하거나 거부하는 것이었다. 전체적으로 제네바의 정치 구조는 16세기 일반적인 유럽 도시의 정치 구조를 모방한 것이었다. 거의 모든 점에서 제네바는 눈에 띌 만한 요소가 없었다. 일상은 무역을 중심으로 돌아갔고, 더 큰 이웃 나라들의 침략을 걱정해야 했으며, 관원은 음주와 폭력을 제한하고 매춘을 통제하고 가난하고 빈궁한 이들을 관리하면서 사회 질서를 유지하려고 애썼다.

그러나 도시 구조를 갈기갈기 찢어 놓은 당파 싸움이 재앙을 초래했다. 기욤 파렐은 1532년 6월에 제네바에 도착한 후 바로 복음주의 지지자 그룹 및 에드그노Eidguenots 혹은 "어린이"Les Enfants로 알려진 정치 파당과 연대했다. 이 당파는 제네바의 독립을 위해 투쟁하고 스위스 연방의 더 밀접한 연대를 지지하는 집단이었다. 파렐은 보 지방에서 평판을 얻은 대립적 방식을 취하면서, 미사 폐지와 복음 설교 정착을 요구했다. 이로써 그는 주교 총대리와 직접적으로 대립하게 되었다. 승리한 에드그노의 지지 덕분에 복음주의자는 기세를 몰아 1533년 성금요일에 제네바에서 첫 번째 공식 복음주의 예배를 드렸다.

1534년 1월, 파렐과 도미니코 수도회 소속의 기 푸르비티^{Guy Furbity}가 논쟁을 벌였다. 주교의 기반을 약화시키고 자신들의 신앙을 퍼뜨리고 싶어 하는 베른인들의 지원에 힘입어 복음주의 설교에 우호적인 결과가 나왔다. 불운했던 주교는 지원도 없이 방치되었고, 1534년 10월에는 제네바 의회가 교회의 권위 및 재정을 전유하기로 결의하면서 그를 쉽게 추방했다. 그러나 어떤 의미에서도 종교개혁이 확립되었다고 말할 수는 없었다. 1535년 5월이 되어서야 미사가 폐지되었고, 1536년 봄이 되어서야 새 신앙이 칙령으로 채택되었기 때문이다.

도시에 사는 모든 이가 새 종교에 포섭된 것은 분명히 아니었다. 전통적인 가톨릭 신앙도 여전히 강고했다. 파렐은 보 지방에서처럼 공격적인 방식으로 공동체를 분열시켰다. 1535년부터 제네바 생 클레르 수녀원 출신의 잔느 드 쥐시^{Jeanne de Jussie}가 『짧은 연대기』^{Short Chronicle}에 남긴 다음과 같은 생생한 기록을 볼 수 있다.

마들렌 축일[7월 22일]에 마들렌 교회에서 미사를 알리는 종이 엄숙하게 울리고 전 교구와 도시의 다른 선한 그리스도인이 경건한 마음으로 거룩한 미사에 참석하기 위해 모였을 때, 끔찍한 설교자 파렐이 자기 회중 전부를 데리고 나타났다. 그들은 일상복을 입고 축일을 망치기 위해 복된 마들렌의 교회로 들어와, 교회를 닫은 채 문 앞에 서서 사람들에게 설교를 강제로 듣게 했다. 이 행위는 모두를 엄청나게 고통스럽고 힘들게 했다. 여자들은 큰 소리로 울부짖었고, 남자들은 야단법석하며 원래 계획을 포기하고 교회를 떠나 버렸다. 모든 거룩한 예배가 중단되었다. 그러나 그 개들이 떠난 후 그리스도인들이 다시 교회로 돌아왔고, 사제는 이전의 어느 때보다 더 엄숙하고 경건하게 미사를 집전했다. 그 개들은 저녁기도 시간에도 똑같은 짓을 하면서 거룩한 교회를 점유하고, 이후 매일 거기서 설교하고, 그다음에는 생제르베 교회에서 설교했다. 성 도미니코 축일에도 도미니코회 수도원에서 똑같은 짓을 했고, 모든 교회에서 거룩한 예배를 방해했다.[19]

종교개혁 건설

왜 칼뱅은 당파 싸움으로 찢겨 있고 대학이나 중요한 지성인도 없는 이 도시에 머물기로 결정했을까? 얼핏 보기에는 바젤이 우선순위에 오르는 것이 훨씬 자연스럽다. 파렐은 자신이 저지른 온갖 포악한 행위 때문에 칼뱅에게 남아 있기를 강요하거나 머무르게 할 수 없었다. 우리는 섭리의 손을 느꼈다는 칼뱅의 말을 고려해야 한다. 하나님이 그가 제네바에 있기를 원하셨다. 그러나 설교자가 아니라 교사로 있었다. 1536년 9월 칼뱅은 생피에르 대성당에 모인 한 소그룹을 대상으로 성경에 대한 일련의 강좌를 시작했다. 그가 이 수고에 대해 받은 물질적 대가는 보잘것없었다. 제네바 의회가 이 일에 비용을 지불하고 싶어 하지 않았기 때문이다. 1537년 초 칼뱅은 자신이 약속된 봉급을 받은 적이 거의 없다며 불평했다. 1년 후에는 라틴어 학교에서 매일 신약을 강의했다. 그의 강의가 도시 밖에서 열렸다는 사실을 보면, 제네바 관원들이 칼뱅을 "프랑스인"으로 인식했기에 여전히 그를 받아들이는 데 주저했음을 알 수 있다. 칼뱅이 1536년 9월에 강의를 개설하며 다룬 책은 바울 서신, 그중에서도 로마서였을 가능성이 가장 크다. 바젤의 인쇄업자이자 친구였던 요한네스 오포리누스는 1537년 3월에 칼뱅에게 다음과 같이 편지했다. "나는 당신이 성 바울의 서신들을 주석해서 우리 모두의 칭찬과 유익이 되고 있음을 알고 있습니다. 그러니 당신이 학생들을 위해 주석하고 주해한 것을 다른 사람에게도 전해 줄 수 있도록 보장하는 일에 주저하지 말기를 요청합니다."[20]

칼뱅은 목회직을 수행하는 일을 서두르지 않아서, 안수를 받지 않은 상태로 1537년 봄에야 설교를 시작했던 것 같다. 결국에는 주중뿐만 아니라 주일에도 정기적으로 설교를 했음이 알려졌지만, 제네바에서 처음으로 머물던 시기에 그가 무슨 일을 했는지 거의 알려져 있지 않다.[21]

1536년부터 파렐이 이끄는 콩그레가시옹 회중, Congrégation 으로 알려진 모임이 제네바에 정착되었다.[22] 취리히의 소위 프로페차이 예언, Prophezei를 본뜬 이 모임은 목회자와 일부 평신도가 함께하는 모임으로, 성경 읽기와 해설을 듣기 위해 만들어졌다. 단순한 교육을 넘어 함께 배우고 예배하는 모임이었다.[23] 그런데 이 모임에는 고전어 훈련이 된 교육받은 이들이 필요했는데, 취리히에서는 가능했으나 1530년대 중반 제네바에서는 칼뱅과 파렐 외에는 이런 사람이 없었다. 그럼에도 성경을 공적으로 토론한다는 개념이 제네바 개혁파 공동체 일상의 중심부에 빠르게 정착되었다. 1538년에 기록된 한 의회록에는 다음과 같은 내용이 있다. "회중과 관련하여, 생피에르 대성당이 아니라 칼뱅[의 처소]나 리브[학교]에서 열리고, (누군가 원한다면) 관습대로 종을 치기로 [결정되었다]."²⁴

1537년 1월이 제네바 설교자들은 성찬식의 정기적 시행, 출교, 교리문답을 통한 청년 교육, 예배에서 부르는 찬송, 로마 가톨릭식 결혼법 대체에 대한 내용을 정리한 『교회 조직에 대한 조항들』*Articles Concerning the Organization of the Church*을 의회에 제출했다. 성찬은 매주 일요일에 집전하고, 자격이 없는 참석자는 출교로 대응한다는 것이었다. 칼뱅은 교회법을 작성한 경험이 거의 없었지만, 파렐은 노련했다. 그는 프랑스어로 가장 초기의 복음주의적 예전 관련 저작 몇 권을 펴낸 적이 있었다. 1529년 『개론』*Sommaire*은 프랑스어로 된 최초의 복음주의 신앙 선언문이었고, 『방법과 방식』*Manière et fasson*은 성찬, 세례, 설교, 예배에 대한 첫 프랑스어 예전 해설서였다. 1537년 『조항들』은 1536년 『기독교강요』와의 눈에 띄는 유사성 때문에 일반적으로 저자가 칼뱅이라고 받아들여지지만, 더 경험이 많은 파렐이 저자일 가능성도 꽤 크다.²⁵

이 점은 두 사람의 대조적 관점이 드러나므로 중요하다. 『조항들』에는 "정결한", "정결" 같은 용어가 사용되는데, 파렐에게 이 단어들은 사람을 교황주의 종교의 오염으로부터 보호하는 것을 의미했다. 그러나 칼뱅은 초기 저작에서 "정결" 언어를 내면의 영적 상태를 지칭하는 데 더 많이 사용했다.²⁶ 파렐은 훨씬 거친 논쟁적 언어를 썼고, 보 지방에서 벌인 설교 활동에서 드러나듯 거짓 종교와 무지를 퍼뜨리는 범죄자인 가톨릭 목회자를 의심의 여지 없이 명확하게 겨냥했다. 칼뱅의 글은 그리스도인의 삶에 대한 바울의 인식을 붙잡으려고 노력했기에 신학적 기조가 강했다. 이미 제네바에서부터 두 사람의 차이가 분명해지고 있었다. 파렐은 반대하는 예언자였으나, 칼뱅은 교회를 건설하려 했다.

『조항들』은 새로운 교회의 기초를 세우기 위해 작성된 일련의 문서들과 함께 등장했다. 1536년 『신앙고백』*Confession of Faith*은 주로 『기독교강요』의 발췌로, 거의 칼뱅의 작품이라 할 만했다. 또한 『신앙고백』은 평신도에게 신앙의 본질을 가르치기 위해 작성된 『제네바 교회의 기독교 신앙 교리문답 혹은 교육』*Confession of Faith Catechism or Instruction of the Christian Religion,* 1537의 기반이 되었다. 『교리문답』은 『신앙고백』에서 정해진 순서에 따라 공통 주제 *loci communes* 형태로 정리되었다.[27] 『신앙고백』과 『교리문답』 두 권은 새롭게 개혁된 제네바에서 정통의 표준을 제시했다.

이단의 악취: 카롤리 사건

칼뱅이 제네바에서 사역자로 정착하기 시작하던 시기에 상상을 뛰어넘는 의미를 지닌 논쟁이 하나 벌어졌다. 1536년 파렐과 비레와 칼뱅은 로잔 논쟁에서 승리를 거두었지만, 베른 의회가 로잔의 주임 설교자로 비레 대신 피에르 카롤리를 임명하기로 결정하면서 맥이 빠졌다. 1480년생인 카롤리는 파렐과 마찬가지로 브리송네를 중심으로 모인 모 서클에 속해 있었고, 1530년대 초 핍박 시기에 제네바와 바젤에서 시간을 보내며 개혁파 신앙을 받아들인 것 같다. 복잡하고 성마른 사람이었던 카롤리는 일평생 가톨릭과 개혁파 신앙 사이에서 망설였고, 다른 사람과 꾸준하게 함께 일할 수 없었다. 로잔에서 주임 설교자로 임명되자 카롤리는 피에르 비레와 원수가 되었다. 카롤리는 그리스도인이 죽은 자를 위해 기도하는 행위를 수용할 수 있다고 가르쳤는데 이는 분명한 비개혁파적 가르침이었기에 문제가 되었다.[28] 스위스 및 독일 땅 전역의 종교개혁자와 한편에 선 비레는 이 가르침을 무조건 거부했다. 카롤리는 이에 대응하여 비레와 파렐과 칼뱅이 아리우스주의자, 즉 하나님의 아들인 예수 그리스도가 아버지와 동등하지 않고, 아버지께 종속되어 있다고 주장하는 고대 이단이라며 정죄했다. 이 비난의 근거는 칼뱅이 『기독교강요』에서 삼위일체를 아주 조금만 언급하고 있다는 것이었다. 이는 프랑스어권 종교개혁자들의 삼위일체론 가르침을 공격한 심각한 고발이었다. 칼뱅은 최근에 나온 제네바판 『신앙고백』을 그와 반대되는 증거로 인용했지만 카롤리는 이를 무시했다. 그의 의도는 보 지방에서 일어나고 있는 일과 관련하여 이 주요 스위스 종교개혁자의 마음에 불안의 씨앗을 심고자 잘 계산된 것이었다. 칼뱅과 파렐은 상황의 위험성을 인식하고, 관원들과 교회 지도자들에게 이 갈등을 해결할 회의를 열어야 한다고 설득하는 내용을 담은 장문의 편지들을 가지고 급히 베른으로 갔다.

1537년 2월 칼뱅은 베른의 최고 신학자이자 하인리히 불링거의 가까운 친구 카스파르 메간더$^{Kaspar\ Megander}$에게 카롤리를 "새" 교리를 확산시켜서 유명해지려고 하는—조롱의 의미로—"야망 넘치는 인물"로 묘사하여 편지를 보냈다. 칼뱅은 카롤리를 대중에게 영합하는 어릿광대에 빗대었다. 더 나쁜 것은 비레가 제네바로 찾아오기를 기다렸다가 그를 고소한 카롤리의 비열한 행동이었다. 이런 인간은 가장 큰 존경을 받아 마땅한 제네바 종교개혁자들과 달리 그저 "부도덕하고" "비합리적인" 인물일 뿐이었다. 칼뱅에 따르면, 그와 파렐과 비레가 카롤리를 설득하려 하자 그는 격렬하게 화를 냈는데, 마치 "미친 듯이 화를 내는 작은 당나귀" 같았다. 편지가 한 사람을 저격할 때 효과적 수단이라는 사실을 칼뱅은 그때 잘 배웠다. 메간더는 요점을 제대로 파악했다. "지금까지 형성된 기초들이 이 한 번의 타격으로 얼마나 심각한 영향을 받았는지 당신은 믿을 수 없을 겁니다. 이 와중에 신앙 교리 문제에서 우리끼리도 합의를 못 하고 있다는 이야기를 순진한 사람들이 듣고 있습니다. 우리가 필요한 해결책을 마련하지 못하면 더 심각한 결과가 곧 뒤따르리라는 점에는 의심의 여지가 없습니다."[29] 의회의 견고한 통제 아래 있던 베른 교회의 실상에 매우 둔감하다는 것을 보여 주듯, 칼뱅은 메간더에게 관원들이 움직이기를 기다리지 말고 직접 나서서 문제를 해결해 달라고 요청했다. 칼뱅은 도움이 될 만한 조치 목록을 제시하면서 다음과 같이 편지를 마무리했다. "경건과 신중함으로, 이토록 중요한 일에 당신이 부족함 없다는 것을 보여 주시고, 부활절 전에 모임을 즉각 주선해 주십시오."[30] 편지를 보면, 베른 목회자 한 사람이 이런 방식으로 일을 진행하는 것은 궁극적으로 불가능했다는 사실을 칼뱅은 전혀 인식하지 못했음을 알 수 있다.

칼뱅이 예측했듯, 메간더는 다른 스위스 교회들과의 중요한 접촉점이라는 사실이 드러났다. 메간더는 하인리히 불링거에게 "새로 정복된 지역에 있는 프랑스인 일부가 그리스도와 삼위일체를 바르게 이해하지 못한다는 의혹을 받고 있습니다. 이런 이유로 칼뱅이 베른으로 와서 회의를 긴급하게 소집해 달라고 요청했습니다. 그런데 부활절 이후까지는 열릴 수 없다며 이 요청은 거절되었습니다"라고 편지했다.³¹ 5월 14일 로잔에서 성사된 모임에서 제네바 목회자들은 자기들의 삼위일체 신학을 상세히 설명한 후에 정당성을 확인받았다. 반면, 카롤리는 면직되었다. 그러나 굴욕하면서도 굴복하지 않은 목사 카롤리가 베른 관원 앞에서 파렐과 칼뱅, 비레의 정통성을 인정하지 않으면서 사태는 종결되지 않았다. 그러나 기가 죽은 데다 더 이상 베른의 지원을 확신하지 못한 카롤리가 밤중에 도시를 빠져나가, 제네바 목회자 세 명은 자유와 평안을 얻었다.

메간더는 베른에서 이들을 변호하고 불링거에게 이 "경건한 사람들"에 대해 편지를 보냄으로써 좋은 동맹임을 입증했다. 그럼에도 불구하고 카롤리 논쟁은 종종 간과되곤 했던 영역, 즉 독일어권과 프랑스어권 지역 간 문화적 차이를 드러낸다.³² 3월에 메간더는 불링거에게 다음과 같이 불평했다. "우리가 얼마나 이 미신적이고, 좋게 봐야 선동적인 프랑스인들을 상대해야 하는지 보십시오." 문제의 "프랑스인"은 칼뱅이나 비레가 아니라 보 지방에 거주하는 프랑스어 사용자들로, 다른 독일어권 종교개혁자 대다수와 마찬가지로 메간더도 이들을 반쪽짜리 개혁파 외국인으로 여기며 경멸했다. 보 지방이나 제네바 주민에 대한 베른 사람의 우월 의식은 이들이 칼뱅과 파렐을 어떻게 바라보았는지 알려 주는 렌즈였다. 언어는 의혹을 강화하는 데 기여하는 만만찮은 장애물 중 하나였다.

베른에서 확보한 정당성이 문제를 종결시킨 것은 아니었다. 이 논쟁은 1537년 여름 내내 칼뱅과 파렐을 괴롭혔다. 제네바 목회자들이 핵심 교리들에 대한 비정통적 견해를 주장한다는 소문이 퍼져,

심지어 멀리 스트라스부르까지 이르렀다. 칼뱅은 화가 머리끝까지 나서 지몬 그리나이우스에게 편지했다. "요약하자면, 이 사건은 특정 개인들이 악한 소식을 퍼뜨리고 모든 나라에 우리에 대한 나쁜 견해를 조장하려고 가장 교묘할 뿐 아니라 가장 악의적으로 조작한 일입니다. 또한 지금까지 그 헛된 노력이 성공한 적은 없었지만, 이 지푸라기 같은 인간[카롤리]이 엄청난 파장을 일으킨 것만은 분명합니다."[33] 이들의 가르침에 대한 의혹은 불쾌한 악취처럼 끈질기게 붙어 다녔다. 베른 의회는 납득할 만한 설명을 요구했고, 칼뱅과 파렐은 불려 가서 해명해야 했다. 어떤 정부도 이단과 연루되고 싶어 하지 않았기 때문에, 베른 사람들은 그들 교회의 신학이 제네바에서 채택되어야 한다고 결의했다. 이 사건들의 파장이 아주 컸다. 칼뱅은 비레에게 파렐에 대해 "그런 강철 같은 체질의 사람이 내가 가능할 거라 예상했던 것보다 더, 큰 근심으로 많이 지쳐 있다"고 알렸다.[34]

칼뱅은 곧바로 제네바에서 자신의 지위가 다른 스위스 교회들을 의존하는지 보았고, 의사소통 관계망을 수립할 필요성이 있음을 깨달았다. 제1운동자$^{\text{unmoved mover}}$는 하인리히 불링거였기에, 칼뱅은 이 취리히 종교개혁자를 자기편으로 만들 필요가 있겠다고 인식했다. 메간더와 교제한 덕에 곤경은 면할 수 있었지만 취리히와의 직접적 관계가 필요했다. 칼뱅은 바젤 교회 수장인 오스발트 미코니우스와의 접촉을 비롯하여 다양한 접근을 시도했다. 미코니우스는 칼뱅이 제네바『신앙고백』과 그리나이우스에게 쓴 편지를 자기에게 보내도 될지 물어봤다고 불링거에게 알렸다.[35] 두 주 후 불링거는 자신이 문서 둘을 다 읽었고, 비록 일반적으로 프랑스어권 목회자들 사이에서 일어나는 사건들의 상태에 대해서나 이 논쟁이 더 넓은 프로테스탄트 교회에 어떤 손상을 줄지 약간의 우려를 표명했지만 이 두 문서에서 부족한 점을 찾지 못했다고 답장했다.[36] 불링거는 자신이 카롤리 사건에 대해 잘 모른다고 주장했는데, 사실이라기보다는 꾀바른 진술이었을 것이다. 고향 취리히에서 일어난 문제에 몰두하고 있던 불링거가 이 소용돌이에 말려들고 싶지 않았음은 아주 분명하다. 칼뱅은 불링거의 우호적인 평결을 전해 들었고, 여름이 끝날 즈음 제네바 교회를 대표해 취리히 목회자들에게 편지를 써서, 카롤리에 반대한 자신들의 행동을 다시 한번 변호했다.[37] 이 편지를 보면 칼뱅이 이해한 이슈들이 무엇이었는지 드러난다. 즉 제네바 사람들의 신학이 공격을 받았다는 것과 제네바 사람들이 카롤리를 너무 가혹하게 대했다고 여겨진다는 것이었다. 칼뱅은 교부들에게서 자기 견해의 정당성을 충분히 끌어와 제네바 교회를 변호하고 두 교회가 더 긴밀히 협력하기를 소망했다.

칼뱅에게는, 제네바가 베른에 의존하고 있는데 베른은 신학의 방향을 놓고 사악한 내분을 벌이고 있다는 사실이 큰 문젯거리였다. 칼뱅이 도착한 1537년 9월은 베른이 가장 불안정한 시기였다. 카롤리 사건이 칼뱅에게는 중요했지만, 베른은 훨씬 더 많은 심각한 위기 상황에 놓여 있었기에 별로 비중이 없었다. 1528년 베른 논쟁에서 츠빙글리 계열을 따르는 종교개혁이 확정됐음에도 불구하고, 도시에서 마르틴 부처의 영향력은 1531년 이래 빠르게 커져 갔다. 특히 그의 저술로 인해 베른 교회는 프로테스탄트 일치의 기초로 인식한 비텐베르크 협약으로 이끌려 나아갔다.[38] 베른 교회 지도자 카스파르 메간더는 츠빙글리 신학의 충실한 옹호자였기에,

1537년에 이 도시 대부분은 부처와 메간더 간의 쓰라린 갈등으로 찢겨 있었다. 이 갈등은 메간더가 해임된 1538년 초에 비로소 종결된다.

메간더의 해임으로 칼뱅은 교회를 지배하는 관원들의 힘을 깨닫게 하는, 냉정한 교훈을 얻었다. 그러나 베른에서 일어난 사건들로 이 젊은 프랑스인의 경력에 지대한 관심을 보이는 마르틴 부처와 새롭게 접촉하게 되었다. 부처는 제네바 사람들에게 베른 논쟁의 중심에 있던 성찬에 대한 신앙 선언문을 작성하기를 권했고, 이들의 노력에 흡족해했다. 동시에 "여호와"[Jehova]라는 용어를 사용한다는 이유로 제네바 사람들을 공격한 사소한 분쟁에서 부처, 카피토, 미코니우스는 칼뱅, 파렐, 비레를 옹호했다.[39] 반대로 불링거는 베른에서 부처가 쓸데없이 간섭했다고 생각했고 이로 인해 화가 나 있었기 때문에, 두 사람의 관계는 상호 불신으로 발전했다. 다행히 이 취리히 교회의 수장은 칼뱅과 파렐을 부처와 연결 짓지 않았고, 1537년 11월 1일에 이들이 당한 고소의 내용을 믿은 적이 없다고 안심시키는 우호적인 답장을 보내왔다.[40]

우리는 나이 많은 두 멘토와 주고받은 두 편의 서신을 통해 이 의기양양한 시기에 칼뱅의 기질이 어땠는지 어느 정도 알 수 있다. 칼뱅은 오만과 조급함에서 비롯된 판단 착오를 드러내며 두 경우 모두 잘 처신하지 못했다. 베른에서 메간더가 면직된 후, 1538년 초 칼뱅은 마르틴 부처에게 편지를 보내 이 사건에서 그가 맡은 역할을 비난했다.[41] 많은 비난 중에서도 칼뱅은 부처가 성찬 문제에서 루터에게로 너무 가까이 이동했다며 정죄했다. 또 베른에서 진행된 신학 논쟁에 관원이 너무 많이 개입하도록 허용한 것에 화를 냈다. 편지에는 아마도 파렐과 너무 오랜 기간을 함께 보낸 탓인지 절제하지 못하는 칼뱅이 드러난다. 부처는 결국 답장을 보냈지만, 우리는 이 편지의 내용을 칼뱅이 20년 후에 남긴 기록을 통해서만 알 뿐이다.[42] 부처의 응답은 온화했지만 견고했다. 그는 입장을 조금도 양보하지 않고, 자신이 한 일은 사랑에서 나온 것이라고 주장했다. 그 효과는 어마어마했다. 칼뱅에 따르면, 부처의 답장을 읽은 후 그는 너무 놀라 어안이 벙벙해졌고, 자신의 거들먹거리는 교만이 창피했으며, 자신의 "인내심 없음" 때문에 절망에 빠졌다. 칼뱅은 사흘 동안 잠도 잘 수 없을 만큼 흥분해 있었다. 그의 무너지기 쉬운 기질이 만천하에 드러났다. 분한 마음으로 교회의 경험 많은 한 사람을 비난했다가 영혼의 겸손과 관대함이라는 교훈을 배웠다.

이것으로 끝이 아니었다. 페터 쿤츠Peter Kuntz가 메간더를 대신해서 베른 교회의 수장이 되자 칼뱅은 이 인물에 대한 경멸감을 숨기려고 하지 않았다. 1438년 3월 4일 지몬 그리나이우스가 칼뱅에게 편지를 써서, 쿤츠가 칼뱅과 파렐에게 보인 호의적 언사와 쿤츠를 무식한 농부라 칭한 젊은 프랑스인 칼뱅의 묘사를 대조했다. 쿤츠가 좀 세련되지 못한 인물일 수 있다는 데 동의했음에도 불구하고, 그리나이우스는 칼뱅의 오만함을 다음과 같이 호되게 나무랐다.

비록 그가 교육을 많이 받지 못했어도, 그의 의도, 그 사람의 신앙, 교회를 위한 그의 열정을 생각하면 나는 이 형제를 거절할 수가 없습니다. 그의 본성, 그의 출신 지역, 종족, 알프스 중부에 있는 출생지를 고려해야 하지 않겠습니까? 프랑스 중부에서 자라며 아주 어릴 때부터 고등교육을 받은 사람들에 둘러싸여 있었던 칼뱅 당신과 비

교해 보면, 왜 그가 우연히 마주친 자리에서 당신을 불쾌하게 했는지 곧 이해할 수 있을 겁니다.[43]

후에 시편 서문에서 자신의 출신 배경의 비천함을 강조하듯이, 출신 성분에 예민했던 칼뱅에게 부드러운 성품을 가진 그리나이우스의 이러한 꾸짖음은 강한 일격이었다. 그리나이우스는 바젤에서 사귄 이 친구의 사람됨을 꿰뚫어 본 것이다. 존경할 만한 지적 능력이 오만과 심지어 속물 근성으로 인해 사악해진 것이다. 칼뱅이 베른에 있는 사람들보다, 심지어 파렐보다 지적으로 뛰어났음은 분명하다. 그러나 그것 때문에 교회는 대가를 치러야 했나? 이것은 칼뱅의 남은 생애 동안 해결되지 않은 문제였다.

"혐오스런 신성 모독": 논객

『기독교강요』 다음으로 칼뱅이 쓴 첫 번째 주요 저작은 일련의 공적 서신들로, 1537년 1월 바젤에서 『두 서신』*Epistolae duae*이라는 제목으로 출간되었다. 이전 저작과의 차이가 이보다 더 극명할 수는 없을 것이다. 『기독교강요』는 신학적 명료성과 전망으로 널리 찬사를 받았으나, 이 서간집으로는 노골적이고 논쟁적인 악담을 들었다. 이 편지들은 1536년 가을 칼뱅이 아는 사람들 사이에서 사적으로 먼저 회람되었는데, 상당히 곤혹스런 상황이 발생했다. 『영혼의 잠』에 아주 신중한 태도를 보였던 볼프강 카피토가 다른 이들과 상의하기 전에는 어떤 것도 출판하지 말라고 경고하는 편지를 칼뱅에게 보낸 것이다. 카피토의 염려는 이해할 만했다. 『두 서신』은 가톨릭교회에 대한 공격이자, 더 중요하게는 복음주의 신앙을 고백하면서도 그 교회 안에 남아 있는 이들에 대한 날카로운 공격이 담겨 있었기 때문이다. 더 놀라운 점은 칼뱅이 한때 아주 존경했던 두 사람에게 쓴 편지였다는 것이다. 바로 친구 니콜라 뒤슈맹과 제라르 루셀로, 이들이 파리에서 했던 사순절 설교로 당시 칼뱅은 큰 감동을 받았다.

페라라에서, 혹은 아마도 제네바에 도착한 후 작성된 이 편지들은 로마 가톨릭교회와의 단절이 필요함을 설명하고 싶었던 칼뱅의 열망이 표출된 것이었다.[44] 친구 뒤슈맹에게 보낸 첫 번째 서신은 신앙을 지도해 달라는 요청에 대한 답장이다. 칼뱅의 대답은 뒤슈맹을 경악시켰음에 틀림없다.

> 로마 가톨릭교회는 수많은 괴물, 우상, 우상숭배가 있는 이집트이며, 혐오스런 신성 모독, 오염, 외설이 떼 지어 있는 곳입니다. 오염을 피하는 길은 오직 하나뿐입니다. 처음부터 반대하고 절대 그에 대해 깊이 생각하지 않는 것이지요. 생각을 하는 즉시 이미 경계를 넘어간 것입니다. 참된 경건은 참된 신앙고백을 낳는 법이니까요.[45]

칼뱅이 이보다 더 분명하게 이야기할 수는 없었을 것이다. 그리스도인은 가톨릭교회 안에 남아 있어서는 안 된다.

> 주거나 받는 이들은 바로 그런 행동으로 혐오스런 악을 승인하거나 동의합니다. 사제의 분노를 달래야 한다거나, 많거나 적은 돈으로 그렇게 할 수 있다는 저속하고 흔한 변명은 위험한 짐승의 입에 고기 한 덩이를 던지는 사람의 주장과 다를 바 없습니다.[46]

사제를 살인자라 칭하는 모욕은 1530년대 초에 보 지방에 배포되었던 파렐과 마르쿠르의 저작을 모방한 것이었다. 이들이 칼뱅에게 준 영향은 의심할 바 없이 상당했다. 아직 어리고 감수성이 예민했던 칼뱅은 젊은 동료에게 가톨릭교회에 대항하는 논쟁적인 글을 쓰라고 자극하는 파렐의 적대적 목소리를 자신의 무기로 택했다.

뒤슈맹에게 보낸 답장이 서늘한 경고였다면, 제라르 루셀에게 보낸 편지는 달랐다. 모 서클의 이전 회원이자 나바르의 마르그리트 궁정 설교자였던 루셀은 주교가 되었는데, 칼뱅을 구역질 나게 하는 일이었다. 편지는 철저하게 사적인 분위기를 풍긴다. 루셀을 "이전 친구"로 지칭하며, 살인자, 사기꾼, 배신자라는 비난을 했다. 칼뱅은 개혁이 가톨릭교회 내에서 성취될 수 있다는 주장을 체계적으로 무너뜨렸다. 이 교회에서 직분을 갖는 것은 복음과 결코 양립할 수 없었다. 루셀은 자신이 그리스도인이 아님을 스스로 증명한 셈이었다.[47]

칼뱅의 두 서신은 그가 로잔 논쟁의 기록물 출판에 관여하고 있을 때 작성되었기에, 두 서신 모두 칼뱅이 프랑스 복음주의가 받아들일 수 없는 측면이라 인식한 것에 대한 공격이었다. 그는 마르그리트 왕비를 둘러싸고 있던 나바르파에 대한 파렐의 평가, 즉 기대할 것이 아무것도 없는 쓸모없는 집단이라는 의식을 공유했다. 이들은 교회 고위직을 얻기 위해 신앙을 팔아먹은 자들이었기에 경멸할 가치조차 없었다.

대결과 패배

투표 결과가 도시 내 조직적 폭력으로 이미 정해져 있다는 주장이 있었지만, 1537년 2월 제네바에서 치러진 시민 투표는 에드그노 파당 지도자이자 종교개혁자들을 지지한 미셸 세트Michel Sept가 이끈 당의 승리로 끝났다.[48] 이 결과에 반대하는 목소리가 나왔고, 자유를 잃은 것에 대한 저항도 나타났다. 새 의회가 결정할 중요한 사항 하나는 모든 시민이 『신앙고백』에 정리된 새로운 신앙에 충성을 맹세해야 한다는 파렐과 칼뱅의 주장을 받아들여야 하는가였다. 소의회는 맹세를 거부하는 이들을 적대하는 수단으로 출교를 이용해서는 안 된다는 추가 조항을 덧붙여 이들의 요구를 수용했다. 관원들은 협조에 거부하는 이들을 추방할 권력을 유지하고 싶어 했다. 프랑스인 목회자들이 맹세를 강요하자 제네바 사람들 사이에 상당한 저항이 생겨났다. 이들은 사부아인들이 장악한 교회에 반대하여 해방을 위해 투쟁한 이들이 아닌가? 세력 있는 많은 집안이 비슷하게 적대적이었지만, 상인들의 반대 목소리가 가장 컸다.[49] 추방, 특히 제네바에서 가장 저명한 집안들의 일원을 강제 추방하는 것은 의회의 권한 밖이었다. 베른 사람들도 반대했는데, 출교는 베른 교회의 특권이 아닐뿐더러 이 제도가 제네바에 도입되는 것도 보고 싶지 않았기 때문이었다.[50] 교회의 일치를 무너뜨리는 자들이라고 여겨지는 사람들의 성찬 참여를 거부할 권리를 요구하기 위해 칼뱅과 파렐이 1538년 1월 의회에 출석했을 때, 두 사람은 모든 사람이 빵과 포도주를 못 받게 하려는 것은 아니라 말했다고 간단하게 알려져 있다. 또한 지지도가 떨어지고 1538년 2월 선거에서는 예상과 달리 패배한 세트의 파당이 약화되면서 두 사람의 입지는 위태로워졌다. 칼뱅은 불링거에게 우울한 논조로 다음과 같은 편지를 썼다. "우리는 교회 출교라는 신실하고 거룩한 실천 행위를 망각의 늪에서 구출하는 일을 성공적으로 수행할 수 없었습니다. 또한 크기에 비해 인구가 많은 이 도시를 교회의 복잡한 행정 필요에 맞게 만들어진 여러 교구로 나누는 일도 완수할 수 없었습니다."[51]

1538년 선거로 새 의회가 칼뱅과 파렐에게 훨씬 덜 우호적인 입장으로 선회한 후, 논쟁 주제는 맹세에서 베른식 예전 사용 문제로 전환되었다.[52] 이 의식에는 무교병(누룩을 넣지 않은 빵), 돌로 만든 잔, 크리스마스, 새해, 수태고지, 승천의 날을 축일로 지키는 것 등이 포함되었다. 이런 것들이 갈등을 유발하는 주제가 될 수 있었다는 사실을 보면 이 도시에서 정부의 힘이 약해졌음을 알 수 있다. 문제의 근원에는 베른에 대한 제네바 사람들 다수의 깊은 불신이 있었고, 칼뱅은 불만을 품은 이들의 대표로 떠올랐다. 부처에게 보낸 편지를 이러한 시각에서 부분적으로 설명할 수 있다. 베른에서 메간더가 떠난 일은 칼뱅에게는 동지를 잃어버린 일이면서 이 도시에서 자신을 멸시하는 자들의 힘이 강해진 사건이었다. 의도적이지는 않았겠지만, 칼뱅은 부처의 행동을 부처가 베른 관원들의 손에 놀아난 일로 해석했다. 칼뱅이 가장 분노하는 것은 교육받지 못했을 뿐 아니라 "교수형당해 마땅한" 이들을 제네바 교회에 목회자로 떠넘기는 베른의 못된 버릇이었다.[53]

칼뱅과 파렐은 제네바를 베른의 간섭에서 해방시키려는 제네바 시민들과 관계가 깊었다. 1538년 3월 의회 안에서 파렐을 지지하는 6명은 제네바가 프랑스와 더 가까운 동맹을 맺고 베른으로부터 벗어나자는 안을 제출했다.[54] 원칙적으로 의회는 이 제안에 개방적 태도를 갖고 있었지만, 이 일에 대한 추가 조사가 이루어진 뒤에는 6명 모두가 면직되었다. 같은 날 설교에서 칼뱅은 "악마의 의회"라며 공개적으로 비난했고, 그 결과 그와 파렐 모두 정치적 문제에 개입하는 것을 금지당했다. 칼뱅의 논쟁은 이제 종이 위에만 머무르지 않았다. 제네바에 처음 도착했을 당시 칼뱅은 설교 경험이 거의 없었지만, 1538년이 되면 이제 강단에서 통치자들을 비난할 만큼 확신이 넘친다.

예전에 대한 논쟁은 암울하게 종결될 운명에 처했다. 베른은 제네바에서 자기들의 권위를 강요하기로 결정했고, 칼뱅과 파렐은 모두 교회 일을 시민 관원이 결정해서는 안 된다는 강경한 입장이었다. 제네바의 새 정권이 베른의 입장을 수용하려고 준비하고 있었기 때문에 두 사람은 사면초가의 상황에 몰렸다. 로잔에서 열린 회의에 소환된 칼뱅과 파렐은 베른의 요구를 수용하는 조건으로 참석했다고 알려져 있다.[55] 이 점에서 두 사람은 그들의 교회를 대표할 수 없었으며, 제네바로 돌아온 후에는 생피에르 대성당 사용을 금지당했다. 이들은 이제 칼뱅의 집이나 학교에서 모임을 가져야 했다.

베른 사람들이 말썽을 주도한 인물로 여긴 이는 파렐이 아니라 칼뱅이었다. 관원들이 제네바에 편지를 쓸 때도 칼뱅의 이름이 파렐보다 앞에 있었다. 베른은 평화를 원했지만 그들의 조건을 따라야 했다. 베른식 예전 도입은 타협 불가능한 요소였음에도 불구하고 제네바의 파당들은 이를 조정하라는 요구를 받았다. 칼뱅과 파렐은 이것이 단지 제네바와 베른 간의 문제가 아니라 더 넓은 스위스 교회에 해당하는 문제라고 주장했다. 부활절 성례가 다가오고 있었기에, 성찬을 받기 위해서는 제네바에서 합의가 이루어져야 했다. 자신들의 약한 입지를 베른이 지원해 주기를 바라던 제네바 관원들은 베른식 예전을 따라야 한다고 주장했다. 칼뱅과 파렐은 그 예전을 따르지 않을 것이며, 이어서 제네바시 전체가 성찬을 거부할 것이라며 강경 투쟁을 선언했다. 이 시점부터 상황이 급박하게 돌아갔다. 이들의 가까운 동료였던 시각 장애인 목사 엘리 쿠로^{Elie Couraud}는 설교를 금지당했지만, 이 명령을 무시하고 4월 20일 설교단에 올라갔다. 칼뱅과 파렐은 위협에 아랑곳하지 않고 성찬 집행을 거부했지만, 파렐의 일부 지지자는 폭력을 행사하기도 했다.[56] 쿠로는 투옥되었고, 칼뱅과 파렐은 성찬대에서 성찬을 집행하지 않겠다는 사실을 분명히 했다. 앙리 드 라 마르^{Henri de la Mare}라는 목회자는 두 프랑스인이 출교로 벌한다고 위협하며 자신의 설교와 성찬 참여를 금지한 적이 있었다고 의회에 말했다.[57] 두 파당 간 갈등으로 해결의 실마리는 사라졌다. 제네바의 정부 기관 셋은 모두 베른식 예전이 채택되어야 한다고 확정했다. 칼뱅과 파렐은 직위를 빼앗기고 사흘 안에 도시를 떠나라는 명령을 받았다. 두 사람은 제네바에서의 시간이 얼마 남지 않았음을 알고 있었기에 관원들의 판결을 기다리지 않고 취리히로 떠났다.

6

교회를 발견하다

환영받지 못한 말썽꾼들

취리히로 가는 길에 칼뱅과 파렐은 베른에 들러 증언하면서 자신들을 추방한 제네바 의회를 격하게 비난했다.[1] 두 사람은 자신들이 베른식 예전에 반대했다는 주장을 강하게 부인했고, 성찬 집례는 혼란이 심해져서 불가능했던 것이라 주장했다. 또한 자신들을 모함하는 음모가 있었고, 제네바 상인들이 두 종교개혁자가 쫓겨난 뒤에야 사업을 재개하겠다고 했다는 프랑스에 퍼진 소문에 대해 이야기했다.[2] 그러나 그 증언이 제네바로 회송된 후 베른 사람들은 전혀 다른 이야기를 들었다. 제네바 사람들은 칼뱅이 자신들을 어떻게 중상모략했는지 듣고 분노하며, 칼뱅과 파렐이 여러 권고를 무시하고 베른식 예전을 강경하게 거부했다고 주장했다.[3] 일어난 사건들을 잘 짜 맞추어 전달함으로써 베른 사람들을 설득하려 했던 칼뱅의 서툰 시도는 완전히 실패로 돌아갔다. 베른 사람들은 이 모든 재앙이 제네바에서 가톨릭이 다시 세력을 얻는 결과로 이어질까 봐 두려워했고 평화를 회복할 수단을 찾고자 했다.

취리히 상황도 딱히 낫다고 할 수 없었다. 스위스의 지도급 목회자들의 회의가 1538년 4월 28일부터 5월 4일까지 열렸지만, 마르틴 부처의 발의로 제네바 문제가 논의된 것은 5월 2일이 되어서였다.[4] 불링거와 부처의 관계가 망가져 있었기 때문에 긴장감이 감도는 분위기였다. 불링거가 부처를 공개적으로 모욕했던 것을 감안하면 두 사람이 한방에 같이 앉아 있는 장면은 상상하기 어렵다. 주요 논의 주제들은 제네바에 대한 것이 아니라 베른의 주요 목회자들 내부의 다툼 그리고 성찬 문제를 둘러싼 루터와의 계속되는 논쟁이었다. 제네바 문제가 마침내 상정되었을 때, 칼뱅과 파렐은 자신들이 피해자가 아니라 문젯거리로 낙인찍혔음을 알고 충격을 받았다.[5] 다른 종교개혁자들이 보기에 두 사람은 교회에 불화를 일으킨 극심한 실책을 저지른 이들이었다. 칼뱅과 파렐은 그들의 행동으로 새로 개혁된 제네바 교회를 위기에 빠뜨렸다는 의혹을 받아 취리히에서 냉대를 받았다. 이들은 비판받을 준비가 되었다고 결연하게 선언했지만, "최대한 신중하게" 처신하라는 책망을 듣자 귀를 의심하지 않을 수 없었다. 공식적 선언은 아마도 불링거의 입에서 내려진 것 같다. 불링거는 회의가 열린 날 칼뱅과 파렐에 대해 이렇게 썼다. "그들의 열정이 너무 컸던 것 같습니다. 그러나 그들은 경건하고 학식 있는 사람들이고, 내 생각에는 우리가 그들을 많이 용서해야 합니다."[6] 종교개혁자들은 칼뱅과 파렐이 보인 열정 과잉을 어느 정도 수긍할 수 있었다. 그리나이우스, 카피토, 부처 모두 이 두 사람이 경솔하고 부주의하게 행동했다는 견해를 표명했다.[7] 더 가혹하게 평가한 사람들은 칼뱅과 파렐이 제네바에 "새로운 교황제"를 도입했다고 비난했다. 주도적 종교개혁자들은 이 견해를 인정하지 않았지만, 칼뱅을 어떻게 이해해야 할지 몰랐음에 틀림없다. 파렐은 타협 없고 늘 맞서 싸우는 기질로 유명했지만, 칼뱅은 그보다 덜했다. 그리나이우스만 바젤에 머물며 칼뱅과 함께 많은 시간을 보냈었고, 이미 살펴본 것처럼 그는 이 프랑스인의 변덕스러운 기질을 잘 알고 있었다.

취리히 회의가 열린 지 몇 주 후 칼뱅은 베른에서 불링거에게 편지했다. 그의 표현대로 말하면, 베른 목회자들이 그를 지지하기로 한 결정을 무시하고 적대감을 보인 것에 대해 강한 불만을 토로했다.[8] 칼뱅은 스위스 개혁파 교회들, 특히 불링거가 자신과 파렐 편에 서기를 바랐지만 실제로는 그렇지 않았다. 칼뱅은 자신의 대의가 패배했음을 느끼고 "따라서 이제 우리는 주님을 기쁘시게 해서 풍성하게 될 우리 여정을 시작합니다. 일을 진행하는 중에 주님을 바라보면서 그분의 지혜로우신 처분에 우리 성공을 맡기려 하기 때문입니다"라고 어조를 바꾸어 반성했다.[9]

칼뱅과 파렐은 1538년 5월 말 베른을 떠나 "비에 흠뻑 젖어 완전히 지친 상태로" 바젤에 도착했다. 피에르 비레에게 보낸 편지에는 이들이 불어난 라인강 급류에 휩쓸려 갈 뻔했던 상황에 대한 묘사가 나온다. 1538년 여름 칼뱅은 바젤과 스트라스부르를 오가면서 제네바 사태에서 자신이 결백함을 반복해서 주장하는 일련의 편지들을 썼다. 스트라스부르에서는 취리히 회의가 분명하게 자신과 파렐을 지지해서, "악의를 품은 자들이 추악한 입을 다물게" 했다고 뒤 틸레에게 알렸다.[10] 바젤로 돌아가서 "주님이 내게 하게 하실 일을 깨닫기 위해" 기다리는 것이 자신의 의도라고 덧붙였다. 그는 눈에 띄는 섭리적 표현을 한 번 더 사용해서 스트라스부르 사람들이

6. 교회를 발견하다　165

자신을 받아들이지 않은 것에 대해 비난하지 않았는데, 그들은 주체하기 어려운 부담을 충분히 지고 있었기 때문이었다. 또한 자신은 남겨진 돈과 제네바에서 책을 팔아 번 돈으로 지낼 수 있었다고 주장했다. 그러나 태연한 척하면서도, 일어난 사건들로부터 받은 상처가 얼마나 컸는지 뒤 틸레에게는 숨기려 하지 않았다.

> 그러나 무엇보다도 내가 그곳[제네바]에 처음 갔을 때부터 나를 둘러싸고 있던 난처한 일들을 뒤돌아보면, 내가 지금 풀려나 자유롭게 된 책무로 다시 돌아가는 것보다 더 두려운 일은 없습니다. 처음에 그 책무를 떠맡았을 때는 나를 단단히 붙들어 준 하나님의 부르심을 분별할 수 있었고 그로 인해 위안을 받았지만, 지금은 반대로 내가 감당할 수 없다고 이미 느낀 그 어마어마한 짐을 다시 져야 한다면 그분을 시험하는 것이 될까 봐 두렵습니다.[11]

부르심에 대한 확신이 심각하게 흔들렸기에, 칼뱅은 분명한 방향이나 목적의식 없이 표류했다. 그는 이전에는 이 정도의 실패를 경험한 적이 없었다. 편지에 하나님의 섭리를 지속적으로 언급하기는 했지만, 이런 표현들로도 그의 상처 입은 그리고 지극히 인간적인 교만을 완전히 감출 수 없었다.

칼뱅이 스트라스부르와 바젤을 오가는 동안, 파렐은 1538년 7월 말 뇌샤텔 교회의 목사로 청빙되어 동료에게 작별 인사도 없이 바젤을 떠났다. 칼뱅은 자신과 파렐이 제네바에서 계속 어느 정도로 중상모략을 당하고 있을지 생각하며 극히 불안해했다. 그는 다음 이동지를 심사숙고했다. 그리고 아마도 그리나이우스의 조언을 따라, 파렐에게 자신이 공개 갈등을 피하고 싶었다고 털어놓았다. 그저 "시야에서 벗어난다"는 표현이 어울릴 만한 상태를 반영하는 것이었다.[12] 그는 부처가 자신이 스트라스부르에 있기를 원한다는 사실을 알았지만 가고 싶지 않았다. 파렐과의 관계의 평형추가 계속 바뀌고 있었다는 사실은 "사전에 나와 상의하지 않고는 나에 대해 아무것도 결정하지 말라"는 칼뱅의 요구에서 분명히 드러난다.[13] 그는 부처에게서 받은 편지 몇 통을 파렐에게 보냈다. 그중에는 이 스트라스부르 개혁자가 두 사람이 서로에게 악영향을 끼치고 있으므로 이제 갈라서야 한다고 제안한 내용도 있었다. 프로테스탄트 지도자 다수가 이 견해에 공감했는데, 이들 대부분은 칼뱅이 고집불통 파렐에게서 제대로 된 조언을 듣지 못했다고 생각했다. 이 점은 1538년 8월에 쓴 두 번째 편지에서 더 강조되었다. 여기서 칼뱅은 파렐에게 스트라스부르 사람들이 자신이 스트라스부르로 와야 한다고 이전 어떤 때보다 더 열렬하게 요청했다고 썼다. 그러나 이렇게 덧붙였다. "그들은 당신이 조용히 주님의 일을 하러 가는 것은 허락하겠지만, 우리가 함께 일하도록 하지는 않을 것입니다."[14]

같은 편지에는 추방 이후 몇 달간 칼뱅이 겪은 감정 마비 증상이 적나라하게 드러난다. 바젤에서 그는 전염병에 걸려 죽은 파렐의 조카에 관한 불행한 이야기를 언급한다. 칼뱅은 그 젊은이의 심각한 상태를 알고 있었지만, 극심한 두통 때문에 곧바로 조치를 취할 수 없었다고 설명했다. 그리고 그리나이우스가 죽어 가던 그 소년을 찾아가고, 자신도 두통이 덜해졌을 때 방문하는 등 할 수 있는 모든 것을 다했다고 덧붙였다. 칼뱅은 자신의 목회 책임에 대해 의식적이고도 꽤 인위적인 설명을 더한다. 마지막 몇 시간 동안 조카의 의식이 왔다 갔다 했기 때문에, 칼뱅은 "육신의 위안보다는 영적인 위안"을 주었다. 그가 "위험을 두려워하지 않는다"는 사실이 다른 이들에게 분명해졌을 때, 그는 환자의 임종을 지켜보았다. 종교개혁자 칼뱅이 기도에 대해 설교한 내용을 들은 적이 있었던 이 젊은이는 깨어나 칼뱅에게 자신과 함께 기도해 달라고 요청한 후 사망했다. 칼뱅의 편지에는 소년의 소유물, 장례식 비용에 대한 이야기 등이 길게 이어진다. 마르틴 루터의 위로 편지에 익숙한 이들이라면 칼뱅이 아버지가 죽은 후 뒤슈맹에게 보냈던 편지를 떠올리게 하는 자기중심적인 편지의 차분하고 냉담한 어조에 놀랄 것이다. 공감이나 슬픔보다 질서를 우선시하는 칼뱅의 방식은 많은 것을 말해 준다. 자신이 목회를 잘했다는 사실을 파렐에게 알리고 싶은 것이 칼뱅의 가장 중요한 관심사라는 점에서 우리는 그의 곤고한 상태를 어느 정도 알 수 있다. 칼뱅은 아직 자신에게 맞는 목회 방식을 찾아내지 못했을 뿐 아니라, 정신적·육체적으로도 산산이 부서졌고 방향 감각을 상실했으며 감정 표현도 제대로 할 수 없는 상태였다.

목사, 교사, 동료

스트라스부르에서 보낸 3년은 칼뱅을 변화시켰다.[15] 서른에 가까워진 그는 이미 망명자와 주요 신학 서적의 저자로서 다사다난한 삶을 살았다고 할 수 있었다. 칼뱅이 전적으로 명성을 추구했다고는 할 수 없지만, 확실히 명성을 누리기는 했다. 그럼에도 불구하고, 스스로도 알고 있었던 것처럼 1538년 여름에 섭리를 따라 스트라스부르로 가지 않았다면 그는 16세기의 또 다른 인물로 잊혀졌을 것이다. 이 시기에 성취한 어떤 것도 사후의 명성을 보장하지 못했을 것이고, 칼뱅 세대의 그토록 많은 다른 종교개혁자들처럼 그 역시 깊은 파도 속에 사라져 버렸을 수 있다. 칼뱅이 잊히지 않은 책임은 다른 누구보다 한 사람에게 있다. 1530년대 중반에는 마르틴 부처가 신성로마제국 남서부에서 가장 중요한 종교개혁자였기에, 칼뱅은 스트라스부르에 도착해서 권력의 최고봉이었던 그를 만났다. 부처는 남부의 주요 독일어권 제국 도시들을 스위스 츠빙글리주의에서 끄집어내어 비텐베르크 협약의 틀에 따라 루터 쪽으로 성공적으로 이끌어 갔는데, 이로써 슈말칼덴 연맹 가입이 용이해졌다.[16] 탁월한 성취였다.

칼뱅은 프로테스탄트 교회의 상대적으로 안정적인 보루였던 스트라스부르에서 바젤에서처럼 연구하고 글을 쓸 기회를 얻었지만, 상황이 바뀌어 있었다.[17] 1535년 바젤에 도착했을 때 그는 수백 명 난민 중 익명의 한 사람에 불과했다. 그러나 3년 반이 지나 스트라스부르에 도착했을 때, 그는 이미 유명 저자이자 비록 쫓겨났을망정 교회 지도자였다. 이 순진한 학자는 고통스러운 교계의 실상에 굴복한 상태였다. 그러나 고개를 숙였으나 두들겨 맞지는 않았던 칼뱅은 스트라스부르에 머물며 부처와 그의 동료 볼프강 카피토, 요한네스 슈투름$^{Johannes\ Sturm}$의 후원 아래 그리스도인의 부르심과 목회의 본질에 대해 길고 깊게 묵상할 수 있었다. 그는 한 교회의 회중을 맡았고, 스트라스부르 아카데미에서 가르쳐 달라는 초청도 받았다.

사실, 스트라스부르에 칼뱅이 꼭 필요한 것은 아니었다. 부처는 칼뱅에게 목사가 되는 법을 가르치기 위해 그를 돌보아 주었으나, 궁극적으로는 칼뱅이 선교사가 되어 제네바로 돌아가 사역을 재개하기를 바랐다. 부처는 이 젊은 프랑스인의 미래에 대해 칼뱅 자신보다 더 선명하게 인식하고 있었다. 1538년 9월 칼뱅은 생니콜라데종드 교회와 이어서 생트막들렌의 참회 교회에서 설교를 시작하며 첫 번째 프랑스인 교구를 조직하는 일을 맡았는데, 그가 제네바에 도입했던 예배 형태인 시편 찬송과 더불어 부처의 스트라스부르 예전을 사용했다.[18] 이제 제네바에서 제시했던 교회 치리도 시행할 수 있었다. 프랑스인 교회에서 성찬은 오직 목회자의 심사를 받은 이들만 참여할 수 있었다. 부처가 행정 관원의 간섭에서 독립된 엄격한 제도의 정립을 위해 투쟁했기 때문에 스트라스부르에서는 치리 문제로 심하게 의견이 분열되어 있었다. 이 제도하에서는 교회가 출교를 사용할 자유까지도 누릴 수 있어야 했다.[19] 비록 부처가 실패하고 치리권이 여전히 관원들의 손안에 있긴 했지만, 칼뱅은 이 경험을 통해 세속 정부 당국과의 관계에서 유지해야 할 세심한 균형 감각을 많이 배울 수 있었다.

슈투름의 아카데미에서 칼뱅은 요한복음과 바울의 고린도전서를 시작으로 성경 주해를 가르쳤다. 가르침, 설교, 저술, 목회를 한꺼번에 하는 것은 당연히 지치게 하는 일이었지만, 모든 16세기 종교개혁자에게는 친숙한 일상이었다. 비텐베르크의 멜란히톤, 취리히의 불링거, 스트라스부르의 부처도 이른 아침 예배로 시작해서 촛불 아래 글을 쓰고 문서와 편지를 읽으며 끝나는 노동과 섬김의 긴 하루 이외의 다른 일상을 알지 못했다. 이들이 어린 시절부터 받은 교육의 결과였는데, 그중 많은 이가 수도원 배경에서 성장했기 때문이다. 종교개혁자들이 했던 보기 드문 훈련과 성실함은 그들이 얼마나 많은 것을 성취했는지를 곰곰이 생각해 보면 분명해진다. 칼뱅은 젊은 시절부터 철저히 훈련받았지만, 스트라스부르에 와서야 교회에서 사역한다는 것이 무엇인지를 배웠다.

칼뱅은 1539년 7월 29일에 스트라스부르 시민권을 획득했다. 시의회에서 정기적으로 받는 봉급 덕분에 처음에는 심각했던 재정 상황이 나아졌다. 그러나 최고의 소득은 그를 돌보아 준 친구들이었다. 젊고 혼자였던 종교개혁자에게 다음 단계는 결혼이었기에, 친구들은 중매 작업에 착수했다. 성적 유혹 문제로 심각하게 고뇌하지는 않았지만, 모든 종교개혁자와 마찬가지로 칼뱅도 목회자의 결혼을 강력하게 옹호했다. 1539년 이전까지는 그가 아내를 얻으려 했다는 증거가 없다. 그는 자신을 이상적인 근대적 남편감으로 표현한 적이 거의 없었다. "나는 결혼해 본 적도 없고, 결혼을 할지도 모르겠습니다. 만일 내가 결혼을 한다면, 일상의 여러 문제들로부터 더 자유로워지기 위해서일 것이고, 따라서 주님을 위해 더 자유로워지기 위해서일 것입니다. 내가 결혼을 지지하는 이유가 성적 자제력이 부족해서는 아닙니다. 그것으로는 아무도 나를 정죄할 수 없습니다."[20] 그럼에도 불구하고 포기를 모르는 마르틴 부처는 칼뱅의 삶에서 모든 영역을 개혁하기로 결심하고 적합한 여성을 찾았다. 부처가 선택한 여성이 칼뱅의 마음에는 들지 않았고, 이 프랑스인은 겁에 질렸다. 부처가 실패하고 파렐이 과제를 이어받았는데, 5월이 되어 다른 여성이 후보로 물망에 올랐다. 칼뱅은 결혼을 해야 한다는 압박감 때문에 점점 짜증이 난다고 밝혔다. "나는 외모가 훌륭한 사람을 보고 첫눈에 반해서 그 사람의 단점까지도 사랑하는 얼빠진 사람이 아닙니다. 내 마음을 끄는 여인은 정숙하고 너무 까다롭지 않으며 온화하고 검소하고 인내하며 내 건강에 신경을 써 줄 것이라 기대할 수 있는 사람입니다."²¹ 당연히 그런 여자는 없었다.

상당한 지참금이 있는 한 부유한 여인이 칼뱅에게 소개된 이듬해 초까지도 상황은 여전했다. 칼뱅은 그녀의 돈에 관심이 없었고, 프랑스어를 하지 못하는 사람과 결혼하는 것은 의미가 없다며 꽤 합리적으로 판단했다. 이제 문제를 스스로 해결해야 하는 상황이 되어, 칼뱅은 친형제 앙투안에게 더 적합한 후보자를 찾아보라고 부탁했다. 앙투안이 찾아내자 칼뱅은 흥분에 차서 파렐에게 마음에 드는 결혼 후보자들에 대해 알렸으나, 실망스러운 상황이 다시 전개되었고, 결국 칼뱅은 부유하고 아주 열정적인 가문들에게 내맡겨졌다. 장래 법적 친척이 될 이들의 문제는 그들 모두 아주 마음에 들었다는 점이다. "신분 높은 젊은 여인의 친척들은 너무도 단호하게 내가 그 여인을 아내로 취하리라고 생각합니다. 주님이 나를 미치게 만드시지 않는 한 그런 일을 감히 생각조차 할 수 없습니다. 그러나 내가 압도될 정도로 친절을 베푸는 사람들 같은 경우는 거절하기 어렵습니다. 나는 진심으로 이 난제에서 벗어나고 싶습니다."²² 이런 사람들은 칼뱅이 접하던 대적자들이 아니었다.

난처한 실패가 이어지자, 칼뱅은 아내를 찾고 싶은 마음이 사라졌다. 그러나 1540년 여름, 한 여자를 만나 순수하게 사랑에 빠졌다. 한 아나뱁티스트의 과부이자 두 아이의 엄마였던 이들레트 드 뷔르 Idelette de Bure 와 결혼한 것이다. 1540년 8월 파렐은 스트라스부르로 와서 이들의 연합을 축복했다. 그런데 특이하게도 이 사건이나 이 여인에 대해 알려진 것이 거의 없다. 칼뱅은 자서전적 기록이 담긴 시편 서문에서 자신의 결혼에 대해 전혀 언급하지 않으며, 현재 남아 있는 편지에도 기록이 없다. 이전에 그는 아내가 경건한 종이어야 한다고 주장했을 수 있지만, 실제로는 이들레트를 아꼈다. 그는 파렐에게 결혼 후에 자신과 아내가 전염병 때문에 기간이 비록 짧기는 했지만 (진정 근대 초기의 경험인) 행복한 신혼여행을 다녀왔다고 편지했다. 서로 떨어져 있을 때는 이들레트를 "밤낮으로 생각했다"고도 했다.[23]

베즈가 쓴 전기에 나오는 한 구절은 칼뱅을 제대로 설명하지 못했다. 칼뱅과 이들레트가 순결에 집착하느라 성관계를 하지 않는 부부였다는 주장이 그것이다. 이 표현에 담긴 의도는 분명치 않다. 칼뱅은 자신이 일평생 적대자들에게 냉혹하고 성관계도 하지 않는 사람으로 조롱받고 있음을 알았다. 스스로 이에 대응하면서, 칼뱅은 "하나님이 내게 아들을 주셨다. 그러나 하나님이 내 어린아이를 데려가셨다"고 언급했다.[24] 칼뱅과 이들레트가 정상적인 결혼 관계를 누리지 않았다고 믿을 만한 타당한 이유는 없는 것 같다. 아들뿐 아니라 딸도 여럿 있었을 텐데, 슬프게도 살아남은 아이가 없었다. 설교와 성경 주석에서 아내와 남편 사이의 건강한 성생활에 대해 칼뱅이 남긴 언급은 긍정적인 것뿐이다.

대가: 마르틴 부처

얼핏 보면, 마르틴 부처와 장 칼뱅은 완전히 상반되는 인물인 것 같다.[25] 1538년 당시 부처는 신학적 통찰뿐 아니라 인내와 불굴의 용기에 힘입어 업적을 이룬 종교개혁의 노련한 지도자였다. 스트라스부르에 종교개혁을 확립하고, 서로 싸우고 있던 프로테스탄트 교회들 사이에서 화평을 이루려던 노력은 상당히 큰 개인적 대가를 치러야 하는 것이었다. 그를 비난하는 이들이 묘사한 것처럼, 부처는 양쪽 모두에게서 너무 유연하다거나 원칙이 부족하다는 등의 비난을 너무도 자주 받아야 했다. 부처보다 18살 어렸던 칼뱅은 자만에 찬 자기 확신과 절름거리는 자기 회의 사이를 오가는 심리적으로 불안정한 활동가였다. 그러나 부처는 이 젊은이에게서 위대한 인물이 될 가능성을 보았다.

이 시기 칼뱅에게 부처의 영향력이 점점 더 커진 것이 우리 이야기의 중심부를 차지한다.[26] 무엇보다도 난민으로 지낸 경험, 교회의 회중과 교수직으로 인해 스트라스부르 시절 칼뱅의 신학은 눈에 띄게 넓어지고 깊어졌다. 이 부분에서 칼뱅은 마르틴 부처에게 큰 빚을 졌다. 특히 그는 부처가 프로테스탄트 성경 주석가 중 최고라 믿었기에 스승에게 자주 경의를 표했다. "그분은 각별히 예리하고 두드러지게 분명한 판단력을 타고났습니다. 동시에, 누구보다도 큰 신앙적 열정으로 하나님 말씀의 단순명료함을 지키며, 이와는 이질적인 세세한 해석 요소들을 찾으려 하지 않습니다."[27]

칼뱅이 다시 제네바로 돌아간 후 정립한 목회의 4중직과 예전과 교회 치리에 부처가 가르친 흔적이 새겨지자, 그가 부처에게 진 빚은 더 늘어나고 분명해졌다. 칼뱅은 부처의 초대교회 해석을 16세기 교회 조직의 모델로 받아들였다. 스트라스부르에 있는 동안 요한 크리소스토무스[349-407경] 설교집의 프랑스어판 출간 작업을 시작하며, 이 그리스 교부를 학문과 경건의 모델로 칭송하는 라틴어 서문을 썼다.[28] 칼뱅이 로마서 주석을 준비하는 시기에 썼을 이 서문에는 성경의 바른 해석과 고대 교회의 권위에 대해 부처와 깊은 토론을 했을 가능성이 드러난다.

부처는 모든 면에서 칼뱅을 돕기 위해 애썼다. 자기 집에 숙소를 마련했고, 친구들을 소개했으며, 결국에는 쉽게 만나 대화할 수 있는 공동 정원이 있는 집을 찾아 주었다.[29] 칼뱅이 스트라스부르 시절에 쓴 편지들에는 부처 및 그의 친구들과 만나 깊은 대화를 나누며 보낸 저녁들에 대한 언급이 수없이 많다. 칼뱅은 이들을 "우리"로 지칭한다. 이 모임의 공용어는 라틴어였으나, 아주 가끔은 이들이 칼뱅이 전혀 알아듣지 못하는 독일어로 이야기해서 그를 몹시 짜증 나게 만들 때도 있었다. 이런 목가적인 분위기에서 부처와 같이 존경하는 사람과 함께 있을 때조차도 칼뱅의 인간관계는 결코 매끄럽지 않았다. 제네바로 돌아갈 즈음 칼뱅은 자신과 스승과의 관계를 부자 관계로 설명하며 이 스트라스부르 개혁자의 권위에 복종할 의지를 표명했다.[30] 그러나 모든 부자 관계가 그렇듯 이 관계에도 갈등과 고집스러운 독립선언이 있었다. 칼뱅은 프로테스탄트 간 화해를 추구한 부처의 사역을 열렬히 칭송했지만, 그가 좋게 보지 않은 개인적 문제도 있었다. 예컨대, 칼뱅은 과장된 칭찬과 비판을 번갈아 하는 부처의 짜증나는 습관이 견디기 힘들었다. "차라리 그가 칭찬을 아끼고, 동시에 이렇게 확보한 유리한 고지를 잃어버릴 수도 있는 우리에 대한 비판도 자제했으면 좋았을 겁니다. 그랬다면 그가 자신을 돋보이게 해서 승리를 거두었을 텐데요."[31] 이런 심술궂은 반응은 그렇게 인식된 것이든 실제 비판이든, 칼뱅이 어떤 종류의 비판에도 극단적으로 예민했음을 보여 준다. 칼뱅은 자신을 비난하는 사람이 있으면 본능적으로 그 사람이 도덕적 혹은 지적 결함이 있기 때문이라고 생각했다.

그러나 이 모든 것에도 불구하고 부처는 칼뱅에게 가장 큰 애정의 대상으로 남았다.³² 이들이 공동 정원에서 나눈 대화 내용을 전혀 알 수 없지만, 칼뱅이 부처와 맺은 관계는 무언가 달랐음이 확실하다. 파렐에게는 실망스러운 점이 있었지만, 부처는 사랑스러운 삼촌 같은 존재였다. 불링거는 가까운 친지였다. 멜란히톤은 좋은 학우였다. 베즈는 아들이었다. 부처는 정말로 아버지 같은 인물이었다. 그가 스트라스부르를 떠나 망명하다가 1551년에 잉글랜드에서 사망하자 칼뱅은 큰 충격을 받았다. 이 상황에서 가장 상황에 맞는 말을 할 수 있었던 인물이 파렐이었다. "경건한 부처의 마지막 편지를 받았어요. 마음이 아픕니다. 정말 훌륭한 인물이 운명했군요. 우리가 지극히 사랑한 사람이 하나님께로 가는 여행을 떠나는 것을 우리는 슬픔 속에서도 기뻐해야 합니다. 나는 그 여행을 마치면 그가 하나님께 우리를 칭찬할 것을 의심하지 않아요. 그가 당신을 얼마나 많이 생각했고 얼마나 사랑했는데, 당연한 일이지요!"³³

대적의 귀환

스트라스부르는 일종의 낙원일 수 있었지만, 이곳에도 분명 문제는 있었다. 비난받았던 피에르 카롤리가 1539년 화해를 청하며 스위스 땅으로 돌아왔다. 뇌샤텔에서는 파렐이 그를 받아들이고 원한이 종식되었음을 선언했다는 소식이 들려왔다. 칼뱅은 극도로 분노하며, 카롤리가 자신의 비난을 완전히 철회하지 않는 한 절대로 그의 손을 잡지 않겠다고 선언했다. 부처, 카피토, 슈투름이 중재를 시도하자, 칼뱅은 가장 신랄한 편지 중 하나를 써서 파렐에게 이 상황을 설명했다.³⁴ 편지 여러 군데에서 칼뱅은 파렐뿐 아니라 스트라스부르 동료들이 자기 몰래 일을 벌였다며 비난했다. 논의에 참여하라고 부처가 요청했지만, 칼뱅은 카롤리의 진정성을 받아들일 수 없다는 이유로 논의 참여를 거부했다. 카롤리의 말이 악의를 숨기고 있는 궤변이라 믿었던 것이다. 부처와 슈투름을 만났을 때, 칼뱅은 이성을 잃고 격렬하게 화를 냈다.

거기서 나는 슬프게도 정도를 지키지 못하고 죄를 지었습니다. 분노에 마음이 사로잡혀 모두에게 신랄한 비난을 퍼부었기 때문입니다. 분노를 표현할 때 절제했다면, 거기에는 분명 어느 정도 정당한 이유가 있었습니다. 나는 그들이 카롤리의 무혐의를 밝히려는 목적으로 내게 이 글들을 준 것과, 그것들을 좋다고 여기는 것에 대해 항의했습니다. 아무도 내 말을 들어 주지 않는 가운데 판단은 이미 내려져 있었습니다. 그들은 내게 [그 글들에] 동의해야 한다고 요구했으며, 거부하면 내가 그들을 적으로 돌리는 셈이 되었습니다.

칼뱅은 방에서 뛰쳐나갔다.

부처가 따라 나와 부드러운 말로 나를 달래어 다시 동료들에게 데려갔습니다. 나는 뭐든 더 분명한 답변을 하기 전에 이 문제를 더 자세히 생각해 보고 싶다고 말했습니다. 집으로 돌아왔을 때 격렬한 감정에 사로잡힌 나머지, 한숨을 내쉬고 눈물을 흘리는 것밖에는 다른 어떤 위안도 찾을 수 없었습니다. 내가 훨씬 더 괴로웠던 이유는 이런 악을 안겨 준 사람이 다름 아닌 당신[파렐]이라는 것입니다. 그들은 내가 너무 완고해서 내 판단을 한 치도 양보하지 않을 것이라 말하면서, 계속해서 당신은 즉각 카롤리를 자비롭게 포용한 것을 들어 당신의 관용을 상기시켰습니다. 부처는 이 문제에 대해 내 마음을 가라앉히려고 정말로 할 수 있는 모든 표현을 다 동원했습니다. 그 와중에 그는 비위에 거슬리게도 나오는 정반대인 당신의 예를 들고 있습니다.

그는 거칠게 마무리 짓는다. "당신이 제 무례함에 아주 익숙하다는 것을 잘 알기에, 제가 당신께 아주 버릇없이 구는 것에 대해 양해를 구하지는 않겠습니다."

칼뱅은 자제력을 완전히 잃어버렸고 극도로 혼란스러워했다. 그러나 그의 표현은 흥미로운 사실을 밝혀 준다. 그는 자신의 행동이 그리스도인답지 않은 것이었음을 흔쾌히 인정했지만, 잘못했다고는 말하지 않았다. 이는 그의 개인적 분투였다. 즉 자제력을 잃을 수도 있는 열정과 스스로 거의 의심해 본 적이 없는 지성 사이의 분투였다. 부처는 칼뱅의 마음을 누그러뜨리는 데 영향력을 발휘했지만, 파렐은 이 역할을 전혀 할 수 없었다. 칼뱅 스스로도 알았듯이, 부처 또한 이 프랑스인이 끈끈한 우정의 연대 속에 닻을 내리고 있어야 한다는 사실을 인식했다. 논쟁과 쟁론의 전조가 보이면 칼뱅은 마음속으로 반대는 곧 자신에 대한 음모라 생각하곤 했다. 예언자적 소명 인식이 커질수록 그는 점점 반대를 불신이며, 아주 개인적인 것으로 여겼다. 그러나 그의 후기 경력에서 가장 탁월한 강점 중 하나는, 그가 소명과 지성에 대해 매우 확신하고 있었지만 분노로 인해 위험할 정도로 쉽게 어리석은 판단을 할 수도 있음을 분명하게 인식한 것이다.

1539년 『기독교강요』

칼뱅은 1536년판 『기독교강요』를 얼마 지나지 않아 개정하기 시작했다. 친구이자 학자이며 인쇄업자인 요한네스 오포리누스가 이 책이 주목할 만한 성공을 거두자 이에 고무되어 칼뱅에게 개정 작업을 권한 것이다. 칼뱅의 생각이 발전하고 있었고, 1536년판은 더 이상 기독교신학에 대한 그의 이해를 충분히 담지도 못했을 뿐 아니라 그가 하고자 했던 방식으로 표현하고 있지도 못했다. 리처드 멀러Richard Muller는 칼뱅의 1537-1538년 교리문답이 『기독교강요』의 처음 두 판 사이의 중대한 발전상을 보여 준다고 했다. 여기서 칼뱅은 1536년판 『기독교강요』에는 나오지 않는 여러 주제를 소개했다. 곧 종교에 대한 보편적 사실, 참종교와 거짓 종교 간의 차이, 자유 선택, 택하심과 예정, 교회의 직분, 인간의 전통, 출교와 정부 관원 등이다.[35] 책 제목도 『기독교에 대하여, 강요』Of the Christian Religion, an Institution에서 『기독교강요』An Institution of the Christian Religion로 바꾸었다. 이는 단순한 표현의 변화가 아니었다. 새 제목은 신학, 성경 주석, 교리문답이라는 각각 다른 학문 간에 칼뱅이 둔 차이를 반영하는 것이었다. 1536년 『기독교강요』는 전반적으로 교리문답에 가까웠다. 1539년에 개정되면서는 주로 목회자를 위한 교육용 책자가 되었다.[36] 칼뱅은 요점을 분명히 했다.

신학 후보자들이 걸려 넘어지지 않고 거룩한 말씀에 쉽게 접근하며 그 안에서 진보할 수 있도록, 그들을 말씀 해석을 위해 준비시키고 가르치는 것이 이 수고에 담긴 나의 목적이었다. 왜냐하면 모든 부분에서 신앙의 총합을 포함하고 질서 있게 정리해 둔 것을 누구라도 올바르게 파악한다면, 성경에서 특별히 찾아야 하는 것이 무엇이며 이를 무슨 주제에 관련시킬지 결정하기가 어렵지 않으리라고 믿기 때문이다. 말하자면 이렇게 길이 포장된 후에는, 성경에 대한 어떤 상세한 강해든 출판할 수 있고 그것들을 간략하게 요약할 수도 있을 것이다. 긴 교리 논쟁들을 취급하거나 기본 주제들을 설명하며 방황할 필요가 없을 것이기 때문이다.[37]

『기독교강요』는 이제 "예정"이나 "은혜" 같은 "공통의 주제들"(라틴어로는 *loci communes*)로 구성된 기독교 신앙 전체의 가이드로 인식되었다. 이런 재구성에 가장 큰 영향을 끼친 인물은 필립 멜란히톤으로, 그의 1521년 및 1536년 『신학총론』*Loci communes*이 칼뱅의 사상 형성에 크게 기여했다.[38] 신학 주제들의 순서는 바울의 로마서에서 큰 영향을 받았는데, 멜란히톤은 로마서를 성경의 신학적 심장으로 여겼다. 그를 따라 칼뱅도 기독교 교리의 적절한 순서를 찾기 위해 로마서를 참고했다. 이 서신서의 중요성은 이미 1535년에 올리베탕 성경을 위해 작성한 "예수 그리스도와 그분의 복음을 사랑하는 모든 이에게 보내는 편지"에서도 드러난 바 있었다.[39] 칼뱅이 『기독교강요』 개정을 마치고 곧바로 1539년에 로마서 주석을 쓰기 시작했다는 사실은 우연이 아니었다.

우정의 상실

목회와 제네바에서의 실패를 둘러싼 문제들이 칼뱅을 무겁게 짓눌렀다. 도대체 무엇이 잘못되었을까? 스위스 종교개혁자들, 특히 마르틴 부처의 눈에는 칼뱅의 타협 없는 행동이 불필요한 갈등을 조장하는 것으로 보였다. 복음의 절대적 명령을 선언하는 것은 당위이고 거기에는 이견이 없었지만, 경험이 많은 개혁자들은 칼뱅이 미처 인식하지 못한 사항도 이해하고 있었다. 즉 한 교회를 건설하는 과정에는 유연성과 인내가 필요하다는 것이었다. 다른 관점과 더 약한 성정을 가진 동료뿐 아니라 우선순위가 달랐던 관원과도 협력할 필요가 있었다.

스트라스부르에 있는 동안 칼뱅은 루이 뒤 틸레와 일련의 편지를 주고받았다. 뒤 틸레는 벽보 사건 후에 자기 집을 피난처로 내어주었고, 처음에는 칼뱅과 종교 사상을 공유하기도 했다. 두 사람의 우정은 뿌리가 깊어서, 프랑스를 떠나 바젤로 가는 여정을 함께할 정도였다. 자신의 직분과 교회 생활을 버리고 칼뱅과 함께 프랑스를 떠난 뒤 틸레의 결정은 그 저명한 집안을 어렵고 위험한 상황으로 내몰았다. 그러나 망명 중에 상황이 변했다. 뒤 틸레는 1536년에 제네바에서 칼뱅을 찾아내고는 흥분하며 파렐을 불렀지만, 1538년 초에는 상황을 매우 다르게 인식했다. 알려지지 않은 몇몇 이유로 뒤 틸레는 제네바를 떠나 스트라스부르로 갔고, 결국 프랑스로 돌아가 조국과 로마 가톨릭교회 모두의 품에 다시 안겼다.[40] 내분과 칼뱅이 교회의 사건을 다루는 방식 때문에 종교개혁이 치명적 실책이라고 확신한 것이 분명하다.

뒤 틸레가 스트라스부르에 있던 칼뱅에게 보낸 편지는 친구의 성품에 대한 비판적 고발장이다.

나는 당신에게 일어난 모든 일들이, 무엇이 하나님을 위한 것인지 생각하기보다 이 세상의 목적과 종말에 더 관심을 쏟는 사람들의 악한 성정으로 이루어졌고 추진되었다고 생각하지 않을 수 없습니다. 그렇지만 주님이 당신의 활동에서 꾸짖거나 주님 보시기에 당신을 겸손히 낮추려 하시는 것이 당신 안에 있는지 생각해 보기를 경고하시는 것 아닌지 스스로 생각해 보라고 부탁하고 싶습니다. 이렇게 함으로써 우리 주님이 당신에게 주신 훌륭한 은사와 은혜가 그분의 영광으로 나타날 수 있을 겁니다.[41]

상황은 더 나빠졌다. 1538년 9월 7일 뒤 틸레는 다음과 같은 편지를 썼다. "나는 당신이 하나님의 부르심을 받았다는 사실이 의심스럽습니다. 단지 사람들의 부름만을 받은 것은 아닌지…자신들만의 권위로 당신을 받아들인 것과 같은 방식으로 당신을 거기서 쫓아낸 사람들의 부름 말입니다."[42] 이 비난의 충격파는 막강했다. 세네카 주석을 쓰던 시절부터 칼뱅은 야망과 씨름했고, 그의 부르심이 세속적 유익을 향한 욕망과 혼동될 수 있다는 주장에 극도로 예민하게 반응했다. 그 자신도 같은 경기를 했기에, 카롤리 같은 대적의 동기가 야망이 아닌지 의문을 제기하면서 그들의 이름을 주저함 없이 모욕했다. 이제 그는 자기가 휘두른 칼날에 베이는 아픔을 경험하게 되었다.

칼뱅은 세 달도 더 지나 답장을 보내면서 자신이 받은 상처를 숨기지 않았다. "우리의 대적들에 관한 한, 정당한 이유로 내가 결백을 항상 주장한 것은 정말로 진실합니다.…그렇지만 나는 우리가 그 재앙을 우리의 다른 악뿐 아니라 우리의 무지에 대한 지극히 노골적인 비난으로 받아들여야 한다고 공적으로든 사적으로든 주장하지 않은 적이 없습니다."[43] 칼뱅은 "분명 스스로 아주 만족스러웠기" 때문에, 그의 부르심에 문제가 있다는 뒤 틸레의 주장을 거부했다. 그러나 덧붙여 "나 자신의 한계를 잘 알고 있어서 과장하지 않고는 스스로에 대해 조금도 말할 수 없기 때문에, 자신의 이해력을 너무 확신하지 말라는 당신의 충고를 인정하겠습니다"라고 솔직하게 말했다.[44] 칼뱅은 자신이 제네바에서 했던 업무에 "부족함"이 있었음을 알았고 인정했으며, 야망이 추진력이 될 정도로 큰 위기가 있었다고 고백했다. "어리석은 야망이 나를 현혹시켜서 바른 판단을 왜곡시킬 수 있다는 것을 충분히 잘 압니다." 이를 통해 칼뱅이 자신의 잘못을 기꺼이 인정할 준비가 되었음을 볼 수 있다.

주목할 것은 칼뱅이 예언자적 용어로 자기 직분을 변호했다는 점이다. 그가 설교를 한 것은 하나님이 그를 설교자로 임명하셨기 때문이었다. 그러므로 이 일을 그만둔다면 하나님이 요나를 니느웨 성으로 보내셨을 때 그러셨던 것처럼 그를 찾으실 것이다. 칼뱅은 요나를 내세워 자신의 소명이 개인적 성향이나 물질적 안락을 위한 자연스런 욕망에 반하는 것이라 주장했다. 그는 "하나님의 뜻은 다르게 정해지며", 이것은 훌륭한 판단력을 지닌 사람들에게 인정받은 것임을 전적으로 확신했다. 칼뱅은 날카로운 반박문에서 자신의 부르심을 인정하기를 거부하는 뒤 틸레가 "하나님의 진리를 침해한다"고 낙인찍었다.

뒤 틸레는 파리로 돌아가 프로테스탄트 신앙을 공식적으로 포기했다. 칼뱅과 뒤 틸레가 더 만났었는지는 알 수 없지만, 루이의 형제장은 제네바로 여행하던 중 루이에 대해 칼뱅과 허심탄회한 대화를 나누었다.⁴⁵ 이런 모든 일이 일어났어도 칼뱅은 가능한 한 공손한 태도를 유지하려 했지만, 사실상 불가능했다. 뒤 틸레 집안은 루이와 칼뱅의 관계로 인해 크게 당혹감을 느꼈고, 더 이상 접촉 가능성은 없었다. 뒤 틸레는 옛 친구를 도우려는 마음에 돈을 주겠다고 쓰며 편지를 마무리했지만 칼뱅은 이 제안을 정중히 거절했다.

"내게 맡겨진 의무": 제네바에 보낸 편지들

칼뱅은 제네바에서 쫓겨났을지언정 이 도시에게서 등을 돌리지는 않았다. 스트라스부르 시절에도 그는 이 도시와 놀라울 정도로 긴밀히 접촉했다. 제네바 사람들에게 보내는 첫 편지에서 칼뱅은 이렇게 썼다. "제가 여러분에게 애정을 갖고 있고, 주 안에서 여러분을 기억하고 있음을 여러분에게 확신시키기 위해서 편지를 쓰지 않을 수 없었습니다. 이것이 내게 맡겨진 의무이기 때문입니다."⁴⁶ 절대 돌아가지 않으리라고 반복해서 단언했음에도, 편지를 보면 그가 이 도시에서 일어나고 있는 일에 깊은 관심이 있었음이 드러난다. 칼뱅과 파렐이 추방된 후, 이들의 자리는 그다지 탁월하지 않은 지역 목회자들이 대신했다. 제네바가 1536년에 조약의 갱신을 놓고 베른과 불화하게 되면서 도시 내부는 음모와 폭력에 휩싸였다.⁴⁷ 제네바의 당파 정치로 난관에 부딪쳐, 협상에는 별 진척이 없었다. 1540년 봄에는 주요 당파 간 끝없는 논쟁이 최고조에 달했고, 많은 제네바 시민들이 도시를 베른에 팔아넘길 준비를 했다고 여겨지는 이들에 반대하여 폭동을 일으켰다. 아르티퀼랑파 Articulant faction*가 기예르맹파 Guillermins**에 패배하면서 여름과 가을에는 사회 불안이 가중되고 체포되는 일이 줄을 이었다. 베른과 제네바의 관계가 최악의 상황에 이르자, 제네바 시민들이 그들의 오랜 적이던 사부아에 도움을 요청하여 겨우 전쟁을 피할 수 있었다.

스트라스부르에 도착한 직후 칼뱅은 제네바 교회에 조언과 자기 행동을 변호하는 내용을 담아 편지를 보냈다. 고린도에 있는 분열된 교회를 바라보는 바울의 상황에 빗대어, 칼뱅은 형제들에게 그들의 전쟁이 영적 수단으로 싸워야 하는 영적 전쟁이라고 했다. 이들은 "하나님의 말씀을 따름으로써 하나님의 영으로 절제되어, 오직 하나님을 섬기려는 열정으로 인도받아야" 했다.[48] 칼뱅은 자신과 (이름은 언급하지 않았지만) 파렐이 주님께 벌을 받았다는 사실을 인정하고, "우리의 무지, 우리의 후안무치 그리고 나 자신 안에서 느끼는 연약함"을 인식할 수 있기에, "주님의 교회 앞에서 고백하는 데 전혀 어려움이 없다"고 했다. 1539년 여름에 쓴 두 번째 편지에서 칼뱅은 한층 더 두드러지게 바울의 음성으로 시작한다. 시작 구절을 들어 보자. "가장 사랑하는 형제들이여, 여러분이 우리의 후임 목회자들과 다툼과 싸움을 벌이는 것보다 내게 더 큰 슬픔을 주는 일은 없습니다. 왜냐하면 이런 분란이 여러분의 교회를 너무나 슬프게 흩어 놓았고 거의 전부를 뒤집어 놓았기 때문입니다."[49] 이러한 표현은 신약에서 차용했을 가능성이 있다.

칼뱅에 따르면, 제네바 교회의 혼돈을 해결하기 위해서는 기독교 목회가 회복되어야 했다. "그분[하나님]은 선포되는 말씀에 두려움

•   친베른파를 의미한다.
••   친파렐파를 의미한다. "기욤" 파렐을 따른다는 의미에서 붙여진 이름이다.

과 떨림으로 순종하라고 우리에게 명령하실 뿐 아니라, 말씀을 맡은 목회자들이 명예와 존경을 받아야 한다고도 명령하십니다. 그들이 그분의 대사로 옷 입었기 때문입니다. 그분은 우리가 이들을 그분의 천사와 사자로 인정하라고 하십니다."[50] 제네바 사람들이 칼뱅과 파렐을 천사로 기억하지 않을 경우를 대비해, 칼뱅은 자신의 상황이 변하여 다른 관점에서 주장을 펼칠 수 있게 되었다고 전했다. "여러분과 함께 있을 때는 우리 목회가 얼마나 귀중한 것인지 인상을 남기려고 그렇게 열심히 노력하지 않았고, 그래서 온갖 의혹의 기반을 피할 수 있었을 것입니다. 그렇지만 이제는 우리가 위험에서 벗어났기 때문에 제 생각을 더 자유롭게 말합니다." 제네바 사람들은 두 가지를 해야 했다. 먼저 교회를 지키려는 하나님의 종인 목사의 가르침을 따르는 것이고, 둘째로 참된 소명을 가진 정직한 이들을 목회자로 세우는 것이었다. 칼뱅은 훈계와 경고로 편지를 마무리했다. 제네바 사람들이 자신과 그리스도인의 교제를 유지하기 원한다면 목회에 대한 그의 가르침을 받아들여야 한다. 그러지 않는다면 끝도 없는 다툼이 그들의 운명이 될 것이다.

사돌레토에게 보낸 편지

칼뱅은 제네바 교회에 편지를 쓰고 로마서 주석을 마무리하면서, 가톨릭교회의 저명인사 야코포 사돌레토^{Jacopo Sadoleto}와도 공식적으로 서신을 교환하기 시작했다. 학식과 개혁적 성향을 갖춘 이 추기경은 종교개혁의 문제가 가톨릭과 프로테스탄트 간의 협상으로 해결될 수 있다고 믿은 선임 목회자 세대에 속했다. 탁월한 경건의 사람이자 성실한 주교였던 사돌레토는 로마에서 프로테스탄트 견해에 너무 호의적이라는 평가를 받아 금서가 된 로마서 주석의 저자였다. 제네바가 혼돈에 빠져 있을 때 사돌레토는 이 도시에 가톨릭 진영으로 돌아오라고 부추기는 편지를 보냈다. 1539년 3월 26일에 도착한 이 편지는 프로테스탄트와 접촉하려는 사돌레토의 세 번째 시도였다. 1537년에 그는 필립 멜란히톤에게 편지를 보냈으나 답장을 받지 못했다. 다음 해에는 스트라스부르의 행정관 야코브 슈투름Jacob Sturm에게 편지를 보냈다가 이를 격렬하게 논박하는 답장을 받았다.

편지를 쓰도록 이 추기경을 자극한 것이 무엇이었든, 사돌레토의 편지가 제네바에 도착하자 의회는 이 편지를 베른으로 보내기로 결정했고, 베른의 지도급 목사들은 자신들이 이 작업에 적격자가 아님을 선언하고 알맞은 답변자를 찾는 일에 착수했다. 흥미롭게도 페터 쿤츠가 자신의 옛 대적인 장 칼뱅을 추천했다. 당연히 베른 관원들은 의혹의 눈초리를 보냈지만, 칼뱅이 답장에서 베른을 언급하지 않는다는 조건하에 동의했다. 칼뱅은 파렐에게 다음과 같이 알렸다. "[지몬] 줄처[Simon] Sulzer가 사돌레토의 편지를 가져다주었습니다. 이 편지에 답장을 쓰는 일이 별로 내키지 않았지만, 친구들이 한참 강권했습니다. 지금은 이 일에 완전히 몰두하고 있습니다. 마치는 데 엿새가 걸릴 것 같습니다."[51] 칼뱅의 답장은 사돌레토의 편지와 함께 1539년 9월에 인쇄되었다. 1540년 1월에는 프랑스어 번역판이 의회의 허가를 받아 미셸 뒤 부아Michel du Bois의 출판사를 통해 제네바에서 출간되었다.

사돌레토는 제네바 사람들이 "헛된 철학"에 현혹되었고, 그리스도의 유일한 매개자인 교회가 전수한 하나님의 부르심을 떠나 방황했다고 편지에 썼다.[52] 그는 오직 믿음으로만 구원을 얻는다는 프로테스탄트 가르침을 거부하고, 종교개혁자들이 신자를 교활하게 속여서 교회를 떠나게 만들었다며 제도 교회의 역할을 반복해서 강조했다. 독창적인 주장은 아니었지만 설득력은 있었다. 가톨릭교회의 역사적 연속성이 개혁 운동의 "새로움"에 대치된다는 주장은 1519년 라이프치히 논쟁에서 요한네스 에크가 루터에게 했던 말을 되풀이한 것이었지만, 최후의 심판에 대한 사돌레토의 긴 논증은 예상 밖의 주장이었다. 사돌레토는 재판이 열리는 법정에서 전능자 앞에 선 두 인물의 대조적 운명을 묘사했다. 가톨릭교회에 남은 한 사람과 새로운 오류에 빠진 다른 한 사람이었다. 물론 전자는 전적으로 만족스러운 진술을 했고 "입과 손에 성경을 가지고 온 새로운 사람들이 새로운 몇 가지로 선동하고 옛것을 끌어내리며 교회에 반대하는 주장을 하고 우리 모두가 해야 하는 복종을 우리에게서 탈취하고 빼앗아 갔지만, 나는 내 부모님이 내게 전해 주시고 고대로부터 지켜져 온 것들에 굳게 붙어 있기를 여전히 소망합니다"라고 고백했다.[53] 하지만 이단자는 성직자에 대한 증오와 그들의 직책에 대한 시기심, 자기 공부에 보상이 주어지지 않는 것에 대한 억울함에 사로잡혀 있었다. 이 사람은 좌절과 분노 속에서 교회 구조를 찢어발기고 확고히 세워진 권위를 비판하려 했다.[54] 사돌레토는 질문 하나를 던지면서 편지를 마무리했다. "제네바의 형제 여러분에게 묻습니다. 그리스도와 그리스도의 교회 안에서 나와 함께 한마음을 품기를 고대하는 사람은 누구입니까? 또한 여러분은 이 두 사람과 그들의 동료와 추종자에게 어떤 심판이 임할 것이라고 생각하십니까?"

칼뱅의 답장은 원편지보다 훨씬 길었다. 그는 사돌레토의 논점을 일일이 반박하지도 않았고 그의 편지 구조를 따르지도 않았지만, 내용 중에서 가장 고약한 주장이라고 인식한 부분을 집중 겨냥했다. 종교개혁자들이 거짓 종교를 팔아먹는 자들이고 탐욕스러우며 다투기 좋아하고 부정직하다는 주장은 칼뱅에게는 지극히 개인적인 문제였기 때문에, 다음과 같이 자신의 재능에 대해 놀라울 정도로 솔직한 평가를 내놓았다.

> 저 자신에 대해 말하는 것이 내키지 않지만, 추기경이 제가 전적으로 침묵하기를 허락하지 않으시므로 제가 겸허함을 유지할 수 있는 선에서 이야기하려고 합니다. 제가 자신의 유익만 추구했다면, 절대 추기경이 속하신 파에서 떠나지 않았을 것입니다. 저는 진실로 거기서 고위직으로 가는 길이 쉬웠다고 자랑하지 않을 것입니다. 저명한 자리에 오른 동시대의 사람들을 적지 않게 알고 있지만, 저는 그 길을 바라지 않았고 그것을 잡으려고 마음을 가져갈 수도 없습니다. 저는 이들 중 일부와는 동급이었고, 다른 이들보다는 뛰어났습니다. 제가 말하고자 하는 것은 이 한 가지입니다. 원하는 정점에 오르는 일이 저에게는 별로 어려운 일이 아니었습니다. 자유롭고 명예로운 자리에서 수준 있는 글쓰기의 편안함을 즐기는 일 말입니다. 그러므로 부끄러운 줄 모르는 파렴치범이 아니라면 누구든지, 제가 교황의 나라에서 나와서 거기서 제 손에 주어지지도 않은 어떤 개인적 유익을 구했다며 제게 반대한다 해도 조금도 두렵지 않습니다.[55]

칼뱅은 프랑스에서 자신이 성공적인 경력을 쌓을 수 있었을 것이라 확신했다. 자신의 미래에 대해 의심하지 않았지만, 대가를 지불하지는 않겠다고 했다. 즉 물질적 보상을 받기 위해 믿음을 숨기지는 않겠다는 것이었다. 그는 자신이 감지했던 뒤슈맹, 루셸, 뒤 틸레의 낮은 길을 취할 준비가 되어 있지 않았다.

칼뱅은 자신이 본 사돌레토 주장의 핵심, 곧 참된 교회의 본질을 언급했다. 믿음을 그리스도께 두는 자는 구원을 위해서 그렇게 한다는 주장을 추기경 논증의 요점으로 보았고, 이에 칼뱅은 기독교의 본질은 개인 구원이 아니라 하나님의 영광이라고 반박했다. 교회는 제도적 권위가 아닌 각 개인이 성경을 읽는 것에 기반을 두는데, 각 개인은 오류를 범할 수도 있지만 구원에 이르는 길은 보장된다.[56] 사돌레토에게 쓴 편지에는 교회에 대한 칼뱅 사상이 발전했음이 드러난다. 추기경에 맞서 칼뱅은 성령의 인도 아래 성경을 읽는 각 개인에 대해 언급한다. 그러나 그는 스트라스부르 시절에 받은 영향과 1540년대 초 경험한 목회 사역 및 종교 회의로 인해, 조직체로서의 교회에 대한 더 풍성한 그림을 발전시킬 수 있었다. 이는 1543년 발간된 『기독교강요』 개정 작업에서 드러난다.

개혁파 신앙을 수용하여 하나님의 심판대 앞에 선 한 사람을 변호함으로써 칼뱅은 사돌레토의 법정 드라마를 뒤집었다. 이는 칼뱅 자신의 회심 이야기였다. 그는 우아하고 감동적인 표현으로 청년 시절의 종교 세계를 묘사한다. 그 세계에서 그는 자신이 거부했던 구원을 알게 되었다.

나는 주님을 나의 하나님으로 예배하는 법을 배웠지만, 예배하는 바른 방법을 전혀 알지 못했기에 문턱에서 걸려 넘어지고 말았습니다.

배운 대로, 나는 주님의 아들의 죽음으로 법적 책임에서부터 영원한 죽음에 이르기까지 속량받았다고 믿었지만, 내가 생각한 구속은 내게는 절대 이를 수 없는 덕목이었습니다. 나는 미래의 부활을 고대했지만, 너무 무서웠기 때문에 이것을 생각조차 하기 싫었습니다.[57]

칼뱅의 여정은 이제 청년 시절의 불확실성에서 멀어지는 길을 밟았고, 여기에 아마도 그의 가장 위대한 유산이 있을 것이다. 그는 한 세대에게 구원을 안다는 것은 그것이 값없이 주어졌음을 확신하는 것이라고 가르쳤다. 사람이 확신할 수 있는 한 가지가 있다면 하나님의 약속이었다.

타협과 실망: 종교 회의들, 1540-1541년

독일 땅 전반에서 군인은 외교관 및 목회자와 반드시 어울려야 하듯이, 칼뱅도 스트라스부르에서 제국의 종교적 정치라는 흥분의 세계로 빠르게 이끌려 갔다. 파렐에게 보낸 편지에 따르면, 부처는 칼뱅을 1539년 1월 라이프치히 논쟁에, 이어서 6주 후 프랑크푸르트에서 열린 제국의회에 데리고 갔다. 이 시기에는 교회의 일치가 부처를 비롯한 소수의 손에 달려 있는 것 같았다.[58] 또한 칼뱅은 프로테스탄트 지도자들 및 신학자들 모임에서 작성된 부처의 보고서들을 세심하게 연구하면서 멘토의 행동을 배우는 학생이 되었다. 두 달 후, 칼뱅은 슈말칼덴 연맹 회의를 위해 프랑크푸르트로 가서 필립 멜란히톤을 개인적으로 만났다. 그는 성찬에 대한 12편의 논문을 멜란히톤에게 보낸 적이 있었다. 성찬이 루터파와 스위스 간 일치를 위한 대화를 가능하게 할 기반이 되리라 예상했기 때문이다. 멜란히톤은 이 논문들을 공감하며 읽었지만, 출판하지는 말라고 조언했다.[59] 이 독일인 신학자는 출교에 대해 다소 차분한 반응을 보였는데, 칼뱅의 생각이 비현실적이라고 보았기 때문이다.[60] 칼뱅은 멜란히톤과 만난 뒤 고무되어 프로테스탄트 일치가 가능하다고 믿게 되었고, 흥분에 차서 독일인들이 스위스와 대화하려는 의지를 감지했다며 파렐에게 알렸다.[61] 이전에 독일 루터파에 대한 칼뱅의 태도는 아마도 파렐과 불링거의 영향으로 지극히 부정적이었지만, 이제 어조가 바뀌고 있었다. "이 사람들이 어떤 위험이나 공포가 있어도 참된 길에서 밀려나지 않으려고 하는데, 우리 편한 대로 그들을 정죄하는 일이 이 사람들에게 부당하지는 않은지 생각해 보십시오."[62]

칼뱅의 심경 변화는 스트라스부르 인쇄업자 크라토 밀리우스Crato Mylius가 루터의 서신을 들고 1539년에 비텐베르크에서 돌아온 무렵에 일어났을 수 있다. 서신에는 루터가 칼뱅의 안부를 묻고 사돌레토에게 보낸 편지도 읽었다는 내용이 담겨 있었다. 칼뱅은 "감격하지 않는다면 우리는 정말로 돌로 만들어진 인간일 겁니다. 정말 감격스러워요!"라고 외쳤다.[63] 충분히 이해할 만한 이런 반응은 독일 종교개혁에 대한 칼뱅의 눈에 띄는 태도 변화의 일부였다. 스트라스부르의 처소에 있으면서, 이제 그가 만난 부처와 멜란히톤의 영향을 받아 칼뱅은 루터파 세계에 수용적인 인물이 되고 있었다. 스위스 사람들이 싫어했던 비텐베르크 협약에서도 칼뱅은 자기 견해가 수용되고 있음을 확인했다. 1540년에 그는 1530년 루터파 원본을 수정한 멜란히톤의 아우크스부르크 신앙고백 수정판에 서명했다.

칼뱅은 스트라스부르에서 프랑스인 교회를 위해 쓰고 가르치고 봉사하면서도 제국에서 일어나는 사건들의 추이를 계속 주시했다. 비록 공식 자격을 갖춘 것은 아니었지만, 1540년 여름에 하게나우에서 열린 첫 번째 종교 회의에도 참석했다. 가톨릭과 프로테스탄트가 하나 될 수 있는 방법을 찾기 위해 열린 1540-1541년의 종교 회의들은 시작부터 실패할 운명처럼 보였다. 그럼에도 불구하고 이 회의들에는 제국을 이끄는 군주들과 선제후들이 참석했고, 합의 신조들을 찾아내기 위한 긴 협상이 이루어졌다. 논의의 주요 초점은 교회의 본질이었기에, 프로테스탄트들은 그리스도의 가시적 몸을 구성하는 것이 무엇인지에 대한 이해를 세심하게 재고하라는 압박을 받았다. 칼뱅은 교리의 핵심 질문들을 놓고 토론하던 독일 교회의 지도급 신학자들과 함께 앉아 있었다. 그러나 그의 주요 관심사는 프로테스탄트의 일치를 이루는 것 그리고 프랑스에 있는 복음주의자를 위해 독일의 지원을 확보하는 것이었다. 두 가지 모두에서 칼뱅은 실망하지 않을 수 없었다. 스위스인들은 하게나우에 가지 않았고, 부처는 프랑스에 거의 관심이 없었다. 프로테스탄트와 가톨릭 간 협상에서 진전이 거의 감지되지 않았고, 오히려 모든 곳에서 전쟁이 발발하리라는 논의가 진행되었다. 가을에 다시 모이자는 합의만 이루어졌다.

양측이 1540년 말 다시 보름스에서 만났을 때, 칼뱅은 요한네스 슈투름과 함께 뤼네부르크 공작이 속한 측에 배정되었다. 칼뱅이 루터파 군주 및 저명한 신학자와 함께 배정되었다는 사실은 그가 "성찬기념론자"(츠빙글리파)로 여겨지지 않았고 명성도 상당했음을 보여 준다. 그는 칭의와 성경 해석을 주제로 논쟁할 때 몇 차례 발언을 했지만, 가장 크게 공헌한 주제는 미사에 대한 논쟁이었다. 여기서 그는 이미 1539년 『기독교강요』에 실렸던 논증을 요약해서 발언하며 교부들의 글을 자신 있게 인용했다.64 칭의는 인간을 의롭게 만드시는 하나님의 행동이다. 종교개혁자들이 보기에 칭의는 결코 인간의 노력에 달려 있지 않고, 전적으로 하나님이 베푸시는 자비로운 은혜의 결과였다. 보름스로 출발하기 전, 칼뱅은 스트라스부르에서 파사우 대성당의 주임 사제 루프레히트 모샤임Ruprecht Mosheim과 칭의 문제로 논쟁을 벌인 적이 있었다. 요한네스 슈투름에 따르면, 칼뱅이 논쟁에서 선보인 날카로운 기지는 스트라스부르 관원 야코브 슈투름의 감탄을 자아냈다.65 칼뱅이 보름스에서 모샤임을 다시 한 번 제압했을 때에는 멜란히톤도 깊은 인상을 받았다.

칼뱅이 보름스에서 승리를 거두고 멜란히톤의 동료들과 기쁨을 누리던 기간에 제네바에서 칼뱅에게 도시로 돌아올 것을 제안하기 시작했다. 10월과 11월, 칼뱅을 현재 맡은 일에서 자유롭게 풀어 달라고 요청하는 편지 몇 부가 스트라스부르 의회에 도착했다. 부처와 카피토와 요한네스 슈투름이 보름스에서 칼뱅과 파렐은 "정말로 탁월하고 두드러진 그리스도의 지체"라며 제네바에 답장을 보냈을 때 이 프랑스인은 매우 만족스러웠을 것이다.66 독일 종교개혁을 주도하는 인물들과 함께 있던 중앙 무대를 떠나 당파 싸움이 치열한 제네바, 즉 굴욕을 겪은 무대로 돌아간다는 생각이 매력적으로 다가왔을 가능성은 거의 없다. 그러나 보름스에서도 모든 것이 다 좋지는 않았다. 타협이라는 변질된 냄새가 나는 분위기, 특히 부처가 개혁 성향의 가톨릭 신자들에게 유연한 태도를 보인 것 때문에 멜란히톤과 칼뱅의 심경은 지극히 불편했다. 두 사람은 교회 일치에 대한 논의가 그저 교묘하고 진정성 없는 가식일 뿐이라고 생각했고 많은 가톨릭 대표들도 같은 의견이었다. 이들은 출판물을 통해 이 점을 지적해서, 칼뱅은 『두 서신』을, 멜란히톤은 『교회의 권위에 대하여』 On the Authority of the Church를 출간했다.[67] 칼뱅은 로마 가톨릭교회와의 조정이 아니라 프로테스탄트의 일치와 프랑스에 대한 지원을 원했다. 이 점에서 그는 부처와 의견이 달랐다. 두 사람은 모두 교회 일치에 열정적으로 헌신했지만, 서로 생각하는 단어의 의미가 극단적으로 달랐던 것이다. 부처는 협상과 타협을 통해 개혁 성향의 가톨릭 신자들을 복음으로 이끄는 것이 가능하다고 믿었다. 칼뱅은 바로 이 생각을 위험하게 여겨서, 이런 말장난에 신물을 느끼고 보름스를 떠날 무렵 스트라스부르식 접근법과 결별하기 시작했다. 그에게 정말 많은 것을 베푼 도시를 떠날 시간인 것 같았다. 종교개혁자들 간에 주고받은 모든 멋진 말 안에서 쓰라린 진실이 일부 드러나고 있었다. 회의에 계속 참석하고 있던 칼뱅은 그가 쓴 것으로 알려진 유일한 시 구절을 통해 울분을 토로했다.[68] '승리의 노래' Epinicion라는 제목의 긴 시는 1541년 첫날 쓰인 것으로, 전쟁의 이미지를 사용해 그리스도가 복수하신다며 로마 가톨릭교회에 대한 증오를 무시무시하게 표현하고 있다.

> 그 목소리는 그리스도의 검이며 그 창은 그 입의 호흡이니,
> 한번 그 목소리가 발하면 적은 쓰러질 수 있다.
> 여기, 저기, 스무 해 이상, 이 검을
> 강한 변호자, 그가 손에 들고 휘두르고 살육하신다.
> 사탄, 군주, 교회를 강탈하는 군대의 교황, 달아났고

그들, 오늘까지 검의 공격이 지체되었다.
그러나 지금, 노련하고 재빠른, 그분은 싸우시고, 마침내
부상당한 자 낯선 상처로 신음한다.
이어 교황의 심복들 정신을 잃고 얼이 빠지며
그가 그들을 교수형시키니, 모인 자들 영혼까지 몸서리친다.[69]

이 환상은 묵시적이다. 새해 첫날에 새로 부임한 로마 집정관들에게 교훈을 담은 시를 수여하는 고대 전통을 칼뱅이 자기식으로 활용하여 그리스도의 대적들이 살육당하는 대학살을 기원했다.

프랑스어를 잘 안다는 이유로 칼뱅은 1541년 1월 레겐스부르크 회의에 스트라스부르 의회 대표 중 하나로 참석했다. 그는 이 경험으로도 기분이 나아지지 않았고 가톨릭 측 의도에 여전히 냉소적으로 반응했다. 어떤 신학적 진술도 믿지 않았고, 거짓된 일치의 이름으로 핵심 교리들을 포기하려는 프로테스탄트들에게도 마음이 상했다. 프랑스계 프로테스탄트와 독일계 프로테스탄트 간 연장 협상도 더 이상 진행되지 않았다.[70] 반反합스부르크파*의 지도자인 헤센의 필립은 프랑수아 1세와의 대화를 거부했지만, 프로테스탄트 지도자로서의 그의 지위는 중혼重婚으로 인해 심각한 손상을 입었다. 이제 그는 카를 5세의 자비심에 전적으로 의존할 수밖에 없었고, 추문으로 종교개혁의 대의도 힘을 잃고 말았다. 칼뱅이 보기에 나약하고 우유부단한 독일 군주들은 카를 5세와 전쟁이 발발하는 것을 너무 무서워하여 프랑스 복음주의자들을 도울 수 있는 프랑

* 프로테스탄트 진영을 가리킨다.

수아 1세와의 연대에 전혀 도움이 되지 않았다. 토론과 결과의 부재로 지치고, 새로운 핍박이 시작된 프랑스의 암울한 상황을 파렐에게서 전해 들은 칼뱅은 제네바 복귀를 고민하기 시작했다.

7

교회를 위한 "간결 명료성": 로마서

1540-1541년의 종교 회의들에서는 프로테스탄트 일치나 프랑스 복음주의자를 지원하는 것과 관련해 열매를 거의 거두지 못했다. 그러나 칼뱅은 실망을 딛고 일어나 프로테스탄트 진영의 최전선에 설 만큼 대단한 인물로 부상했다. 그를 알고 싶어 하는 사람이 거의 없던 때 제네바에서 추방되고 1538년의 암흑기를 보낸 뒤 생긴 놀라운 변화였다. 칼뱅은 사람들의 인정을 받으면서 어느 정도 만족은 분명 있었지만, 분열된 집, 곧 종교개혁에 대해 깊이 우려하고 있었다. 하게나우와 보름스 회의가 열린 1540년 프로테스탄트 신학을 근본적으로 변화시킨 작품 하나를 출간했는데, 그것이 바울의 로마서에 대한 주석이었다.

1세기 중반 즈음 로마에 있는 그리스도인들에게 보낸 바울의 편지는 칭의, 구원, 하나님의 본질에 대해 해설하는 신학적 걸작이었다. 이 서신은 16세기에 와서 유독 관심을 받았다. 에라스무스, 르페브르, 루터가 바울에 천착했다는 사실도 유명하다. 1515년 젊은 교수 마르틴 루터는 비텐베르크에서 로마서 강의를 개설했다. 1529

년에서 1542년 사이에만 가톨릭 및 프로테스탄트 저자가 쓴 서로 다른 로마서 주석이 14권 이상 나왔다.[1] 멜란히톤, 부처, 불링거도 다른 형태로 로마서를 해설했고, 칼뱅에게도 로마서는 논리적 출발점이었다.

칼뱅의 로마서 주석을 읽으며 독자가 놀라는 점은 성경에 대한 그의 신선한 접근, 신학적 통찰, 전통과의 대화, 성경을 일치된 교회라는 비전을 위한 기반으로 이해했다는 것이다. 이 시기는 칼뱅의 생애에서 중대한 시기로, 그는 교회와 성례에 대해 더 넓은 프로테스탄트 진영에서 열린 대화에 참여했을 뿐 아니라 스트라스부르에서 목회와 학문 활동의 열매를 거두었다. 칼뱅은 한 시기의 악에 대해 말하기 위해 성경 해석의 전통을 어떻게 끌어올 수 있는지 보여 주려고 했다. 그는 프로테스탄트 세계에 대한 소망을 제시했는데, 이때 차이는 적대를 뜻하지 않았다. 이러한 관점에는 칼뱅 자신이 맡을 아주 특별한 역할도 포함되어 있었다.

성경

1539년 『기독교강요』에서 칼뱅은 다음과 같이 말했다. "유모가 아기에게 계속해서 재잘대며 말하듯, 하나님도 우리처럼 그와 같은 방식으로 말씀하시는 데 익숙하다는 것은 지식이 얕은 사람도 이해할 수 있지 않을까? 이런 식으로 말하는 것은 우리의 부족한 그릇에 하나님에 대한 지식을 맞추는 것이므로 하나님이 어떤 분이신가에 대해 수정처럼 맑은 그림을 그려 주지는 못한다."[2] 성경은 인간에게 말씀하시는 하나님의 수단이므로, 해석자의 과제는 하나님이 소통을 위해 활용하시는 다양한 매개체, 즉 가르침, 훈계, 목회적 위로, 논증을 해설하는 것이다.[3] 에라스무스와 멜란히톤을 따라, 칼뱅은 이를 성취하기 위해 학자에게는 신앙을 설명할 수 있는 인문주의 수사학이라는 도구가 반드시 필요하다고 믿었다. 모든 종교개혁자들은 성경과 하나님의 말씀, 혹은 복음을 구별했다. 성경에는 "완전한 교리"가 포함되어 있는데, 이것은 하나님의 언약이지만 복음 그 자체는 아니다.[4] 성경의 목적은 성령의 도구가 되어 교회 공동체 안에서 예수 그리스도를 통해 인간을 하나님과 화해하게 하는 것이다.[5]

말씀의 교제

칼뱅이 로마서 주석을 친구이자 멘토인 지몬 그리나이우스에게 헌정한 것은 자신이 국제 프로테스탄트 형제들의 연대에 소속되어 있음을 선언한 것이었다. 주석을 쓸 때 그는 이제 막 제국의 종교 정치에 참여하기 시작하는 단계였지만, 스위스 및 독일 종교개혁에 대한 친숙도는 상당한 수준이었다. 칼뱅은 사돌레토 추기경에게 종교개혁자들이 종교개혁의 핵심 교리 이슈에 대해서는 하나 되어 있다고 주장했다. 동시에 이 헌정사는 대담하고 빛나는 지적 독립의 선언이기도 했다. 프로테스탄트의 분열을 처음으로 목격한 칼뱅은 일치를 위한 기반으로서 독특한 관점을 제시했다. 로마 가톨릭교회와의 화해를 거부한 멜란히톤을 전적으로 지지했기에, 가톨릭에게는 할 말이 없었다. 그러나 프로테스탄트들에게는 아주 다른 점을 지적하고 싶어 했다. 주된 헌신의 대상이 하나님의 말씀이기만 하다면, 신학과 방법론에서는 차이가 날 여지가 있었다. 우정이라는 개념을 교회 일치에 적용한 것이다. 교회들이 똑같을 수 없지만, 공통의 대의와 상호 책임으로 묶여 있었다. 종교개혁에 대한 견해를 표명하는 과정에서 칼뱅의 법학 및 인문주의 배경이 총동원되었다.

바로 한 달 전 사돌레토에게 보낸 칼뱅의 편지는 로마서 주석 헌정의 중요한 배경을 형성한다. 이 편지에서 칼뱅은 전통 또는 제도의 연속성이 참된 교회의 기초라는 주장을 강하게 부정했다. 참된 교회의 기초는 전 세계에 흩어진 신자를 하나 되게 하는 그리스도의 몸이기 때문이다. 헌정사에서 그는 다양한 지역에 흩어진 참된 교회에 대한 아주 다른 이해를 밝힌다. 그는 우선 "고대 주석가들의 경건, 학식, 고결함, 연륜이 그들에게 엄청난 권위를 부여하기 때문에, 그들이 만들어 낸 어떤 것도 멸시해서는 안 된다"고 언급한다.[6] 그다음, 그가 가장 중요한 현대 주석가들이라 칭하며 칭송하는 멜란히톤, 부처, 불링거에게로 시선을 돌린다. 요점은 명확하다. 고대 주석가들부터 당대의 종교개혁자들까지 계통이 존재한다는 것이다. 세 사람은 각각 성취한 것, 곧 멜란히톤은 학식으로, 불링거는 쉬운 표현으로, 부처는 정확하고 부지런한 성경 해설로 칭송받는다. 칼뱅의 수사적 메시지는 명백하다. 이들을 분열시킨 것이 무엇이었든, 가장 중요한 프로테스탄트 중심지들(비텐베르크, 취리히, 스트라스부르)은 하나님의 말씀과 참된 기독교적 학문에 대한 신실함으로 하나 되어 있다.[7]

자기 신학의 뼈대를 세운 칼뱅은 "교회의 공동선"을 위해 동료들과는 좀 다른 일을 하겠다고 주장한다.[8] 다르게 표현하면, 그는 주도적 종교개혁자들 사이에 일어나는 로마서 논의에 무언가 기여하고

자 했다. 칼뱅은 그리나이우스에게 그들이 "간결 명료성"brevitas이라는 미덕에 동의했음을 상기시키고, 이를 지도 원리로 제시한다. 이를 통해 그가 동료들의 방법론에 대해 느낀 불만을 알 수 있다. 멜란히톤이 공통 주제를 사용한 것은 칼뱅의 1539년 『기독교강요』에 엄청난 영향을 끼쳤지만, 그의 생각에 성경 주석에는 적합하지 않았다. 신학 주제별로 묶으면 성경의 각 부분을 무시하는 방향으로 흐를 수 있기 때문이었다. 이는 본문 전체를 읽어야 한다는 인문주의 원리를 위반하는 것이었다. 부처는 사상의 심오함으로 칭송받았지만 장황함이 문제였다. 칼뱅이 언급했듯 부처는 언제 멈춰야 할지를 몰랐다. 이런 평가가 자주 언급된 것은 아니지만 불링거를 비롯한 다른 이들에게도 공감을 얻었다. 예컨대, 불링거가 한번은 부처의 긴 편지를 대충 건너뛰며 읽을 수밖에 없다고 인정했다. 불링거에 대해서는 칼뱅이 불링거의 저작을 두고 칭찬받아 마땅하다고 했을 뿐 직접적인 비판을 하지는 않았다. 의미 있는 침묵이었다. 칼뱅이 로마서 주석을 쓰던 시기에는 비판을 감당할 만큼 칼뱅과 취리히의 관계가 충분히 튼튼하지 못했고, 그는 츠빙글리파와 루터파의 화해를 소망하고 있었기 때문이다.

멜란히톤과 달리 칼뱅은 바울 서신 **전체**를 다루려고 하기는 했지만, 부처 같은 장황함을 피해 간결하게 다루고 싶었다. 그는 본문을 정교하게 구성하기 위해서 해석자의 역할, 해석의 목적, 청중의 필요에 관한 몇 가지 사항도 제시했다. 주석가는 겸손해야 하는데, 두 가지 지점에서 그러해야 한다. 우선, 하나님이 베푸시는 관대한 은혜의 선물로만 말씀에 다가갈 수 있음을 인식해야 하고, 둘째로는 어떤 개인에게도 완전한 지혜가 주어지지 않음을 인정해야 한다.

칼뱅이 세네카 주석에서 썼듯이, 인간은 사회적 존재이므로 하나님의 말씀은 반드시 공동체라는 맥락에서 받아들여져야 한다. 하나님의 은사가 모두에게 균등하게 배분되는 것이 아니기 때문에, 그리스도인은 함께 일하면서 자신에게 부족한 것이 다른 사람에게 있음을 인정해야 한다.

그러나 겸손을 자신 없음과 혼동해서는 안 된다. 칼뱅은 바울의 편지를 처음부터 끝까지 구절별로 다루려는 야심 찬 계획을 세우고 이에 대한 확신을 숨기지 않았다. 저자의 생각을 밝혀내기 위해 문서를 기록된 대로 정확히 추적하는 것은 해석자가 맡은 적합한 과제였다. 주석가는 관련 없는 주제나 논제를 소개해서는 안 되며, 본문에 대한 명료하고 간략한 해설에 집중해야 한다.[9] 이를 위해서는 성경 언어, 역사, 인문주의 학문 분야에서 경쟁력을 갖춘 높은 교육 수준이 필수다. 주석가는 성경의 자료들에 대해 전문성을 가질 뿐 아니라 세속 자료들도 잘 알아야 하는데, 세속 자료들도 하나님의 말씀을 보다 분명하게 할 수 있기 때문이다. 이를 위해, 본문이 탄생한 고대 세계를 이해해야 그 시대의 역사적·문화적 배경 안에서 적절하게 본문을 이해할 수 있다.

그렇다면 칼뱅의 역할은 무엇이었을까? 헌사에 나온 칼뱅의 언급으로 그가 종교개혁자들 중에서 스스로를 어떻게 인식했는지 알 수 있다. 그는 동료 개혁자들에 대해 다음과 같이 말한다. "이 저자들은 흔히 다양한데, 이 사실은 단순한 독자에게 큰 어려움을 야기한다. 따라서 최고의 해석이 무엇인지 알려 줌으로써 독자가 판단하면서 겪는 어려움을 덜어 줄 수 있다면 내가 수행하는 이 과업에 대해 후회가 없을 것이다."[10] 칼뱅은 여러 계파 사이에서 중재자이기를 자처했다. 새로운 목소리와 방법론을 갖춘 사람이 차이를 해결할 방법을 내놓을 수 있다는 것이다. 칼뱅의 헌사는 프로테스탄트 일치에 대한 표현이자 여러 종교개혁 교회 내에서 칼뱅 자신이 차지하는 독특한 위치에 대한 선언이기도 하다.

전통 수용

종교개혁자들 간 대화와 관련해 칼뱅이 헌사에서 제시하는 모범은 바울의 글을 이해하려는 시도의 핵심인 교부 연구로 확장되었다.[11] "따라서 교부들의 전통을 연구해야 한다. 또한 이 전통이 포함하고 있는 것과 그들이 어디로 나아가는지 관찰하는 것이 신중한 판단의 표지다. 그들이 하나님을 순전하게 예배하는 것 외에 다른 성향을 갖고 있지 않다는 사실을 발견하면 그들을 수용하면 된다. 그러나 그들이 하나님을 순전하고 단순하게 예배하는 것을 막는다면, 참되고 순전한 신앙을 자신들의 혼합물로 왜곡시킨다면, 우리는 그들을 단호히 거부해야 한다."[12]

교부들도 인간이었기에, 서로 일치를 이루지 못하기도 했고 따라서 틀릴 수도 있었다. 실제로 칼뱅은 그들의 견해를 거부하는 것에 아무런 거리낌이 없었다. 칼뱅의 성경 주석들에는 아우구스티누스와 크리소스토무스가 틀렸다는 단호한 표현이 드물지 않게 나온다. 그럼에도 불구하고 다른 프로테스탄트 종교개혁자들과 마찬가지로 칼뱅도 교부들을 아주 높이 평가했기에 지속적으로 인용하고 참고했다. 칼뱅의 저술에는 부처나 멜란히톤같이 그가 많은 것을 배운 저자들을 비롯한 동시대 저술가들의 이름이 별로 등장하지 않는다.

마찬가지로, 중세 스콜라주의 학자들은 칼뱅이 펼치는 논증에 확연히 드러나지만 이름은 거의 등장하지 않는다. 칼뱅을 비롯한 초기 근대 저자들은 각주를 달지 않았다. 이들은 자기 논증을 어디서 가져왔는지 또는 자기가 지금 누구에게 반대하고 있는지 명시해야 한다는 의무감을 느끼지 않았다. 그 시대의 저술가는 그런 것에 신경을 쓸 필요가 없었다. 게다가 문헌을 공적으로 읽는 학식 있는 이들은 대개 자료의 출처를 알아낼 수 있었다. 그러나 교부들에 대해서는 완전히 달랐다. 저자들은 존경의 표시로 교부들의 이름을 밝히고 인용했다.

칼뱅이 교부들을 인용한 것은 이들의 일치된 견해가 자신의 신학을 지지한다는 확고한 믿음에 근거했다. 그러나 그가 자기 입장을 지지할 증거를 찾으려고 이들의 작품을 샅샅이 조사한 것은 아니었다. 칼뱅은 교부 저술들을 주의 깊고 폭넓게 읽으며 그들의 인도를 받았다. 칼뱅의 표현에 따르면, 교부들이 말했던 모든 것이 성경의 규칙에 종속되어 있기는 하지만, 그들은 "근원적이고 더 순결한 교회"의 증인들이었다.[13] 교부들은 그리스도의 죽음 이후 대략 처음 5세기, 교리에 대한 전반적 합의가 있고 교회가 아직 교황제로 망가지지 않은 시대, 즉 칼뱅이 교회의 "황금시대"라 여긴 시기에 속한 인물들이었다. 칼뱅이 교부들을 권위자로 추앙하지는 않았지만—바울은 권위자였다—그들이 교회의 위대한 해설자였기에, 그들의 지혜는 성경에 빛을 넉넉하게 비춰 준다고 보았다.

칼뱅과 중세 전통과의 관계를 파악하기는 한층 더 어려운데, 전문가가 아닌 사람의 눈에는 거의 보이지 않기 때문이다. 칼뱅은 중세 스콜라주의 학문의 영향을 전혀 인정하지 않는 것과 마찬가지로 이들에게 받은 도움도 거의 언급하지 않는다. 그러나 그가 중세 저자들의 작품을 부지런히 공부했다는 사실은 오랫동안 인정받아 왔다.[14] 스콜라주의 신학자들을 향한 가시 돋친 표현은 그의 글을 오래 읽지 않아도 쉬이 찾아낼 수 있지만, 그가 종종 표적으로 삼은 이들은 중세 교회의 탁월한 교사들이 아니라 소르본의 신학 교수들이었다.[15] 이런 관계는 문제를 더 복잡하게 만들 수밖에 없었다. 그는 스콜라주의 저자들의 책을 읽었고, 그들의 방법론과 논증을 노골적으로든 암시적으로든 차용했다. 이들은 칼뱅의 신학적 틀의 일부였고, 그의 사상이 나아가는 방향에 영향을 끼쳤다.

성경 주석을 집필한 1540년부터 칼뱅은 교부들과 중세 박사들의 글을 쉬지 않고 연구했으며, 이 성과가 그의 글에 반영되어 있다. 그는 고대 및 당대 해석자들과 지속적으로 대화했는데, 이들 중 누구도 오류 없이 완벽하지는 않았다. 이 대화는 성령의 인도를 받고 하나님의 말씀에 기초하여 교회를 섬기기 위한 대화였다.

말씀 주석

칼뱅이 보기에 성경 주석은 신학 논문, 설교, 경건 서적, 논쟁서 같은 다른 유형의 종교 문헌들과 다르지만 분리된 것은 아니었다. 그의 목적은 뭔가 유용한 것을 준비하고, 성경을 최대한 잘 해석하여 그에 맞게 기독교 가르침을 개혁하는 것이었다.[16] 신학 주제들을 체계적으로 조직하는 것은 다른 장르로 『기독교강요』가 이 유형에 속했지만, 그의 신학은 심도 깊은 성경 연구를 통해 발전했다. 칼뱅은 『기독교강요』가 목회자들이 자신의 주석과 함께 읽어야 할 성경 개론이라고 주장했다. 비록 관점은 다르지만, 둘 다 성경을 자세히 설명하려는 목적으로 탄생했다는 점에서 『기독교강요』와 주석은 일종의 공생 관계였다. 성경을 주석하는 일은 신학과는 달랐다. 주석은 성경이 획일적이지 않다는 점을 고려할 때 조금 더 자유로울 수밖에 없다. 칼뱅은 신학을 가르칠 때보다 성경을 가르칠 때 더 자유가 있다고 했다.[17] 하나가 발전하면 다른 것도 발전하므로, 이는 칼뱅의 체계에 존재하는 일종의 순환성을 보여 주었다. 즉 성경을 바르게 해석하려는 사람은 이미 교리와 말씀에 정통한 사람이어야 한다. 예컨대, 신자가 이미 교리문답으로 가르침을 받았다면, 설교자가 설명하는 성경 말씀을 이해할 수 있다. 칼뱅도 다른 종교개혁자와 마찬가지로 성경이 해석의 틀 없이는 서 있을 수 없다고 인식했다. 또한 그 틀은 궁극적으로 그의 신학적 결론을 지탱했다. 이것이 바로 16세기 개혁파, 루터파, 가톨릭교회에서 일들이 작동한 방식이었다.

그리나이우스에게 바치는 헌사에서, 칼뱅은 멜란히톤이 지닌 변증법과 수사학에 대한 지식뿐 아니라 고전어와 성경 언어에 통달한 능력을 언급하며 그의 학식의 넓이와 깊이를 칭송했다. 멜란히톤은 1522년에 로마서 주석 집필을 시작하면서 수사학이 핵심 역할을 하는 성경 주석의 새 길을 열었다.[18] 1530년에는 이신칭의 교리가 로마서의 본질적 교리라는 분명한 언급을 덧붙였다. 칼뱅은 멜란히톤의 해석 방법론을 더 이상 수용하지는 않았지만, 로마서가 성경의 신학적 심장이라는 멜란히톤의 결론은 공유했다.[19] 그리고 1529-1530년에 쓴 여러 주석에서 멜란히톤이 만든 수사학적이고 변증법적인 도구를 널리 활용했다. 직접 증명하기는 힘들지만, 칼뱅이 멜란히톤의 작품을 앞에 펼쳐 놓고 주석 작업을 했을 가능성이 크다. 동시에 칼뱅은 자신이 많은 점에서 불링거의 1533년 로마서 주석, 부처의 1536년 로마서 주석에 동의하고 있음을 보여 주었다. 칼뱅의 이 헌사에는 각 절에 대한 해석과 로마서 전체에 대한 논증 간의 관계에 대해 주석자들이 제시한 다른 방식들이 주목을 끈다. 칼뱅에 따르면, 멜란히톤은 모든 것을 이 편지의 주된 메시지인 이신칭의로 설명했다. 불링거와 부처, 칼뱅은 대체로 개별 구절의 전체 윤곽을 그리는 데 더 관심을 두었다.[20]

바울을 본받음

칼뱅은 바울을 최고의 교사이자 목사이며 그리스도인다운 행동을 보여 준 참된 모범으로 여기고 흠모했다. 가장 초기 저술에서부터 칼뱅은 성경을 이해하고 복음 메시지를 일상에 적용하게 만드는 측면에서 이 사도를 자신의 권위자이자 인도자로 계속 언급했다. 제네바와 스트라스부르에서는 바울 서신들을 가르치고 설교했다. 그러나 칼뱅의 바울은 다면적 인물이었다. 의도하는 메시지에 따라 여러 다른 형태로 등장할 수 있었다. 율법에 정통한 학식 높은 유대인, 고전 용어를 사용하여 그리스인과 로마인에게 연설하는 수사학자, 대단히 뛰어난 권위자, 사랑과 겸손이 넘치는 인내심 많은 목회자 등. 칼뱅에게 바울은 유별날 정도로 다양한 적용이 가능한 인물이었다. 바울이 가진 특별한 은사에는 "여러 사람에게 여러 모습이 될" 수 있는 능력도 포함되었다. 그러나 바울 또한 너무도 분명한 인간이었으므로 틀릴 수 있었다. 칼뱅은 결코 이 사도를 신격화하지 않았다. 바울은 복음의 열매가 이 세상의 삶에서 어떻게 실현될 수 있는지 보여 준 인간이었다. 우리는 바울을 본받을 수 있고, 또 본받아야 했다. 칼뱅은 누구든 그리스도를 본받아야 한다고 주장했지만, 인간은 하나님이 될 수 없기 때문에 여기에는 한계가 있다고 했다. 반면, 바울은 우리가 본받을 수 있는 인간 모범이었다.

칼뱅이 지극히 개인적으로 동조하는 면도 있었다. 바울은 그리스도인의 삶의 모범이기도 했지만 칼뱅의 개인 교사이자 멘토이기도 했다. 칼뱅은 바울 안에서 진정한 수호성인을 발견했다. 그러나 단순한 상관과 부하 관계가 아니었다. 칼뱅과 바울의 관계는 본받음과 경쟁imitation and emulation이라는 르네상스식 이해를 통해 형성되었고, 이 점에서 그는 뷔데와 에라스무스에게 많은 빚을 졌다. 르네상스 인문주의자에게 본받음이란 오늘날 사용하는 개념인 "복제"copying와는 다르다. 페트라르카에서 밀턴에 이르기까지 본받음은 역사, 문헌, 신학 저술에서 두드러지고 눈에 띄는 위치를 차지했다.[21] 수많은 유형이 존재하지만, 본받음이란 한 사람이 모범과 같이 되어 가는 변화의 과정으로 널리 이해되었다. 다시 말해, 집약적인 연구와 기도, 행위를 통해 칼뱅은 바울이 되고자 했다. 주석을 읽는 사람이라면 쉽게 인식할 수 있듯이, 이 과정은 절대 단순하지 않았고 여러 복잡한 단계를 거쳐야 했다. 칼뱅이 말한 본받음은 그가 읽은 에라스무스의 글과 알치아티에게서 배운 인문주의 법학 모두에서 기원한 것이었고, 그의 교회론과 밀접히 연결되어 있었다. 에라스무스와 프랑스 인문주의자들을 따라, 칼뱅도 본받음을 역사적·문화적 차이에 따라 형성되는 것이라고 보았다. 1세기에 살던 바울이 16세기 프랑스인으로 바뀔 수 있다는 식으로 주장할 수는 없었다. 이와 같이, 종교개혁 교회들은 사도 교회를 자신들의 모범으로 삼을 수 있지만 그대로 복제할 수는 없었다. 현재와 과거 간 관계를 바르게 이해하려면 역사적 차이에 대한 예민한 인식을 지녀야 했다.

본받음은 주석가의 역할과 밀접하게 연결되어 있는데, 칼뱅에 따르면 주석가는 저자의 마음을 장악하고 있는 사람이다. 칼뱅은 바울의 논증 유형, 표현 및 단어까지 수용하면서도, 동시에 르네상스 수사법의 일부였던 예의라는 필수적 인문주의 원리를 따름으로써 바울을 본받고자 했다. 에라스무스의 표현에 따르면, 예의 바르게 말한다는 것은 "현재의 사람과 상황에 맞게 말할 때"를 뜻한다.[22] 칼뱅은 자신이 바울이 아님을 분명히 알고 있었지만─이들은 서로 1,500년이나 떨어져 있었다─바울이 되고자 했다. 그럼에도 불구하고 칼뱅은 바울을 해석하는 자신의 능력을 절대적으로 확신하며 자기가 그 시대의 바울 사도가 될 수 있다고 생각했다. 그렇게 함으로써 그는 르네상스식 본받음의 또 하나의 유형을 채택했는데, 이것이 바로 위장 dissimulation이었다. 칼뱅은 결코 자신이 바울을 본받았다고 공개적으로 인정하지 않았다. 특히 성경 주석과 서신 같은 곳에 암시된 정도였고, 직접적 언급은 한 번도 없었다. 자신과 바울 사이의 역사적 간격을 이해하고 바울을 16세기 세계에 적용하려 하면서, 스스로를 에라스무스식 정신으로 바라보았다. 칼뱅은 구약의 예언자들에게도 같은 방식을 적용하여, 예레미야를 예로 들어 말하면서, "예레미야가 지금 이 세상에 살아 있다면, 그리고 내가 잘못 생각한 것이 아니라면, 그는 [나의 주석을] 추천해 줄 것이다. 내가 그의 예언들을 경건하게 또 그만큼 정직하게 해설했으며, 오늘날 상황에 유효적절하게 적용했음을 그가 인정할 것이기 때문이다"라고 했다.[23]

바울과의 유별난 관계는 주석들 곳곳에서 등장한다. 빌립보서를 살펴보자.

> 그러나 질문은 이것이다. 다른 사람들보다 정말로 뛰어난 사람이, 자신보다 훨씬 못하다는 것을 알면서도 그들을 자신보다 낫게 여기는 일이 어떻게 가능한가? 나는 하나님이 주신 은사와 우리 자신의 연약함에 대한 바른 평가에 전적으로 달려 있다고 답한다. 그러나 누구든지 뛰어난 재능을 가질 수 있기 때문에, 자기만족에 빠지거나 자화자찬하거나, 혹은 자기를 경외하라고 그 재능들이 주어진 것이 아님을 인식해야 한다. 그 대신, 그가 자신의 잘못을 교정하고 감찰하면 그는 겸손을 위한 위대한 재료를 얻게 될 것이다. 다른 한편으로는 다른 사람에게 있는 탁월함을 보고 그것이 무엇이든 존중하게 될 것이며, 그들의 잘못도 사랑 안에서 잊어버릴 것이다. 이 법칙을 체득한다면 누구든지 다른 사람을 나보다 낫게 여기는 일이 어렵지 않을 것이다. 그러므로 경건한 사람은 설령 자신이 더 뛰어남을 안다고 해도 다른 사람을 계속해서 더 존중할 수 있다.[24]

칼뱅은 여기서 바울에 대해 말하고 있지만, 놀랍게도 자신을 드러내는 자화상을 그리고 있다. 자신의 재능에 대한 확신, 겸손하려는 내적 투쟁, 다른 이들과의 복잡한 관계가 그것이다. 그는 로마서를 집필하면서 저자의 마음속으로 들어갔을 뿐 아니라 저자의 목소리를 자처했다. 로마서 주석에 등장하는 바울은 칼뱅 자신인 것이다.

칼뱅이 바울의 목소리를 전유하면서 활용한 다른 수단들도 찾을 수 있다. 바울의 말을 바꿔 쓰거나 반복하는 구절을 이내 만난다. 칼뱅은 독자에게 "여기서 바울이 의미하는 것은…"이라고 말하기 위해 자주 멈춘다. 다른 때는 바울이 충분히 설명하지 않았다고 느끼는 부분을 명확히 정리한다. 이것은 당시 잘 알려졌던 고전적 수단으로, 이를 통해 저자는 다른 이의 목소리로 말했다. 칼뱅은 자신의 말에 사도적 권위를 부여하기 위해 이 기법을 주석에 여러 차례 차용했다.

칼뱅의 하나님

바울의 표현에 따르면, 하나님의 창조는 "그의 보이지 아니하는 것들 곧 그의 영원하신 능력과 신성"을 나타낸다.[25] 그러나 죄로 눈먼 인간은 "만드신 만물에 분명히 보여 알려진 것"을 보지 못한다. 남녀들은 하나님을 알면서도 하나님께 감사하지도 않고 하나님의 영광보다 자신들의 지혜를 선호하기 때문에, 이 실패에 대해 핑계를 댈 수 없다. 칼뱅은 이 구절을 가져다가 "사람은 이 창조 세계의 관찰자가 되기 위해 지음받았고, 이토록 찬란한 형상을 묵상함으로써 세상을 지으신 하나님께로 인도받는 존재가 되기 위해 눈을 받았음"을 묵상한다.[26] 그렇다면 인간은 어떻게 되는가? 자신들이 살아가는 창조된 세상에 의해 정죄받는다. 그러나 겉으로는 보이지 않고 측량할 길 없는 하나님, 세상을 심판하실 하나님을 발견할 수 없는 인간은 그 하나님에 대한 사상을 만들어 내려고 애쓴다. 바울은 인간이 육체의 욕망대로 살고 영적인 것보다 만들어진 세상 것을 더 좋아하도록 하나님이 내버려 두신다고 언급한다. 그럼에도 불구하고 칼뱅은 "바울의 목적은 우리에게 구원을 어디에서 찾아야 하는지를 가르치는 것"이었다고 설명했다.[27] 첫 번째 가르침은 인간에게는 구원을 위한 어떤 공로도 없다는 것이다. 선행에 대한 모든 환상은 바울이 하박국을 인용할 때 무너진다. "의인은 믿음으로 말미암아 살리라." 칼뱅에게는 이것이 로마서의 본질이다. 의는 "우리 구원의 기반이며, 복음 안에 나타나 있다. 그러므로 복음은 구원에 이르는 하나님의 능력인 것이다." 칼뱅은 바울이 사용한 "의"가 하나님의 값없이 죄를 사하심, 그리고 그리스도인을 일생 동안 믿음 안에서 성장하게 만드는 능력인 중생의 은혜를 모두 의미한다고 해석했다.[28] "처음 복음을 맛볼 때 우리는 하나님의 미소 띤 얼굴이 우리를 향해 있음을 참으로 보게 되지만, 아직은 거리가 멀다. 우리 안에 참된 신앙에 대한 지식이 더욱 자라서 거리가 가까워질수록, 우리는 하나님의 호의를 더 분명하고 친밀하게 목격한다." 하나님의 의는 창조주를 향해 가는 그리스도인의 평생에 걸친 여정의 시작이다.

바울의 표현대로 인간의 불의가 하나님의 의를 드러내는 데 기여한다면, 인간의 사악함은 하나님의 뜻을 막는 효과적인 장벽을 만드는가? 칼뱅은 사도 바울과 함께 "아니다"라고 강하게 선언한다. 왜냐하면 "주님의 진리를 방해하는 인간의 거짓에도 불구하고, 주님은 길이 없는 곳에는 길을 만드셔서, 택하신 자들 안에 있는 본성적 불신앙을 고치심으로 승리하실 것이기 때문이다."[29] 잃어버린 인간을 향하는 길을 찾아내시는 하나님에 대한 칼뱅의 묘사는 하나님을 향해 떠나는 그리스도인의 여정을 그린 이전의 묘사와 매력적으로 평행을 이룬다. 두 가지 모두에서 하나님은 손을 뻗으시고 택함받은 자들을 앞으로 끌어당기신다. 그리스도 안에서 뻗어지는 하나님의 손과 아들을 "화목제물"(로마서 3:25)로 묘사하는 바울의 표현은 칼뱅이 보기에 인간에 대한 하나님의 사랑과 인간의 죄성에 대한 하나님의 증오 간의 차이를 간단명료하게 포착한 것이었다. "하나님은 그분의 작품인 우리를 미워하지 않는다. 즉 그분이 우리를 살아 있는 존재로 창조하셨다. 그러나 하나님은 그분 형상의 빛을 꺼뜨린 우리의 더러움을 미워하신다. 그리스도가 이 더러움을 씻기심으로 제거하실 때, 하나님은 그분의 순전한 작품인 우리를 사랑하시고 끌어안으신다."[30]

의인: 아브라함

칼뱅은 바울을 따라 아브라함을 "의의 거울이자 모범"으로 묘사했다. 거울은 칼뱅이 가장 좋아하는 비유로, 아브라함의 부르심과 순종하는 반응은 단지 역사적 사실일 뿐 아니라 그리스도인이 어떻게 살아야 하는지 보여 주는 생생한 이미지다. 아브라함 이야기 전체는 동시대 독자를 향한 의미로 가득하다. 모세는 어떻게 아브라함에 대한 다른 사람들의 생각, 심지어 아브라함의 스스로에 대한 생각도 아무 관심을 표하지 않을 수 있었는지에 대해 칼뱅이 언급한 내용을 주목하라. 이것은 칼뱅이 꿈꾼 이상이었지만 그는 이룰 수 없었다. 하나님과 아브라함 사이의 세부 사항만은 언급해 볼 만하다. 구약의 이 위대한 인물은 하나님과의 연합에 스스로 기여한 바조차 전혀 없다. 부르심에 대한 그의 응답은 그에게 전가된 의에서 자라난 것이다. 하나님이 아브라함의 여정을 시작하신 것처럼 그리스도인의 여정도 이와 같아야 한다.

아브라함의 죄를 깨끗하게 한 것은 하나님의 부르심이었다. 칼뱅은 아브라함의 할례보다 부르심이 시간적으로 앞선다는 것에 주목한다. 하나님이 베푸시는 호의는 어떤 외적 의식에 매이지 않는다. 이는 성령의 내주로, 칼뱅이 차용한 바울의 표현에 따르면 "마음의 할례"다. 그러나 인간이 하나님을 움직여 그들에게 생명을 가져오는 은혜를 베푸시게 만들 수는 없지만 수동적으로 머물러서도 안 된다. 받는다는 것은 곧 반응하는 것이다.

우리 모두가 아브라함과 동일한 상태에 있다는 것도 기억하자. 우리가 처한 상황은 모두 하나님의 약속과는 반대된다. 그분은 우리에게 영원한 생명을 약속하시지만, 우리는 죽음과 부패에 둘러싸여 있다. 그분은 우리를 의롭다 여긴다고 선언하시지만, 우리는 죄로 덮여 있다. 그분은 우리에게 자비를 베푸시고 친절함을 증명하시지만, 외부 표지들은 그분을 진노케 한다. 그러면 어떻게 해야 할까? 우리는 눈을 감고, 우리 자신 및 우리와 연결된 모든 것을 무시해야 한다. 그럼으로써 그 무엇도 하나님이 참되심을 믿지 못하도록 우리를 방해하거나 막지 못하게 해야 한다.[31]

성경에 나오는 이야기들은 단절되지 않는 연속체 안에서 과거와 현재를 하나로 연결한다. 우리는 성경에 나오는 남녀 안에서 우리 자신의 삶을 발견한다. 성경에는 인간의 이야기 **그리고** 인간 그 자체가 담겨 있다. 기쁨에서 슬픔, 친절함에서 잔혹함까지, 인간 감정의 모든 층이 촘촘히 표현된다. 그러나 아브라함 이야기는 아브라함이라는 사람에 대한 것이 아니다. 우리의 시선을 붙잡는 것은 그의 인간적 특징이 아니다. 칼뱅은 이렇게 주석했다. "따라서 바울은 아브라함의 삶의 기록이 그 자체만을 위해 남겨진 것이 아니라고 주장한다. 그것은 한 특정 인물의 개별 부르심에 대한 언급이 아니라, 의를 얻는 길에 대한 묘사로서 모든 신자에게 하나이며 변하지 않는 길이다."[32] 교회의 위대한 인물들은 하나님이 그들을 통해 일하시고자 선택하신 한에서만 위대하다. 이것이 자신이 맡은 예언자 직분에 대한 칼뱅의 견해였다.

"내가 야곱은 사랑하고 에서는 미워하였다"

어느 누구도 심지어 아브라함도 구원을 얻기 위해 쌓은 공로가 전혀 없다면, 신자는 타락한 자와 어떻게 구별되는가? 모두가 죄를 범했다면 신자를 불신자와 나누는 기준은 무엇이며, 실제로 왜 어떤 사람은 믿고 어떤 사람은 믿지 않는가? 칼뱅의 로마서 9장 해석은 이런 물음들로 형성되었다. 여기서 바울은 자신의 유대인 사랑을 감동적으로 논하는데, 이들에 대해서 "조상들도 그들의 것이요 육신으로 하면 그리스도가 그들에게서 나셨으니 그는 만물 위에 계셔서 세세에 찬양을 받으실 하나님이시니라"라고 말한다. 그러나 모두가 아브라함의 자손인 것은 아닌데, 하나님의 선택받은 자녀는 자연적 혈통으로 되는 것이 아니기 때문이다. 분명한 것은 하나님이 이스라엘 사람들과 맺으신 언약과 선택 사이의 구별로, 오직 하나님이 선택하신 이들만 구원받게 될 것이다. 이 둘이 같지 않음은 리브가가 나이 들어 낳은 이삭의 두 아들, 에서와 야곱 이야기에서 가장 극적으로 그려진다. 하나님은 "내가 야곱은 사랑하고 에서는 미워하였다"라고 선언하시며 더 어린 야곱을 선택하신다. 이것이 선택 교리다. 하나님의 선택은 쌍둥이가 태어나기 전에 이루어졌다. 이 결정은 그들 편에서의 어떤 선이나 악과는 아무 관계가 없었다. 칼뱅은 비록 두 아들 모두 할례를 통해 언약 관계 안으로 들어오는 과정을 시작했음에도 하나님의 은혜가 공평하게 분배되지 않았음을 주목했다. 그는 이런 상황은 특히 놀라운 사례라고 주장했는데, 이들은 같은 어머니에게서 났고 쌍둥이였으므로 자연적 조건으로는 이들을 나눌 만한 요소가 거의 없었기 때문이다. 그러나 하나님의 은혜에 대해서는 차이가 더없이 컸다. 야곱은 하나님의 선택으로 에서와 분리되었는데, 이는 "값없이 주어진 것이고 어떤 경우에도 사람에게 달려 있지 않기 때문에, 신자의 구원에서는 하나님의 선하심보다 더 나은 것을 찾으려 해서는 안 되며, 타락한 자의 멸망에서는 그분의 공의로운 엄정함보다 더 나은 것을 찾으려 해서는 안 된다."

칼뱅은 바울의 글을 읽음으로써 명료하게 제시된 선택 교리를 발견할 수 있었다.

그러므로 바울의 첫 번째 명제는 다음과 같다. "이스라엘 백성이 언약의 축복으로 다른 민족들로부터 구별된 것과 마찬가지로 이스라엘에 속한 사람들 가운데서도 하나님의 선택으로 인한 차이가 생기는데, 하나님은 어떤 이들은 구원으로 예정하시는 반면 어떤 이들은 영원한 정죄로 예정하신다." 두 번째 명제는 "이런 선택의 기반은 오직 하나님의 선하심 그리고 또한 아담의 타락 이후로는 하나님의 자비 외에 없으므로, 하나님은 사람들의 행위에 상관없이 자신이 기뻐하는 자들을 택하신다"는 것이다. 세 번째 명제는 "공로를 보지 않는 주님의 선택은 값없이 주어지는 것이며 그분이 모든 사람에게 공평하게 같은 은혜를 베풀어야 하는 것은 아니다. 오히려 자신의 뜻대로 어떤 이들은 무시하시고 어떤 이들은 선택하신다"이다.[33]

인간의 지성으로는 하나님의 선택을 이해할 수 없고, 이해할 수 있게 되어 있지도 않다.

하나님의 예정은 참으로 미로와 같아서, 인간의 지성으로는 빠져나갈 수 없다. 그러나 인간의 호기심은 너무도 지나쳐서, 어떤 주제를 연구하는 일이 위험할수록 더 대담하게 계속한다. 그 결과, 인간은 예정을 논의하면서 마땅히 넘지 말아야 하는 선을 넘고 충동적으로 즉각 깊은 바닷속에 몸을 던진다.

하나님의 선택을 인간이 이해할 수 없다는 사실 때문에 바울은 더 긴급한 질문들을 던진다. "그런즉 우리가 무슨 말을 하리요?" "하나님께 불의가 있느냐?"(로마서 9:14) 칼뱅은 하나님을 아는 지식이 필요하다고 주장했지만, 그 지식은 갑자기 큰 장벽에 부딪힌다. 하나님을 아는 것은 구원에 필수적이지만, 과도하면 헛되이 사람을 끌어들이고 호기심에 해를 입힌다. 적절한 균형이 필요한데, 칼뱅은 성경에 계시된 것을 받아들이는 데서 균형이 이루어진다고 보았다. "성경이 우리에게 가르치는 것 외에 [예정에 대해] 아무것도 알고자 하지 않는 것을 거룩한 원칙으로 삼자. 즉 주님이 거룩한 입을 닫으시면, 우리도 더 이상 가지 말고 멈추자. 그러나 우리는 사람이므로 어리석은 질문들이 자연스럽게 떠오를 때는 이 질문들을 어떻게 해결해야 하는지 바울에게 들어 보자." 그럼으로써 우리는 하나님이 신자를 택하신다는 것, 그분의 선택 없이 구원은 없다는 것, 인간의 공로는 선택과 아무 상관이 없다는 것, 하나님은 결코 부름받은 자를 버리지 않으신다는 것은 **알 수 있다**.

칼뱅의 예정론에 대해 수많은 반대자들이 던진 가장 흔한 비판은 이 주장의 논리적 결론이 하나님을 악의 창조자로도 만든다는 것이었다. 하나님께 특별히 큰 불의가 있느냐고 바울이 물은 것은 이 때문이었다. 바울 사도는 하나님이 파라오의 마음을 강퍅하게 하신 출애굽기 이야기를 통해 요점을 설명한다. "내가 이 일을 위하여 너를 세웠으니 곧 너로 말미암아 내 능력을 보이고 내 이름이 온 땅에 전파되게 하려 함이라"(로마서 9:17). 하나님이 사람의 마음을 돌처럼 딱딱하게 만드신 것이라면, 인간이 거기에 책임이 있다고 할 수 있는가? 칼뱅은 왔다 갔다 했던 파라오의 기분을 단순히 사람의 감정 변화로 해석할 수는 없다고 강조한다. 파라오는 하나님의 손에 들린 도구로, 하나님은 이 이집트 통치자가 어떻게 행동할지 미리 아셨을 뿐 아니라 그 일을 일어나게 하셨다. 전능하신 하나님에 대한 칼뱅의 인식이 이보다 더 극적으로 제시된 곳은 없다.

우리가 바울이 뜻한 바를 이해하기 원한다면 거의 모든 단어를 조사해야 한다. 부수어 버리려고 준비된 그릇, 즉 파괴될 계획과 운명에 처한 것들이 있다. 하나님의 복수심과 노여움을 증명하기 위한 목적으로 만들어지고 형성된 진노의 그릇도 있다. 주님이 처음부터 그들을 멸하시는 것이 아니라 그들에게 준비된 심판을 연기하심으로써 한동안 그들을 참아 기다리신다면, 엄혹한 결정을 내려서 다른 이들이 그 무서운 본보기로 인해 두려워하게 하시려는 것이다. 또한 여러 방법으로 그들을 순종하게 만드셔서 그분의 능력을 알게 하시려는 것이고, 선택받은 자들을 향한 그분의 자비가 얼마나 넓은지 더 잘 알리고 더 명료하게 빛나게 하시려는 것이다. 이러한 경륜에 비난받을 만한 것이 있는가? 마지막으로, 선택받은 자들을 향한 그분의 자비가 너무도 광대함을 더 널리 알리고 더 밝게 비추시려는 것이다.[34]

율법, 유대인, 이방인

율법, 곧 십계명과 그 의미에 대한 논의는 로마서 주석에서 거대한 형체를 드러낸다. 칼뱅은 과부 유비를 끌어들인다.

> 율법이 우리의 남편이었고, 그 남편이 우리에 대하여 죽기까지 우리는 율법의 멍에 아래 있었다. 율법이 죽은 후에 그리스도는 우리를 자신에게로 데려가셨다. 즉 우리를 율법으로부터 자유케 하시고 우리를 자신에게로 데려가셨다. 따라서 죽음에서 부활하신 그리스도와 연합하게 된 우리는 오직 그분께 붙어 있어야 한다. 또한 부활하신 그리스도는 영원히 사시기 때문에, 우리는 이후로 그분과 절대 헤어지지 않을 것이다.[35]

율법 자체는 악하지 않으나, 그 완전한 기준을 충족시킬 수 있는 사람은 없기 때문에, 율법은 악의 영향이 얼마나 큰지 보여 준다.

칼뱅은 유대인이 처한 곤경을 논하면서 바울의 고통을 극히 민감하게 다루었다. 그는 사도가 자기 민족을 얼마나 사랑하는지, 민족의 구원에 얼마나 관심이 많은지 이야기한다.[36] 그는 유대인이 하나님을 거부한 것이 악해서가 아니라 무지해서라고 말한다. 이들은 그리스도를 십자가에 못 박으면서 율법에 부합하는 행동을 했다고 믿었다. 율법이 그리스도께로 이끈다는 것을 깨닫는 데 실패했기 때문이다. 모세는 복음을 전하는 자였기에, 그의 부르심은 솔선수범하여 백성에게 회개와 믿음을 가르치는 것이었다. 모세는 율법의 마침인 그리스도께로 하나님의 백성을 인도해야 했다. 그러나 그리스도가 이스라엘 백성의 눈에 띄게 나타나지 않으시고 휘장 뒤에 머물러 계셨기 때문에, 모세는 율법의 계율을 준수함으로써 받는 일종의 행위로 얻는 의(인간의 노력으로 성취되는 구원)를 가르쳐야 했다. 이 행위로 얻는 의는 엄격히 말하면 그리스도와 반대되는데, 이것이 칼뱅의 핵심 주장은 아니었다. 오히려, 그리스도가 마침임에도 불구하고 그분을 희미하게만 볼 수 있었기에, 하나님의 의는 다른 방법으로 성취되어야 했고 이스라엘 백성은 결국 믿음의 결핍으로 가는 길을 걸을 수밖에 없었다.

칼뱅은 유대인을 위해 애통해하고 그들의 구원을 위해 죽기까지 하겠다는 의지를 보인 바울을 논하면서, 유대인은 하나님이 그들에게 허락하신 지위로 인해서만 영예를 누려야 한다는 점을 분명히 했다. 이스라엘 백성 자체가 아니라 하나님이 주신 선물이 영예를 누려야 한다는 의미였다. 그리스도인은 유대인을 비하해서는 안 되지만, 유대인이 스스로 그리스도를 받아들이지 않고도 모두 잘될 것이라는 허황된 생각을 해서도 안 된다. 하나님은 언약 백성에게 신실하셨고, 유대인이 선민이라는 것도 잊어서는 안 되는 것이었다.

하나님의 아들은 유대인으로 나셨고 이는 이 백성이 얻은 최고의 영예였지만, 칼뱅에 따르면 경건하지 못할 때 이런 특권은 아무것도 아니었다.

칼뱅은 이방인을 향한 바울의 설교가 사도로서의 부르심에 대한 확신이자 구원의 개방성에 대한 확신으로 보았다. 설교는 하나님이 말씀을 인간에게 들려주고자 선택하신 유일하지는 않지만 주요한 수단이다. 그 말씀이 없이는 하나님을 참되게 아는 지식이 있을 수 없다. 그러나 설교를 듣는다고 자동으로 믿음이 생기지는 않는다. 칼뱅은 보편구원론에 대한 어떤 개념도 거부했는데, 설교는 오직 하나님이 구원하기로 선택하신 이들에게서만 열매를 맺기 때문이다. 칼뱅은 스트라스부르에 도착하기 전까지는 유대인을 만나 본 적이 거의 없었을 것이다. 로마서에 등장하는 바울 및 유대인에 대한 칼뱅의 글은 이 도시에서 그가 접한 새로운 경험을 반영한 것이 분명하다.

"그분의 선하심의 맛": 그리스도인의 삶

바울은 그리스도인의 삶은 "우리가 정결과 성결에 헌신할 때 하나님을 기쁘시게 하고 하나님께 받아들여지는 것"이라 가르친다. 칼뱅은 이 삶을 쾌락을 거부하거나 금욕하는 것으로 제한하지 않았다. 오히려 더 적극적으로 말하면 이 삶은 몸과 마음의 갱신과 관련이 있었다. 그리스도인이 육체에서 분리된 영혼으로 존재한다는 식으로 이 둘을 분리할 수 없다. 몸을 길들이고 마음을 수양하는 것은 모두 "정결"과 "지혜"의 삶 추구에 포함된다. 신구약성경의 거룩한 남녀는 모두 선한 삶의 필수적 모범을 제시하는데, 아무 생각 없는 굴종이 아니라 세상의 생각을 거부하는 지혜로 가득한 삶이다. 이 지혜의 길에는 무지와 과도한 호기심이라는 두 가지 악 사이에서 이를 박멸할 사람이 필요하다. 지혜로운 사람은 칼뱅에게 중요한 단어인 분별력을 소유하며, 적합한 것과 건너서는 안 되는 경계를 모두 안다.

세상은 갈등의 현장이지만 거기에 질서가 없는 것은 아니다. 모든 인간은 자연법에 매여 있는데, 하나님의 창조에 새겨진 법의 질서로 정의와 선한 정부라는 개념을 제공한다. 하나님은 그리스도인 및 비그리스도인 통치자들을 세우셔서 세상의 질서를 유지하신다. 그들 권위의 기반은 자연법으로, 성경의 율법과 혼동해서는 안 된다. 따라서 칼뱅에 따르면 그리스도인이 아닌 통치자 및 성경에 근거하지 않은 법을 둔 국가도 전적으로 합법적이며, 신자도 이들에게 복종할 필요가 있다. 바울이 "사랑의 빚"을 언급할 때, 칼뱅은 이 단어들을 정리하여 공동체의 사랑과 성숙이 국가에 대한 그리스도인의 복종에 근간을 이룬다는 자신의 견해를 분명히 했다. "바울은 이렇게 말한 것이다. '내가 통치자들에게 복종하라고 요구할 때, 나는 모든 신자가 사랑의 법에 따라 행해야 한다는 것만 요구한다. 너희가 선이 번영하기를 원한다면(그리고 이것이 비인간적이기를 원치 않는다면), 사람들이 법의 수호자들에게 순종할 수 있도록 너희는 마땅히 법과 재판이 힘을 발휘하게 노력해야 한다. 이들로 인해 우리가 평화를 누릴 수 있기 때문이다.'"[37]

그리스도인의 삶은 자기 자신을 위한 것이 아닌데, 이는 "우리가 지나치게 자기 생각만 해서 다른 사람을 무시하고 자기 계획과 욕

구만 따르는 것만큼 다른 이들에 대한 섬김을 방해하거나 저해하는 것이 없기" 때문이다.[38] 이기심은 성경에 따라 다른 이들에게 필요한 것은 무엇이든 적응하려는 준비, 기꺼이 일하려는 의지로 대체되어야 한다. 이를 통해 "우리는 삶의 경건과 성결에서 진보를 이룬다." 이는 구원의 본질에 대한 언급인데, 칼뱅은 이를 여러 저술에서 계속해서 발전시킨다. 구원은 개인이 아니라 교회 공동체와 관련된 것이다. 로마서 주석에서 칼뱅은 스트라스부르에서의 경험을 끌어와 신자의 몸이 함께 작동하는 방식에 대해 더 분명하게 사고하기 시작했다. "모든 것은 인내와 성경의 위로를 통해 소망을 가질 수 있도록 우리를 가르치기 위해 기록되었다"는 바울의 진술은 칼뱅에게 위로, 인내, 소망이라는 주제에 대해 묵상할 수 있는 공간을 주었다. 그는 인내를 유순함으로 정의하는데, "그분의 선하심과 부성애를 맛볼 때 우리는 모든 것을 달게 여길 수 있기에, 우리는 하나님께 마음을 다해 순종한다. 이 인내는 우리 안에 그치지 않는 소망을 품고 유지하게 한다."[39]

그리스도인 삶의 모든 면에는 그리스도인이 다른 사람을 위해 자기를 희생할 의무뿐 아니라 신자 간의 관계를 정의하는 상호 연대가 있다.[40] 하나님이 "받으실 만한 향기"가 된다는 것이 바로 이 사랑의 의무다. 또한 칼뱅은 바울이 로마 사람들에게 받아들여지기를 기대하는 모습에서 그리스도인으로 사는 삶의 상호 관계에 대한 겸손한 교훈을 깨닫는다. 바울은 자기 직분의 본질을 확고히 해야 하고 로마 사람들이 자신의 말을 진지하게 받아들여야 하는 이유를 설명해야 한다는 것을 인정한다. 그러나 그 답례로, 그는 자신이 친히 받아들여지기를 기대한다. 칼뱅은 친절과 소통이 믿음의 연대 및 몸의 하나 됨을 위한 상호 존중을 만든다고 덧붙인다. 그러나 가장 눈에 띄는 것은 칼뱅에게 분명 큰 울림을 주었을 사도의 성품에 대한 묵상이다. "바울의 놀라운 참을성은 자기를 환영할 준비가 되어 있지 않을 수도 있다고 그가 느끼는 이들을 위해 수고하기를 멈추지 않았다는 사실에 분명히 나타나 있다. 우리는 이 태도를 본받아, 우리에게 감사할지 아닐지 확실하지 않은 이들에게도 선한 일 행하기를 멈춰서는 안 된다."[41]

일치라는 주제는 바울이 사람들을 믿음과 행위에 따라 언급하는 로마서 마지막의 인사말 전체를 관통한다. 칼뱅은 뵈뵈, 브리스가, 아굴라 및 다른 이들을 기독교 공동체의 모범으로 보았다. 그렇기는 하지만 이들 또한 바울의 본문과는 크게 관련 없는 묵상의 기회를 제공한다. 바울은 편지를 전달하는 뵈뵈를 로마 공동체에 추천하면서 그들에게 "주 안에서 성도들의 합당한 예절로 그를 영접하고 무엇이든지 그에게 소용되는 바를 도와줄지니 이는 그가 여러 사람과 나의 보호자가 되었음이라"(로마서 16:2)고 요청한다. 칼뱅은 뵈뵈가 편지를 전달하는 일을 맡았음을 인식하고, 교회의 직분을 맡은 모든 이들은 적합한 영예를 누려야 한다고 언급하며 해설을 시작했다. 더구나, 사도 바울이 묘사한 뵈뵈의 친절과 관심은 다른 사람에게 모범을 제시해 주었으므로 다른 사람들이 그녀를 잘 대접해야 한다는 것이다.

바울은 칼뱅의 이상적 목회자였을 뿐 아니라, 로마 교회도 이상적 교회였다. 이들은 친절한 환대를 잘 베풀었던 것만큼이나 "순종적이고 잘 배우는" 사람들이었다. 그러나 그들의 미덕은 세상의 방식에 비해서는 약점이 될 수 있었다. 순전한 사람은 존경을 받아야 하지만, 칼뱅은 "선한 데 지혜롭고 악한 데 미련하라"(로마서 16:19)는 바울의 조언에서 기독교 공동체가 "지혜롭고" "분별력 있게" 행함으로써 거짓 교사들에게 속아 넘어가지 않도록 조심해야 한다는 교훈을 발견했다. 이 교훈은 악에서 돌아서서 매사에 주의하는 성품을 가진 이들이 지혜와 정의를 실천하는 데서 찾을 수 있었다.

바울과 로마 교회 교인들과의 관계는 칼뱅이 추구한 교회의 모범이자 그가 배우고자 하던 사례였다. 로마서 주석에는 우리의 간략한 논의에는 포함되지 않은 신학적 의미가 가득하지만, 이것이 칼뱅의 삶에서 차지하는 중요성 또한 간과될 수 없다. 로마서는 여러 다른 의미에서 발전하고 있던 그의 공동체 사상을 구체화한 독특한 상징적 가치가 담긴 본문이었다. 자신을 드려 헌신했던 종교개혁자들의 공동체가 있었다. 칼뱅은 이제 전체 보편 교회에 헌신한 국제적 종교개혁자 공동체의 일부였다. 편지에서 그는 그리스도인의 삶에 대한 이해를 이신칭의 교리를 중심에 둔 교회 안에서 정립했다. 이제 최종적으로, 그는 바울이라는 인물 안에서 목회자와 지도자의 모범을 정립했다. 바울은 칼뱅을 회심으로 인도했고, 이제 칼뱅은 바울을 자신의 수호 성인으로 인식했다. 로마서 주석은 많은 점에서 칼뱅을 드러나게 한 책이지만, 그가 사도 바울에게서 자신의 정체성을 끌어왔다는 사실이 가장 중요하다.

8

그리스도의 교회를 세우다

"기대를 저버리지 않겠습니다": 복귀

1538년에 칼뱅과 파렐을 추방했다고 해서 적들이 바라던 평화가 찾아온 것은 아니었다. 3년 동안 제네바는 혼돈에 빠져 있었다. 칼뱅의 스승이었던 마튀랭 코르디에와 학장 앙투안 소니에Antoine Saunier가 부유한 제네바 사람 아미 페랭Ami Perrin에게 합류하여 관원들 및 면직된 두 프랑스인 대신 임명된 목사들의 반대편에 섰다. 그 결과 혼란이 더 심해져서, 코르디에와 소니에도 마찬가지로 쫓겨났다. 그럼에도 불구하고 당파주의는 제네바의 목을 조른 손을 풀지 않았고, 성질 나쁜 고객에게 권위를 행사하려던 베른의 소망도 좌절되었다. 스트라스부르에서도 칼뱅의 조언은 계속 이어져 제네바에서도 그의 존재감이 느껴졌다. 따라서 제네바 통치자들은 그를 다시 부르는 것이 최선의 해결책임을 점차 깨닫게 되었다.

칼뱅의 친구 피에르 비레와 기욤 파렐이 칼뱅의 복귀를 위해 주도적으로 활동했다. 비레는 심지어 제네바가 칼뱅의 연약한 체질에 좋다고 주장했다. 답장은 다음과 같았다. "나는 당신이 쓴 편지 구절을 읽으며 웃지 않을 수 없었습니다." "거기서 당신은 내 건강을 많이 염려하며, 이를 근거로 제네바를 추천하셨더군요." 그리고 분노의 반응이 이어졌다. "그러나 거기에서 고문당하느니 영원히 멸망당하는 편이 차라리 나을 겁니다. 친애하는 비레, 내가 잘되기를 바라신다면 이 주제에 대해서는 말하지 말아 주세요!"[1] 1541년 1월 비레는 6개월간의 출장 설교를 위해 로잔을 떠나 제네바에 도착했다. 그는 열렬한 환영을 받은 후 상황을 완화하려고 많은 노력을 했지만, 제네바는 심신을 지치게 하는 곳이라는 사실을 확인했고 칼뱅에게 복귀하라며 계속 밀어붙였다. 칼뱅과 가까운 관계를 유지하던 파렐은 지칠 줄 모르는 사람이어서, 하나님의 심판 운운하며 칼뱅을 다시 한번 위협했다. 그러나 이런 예언자적 호통이 먹히는 시기는 이미 지나갔기에 칼뱅은 겁을 먹지 않았다. 오히려 그는 더 넓은 종교개혁 세계의 긴급 이슈들을 모르는 파렐의 무지가 점점 더 견딜 수 없었다.[2] 마르틴 부처가 맡은 역할도 복잡했다. 원래 그에게는 칼뱅을 스트라스부르에 머무르게 하려는 계획이 없었으나, 수년간 이 프랑스인의 정치적 능력뿐 아니라 탁월한 지성과 논쟁 능력을 인정하게 되면서 중요한 협력자를 잃어버리고 싶지 않았다.

칼뱅의 복귀 문제는 꼬여 있었고, 그가 비레에게 항의한 내용은 전체 이야기의 일부일 뿐이다. 그가 제네바와 관계를 완전히 끊은 것도 아니었고, 알려졌듯 이 도시에 재산도 남겨 두고 있었다. 그러나 1540년에 제국에서 열린 종교 회의들에 참석했던 현기증 나는 시간 동안 국제적 사건들에 너무 몰두한 나머지 제네바의 제안을 받아들일 수 없었다. 그런데 가톨릭과 타협하려는 프로테스탄트 군주들과 개혁자들의 의지를 목격하면서 반감이 들기 시작했고 마음이 변했다. 여전히 칼뱅은 최대의 굴욕을 맛본 그 현장으로 복귀하는 것이 좋은 생각인지 확신이 필요했다. 그와 파렐이 1538년 4월에 쫓겨난 제네바에서 쉽게 일을 재개할 가능성은 없었다.

그러나 주요 스위스 교회들이 관여하면서 변화가 일어나기 시작했다. 취리히와 바젤에서 스트라스부르로 편지를 보내, 제네바가 평화를 되찾을 유일한 방법은 칼뱅을 사면해서 제네바로 복귀시키는 것뿐이라고 주장했다.[3] 칼뱅은 불링거가 보인 적극적인 관심에 깊이 감동했다. 칼뱅이 스트라스부르에 아주 긴밀히 연관되어 1540년에 멜란히톤의 아우크스부르크 신앙고백 수정판에 서명한 이후 이 두 사람의 관계는 별로 좋지 않았다. 그러나 칼뱅은 정치 현실과 스위스 개혁파 교회 지도자의 지지 없이는 제네바에서의 자리가 오래갈 수 없음을 분명히 알았다. 그럼에도 불구하고 취리히에 보낸 칼뱅의 감사 표현은 언제나 그랬듯 자신만의 길을 가겠다는 결정으로 인해 그다지 열렬하지는 않았다. 그는 1541년 5월 레겐스부르크에서 취리히 교회에 편지를 써서, 스스로를 끔찍하게 부당한 대접을 받은 인물이자 여러 사건들로 결국 정당함을 증명받은 교회의 신실한 종으로 묘사했다.[4] 편지는 자기 확신으로 가득하다. 그의 추방 이후 제네바 사람들뿐 아니라 스위스 교회도 그가 문제 유발자라고 상정하고 잘못을 범했다는 내용이다. 그는 남기로 한 결정 때문에 고난 당하고 핍박받게 된 유사 순교자로 자신을 묘사했다. 제네바로 개선장군같이 입성할 수는 없을 것이기에 그에게는 지지자가 필요했다. 그는 다음과 같은 내용을 탄원 조로 설명했다. "여러분[취리히 목사들]이 스스로에게 약속하지 않을 이유가 전혀 없기에, 저를 존중하기로 의견을 모았다니 기쁩니다. 분명히 그렇게 하실 텐데, 저는 여러분의 기대를 저버리지 않을 것이기 때문입니다."

제네바 복귀를 결정한 칼뱅은 서두르지 않았다. 1541년 여름 내내 칼뱅은 스트라스부르에서 마무리하지 못한 일이 있다고 말하며 파렐과 비레의 요청에 답하기를 미루고 있었다. 9월이 시작될 무렵, 아미 페랭이 이끄는 기마 호위대가 칼뱅을 데려가기 위해 도착했다. 스트라스부르는 제네바에 편지를 써서, 이 프랑스인이 교회를 회복하는 일을 완수하고 나면 그를 돌려보내 달라고 요청했다. 이에 제네바 사람들은 자신들에게 지금 이 시점에 칼뱅이 필요하다고 답했다.[5] 칼뱅은 바젤, 취리히, 베른, 졸로투른, 이어서 한때 파렐이 곤경에 처한 적 있었던 뇌샤텔을 거쳐 제네바로 갔다.

제네바에 도착하기까지는 약 두 주가 걸렸고, 칼뱅은 공식적인 환영식을 원하지 않았다. 그가 이들레트를 스트라스부르에 남겨 두고 와서, 제네바 관원들이 말과 마차를 보내 그녀와 가재도구들을 실어 오게 했다. 1541년 9월 말 제네바로 돌아온 칼뱅은 이제 기혼자였다. 의회는 칼뱅에게 필요한 것을 넉넉하게 준비했다. 칼뱅은 생피에르 대성당 근처 샤누안가(街)에 있는 집을 받았고 수입으로 500플로린을 받았는데, 이는 당시 제네바 관원 대부분이 받는 것보다 많았다. 그가 받은 수입 일부는 밀, 포도주, 모피, 옷감 형태로 제공되었다. 의회의 너그러운 행동에는 칼뱅의 수입이 사적인 것이 아니라 그가 집을 유지하여 제네바에서 학생, 목회자, 정치인, 귀빈을 맞이하고 환대할 것을 기대하는 마음이 들어 있었다. 취리히나 비텐베르크에서처럼 종교개혁자의 집은 교회의 연장선상에 있었다.

1541년 칼뱅의 제네바 복귀는 독일과 스위스 지역 내 도시 종교개혁의 변화된 상황에 따른 것이다. 1520년대 초에는 통치자와 목회자 간 조화로운 관계에 기반한 거룩한 공동체 설립을 비롯해 모든 것이 가능해 보였다. 그러나 그 꿈이 망상으로 드러나고, 칼뱅이나 불링거 같은 이들은 새로운 현실에 직면해야 했다. 복음 설교는 질서를 유지하고 동맹을 체결하고 경제적 번영을 이루려던 관원들의 열망과 자주 그리고 심각하게 부딪혔다. 칼뱅의 과제는 여러 다양한 기대를 충족시킬 교회 질서를 만들어 내는 것이었다. 종교개혁자들의 교회론은 한 가지 요소에 불과했다. 종교개혁의 실행 과정에서 직면하는 현실은 성취될 수 있는 것에 대한 예민한 감각과 더불어 분노를 일으키는 타협도 요구했다. 루터파든 츠빙글리파든 상관없이 새로운 프로테스탄트 교회들은 정치 지도자를 달래고, 변화무쌍한 군중을 대하며, 이미 확립된 대중적이고 종교적인 관행과 관계를 조율하는 등 쉽지 않을 것이 예상되었다.

1541년 9월 13일, 제네바에 재입성한 칼뱅은 돌아온 탕자나 자기 장막에서 마지못해 소환되어 나온 심통 난 아킬레스도 아니었다. 그를 제네바로 다시 부른 결정은 전적으로 실용적인 것으로, 만장일치로 이루어진 것은 아니었다. 이 도시는 수준 높은 목회자를 확보하는 일에 필사적이었다. 칼뱅은 자신의 복귀 조건으로 치리의 확립, 그가 몰락 상태에 있는 교회의 회복을 위해 권위를 확립한 『교회법』*Ecclesiastical Ordinances*을 내세워 협상을 할 수 있었다. 그러나 그런 권위가 칼뱅 개인의 지배적 권한을 뜻하는 것은 아니었다. 1540년대 내내 그는 제네바 당파주의의 요동치는 물결을 뚫고 나갈 계획을 세우다가 강력하고 위력적인 반대에 부딪혔다. 어쨌든 그가 복귀에 대해 어떤 마음을 품었든지 간에, 일단 제네바에 돌아오자 가혹

8. 그리스도의 교회를 세우다

한 수단을 사용하더라도 어떻게든 거룩한 공동체를 세우려고 결심했다. 이후 10년간 그는 무능하고 완고한 이들을 무정하게 박해했는데, 그들이 개혁이 진행되는 것을 방해하지 못하게 하려는 것이었다. 여기서 그의 기질이 분명히 드러났다. 칼뱅은 자신이 1538년에 당한 굴욕에 책임이 있는 이들을 용서하지도 않았고 잊지도 않았다. 더 이상 파렐이 머물라고 위협했던 그때의 순진한 풋내기가 아니었으며 이제는 종교개혁의 정치 무대를 힘으로 장악한 인물이 되었다. 그의 시각은 이제 제네바 성벽을 넘어 프랑스와 신성로마제국까지 뻗어 있었다.

칼뱅은 아르티퀼랑파에 승리를 거둔 기예르맹파가 굳건하게 장악한 의회의 부름을 받아 제네바로 복귀했다. 어떤 당파든 정치권력을 상실하고 추방당하면 중대한 물질적·경제적 타격을 입었고, 따라서 아르티퀼랑파에 속했던 많은 이들은 재산을 기예르맹파에 빼앗기는 고난을 당해야 했다.[6] 강력한 스위스 연방이 제네바의 외교 문제를 여전히 관장하고 있었고 프로테스탄트 진영을 군사적으로 보호하는 유일한 수단을 제공하고 있었음에도, 기예르맹파 정책의 핵심 강령은 베른으로부터의 독립이었다. 베른시와 이 도시의 영토가 제네바 지배 세력의 반대파를 위한 안식처가 된 것은 이번이 처음도 마지막도 아니었다. 그러나 이는 분쟁의 시작일 뿐이었다. 사부아와 베른의 위협을 받은 제네바는 자기방어 수단이 사실상 전무했고 재정도 비어 있었기에, 바젤에게 머리를 조아리고 부탁하는 것 말고 달리 할 수 있는 것이 없었다.

또 다른 측면의 재앙이 있었는데, 바로 전염병이었다. 죽음이 1542년 스위스 연방을 휩쓸자 칼뱅의 친구이자 멘토이며 그가 애정을 담아 로마서 주석을 헌정한 지몬 그리나이우스를 비롯하여 많은 저명한 종교개혁자들이 목숨을 잃었다. 제네바에 전염병이 퍼진 것은 아마도 프랑스군 1만 명이 1542년에 제네바를 통과해 간 일과 연관이 있을 것이다. 12달 후 도시는 병마에 완전히 휩싸였다.[7] 관원들은 다음과 같이 대응했다. 전염병 병원을 준비하고, 정보원들을 보 지방의 니옹으로 파견하여 고의적으로 병을 퍼뜨리는 사람이 있는지 감시했다.[8] 의회는 전염병의 희생자들을 돌볼 목사 한 사람을 요청했는데, 이 일은 죽음이 거의 확실한 위험한 일이었다. 칼뱅과 세바스티앙 카스텔리오가 자원했으나 두 사람 다 거부되었다. 놀랄 일도 아니지만, 목사 중 누구도 이 자리에 열의를 보이지 않자, 의회는 이들을 비난하며 교회에 절대적으로 필요했던 장 칼뱅을 제외하고 모두 전염병 병원에서 봉사하라는 명령을 내렸다.[9]

재앙의 연속으로 타격을 입은 제네바 관원들은 안정을 유지하기 위해 필사적이었다. 내부의 전투를 끝내기 위해 1543년부터 아르티퀼랑파 중 다수를 귀국 초청했다. 바젤에서 빌린 돈으로 재정 위기가 완화되고, 돌출되었던 영토 분쟁을 해결하기 위해 베른과의 협상도 진행되었다. 연방에서 전통적으로 평화 조정자 역할을 맡았던 바젤이 큰 역할을 한 결과, 바젤의 지도하에 제네바와 베른 사이에 합의가 이루어져 재정적·정치적 안정이 찾아왔다.[10] 일부 주저한 사람도 있었지만, 관원 대부분은 칼뱅을 이 도시의 신앙생활을 이끌 최선의 희망으로 여겼다.

"많은 위선자들이 뒤섞여 있다"

연구와 집필, 목회 활동과 여러 종교 회의로 인해 칼뱅의 관심은 기독교회에 집중되었다. 그는 『기독교강요』에서 "이미 언급했듯이, 성경은 교회에 대해 두 가지 방식으로 가르친다"고 썼다.

> 때로 "교회"라는 용어는 실제로 하나님의 임재 안에 있는 것을 의미한다. 여기에는 오직 양자 됨의 은혜를 입은 하나님의 자녀들, 그리고 거룩하게 하시는 성령의 역사로 그리스도의 참된 지체가 된 이들 외에는 누구도 속할 수 없다. 그러나 종종 "교회"라는 이름은 한 분 하나님과 그리스도를 예배한다고 고백하는 땅 위에 퍼진 사람들 무리를 뜻하기도 한다. 이 교회 안에는 그리스도와 아무 관계가 없고 그저 이름과 외양뿐인 많은 위선자들이 뒤섞여 있다.[11]

칼뱅의 통찰은 분명하다. 이 세상에 있는 교회는 선택받은 자들과 저주받은 자들의 혼합체로, 이 둘은 오직 죽을 때만 나뉜다. 따라서 심판 날까지 교회는 우상숭배와 타락으로부터 예배를 지키는 수고를 해야 한다.[12] 이를 위해 교회에는 제도와 법, 치리가 필요하다.

칼뱅은 제네바 교회의 혈통이 그리스도의 십자가 처형에 이은 사도 시대까지 거슬러 올라갈 수 있음을 결코 의심하지 않았다. 성령의 인도를 받은 교회의 역사는 길고, 오류에 이르게 된 수많은 실수들에도 불구하고, 하나님은 모든 것을 다 잃게 내버려 두지 않으셨다. 그러나 교회는 고착된 외양을 갖지 않았고 외부 조직과 예배 형식은 지난 수 세기에 걸쳐 급진적으로 변해 왔다. 칼뱅이 이를 문제로 본 것은 절대 아니다. 비록 그가 제도적 교회에 헌신하기는 했지만, 성경에 근거한 것이라면 조직과 실천 방식의 정확한 형식에는 크게 신경 쓰지 않았다. 예컨대, 칼뱅은 "주교"bishop라는 용어에 반대하지 않았기에 이 단어를 『교회법』 초고에서 사용했고, 이 단어가 빠졌을 때도 별로 신경 쓰지 않았다. 그는 주교가 질서를 유지하기 위한 조직적 책임을 갖고 있다는 의미로 쓰일 때 외에는 주교와 목사에 차이가 없다고 보았다. 16세기 제네바는 1세기 상황을 그대로 복제하지 않으면서도 사도 교회를 정당하게 자신들의 모범으로 삼을 수 있었다. 바울과의 관계와 마찬가지로 칼뱅은 적절한 본받음이 역사적 변화를 인정하는 태도와 관련이 있음을 믿었다. 따라서 그는 워낙 뛰어난 종교개혁자이자 법학자였기에, 신약성경이 교회 정치를 위한 적법한 기반을 외양 그대로 제공했다고 생각하지 않았다. 그는 1541년의 『교회법』에서 자신이 만든 구조를 초대교회에서 찾아냈음을 과시하지 않았고, 오히려 이 법이 초대교회 정신을 구현했음을 설명하는 데 더 심혈을 기울였다.[13] 이는 과거를 선별적으로 해석한 다른 프로테스탄트 종교개혁자들의 맥을 잇는 실천이었다.[14]

기초들

칼뱅은 놀랍도록 짧은 두 달 만에 새로운 교회 질서의 틀을 만드는 데 성공했고 제네바 의회의 통과를 얻어 냈다. 위원회가 임명되었지만, 관원들의 여러 수정안과 함께 만들어진 결과물은 칼뱅의 비전과 잘 맞았다.[15] 원안은 9월 27일에 소의회에서 토론을 거쳐 11월

20일에 총의회General Council에서 승인되었다. 이제 적어도 서류상으로는 새 교회가 탄생했다. 이전 제네바 정착 시기에 파렐과 칼뱅이 관원들에게 자기들의 주장을 관철하려 할 때 취했던 거친 접근은 이미 옛날 얘기였다. 1541년 가을의 『교회법』은 1539년 『기독교강요』, 로마서 주석 그리고 스트라스부르에서 목사로 일한 경험에서 발전된 칼뱅의 교회론을 반영했다. 『기독교강요』는 『교회법』에 규정된 실천 항목들에 대한 역사적·신학적 정당성을 제시했다. 칼뱅의 법 정신의 증거도 아주 명확했다.

여기서 제안된 것은 여러 요소가 눈에 띄게 혼합된 형태의 정부로, 이러한 구조에서는 목회자와 평신도가 거룩한 사회를 건설하는 상호 책임에 함께 묶여 있었다. 교회와 정부는 연결되어 있지만 분리된 개체로, 평신도는 목회자의 선출과 교정에 책임이 있고 목회자는 하나님의 말씀을 가르치고 그리스도인의 공동체 삶을 감독할 책임이 있었다. 주교가 원래 했던 역할은 두 기관이 메웠다. 바로 목사회와 콩시스투아르였다. 목사회를 관장하는 이는 회장moderator이었고, 콩시스투아르의 대표자는 네 행정장관 중 하나였다. 칼뱅은 1541년부터 1564년 사망 직전까지 제네바에서 목사회 회장직을 맡았다.[16] 『교회법』은 또한 칼뱅이 마음에 품고 있던 원칙 중 하나를 정립했다. 즉 치리와 목회 활동을 유지하는 데 필수라 여겨지는 조직인 교구parishes의 회복이었다.[17] 제네바 의회는 1541년에 교구를 창설해서 모든 사람이 그 안에서 세례와 성찬을 받고 교리문답을 배우게 했는데, 칼뱅은 이에 크게 만족했다. 처음 제네바에 있을 때 이를 시도했다가 실패한 경험이 있었기 때문이다.

1541-1542년에 도입된 『교회법』, 교리문답, 예전은 제네바 개혁파

교회의 보루가 되었고, 교리문답은 교리의 표준을 확립했다. 이 요소들은 1536년부터 도입된 변화에 기반했는데, 그때부터 방대한 종교 단체 네트워크를 비롯해 실제로 모든 전통적 예배 및 경건 생활 관습이 폐지되기 시작했다. 심지어 시간까지 조정되어, 1536년 이후 모든 성인의 날과 축제일이 사라지면서 달력도 개정되었다. 오직 주일만 지켰다. 제네바 정부 당국은 사람들이 한 주에 6일 동안 일하고 안식일에는 쉬기를 바랐다. 칼뱅의 반대에도 불구하고, 승천일, 성육신일, 할례일, 성탄절 축제˚는 베른의 양식을 따라 유지되다가 1545년에 칼뱅의 권고를 받아들여 철폐되었다.[18] 성탄절은 뜨거운 감자였기에, 1550년에 주일을 제외한 모든 성일을 금하는 칙령으로 폐지되었다. 따라서 1550년 성탄절은 의회의 근무일이었는데, 제네바에서 세속의 시간과 거룩한 시간의 구별이 사라지는 상징적인 날이 되었다.[19]

갈등의 씨앗은 칼뱅이 복귀하자마자 심겼다. 『교회법』에서 그는 특정한 교회관을 정립했지만, 관원들이 이 관점을 완전히 받아들인 것은 아니었다. 그는 관원들의 권위로부터 교회를 분리시킨다는 견해를 받아들일 준비가 되지 않은 제네바 통치자들에게 더 분명히 천명했다. 이 논쟁은 1530년대 스트라스부르에서 부처가 경험한 것과 유사했다. 예를 들어, 교리 논쟁 이슈에 관해 칼뱅의 원래 본문은 서로 논쟁이 있는 주장은 목사들이 해결해야 하고, 그다음 이들이 장로들과 협의해야 한다고 제안했다. 의회는 수정안에 관원이 장

˚ 각각 그리스도의 승천, 수태고지, 그리스도의 할례, 그리스도의 탄생을 기념한다.

로를 임명한다는 내용이 적혀 있어야 한다고 주장했다. 칼뱅은 신학 훈련을 받지 않은 정치인이 교리 문제에 어떤 형태로든 개입하는 것에 강렬한 혐오감을 느꼈지만 승리를 쟁취하지 못했다. 콩시스투아르에 대한 추가 단락에서 논점이 더욱 분명히 드러났다.

> 이 모든 것은 목사들이 시민 사회의 사법권, 혹은 사도 바울이 목사들에게 명령한 대로 하나님의 말씀인 영적 검 외에 어떤 것도 사용하지 않는 방식으로 적용되어야 한다. 콩시스투아르의 권위가 정부 관원 혹은 일반 재판관의 권위를 어떤 방식으로든 침해해서는 안 된다. 공권력은 손상되지 않고 유지되어야 한다. 미래에 사람들을 벌하거나 구금할 필요가 생길 경우, 목사들과 콩시스투아르는 그 사건에 대해 듣고 적절한 조언과 권고를 한 후 모든 내용을 의회에 보고해야 하며, 그러면 의회는 사건의 필요에 따라 판결하고 선고할 것이다.

성직자와 평신도 공무원이 섞여 있는 콩시스투아르는 사람들의 도덕성을 감독해야 했는데, 스위스 개혁파 교회들에 속한 유사한 조직과는 대조적으로 출교권을 갖고 있었다. 그러나 『교회법』에서는 목사가 전적으로 관원의 통치에 종속되어 있다는 것을 아주 분명히 한다. 목사는 봉급을 받는 제네바의 공무원이었기에, 그들은 의회에 충성을 다해야 했다.

『교회법』에서는 목회에 네 직분이 있다고 규정했는데, 목사, 박사, 집사, 장로다. 목사는 "성경에서 때로 감독, 장로, 목사라는 이름으로 표현된다. 이들의 일은 하나님의 말씀을 선포하고, 공적·사적으로 가르치고 훈계하고 권하고 책망하며, 성례를 집행하고, 장로 또는 보조자들과 함께 형제간의 경고를 하는 것이다." 박사는 제네바에서 기독교 신앙을 가르치는 일을 위임받았다. 1541년 『교회법』에서는 목회자 교육을 담당할 교육 시설 설립을 기대했는데, 1559년 제네바로 로잔 아카데미가 이전하면서 결국 성취되긴 하지만 처음에는 제네바 교회에서 박사 직분이 꽤 애매했다. 장로는 의회에서 선출되었는데, 이들의 책임은 제네바에서 그리스도인의 도덕을 감독하는 것이었다. 이들은 신분이 높은 사람이어야 했고, 이들의 선출은 승인을 위해 총의회에 제출되기 전에 목사들과 논의를 거쳐야 했다. 곧 보겠지만, 이들은 1540년대에 칼뱅의 핵심 지지 세력을 이루게 되면서도 제네바 정치권에서 상대적으로 영향력이 적은 진영 출신이었다. 마지막으로 집사는 『교회법』의 수정안에서 묘사되듯 대표적으로 병원처럼 도시 내에 이미 존재하던 기관과의 역할 혼동을 피하는 것이 중요하게 여겨지긴 했어도, 가난한 자를 돌보고 구호품을 분배하는 책임을 맡았다.

이와 같은 네 목회 직분에 더하여, 『교회법』은 세례와 성찬을 두 가지 성례로 제정했다. 유아세례는 필수였고 모든 이름이 명부에 기록되었다. 성찬은 1년에 네 차례 집행되었다. 칼뱅은 성찬을 예배의 중심으로 여겨 더 많이 집행하기를 선호했지만, 1215년 라테란 공의회는 모든 그리스도인이 1년에 적어도 한 차례 고해하고 성찬을 받아야 한다는 최소한의 필수 사항을 규정했다. 그러나 중세 후기 교회에서 성찬이 자주 집행되지 않았음을 인식할 때, 1년에 네 차례(성탄절, 부활절, 성령강림절, 9월 첫째 주일)는 합당한 타협으로 보였다.

목사회

목사회는 제네바 교회의 교리와 교제를 감독하기 위해 존재했고, 매주 금요일, 가능하면 예배 후 아침 7시나 9시에 모였다.[20] 제네바 교회는 도시 교구와 지방 교구로 나뉘었는데, 후자는 의회의 권위 아래 있던 성벽 바깥의 상대적으로 작은 영토를 관할했다. 모든 도시 목사는 목사회에 참석하라는 요구를 받았지만, 지방의 목사는 할 수 있을 때에만 참석하면 되었다. 모임은 공중에 개방된 콩그레가시옹과 함께 시작되었고, 목사 한 사람이 성경 구절 하나를 놓고 강의했다. 모임이 끝나면 목사나 평신도 한 사람이 가르침에 대해 반응을 내놓을 수 있었다. 칼뱅은 이런 모임을 주도했다. 그가 교사로 지명되지 않았을 때조차 그의 반응은 일종의 강연이 되었다.[21] 그가 대단한 영향력을 끼치기는 했지만, 콩그레가시옹 모임이 성경을 공동으로 연구하고 교회 안에서 각자의 재능을 공유하는 제네바의 이상을 대표하면서, 여기에 다양한 분야의 목사들이 관여한 것은 분명하다.[22]

콩그레가시옹에서 결론이 난 후에는 목사회가 별도로 나머지 일을 처리했다. 편지에 대해 토론하고 목사들에게 조언하며 목회 후보자를 심사하고 면접했다. 도시에서 목회할 준비가 되지 않았다고 판단되는 목사들은 지방 교구로 배치되었다. 그러나 임명권은 의회에 있었기에 목사회는 추천만 했다. 칼뱅은 회장직을 수행하고 목사들을 관리하면서, 이 기관에 자신의 존재감을 뚜렷이 새기며 목사회를 주도했다. 합리적으로 무지는 용납했지만, 애초에 의견 불일치는 용납하지 않을 것이라며 분명히 했다. 교회는 한목소리만 내야 한다고 강경하게 주장했고 자신의 탁월한 표현력과 기억력을 합하여 반대자를 가혹하게 제압했는데, 이는 상당한 분노를 유발했다.[23] 그는 반대자에게는 가혹하고 무자비하게 보였지만 동료 대부분에게는 존경받았다. 특히 이들 대다수를 칼뱅이 임명했기 때문이다. 목사회 회장이라는 역할로 인해 그는 목사회의 공식 얼굴이 되었고, 교회 및 법 관련 문제로 소의회에 자주 모습을 드러냈다. 자문 역할에만 전념한 것이 아니라, 오히려 자기 행동을 변호하는 일이 잦았다.

"그들은 무례하고 교만하며 열정도 없고 학식도 부족합니다": 목회자들

제네바에서 칼뱅에게 주요 걸림돌은 목회자들로, 이들 중 다수가 『교회법』에서 묘사하는 역할을 감당하기에는 끔찍할 정도로 부족했다. 1541-1546년 사이에 그는 급진적 목회 개혁을 단행하여, 대부분 지역 제네바인이던 목회자를 자신과 아주 가깝고 교육 수준이 높은 프랑스인으로 교체했다. 제네바가 이런 극적인 변화를 경험한 것이 처음은 아니었다. 종교개혁 이전에도 그 도시와 지방 영토에는 400명이 넘는 사제, 수도사, 그 외 종교인들이 머물렀다. 생피에르 대성당 한 곳에만 160명이 속해 있었다. 종교개혁이 도입되면서 가톨릭 성직자가 축출되어, 많은 지방 교구에 목회자가 없었고 도시에도 겨우 둘뿐이었다.[24] 이런 상황은 취리히, 바젤, 베른 같은 독일어권 개혁파 교회와는 아주 대조적이었는데, 여기서는 가톨릭 성직자 대부분이 프로테스탄트 목사가 되는 것에 완전히 만족했기 때문이다.[25]

교회가 목회자에 의존하고 있었기 때문에 목회자에 대한 칼뱅의 기준은 극히 높았다. 그가 꼽은 핵심 성경 구절은 에베소서 4장 11-12절이었다. "그가 어떤 사람은 사도로, 어떤 사람은 선지자로, 어떤 사람은 복음 전하는 자로, 어떤 사람은 목사와 교사로 삼으셨으니 이는 성도를 온전하게 하여 봉사의 일을 하게 하며 그리스도의 몸을 세우려 하심이라." 칼뱅은 "참되고 신실한" 목회자는 타당하게 부르심을 받고, 책임을 잘 수행하며, 하나님의 말씀을 전하는 이들이라고 말했다.[26] 바울이 최고의 본보기였다. 목회자는 자신이 설교하는 대로 그리스도인의 삶을 살아야 하고, 고난받고 배우고 훈계받을 준비가 되어 있어야 하며, 지배하지 말고 섬겨야 한다.[27] 『교회법』은 어떤 부류의 사람이 목회자가 되어야 하는지 규정해 놓았다. 즉 교리가 건강하고 삶이 거룩한 사람이어야 했다. 이에 더하여, 목사회는 소통 능력을 갖추고 "가르치기에 적합한" 후보자를 찾아야 했다.[28]

칼뱅이 『교회법』에서 제시한 것은 희망 사항이었지 규정은 아니었다. 바젤 교회의 수장이었던 오스발트 미코니우스에게 지적한 대로, 제네바는 재능의 축복을 많이 받지는 못했다.

우리 동료들은 우리에게 도움이 된다기보다는 오히려 걸림돌입니다. 그들은 무례하고 교만하며 열정도 없고 학식도 부족합니다. 그러나 이 모든 것 중에 최악은 내가 그러기를 정말로 소망할 때조차 그들을 믿을 수 없다는 것입니다. 많은 점에서 그들이 우리를 반대하고, 진정성 있고 믿음직한 인격을 거의 보여 주지 못하기 때문입니다. 그렇지만 나는 최대한의 너그러움으로 그들을 품고, 혹은 그들의 비위를 맞추려고 하며, 그 과정에서 그들의 나쁜 행실 때문에 그만두지는 않을 것입니다. 그러나 결국 상처에는 엄혹한 치료제가 필요하지요. 우리의 싸움으로 교회의 평화가 망가지는 일을 피하기 위해 내가 생각할 수 있는 모든 수단을 동원하여 최선을 다하려 합니다. 목회자들의 다툼으로 생기게 마련인 파당이 두렵기 때문입니다. 내가 처음 도착했을 때, 원했다면 그들을 쫓아낼 수도 있었을 겁니다. 심지어 지금도 그럴 힘이 내게 있습니다. 그러나 내가 지켜 온 수준의 온정을 후회하지는 않을 겁니다. 누구도 정당하게 내가 너무 가혹했다는 불평을 해서는 안 되니까요.[29]

관용과 은근한 협박의 연합 작전은 이후 몇 년간 효과가 있었다. 칼뱅은 교회를 섬기고자 하는 사람과 그들 가족이 겪는 곤경에 공감했다. 자신은 넉넉한 봉급을 받았지만, 그의 상황이 보통은 아니었다. 많은 목회자, 특히 지방 교구 목회자는 실제로 궁핍했다. 그는 동료 목회자들에게 재정적·물질적 지원을 더 해 달라고 의회에 정기적으로 요청했다. 더구나 칼뱅은 목회자들이 자주 그들 공동체의 요구에 응해 소진될 때까지 일하는 것에 크게 신경을 썼다. 이런 일상 노동은 1543년에 전염병이 도시에 몰아닥쳤을 때 지극히 위험해졌다.

그러나 관심에는 이중성이 있었다. 칼뱅은 자신이 거절한 이들에게는 권위를 행사하기도 했다. 가장 두드러진 사례는 칼뱅이 제네바에 처음 머무르던 시기에 알게 된 목사 앙리 드 라 마르였다. 적대감의 기원은 아마도 드 라 마르가 1538년에 칼뱅과 파렐과 함께 제네바를 떠나기를 거부한 때로 거슬러 올라가는 것 같다. 1541년 복귀한 칼뱅의 시야에 드 라 마르가 들어왔다. 이후 5년 동안 칼뱅은 드 라 마르의 삶을 고통으로 몰아넣을 수 있는 기회를 놓치지 않고 섬없이 공세를 펼쳤다.[30] 드 라 마르의 저항에도 그는 도시에서 지방 교구로 좌천되었다. 다른 목회자들에게는 지급되었던 추가 재정 후원도 받지 못했고, 해야 할 일은 더 늘어났다. 드 라 마르의 교구 교회는 강단도 없을 만큼 상황이 좋지 않았기 때문에 사람들이 계속 떠났지만, 칼뱅은 고집스럽게 어떤 도움도 베풀기를 거부했다. 드 라 마르가 살던 집은 벽 한쪽이 사라지고 없었다. 칼뱅과 지지자들이 보기에 드 라 마르의 잘못은 그가 칼뱅의 가르침을 공개적으로 반대하는 비판자들과 관계 맺고 있다는 점이었다. 제네바 시민 피에르 아모Pierre Ameaux가 칼뱅의 예정론을 반대한다는 이유로 공개적으로 굴욕을 당한 1546년 사태는 최악의 국면에 이르렀다. 당시 의회는 벌금을 부과했지만 칼뱅과 동료들이 더 불명예스러운 벌을 주어야 한다고 주장했다. 그 결과 아모는 셔츠만 입은 채 횃불을 들고 도시를 걸어 다녀야 했다. 드 라 마르도 투옥되었다가, 도시 목회자들이 의회가 제안한 화해안을 수용하지 않을 것이 분명해지면서 결국 해고되었다. 칼뱅의 복귀에 묵은 원한을 갖는 일이 없을 수 없었던 것이다.

그러나 칼뱅이 미코니우스에게 보낸 편지에 등장하는 목회자들에 대한 박한 평가가 완전히 엉뚱한 이야기는 아니었다. 일부 목회자들이 아르티퀼랑파를 지지했다는 이유로 도시를 떠나거나 강제로 추방당하면서 폭발 직전의 상황까지 갔는데, 이런 상황은 제네바 교회와는 거의 관련이 없었다. 다른 이들은 전염병 병원에서 봉사하기를 거부한 것에서부터 간음에 이르기까지 여러 비난에 직면한 이들도 있었다. 목사회는 직무 태만으로 자주 고발을 당했는데, 칼뱅과 비레는 실제적인 이유들 때문에 이런 악을 행한 이들을 쉽게 해고하지 못했다. 그러나 일부 사례는 도가 지나쳤음이 분명했다.[31] 시몽 모로Simon Moreau 목사는 1545년에 전염병 병원에서 두 여성과 간음했다고 고발당했다. 당시 이런 기관에서 일하던 이들은 이런 고발을 자주 당했다. 그는 체포되어 제네바에서 추방당했다.[32] 교구에서 일할 사람이 만성적으로 부족하여, 스위스의 다른 교회들에서 시행된 계획인 한 교구에서 다른 교구로 목회자를 재배치하는 것이 필요했다.[33] 성공할 가능성이 거의 없는 성급한 치료책인 것이 분명했지만, 다른 선택권이 거의 없던 초조한 교회 지도자들에게는 임시방편이라도 취할 수밖에 없었다.

칼뱅은 자신이 할 수 있는 것을 했다. 그는 파렐에게 목회자 중 극소수만 약간 학식을 갖추었는데, 이들이 자기 회중을 자주 혼돈에 빠뜨리기는 하지만 설교가 완전히 끔찍한 수준은 아니라고 알렸다.[34] 칼뱅은 이들이 말을 더 잘하는 훈련을 받길 바랐다. 1541년에 비레가 떠난 이후 임명된 목회자들은 완전히 형편없는 정도는 아니고, 제일 나은 이들은 교육을 좀 받아서 도움이 된다고 썼다. 그러나 그중 가장 나은 이들도 그가 사랑하는 비레에 비하면 "아무것도 아니"며 조금도 인기가 없다고 애통해했다. 상태를 조금이나마 보완하려고 칼뱅은 자신이 가능하다고 생각한 것보다 더 자주 설교하지 않을 수 없었다.

1546년에, 도시에서 추방당한 이들을 대신할 새 목회자들이 도착하면서 중요한 첫 변화가 찾아왔다. 이들은 전적으로 다른 능력과 평판을 갖춘 이들로, 칼뱅과 친하고 교육 수준 높은 프랑스인일 뿐 아니라 그의 개혁을 향한 소망을 지지했다.[35] 새 목회자들은 그들이 대체한 목회자들과 마찬가지로 프랑스어를 썼지만 비교할 수 있는 것은 그것이 전부였다. 니콜라 데 갈라르Nicolas des Gallars, 레이몽 쇼베Reymond Chauvet, 프랑수아 부르구앙François Bourgoing, 미셸 콥Michel Cop은 교육 수준이 높았고, 여러 다양한 능력으로 프랑스 복음주의의 대의를 위해 봉사한 경력이 있었다. 이들은 존경을 받았으며, 풍성한 경험으로 제네바 교회를 변혁으로 이끌었다. 데 갈라르와 부르구앙은 귀족 혈통이었고, 콥은 칼뱅이 잘 알던 파리의 학장 니콜라 콥의 조카였다. 이들은 종교 논문들을 출판한 저자로 더 유명했다.[36] 지방 교구에는 지위가 좀더 낮은 이들이 임명되었지만, 이들 또한 프랑스인이었고 대의에도 더 잘 맞았다. 칼뱅은 제네바 목회자들을 같은 마음을 가진 강력한 집단으로 바꾸었다. 이런 일이 어떻게 가능했을까? 콩시스투아르와 목사회를 통해 교회의 상태를 매우 심각하게 인식한 제네바 관원들과 밀착해서 일했기에, 그는 일을 제대로 못하는 목회자들 대신 교육 수준이 높은 이들을 데려올 수 있었다. 이는 칼뱅이 제네바에서 보내는 시간 동안 그가 사용한 공식이었다. 그 공식이란 극도로 열심히 일하면서도 자신을 반대한 이들의 조직을 해체하고 파괴하는 것이었다.

새로운 세대는 제네바 목회자들의 위치에 현저한 변화를 가져왔다. 칼뱅의 복귀 후 첫 5년 동안 일반적인 불만은 목사들의 가난에 대한 것이었으나, 새로운 목회자들은 얼마 안 되는 목회 사례비에 의존하지 않고 도시의 경제생활에 참여할 수 있는 충분한 능력을 갖춘 자산가들이었다. 자연히 이것이 또 문제를 야기했다. 이들은 제네바의 유력 집안들과 연결 고리가 없었던 데다, 이들이 돌보는 덜 부유한 교구민들과 이들의 부유함이 뚜렷하게 구별되면서 결국 분노를 불러일으켰다. 이와 대조적으로, 쫓겨나거나 강제로 사직

당한 많은 목회자들은 제네바 집안 출신이거나 그 집안들과 결혼 관계에 있었기 때문에 떠난 후에도 계속 연락을 유지했다. 이들은 도시와 지방 교구를 떠나면 국경 너머 베른 영토에 있는 교회로 들어가는 경우가 많았는데, 거기서는 처벌받지 않고 칼뱅에게 반대하는 목소리를 계속 낼 수 있었다.[37]

콩시스투아르

목사회는 제네바 목회자를 관리했고 콩시스투아르는 평신도를 감독했다. 칼뱅이 자신의 복귀 조건으로 콩시스투아르 설립을 요구한 결과, 의회가 1541년 11월에 이 기관을 창립하고 한 달 후에는 첫 모임을 가졌다. 콩시스투아르는 매주 목요일에 모였고 성찬 전에는 추가로 화요일에도 모였다.[38] 회의는 행정장관 한 사람이 주재했는데, 이 기관이 세속-교회 통합 조직이었고 두 의회 소속의 장로 12명이 모든 도시 목회자와 함께 참석했기 때문이다. 장로에게는 자기 지역에 거주하는 이들을 관찰하고 분쟁을 해결할 책임이 있었다. 문제가 해결되지 않으면 장로는 콩시스투아르로 분쟁 당사자들을 데려와야 했다. 마찬가지로 목사는 담당 교구민의 삶을 관찰해야 했는데, 사람들에게 별로 환영받지 못하는 역할이었다.

콩시스투아르 앞에 출석한 이들은 이따금씩 개별적으로 심문을 받고 판결이 내려졌다. 가장 흔한 판결은 콩시스투아르가 성경 구절을 인용하여 훈계하거나 질책하는 것이었다. 이런 구두 책망의 효과는 강력했다.[39] 그러나 배상이나 금지, 소의회로 보내는 등 처분을 다르게 하는 조치도 있었다. 금지는 성찬 참여 금지를 의미했다. 성

8. 그리스도의 교회를 세우다

찬 참여를 금지당하면 대부모가 될 수 없거나 결혼을 할 수 없으므로 이 징벌은 심각한 것이었다. 출교는 다른 문제였다. 출교되면 교회에 들어갈 수도 없고, 심지어 도시에서 추방당할 수도 있었다. 이 징벌은 1555년 이전에는 거의 내려지지 않았고, 칼뱅이 승리한 후에도 출교당한 사람은 거의 없었다.

처벌의 의도는 공동체와의 화해였다. 성찬 참여 금지 결정도 참회한 죄인의 복귀를 기대하는 조치였다. 가장 극적이고 굴욕적인 처벌은 참회자가 회중 앞에 무릎을 꿇고 죄 고백을 강요받는 행위였다.[40] 마지막으로, 콩시스투아르는 죄인을 소의회로 보낼 수도 있었는데, 소의회는 추방이나 심지어 사형 같은 더 중한 처벌을 내릴 수 있었다. 근대 초기의 모든 치리회와 같이, 여기에는 사리사욕이 개입될 수 있었다. 이렇게 모은 벌금으로 의원들의 보수가 충당되었기 때문이다.[41] 콩시스투아르와 의회의 권위는 분별이 어려울 정도로 자주 구분선이 모호해지기는 했지만 분리되어 있었다. 콩시스투아르는 기본적으로 제네바 내의 법정이었지만, 여기에 참여하는 목회자 대부분이 프랑스인이었기 때문에 도시 내 외국인에 대한 제네바인 다수의 분노가 그곳을 향했다.[42]

1543년 『기독교강요』에서 칼뱅은 교회가 어떻게 치리를 행해야 하는지 자신의 이해를 조심스럽게 발전시켰다. 사법적 수단이 영적 관리 효과가 나타나도록 활용되어야 했다.[43] 도덕적 완전주의나 사회로부터의 분리를 기대한 것은 아니었다. 칼뱅에게 지상의 하나님의 교회는 모든 사람, 즉 신자와 타락한 자 모두를 포함했다. 교회의 과업은 누가 누구인지 가려내는 것이 아니라 그리스도가 다시 오실 때까지 증언과 예배를 유지하는 것이었다. 이 일은 사랑과 온유의 정신, 특히 겸손함으로 수행되어야 했다. 그리스도인은 이 세상에서 완전을 이루지 못하고, 격려와 교정이 모두 필요한 길을 따라가며 분투한다. 칼뱅은 "교회에서 쫓겨난 이들을 선택받은 백성의 숫자에서 지워 버리거나, 이미 버림받은 자들인 것처럼 그들을 절망에 빠뜨리는 것은 우리의 책무가 아니다. 그들을 교회에서 멀어진 자로, 그래서 그리스도에게서 멀어진 자로 여기는 것은 정당하나, 그들이 분리되어 있는 동안에만 그러하다"라고 주장하면서 죄인에게 인내와 친절을 베풀라고 권했다.[44]

제네바 콩시스투아르가 한 일을 통해 이 도시의 종교적 믿음 및 행위에 대한 엄청나게 복잡한 그림이 드러났다. 콩시스투아르는 첫 두 해 동안에만 사회 각계각층의 1,105명과 연관된 639건의 사건을 처리했다.[45] 초기에 이런 사건들은 대부분 제네바 사람의 종교적 관습과 관련이 있었고, 남자와 여자가 똑같이 관심을 받았다. 그러나 실제로는 여성이 설교를 듣는 자리에 참석했는지, 올바른 기도문을 암송했는지 더 자주 질문받았다. 이 여성들 대부분은 아이의 어머니이거나 과부였는데, 이는 콩시스투아르가 가정의 신앙 교육에서 여성의 역할이 핵심적임을 인정했다는 것을 보여 준다. 가정을 변화시키는 주인공은 어머니였다.

평신도 장로로서 콩시스투아르에서 일하는 것이 특별한 영예는 아니었다. 이들 중 많은 사람이 아르티퀼랑파 소속이었고, 칼뱅과 유대를 이루는 법률 전문가로 법원에 배경을 둔 이들이었다. 1546년 이후로는 이들이 칼뱅의 지지자가 되면서 효율적 연대가 가능해졌다.[46] 예전에 칼뱅이 기예르맹파와 연결되어 있었던 것을 생각하면 이런 변화가 놀라울 수 있지만, 제네바 상황이 워낙 유동적이고 변덕스러웠기에 당파 관계도 고정불변한 것이 아니었다. 1540년 대 형성기에 콩시스투아르의 장로는 확실히 목사의 영향력 아래 있었고, 칼뱅의 영향력은 가장 두드러졌을 것이다. 이들은 정치적으로 별로 중요하지 않은 인물들이어서 이들의 부상은 칼뱅 및 그를 따르는 작은 집단의 성공과 밀접하게 연결되어 있었다.

예배

『교회법』에 정리된 예배 순서로 실제 예배를 드리기까지는 몇 년이 걸렸다.[47] 칼뱅은 혹사당하는 목회자에게 신경을 많이 썼기에, 의회가 목사들에게 매일 설교하도록 규정한 1549년 법령에 단호하게 반대했다. 의회는 공동체의 문제를 해결하고 질서를 세울 권력이 자신들에게 있다고 믿었기에, 설교에 대해 높은 기준을 설정하고 목회자에게 추가 보수를 지급하겠다고 제안했다.[48] 제네바 사람들은 일요일과 기도의 날로 간주된 수요일에 예배에 참석해야 했다. 주로 설교 때문에 자주 훨씬 길어지기는 했지만, 예배를 드리는 시간은 한 시간 정도로 예정되었다. 제네바 사람들은 콩그레가시옹이나 신학 강연에 참석할 수도 있었는데, 이 모임들은 원래 학생을 위한 것이었고 칼뱅이 주도적 역할을 했다. 『교회법』은 새로운 질서가 이제 막 적용되던 1540년대에 예배가 자주 있었던 것 같은 잘못된 인상을 준다. 이와 마찬가지로, 도시에서 멀리 떨어져 있고 교회당은 허물어진 시골 지역에서는 도시 거주자에게 가능했던 목회적 돌봄 같은 것이 전혀 없었다.

예배 출석에 대한 우려가 상당했기에, 관원들은 사람들을 교회에 가게 하려고 애썼다. 유럽 전역의 공동체가 다 마찬가지였지만, 사람들은 일, 가정의 필요, 질병 등 무수한 이유로 예배에 오지 않았다. 교회 출석을 주저하는 것이 도시와 지방의 내륙 지역에서 가톨릭에 대한 잠재적이거나 숨겨진 공감의 표현이라는 콩시스투아르의 염려가 터무니없는 것은 아니었다. 프로테스탄트 지도자들은 종교개혁을 통해 오랫동안 지켜 온 믿음과 실천 양식을 대체하는 공식 교리와 새 예배 형식의 한계를 빠르게 깨달았다. 일반적인 반응은 그러한 끈질긴 요소들의 즉각적인 단절을 바라면서, 그것들을 "미신"이나 "우상숭배"로 악마화하는 것이었지만, 변화는 느리게 왔다. 제네바에 있는 동안 칼뱅은 민간 전승과 대중적 전통뿐 아니라 새로운 믿음과 옛 믿음에서 기원한 혼합적 신앙을 가진 사람들과 마주쳤다. 칼뱅 스스로도 잘 이해했듯이, 변화는 오랜 기간의 교육을 통해서만 올 수 있었다. 여러 세대가 지나가면 옛 관습에 대한 기억도 사라질 것이다. 그렇지만 증거를 통해 1540년대 내내 많은 이들이 출석하여 설교를 들었고, 제네바 사람 대부분이 집에 머물러 있으려 하지는 않았음을 알 수 있다.[49] 실제로 교회에 사람이 너무 많이 모인다는 불평이 많았는데, 이 문제는 프랑스 난민의 유입으로 더 악화되었다.

제네바의 예배 개혁은 1542년에 『기도와 교회 찬송 양식』*Form of Prayers and Ecclesiastical Songs* 및 『교리문답』으로 틀이 잡혔다. 칼뱅의 예전은 거의 전적으로 스트라스부르의 부처가 제시한 예전에서 나왔다. 여자와 남자는 공간이 분리되었다. 이후의 서신에서는 여자와 남자가 머리를 가리지 않은 채 무릎을 꿇고 기도했다는 것을 보여 준다. 찬송은 시편을 제창했는데, 이는 제네바 및 이후 프랑스 프로테스탄트 영성을 규정짓는 예배 형식이었다. 음악은 스트라스부르 및 바젤과는 같았지만 취리히와는 다른 부분이었는데, 제네바 예배에서는 필수 요소이자 거룩한 자들의 세계로 가는 통로였기에, 생피에르 교회와 생제르베 교회에서는 선창자를 임명했다. 칼뱅은 부모들에게 접근하는 수단으로 아이들에게 시편을 노래하는 법을 가르칠 계획을 세웠다.[50]

칼뱅이 스트라스부르에 있는 동안 이미 제네바에서는 예배 공간의 물리적 변화가 시작되었다. 마들렌 교회에 돌로 된 강단, 장의자, 도시의 문장을 새긴 새 스테인드글라스가 함께 설치되었다.[51] 또한 생피에르 교회에서는 회중석과 사제석을 구분하는 칸막이가 제거되었다. 1543-1547년에는 대규모의 교회 개혁이 이루어져, 중세의 7개 교구가 생제르베, 마들렌, 생피에르 세 개로 줄었다. 이 도시 교회들은 지방의 교구 교회들과 함께 외관을 개조했다. 많은 교회에 이미 외관상의 수리가 절대적으로 필요했다. 예컨대, 마들렌 교회는 지붕에서 물이 샜고, 1543년에는 붕괴에 대한 우려로 여러 차례 예배가 중단되기도 했다. 마찬가지로, 1549년에는 생피에르 교회의 종탑이 무너질지도 모른다는 염려도 있었다.[52] 종이 부족한 것도 중대한 문제였다. 종은 신자를 교회에 불러 모을 때 사용했을 뿐 아니라, 예를 들어 시장이 열리는 시간을 결정하는 등 도시에서 시간을 측정하는 주요 수단이었기 때문이다. 칼뱅은 제네바 소재 교회들의 상태를 개선하려는 노력에 적극적으로 관여했고, 1546년에는 실제로 생제르베 교회 개조에 기여하기도 했다. 새 강단을 놓고, 묘석들을 제거하고, 벽에는 회반죽을 발랐으며, 성가대석을 관원석으로 개조하고, 소예배당들을 깨끗이 치우고 신자용 장의자를 놓았다. 1543년에는 생피에르 교회에 새 강단을 설치했고, 벽에 남아 있던 모든 형상을 회반죽으로 덮었다. 1546-1547년에는 성가대석을 교회 본당으로 이동하여 의원들이 거기 앉아 설교를 듣게 했다.[53] 1545년과 1547년 사이에는 마들렌 교회도 완전히 복구되고 재정비되어, 1548년에는 제네바의 주요 교회가 상당히 튼튼하게 구조적 외양을 갖추고 프로테스탄트 예배에 적합한 공간으로 탈바꿈했다. 도시 통치자들의 문장이 그려진 새로운 스테인드글라스 창문을 살펴본다면 누구나 이 정책의 정확한 본질을 파악할 수 있을 것이었다.

1540년대 제네바에 살았던 성인 남녀는 예배에 대한 아주 다른 세계를 경험했을 것이다. 성찬을 1년에 한 번, 주로 부활절에 하는 것은 동일했지만, 중세 교회에서는 그리스도의 몸이 상징하는 힘이 막강했다. 미사를 드리는 동안 사람들은 종소리를 듣고, 초와 향 냄새를 맡으며, 사제들의 익숙한 성가에 응창했다. 축성의 순간에 성체가 하늘로 높이 들리면 그리스도의 임재가 선언되었다. 교회에는 미술품이 가득했고, 성경 속 장면들과 성인들의 생애가 벽에 그려졌으며, 측면 제단들은 중보 미사를 위해 사용되었다. 설교자들은 다수가 순회 설교자로, 사순절 기간에 도시에 와서 설교했다. 오감을 모두 사로잡는 종교였던 것이다.

회반죽을 바른 개혁파 교회들은 극단적으로 대조적인 풍경을 보여 주었다. 칼뱅은 이렇게 기록했다. "교회가 봉헌되고 안수를 받는 목적을 생각해 보면, 내게는 하나님이 그분의 말씀으로 거룩하게 구별하신 것들 그리고 그분이 참으로 흔적을 새기신 상징이 아닌 다른 형상들을 전시하는 것은 교회의 거룩함에 어울리지 않아 보인다. 의식들을 비롯해 세례와 거룩한 성찬 외에는 말이다."[54] 교회 건물이 단순해진 것은 예배자의 눈과 마음을 예배에만 집중하게 하려는 의도였다. 벽에 회반죽을 바른 것은 신성에 대한 물리적 숭배를 거부하고, 그것이 내재하는 것임을 강조한 것이었다. 교회 건물은 그곳에서 미신 행위를 하지 않도록 예배 시간 외에는 닫혀 있었다.[55]

교회 내부 배치와 관련된 칼뱅의 계획은 신자의 평등성을 강조하는 것이었는데, 남녀나 상하의 구별이 없는 참된 교회를 지역 사회에 구현하는 노력으로 받아들여질 수 있다.[56] 그러나 동시에 공동체 내부에 차별이 있었다. 여자와 어린아이들은 강단 바로 앞 가장 낮은 장의자에 앉았던 반면, 남자들은 그 뒤의 높은 장의자에 앉았다. 1540년대에는 도시 내 권력의 차이를 자리를 통해 인식했는데, 예배 공간의 점진적인 재조정도 이루어졌다. 또한 악행에 대한 벌로 설교를 들어야 하는 이들을 위한 공간도 따로 마련되었다. 이런 구별의 등장은 회중이 관원과 목회자의 통제하에 있는 새로운 구조를 보여 주는 것이다. 교회에서 드러지는 예배를 보면 교회가 가시적 교회와 비가시적 교회라는 이중적 실체로 존재함을 알 수 있었다.

"설교자들은 우리를 모욕하는 것 말고는 아무것도 하는 일이 없다"

강단은 장 칼뱅과 제네바 시민이 접촉하는 주요 장소였다. 주중에 거의 매일 약 한 시간씩 설교했기에 그의 목소리는 지극히 친숙했을 것이다. 마르틴 루터는 하나님의 말씀을 설교하는 일을 가리켜 전투라 했다. 설교는 악마를 뒤흔들고 불신자에게는 분노를 일으키므로 평화를 가져오지 않는다는 것이었다. 칼뱅은 자신이 맞닥뜨린

이 과업에 대해 환상을 갖지 않았다. 제네바에 도착한 직후 그는 파렐에게 다음과 같이 편지했다. "적어도 사람들이 설교를 들으러 잘 오기는 합니다. 청중은 예의 바르고 행동도 바릅니다. 그러나 이해와 감정 모두에서 교정이 필요한 면이 많아서, 점차 다루어 가지 않으면 치명적인 염증을 유발할 위험이 있습니다."[57] 초기에 이렇게 관찰한 것은 문제의 복잡성을 간단히 언급한 것이었다. 설교는 고집 센 사람들을 향해 휘두르기 위해 만들어진 혀로 된 채찍이 아니었다. 설교는 가르치고 교화하고 교정하는 것이며, 그렇게 하기 위해서는 하나님의 말씀에 뿌리박혀 있어야 하고 적합한 방식으로 전달되어야 했다. 설교는 교회를 세우는 초석이었지만, 예배와 사적·공적 성결 함양이라는 더 넓은 맥락 안에서 이루어지는 일이었다. 칼뱅은 사람들이 듣고 싶어 하든 아니든 상관없이 설교자는 공동체의 실제적이고 절박한 관심사에 대해 이야기해야 한다고 믿었다. 그렇게 하지 않는 것은 사도적 의무를 회피하는 것이었다. 설교는 어느 정도까지는 설교자와 회중 사이의 대화였기에, 성경의 메시지는 공동체의 삶의 정황에 맞춰져 있었다. 그러나 이 대화는 자주 논쟁으로 바뀌기도 했다.

목회자는 설교로 하나님의 말씀을 사람들에게 가르쳐야 했지만, 그것은 단순히 학습만은 아니었다. 말씀이 그들의 심장을 감싸고 감동을 주어야 했다. 전해지는 말을 통해 그리스도가 공동체에 임재하신다. 토머스 데이비스 Thomas J. Davis는 다음과 같이 말했다. "설교는 복음서 사건들이 일어난 '그때'의 본질과 구속이라는 '지금'의 본질 사이에 있는 간격을 메운다."[58] 그리스도와의 연합은 칼뱅의 핵심 주제였다.[59] 그리스도인은 그리스도의 몸과 교제한다. 성경, 성례,

설교를 통해 신자들은 그 몸을 바라볼 수 있게 되고, 또 그 몸을 참으로 내어 준다.[60]

1540년대 내내 칼뱅과 프랑스인 목회자들의 설교가 불러일으킨 분노와 저항은 당시의 상황을 인식해야 이해할 수 있다. 제네바에서 일어난 일은 프로테스탄트 종교개혁에서 특이하지는 않았다. 보 지방의 사례에서 보았듯, 설교는 개혁에 불을 붙이는 수단이었기에 강단을 통제하는 것이 초기 종교개혁의 핵심 전투였다. 제국의 루터파 지역, 남서부의 제국 도시들, 스위스 연방 전역에서, 모든 성공한 프로테스탄트 종교개혁은 설교 문제를 다루어야 했다. 구전 문화에서 설교는 단연 가장 효과적인 의사소통 수단이었다. 교회는 공동체가 모이는 장소였고, 목회자는 사람들의 마음을 늘 지배하지 못하더라도 적어도 귀는 지배했다. 따라서 설교로 헌신과 반대 모두를 유발할 수 있었다.

1540년대의 많은 제네바 사람들이 강단에서 전하는 설교를 싫어했다는 방대한 증거가 있다. 1547년에는 아미 페랭과 그의 아내 사이에 있었던 결혼 분쟁 이후 목회자들이 이 문제에 대해 침묵하지 않으면 죽이겠다며 위협하는 메모가 강단에 남겨졌다. 이런 위협은 분쟁을 해결하기 위해 폭력을 사용하는 것이 일상이었던 사회에서는 별로 놀랄 일도 아니었다. 불안정한 도시 공동체에서 칼뱅과 동료 목회자들의 말은 선동적인 경우가 많았는데, 특히 부도덕한 행위를 비난하면서 직접 이름을 언급한 경우에는 상황이 더 심각했다. 칼뱅은 의심의 여지 없이 위험하고 두려운 상황에 처해 있었지만, 이는 근대 초기 설교자라면 감당해야 할 몫이었다. 중세 후기나 16세기 유럽에서는 목사에 대한 폭력이 언어적이든 물리적이든 드

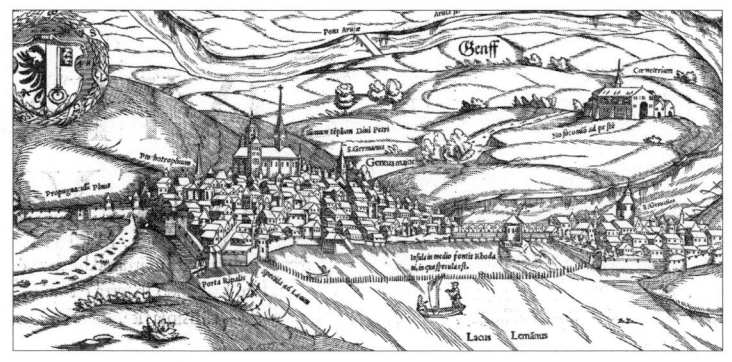

칼뱅의 제네바. 의뢰받아 그린 그림으로, 1550년의 제바스티안 뮌스터의 『우주 구조학』(*Cosmography*)에 실렸다. 뮌스터에게 제공할 이 이미지를 준비하는 데 칼뱅의 역할이 컸다.

물지 않게 일어났다.

상원 의원 피에르 티소^{Pierre Tissot}는 1545년에 칼뱅이 도시 내 "아이들" 700-800명의 목을 매달아야 한다고 주장했다면서 소요를 일으켜 체포되었다. 여기서 "아이"^{enfant}라는 용어는 칼뱅에 반대하는 당파에 속한 이들뿐 아니라 이 군주급 주교^{prince bishop}를 타도하려던 제네바 사람들을 지칭하는 표현이었다. 1546년에는 칼뱅이 제네바 사람들을 "잔혹한 짐승"이라고 노골적으로 묘사한 후 또 다른 소요가 일어나 체포되는 이들이 줄을 이었다. 1549년에 그가 제네바 사람들을 발정기 암캐를 쫓아다니는 수캐로 비유하는 은유를 사용했을 때도 비슷한 일이 벌어졌다. 두 경우 모두 칼뱅은 관원들 앞에서 설교 내용을 해명해야 했고, 주의를 들었다. 특히 제네바 통치자들을 모욕하지 말라는 경고를 받았다. 설교 때문에 치리를 받은 목사회 회원이 칼뱅만은 아니었다. 쿱, 쇼베, 루이 트레프로^{Louis Treppereaux}도 모두 제네바 사람들의 감정을 상하게 했다.

누가 공적으로 말을 했는지 안다고 해서 설교에서의 소통 과정이 단순해지는 것은 아니었다. 반드시 말한 대로 혹은 의도한 대로 듣는 것은 아니었다. 콩시스투아르에 속한 이들은 대개 증인의 증언에 의존하여 판단을 내렸는데, 그중 많은 이들이 설교에서 선포된 것이 무엇이었는지, 또는 설교자가 누구였는지조차 기억하지 못했다. 또한 난민과 목회자가 사용하는 프랑스어가 제네바 방언과 그렇게 많이 다르지 않았음에도 불구하고, 언어가 상황을 복잡하게 만드는 요인이기도 했다. 사람들은 설교에서 특히 사람들에게 경고하는 수단으로 목회자가 이름을 거론하며 수치를 주는 일이 잦아지자 마음이 상했다. 노르망디 출신의 리샤르 애몬스(Richard Aemons)는 "설교자들은 우리를 모욕하는 것 말고는 아무것도 하는 일이 없다"고 했다.[61] 그에 반해 칼뱅은 청중에 대한 기대가 컸고, 하나님이 사람의 입을 통해 말씀하신다는 확신이 반영되어 있어서 그의 설교는 교리적 수준도 높았다.

칼뱅이 만들어 내고 부가적 설명들을 통해 고착시킨, 제네바의 부도덕한 "난봉꾼들"(Libertines)과 전쟁하는 이미지는 근대 초기 종교 문화의 실재와 복잡한 양상을 왜곡한다. 절대적인 요구 사항이 있는 하나님의 말씀은 무역과 상업에 의존하면서 정치적·군사적 생존을 도모하는 도시 공동체의 불경스럽고 속된 관심사와 충돌했다. 이는 종교개혁 유럽의 모든 공동체에서 발생한 논쟁이었다. 제네바에서는 장 칼뱅의 강한 기질과 농도 짙은 정치적·사회적 당파주의로 인해 상황이 더 악화되었다.

소동

1546년부터 칼뱅이 주도하는 제네바의 두 주요 교회 조직은 새로운 안정기를 맞았다. 목사회는 모두 교회 개혁에 헌신하는 교육 수준 높고 경험 많은 설교자들로 구성되었다. 콩시스투아르도 마찬가지로 자리를 잡았다. 그러나 모두 다 잘된 것은 아니었다. 기예르맹파 주요 지도자들의 사망 이후 1544년에 시민 사회의 조화를 도모하는 법이 발효되면서 아르티퀼랑파의 제네바 복귀가 허락되었다.62 아미 페랭을 중심으로 새로운 당이 결성되면서 다시 한번 당파주의가 추악한 몰골을 드러냈다.

칼뱅이 세운 교회의 기반은 1546년 이래 제네바 사회와 이곳의 새 질서가 얼마나 허약한지 보여 주는 여러 갈등으로 인해 수년간 시험대에 올랐다. 저명한 시민 앙투안 렉트Antoine Lect가 딸의 결혼식에서 춤을 춘 일로 갈등이 격화되었다. 조사가 이루어지자 이들은 잘못된 행동을 하지 않았다고 주장했는데, 칼뱅은 이 반응에 극도로 분노했다. 그는 강단에서 제네바 사람들의 춤과 "충격적인" 행동을 극렬하게 비난했다. 칼뱅은 파렐에게 자신의 분노에 대해 자세히 설명했다.

> 당신이 떠난 후에, 춤 때문에 제가 생각했던 것 이상으로 문제가 생겼습니다. 코르나와 페랭을 제외하고 결혼식에 참석했던 사람들이 콩시스투아르에 소환되었는데, 부끄럽게도 [거기서 그들은] 하나님과 우리에게 거짓말을 했습니다. 저는 해명한 내용이 너무 괴리가 있어서 화가 났고, 그들이 우리의 거룩한 권고를 조롱하지 않았다고 생각

한다는 점에서 하나님을 경멸한 것과 같다고 강하게 비판했습니다. 그들은 완고하게 저항했습니다. 마침내 그들이 해이한 상태였음을 알게 되었을 때, 저는 하나님이 증인이 되셔서 그들이 악행에 대한 첫 값을 치르게 해 달라고 요청하는 것 말고 할 수 있는 일이 없었습니다. 동시에 그들이 거짓말로 어떤 유익을 취하는 것을 상상도 못 하게 하기 위해, 내 생명을 바치는 한이 있더라도 진실을 밝혀내겠다는 결심을 공표했습니다.[63]

칼뱅은 자백을 받아 내는 일에 참여하여, 그들에게 제네바에서는 하나님의 법을 결코 피할 수 없을 것이므로 렉트 집안을 위해 따로 도시 하나가 새로 건설되어야 할 것이라고 말했다. 그는 심문 과정에서 자신이 얼마나 온화한지 강조했고, 재판관을 모범적이라 칭송했다. 베른에서 온 손님들이 춤은 괜찮다고 주장했다는 렉트 집안의 변론은 가차 없이 기각되었다. 이 사건은 이 집안의 행위를 강단에서 비난하는 칼뱅의 역할 때문에 중요한 것이 아니었다. 더 중요한 것은 칼뱅이 이 사건으로 인해 렉트 집안과 가깝고 이전에 콩시스투아르로부터 호되게 질책당한 적 있었던 아미 페랭과 갈등에 휩싸이게 되었다는 사실이었다. 아미 페랭과의 이후의 파국이 싹트기 시작하고 있었다.

    1546년 여름 더 즉각적으로 위협적인 사건이 터졌는데, 제네바에서 아벨 푸팽^{Abel Poupin}의 연극 『사도행전』^{Acts of the Apostles}이 공연된 것 때문이었다. 칼뱅은 이 연극의 내용을 승인했으나 미셸 콥은 동의하지 않았다. 칼뱅은 어떤 일이 일어났는지 파렐에게 다음과 같이 알렸다.

새벽에 미셸이 설교는 안 하고 배우들을 비난했습니다. 그러나 두 번째로 가했던 비난은 너무 가혹해서 한 무리의 사람들이 제게 고함을 지르고 위협했습니다. 제가 힘써 그 사람들 중 분노에 찬 일부를 제지하지 못했다면 주먹질까지 했을 겁니다. 저는 두 번째 논쟁에서 온화하게 행동하면서 그들의 분노를 달래고자 노력했습니다. 그런 어울리지 않는 시간에 설교 주제를 그렇게 택한 것이 부주의했다고 판단했기 때문입니다. 그러나 그가 말한 내용에 동의할 수 없기에 그의 무절제한 언행이 더욱 불쾌합니다.[64]

그다음에 일어난 일에 대한 칼뱅의 이야기는 놀랍다. 그에 따르면, 군중은 자신들이 싸우려는 상대는 칼뱅이 아니라 콥이라고 외쳤다. 의회는 모두 귀가하라고 명령했지만, 거리는 여전히 시위자들로 가득했다. 편지에 따르면, 다음 날 열린 모임에서 폭력을 가했던 이들은 자신들이 칼뱅을 그렇게 존경하지 않았다면 콥을 죽였을지도 모른다고 했다. 칼뱅은 상원이 자기편이기는 했지만 소극적으로 행동했고 사건의 의미도 이해하지 못했다고 썼다. 연극이 상연되는 동안 콥은 소의회와 칼뱅 모두로부터 책망을 들었다. 칼뱅은 자신이 맞닥뜨린 개인적 위험에 대해 강조하고 군중을 달래는 과정에서 진실한 온화함을 보였지만, 이는 교회를 위한 그의 자기희생에 사람들의 주목을 끌고자 사용한 반복적인 수사의 일부였다. 자기 동포들처럼 순교당하는 위험에 빠지지는 않았지만, 자신 역시 진리 때문에 핍박당했다는 것이다.

제네바 시민과 프랑스인 목회자 간 관계의 붕괴를 보여 주는 여러 사건이 추가로 일어났다. 이후 1546년에 칼뱅은 파렐과 관련이 있는 "우스운" 이야기 하나를 전했다.

> 프로망의 아내가 최근에 여기 왔습니다. 그녀는 모든 가게와 거의 모든 교차로를 돌아다니면서 긴 옷에 반대한다는 주장을 했습니다. 그녀는 제가 이 일을 안다는 것을 깨닫고, 우리가 옷을 제대로 입고 있지 않아서 교회에 큰 해를 끼친다며 웃으면서 말했고, 또 제가 거짓 예언자들은 그들이 입은 긴 옷으로 구별할 수 있다고 가르쳤는데 그것은 잘못되었다며 변명을 해 댔습니다. 비난이 너무 터무니없다고 제가 반박하자, 그녀는 우리를 반대해 말했던 것을 성령 탓으로 돌리기 시작했습니다. 그녀는 "그들이 긴 옷을 입고 너희에게 오리라"는 복음서 구절이 무슨 뜻이냐고 물었습니다. 저는 마니교 복음서에서 찾을 수 없다면 그 구절이 어디에 있는지 모른다고 답했습니다. 누가복음 20장 46절에 이런 구절이 나오긴 합니다. "긴 옷을 입고 다니는 것을 원하[는]…서기관들을 삼가라." 그렇지만 여기에 "그들이 너희에게 오리라"는 말씀은 없습니다. 그녀는 이 구절을 마태복음 7장 15절에서 가져왔습니다. 그녀는 궁지에 몰렸음을 깨닫고는 아무 말이나 해도 되는 보편적 자유가 없다며 우리를 독재자라고 불평했습니다. 저는 마땅히 해야 하는 대로 그 문제를 처리했습니다.[65]

뻔뻔한 이 여자는 지혜롭지 못하게도 성경을 인용해서 칼뱅을 이기려고 했지만, 단지 목회자들을 비난했다는 이유로 다른 사람들의 따뜻한 환대를 받았고 이것이 칼뱅의 속을 쓰리게 했다. 성경 및 길거리에서 생산된 이런 잡다한 견해들은 칼뱅이 수용할 수 있었던 것 이상으로 제네바 사람들 사이에 흔히 퍼진 생각이었다. 그러나 시장 광장과 좁은 샛길에서 사람들과 매일 만난 경험은 칼뱅 설교의 음조 안에 표현되어 있었고, 그에게 이 땅에 있는 그리스도의 교회가 지닌 가능성과 한계에 대한 감각을 형성해 주었다.

이런 모든 대립 중에 가장 비중이 컸던 것은 1547년에 일어난 아미 페랭과 로랑 미그레Laurent Meigret의 반역에 대한 재판이었다.[66] 한때 프랑수아 1세의 시종이었던 미그레는 칼뱅 및 프랑스와 가까웠고, 베른은 그를 제네바에서 제거하려고 했다. 그는 아주 많은 혐의로 체포되었다. 뒤이어 아미 페랭이 미그레와 함께 프랑수아 1세의 이름으로 제네바를 다스리겠다며 관원들에 대항해 반란을 꾀했다고 기소되었다. 수감 생활을 하던 두 사람은 제네바 지도층에 격렬하게 반대하던 당파들을 집결시키는 구심점이 되었다. 도시가 다시 한번 당파 싸움으로 서서히 빠져들어 가면서, 지지자들이 감옥에 식사를 넘치도록 넣어 주었다. 페랭은 1546년 11월에 풀려났지만 도시에서 추방당한 반면, 미그레는 프랑스 첩자라는 판결이 났다. 칼뱅은 미그레를 변호하기 위해 200인 의회 앞에 극적으로 등장했다. 결국 페랭은 소의회로 복귀했고, 미그레는 자유를 얻었다. 부서지기 쉬운 평화가 회복되기는 했지만, 도시는 늘 그랬듯 분열된 채였다.

1540년대 내내 제네바의 목회직을 개혁하고 조직을 건설하는 일에 두드러진 성공을 거두었음에도 불구하고, 칼뱅은 아직 1555년 이후에 그러했듯이 도시를 장악하지는 못했다. 의심의 여지 없이 탑처럼 우뚝 선 인물로 신학과 목회와 법률 분야에서 주변의 모든 이들보다 뛰어났지만, 공식적으로 그는 목회자였지 직위를 맡은 정치인은 아니었다. 심지어 제네바 시민이 아니었기에 선거에서 투표도 할 수 없었다는 사실을 기억할 필요가 있다. 칼뱅은 도시 내 강력한 적들과 지속적으로 싸웠다. 만일 그들이 더 잘 조직되었다면 충분히 승리를 거두었을지 모른다. 그는 프랑스인이었기 때문에 지위가 약했고 많은 이로부터 경멸도 받았지만, 이 사실을 너무 과장해서도 안 된다. 제네바의 모든 사람이 강단에 선 칼뱅의 청중이었고, 이들은 분명 칼뱅이 하는 말에 귀를 기울였다.

칼뱅의 세계

장 칼뱅을 알았다면 그를 어떻게 묘사할 수 있을까? 그가 쓴 편지들과 16세기 전기 저술가들의 글을 통해 그림을 그려 보면, 그는 유머 감각이 없지는 않으나 진지하고, 강하고 깊은 영성을 지닌 인물이었다. 규율은 단지 교회를 위한 것만은 아니었으며, 그의 삶의 방식이었다. 칼뱅은 자신이 하나님의 임재 앞에서 매일 살고 있으며, 크든 작든 모든 행위가 하나님께 거룩하게 드려지고 설명되어야 한다고 믿었다. 그는 매일 새벽 4시경에 일어나 이들레트 및 하인들과 함께 기도로 하루를 시작했다. 식사 시간과 취침 전에도 기도하기 위해 그날의 일과를 잠시 멈추었다. 읽고 번역하고 쓰면서 성경의 신비를 관통하려고 노력했으므로, 일도 그 자체로 기도의 한 형태였다. 1543년부터 죽기 전까지 칼뱅은 침실 하나, 거실 겸 식당 하나, 책과 논문을 둔 서재 하나가 딸린 샤누안가의 집에서 살았다.

칼뱅 본인도 인정했듯, 그는 다른 사람과 함께 있을 때 수줍어하고 서투른 사람이었기에 확실히 소소한 대화나 잡담에는 잘 끼지 못했다. 다양한 유형의 봉사를 하면서 시간을 거룩하게 사용했고, 학생 시절부터 무시무시한 업무 처리 능력을 계발했다. 그 대가는 건강이었다. 1541년에 칼뱅은 이미 끔찍한 편두통, 심각한 위장 장애를 앓고 있었다. 그는 자신의 허약한 몸에 뛰어난 지성이 담겨 있다는 사실을 너무도 잘 인식하고 있었기에, 그의 글에는 이 두 요소의 불균형이 반복해서 은유로 등장했다. 부서지는 몸은 영혼으로부터 육체가 구별되어 있음을 보여 주는 실례였다. 시간이 요구되는 일들이 끊이지 않자, 그는 일단 제네바로 복귀했고 가족, 친구, 제자 같은 측근들에 점점 더 의존하지 않을 수 없었다. (우리 눈에는 잘 띄지 않는) 이들레트가 집을 관리하고 방문자를 맞았다. 형제 앙투안도 가까이 있었고 자주 칼뱅의 일에 동참했다. 자주는 아니었지만 칼뱅이 침대에 누워 라틴어와 프랑스어로 편지와 논문을 불러 주면 고용된 비서들이 받아 적었고, 그다음 칼뱅이 읽고 교정했다. 그가 이런 보조원들에게 요구한 내용은 1554년에 불링거에게 보낸 편지에서 확인할 수 있는데, 그는 비서 중 한 명이 느리다며 비난했다. 그 사람은 능력이 있었고, 최근까지 프랑스 왕의 하인이었음에도 불구하고, "프랑스에서 온 젊은 새 신부와 시간을 너무 많이 보내느라 내 일에 온전히 집중하지 못했다"는 것이다.[1]

정신과에 있는 긴 의자에 칼뱅을 눕히고 싶은 마음이 드는 것은 현대적 강박 관념의 반영이기는 하지만, 어쨌든 그는 많은 것으로 인해 불안을 느꼈다. 그가 엄청난 염려에 시달렸다는 것도, 변덕스런 기질을 가진 것도 분명했다. 고린도후서 주석 원고가 프랑크푸르트로 배송되는 과정에서 사라졌을 때, 칼뱅은 정신적으로 무너졌고 절필 선언을 하는 것으로 즉각적인 반응을 보였다. 다행히 원고가 발견되었고 개인적 위기는 넘겼지만, 칼뱅은 괜찮은 척하지 않았다.

사건에 대해, 생각과 다른 사람의 행동에 대해, 스스로 갖는 부족하다는 인식에 대해 불안은 끊이지 않았고 달갑지 않은 동반자였다. 그가 다른 사람들에게서 본 배신과 신뢰할 수 없는 행위들이 매일 그를 괴롭혔다. 네모를 동그라미로 만들 수는 없었다. 칼뱅은 최고의 재능을 가진 인물이자 확신에 가득 찬 교회의 목소리였지만, 고뇌에 시달리고 자주 도탄에 빠지는 한 개인이기도 했다. 자신의 평판에 대해 지독히 방어적이었고 자기 이름이 악평을 듣거나 대적자에게 비난받고 있다는 소식을 들으면 곧장 분노가 일었다. 누가 자신을 얕보거나 모욕하는 것을 알게 되면 깊은 상처를 받았고, 친한 사람들에게 자주 편지를 써서 미주알고주알 알렸다. 끝없는 갈등과 업무에 대한 염려는 그가 고린도후서의 바울을 묘사할 때 그대로 투영되었다.

> 그러나 바울이 이런 싸움을 끊임없이 했지만, 그때는 평소보다 훨씬 더 힘겨웠을 것이다. 그리스도의 종은 염려에서 벗어나지 못하는 것이 분명하다. 바울은 외적 싸움에서 벗어난 일이 거의 없지만, 이때는 더 격렬히 압박을 견뎌야 했기에, 많은 적들을 상대로 많은 다른 방식으로 싸워야 했고 동시에 많은 염려와도 싸워야 했다는 이중적 의미로 자신의 싸움과 염려에 대해 말하고 있다.[2]

교회 지도자로서 예언자 및 사도의 역할을 맡고 있었으므로, 칼뱅에게는 그저 한 개인으로서는 가질 수 없는 전투력이 있었다. 강단에서, 콩시스투아르와 의회 앞에서, 인쇄소에서, 그는 최종 발언이자 옳은 것으로 입증되는 외골수의 결정을 내리고 선언했다. 자기 이익을 위해서가 아니었다. 그에게는 자신이 옳다는 절대적 확신이 있었다. 공적 무대에서 그는 확신과 힘을 갖고 발언했기에, 존경과 공포를 동시에 불러일으켰다. 경이로운 기억력과 지성으로 신자에게는 영감을 주었고, 반대자에게는 통렬한 비난을 퍼부었다. 칼뱅은 제네바 및 더 광범위한 프로테스탄트 교회 안에서 차지하는 자신의 소명 혹은 지위의 특별한 본질을 한 번도 의심해 본 일이 없지만, 그가 충분히 밀어붙이지는 못했다는 느낌이 계속 있다. 복음 증진을 위해 훨씬 더 많은 것을 시도해 볼 수도 있었을 것이다. 마치 자신의 수명이 짧다는 것을 알았던 것처럼, 칼뱅에게는 수그러들지 않는 긴급함이 있었다.

칼뱅의 모델은 바울이었다. 교회에 대한 쉼 없는 헌신은 사랑으로 인한 것이었다. 출판된 콩시스투아르 기록을 보면 칼뱅의 방식에 담긴 더 미묘한 관점을 볼 수 있다.[3] 그는 평화롭고 정당한 해결책을 찾고 추문을 피하는 성향을 지녔으며, 여성과 아이들이 처한 곤경에 진심 어린 관심을 표했다. 비난이든 권고든 상담이든, 의도는 적합한 치료책을 제시하는 것이었다. 그러나 한계가 있었다. 반대자들은 전적으로 다른 존재론적 범주에 속했기 때문에, 이들에 대해서는 칼뱅이 어디까지 가혹해질 수 있는지 드러났다. 자신이 위협이라고 인식한 이들에 대해서는 전면적 승리를 추구하면서 굴욕을 주는 식으로 대응했다. 칼뱅은 이를 하나님의 정의라는 틀로 변호할 수도 있겠지만, 세바스티앙 카스텔리오의 경우에서 보듯 단순히 개인적인 복수를 한 것뿐일 때도 있었다.

정신은 강했으나 몸이 약했던 칼뱅은 세상의 위태로움을 잘 파악하고 있었다. 이 세상은 언제든 끝날 수 있고, 그때 사람들은 하나님의 정의를 직면할 것이다. 이것은 『기독교강요』에 담긴 놀라운 묵상의 기반이 되었다.

> 배에 오르면, 죽음과 한 발 차이에 있는 처지가 된다. 말을 탔다가 미끄러지면, 생명을 잃을 수도 있다. 도시의 거리를 돌아다니면, 지붕 위의 기와 조각이 떨어질 위험이 도사린다. 당신의 손이나 친구의 손에 무기가 들려 있으면, 상처 입을 일이 기다린다. 눈에 보이는 모든 맹수들이 우리를 파멸시키려고 무장하고 있다. 벽으로 둘러싸인 아름다워 보이는 정원으로 들어가 모든 위험을 피하려 해도, 거기에 뱀이 숨어 있을 수 있다. 당신이 사는 집은 항상 화재의 위험을 안고 있어서, 낮에는 당신을 빈곤하게 하지 않을지 밤에는 당신 위로 덮치지는 않을지 위협한다.…그 외에도 독, 매복, 강도, 폭력 등이 있어서, 때로 우리를 집에 가두기도 하고 끈질기게 따라다니기도 한다. 이런 온갖 괴로움 가운데 있으니, 사람이야말로 지극히 비참한 존재가 아닐 수 없다. 마치 목에 항상 칼이 드리워진 채 사는 것처럼, 절반은 살아 있지만 힘없이 불안하고 힘겨운 숨을 쉬고 있다.[4]

이 글을 읽고 칼뱅이 흥을 깨는 데 대가였다고 생각하면 안 된다. 이런 관점은 존재의 암울함을 묘사하는 풍자적 해학으로 가득한 16세기 격언에서는 흔한 것이었다. 프랑슈콩테Franche-Comté 지방에서 유래한 다음과 같은 표현을 보자. "당신이 맛있는 수프를 만들면, 악마가 와서 거기다 똥을 싼다."[5]

인생의 모든 쾌락을 거부하고 한 치의 양보도 없으며 도덕주의적이고 무표정한 독재자라는 칼뱅에 대한 이미지는 그를 반대하는 이들이 대승을 거둔 결과 지속되어 온 것이다. 이 프랑스인에 대한 도상 연구 iconography는 상황을 악화시켰는데, 특히 제네바의 종교개혁 기념비는 그를 마치 중간계에 살았던 잊혀진 인물처럼 보이게 했다. 그의 설교에는 그가 물(物)적인 것에 대해 알려진 것보다 훨씬 더 관심이 많았고 구체적이었음이 나타난다.[6] 칼뱅에 따르면, 세상의 열매는 단지 생존만을 위해서가 아니라 오히려 누리기 위한 것이다. 좋은 포도주, 좋은 음식, 편의, 우정, 아이들이 주는 기쁨, 결혼 관계의 즐거움 등이 그것이다. 그는 포도주를 좋아했는데, 실제로 귀족 자크 드 부르고뉴 Jacques de Bourgogne가 제네바로 오려고 준비할 때 그가 도착하기를 기다리면서 좋은 포도주 한 통을 구입하기도 했다.[7] 칼뱅에게 포도주 한 잔을 마시는 것은 친구와 함께 웃고 벗과 음식을 먹으며 음악과 예술을 즐기는 것처럼 인생에서 가장 기분 좋은 일 가운데 하나였다. 물론 그는 세상의 것에 대한 탐닉과 상스러움을 반대하는 설교를 했다. 그러나 옷차림에 관심을 두어, 깔끔하고 단순한 스타일을 흠모했다. 또한 그는 풍모가 있는 것을 좋아했다. 칼뱅이 쓴 편지에는 아름다운 건물과 옷을 잘 차려입은 여성에 대한 언급이 있다. 칼뱅을 그린 초상화에서도 수수하지만 분명한 우아함이 드러난다. 질 좋은 외투나 모피 옷깃이 달린 덧옷에는 과시나 사치스러운 면이 보이지 않는다.[8] 삶의 좋은 것들은 은혜를 베푸시는 하나님 덕분이다. 선택받은 자들은 믿음의 눈을 통해 이것들을 순간의 쾌락이 아니라 하나님 사랑의 계시로 누려야 한다. 16세기 그리스도인의 삶에는 분명 고통이 많기는 했지만, 그렇다고 그저 고통뿐인 것은 아니었다. 믿음의 눈으로 보면, 창조의 경이로움과 삶의 기쁨은 여정 내내 순례들을 지탱하고 풍성하게 한다.[9]

작업하는 학자

칼뱅은 빠르고 능률적으로 작업했다. 육필 원고는 간결했고, 페이지마다 수많은 약어를 사용했기 때문에 쓰는 속도도 빨랐다.[10] 밤늦게까지 작업하는 습관은 없었고 일찍 잠자리에 들었다는 것이 편지에 드러난다. 책을 읽을 때는 문장에 줄을 치고 여백에 글을 써서 기억을 도왔다. 기억력은 탁월했지만, 그 시대 대부분의 학자들과 마찬가지로 본문이나 참고 문헌을 기억할 때 자주 실수를 범하곤 했다. 그에게 큰 문제가 되는 것은 아니었지만 말이다. 북유럽 학계 다수가 공통적으로 그랬듯 칼뱅도 책을 살 때는 중개인에 의존했다. 그 때문에 연례 프랑크푸르트 도서전이 한 해 제일 중요한 행사였다. 그 밖에도 종교개혁자들은 책을 완성하기 전에 자주 원고를 교환해 돌려 보았다. 예컨대, 불링거와 칼뱅은 서로 비평을 요청하면서 점점 더 많이 자신들의 글을 주고받았다. 칼뱅이 소유하던 개인 장서는 그 수가 점점 늘어나다가, 결국 1559년에 아카데미가 설립되자 그리로 넘어갔다.

칼뱅은 글쓰기를 사랑했고 우아한 산문 작성을 즐거워했다. 그가 쓰는 라틴어는 키케로의 문체를 많이 따랐고, 놀랍도록 명료했다. 16세기 역사와 신학을 연구하는 학생이 칼뱅의 라틴어를 읽으면 반가운 위안을 얻을 것이다. 칼뱅의 문장은 대개 간결함과 명료함이 두드러졌지만, 때로 독자에게 자신의 실력을 보여 주려는 듯 대조적 이미지들로 가득한 길고 복잡하게 조합된 문장이었다. 칼뱅의 저서를 읽으면 언어의 제왕의 손안에 사로잡히게 된다. 그는 산문을 직조해 내는 과정을 통해 상당한 수준의 미적이고 지적인 쾌감을 즐

졌다. 언어는 하나님이 그에게 주신 가장 큰 선물 중 하나였다.[11]

그렇다고 칼뱅이 우아한 인문주의 라틴어에만 빠져 있었던 것은 아니다. 그는 지역의 방언에도 관심을 기울여, 일반적인 담화에 쓰이는 표현과 억양을 설교에 녹여 내고자 했다. 그가 했던 창세기 설교들을 보면 일상적 구어체뿐 아니라 지저분한 비어까지도 잘 알고 있음이 드러난다. 늘 똥을 싸고 있는 인물이 작품 속에 등장하는 동시대의 악명 높은 프랑수아 라블레만큼 추잡하지는 않았지만, 칼뱅 역시 "성수를 담는 잔에 오줌을 싼다"와 같은 표현을 사용할 줄 알았다.[12] 성경을 처음 독일어로 번역한 루터처럼, 칼뱅도 종교개혁자들이 사람들의 모국어로 말할 수 있느냐에 따라 종교개혁이 좌우된다는 것을 알고 있었다.

칼뱅은 많은 작품을 손수 쓰기도 했지만, 비서들에게도 상당 부분 도움을 받고 의존했다. 그중에는 니콜라 데 갈라르도 있었는데, 칼뱅은 그와 아주 가까운 관계여서 런던에 있는 프랑스인 교회 문제를 해결하고자 데 갈라르를 파견하기도 했다. 다른 사람들과는 별로 관계가 좋지 못했다. 프랑수아 보댕François Bauduin은 1547년에 비서가 되었고, 전망이 밝았는데 나중에 원한에 찬 대적이 되고 적대적인 칼뱅 전기를 쓴다.[13] 1560년대에 사이가 틀어진 후, 칼뱅은 보댕이 자기 편지 중 일부를 훔쳤다며 다음과 같은 글로 고발했다. "내가 한때 사랑했던 보댕, 그 독사, 그 전염병을 내가 내 집에서 키웠다."[14] 보댕은 칼뱅을 자기 의견에 감히 동의하지 않는 모든 이에게 벼락을 내리는 "레만 호수의 제우스"라 부르며 맞섰다. 프랑수아 오트망François Hotman과의 관계는 훨씬 나았다. 데 갈라르 및 칼뱅 진영에 속한 대부분과 마찬가지로, 그 역시 칼뱅이 자연스럽게 사람을 구하는 기반이었던 프랑스의 법학부 출신이었다. 그는 1548년에 칼뱅에게 다음과 같은 편지를 썼다. "참된 신앙을 발견한 이후로, 저는 누구도 심지어 제 아버지도 선생님보다 더 사랑하지는 않았습니다. 선생님 가까이에서 살 방법을 찾은 것보다 제 삶에서 더 중요하거나 다행스러운 일은 없을 겁니다.…만약 제가 20크라운 정도만 받을 수 있다면, 기꺼이 선생님과 함께 겨울을 나겠습니다."[15] 칼뱅은 이 요청을 받아들였고, 오트망은 제네바로 와서 칼뱅의 비서이자 문서 작업을 돕는 보조원이 되었다.

칼뱅의 저술이 급격히 늘어나면서 인쇄 산업도 성장하였는데, 이는 제네바 경제에 도움을 주었다. 그는 제네바 복귀 이전에 바젤과 스트라스부르의 여러 인쇄업자와 일하며 인쇄업에 대해 많이 배웠다. 제네바에 있는 동안에도 1539년판 『기독교강요』, 사돌레토에게 보내는 답장, 로마서 주석, 고린도전서 주석을 출간한 스트라스부르의 벤델린 리헬$^{Wendelin\ Rihel}$과 가까이 지냈다.[16] 칼뱅은 1540년대 내내 라틴어로 쓴 성경 주석들을 스트라스부르로 보냈는데, 리헬은 이런 학술 서적들을 출판할 수 있는 전문성과 수단이 있었다. 제네바는 상황이 많이 달랐다. 이 도시는 출판 산업의 중심지가 아니었고, 칼뱅은 장 지라르$^{Jean\ Girard}$와 함께 일하지 않을 수 없었는데 그는 근대 기술에는 능했지만 필수 물자가 부족했다. 칼뱅은 지라르에게 프랑스어로 된 논쟁적인 논문들을 맡겼고 이것들은 상대적으로 작업하기가 수월했다.[17] 그러나 둘의 관계는 순조롭지 않았다. 칼뱅의 놀라운 생산 능력과 자기 작품을 프랑스 독자들이 읽게 하겠다는 결심은 인쇄기가 한 대밖에 없었던 지라르에게는 버거웠다. 지라르는 또한 관계가 더 좋았던 파렐과 비레를 위해서도 일했기 때문에,

비레는 칼뱅과 이 제네바 인쇄업자 간 분쟁을 해결하기 위해 자주 나서야 했다. 칼뱅의 좌절감은 1547년에 파렐에게 보낸 편지에서 터져 나왔다.

> 당신의 작품이 인쇄가 안 되고 있는 이유가 지라르의 게으름 때문인지, 인쇄소를 짓누르는 혼란스러움 때문인지, 그가 생각할 겨를도 없이 한 번에 너무 많은 일을 해서인지 모르겠습니다. 저는 이미 이 일에 대해 한 번 이상 말했고, 그도 이에 대해 엄숙하게 약속했습니다.…『기독교강요』도 마찬가지입니다. 이달 안에 완료가 되어야 하는데, 아직 준비도 되지 않았습니다. 무슨 일이 벌어지고 있는지 간단히 알려 드리고 싶었습니다. 그래야 제가 무심하지 않다는 것을 당신이 아실 수 있으니까요. 지라르는 제 간청에 별로 반응이 없고, 그저 작업을 할 거라고만 말하는군요.[18]

칼뱅은 자기 작품이 배포되고 판매되는 과정을 걱정스럽게 지켜보았다. 지라르에게 매일 찾아간 나머지, 두 사람 사이의 긴장이 최고조에 올랐다. 그러다가 1550년대에 제네바로 다른 인쇄업자들이 들어오자 결국 결별로 이어졌다.

삼총사

1540년대라는 혼란기 동안, 피에르 비레와 기욤 파렐이 각각 로잔과 뇌샤텔에서 칼뱅의 전우가 되어 주었다. 비레와 파렐은 보 지방에서 종교개혁을 시작하던 시기부터 서로 알고 있었다. 이들 셋이 모여 칼뱅의 신학을 변증하고 프랑스를 복음화하는 공통의 대의로 세 도시를 연결하는 효과적인 연대를 구축했다. 상호 신뢰와 칼뱅에 대한 충절로 수많은 폭풍을 뚫고 나가며 깊은 우정으로 뭉친 강력한 네트워크였다. 칼뱅이 독보적인 인물이라는 점은 의심의 여지가 없었다. 비레와 파렐은 칼뱅에게 친구였지만, 칼뱅은 이들의 의무가 자신의 대리자가 되는 것이라 여겼다. 칼뱅과 친구가 된다는 것은 그를 위해 일하도록 허락을 받는다는 뜻이었다.

파렐과 비레는 로잔 논쟁과 제네바의 첫 정착기라는 정신없는 시기에 칼뱅을 알게 되었다. 파렐은 칼뱅과 비레보다 스무 살이나 많았지만 나이는 별 의미가 없었다. 관계는 정적이지 않았다. 1540년대를 지나면서 칼뱅은 비레를 점점 더 막역한 친구로 여기게 되고 자기 생각과 감정을 그에게 거의 쏟아붓다시피 했다. 파렐에게는 여전히 개인적 묵상과 정보로 가득한 편지를 보냈지만, 이 나이든 친구의 타협 없고 성미 급한 행동에 점점 짜증을 냈다. 1536-1538년의 경험으로, 파렐은 복음 전달자로서는 부족하지만 열정 넘치는 인물임이 드러났다. 그는 변화하는 세상에서 1530년대 종교개혁의 대항문화만을 고집스레 집착하는 인물이었다. 칼뱅이 직접적으로 그렇게 말하지는 않았지만, 자신의 첫 번째 제

기욤 파렐(1489-1565). 프랑스 종교개혁자, 칼뱅의 오랜 동료이자 친구.

네바 거주기를 파탄 낸 큰 책임이 파렐에게 있다고 생각했음은 거의 의심할 여지가 없다. 다른 스위스 종교개혁자들과 마찬가지로, 지혜로운 마르틴 부처는 재능 많은 젊은 칼뱅이 파렐과 떨어져 있어야 한다고 생각했기에 일부러 파렐을 스트라스부르에 초청하지 않았다.

피에르 비레(1511-1571). 보 지방 출신으로 칼뱅의 좋은 친구. 비레가 프랑스에서 벌인 활동 때문에 두 사람은 결국 소원해진다.

칼뱅은 제네바로 복귀하자마자 뇌샤텔에서 벌어진 논쟁에 직면해야 했다. 파렐이 추문을 범했다고 여긴 한 저명한 여인을 강단에서 정죄하면서 시작된 논쟁이었다. 이 사건으로 그 가문은 크게 분노하여 파렐을 즉각 추방해 달라고 요구했다. 베른 당국이 개입하지 않을 수 없었다. 칼뱅이 파견한 비레가 파렐을 지지하는 편지를 들고 뇌샤텔을 찾았지만, 비레는 상황이 생각한 것보다 더 복잡하다는 사실을 깨달았다. 뇌샤텔은 베른 당국의 통치하에 있었기에 사건 재판권도 베른 당국에 있었다. 로잔 목회자였던 비레는 법적으로 베른의 시민이었기에 칼뱅과 제네바에서 보낸 편지는 큰 위력이 없었다. 베른 관리들은 강단에서 추문을 비판할 수 있는 목사의 설교권을 지지했던 칼뱅의 접근법을 받아들일 마음이 전혀 없었기에, 뇌샤텔 거주자들이 이 논쟁을 해결하지 못하면 파렐이 떠나야 한다고 결론을 내렸다. 12월이 되어서야 파렐은 사건이 해결

되었고 목회자의 위엄이 보존되었음을 칼뱅과 비레에게 알릴 수 있었다.[19]

이는 사건들의 큰 틀 안에 있는 작은 에피소드에 불과했지만, 칼뱅이 프랑스 복음주의자를 지원할 네트워크를 구축하려 할 때, 파렐을 어느 정도로 절제시켜야 할지 심각하게 고민하게 만들었다. 제네바는 홀로 설 수 없었다. 뇌샤텔, 로잔, 베른이 어떻게든 서로 뭉쳐야 했다. 1541년 9월, 제네바에 도착하고 며칠 후에 칼뱅은 파렐의 행동을 견책하려고 펜을 들었다. 단호한 질책이었다.

당신이 사탄과 전투를 벌이려 하고 그리스도의 깃발 아래서 싸우고자 할 때, 당신에게 갑옷을 입히시고 전투로 이끄시는 그분이 승리를 주실 것입니다. 그러나 선한 대의에는 또한 선한 도구가 필요하기 때문에, 선한 사람들이 당신에 대해 합리적으로 기대할 수도 있는 것처럼, 당신에게 아무런 부족한 것이 없다고 생각해서는 안 된다는 점을 유념해 주십시오. 우리가 당신에게 선하고 순전한 양심을 지키라고 권유하는 것은 아닙니다. 당신의 양심에 대해 우리는 아무런 의심이 없습니다. 당신의 책임이 허용하는 한, 사람들에게 더 맞추어 주실 것을 우리는 그저 간절히 바랍니다. 당신이 아시는 대로, 인기에는 두 종류가 있습니다. 하나는 우리가 야망의 동기와 쾌락에 대한 갈망으로부터 애정을 구할 때입니다. 다른 하나는 공정과 절제로, 우리가 그들을 가르칠 수 있게 하기 위해 그들의 존중을 얻을 때입니다. 우리가 당신을 함부로 대하더라도 우리를 용서하셔야 합니다. 이 특별한 점과 관련해서, 우리는 당신이 몇몇 선한 사람들을 만족시켜 주지 않으신다고 생각합니다. 불평할 만한 것이 전혀 없는 경우에도 당신은 이 정도로 실수를 저지르기 때문에, 주님이 당신을 그들의 빚진 자로 만드셨는데도 이들을 만족시켜 주지 않으십니다. 우리가 얼마나 당신을 사랑하고 존경하는지 아실 겁니다. 이 사랑과 참된 존경의 마음으로 우리는 더 정확하고 더 엄격한 비판을 할 수밖에 없습니다. 우리는 전심으로 주님이 당신에게 주신 이 놀라운 은사 속에서, 말 많은 이들이 비난하거나 잔소리를 해 대려고 찾는 어떤 오점이나 오류도 발견하지 못하기를 바라기 때문입니다.[20]

여기서 "우리"는 칼뱅과 비레이며, 칼뱅은 편지를 쓰면서 비레에게 자문을 구했다고 했다. 1540년대 내내 칼뱅은 계속해서 자문을 구했고, 비레에게 자신의 편지와 글을 자주 읽게 했는데, 비레의 역할은 주로 언어를 순화하는 것이었다.

깊은 우정이 있었던 것과 마찬가지로, 다른 측면도 있었다. 개인 서신 안에 담은 가혹한 비판과 함께, 공적으로는 파렐에 대한 확고한 충심이 있었다. 칼뱅은 파렐을 계속해서 하나님의 신실한 종으로 묘사했다. 예컨대, 그는 부처에게는 좀더 신중하게 일어난 이야기를 전했다.

파렐은 너무 화가 나서, 주님이 교회와 거룩한 목회직에 그토록 강한 충격을 안긴 사람에게 가혹한 심판을 하실 것이라며 드 와트빌^{de Watteville}[베른의 관원]을 위협했습니다. 결국 파렐에게 공감하지 못한 [드 와트빌]은 그의 적이 되었습니다. 참으로 파렐이 스스로를 조절했다면 더 좋았을 텐데 아쉽습니다. 그랬다면 자신의 감정을 위장하지 않고도 감정을 표현하는 과정에서 그 사람을 더 부드럽고 섬세하

게 대했을 텐데 말입니다.²¹

그러나 칼뱅은 비레와 파렐에 대한 현실적인 평가를 공유하는 데 가책을 느끼지 않았다.

> 그러므로 나는 키케로가 소小카토 Cato the Younger, 주전 95-46에 대해 말한 것으로 파렐에 대해 말할 수 있습니다. 즉 "그는 정말로 선한 판단에 따라 행동하지만, 조언에서는 언제나 최고를 보여 주지 못한다"는 것이지요. 이유는 주로 그의 과도한 열정에서 비롯됩니다. 그는 더 나은 것이 무엇인지 늘 분별하지 못하고 위험을 예측하지도 못하거나 아예 멸시해요. 그가 원하는 것에 동의하지 않는 이들을 참아내지 못한다는 것도 사악함의 목록에 추가할 수 있겠지요.²²

이 비교는 아주 효과적이었다. 로마의 부패와 도덕적 사악함을 무자비하게 비난한 카토는 고집스럽고 굽히지 않으며 흠잡을 데 없는 인물이었다. 그는 자기 권력 내에서 모든 가능한 수단을 다 동원하여 로마의 삼두정치를 무너뜨리려 했고, 이것이 진노를 샀다. 르네상스 문학에서는 그를 애정 어린 마음으로 기억했지만, 칼뱅의 글은 날카로웠다. 타락한 세상에서 적응할 줄 모르는 것은 오직 실패와 파괴를 낳을 뿐이다.

파렐과 칼뱅의 복잡한 관계는 문서 편집자로서의 칼뱅의 역할로까지 확장되었다. 1549년 파렐은 칼뱅에게 원고를 보내 의견을 물었다. 칼뱅이 이 원고에 대해 많이 생각하지 않은 것이 분명하지만, 어쨌든 과도한 공격은 피하려 했다.

복잡한 문체와 장황한 논증이 그 안에 담긴 참된 빛을 희미하게 하지는 않을까 염려스럽습니다. 저는 당신에게 탁월함을 기대하는데, 저는 이것을 기쁨으로 여깁니다. 아부하는 것이 아닙니다. 당신의 책은 최고의 작품 중 한 자리를 차지할 만하다고 생각되지만, 오늘날 독자들은 너무 까다롭고, 예리하지는 않기 때문에, 저는 표현을 부드럽게 해서 그들의 마음을 끌어당길 수 있도록 언어를 정교하게 다듬어야 한다고 믿습니다.…이것이 제 솔직한 판단입니다.[23]

노골적이든 완곡하든, 우리는 이런 비평만 보고 오랜 동료에 대한 칼뱅의 지속적인 사랑과 존경을 보지 못해서는 안 된다. 파렐이 여행지 중 하나로 제네바를 택해 자주 찾고 칼뱅의 집에 머물렀을 때, 칼뱅은 자신이 파렐의 동료라는 사실을 기뻐했다. 포도주 한 잔을 앞에 두고, 파렐과 비레와 함께 있으면서 그날의 일상을 논하는 것보다 칼뱅에게 더 행복한 일은 없었을 것이다. 이들은 서로의 존재를 즐거워한 굳건한 친구였다. 그러나 우정은 언제나 교회라는 더 큰 구도 속에 있었기에, 칼뱅은 필요 이상의 감정을 낭비하지 않으려 했다. 많은 점에서 파렐은 칼뱅이 국제적인 종교개혁자가 되면서 손 놓고 있었던 세상을 대변했다. 칼뱅에게는 변화하는 정치적·종교적 상황을 감안하며 함께 일할 사람들이 필요했다. 칼뱅이 그에게 품은 애정과는 달리, 파렐은 점점 변방으로 밀려나고 있었다.

파렐 스스로는 놀라운 평정심을 보여 주었다. 그는 칼뱅이 자신보다 탁월하다는 것을 기꺼이 인정했고, 자기보다 어린 이 친구에 대해 그가 보인 사랑의 표현은 종교개혁 시대 편지 중 필적할 대상이 거의 없을 정도였다. "더 잘하기에는 너무 늙어 버린 이 사람을 당신은 이끌 수 있을 겁니다. 힘들어하는 이들도 나아질 수 있을 겁니다. 당신 자신에게 관심이 더 필요하기는 하겠지만, 그 필요한 관심을 나에게도 아낌없이 베풀기를 간청하오. 비록 나는 부처에게 모든 것을 양도하지만, 내가 당신에게 품은 사랑과 애정과 존경은 그에게 조금도 양도하지 않고 있습니다."[24]

칼뱅은 자신이 비레와 상의하는 빈도에 대해 파렐에게 허심탄회하게 이야기했는데, 두 사람이 하는 이야기는 자주 한 사람이 이야기하는 것 같았다. 칼뱅이 보 지방에서 보낸 초기에 결성된 이 3인조는 신학과 교회 정치 문제에서 이제 점점 2인조로 바뀌어 갔다. 성질이 불같았던 파렐과 달리, 피에르 비레는 성품이 온화했고 갈등을 싫어했다. 비레는 보 지방 토박이로, 지역 방언으로 말했으며 평신도와 쉽게 소통하는 인기 있고 존경도 많이 받는 설교자였다. 그에게는 풍자로 이어지는 유머를 간간이 섞어 가며, 복음주의 신앙을 일상어로 번역해 내는 재능이 있었다. 비레는 파렐이 추진한 종교개혁의 성상 파괴가 마음에 들지 않았다. 교회의 물질적 외관을 파괴하는 것이 그가 추진하는 방식이 아니었다. 그는 칼뱅과 파렐은 될 수 없는 종류의 인물, 즉 대중의 사람이었다. 칼뱅은 비레의 신중함과 온화함이 비레를 조정과 화해의 사람으로 자리매김하게 하는 데 기여했음을 곧 인정하게 되었다.

제네바로 복귀했을 때, 칼뱅은 자신이 비레를 통해 얻는 귀중한 자산을 잘 알고 있었기에, 그를 잃어버리지 않을까 처절할 정도로 염려했다. 그는 비레가 제네바를 떠난다면 도저히 감당할 수 없을 거라며 파렐에게 수차례 편지를 보냈다. 자신이 믿을 수 있는 다른 사람이 없을 뿐만 아니라, 혼자 잘 해낼 수 있을지 확신하지 못했기 때문이었다. 칼뱅은 한 교회를 자기 스스로 이끌어 본 적이 없었다. 이전에 그는 제네바에서 파렐과 동역했고, 이후 스트라스부르에서는 부처 및 카피토와 함께했다. 이 낯설고 적대적인 도시에서 홀로 일하게 될지 몰라 분명 마음이 흔들렸을 것이다. 칼뱅은 파렐에게 마음을 털어놓았다.

> 따라서 비레가 떠나면, 저는 완전히 무너질 것이고 이 교회는 회복이 어려울 것입니다. 그러니 그가 떠나지 않도록 제가 온갖 수를 다 쓴다 해도 당신과 다른 분들이 저를 양해해 주시는 것이 합리적입니다. 그러는 동안 거룩한 성도들과 당신의 조언에 따라 로잔 교회의 지원을 요청해야 합니다. 비레를 저와 함께 있게만 해 주십시오.[25]

칼뱅은 베른 당국이 비레가 로잔에서 제네바로 옮길 수 있게 허락하도록 생각나는 모든 사람에게 간청하는 편지를 썼다. 1542년 봄 오스발트 미코니우스에게 보낸 편지에 드러나는 칼뱅의 어조는 훨씬 더 다급해졌다.

> 비레가 여기에 저와 함께 남을 수 있다면 앞으로에 대한 전망이 더 밝아질 것입니다. 이 때문에 저는 당신께 가장 감사하다는 말씀을 드리고 싶은 열망으로 가득합니다. 베른 사람들이 그를 불러내지 않을 수도 있다는 제 염려를 당신도 공유하고 계시기 때문입니다. 또한 저는 그리스도를 위하여 당신이 이 일에 최선을 다해 주시기를 전심으로 간청 드립니다. 그가 떠난다는 생각이 들 때마다 저는 쓰러지고 용기를 완전히 잃어버리기 때문입니다.[26]

또한 칼뱅은 비레의 온건하고 냉정한 방식으로만 제네바에 평화가 임했기에, 자기 혼자서는 도시에 시작된 이 훌륭한 일을 지속할 수 없을 것 같다며 베른의 지도급 목회자들에게 간청했다.[27] 부처파 목사 지몬 줄처는 공감하면서 도와주려 했지만, 베른 관원들에게는 다른 계획이 있었고, 결국 비레는 1542년 7월에 로잔으로 돌아갔다.

칼뱅이 복귀하기 전에 비레가 제네바에 머문 것은 여러 면에서 의미가 있었다. 도시 상황을 진정시키고 교회에서 신앙을 일부 회복시킨 비레의 공헌이 없었다면, 칼뱅은 제네바로 돌아가지 않았을 것이며 돌아갈 수도 없었을 것이다. 『교회법』 작성 과정에서도 비레는 칼뱅과 협력했고, 자신이 로잔에 돌아갔을 때 사용할 수 있도록 한 부를 부탁하기도 했다. 1541년 9월부터 1542년 여름까지의 몇 달간 두 사람의 우정이 더 깊어졌기 때문에, 칼뱅은 비레를 자신의 생각을 나누는 동료로 인정했다. 이후 수년간 비레는 보 지방의 주도적인 종교개혁자였을 뿐만 아니라 칼뱅의 가장 가까운 우군이기도 했다.[28]

스트라스부르와 독일 종교 회의들에서 칼뱅이 겪은 경험은 그에게 연대 및 내부 갈등 해결의 필요성을 각인시켰다. 스위스는 고립 및 지역 갈등에서 벗어나야 했다. 사부아와 프랑스의 위협을 끊임없이 받던 제네바는 프로테스탄트 섬과 같이 고립되어서는 살아남을 수 없었다. 보호가 필요했고, 그 보호는 오직 베른만이 해 줄 수 있었다. 칼뱅의 계획은 제네바를 스위스 개혁파 교회들 안에, 그것도 자기 방식으로 정박시키는 것이었다. 그러나 하나로 일치된 개혁파 교회에 대한 그의 꿈은 스위스 교회의 두 가지 핵심 특징과 갈등을 일으켰다. 하나는 교회를 통제하는 관원의 역할이고, 다른 하나는 츠빙글리파의 성찬 해석이었다. 1540년대 내내 이 두 주제로 여러 번 치열한 전투가 벌어졌는데, 칼뱅은 자신의 지지자 중 하나이자 대리자인 비레에게 크게 의존했다.

대결의 시간은 곧 찾아왔다. 1538년에 카스파르 메간더가 해고된 이후, 베른 교회는 츠빙글리파의 성찬론을 선호하는 이들과 부처의 견해를 따르는 이들로 날카롭게 분열되어 있었다.[29] 1542년 8월에 베른 의회는 1528년에 받아들였던 츠빙글리파 교리를 따르기로 재확정하고, 보 지방의 프랑스어권 목회자들을 소환해서 방침에 따르라는 지시를 내렸다. 로잔의 상황에 매여 현실을 따를 수밖에 없던 비레도 이에 순응하자, 성찬론이 취리히보다는 부처에 더 가까웠던 칼뱅은 격노했다. 칼뱅은 프로테스탄트 일치의 기반으로 비텐베르크 협약을 지지했기에, 츠빙글리파에 양보하는 것을 루터파와 하게 될 추가 논의에 위협을 가하는 행위로 인식했다. 어떤 "새로운 교리들"도 소개되어서는 안 된다는 베른의 결정은 칼뱅에게는 직접적인 위협이었는데, 이는 칼뱅이 그들과 신학을 공유하지 않았기 때문이었다.

칼뱅은 자신이 밀어붙임으로써 친구가 처하게 될 어려운 입장은 괘념치 않은 채 베른에서 비레를 활용했다. 그는 자신이 제네바와 베른에서 반대자들에 대항하여 교회의 자유를 지키는 싸움을 하고 있다고 믿었다. 그의 관점에서 비레는 그 싸움에 함께 임하는 전우라기보다는 절충안도 낼 수 없는 부하였다. 이런 압박은 비레를 막다른 골목으로 몰아넣을 수밖에 없었다. 비레는 분열과 개혁에 대한 반대 정서가 여전히 지배적이었던 로잔의 혼란스런 상황을 처리해야 했을 뿐만 아니라, 그의 행동 및 칼뱅과의 관계를 심각한 의심의 눈초리로 바라보는 관원들과의 협상을 위해 수차례 베른을 오가야 했기 때문이다. 1542년 11월, 칼뱅의 지시에 따라 행동하던 비레는 통치자가 목회자를 통제한다는 규정에 저항하는 프랑스어권 목회자들을 대표해 베른 의회에 편지를 썼다. 이 때문에 그는 다시 한번 베른에 소환되어 질책을 당했다. 로잔에 제안한 제네바식 치리는 완전히 거부되었고, 목회자가 복종해야 할 대상이 누구인지 분명해졌다. 출교는 교회가 아니라 정부의 일이었다.[30]

세바스티앙 카스텔리오

칼뱅은 교회가 각 개인에게 권면하는 권리를 보장받기 원했기에, 비레에게 너무 온화하게 행동하지 말라고 주의를 주었다. 이 조언이 아마도 칼뱅의 제네바 시절 초기에 일어난 일 중 가장 슬프고도 가장 볼썽사나운 에피소드 하나를 이해하는 데 도움을 줄지 모르겠다. 1542년에 칼뱅은 스트라스부르에 있을 때 알았던 세바스티앙 카스텔리오를 제네바로 초대하여 콜레주에서 가르치게 했다.[31] 도착 후 카스텔리오도 방되브르Vandoeuvres에서 설교하는 역할을 맡았다. 이미 상당히 명성 높은 학자였던 그는 곧 칼뱅과 함께 제네바에서 가장 교육 수준이 높은 인물이 되었다. 많은 점에서 그는 칼뱅이 원했던 것을 정확하게 대변하는 인물인 듯했으나, 관계가 급속히 나빠졌다. 칼뱅은 성경 번역 문제로 카스텔리오와 만난 일을 비레에게 알려 주었다.

그저께 그가 와서 자기가 번역한 신약의 출판을 내가 동의하는지 물어보았습니다. 나는 교정할 데가 많다고 대답했고, 그는 왜 그런지 물었습니다. 나는 그가 내게 이미 견본으로 준 몇 장에서 교정할 곳을 지적해 주었습니다. 그러자 그는 남아 있는 부분에서는 더 신경을 썼다고 답했습니다. 그런 후 다시 출판에 대해 내가 어떻게 생각하는지 물었지요. 나는 출판을 못하게 하는 것이 내가 바라는 바는 아니며, 그렇지만 장 지라르와 약속을 잡아서 필요하다면 다시 훑어보고 교정할 용의가 있다고 대답했습니다. 그는 이 제안을 거부하고는, 내가 시간을 정해 주면 와서 원고를 읽어 주겠다고 제안하더군요. 나는 그가 수백 크라운을 준다 해도 특정 시간을 정해서 얽매이고 싶지는 않다며 거절했습니다. 더구나 별로 중요하지도 않은 단어 때문에 몇 시간 동안이나 논쟁해야 할지도 모르니까요. 그러자 그는 불만에 차서 떠났습니다. 그가 얼마나 성실한 번역자인지 당신은 이해할 수 있을 겁니다. 여러 방법으로 그는 자신이 의미를 왜곡하여 대부분의 내용을 바꾸고 혁신하고 싶어 합니다.[32]

카스텔리오는 콜레주 드 리브의 학장이었던 데다, 단지 견습생이 아니라 제네바 청년들의 최고 교사였다. 학장으로서 그는 프랑스어뿐 아니라 라틴어와 그리스어도 가르쳤는데, 도시에서 고대어에 능통한 소수 중 하나였다. 그러나 칼뱅의 이야기에서 카스텔리오는 이류 학자인 듯 조롱당하고 바보 취급을 당한다. 이 학식 있는 인물과 보내는 시간이 그저 별로 중요하지도 않은 단어들을 놓고 논쟁하는 것에 지나지 않는다는 주장도 있다. 카스텔리오에 대한 칼뱅의 적대감은 합리적이기도 하고 비합리적이기도 하다. 칼뱅은 카스텔리오의 비범한 학식이 질문과 의심으로 이어지는 방식을 싫어 했다. 칼뱅에게 이는 참된 지혜와 지식을 위해 봉사하는 인문주의에 대한 반역이었다. 여기서 설명하기 힘든 것은 그가 경쟁자로 인식한 인물에 대한 혐오였다. 칼뱅이 제네바에서 관계를 맺어야 했던 목회자들, 즉 읽고 쓰기를 조금 할 수 있는 정도인 많은 목회자와 달리 카스텔리오는 특별한 인물이었기에 중요했다. 카스텔리오가 가진 지위는 그를 더 위험한 인물로 만들었다.

세바스티앙 카스텔리오는 오포리누스가 바젤에서 인쇄한 자신의 성경 번역을 변호했다. 칼뱅은 카스텔리오를 자신의 가장 위험한 대적 중 하나로 여겼다.

    1542년부터 계속해서 칼뱅과 그를 지지하는 이들은 카스텔리오가 제네바에 사는 것을 거의 불가능하게 만들었다.[33] 1542-1543년 제네바를 덮친 끔찍한 전염병과 기근 이후, 카스텔리오는 다른 살길을 알아보지 않을 수 없게 되었다. 그러자 의회에서는 그를 설교자로 세우기로 결정했다. 그러나 칼뱅의 지도하에 있던 목사회는 카스텔리오가 덜 중요한 몇 가지 신학 주제에서 칼뱅의 의견에 동의하지 않는다는 이유로 그를 안수하기를 거부했다. 이 중 하나가 아가서의 본질에 대한 것이었다. 카스텔리오는 급여 인상과 칼뱅의 고소에 맞서 공적으로 스스로를 변호할 권리가 모두 거부되자 상처에 소금을 뿌린 것같이 고통스러워했다. 교회 지도자들이 마지막으로 그에게 의심하는 자라는 딱지까지 붙이면서, 이제 더 이상 카스텔리오는 관용의 대상이 아니었다. 1544년 봄 칼뱅이 콩그레가시옹에서 모임을 마친 후 주로 전염병이 돌던 때 봉사를 원치 않았던 제네바 목회자들에 대한 장황한 비판을 늘어놓자, 카스텔리오가 일어나 반발하면서 갈등이 끓어올랐다. 1545년 초 카스텔리오는 제네바를 떠나 바젤에 정착했다. 이로 인해 바젤은 곧 칼뱅과 그의 가르침에 반대하는 세력의 중심지가 된다.

중매자

칼뱅이 카스텔리오에게 보인 매정함은 그가 비레와 그 가족에게 표현한 관심 및 공감과 뚜렷하게 대비된다. 1546년 2월 칼뱅은 비레의 아내가 죽어 간다는 사실을 알게 되었다. "제가 거기로 날아가서 당신의 슬픔을 덜어 줄 수 있다면, 아니 적어도 그 일부라도 짊어질 수 있다면 얼마나 좋을까요?" 그 후 3월 비레의 아내가 사망하자, 친구들이 돌볼 수 있도록 비레에게 제네바로 오라고 간청했다.

> 지금 상황에서는 마음의 슬픔뿐 아니라 모든 골칫거리를 떨쳐 버려야 합니다. 제가 당신께 짐을 지울까 봐 두려워하지 마세요. 당신이 원하면 어떤 휴식이라도 다 누릴 수 있게 모든 수단을 강구하겠습니다. 누군가가 당신을 귀찮게 하면, 제가 해결할 겁니다. 성도들도 저와 똑같이 약속합니다. 저 또한 틀림없이 시민들이 당신이 원하는 것을 방해하지 않게 하겠습니다.[34]

칼뱅은 계속해서 친구의 건강을 극도로 염려했고, 급기야 1546년 여름 스트라스부르에 있는 친구 자크 드 팔레^{Falais}를 중매자로 고용하면서 비레의 새 아내 찾기를 시도했다. "당신도 알다시피, 우리 형제 비레가 결혼을 하려 합니다. 나는 그만큼이나 이 일에 대해 염려하고 있습니다. 여기 로잔과 오르브에도 아내 후보가 많지만, 내 느낌에 모든 것이 만족스러운 사람이 아직 나타나지 않았습니다. 이 문제는 내 소관이지만, 당신이 있는 곳에서 그에게 어울릴 것 같은 사람을 보게 되면 내게 알려 주십시오."[35] 칼뱅은 미래의 신부를 찾을 뿐 아니라 일을 통제하기까지 했다. 비레는 엄청난 법률 상담을 무료로 받고 있었다.

> 우리가 질문을 많이 할수록 그 젊은 여성이 훌륭하다는 증언도 많아지고 더 좋을 겁니다. 그래서 나는 지금 그 여성의 아버지 마음을 확인하려고 합니다. 우리가 어떤 확신에 이르면 즉시 알려 드리겠습니다. 그동안 당신은 당신의 일을 준비하세요. 이 혼인이 [아미] 페랭을 기쁘게 하지는 못할 텐데, 그는 당신에게 라모의 딸을 강요하고 싶어 하기 때문입니다. 이 때문에 우리가 변명하느라 지체되는 일이 없도록 적당한 때에 기반을 마련하는 일에 더 신경을 써야 할 것 같습니다. 추측하건대, 우리 둘 다 코르나의 저녁 초대를 받았으니, 오늘 그와 주제를 논할 겁니다. 저는 양해를 구해서 시간을 확보하겠습니다. 당신의 허락하에, 제가 그 여성에게 물어본다면 일이 더 빨리 진행되겠지요. 저는 그분을 두 번 봤습니다. 정말 보기 좋은 외모와 성품을 가진 아주 정숙한 여성이랍니다.[36]

칼뱅은 비레에게 아내를 찾아 주면서 즐거워했다. 이는 가장 가까운 이들의 삶을 통제하는 식의 우정, 정확히는 칼뱅에게 가장 어울리는 우정이었다.

"내 인생 최고의 동반자를 잃었습니다": 사별

제네바에 있는 칼뱅의 동료들을 비롯하여 파렐과 비레는 칼뱅에게 사상 및 복음에 대한 공통의 헌신을 공유할 수 있는 친구 집단이 되어 주었다. 학생 시절부터 칼뱅은 이런 친구들에게 의존했고, 자신에게 지워진 부담에 대해 자주 생각하기는 했지만, 혼자이고 싶다고 말하지는 않았다. 우정과 동료는 중요했기에, 그는 다른 이들의 존재를 갈망하고 갈구했다. 이런 친구 중 조용한 동반자였던 아내 이들레트에 대해서는 거의 알려진 바가 없다. 그녀는 여러 편지에서 드문드문 나타나는데, 언제나 가장 애정 어린 표현으로 등장한다. 그녀의 역할은 집을 돌보는 것이었기에, 칼뱅이 집에 있을 수 없을 때 대신 손님을 접대했다. 칼뱅의 문안 인사에서 이들레트의 이름을 빠뜨린 일이 없는 것으로 볼 때, 그녀는 드 팔레 부부와의 관계에서 특별한 역할을 했던 것으로 보인다. 1545년에 칼뱅은 드 팔레 부부에게 아파서 침대에 누워 있는 이들레트를 기억해 달라고 요청하는 편지를 썼다.[37] 그러나 그녀는 또한 장 칼뱅의 삶에서 사랑이기도 했다. 그는 1547년 갓 태어난 아들 제임스의 세례식에서 아나뱁티스트였던 이들레트가 전남편과의 결혼이 스트라스부르의 관원들이 승인한 예식이 아니었다고 인정했고, 이 일로 그는 깊은 상처를 받았다.[38] 거기 참석한 한 여인이 이를 두고 이들레트가 창녀라고 말했기 때문이다.

1547-1548년 내내 이들레트의 병이 점점 깊어지자, 그녀가 제네바를 떠나 쉬는 방안을 포함해, 치료책이 강구되었다. 1548년 여름에 그녀는 로잔으로 가서 피에르 비레 및 그의 아내와 함께 머물렀다. 칼뱅은 비레가 자기 아내 돌보는 일을 기꺼이 떠맡은 것으로 한 가지 위안을 얻었다고 그에게 보낸 편지에 썼다.[39] 1549년 봄에 이들레트가 사망하자, 칼뱅은 가장 가까운 두 친구 비레와 파렐에게 편지를 보냈다. 상실은 인격을 드러낸다. 칼뱅은 적어도 부분적으로나마, 속마음을 드러냈다. 그는 비레에게 "그리고 참으로 내 슬픔은 평범한 슬픔이 아니에요. 나는 내 인생 최고의 동반자를 잃었습니다. 만일 그렇게 하기로 했다면, 그녀는 내 빈궁함뿐 아니라 죽음까지도 기꺼이 나누어 가지려 했을 사람이에요."[40] 스스로 밝힌 것처럼 자기 통제 능력이 뛰어나지 않았더라면, 칼뱅은 이 상실의 무게를 견뎌 낼 수 없었을 것이다.

칼뱅에게 동반자가 된다는 것이 무슨 의미일까? 비레에게 보낸 편지에서 그가 다음으로 언급한 것은 이들레트가 자신의 목회에 얼마나 중요한 역할을 했는지에 대한 것이었다. 마지막으로 아플 때에도 그녀는 자신이 남편의 일에 방해가 되지 않기를 바랐다. 칼뱅은 아내의 아이들을 돌보겠다고 약속했지만, 그녀가 보인 반응은 놀라웠다고 비레에게 알렸다. "남편으로 하여금 아이들에게 신앙 지식과 하나님을 두려워하는 것을 가르치라고 강요할 수는 없습니다. 아이들이 경건하다면, 그는 기쁘게 그들의 아버지가 될 것입니다. 그렇지만 아이들이 경건하지 않다면, 이들을 위해 뭘 해 달라고 내가 요청할 자격이 없어요. 수백 가지 부탁보다 마음의 고결함이 내게는 더 큰 무게로 다가옵니다." 이들레트의 경건한 죽음으로 칼뱅은 원군을 얻었는데, 아내가 예정 교리를 비롯해 그가 주장한 모든 것을 인정했기 때문이었다. 그러나 편지에서 그는 전반적으로 스스로에게 초점을 맞추고 있음을 무시할 수는 없다. 극심한 슬픔의 순간에도, 칼뱅은 자기 행동을 변호해야 한다는 부담을 떨쳐버리지 못했다.

나흘 후 파렐에게 보낸 편지에서는 이야기가 더 질서 정연한 구조를 갖추고 있다. 사별의 슬픔이 가득하지만, 내용은 전반적으로 이상적 죽음에 대한 것이다. 이들레트는 완전한 믿음을 갖고 세상을 떠난 그리스도인의 모범으로 제시된다. 장면은 남편, 가족, 목사들이 그녀 주위에 모인 데서 끝이 난다. 가장 감동적인 부분은 그리스도에 대해 그리고 그들이 함께한 결혼 생활에 대해 그녀에게 말한 후, 그들이 함께 드렸던 마지막 기도에 대해 칼뱅이 언급하는 부분이다. 비레에게 편지를 보내고 며칠 안에, 칼뱅은 이들레트의 죽음을 개혁과 경건의 완전한 표현으로 주조해 내는 과정을 통해 슬픔을 표현할 방법을 찾은 것이다.

10

그리스도의 몸을 치료하다

1541년 제네바 성문을 들어갈 때, 칼뱅은 자신을 더 넓은 유럽 종교 개혁의 일부로, 루터, 멜란히톤, 부처, 불링거, 츠빙글리, 외콜람파디우스를 비롯한 산 자와 죽은 자로 구성된 구름같이 허다한 증인들 즉 프로테스탄트 형제단의 일원으로 인식하고 있었다. 이들은 하나님의 말씀에 대한 헌신을 통해 하나로 뭉쳤다. 아직 이루지 못한 과제는 프로테스탄트 교회 안에서 하나 됨을 실현하는 것이었다. 제네바에서 프랑스 복음화의 선봉에 서겠다는 칼뱅의 대담한 계획에는 루터파 및 개혁파 교회의 지원이 필요했다. 그러나 그가 프랑스만 바라보고 있었던 것은 아니다. 종교 회의들이 실패하면서, 가톨릭과 프로테스탄트는 갈라져 각기 제 길로 갔다. 이들의 분열은 극복이 불가능하다는 것이 입증되었다. 칼뱅이 보기에, 모든 시도는 망상이었다. 앞으로 가야 할 길은 프로테스탄트의 일치였고, 그는 이 길의 영적 형제는 필립 멜란히톤이라 믿었다.

부처와 마찬가지로 칼뱅도 루터와 츠빙글리 간의 논쟁을 보고 하나님의 교회 개혁 의도를 손상시키는 것이자 대화보다 다툼을 좋아하는 인간의 어리석음이라고 여겼다.¹ 기독교 인문주의 동료들은 의견 및 접근법의 차이와 상호 존중에 근거한 의견 불일치를 허용했기에, 적의와 비난은 들어설 곳이 없었다. 적의와 비난은 악마와 그를 따르는 졸개들의 손에서 놀아나는 것이었다. 새로운 지도자는 증오의 순환 고리를 부숴야 했다. 그러나 프로테스탄트의 일치를 이루는 데 결정적 역할을 할 수 있다고 하는 칼뱅이 지닌 낙관주의에는 그의 신학의 독립성에 대한 오해가 숨어 있었다. 루터파와 츠빙글리파의 눈에 공히 그가 결코 중립이 아니라는 사실이 1540년대를 지나며 드러나고 있었다. 칼뱅은 당파 싸움에 말려들었고, 그의 노력에 대한 보상은 쓰라린 수확을 거두게 될 것이었다.

루터를 칭송하며

독일 루터파와 칼뱅의 관계에는 희망적 관측이 가능한 건전한 수단이 필요했다. 칼뱅은 멜란히톤의 견해에 반대하는 부분이 많긴 했지만 근본적으로 둘은 동의하는 관계라고 지속적으로 주장했다. 그러나 오래 지속될 수 없는 허위였다. 덧칠의 균열이 처음 보인 것은 저명한 네덜란드인 가톨릭 신학자 알베르투스 피기우스[Albertus Pighius]와 1542-1543년 겨울에 벌인 논쟁에서였다. 논쟁의 기원들은 사건만큼이나 흥미진진하다. 칼뱅의 1539년 『기독교강요』가 라퀼라[L'Aquila]의 가톨릭 주교 베르나르두스 킨키우스[Bernardus Cincius]의 주목을 끌었고, 그는 이 책을 체르비니 추기경[Cardinal Cervini]에게 전달했다.² 이들은 이 책이 다른 어떤 "루터파" 작품보다 더 위험하므로, 효과적인 대응을 해야 한다는 데 재빨리 동의했다. 피기우스가 이 과업을 맡아

1542년 여름에 출판물로 『기독교강요』를 공격하면서, 자유 의지에 관한 칼뱅과 멜란히톤의 견해 차이를 부각시켰다. 피기우스는 칼뱅을 주적으로 규정한 첫 번째 주요 가톨릭 저술가였다. 한편으로는 이 프랑스인이 국제 무대에 등장한 데 대한 칭송이기도 했다. 칼뱅은 1543년 프랑크푸르트 도서전 기간에 맞추려고 급히 답문을 썼다. 그러나 그 와중에 피기우스가 사망했고 칼뱅은 예정에 대해 계획된 단락을 썼는데, 이후에 자신이 "죽은 개를 모욕하려는" 의도는 없었다고 밝혔다.³ 칼뱅은 자유 의지와 예정에 대한 자신과 멜란히톤의 견해차를 잘 알고 있었음에도, 자신의 『의지의 속박과 해방』 Bondage and Liberation of the Will 을 멜란히톤에게 헌정하고 이 비텐베르크 교수가 자신의 지지자라고 주장했다.⁴ 멜란히톤이 좀더 신중하기는 했지만, 칼뱅은 수사적 방식으로 둘의 차이가 설명될 수 있다고 믿었다. 멜란히톤은 이에 대해 감사를 표하면서도, 칼뱅이 논쟁이 되는 지점을 부각시키는 실수를 저질렀다며 염려했다. 칼뱅이 합의된 프로테스탄트 교리에 견해를 맞추고 이슈들을 논쟁으로 끌어들이지 않았다면 더 좋았을 것이라고도 언급했다.⁵

칼뱅은 개의치 않고 그가 가공으로 꾸며 낸 제네바와 비텐베르크의 연합 전선을 밀어붙였으며, 1546년에는 멜란히톤의 『신학총론』 프랑스어 번역판을 출간하면서 서문에서 다시 한번 둘 사이의 신학적 합의를 강조했다. 그러나 이번에는 자신과 멜란히톤의 접근법이 다르다는 것은 인정했다.⁶ 그의 목적은 이 비텐베르크 교수를 교회의 거룩한 교사로 프랑스 독자들에게 알리는 것이었다. 이는 프로테스탄트 교회 안에서 합의된 교리들이 있음을, 그리고 프랑스 복음주의자들에게 이야기할 때 칼뱅이 더 광범위한 종교개혁 공통의 목소리로 말했음을 보여 준다. 멜란히톤은 이 번역서에 대해 아무런 답도 하지 않았는데, 프랑스어를 몰랐기에 아마도 읽지 않았을 것이다.

칼뱅은 종교 회의들에서 목격한 것에 역겨움을 느끼며 1541년에 제국을 떠났지만, 독일에서 일어나는 사건들을 늘 예의 주시하고 있었고 관심을 잃은 적도 없었다. 여러 소식이 혼재되어 있었다. 카를 5세의 제국 군대가 종교개혁을 수용한 메츠Metz 시를 포위하고 있었다(파렐도 이 도시에서 활동한 이들 중 하나였다).

고무적인 소식은 쾰른의 상황으로, 여기서는 칼뱅이 "열정의 기적"으로 묘사한 바 있는 65세의 대주교이자 선제후인 헤르만 폰 비트Hermann von Wied가 마르틴 부처, 필립 멜란히톤, 가톨릭 신자 요한네스 그로퍼Johannes Gropper를 비롯한 일단의 개혁 성향 인문주의자들을 모았다. 칼뱅이 스트라스부르에 있던 1543년 여름에는 부처와 멜란히톤이 공동으로 『기독교적이고 참된 책임』Christian and True Responsibility을 썼는데, 이 책은 쾰른의 신학 교수진의 고발에 대응한 변증서였다. 대주교는 개혁이 성경에서 비롯되어야 한다고 인정하는 서론을 추가했다. 루터는 인정사정없는 평가를 내렸다. "너무 길고 허튼소리가 많은 걸 보니, 여기서 수다쟁이 부처를 찾을 수 있겠다."[7] 그럼에도 불구하고 책이 받아들여져, 놀랍게도 쾰른의 가톨릭 교구에서도 복음주의 설교가 허용되고 성찬이 전반적으로 프로테스탄트 예전에 따라 집전되었으며 수사들은 수도원을 저버렸고 사제들은 결혼을 했다. 그러나 이 짧은 순간은 황제의 군인들 때문에 종말을 맞았다. 마르틴 부처는 제국 군대의 진입을 목격했는데, 열흘 만에 스트라스부르에 강제로 복귀되면서 개혁의 전망도 사라졌다.

독일 프로테스탄트가 처한 상황은 암담해 보였다. 카를 5세는 지루하게 이어지던 프랑수아 1세와의 전쟁을 끝내기로 결심하고, 독일 제후들에게 협조를 요구했다.[8] 슈말칼덴 연맹은 패배하지는 않았지만 처참하게 분열되어 있었고 회원국들이 진 빚은 심각했다. 연맹은 폰 비트 대주교를 보호하는 아무런 조처도 취하지 않았고, 연맹 지도부가 1544년에 슈파이어 의회$^{Diet\ of\ Speyer}$에서 황제를 만났을 때 기꺼이 황제의 명령을 따랐다. 9월 18일에 프랑수아 1세가 항복하며 크레피 평화안$^{Peace\ of\ Crépy}$이 체결되었다. 프로테스탄트 제후들은 스핑크스의 수수께끼 같은 상황에 직면했다. 종교에 대한 충절과 가톨릭 황제에 대한 충성 사이에서 어떻게 균형을 잡아야 할까?

승리한 황제가 슈파이어에서 제국의회를 열자, 칼뱅은 부처의 지원을 받아 프로테스탄트 종교개혁자들을 위해 교리 변증문과 독일 지역 교회 위원회에 대한 호소문을 준비했다. 칼뱅은 이 기회를 마음껏 누렸다. 개혁 운동 전체를 위한 대표자로 선택된 것보다 더 국제적 지위를 인정받는 일이 무엇이 있겠는가? 그 결과로 나온 『교회 개혁의 필요성에 대하여』$^{On\ the\ Necessity\ of\ Reforming\ the\ Church}$는 칼뱅이 최선을 다해 쓴 작품으로, 명료하고 설득력 있으며 신랄했다. 그는 종교개혁뿐만 아니라 교회의 일치를 주제로 다루었다. 이 글에서 칼뱅은 존경심을 담아 마르틴 루터를 묘사했는데, 그의 주장에 따르면, 루터는 구원의 길을 잃어버린 교회에 참된 교리를 회복시키기 위해 하나님이 기르신 사람이었다. 루터는 무지몽매한 사람들에게 '빛'이었고 그의 동기에는 이기심이 없었으며 하나님의 교회를 개혁하는 일에 몰두했다. 칼뱅의 칭송은 다음과 같이 이어진다.

루터가 처음 등장했을 때, 그는 가장 거대한 종류의, 지금은 도저히 견딜 수 없을 만큼 커진 오류 몇 가지에만 부드럽게 손댔을 뿐이었다. 온건하게 그 일에 착수했는데, 그 오류들을 교정하려고 했다기보다 그것들이 교정되는 것을 보기를 갈망했다고 말할 수 있다. 반대자들은 즉각 전투 나팔을 불었다. 갈등이 점점 격화되자, 우리의 적들은 잔혹한 폭력으로 진리를 한껏 짓눌렀다.[9]

칼뱅은 루터를 다른 이들이 그 발자취를 따르는 종교개혁의 예언자로 인식했다. 그러나 이와 더불어 정치적 차원도 있었다. 1544년에도 칼뱅은 루터파와 화해하기를 바랐기에, 이 위대한 인물에 대한 칭찬에는 멜란히톤에 대한 구애도 동반되었다. 그는 자신이 가톨릭 황제의 마음을 바꾸지 못하리라는 것을 너무 잘 알고 있었기에, 그런 의도가 아니었다. 『교회 개혁의 필요성에 대하여』는 무엇이 프로테스탄트를 하나 되게 하는지 진술하려고 작성한 것이었다. 칼뱅은 이에 대해 분명했다. 하나님께 드리는 참된 예배와 구원에 대한 지식은 종교개혁의 심장이고 영혼이므로, 우상을 숭배하는 로마 가톨릭교회에 대한 공격은 정당했다. 『교회 개혁의 필요성에 대하여』에서는 로마서와 『기독교강요』에 담았던 교회에 대한 그의 사상이 여러 회의에서의 경험과 통합되었다. 칼뱅은 자신이 날카로운 관찰자임을 입증했고, 황제와 로마가 제기한 위협에 대해서도 거의 의심하지 않았다. 카를 황제는 자신에게 복종하는 프로테스탄트 제후들과 함께 슈파이어에 도착했고, 오로지 전쟁 및 종전 전망에 대해서만 이야기했다. 종교개혁은 심각한 위기에 빠졌다.

"그분은 우리 영혼의 음식일 뿐 아니라 음료이시기도 하다"

1540년대 내내 프로테스탄트 교회를 일치시키려는 칼뱅의 열망은 계속 타올랐지만, 결국 울리히 츠빙글리의 망령 때문에 이루어지지 못했다. 1540년대 초에 취리히와 비텐베르크의 관계는 거의 망가졌고, 불링거와 멜란히톤이 좋은 관계를 유지했음에도 루터는 스위스를 완전히 외면했다.[10] 불링거와 취리히에 있는 그의 진영은 그들 교회의 정통성을 강력히 주장하면서 그 일환으로 츠빙글리의 작품을 계속 출판했고 완강하게 그의 인품과 교훈을 변호했다. 불링거는 자신이 추가 협상에 열려 있음을 견지했다. 그러나 실제로는 아무런 양보도 하지 않았고, 루터파에 대한 생각을 바꾸려는 아무런 노력도 하지 않았다. 마찬가지로 비텐베르크의 나이 든 종교개혁자도 스위스가 자신들의 오류를 인정하고 철저하게 포기한다는 조건으로만 그들을 받아들일 요량이었다. 1530년대에 열정적으로 이 둘 사이를 중재했던 마르틴 부처도 취리히의 한 극단에서는 환영받지 못하는 인물이었다. 이런 상황에서 당시 조금의 영향이라도 끼칠 수 있는 유일한 인물이 칼뱅이었다. 그러나 당시 칼뱅은 모순적 상황에 처해 있었다. 즉 그는 스위스 종교개혁자 중 가장 영향력 있는 인물인 하인리히 불링거에게 의존했지만, 동시에 제국의 루터파에게도 문을 열어 놓으려고 한 것이다.

이 시기의 문제들은 우리가 칼뱅에게 성찬이 얼마나 중요한 주제였는지 인식할 때만 이해할 수 있다. 1538년에 성례 문제로 극적인 갈등의 순간을 맞이했고, 3년 후 제네바로 복귀하여서는 성찬 거행을 공동체의 핵심으로 만들었다. 『교회법』은 성찬을 1년에 네 차례 거행해야 한다고 선언했고, 제네바 교리문답에서는 왜 하나님이 빵과 포도주의 상징을 제정하셨느냐는 질문에 "주님은 우리의 약함을 도우시는데, 그분은 우리 영혼의 음식일 뿐 아니라 음료이시기도 한, 더 친밀한 방식으로 우리를 가르치신다. 그 결과 우리는 그분 안에서 다른 어떤 곳, 영적 삶의 다른 어떤 요소를 찾아 헤매지 않아도 된다"고 대답했다.[11] 바로 이를 통해 하나님은 외적 상징들로 신자의 믿음을 강하게 하시고, 이로써 신자는 복음이 약속한 확실성 속에 성장할 수 있다. 빵과 포도주는 단순한 상징물이 아니다. 신자의 마음과 영을 고양시켜 하나님에 대한 참된 지식으로 이끈다.[12]

칼뱅에게 복음과 성례는 같지만 다르며, 서로가 없이는 존재할 수 없다. 인간은 감각의 피조물이기에 믿음을 도울 외적 요소가 필요한데, 하나님이 주신 것이 바로 성찬이다. 빵을 먹고 포도주를 마시는 것은 단순히 행위가 아니라, 강단에서 선포되는 하나님의 말씀과 함께 그리스도인이 그리스도를 받는 수단이다. 스트라스부르에서 교회를 위해 쓰고 1545년 제네바에서 출간한 예전에서, 칼뱅은 사람들이 성찬을 받기 위해 알아야 할 네 가지가 있다고 설명했다. 본질상 죄인이어서 하나님 나라에 들어갈 자격이 없다는 것, 그리스도만이 죄를 용서하신다는 것, 그리스도가 성찬 성례에서 자신을 주셨다는 것, 성찬에 참여함으로써 사람들은 그리스도의 희생의 유익을 받게 된다는 것이다.[13] 이를 아는 신자는 하나님의 목적과 죄 용서 모두를 확신할 수 있다.

『기독교강요』와 함께, 이 시기 성례에 대한 칼뱅의 가장 중요한 진술은 그의 『성찬에 대한 소고』*Short Treatise on the Lord's Supper*에 나오는데, 이 책도 스트라스부르에서 집필되었다가 제네바에 와서 출간되었다. 칼뱅은 스트라스부르 예전에서 두드러졌던 주제 하나를 추가로 발전시켰다. 즉 지식과 확신이다.[14] 그는 신자의 심리적 필요에 아주 민감했다. 그리스도와의 연합이 인간의 지성으로는 이해될 수 없기 때문에, 신자에게는 이 연합에 대한 확신이 필요하다. 이런 인간의 연약함에 맞추기 위해 하나님은 땅의 상징을 사용하셔서 신적 진리를 드러내신다. 이런 상징들에 그 자체로는 능력이 없다. 이들을 효력 있게 하는 것은 그 안에서 역사하시는 성령이다.

> 이제 여기, 우리가 성찬을 통해 얻게 되는 탁월한 위로가 있다. 성찬은 우리 안에 어떤 문제가 있든지 우리를 예수 그리스도의 십자가와 그의 부활로 이끌고 인도하여, 주님이 우리를 의로운 자로 인정하시고 받아들이신다는 것을 확신하게 한다. 우리 안에 있는 죽음의 재료가 무엇이든지, 그분은 우리에게 생명을 주신다. 우리 안에 있는 불행이 무엇이든지, 그분은 우리를 모든 복으로 채우신다. 또는 좀더 단순하게 설명하자면, 우리 안에는 선한 것이 하나도 없고 구원 얻는 데 도움이 될 만한 파편 하나도 없기 때문에, 성찬은 우리를 그리스도의 죽음과 수난에 참여하는 자가 되게 하여, 우리에게 유용하고 유익한 모든 것을 우리가 갖고 있다는 사실을 입증하는 것이다.[15]

빵과 포도주라는 수단을 통해 하나님은 그의 백성에게 그리스도를 주신다. 상징들(빵과 포도주)을 받는 것은 이것들이 상징하는 것(그리스도)을 받는 것이다.

    칼뱅의 가르침에서 역동성은 지식과 믿음 사이에 있다. 설교, 교리문답, 학교 수업을 통해 사람들은 하나님의 본질과 그리스도를 통한 구원을 배운다. 그들은 그리스도인의 삶에서 교육을 받는다. 이는 성경에 계시된 지식이며, 목회자가 가르쳐야 하고 평신도가 배워야 하는 의무다. 그러나 우리가 신앙에 대한 사실들이라고 지칭할 수 있는 이것을 칼뱅은 단순히 머리의 배움으로 여기지 않았다. 하나님과 그리스도에 관해 배울 때 사람은 구원에 대한 갈망을 느끼기 시작한다. 이는 죄의 실재와 하나님의 선하심에 눈뜨게 하는 믿음의 역사다. 그러나 인간은 심지어 신자라 할지라도, 약하고 죄가 크기 때문에, 계속해서 공급받아야 한다. 이것이 설교와 성찬의 역할이다. 칼뱅은 1543년판 『기독교강요』에서 이 생각을 계속 발전시켜, 말씀과 성례의 관계에 대해 더 풍성한 내용을 썼다. 이 둘은 모두 하나님이 인간에게 자신을 맞추시는 형태이지만, 성찬은 보고 느끼는 상징으로서 인간의 필요에 부응한다. 성찬은 설교, 가르침, 기도, 예배 같은 은혜의 다른 형태와 함께 작용하지만, 독특한 특징을 지닌다. 성찬은 하나님의 말씀으로 의롭다 함을 입은 이들에게 지식과 확신을 가져다준다.[16] 그리스도인은 그리스도의 희생으로 유익을 얻었음을 깨달아 믿음 안에서 자라게 된다.

마지못해 결성된 연맹

칼뱅이 츠빙글리의 작품들을 읽었고 그 안에서 동의할 수 있는 많은 점을 찾았다는 것에는 의심의 여지가 없지만, 성찬 문제에 대해서는 오히려 스트라스부르와 루터파의 견해에 가까웠다.[17] 1536년판 『기독교강요』에서 보이는 츠빙글리파의 영향은 칼뱅이 1538년에서 1541년 사이 스트라스부르에 머무는 동안 사라졌다. 이 시기에 그는 파렐과 비레에게 자신이 어떻게 루터의 신학을 츠빙글리의 신학보다 더 좋아하게 되었는지 말했다.[18] 심지어 칼뱅이 성경 해석자로서 높이 평가한 바젤의 개혁자 외콜람파디우스도 성경 본문의 풍성한 의미를 분별하는 데는 부족했다.[19] 사실상 칼뱅은 성찬 논쟁에서 다른 진영들의 주장에 대해 비판하면서 자신만의 독특한 입장으로 옮겨 가고 있었다. 로마 가톨릭교회에 반대한 그는 미사를 우상숭배로 비난하는 프로테스탄트 합창단의 일원이 되었다. 츠빙글리파에 반대한 그는 이들이 빵과 포도주에 그리스도가 임재한다는 것을 거부하면서 버린 것이 너무 많다고 주장했다. 최종적으로 칼뱅은 그리스도가 성령을 통해 육체로 임재한다고 주장하는 루터파의 편재설에도 공감하지 않았다.

칼뱅의 고민은 그리스도가 성례 안에 물리적으로 임재한다고 주장하지 않으면서도, 하나님이 성찬을 통해 역사하신다는 것을 표현할 수단을 찾아내는 것이었다. 또한 그는 츠빙글리파와 루터파를 소외시키지 않으면서도 이것을 성취해야만 했다.[20]

칼뱅은 조심스럽고 치밀하게, 심지어 눈속임까지 쓰면서 이를 진행했다. 독일 루터파를 의식하며 쓴 1545년 고린도전서 주석은 그가 노골적으로 밝히지 않으면서도 암묵적으로 한 진영을 지지했던 방식을 보여 준 탁월한 예다. 그는 츠빙글리파의 성찬론은 틀렸다고 강조했지만, 루터의 성찬 교리에 접근할 때는 더 미묘한 차이를 보였고, 언어도 신중히 골라 썼다. 편재 교리를 싫어하기는 했지만, 루터나 그 지지자들의 이름을 언급하지는 않았고 오히려 중세 스콜라 신학자들의 거짓된 가르침이라고 비난했다.[21] 이는 탁월한 수사적 전략이었다. 동시에, 그리스도 임재의 실재성에 대한 주장에서도 루터의 글과의 분명한 유사성이 보이는데도 루터의 저작을 인용하지는 않았다.

이전에 부처가 양 진영의 선의를 상대에게 확신시키고자 했던 것처럼, 칼뱅이 시도했음에도 불구하고 루터파와 츠빙글리파 간 논쟁을 그렇게 교착 상태에 빠지게 한 것은 신학과 성격, 둘 다라고 이해했다. 루터가 1544년 9월 성찬에 대한 『짧은 신앙고백』^{Short Confession}을 출판한 것은 무거운 짐을 잇따라 지워 지푸라기 하나로 낙타의 등이 부러진다는 속담이 이루어진 격이었다. 예상한 대로, 이 노인이 한 번 더 후려갈긴 대상은 스위스만이 아니었다. 멜란히톤과 부처도 자신들이 공격받고 있음을 알아차렸다. 비텐베르크의 상황이 아주 긴박한 것으로 알려져, 멜란히톤이 쫓겨날 수도 있다는 소문이 해외에 퍼졌다. 멜란히톤도 자신의 자리를 지키기 어려운 상황으로 변하고 있다는 신호를 보냈다. 그는 부처에게 다음과 같은 내용의 편지를 보냈다. "저는 당신에게 우리의 페리클레스[루터]에 대해 편지를 씁니다. 그는 성찬이라는 주제에 대해 가장 강력한 천둥소리를 다시 발하기 시작했고, 당신과 제가 얻어맞아 시퍼렇게 멍들 정도로 글로 맹렬한 공격을 가했습니다. 저는 조용하고 평화로운 새와 같이, 우리의 교란자가 저를 가둬 두려 한다면, 감옥과 마찬가지인 이 집을 떠나려 하지 않을 수 없을 겁니다."[22]

파렐은 비텐베르크에서 온 최근의 공격 후, 칼뱅이 취리히 사람들을 침묵시키는 역할을 할 수 있으리라 믿었다. 그러나 칼뱅은 회의적이었다. "저는 벌써 그들에게서 돌아올 대답이 두렵습니다. 그들은 그[루터]를 진정시키려고 노력하는 것과 더불어, 놀라운 인내로 견뎌 낼 것이 분명합니다. 불링거 스스로도 몇 달 전에 제게 편지를 보내 루터의 무례함에 대해 불평했지만, 그러면서도 자신과 자기 친구들의 인내를 높이 평가했습니다."[23] 칼뱅은 그럼에도 불구하고 나이 들면서 점점 더 심술궂어지는 루터가 문제의 큰 부분임을 알고 있었다. "현 상황에서는 위기는 그들이 아니라 루터에게서 비롯된 것입니다."

그러나 칼뱅은 개입하지 않고, 11월에 불링거에게 편지를 써서 루터의 『짧은 신앙고백』에 대한 대응을 자제하라고 요청했다. "루터가 당신뿐 아니라 우리 모두에게 가혹한 악담을 길게 퍼부었다는 이야기를 들었습니다."[24] 비록 칼뱅이 츠빙글리파를 "순전한 사람들"이라고 지칭했어도, 흠이 있기는 하지만 교회의 개혁자인 루터의 위대함을 인식하라고 불링거에게 조언을 늘어놓았다.

저는 루터가 얼마나 저명한 분인지, 얼마나 탁월한 은사를 가진 사람인지, 얼마나 지성과 결연한 지조가 있는 분인지, 얼마나 대단한 실력을 지닌 분인지, 얼마나 대단한 효율성과 교리적 진술의 능력으로 힘을 다해 적그리스도의 통치를 뒤집고, 동시에 구원의 교리를 멀고도 넓게 퍼뜨렸는지 먼저 생각해 보시기를 진심으로 간청합니다. 설령 그가 저를 악마라 부른다 하더라도, 저는 여전히 그런 존경을 담아 그분을 하나님의 뛰어난 종으로 인정할 것이라고 자주 선언했습니다. 그러나 그런 드물고 탁월한 덕이 있다고는 하지만, 동시에 그분은 심각한 결점을 가지고 사역합니다. 모든 방향으로 끓어넘치기 너무 쉬운 이 불안하고 침착하지 못한 성정을 죽이는 법을 그분이 배워야 하지 않겠습니까.

루터의 거칠고 가혹한 태도를 인정하면서도, 칼뱅은 성찬 문제에 대해서는 불링거에게 냉랭한 위로를 건넸다. 칼뱅은 교회의 평화라는 주제에만 골몰하면서 루터의 가르침을 정죄하기를 거부했다. 그는 바울을 인용하면서 불링거에게 교회의 더 위대한 일치에 눈을 돌리라고 권한다. 루터파에 대한 칼뱅의 눈에 띄는 동조는 취리히에서는 틀림없이 불편하게 읽혔을 것이다.

칼뱅은 필립 멜란히톤이 신학적 대화를 위한 최고의 희망을 제시할 것이라 믿었기에, 다시 한번 그에게 연락을 취했다. 그러나 결과는 쓰라린 절망이었다. 스위스에 반대하는 루터의 선동적인 작품이 출간된 지 약 6개월이 지난 1545년 1월, 칼뱅은 복음주의 관점을 취하면서도 가톨릭교회를 떠나기 거부하는 프랑스인들에 반대하는 글과 함께 편지 두 편을 써서 비텐베르크에 보냈다. 칼뱅은 멜란히톤에게 보내는 편지에서 루터와 소원해졌다는 소문에 대해서는 언급하지 않고, 자신의 저서가 비텐베르크에서 인정받으며 읽히는 것이 자신에게 얼마나 중요한 의미인지 말했다. "이렇게 하는 것이 다소 주제넘을 수 있겠지만, 저는 당신이 친구로서 이것을 훑어보는 수고를 마다하지 말기를 부탁드립니다. 저는 당신의 판단을 정말로 바른 것으로서 지극히 가치 있게 여깁니다. 당신이 인정하지 않을 만한 것은 저 역시 마음에 들지 않는 것일 테니까요."[25] 칼뱅은 우정을 쌓는다고 해서 모든 것에 동의할 필요는 없다고 주장하면서, 자신이 자기 친구들과 어느 정도 공유하고 있는 관습이라고 말하고 멜란히톤에게 자신의 글을 자유롭게 비판해 달라고 요청했다. 두 번째 편지는 루터에게 보내는 것으로 분위기가 사뭇 달랐다. 칼뱅은 감히 친한 척하려 하지 않았다. 그리고 자신이 루터의 변덕스러운 기질을 잘 알고 있기 때문에, 이 위대한 인물에게 자기 글을 보낼 수단과 시기를 멜란히톤의 분별력으로 정해 달라고 다소 초조한 듯 멜란히톤에게 암시를 주었다.

루터에게 보낸 편지에서는 지원을 요청했다. 프랑스의 암울한 상황에 대해 쓰고, 파리에 있는 친구 앙투안 퓌메^{Antoine Fumée}와 어떻게 접촉했는지 이야기했다. 퓌메는 가톨릭의 신앙 관습과 타협하지 않는 칼뱅의 주장에 반대하는 이들이 많다고 알려 주었다. 프랑스인들은 칼뱅이 비텐베르크에 조언을 구하기를 바랐다.

> 그러므로 이제 주 안에서 큰 존경을 받는 아버지여, 그들과 저를 위한 수고를 꺼리지 않으시기를 저는 그리스도를 힘입어 당신께 간청합니다. 먼저, 여유가 있으실 때 그들의 이름으로 쓴 편지와 제 작은 책들을 서둘러 숙독해 주십시오. 혹은 당신이 누군가에게 [그것들을] 읽는 수고를 하게 하신 후 그 내용을 보고하도록 해 주십시오. 두 번째로, 당신의 의견을 몇 단어로 알려 주시기 바랍니다. 정말 너무 무겁고 다양한 요구에 시달리는 당신께 이 수고를 안겨 드리고 싶지 않지만, 당신은 정말 정의로우시니, 제가 이런 절차를 거치지 않고 이 일을 하는 것을 상상도 할 수 없을 정도입니다. 그러므로 당신이 저를 용서하시리라 믿습니다.[26]

그러나 오직 침묵뿐이었다. 루터가 칼뱅을 "성찬기념론자" 혹은 그가 미워한 츠빙글리의 추종자 중 하나로 인식하고 있는 것을 알았던 멜란히톤은 루터에게 아예 편지를 보여 주지도 않았다. 한때 사돌레토에게 보낸 답장을 루터가 긍정적으로 평가했던 것에 한껏 고양되었던 칼뱅은 자신의 영웅에게 거절당했다. 그는 자신의 신학적 입장의 애매함 때문에 프로테스탄트의 힘을 소진시키고 있는 치열한 논쟁의 급류 속에서 익사할 위기에 처했고, 루터파와의 합의를 찾으려던 소망도 좌절되었다. 교회 일치 추진은 이제 다른 길을 찾을 수밖에 없었고, 그 한 방편으로 동쪽 스위스 도시들을 향하게 되었다.

베른과의 투쟁

칼뱅에게 1540년대 중반은 짧은 유예 기간이었다. 제네바는 상대적으로 조용했고, 교회 개혁이 진행 중이었으며, 베른과의 관계는 편하지는 않았지만 꽤 평온했다. 1545년에 칼뱅은 고린도전서 주석 집필에 전념했다. 그러나 해외에는 근심거리가 있었다. 프로테스탄트 세계는 카를 5세와 슈말칼덴 연맹 사이의 곧 벌어질 것 같은 전쟁에 시선을 집중하고 있었다. 공포 분위기는 싸우던 교회들이 일치 문제에 집중하게 하는 데 조금이나마 영향을 주었다. 1546년에 루터가 사망한 것은 모든 면에서 상징적인 사건이었다. 그의 대적들도 종교개혁의 위대한 예언자가 사라졌다고 인식했다. 불링거는 루터가 스위스에게 고약했다고 주장하면서도, 그에게 경의를 표하는 감동적인 애도의 서신을 멜란히톤에게 보냈다.[27]

칼뱅의 평화는 1548년 성찬을 놓고 로잔에서 피에르 비레와 신임 신학 교수이자 열렬한 츠빙글리파였던 앙드레 제베데 André Zébédée 사이에 치열한 논쟁이 벌어지자 산산조각이 났다. 비레는 프랑스어로 집필하고 제네바에서 출간한 저작에서 츠빙글리파의 성찬 신학과 교회 일에 끼어드는 베른 관원을 모두 비난했다.[28] 기본적으로 비레는 베른 지역에서 칼뱅의 대리자 역할을 하고 있다는 사실을 반영하듯, 성찬에 대한 칼뱅의 견해를 제시했다.

비레는 1548년 4월 베른에 소환되어 자기변호를 해야 했지만, 도착할 때쯤 상황이 변했음을 인지했다. 교회 지도부가 교체되고 있었고, 부처의 가르침에 공감하던 다른 몇몇 목회자들과 함께 지몬 줄처도 도시를 떠나야 하는 상황이었다. 줄처는 바젤로 가게 되었는데, 여기서부터 그는 칼뱅의 삶에서 계속 의미 있는 역할을 하게 된다. 따라서 츠빙글리파의 지위가 높아진 상황에서 베른에 도착한 비레는 적대적인 질문 공세에 시달려야 했다. 그는 이 사태를 힘겹게 감당한 후 지위를 잃을 것을 예상하며 로잔으로 돌아갔다.[29]

한편, 베른에서는 요한네스 할러Johannes Haller를 최고 설교자로 부르는 등 의회의 바람직한 결정으로 상황이 많이 나아졌다. 할러는 탁월하나 주목을 받은 적이 거의 없던 인물로 스위스 종교개혁에서 보이는 서로 싸우는 경향을 인격으로 통합한 사람이었다. 베른의 시골 지역 출신인 그는 불링거처럼 사제의 아들이었다. 아버지는 1531년 2차 카펠전쟁 때 츠빙글리 옆에서 전사했고, 어린 요한네스는 취리히로 유학을 갔다가 이후 독일의 여러 대학에서 공부했다. 아우크스부르크에서 목회자가 되기 전에 비텐베르크에서 루터와 멜란히톤을 만났고, 1547년 카를 5세의 가톨릭 군대가 승리하면서 쫓겨날 때까지 아우크스부르크에 있었다. 제국에 오래 머물렀지만 스위스에서만 명성을 얻었을 뿐이어서, 1547년에 취리히와 베른의 초청을 받았다. 불링거는 그를 동료로 원했지만 할러가 고향 베른을 선택했고, 그럼에도 두 사람은 모두 1575년에 사망하기 전까지 가까이 연락하고 서신을 왕래하며 지냈다. 할러는 불링거의 『설교집』*Decades*을 독일어로 번역했다. 이 책은 유럽과 신세계 전역의 프로테스탄트 공동체에서 베스트셀러가 되었고 『가서』*Hausbuch, 家書*라는 제목으로 유명했다.

할러는 신세대 개혁자였다. 그는 츠빙글리가 아니라 불링거를 주목했는데, 이는 칼뱅에 대해서도 더 큰 유연함이 있다는 의미였다. 그러나 그의 주된 과제는 혼란한 베른 교회에 평화를 회복시키는 것이었다. 할러는 피에르 비레와 앙드레 제베데 간 분쟁으로 할 일이 많았다. 두 사람 사이 분쟁이 곧 해결될 듯할 때, 마침 비레가 쓴 책 내용도 베른에 알려졌다. 할러는 자신이 분노했던 상황을 불링거에게 낱낱이 이야기했다.

> 저는 비레 일이 해결되기를 바랐습니다. 그러나 이런 일들이 일어나고 있을 때, 그가 하나님의 말씀 사역의 능력과 실천에 대한 책을 프랑스어로 출간한 일을 보십시오.…제베데가 일부 내용을 라틴어로 번역해서 우리에게 보냈습니다. 다시 한번 비레가 모두를 화나게 했습니다. 특정 내용은 분명 우리를 반대하는 내용이고, 다른 내용은 의심스럽고 혼란스러우며 모호하기 때문입니다. 다른 것들은 참되지만, 이를 드러내는 시기와 장소가 그렇지 않습니다. 지금은 벌집을 쑤셔 놓으면 안 되는 시기입니다. 그는 다른 모든 면에서 경건함에도 불구하고, 저는 그가 면직되어 해고될 거라는 염려가 듭니다.[30]

할러는 후에 불링거에게 "제 인생에서 그보다 더 다투기 좋아하는 사람을 본 적이 없습니다"라며 애통한다. 제네바에서는 인기 있는 대중 설교자이자 평화의 사람이었던 비레가 베른에서는 싸움꾼에 선동가로 간주되었다는 사실은 베른 지역의 프랑스어권과 독일어권 공동체들 간에 얼마나 문화적 분열이 심각했는지 적나라하게 알려 준다.

칼뱅도 이 사건들에서 멀리 떨어져 그저 방관만 했던 것은 결코 아니다. 처음부터 그는 비레를 전적으로 지원하면서, 심지어 파렐처럼 물러서면 하나님께 벌을 받을 것이라 위협할 정도로 비레에게 굳건히 버티라고 강권했다. 칼뱅은 보 지방 출신인 비레를 통해 츠빙글리파 신학과 보 지방의 베른 관원들을 상대로 논쟁을 벌이고 있었다. 영리하고도 폭발력 있는 전술이었다.

접촉

칼뱅은 곤란한 입장에 처해 있었다. 그는 베른 교회의 츠빙글리파 신학을 반대했기에, 베른과의 관계도 좋지 않았다. 자신을 반대하는 베른 목회자들을 "짐승들"이라 지칭했는데, 실제로 그들의 영향력은 미미하다고 여겼다. 그러나 비텐베르크에서 찬바람이 불어오자 성찬을 놓고 불링거와 대화를 시작하는 길을 찾지 않을 수 없었다. 그는 보 지방과 베른에서 온 보고서로 취리히에서 자신의 명예가 훼손되고 있다는 사실을 알았다. 불링거가 자신에게 먼저 다가올 것 같지는 않았기에, 그가 먼저 나서야 했다. 1548년 4월 말, 그는 파렐에게 닷새 일정으로 취리히에 가서 함께 불링거를 만나자고 제안했다. 취리히 교회의 수장을 7년 만에 다시 개인적으로 만날 기회가 6월 칼뱅에게 찾아왔다. 두 프랑스인은 취리히 목회자들의 큰 환영을 받았고, 이들이 준 좋은 인상 덕분에 불편했던 관계가 많이 해소되었다. 그럼에도 불구하고 그들과 동등하다는 느낌을 받을 수는 없었다. 불링거가 윗사람이었고, 칼뱅도 이를 알았다. 매력 공세가 필수였다.

불링거의 집 탁자에 둘러앉아 무게감 있는 주제들, 그중에서도 특히 성례를 라틴어로 논의했는데, 두 사람 모두 눈의 비늘이 벗겨지고 서로 간의 의심도 해소되기 시작했다. 칼뱅이 죽기까지 지속된, 아주 다른 두 인물 간의 개인적 관계가 시작된 것이다. 칼뱅을 향한 불링거의 애정은 점점 더 따뜻해져서, 그가 성찬에 대해 마지막으로 저술한 원고를 칼뱅에게 보내는 것으로 더욱 분명해졌다. 불링거는 칼뱅에게 새로운 우정의 상징적 표시로 논평을 요청했다.

칼뱅이 제네바로 복귀해서 작성한 편지는 싹트기 시작한 우정과 남아 있는 난제를 모두 보여 준다. 그는 자신이 취리히에 있었을 때 두 사람이 책을 토론하는 더 "친숙한" 방식으로 이야기를 나눌 수 있었는데도, 불링거가 왜 그렇게 하지 않았는지 궁금해했다. 호의가 넘쳤음에도 불구하고, 토론에는 분명히 어색한 순간들이 있었다. "또한 마치 우리가 복음의 순전하고 단순한 교리에서 이탈하기라도 한 것처럼 책망을 받습니다. 그러나 저는 그 단순함이 바로 우리가 기억해야 할 것임을 배우기 소망합니다. 최근에 당신과 함께했을 때, 저는 이 점을 강조했습니다. 그러나 제 생각에, 제가 아무 대답도 듣지 못했음을 당신은 기억하실 것입니다."[31]

칼뱅은 어디가 문제인지 정확히 알고 있었다.

게다가 저는 오래전부터 부처와의 접촉이 우리에게 무거운 짐이 된다는 것을 주목해 왔습니다. 그러나 경애하는 불링거, 제가 규정한 신앙고백에 그가 동의한다는 사실을 아는 상황에서 우리가 부처와 어느 정도 거리를 두어야 하는지 생각해 주시길 간청합니다. 저는 이 시점에서 드문 것이든 다양한 것이든 그 사람이 가진 두드러진 미덕에 대해 말하지 않겠습니다. 제가 그를 미워하거나 멸시한다면 하나님의 교회에 슬픈 상처를 안길 수밖에 없다는 사실만 말하겠습니다. 제가 그에게 지고 있는 개인적 의무들에 대해서는 언급하지 않겠습니다. 그러나 저는 그에 대한 사랑과 존경으로 가능한 한 자주 그에게 자유롭게 충고합니다.

칼뱅은 부처에 대해 충심을 가지고 있기는 하지만 그것이 "부처파"임을 의미하지는 않는다고 강조했다. 칼뱅은 자신만의 신학과 일치에 대한 계획을 비롯한 자신만의 원칙을 가진 자신을 인정해 달라고 불링거에게 요구했다. 요약하면, 자신이 스트라스부르의 대리인이 아니라는 것이었다. 이 전략은 먹혀들었다. 할러가 비레와 칼뱅을 우호적으로 대하도록 불링거가 힘을 발휘하면서, 취리히에서 온 호의적 답변이 베른과 로잔의 프랑스인들을 지원하기 위해 번역되었다.

먹구름

취리히에서 일어난 긍정적 발전의 주요 원인은 1540년대 가톨릭의 부활이었다. 1545년 교황 바오로 3세가 소집한 트리엔트 공의회는 종교개혁에 대한 가톨릭의 조직화된 대응 신호였다. 이탈리아에서는 로마와 베네치아의 종교 재판소가 루터파 사상을 지지하는 이들을 뿌리 뽑고 있었고, 교황청에서는 프로테스탄트와의 교리적 타협에 단호히 반대하는 카라파 추기경 Cardinal Carafa 및 다른 이들의 견해가 지배적이었다. 카를 5세에게 패배한 프랑수아 1세는 독일의 지역 프로테스탄트 제후들에 대한 지원을 철회했다. 동시에 동방에서는 투르크와의 전쟁이 잠잠해졌다. 카를 5세가 독일의 이단자들에게 눈을 돌리기에 최적의 순간이 찾아온 것이다. 내부 갈등과 부실한 조직에 시달리던 슈말칼덴 연맹은 군사적 우위를 점하고 있다가 이제 굴욕적인 패배에 직면할 위기에 처해 있었다.

1546년 6월 제국의회가 슈말칼덴 연맹은 참여하지 않은 채 레겐스부르크에서 열렸다. 여름이 끝날 즈음에 제국군과 연맹군은 군사 행동에 돌입했다. 10월 말 전쟁이 터지자 연맹의 상황은 한층 더 심각해졌다. 작센 지역을 방어하느라 남부 독일 대부분이 이탈리아와 에스파냐령 네덜란드에서 데려온 카를 5세 군대의 수중에 넘어갈 위기에 처했다. 1547년 3월 21일 스트라스부르가 함락되면서, 시장 야코브 슈투름이 황제 앞에서 강제로 복종을 맹세해야 했다. 스트라스부르는 연맹을 탈퇴했는데, 이로써 이 도시에 마르틴 부처가 머물 날이 얼마 남지 않았음이 분명해졌다. 대주교 크랜머 Archbishop Cranmer의 초대를 받은 부처는 비밀리에 스트라스부르를 탈출해서, 인도자들에 이끌려 영불해협 해안으로 잠입하여 어린 에드워드 6세가 다스리는 프로테스탄트 잉글랜드로 건너갔다.

4월 21일 제국군이 뮐베르크에서 결정적인 승리를 거두면서, 작센 선제후 요한 프리드리히 Johann Frederick는 카를 황제의 포로가 되었다. 두 달 후에는 헤센의 필립도 항복했다. 1547년 9월 초 아우크스부르크에서 제국의회가 열렸는데, 여기서 카를은 승리를 만끽했다.

프로테스탄트 연맹을 정복했을 뿐만 아니라, 유럽의 주요 경쟁자인 프랑스의 프랑수아 1세와 잉글랜드의 헨리 8세가 모두 사망했기 때문이다. 6월에는 오스만 튀르크 술탄 슐레이만 1세와 5년간의 평화 협정도 체결했다.

칼뱅은 프로테스탄트 진영의 재앙에도 놀라지 않았다. 그는 교황의 권위에 저항하는 투쟁이라는 틀로 스스로를 규정하는 갈리아주의 전통 Gallican tradition* 출신이기에, 로마가 보이는 위협의 힘과 깊이에 대해 환상을 갖지 않았다. 이전에 그가 참석했던 종교 회의들에서 가톨릭이 진지하지 않다는 것을 알았기에, 그는 프로테스탄트 쪽에서 타협하려는 노력이 대적의 손에 놀아나는 일이 될 수밖에 없다고 확신했다. 독일 지역에 머물면서 그는 주도적인 제후들과 신학자들을 명민하게 평가한 후 자기 생각을 파렐에게 전달했다.[32] 독일 프로테스탄트는 악마와 한 식탁에서 홀짝거리느라 끔찍한 대가를 치렀는데, 그중 최악은 프로테스탄트 제후들이었다. 이들은 사리를 추구하고 복음에 대한 헌신은 부족하여 칼뱅을 섬뜩하게 할 정도였다. 루터는 죽었고, 카를은 승리를 거두었다.

칼뱅은 부처와 불링거와 함께 트리엔트 공의회에 대한 더 광범위한 프로테스탄트 진영의 공격에 합류했다.[33] 1547년의 『트리엔트 공의회 법령들과 해결책』 Acts of the Council of Trent with Antidote 은 가장 중요한 저술로, 공의회의 초기 법령들과 자신의 주석을 나란히 배치했다. 성경과 교부들, 특히 아우구스티누스에 대해 언급하면서 공의회의 결정

---

* 교황권이 지역 교회에까지 미치는 것을 제한하는 중세 후기 프랑스 가톨릭 교회의 한 운동이다.

을 가혹하게 비판했다. 『트리엔트 공의회 법령들과 해결책』은 칼뱅이 자기 능력을 얼마나 확신했는지 보여 준다. 법령과 자신의 주석을 나란히 배치하면서, 독자는 자신의 논리가 더 우월하다는 것을 알게 되리라고 절대적으로 확신했다. 이 글은 원래 라틴어로 작성되었다가, 후에 트리엔트는 참공의회가 아니라는 논지로 칼뱅이 모국에 내용을 소개하면서 프랑스어로 번역되었다.

> 그들이 기여한 분량에 어떤 값을 매겼는지 내 동포 프랑스 사람들에게 묻고자 한다. 그들은 프랑스 왕국이 교회를 이끄는 지류 중 하나라고 의심 없이 믿고 있다. 그런데 왜 똑같이 멍청하고 배우지도 못한 낭트와 클레르몽 출신의 두 주교만 보내는가? 클레르몽 출신 주교는 얼마 전까지만 해도 어릿광대처럼 어리석은 사람 취급을 받았고, 욕정을 못 이겨 사냥개처럼 킁킁거리며 악의 소굴을 찾아다니는 것으로 유명했다.[34]

칼뱅은 공의회라는 것이 교회 일치를 위한 최선의 수단이 될 수 있다고 인정하면서도 트리엔트 공의회의 신학 진술들, 특히 칭의에 대한 칙령은 체계적으로 거부했다. 또한 교회의 전통은 중요하다는 데 동의하지만 이 모두가 "교황과 그 심복들" 때문에 트리엔트에서 부패했다고 주장했다. 칼뱅의 저술이 큰 성공을 거둔 탓에, 주도적인 독일 인문주의자이자 가톨릭 논쟁가인 요한네스 코클라이우스 Johannes Cochlaeus가 반박문을 썼다. 여기서 코클라이우스는 칼뱅을 모든 이단 중에서도 최악이라고 분류했다.[35]

이 승리는 가톨릭 측에게 전적으로 달콤하지만은 않았다. 독일 지역에서 제국이 거둔 승리는 교황에게는 좋은 소식이 아니었다. 로마에 있는 많은 이가 카를은 프로테스탄트와 너무 쉽게 타협한다며 신뢰하지 않았기 때문이었다. 가톨릭 군대가 승리를 향하여 진군하고 있었던 것처럼, 트리엔트 공의회의 신학자들도 최종적으로 루터파와 개혁파의 가르침을 거부하는 원죄 및 칭의에 관한 칙령을 발표했다. 신학적 타협에 이르려는 시도는 더 이상 없을 것으로 보였다. 그러나 이것이 카를의 입장을 반영한 것은 아니었다. 제국을 개혁하려는 그의 계획에는 가톨릭 신앙의 본질적 교리는 타협하지 않으면서도 프로테스탄트와 관계를 유지하려는 의도가 들어 있었다. 제3의 길을 찾아야 했기에, 1547년 말과 1548년 초에 방안을 마련하려는 집중 작업이 이루어졌다. 가톨릭의 핵심 인사는 마인츠 부주교 미카엘 헬딩Michael Helding과 나움베르크 주교 율리우스 폰 플루크Julius von Pflug였다. 1548년 2월 말에 가톨릭 전통 요소들을 요약한 문서가 작성되었다. 비록 임시방편으로 의도된 것이었지만, 카를의 에스파냐 부대가 남부 독일 지역에 주둔해 있었기 때문에 문서에 힘이 실렸다. 곧 알려지는 대로, 팔츠와 브란덴부르크의 프로테스탄트 선제후들은 비밀리에 아우크스부르크 잠정협약Augsburg Interim에 서명했다. 부처도 여기에 서명하면서, 칼뱅을 비롯한 많은 동시대인에게 충격을 안겼다.[36] 불링거는 칼뱅의 트리엔트 공의회 비판에 깊은 인상을 받아 아우크스부르크 잠정협약에 대해 물었다. 칼뱅은 이 협약이 기독교 신앙에 불순물을 섞었다고 설명했다. 잠정협약을 놓고 취리히와 제네바 사이에 협력이 이루어져, 성찬에 대한 협상의 문이 열렸다.

1540년대 말 칼뱅과 불링거는 독일 지역에서 일어나는 사건들에 대한 음울한 전망을 공유했다. 칼뱅은 카를 5세가 불신앙에 빠진 교회를 벌하도록 하나님이 보내신 현대의 느부갓네살이라 보고, 1548년 여름에 섭리적 관점에서 다음과 같이 평가했다.

> 스스로 저지른 죄악으로 그에 합당한 보상을 받은 영주[헤센의 필립]가 사로잡힌 후 독일로부터 받은 소식이 없습니다. 현 정치 상황에서, 저는 하나님이 아예 우리에게서 승리의 복음을 빼앗으셔서 우리로 하여금 우리 주 예수의 십자가 아래서 싸우게 하시는 것일 수 있다고 생각합니다. 그러나 그분이 그분만의 초기 해결 방식으로 돌아오시는 것, 즉 어떤 육신의 무기의 도움도 없이, 그분의 힘으로 그분의 교회를 기적적으로 보존하시는 것에 만족합시다. 시험이 힘들다는 건 저도 인정합니다. 그러나 우리 선조들도 심각하게 절망했던 비슷한 경험을 했지만 결코 흔들리지 않고 평안을 지켰습니다. 이제 "희망하면 보게 될 것이다"라는 격언을 실현할 때입니다. 더군다나 우리는 하나님이 우리가 살아온 삶을 고려하시면서 이처럼 거칠게 바로잡아 주신 것에 놀랄 필요가 없습니다.[37]

하나님의 손으로부터 징벌을 받아 마땅하다는 의식은 독일 종교개혁에 대한 칼뱅의 양가적 태도를 반영한다. 루터의 계승자들은 이미 떠난 그 예언자에 비해 부족함이 드러났다. 칼뱅은 정치적이고 종교적인 타협 문화와 소위 프로테스탄트 제후들의 행동을 경멸할 가치도 없다며 멸시했다. 가장 큰 구경거리는 헤센의 필립이 1540년에 마르가레테 폰 데어 잘레^{Margarethe von der Saale}와 중혼한 일이었다. 루터가 그랬듯—나중에 부인하기는 했지만—부처도 이 결혼에 마지

못해 동의했다. 이 결혼은 프로테스탄트의 대의를 분열시키고 신뢰를 떨어뜨린 추문이었다. 칼뱅은 여기에 대해 하나님이 진노하시리라는 데 추호의 의심도 없었다. 게임은 끝났다. 루터파 교회는 부서졌고, 종교개혁은 실패했다. 이제 종교개혁은 이를 이어 갈 사람들의 몫이 되었기에, 스위스 교회의 일치는 더욱 반드시 이루어야 하는 것이 되었다.

합의에 이르다

보 지방과 제국에서 일어난 사건들은 칼뱅과 불링거를 함께하게 만들었지만, 우정이 더 뜨거워지고 있었음에도 불구하고, 성찬에 대한 합의를 찾는 일은 쉽지 않았다. 이 주제에 대한 수년간의 논쟁으로 타격도 크게 입었다. 프랑스와 스위스의 기질 차이는 아주 컸다. 칼뱅은 필요하다면 언제든 자기 생각을 표현하고 사건에 대응하며 여행할 준비가 되어 있는 행동파였다. 이와는 완전히 대조적으로, 불링거는 신중하고 입이 무거운 사람이었다. 논쟁이 아니라 충분히 숙고한 후 조언하는 것이 그의 자연스런 성향이었고, 여행을 떠나지도 않았다.

  일이 잘 풀려 가는 것처럼 보였던 취리히 여행 이후, 칼뱅은 불링거가 침묵하자 점점 더 좌절했다.

  당신이 제게 요청하셨던 대로 당신의 책에 주석을 달아서 돌려드린 지 여섯 달이 지났습니다. 그때 이후 아직도 당신에게서 아무런 답을 듣지 못해서 놀랐습니다. 제가 그곳에 있었을 때, 당신은 우리 서로 편지 왕래가 잦아야 한다고 상기시키셨지요. 그동안 저는 취리히 시민 몇몇이 이곳[제네바]을 거치며 어려움을 겪었다고 들었습니다. 제가 기억하는 한, 여기서 당신께로 가는 사람은 없었습니다. 편한 시간에 편지를 쓸 수 있으시다면, 그것을 활용하지 않고 그냥 흘려보내시지 않기를 간청합니다.[38]

이 접촉으로 글과 논평 교환이 재개되었지만, 1549년 초에 칼뱅은 일이 질질 늘어지고 있고, 더 솔직히 말하면 불링거가 자신을 완전히 신뢰하지 않는다고 느꼈다. 그는 거듭 둘 사이를 갈라놓는 것이 거의 없고, 성찬 문제는 속히 해결될 수 있다고 주장했다.

그러나 그리 쉬운 일이 아니었다. 제네바로 돌아간 후 출판한 『성찬에 대한 소고』와 고린도전서 주석을 비롯해 성찬에 대한 글은 이미 두 사람의 차이를 분명하게 드러냈으며, 이 인쇄된 작품들은 취리히에서 유명했다. 그렇다면 칼뱅은 이미 수년 전부터 자신과 취리히 사이에 존재했던 차이가 더 이상 중요하지 않다고 주장하는 것일까? 칼뱅은 둘 사이에 남겨진 장애물이 자신에 대한 불링거의 태도라는 결론을 내리지 않을 수 없었다.

저에 대한 선입견 때문에 당신은 제가 한 번도 생각조차 하지 않을 것을 상상하시고 제 탓으로 돌리고 계십니다. 더군다나 그것이 무엇이든 끝까지 당신의 의견들을 주장하시는 데 관심을 두시기 때문에, 당신은 때로 그 주제에 대한 참된 것보다 그 의견들과 맞아떨어지는지를 더 고려하십니다. 당신이 단순함을 좋아하신다면, 저는 위장과 핑계를 정말 싫어합니다. 당신이 진리를 자유롭게 선언하는 것을 사랑하신다면, 저는 사람들의 마음에 들겠다고 제가 쓴 것을 굽힐 마음은 추호도 없습니다. 루터와 다른 사람들에게 아첨해 대는 사람들이 있지만, 저는 그런 사람이 아닙니다.[39]

우아하지만 논란의 여지가 있는 편지다. 칼뱅의 신학이 결코 다른 이들에게 아첨하기 위한 것은 아니었지만, 그의 사상이 부처와 멜란히톤의 사상에 가까웠다는 사실이 쉽게 숨겨지지는 않았다. 칼뱅이 취리히에서 아주 멸시받았던 한 사람인 부처와의 친밀한 관계를 변호하자, 다시 한번 이 문제가 표면에 부상했다. 칼뱅은 경우에 따라 의견이 다르다고 하더라도 친구가 되는 데는 아무 걸림돌이 되지 않는다고 주장했는데, 이 경우 그 친구는 부처였다. 하나님 말씀이라는 공통의 대의가 공유되기만 한다면, 우정에는 의견 차가 허용되었다. 칼뱅은 불링거가 자신이 줄 수 없는 것, 즉 관계를 맺기 위한 절대적 동의를 요구했다고 주장했고, 취리히 사람들의 뒤에서 그들을 비방하고 있다는 주장을 거부했다. "제가 제 친구들에게 보내는 사적인 편지들에서 정말로 당신의 흠을 지적했을 수도 있고, 그 사람들이 옳게 비판했다는 제 확신을 숨기지 않았을 수도 있습니다. 그러나 거기에는 신랄함을 완화하고 제 선한 의도를 입증하기 위한 찬사가 늘 섞여 있었습니다."[40]

다른 문제도 있었는데, 취리히에서 보기에 칼뱅은 잘못된 편에 서 있었다. 1540년 후반, 프랑수아 1세의 후계자 앙리 2세가 스위스 연방과 프랑스 왕국 간의 동맹을 갱신했다. 다시 한번 칼뱅과 불링거는 이 사건에 대한 관점이 달랐다. 칼뱅은 이 동맹을 신자를 점점 핍박하려 하는 프랑스 왕에게 영향을 행사할 수 있는 수단으로 여겨 크게 반겼지만, 불링거는 프랑스 왕정에 강경하게 반대했다. 1521년에도 프랑스와의 동맹에 반대하는 것이 취리히에서 츠빙글리가 일으킨 개혁 운동의 핵심 강령이었다. 프랑스인은 용병 모집에 힘을 쏟았는데, 츠빙글리가 생각하기에 이들은 도덕적 악의 근원이었다. 바젤 및 베른의 분위기와는 달리, 불링거는 취리히의 반反프랑스 정서를 유지했다.[41] 지리적으로 프랑스를 향해 위치한 바젤과 베른은 프랑스가 신성로마제국의 정복 군주 카를 5세에 저항할 유일한 방어책을 제공한다고 믿었다. 베른과 바젤은 1521년부터 계속해서 프랑스와의 동맹을 갱신했는데, 여기에 종교 문제는 아무 상관이 없었다.

1548년 11월 앙리 2세는 대사들에게 스위스 연방 내에서 동맹의 갱신을 위해 일할 지역 인사들을 찾으라고 명령했다. 칼뱅에게도 접촉이 있었고, 그는 기꺼이 이들의 대리자로 활동했다.[42] 핵심 과업은 취리히의 분위기를 바꾸는 것이었기에, 칼뱅은 성찬을 놓고 불링거와 했던 협상을 프랑스 문제와 연결시켰다. 불링거는 이를 거부했다. 그는 프랑스 왕에게 용병을 다시 팔 생각이 없었고, 프랑스에서 복음주의자를 공공연하게 핍박하고 있는 앙리 2세와 정치적 조정을 한다는 생각을 혐오스럽게 여겼다. 불링거는 칼뱅이 적그리스도와 협상을 준비하고 있는 듯하다며 경악했다. 그는 주장했다. 도대체 어떤 근거로 앙리 2세에게 선한 것을 기대할 수 있단 말인가?

지지부진한 협상에 이어, 칼뱅과 취리히 교회 목회자들이 1549년 5월 성찬에 대한 24개 조항으로 된 합의문에 서명했다. 취리히 일치신조Consensus Tigurinus*로 알려진 이 신조는 자주 취리히와 제네바 간 차이를 해결한 문서로 제시되었다. 그러나 이는 분명히 사실이 아니다. 합의에 이르기 위해 칼뱅은 기본적으로 불링거가 조항들을 구술하도록 허용했다. 그 결과로 나온 문서는 성찬에 관한 칼뱅의 저술과는 공통점이 거의 없었다. 그 어디에도 성례가 하나님의 은혜의 도구라는 표현은 나오지 않는다. 성례에서 하나님의 일하심과 물리적 요소의 역할을 폄하하는 불링거의 강조점이 문서 전체에 뚜렷하다.

무슨 일이 일어난 것일까? 칼뱅이 불링거에게 항복했거나 사상을 바꾸기라도 한 걸까? 취리히로 가는 것은 엄청난 도박이었고, 칼뱅은 부처와 다른 이들이 실패한 곳에서 성공하기 위해 그 도박에서 받게 될 굴욕을 감수했다. 그는 스위스, 특히 취리히를 고립에서 벗어나게 하고 싶었고, 더 넓은 종교개혁 운동의 일부가 되게 하고 싶었다. 그가 생각하기에 이를 가능하게 할 유일한 길은 일치를 위해 유연해지는 것이었다. 베른과의 격앙된 관계를 안정적으로 만들기 위해서는 불링거가 필요했고, 프랑스 복음주의자에게 제시할 프로테스탄트의 일치신조를 만들려고도 했다. 아마도 그는 심지어 성찬에 대한 합의로 취리히 사람들이 프랑스와 동맹을 맺게 되기를 희망했을 수도 있다. 1540년대의 사건들은 칼뱅이 자신의 신학 공식들을 절대 타협 불가한 것으로 여기지 않았다는 사실을 보여 준다. 카를의 승리가 가져온 결과를 본 사람이라면 교회를 사라지게 할 수도 있는 용어 논쟁에 집착할 수 없었을 것이다. 칼뱅은 일치라는 대의를 위한 합의에 이를 수 있다면 기꺼이 바뀔 준비가 되어 있었다.

- Tiguri는 카이사르의 『갈리아 전기』에 나오는 스위스의 네 지역 중 하나를 일컫는 지명으로, 16세기 취리히가 속한 지역을 가리킨다.

그럼에도 불구하고 이 담대한 결단으로 칼뱅은 깊은 곤경에 빠졌다. 취리히 일치신조가 마음에 크게 걸렸기에, 석 달 후인 8월에 그는 자신의 가르침과 일치하는 두 항목을 직접 추가했다. 놀랍게도 불링거가 이 수정안을 수용했는데, 칼뱅이 이 추가 항목을 다각도로 해석 가능하게 작성한 것이 큰 이유였다.[43] 수정안을 위해 칼뱅은 제네바 교회와 취리히 교회 간 일치에 대해 언급하는 서문을 작성했다. 일치신조는 1551년에야 출판되었지만, 불링거와 칼뱅이 전반적 합의를 추진한 것이었으므로 스위스 교회들에서 회람되었다. 그러나 상황은 아주 실망스러웠다. 베른에서 할러가 목회자들이 이 문서를 호의적으로 받아들였다고 보고하기는 했지만, 이들이 문서를 채택하지는 않았는데, 이는 자존심에 상처를 입었기 때문이었다. 협상에서 소외된 베른은 그들의 오랜 경쟁자 취리히와 문제 많은 고객 제네바가 맺은 새로운 관계에 분노했다. 할러는 불링거에게 베른 관원들이 칼뱅에 대해 품은 의혹이 수용을 가로막는 장벽이라고 언급했다. 바젤도 마찬가지로 이의를 제기했다. 부처의 가르침에 기울어 있던 지몬 줄처가 이끌던 바젤 교회는 신학적으로 불링거에게 호의적이지 않았기에, 합의문에 서약하는 것은 가능한 선택지가 아니었다. 1549년 여름 내내 칼뱅과 불링거 모두 이들의 마음을 바꾸고자 노력했지만 소용이 없었다. 더 작은 연방인 샤프하우젠과 생갈은 동의했으나, 바젤과 베른 없이 스위스 교회들의 일치는 있을 수 없었다. 일치를 얻으려는 칼뱅의 도박은 실패했고, 더 끔찍한 상황이 임박했다.

불링거와의 합의는 의심의 여지 없이 칼뱅의 가장 위대한 업적 중 하나였다. 독일 지역에서 루터파가 패배한 이후, 이 합의로 인해 개혁파 신앙의 두 주도적 중심지는 프로테스탄트 종교개혁의 강력한 기지가 되었다. 그러나 칼뱅이 애초에 바랐던 것에 비해서는 많이 부족했다. 스위스 교회들을 일치시키지도 못했을 뿐 아니라, 앞으로 살펴보겠지만 루터파 안에서는 적대감의 폭풍을 일으켰다. 칼뱅은 아픈 몸과 제네바에서 새로운 교회 질서를 세우기 위한 엄청난 일거리를 무릅쓰고 일부러 여행을 한 것에서 증명되듯, 1540년대 내내 교회 일치를 위해 엄청난 기력을 투자했다. 그는 10년의 기간 동안 1543년에는 스트라스부르로 갔고, 1545년에는 왈도파를 대신하여 간청하기 위해 독일 지방으로 갔다. 이 과정에서 베른, 바젤, 콘스탄츠, 스트라스부르에도 들렀다. 1546년에는 뇌샤텔에 있었고, 1547년과 1548년에는 취리히에서 불링거를 만났다. 1547년과 1548년에는 베른과 바젤을 다시 찾아 교회 및 정치 문제를 논의했다. 바젤에 있을 때와 카를 5세 군대의 상태를 파악하려고 애쓸 때처럼, 그는 자주 제네바 의회의 대사로서 정보를 수집하는 일에 종사하기도 했다. 이런 장기 여행뿐 아니라, 뇌샤텔과 로잔도 자주 찾았다. 부처처럼, 칼뱅도 교회의 일치를 위해 16세기 유럽의 위험한 길을 걸을 준비가 되어 있었다. 그리고 그의 멘토가 그랬듯, 그 역시 무거운 대가를 치를 수밖에 없었다.

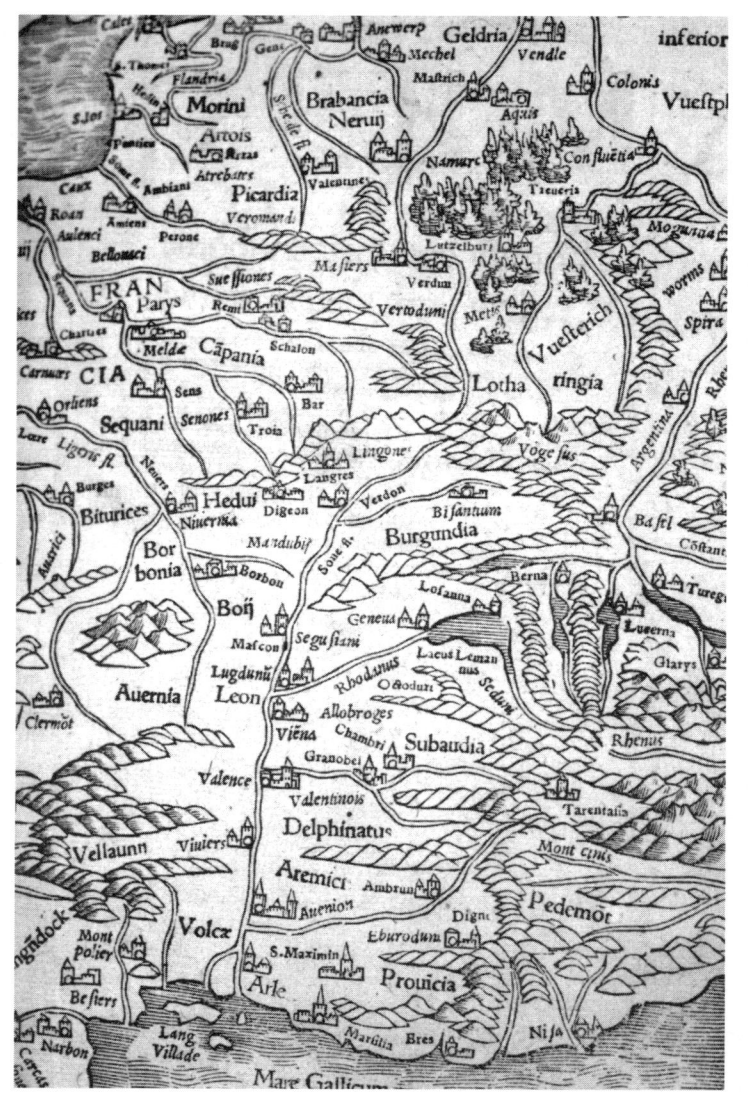

프랑스 지도. 1550년 제바스티안 뮌스터의 『우주 구조학』에도 실려 있다. 강과 호수가 눈에 띄게 표현된 것은 16세기 여행과 상업에서 이들의 기능이 아주 중요했기 때문이다.

11

"칼뱅이 그렇게 용감하게 행동한다면, 왜 여기 오지 않는가?": 프랑스

박해

1536년 『기독교강요』를 프랑수아 1세에게 헌정한 때부터 스트라스부르에 있다가 종교 회의들에 참여하고 제네바로 복귀할 때도, 칼뱅은 머릿속에서 프랑스를 떨쳐 버린 적이 없었다. 프랑스 왕국의 상황은 급박하게 돌아갔다. 1540년 6월 퐁텐블로 칙령으로 왕실이 교회로부터 이단 박해권을 획득하는 안이 승인되었다. 즉 거짓 신앙 문제는 곧 치안 방해 문제가 되어, 종교적인 동시에 세속 권력에 대한 모독죄가 되었다. 교회와 세속 당국은 협력해서 이단을 공격했다. 예컨대, 1545년에 파리 고등법원은 소르본이 작성한 금지 문서 목록을 승인했다.[1] 엄밀한 의미의 프로테스탄트 교회는 아직 존재하지 않았지만, 이 신앙을 가진 개인과 집단은 사냥감이 되었다.

클로드 르 팽트르Claude Le Painctre는 여러 면에서 전형적인 복음주의자였다. 이 젊은이는 전문적인 무역 기술이 발달한 도시 출신으로, 1538년에 파리를 탈출하여 "복음의 물줄기가 시작되고 설교되고 프랑스 땅으로 전해지게 한" 제네바로 갔다가, 1541년에는 선교사가 되어 프랑스로 돌아갔다. 가톨릭에 대한 그의 반대는 특별히 신학적인 것은 아니었고, 성인과 동정녀 마리아 숭배 같은 외적 행위에 대한 거부에 기초했다.[2] 그는 동료 사역자들에게 배신당하여 억류된 후 화형 선고를 받았지만, 화형 전에는 혀도 자르게 했다.

파리에서 공부하던 독일 학생인 가톨릭 신자 유스타헤 크노벨스도르프 Eustache Knobelsdorf 는 1542년 파리에서 벌어진 처형을 목격했다.

두 사람이 불타는 것을 보았습니다. 그들의 죽음은 내 안에 다른 감정을 일으켰습니다. 당신도 여기 계셨다면, 이 불쌍하고 불운한 이들에게 좀 덜 가혹한 벌을 주기를 바랐을 겁니다.…처음 화형당한 사람은 아직 수염도 나지 않은 아주 어린 남자였습니다.…그는 구두장이의 아들이었습니다. 그는 재판관들 앞으로 끌려와, 혀를 자르고 이어서 불에 태우라는 선고를 받았습니다. 그 젊은이는 얼굴 표정 하나 바꾸지 않고 혀를 할 수 있는 한 내밀고는 사형 집행인의 칼을 기다렸습니다. 집행인은 족집게로 혀를 훨씬 더 끄집어내어 자르고 그 혀로 괴로워하는 그를 몇 차례나 때린 후 얼굴에 집어던졌습니다. 그런 다음 그는 뒤가 뚫린 수레에 실려 처형장으로 갔지만, 그를 본 사람은 아마도 그가 축제에 가고 있다고 생각했을지 모릅니다.…쇠사슬로 몸이 감겼을 때, 그가 어떤 침착함과 표정으로 자신에게 쏟아지는 군중의 고함과 모욕을 견뎌 냈는지 도저히 묘사할 수조차 없습니다. 그는 소리도 내지 않고 입에 고인 피를 가끔씩 내뱉으며, 어떤 기적적인 구출을 기다리기라도 하듯, 눈을 들어 하늘을 바라보았습니다. 머리가 유황으로 덮였을 때, 사형 집행인이 위협적으로 그에게 불을 들이댔지만, 젊은이는 무서워하지도 않고 몸을 움직이면서 자신을 기꺼이 화형대에 내어 준다는 것을 알리려 했습니다.[3]

왕국의 다른 지역도 위험했다. 프랑수아 1세는 처음에 프로방스의 뤼베롱 지방에서 "리옹의 가난뱅이"로 알려진 왈도파를 어떻게 다뤄야 할지 주저했다.[4] 1543년에 이들을 박멸하고자 하는 지역 가톨릭의 압력이 거세지면서, 1545년에 카브리에르Cabrières와 메랭돌Mérindol 마을을 없애 버리라는 왕의 명령이 떨어졌다.[5] 프랑스군은 살육을 이행했다. 죽은 사람의 정확한 수는 모르지만, 대략 2천에서 3천 명 정도였을 것이고, 살아남은 이들은 지중해 갤리선에 노예로 보내졌다. 칼뱅의 동료이자 프랑스 종교개혁의 순교자 기록을 정리한 장 크레스팽Jean Crespin은 1555년에 박해에 대한 기록을 출간했는데, 그는 왈도파의 희생을 초대교회 순교자들과 같은 맥락으로 간주했다.[6] 그의 서술 방식은 이후 존 폭스John Foxe 등 다른 프로테스탄트 순교사가들에 의해 차용되었다.

핍박의 힘은 1520년대의 유명한 브리송네 모임이 열린 도시 모에 사는 일단의 평신도 복음주의자들에게도 들이닥치면서 큰 충격을 주었다.[7] 성경을 읽는 평신도가 주도한 모 비밀 집회는 의심할 바 없이 1550년대 비밀 프랑스 교회들의 선구자였다.[8] 장 크레스팽은 이 집단이 칼뱅의 스트라스부르 교회를 모델로 했다고 주장했다. 지도자 한 사람의 집에서 매 주일마다 비밀리에 모여 성경을 읽고, 시편 찬송을 부르고, 기도하며, 성찬을 나누었다.[9] 1546년에 14명이 처형되었고 나머지는 다른 프랑스 도시로 추방되었지만, 이들은 계속해서 복음주의 신앙을 전파했다.[10] 이들이 비밀리에 모였던 집은 왕실 관리들이 부순 후에는 미사를 드리는 예배당으로 바뀌었다. 그렇다면 모는 칼뱅의 영향을 프랑스로 들여오는 진입구였을까? 여기에 대해서는 지금도 논쟁 중이지만, 제네바에서 글을 쓴 크레스팽에게는 의심의 여지가 없었다.

1540년대 중반 이단 박해는 자리를 잡았다. 왈도파 대학살과 모비밀 교회 파괴는 프랑수아 1세의 피비린내 나는 통치 말기의 특징이었다. 1547년에 앙리 2세가 혼돈스런 왕국의 왕위를 계승했다. 1540년부터 1545년까지 파리 고등법원에서 이단 조사를 받은 남녀의 평균 숫자는 매해 증가했지만, 종교전쟁 이전에 처형자 수가 가장 많았던 시기는 1544년에서 1549년 사이였다.[11] 이 역할을 수행한 핵심 기관은 악명 높은 화형 재판소^{Chambre Ardente}로 앙리가 즉위한 해에 발족되었는데, 2년 전 루앙에 세워진 재판소를 모델로 삼았다. 이 재판소는 이단 사건을 다룰 12명의 판사로 구성되었다.[12] 횃불로 빛나던 이 재판소는 "불타오르는 방"으로 알려졌고, 프랑스의 흑색 전설 중 하나인 앙리 2세의 악명 높은 핍박을 곧장 연상시켰다. 희생물 중 하나는 랑그르에 있던 복음주의자 비밀 집회소로, 여기서 모인 4명이 1548년 7월 처형되었다. 이들에 대한 재판 이후 추가로 남녀 8명이 죽임을 당했다. 이들의 참혹한 최후에 대한 기록이 있다.

> 랑그르 감옥들에서 뒤가 뚫린 수레에 실려 큰 시장으로, 타피농의 집에서 가장 가깝고 가장 편리한 장소로 [그들이 끌려갔다].…언급한 이 장소에 사형 집행을 위한 교수대를 세울 것이고 이들 주위에 큰 불을 피울 것이다. 여기서 이미 말한 타피농을 산 채로 불태울 것이고 그의 몸은 변해서 재가 될 것이며 언급한 마르샬, 불레로, 미쇼,

루아예, 세주르낭, 크리메르, 바이예를 바로 그 교수대에서 교살할 것이고, 그다음 그들의 몸은 그들의 소유물에서 발견된 책과 함께 불사를 것이다. 그들의 소유물 모두, 하나도 빠짐없이 왕이 압류한다고 선언되었다.[13]

체포된 사람들에 비해 숫자는 상대적으로 적었지만, 1540년대의 박해에서 정확히 몇 명이 죽었는지는 알려져 있지 않다.[14] 처형은 가장 극적이고 가혹한 형벌이었다. 대부분 대규모 군중이 동원되거나, 공적인 신앙 철회 의식이 동반되었다.

이단 박멸을 결심한 왕은 1549년 칙령으로 아버지로부터 계승한 잡다한 법들을 더 확고하게 시행하고자 했다. 단순한 이단은 교회 문제였지만, 폭동으로 이어지면 교회와 사법 당국이 협력해야 했다. 사법관의 역할도 훨씬 커졌다.[15] 그러나 이와 같은 공세는 서로 모순되는 법령, 교회의 부패, 법 시행의 어려움, 공중의 무질서 증가 등으로 수렁에 빠졌다. 더 단호한 조치가 필요해졌기에, 1551년 6월에 샤토브리앙 칙령Edict of Châteaubriant이 발효되었다. 프랑스와 합스부르크 왕가 간의 상대적 평화기에 작성된 긴 문서였다. 전국의 새 법정들은 왕에게 직접 속해 있었다. "이단들"이 사법 당국, 심지어 파리 고등법원까지 침투했다는 왕의 염려를 반영하는 이 칙령의 핵심은 이단을 박해하고 복음주의자를 공직에서 배제하는 것이었다.[16] 칙령에는 출판과 책 보급을 엄격히 통제한다는 조항도 있었다. 일반 서민에게까지 법의 그림자가 뻗쳤다는 것은 이웃을 고발하라는 압력에서 가장 직접적으로 체감되었다. 고발당한 이들의 재산 3분의 1을 준다는 등 보상도 제안되었다. 고발하는 것은 충성스런 가톨릭 신자이자 프랑스인이라면 당연한 일이 되었다. 이단에게 피난처를 제공하는 것은 엄격히 금지되었으며 벌을 받을 수 있었다. 조항들은 더 늘어났다. 교회 참석은 의무였다. 주교는 1543년에 소르본이 "가톨릭교회의 무결함"을 보호하려고 작성한 신앙 조항들을 매주 읽어야 했다. 허가를 받은 이들만 설교할 수 있었는데, 이들은 소르본의 조항에 매여 있었다. 이 모든 것을 파리 고등법원이 감독하고 왕에게 보고했다.

이단 처형은 당국에는 위험 요인이 있는 일이었다. 공동체를 깨끗하게 하고 공포를 일으키는 본보기를 보이고자 했지만, 자기 신앙을 용감하게 고백하며 처형당한 이들은 군중에게 당국이 원치 않는 영향을 줄 수도 있었다. 그들은 범죄자가 아니라 순교자로 보였고, 용감하게 진리에 대해 증언했다. 이들의 이야기는 프로테스탄트 순교자 열전이 되어 유럽 전역에서 회자되면서, 새로운 세대에게 용기와 교훈을 주었다.[17] 실제로 화형 재판소는 프로테스탄트 포교를 무자비하게 막은 독재 기관이었다기보다는 이단에 반대한다는 분명한 계산하에 공격을 펼친 조직이었으며, 실제적이고 목표 대상이 분명했다. 재판소 기록에 따르면, 프랑스에서는 이단 혹은 복음주의에 대해 손쉽게 단정하는 일을 용인하지 않았다. 기록에 나오는 사람 대부분은 신성 모독, 금서 소유, 비밀 집회 참석, 미사, 동정녀, 성인 모독으로 연행되었다. 이들이 실제 프로테스탄트였는지는 증거가 거의 없으며, 이들 신앙의 정확한 본질도 확정하기 어렵다. 이들은 칼뱅의 추종자였을까? 프랑스에 프로테스탄트 교회들이 세워진 1550년대 중반 이전 시기에는 여기에 대답하기 어렵다. 이후 칼뱅이 많은 프랑스 복음주의자에게 퍼부은 맹렬한 공격은 이들의 견해가 유동적이었으며 제네바가 기대한 것과는 달랐음을 의미한다. "칼뱅주의자"와 "츠빙글리주의자" 같은 용어는 이들이 자랑스럽게 가슴에 단 훈장이었다기보다는 이들이 그리스도인이 아니라는 의미로 반대자들이 붙인 모욕의 표현이었다.

이 사건들에 대해 우리가 가진 증거 중 다수는 장 크레스팽의 작품에서 나왔다. 제네바에 살았고 칼뱅과도 가까웠던 크레스팽은 칼뱅과 제네바의 영향력을 강조하는 글을 쓰려고 했다. 그 도시로 도망친 난민이 전하는 정보에 의존한 만큼 칼뱅에게 치우쳐 있어서, 그의 순교자 열전도 종합적일 수는 없었다. 예컨대, 오베르뉴와 노르망디에서 벌어진 이야기는 넘치도록 많지만 라 로셸에 대해서는 거의 언급이 없다. 그는 프랑스 종교개혁에 대한 제네바 중심 견해를 제공하려고 이야기를 구성했다. 이 점에서 왕실 관원들은 그에게 동의했던 것 같다. 이로 인해 제네바가 이단의 발원지로 확고히 규정되었기 때문이다.[18] 칙령들마다 제네바가 반복적으로 언급되었다. 아무도 이 도시에 있는 사람과 편지를 주고받거나 접촉해서는 안 되었다. 1540년대 말로 접어들면서 왕국에서 제네바와 스위스 연방으로 떠난 사람이 점점 더 늘어난 데 대한 반응으로, 샤토브리앙 칙령은 이런 탈출을 덜 매력적으로 느껴지게 할 만한 규제 수단을 도입했다. 망명 생활을 안전하거나 넉넉하게 할 가능성을 차단하고자 종교 망명자의 재산과 물품을 압류한 것이다.[19]

1540년대에 칼뱅은 프랑스에 있었다. 몸으로가 아니라, 프랑스어로 쓴 저술을 통해서였다. 프랑스에서 가장 많이 읽히는 프로테스탄트 저자로 급속히 지위가 상승한 것은 연관된 여러 요인들이 복합적으로 작용한 결과였다. 1540년대 중반에 이르자, 프랑스어판

『기독교강요』, 『성찬에 대한 소고』, 『교리문답』을 포함한 그의 저술은 접근 가능한 신학 사상과 영적 안내서로 통일성 있는 체계가 되었다. 그는 성경에 대한 종합적 이해에 근거하여, 교회와 그리스도인의 삶에 대한 명료하고 매력적인 비전을 제시했다. 라틴어를 사용하는 엘리트층을 넘어 복음주의 신앙을 받아들인 일반 남녀에게 다가가기 위해 프랑스어를 사용함으로써 이 비전을 동포에게도 표현할 수 있었다. 칼뱅이 프랑스인이었다는 사실은 가장 중요한 요소였다. 루터처럼 위험한 외국인으로 당국에 불신의 대상이 되지 않았던 것이다. 그는 위대한 르페브르의 권위를 물려받았고, 심지어 중세의 개혁자 장 제르송도 계승했다고 할 수 있을 것이다. 칼뱅의 음성은 개혁을 향하는 프랑스인의 목소리였다. 그는 갈리아의 자유와 프랑스 인문주의의 전통 위에서, 프랑스인으로서 자기 민족에게 외친 것이다.

프랑스어로 내는 목소리

칼뱅은 라틴어로 쉽게 쓰고 말했다. 바젤, 스트라스부르, 레겐스부르크, 취리히에서 그는 라틴어를 사용해 그리나이우스, 부처, 멜란히톤, 불링거와 대화했고, 프랑스어를 쓰는 파렐과 비레와도 라틴어로 서신을 주고받기를 더 선호했다. 라틴어는 신학과 국제 관계의 언어였을 뿐 아니라, 종교개혁자들의 인문주의 연대의 언어이기도 했다. 라틴어로 우정에 대한 르네상스식 용어들을 정확하게 표현하여, 칼뱅은 그의 엄정한 지성에 호소력을 더했다. 칼뱅의 라틴어 능력은 완벽했기에, 그는 글과 말 모두에서 자기 사상을 정확하고 우아하게 표현하는 문장을 주조해 낼 수 있었다. 논증, 교육, 권면 장르를 넘나드는 글을 쓰면서, 특별한 주의를 기울여 단어, 구절, 구문을 선택했다. 그는 자신이 지극히 높이 평가했던 간결함이 특징인 경제적 언어를 사용했고, 라틴어를 사용하는 사람들 중에서도 그는 독자에게 상당한 수준의 고전, 성경, 역사 지식을 뽐낼 수 있었으며 실제로 그렇게 했다.

그러나 프랑스어로 이 사상을 재현하려 하자, 문제에 부딪혔다. 그가 구사한 간결하고 우아한 라틴어의 탁월한 특징은 16세기 프랑스어 문헌에서 찾을 수 없었다. 친구이자 동료인 기욤 파렐의 작품은 이를 잘 드러내는 사례다. 지루하고 장황한 그의 저술들은 수많은 여담, 묘사, 설명을 사용해서 여러 주제를 두서없이 넘나들었다. 칼뱅이 신자를 위해 쓰고 싶었던 것과 같은 모국어로 된 종교 서적 모델이 없었다. 당시 프랑스어에는 간결하고 빨리 읽히는 글에 필요한 문법 체계가 없었다. 라틴어 몇 단어로 표현될 수 있는 내용이 프랑스어로는 절 전체와 심지어 문장들이 필요할 정도였다.[20] 더구나, 라틴어를 읽을 수 없는 독자에게 다가가려는 목표에는 다른 복잡한 문제가 있었다. 『기독교강요』에 실린 풍성한 고전 및 역사 참고 문헌을 인문주의 공동체 밖에 있는 사람이 이해하기는 어려웠다. 신자에게 기독교 신앙의 본질을 가르치려는 목적이었다면, 설명이나 생략이 필수였다.

탁월한 저자라는 그의 명성을 고려할 때, 우리는 프랑스어가 칼뱅의 모국어가 아니었음을 기억해야 한다. 소년 시절에 피카르디어로 말하며 자랐고, 학교에 다니면서는 라틴어로 글을 썼다. 물론 프랑스어로 유창하게 말하기는 했지만, 글 쓰는 법은 배워야 했다. 스트라스부르에서 프랑스인 공동체로 부름받았기 때문에, 이 시기에 프랑스어로 글쓰기를 배우는 것이 중요했다. 1540년에 그는 슈말칼덴 연맹을 대표해서 필립 멜란히톤이 쓴 문서를 카를 5세를 위해 프랑스어로 번역해 달라는 요청을 받았다. 황제는 라틴어를 거의 몰랐고, 독일어는 전혀 몰랐다. 칼뱅은 또한 부처의 서신들을 번역해서 제국에서 일어나는 사건들을 동료 프랑스인들에게 알렸다.

번역 문제에 대한 칼뱅의 예민한 반응은 1541년 프랑스어판 『기독교강요』에 드러난다. 이 판은 프랑스어 발전에서 하나의 획기적인 표석이 되었다고 널리 평가받는다. 1539년 라틴어판의 사상은 그대로 담았지만, 표현을 많이 바꾸었다. 분명하고 간결한 글이 되게 하려고 프랑스어로 번역하면 끔찍할 정도로 긴 문장이 되는 라틴어 운율을 포기했다. 가능한 곳에서는 라틴어의 수사적 우아함과 힘을 유지했지만, 프란시스 히그먼 Francis Higman이 주목했듯, 직역이라기보다는 원래 언어의 형태를 모방함으로써 가능했다.[21] 그의 창의적 접근 방식은 1539년판 『기독교강요』 프랑스어 번역본이 두 개라는 사실에서 확인된다. 하나는 피에르 드 라 플라스 Pierre de la Place, 다른 하나는 칼뱅이 직접 번역했다. 드 라 플라스가 본문을 문자적으로 직역해서 장황한 문장으로 가득한 애처로운 결말을 보여 주는 반면, 칼뱅은 라틴어를 이해하기 쉬운 프랑스어 문체로 번역하는 훨씬 자유로운 방식을 취했다.[22] 완전히 똑같지는 않지만 사상을 충실하게 드러내는 라틴어의 프랑스어 번역을 추구한 것이다.

출판 속 혐오

칼뱅은 제네바, 무엇보다도 프랑스의 평신도 독자들에게 다가가려고 노력하면서, 1540년대에 프랑스어로 된 글을 더 많이 출판하기 시작했다. 특히 되살아나던 가톨릭과 아나뱁티스트 그리고 그가 니고데모파Nicodemites라 이름 붙였던 이들 등, 적대자들을 겨냥한 소책자들을 통해 논증 문제를 개발했다. 칼뱅에게 논증은 성경을 해설하는 대규모 작업의 일부였지만, 『기독교강요』와 주석에서 사용한 방식과는 달랐다. 칼뱅은 자주 적대자들을 향해 비난을 했지만, 단순히 비판만 하는 방식은 아니었다. 절충안 없이 극적으로 대조하고 악에 반대되는 선을 강조하는 방식으로, 우상숭배에 반대하는 참된 신앙의 전투를 묘사했다.

이런 모국어 저작을 쓰도록 압박한 친구와 동료들은 그가 많이 배우지 못한 사람에게도 다가서야 한다고 강조했다. 언어가 중요했기에 칼뱅은 일상에서 나온 단어, 격언, 예화를 사용하여 대중문화의 요소들을 차용한 문체를 개발했다. 첫 번째 결실은 유다서와 로마서 주석의 프랑스어 축약판이었다. 1540년대에 칼뱅은 프랑스어로 여섯 종의 주요 논증 작품을 발간했다.[23] 중요한 것은 라틴어로 원고를 먼저 쓰지 않고 프랑스어로 바로 저술했다는 사실이다. 이 중 『추문에 대하여』On Scandals만이 원래 라틴어 작품이었다.

칼뱅이 1540년대에 했던 설교에 대해서는 증거가 거의 없지만, 점점 발전하던 논증의 형식이 강단에도 분명 반영되었을 것이다. 논증 소책자들은 멀리서 전해지는 설교로 기능했다. 독자에게 직접 메시지가 전달되었기에 수요가 넘쳐났다. 칼뱅은 전력을 다해 설득했다. 반대자들을 조롱하고 백치처럼 보이게 했는데, 유머와 재미는 목적을 위한 수단일 뿐이다. 독자가 하나님의 말씀으로 교훈과 힘을 얻는 것이 목적이었다. 칼뱅은 명료하게 계획을 세웠다. 저술을 통해 그가 반대한 이들은 조심스럽게 혼돈 및 모순과 동일시되었지만, 참된 교리는 화자인 그가 구현한 질서와 결부되었다.

칼뱅이 사용한 방법론은 그가 쓴 첫 번째이자 가장 유명한 소책자인, 1543년에 쓴 성유물에 대한 글에서 확인할 수 있다. 그는 바울과 아우구스티누스의 견해를 제시한 후, 참신앙을 변증할 때 그들의 권위를 언급하면서, 자신이 이 위대한 인물들과 나란히 서 있다고 소개한다. 칼뱅은 순교자들의 유물을 "천박하고 탐욕스러운" 매매를 통해 여기저기서 거래하여, 뼛조각 몇 개를 성인의 유물이라고 쉽게 믿어 버리는 어리석은 대중의 돈이 갈취하는 일이 얼마나 흔한지 아우구스티누스가 이미 주목했었다고 말한다. 칼뱅은 이런 고대의 악습이 추악한 고개를 다시 들었으며 우상숭배의 추문도 마찬가지라고 경고했다. "그리스도를 그분의 말씀, 성례, 영적 영향력 속에서 찾아야 할 때에, 세상은 관습을 좇아 그분의 겉옷과 속옷, 강보에 집착하고 있다."[24]

칼뱅의 주요 전략 중 하나는 독자의 상식에 호소하는 것이었다. 우상숭배는 잘못된 것이라고 입증할 필요가 없었다. 왜냐하면 자명한 일이었기 때문이다. 독자가 자기 상식을 동원하여 이미 옳다고 알려진 것을 기억하기만 하면 되는 것이었다. "그러나 내가 부인할 수 없는 사기 행각들에 주의를 기울이면, 모든 사람이—심지어 가장 덜 신중한 사람도—눈을 열어 자신에게 일어난 적이 없는 일을 생각하기 위해 머리를 쓸 것이다."[25] 논증은 직설적이다. 칼뱅은 할 수 있는 한 많은 사례를 제시하여, 성인의 유물을 가져야 한다는 로마 가톨릭교회의 주장의 어리석음을 의도적으로 보여 주었다. 이런 터무니없는 주장이 진실이라면, 그때는 "모든 사도가 몸이 네 개 이상이고, 모든 성인은 몸이 둘이나 셋일 것이다." 추가로 다음과 같이 덧붙였다. "누군가가 한 교구의 교회와 수도원을 치운다면, 이것이 사기임을 아무도 의심할 수 없는 쓰레기 더미가 나올 것이다." 여기서 추론된 결론들은 명확하다. 하나의 옳은 대답만 존재할 뿐이다.

또한 칼뱅은 자기 경험을 묘사하면서 스스로를 독자와 동일시했다.

> 어렸을 때 내가 속한 교구에서 있어난 일이 기억난다. 성 스테판* 축일에, 그에게 돌을 던진 폭군들(당시 평민들이 이들을 그렇게 불렀다) 형상이 그 성인의 형상만큼이나 숭배를 받았다. 이 폭군들이 그렇게 장식되는 것을 보자, 많은 여성이 그들을 성인의 친구로 오해하고는 이들 모두에게 존경의 양초를 바쳤다. 이런 종류의 오류는 유물숭배자들에게 자주 일어나는데, 그런 식으로 혼동하기 때문에, 산적이나 도둑의 뼈, 심지어 말, 개, 당나귀의 뼈에 실수로 그런 존경을 표하는 위험을 감수하지 않고 순교자의 뼈를 숭배하는 것이란 거의 불가능하다.[26]

대개는 냉소인 유머가 있지만, 언제나 그런 것은 아니다. 칼뱅은 농담하면서 효과적으로 급소를 찌를 수 있었다. 십자가에 대해서 다

* 사도행전 7장의 스데반 집사를 의미한다.

음과 같은 농담을 했다. "사실상, 모든 십자가 조각을 찾아서 산더미처럼 쌓으면, 좋은 배 한 척도 만들 수 있을 것이다. 그런데 복음서의 증언에 따르면, 십자가는 한 사람이 지고 갈 수 있을 정도다. 전 세계를 조각으로 채우려는 것은 얼마나 뻔뻔스러운지, 그걸 다 짊어지려면 300명 이상이 필요하지 않겠는가?" 유월절 어린양이 사용한 접시가 "로마에, 제노바에, 아를에" 있다고들 하는 것처럼, 때로 유머는 우아한 여담 그 이상이다.

지속적으로 유물숭배를 억제하는 이유는 성경에도, 초기 교부의 글에도 유물에 대한 증거는 없기 때문이다. 논증의 마지막 부분에서 그는 독자에게 유물 판매상에게 들은 내용과 성경의 사례를 비교해 보라고 권한다. 이스라엘 족장들을 땅에서 파내어 숭배했는가? 초기에 교회의 그리스도인들이 박해자들에게서 존경할 만한 순교자들의 시체를 구하려고 했는데, 그들을 그냥 땅에 묻지 않고 남은 부분을 신성화하여 우상숭배 관습으로 타락시켰다. 거짓 숭배는 밝혀지고 박멸되어야 하며, 무지는 정당화될 수 없다. 그리스도인은 하나님을 바르게 예배해야 하고, 이는 오직 성경에 계시된 그리스도에 대한 지식에서만 나온다. 분노, 유머, 조롱은 복음에 이르도록 안내한다.

"영생의 거룩한 서약을 모독하다": 니고데모파

1540년대에 칼뱅은 프랑스 복음주의 운동의 통제력을 마르그리트 중심의 나바르파에게서 빼앗으려 했다.[27] 그는 서로 다른 다양한 복음주의 공동체에 자신의 영향력을 아로새기기 위해서는 핍박받는 환경 속에서 그리스도인이 취해야 할 행동 방식을 정해야 함을 깨달았다. 칼뱅 자신의 선택은 조국을 떠나는 것이었지만, 1534년 당시 그는 경력이 일천한 젊은 미혼 남성이었다. 틀림없이 그는 두고 가는 것이 거의 없었을 것이다. 가족, 재산, 지위가 있는 사람에게 망명은 매력적인 선택이 아니었고, 복음주의 신앙을 고백하면 죽임당할 가능성도 아주 높았다. 따라서 많은 이가 비밀리에 복음주의 신앙을 수용하면서도, 겉으로는 미사에 참석하며 가톨릭 신앙 행태를 유지하는 척 시치미를 떼는 편을 택했다. 칼뱅은 이런 행위를 경멸했기 때문에, 이를 복음과 거짓 예배를 뒤섞은 독이라 했다. 1540년대에 그는 이를 우상숭배로 비난하는 가차 없는 캠페인을 벌였다. 칼뱅은 이런 행위를 "니고데모주의"Nicodemism라 불렀는데, 보복이 두려워 밤에 예수를 찾아왔던 유대인 지도자에게서 유래한 이름이었다. 칼뱅이 이 용어를 처음 사용하지는 않았지만, 그는 이를 악명 높은 용어로 만들었다.

프랑스에서 박해가 점점 더 가혹해지자, 종교개혁자들은 신자가 이런 위기 상황에서 어떻게 행동해야 하는지 알려 달라는 요청을 자주 받았다. 부처와 카피토는 이 논의가 가톨릭과 프로테스탄트 간 화해를 바라는 지속적인 소망을 통해 형성되었기에, 가톨릭 예배에 참석하는 것을 좀더 너그럽게 보았다. 또한 이 스트라스부르 사람들은 프랑스에서 교회와 절연할 준비가 되어 있지 않은 이들을 지원했던 초기 개혁자들의 전통을 따랐다. 반면, 취리히의 하인리히 불링거는 가톨릭 의식을 그리스도인에게 우상숭배이자 금지해야 할 것으로 단호히 부정했다. 같은 맥락에서, 파렐과 비레도 순교는 참신자가 감당해야 할 시험이라 믿었다.[28] 칼뱅은 스트라스부르에 머물던 시기에 거기서 일어난 논쟁을 잘 알았는데, 이 주제에 대해서는 존경하는 멘토 부처의 견해와 대립했다. 그는 불링거와 입장을 같이하여, 그가 보기에 모국에 있는 미온적인 복음주의자들에 대한 지원 철회를 요구했다.

칼뱅에게 니고데모주의는 반드시 근절해야 하는 행위였기에, 1536년 뒤슈맹과 루셀에게 보낸 『두 서신』은 10년 이상 이어질 가차 없는 활동의 신호탄이었다. 출간된 편지는 열왕기상 18장 21절의 예언 구절로 시작된다. "엘리야가 모든 백성에게 가까이 나아가 이르되 너희가 어느 때까지 둘 사이에서 머뭇머뭇 하려느냐 여호와가 만일 하나님이면 그를 따르고 바알이 만일 하나님이면 그를 따를지니라 하니 백성이 말 한마디도 대답하지 아니하는지라." 이 성경 본문을 통해 칼뱅은 자신이 예언자 엘리야의 역할을 이어받았다고 주장했다. 자신의 과제가 생명의 교리$^{vitae\ doctrinam}$를 가르치는 것이라 하면서, 1540년대 반니고데모주의 저술 곳곳에서 자신의 예언자적 권위를 반복하여 선언했다.[29] 1540년에 그는 로마 가톨릭교회 의식에 참여하는 것이 타당한지 질문하는 친구들에게 편지를 썼고, 1541년에는 페라라의 공작 부인에게 공개 신앙고백을 요구했다. 1540년 9월에 쓴 『소논문』$^{Short\ Treatise}$은 1543년에야 출판되었다.[30] 그러나 가장 중요한 것은 1544년에 나온 『니고데모파 신사들에게 드리는 답변』$^{Answer\ to\ the\ Nicodemite\ Gentlemen}$이었다.

그러면 그림자같이 숨어 있는 니고데모파는 누구였을까?[31] 모래에는 발자국이 남지 않는 위장의 본질상, 자연스럽게 이들을 추적하기는 어렵다. 칼뱅은 1540년대 초 마르틴 부처와 스트라스부르의 목회자들에게 편지를 보냈던 앙투안 퓌메를 니고데모파로 확신했다.³² 퓌메는 성경과 교부들이 충분히 신뢰할 만한지 문제를 제기하면서, 복음이 충분히 설명되지 않았으므로 계속 미사에 출석할 것이라고 주장했다. 그는 이에 대해 사과하지도 않았고, 가톨릭이 지배하는 파리라는 위험한 세계에서 복음주의 신앙을 열정적으로 변호하지도 않았다. 1543년에는 많은 프랑스인이 칼뱅의 복음주의 가르침에 공감하지만 가톨릭교회와 절연해야 한다는 주장은 실행이 불가능하다며 칼뱅에게 불만을 제기했다. "많은 사람이 당신의 주장이 너무 지독하다고 생각합니다. 이들은 당신이 고난당하는 사람에게 자비가 없고 너무 가혹하다고 비판합니다. 또한 거기서 설교하고 위협하는 것은 쉽겠지만, 당신이 여기 오시면 아마도 다르게 생각할 거라고 말합니다."³³ 칼뱅이 제네바 성벽 뒤에서 말만 한다는 비난은 그를 비판하는 이들의 흔한 레퍼토리였다.

칼뱅은 이름은 말하지 않고 겁이 많은 그리스도인이라 여기는 이들을 공격했다. 그가 보기에, 가톨릭교회에 순종하는 척하면서 자기 신앙을 숨긴 이들은 누구든지 로마의 우상숭배와 복음의 순수성을 타협할 가능성이 있는 니고데모파였다. 그는 로마 가톨릭교회 의식 참여는 개인의 판단을 따르는 대수롭지 않은 일이라는 생각을 특히 날카롭게 비판했다. 그리고 니모데모파가 되는 주된 이유가 박해에 대한 두려움이고, 이 진영에 속하게 된 사람 대부분이 살아남기 위해 애쓰는 신실한 복음주의 그리스도인이라는 사실을 인정하기는 했다.³⁴ 그럼에도 불구하고 칼뱅에게 타협은 치명적이고, 종교개혁을 가로막는 것과 다름없었다.

칼뱅의 생각도 점차 변했다. 그는 위장dissimulation과 가장simulation을 구분했다. 전자는 자기 신앙을 비밀리에 유지하면서 그 신앙에 반하는 행동은 하지 않는 것으로, 받아들일 수 있었다. 그러나 후자는 자기 신앙을 숨길 뿐 아니라 거짓된 것을 묵인하는 것으로, 받아들일 수 없었다.[35] 다른 말로, 우상숭배에 관여하지만 않는다면 자기 신앙을 숨기는 것은 받아들일 수 있었다. 미사에 대한 애착 없이도 참여할 수 있다는 생각을 거부했다. 가장된 우상숭배도 어쨌든 우상숭배이기에, 사람이 마음으로 거짓 신앙을 받아들이지 않으면 그 사람이 어떻게 행하든 하나님이 상관하지 않으신다는 주장에 반박했다. 또한 미사를 용인하는 행위는 유대교 예식에 대한 바울의 태도를 따르는 것이라고 한 어떤 프랑스인들의 제안에 콧방귀를 뀌었다. 그는 바울이 세상에 비위를 맞추기 위해서가 아니라 회심자를 얻기 위해서 그렇게 행동한 것이라고 호통쳤다.[36] 이렇게 함으로써 바울 사도는 양심을 상하게 하지 않으려 했지만, 니고데모파는 자기 육신을 구하기 위해 그렇게 행동한 것이다.

1544년에 나온 『니고데모파 신사들에게 드리는 답변』은 칼뱅이 가톨릭교회에 순응한 프랑스 남녀들에게 너무 가혹했다고 믿는 사람들에게 보낸 칼뱅의 답변이었다. 그는 니고데모파를 네 부류로 나누어 비판했다. 먼저, 교회에서 직분을 얻기 위한 수단으로 신앙을 이용하지만 복음을 전하는 척하는 사람, 둘째, 궁정이나 고위층들 사이에서 귀부인을 회심시키려고 노력하지만 복음을 진지하게 취급하지는 않는 사람, 셋째, 기독교를 철학으로 축소시키려 하는 사람, 마지막으로, 위험을 두려워하는 상인이나 평민이었다.[37] 프랑스를 복음화하려는 칼뱅의 접근법이 귀족을 회심시키는 전략에 의존하고 있었기 때문에, 그는 니고데모주의의 첫 세 유형에 집중했다.

니고데모주의 논쟁은 극도로 개인적인 것이었기 때문에 아주 격렬했다. 칼뱅은 자신의 명성이 위태로워졌다는 사실을 알았다.

나는 그들이 이런 구절을 사용한 것이 엄청난 배은망덕임을 지적하고 싶다. "칼뱅이 그렇게 용감하게 행동한다면, 왜 여기 와서 어떻게 해야 할지 보여 주지 않는가? 그는 자기 군대를 이끌고 적진으로 돌진하여 쳐부수는 사령관인 양 행동한다. 그런데 위험한 전장에서는 멀리 떨어져 있다." 글쎄, 이런 식으로 사도들이 고대 신자들에게 예수 그리스도의 이름으로 계속되는 핍박을 견디라고 강권할 때 신자들은 모든 권고를 비웃었을 것이다. 그들에게 일어날 일 때문에 움츠러들어서가 아니라, 그것이 하나님의 뜻이라면 기쁨으로 자기 소유를 버리고 세상의 모욕도 기쁜 마음으로 견디기 위해서였다. 그들이 이렇게 말했을지도 모르겠다. "가서 한번 직접 당해 보세요. 그리고 어떻게 하는지 우리에게 보여 주세요."[38]

곧장 눈길을 끄는 것은 칼뱅이 사도들과 자신을 연결 짓는 태도뿐 아니라, 프랑스 복음주의자들이 자신에게 배은망덕하다는 그의 인식이다.

신랄한 풍자로 칼뱅은 니고데모라는 이름을 붙일 가치가 없다고 선언함으로써 반대자들의 주장을 완전히 뒤엎었다. 니고데모파와는 달리, 니고데모는 결국 예수 그리스도에 대한 신앙을 드러내어 고백했기 때문이다. 그는 계속해서 핍박은 죄 때문에, 또 시험과 교정을 위해 신자에게 주시는 하나님의 막대기이기에, 신자는 겸손히 반응해야 한다고 말한다. 그러면서 다윗을 예로 든다.

그가 블레셋 땅에서 망명자로 지낼 때 우상숭배를 강요받지는 않았지만, 신자가 함께 모여 기도하고 성례를 통해 힘을 얻으며 주의 율법을 들을 수 있는 축복을 누리지 못하는 것만으로도 한탄스러워했다(시편 42:4). 그에 비해, 하나님이 그에게 주신 왕국에서 쫓겨나는 것, 친척 및 친구들과 떨어지는 것, 아내를 빼앗기는 것에 대해서는 염려하지 않았다. 그가 하나님의 성전에 가지 못한 것으로 인해 애통해했듯이, 이런 것들 때문에 애통해했다는 기록은 보이지 않는다.[39]

고난은 하나님의 뜻이다. 참된 그리스도인들은 어떤 종류의 불법에도 관여해서는 안 되고 성상 파괴 행위에 동참해서도 안 된다. 그들의 의무는 복음에 신실하고, 인간의 이해를 넘어서는 하나님의 섭리를 신뢰하는 것이다.

칼뱅의 강경 노선에 프랑스인 다수가 적대감을 품었기 때문에 그는 다른 종교개혁자들에게 지원을 요청해야 했다. 프랑스에서 온 편지들과 함께 그가 쓴 작품 사본 몇 부를 멜란히톤에게 보냈다. 앞서 보았듯, 멜란히톤은 이것들을 루터에게 보내는 것이 현명하지 못한 처사라 여겼다. 니고데모주의에 대한 멜란히톤의 글은 애매했다. 대체로 칼뱅에게 공감을 표하면서도 강한 주장은 피했다. 제국의 불안정한 상황을 고려해야 했기에, 멜란히톤은 교황주의자와 미사에 대한 논의에 신중할 수밖에 없었다. 그럼에도 불구하고 칼뱅은 자신과 멜란히톤이 소소한 차이를 제외하고는 한마음이라며 서둘러 단정했다. 스트라스부르에서는 피에트로 마르티레 베르미글리 Pietro Martire Vermigli*가 멜란히톤과 부처의 글에 논평을 했다. 칼뱅은 『미신을 피함』 De vitandis superstitionibus 이라는 제목으로 쓴 두 편지와 함께 멜란히톤,

부처, 베르미글리의 답장을 모아 출간했다. 1549년 가을에는 성찬에 대한 합의의 일환으로 이 출간물에 대한 승인이 취리히로부터 도착했다.

그러나 니고데모주의에 대한 칼뱅의 강경 노선으로 가장 가까운 동료들을 비롯한 다른 개혁자들은 불안해했다는 것이 포장되지 않은 진실이다. 1547년 피에르 비레는 성경의 에스더서를 활용하여 니고데모주의를 다루는 글을 썼는데, 거기서 비밀 프로테스탄트 귀족과 관원에 대해 언급했다.⁴⁰ 비레도 여러 논증에서 칼뱅과 같이 신앙을 위해 이주하거나 죽을 수도 있다는 입장이지만, 그의 논조에는 로마 가톨릭교회 통치 아래서 살 수밖에 없는 이들을 향한 동정이 더 어려 있다. 비레에 따르면, 우상숭배를 묵인하려는 악의 때문이 아니라, 연약함 때문에 저지르는 실수라는 것이다. 이렇듯 그는 프랑스 복음주의자가 처한 삶의 복잡한 현실에 상당히 섬세한 공감을 표했다.⁴¹

마르그리트 진영을 향한 공격은 1545년에 나온 칼뱅의 『자유파 반대』*Against the Libertines*를 통해 계속되었다. 여기서 그는 나바르 궁전에 있는 프랑스 및 플랑드르 신령주의자들spiritualists을 강하게 비난했다.⁴² 칼뱅은 줄곧 네라크에 있는 마르그리트 궁정을 불신해 왔고, 그를 중재자로 포섭하려는 그들의 시도를 거절했었다. 마르그리트 주위의 사람들은 교육을 잘 받았고, 문학에 조예도 깊었지만 성격상 대체로 교리주의를 반대했고 제라르 루셀의 영향을 받았는데,

• 주로 Peter Martyr Vermigli라는 영어명으로 알려져 있는 인물로, 43세에 이탈리아를 떠난 후 사망할 때까지 스트라스부르, 잉글랜드, 취리히에서 활약한 이탈리아인 개혁자다.

그는 프랑스 남부 베아른의 주교가 된 이로 칼뱅이 역겨워한 인물이었다. 칼뱅은 그들을 "자유파"와 "니고데모파"로 구별했지만, 긍정적인 의미는 아니었다. 전자는 배우는 과정에서 분명 새로운 사상을 접했으면서도 거짓 신앙을 숨기고 있는 자들로, 하나같이 한 입으로 두말하는 사람들이었다. 비유, 풍유, 이해하기 어려운 용어를 사용하는 것이 칼뱅이 보기에는 허위이자 눈속임이었다.[43] 가톨릭 의식을 계속 행하는 "자유파"를 정죄하면서 프랑스에서의 대의를 위해 마르그리트의 정치적 지원을 계속 받아야 한다는 점을 고려하여 왕비는 조심스레 배제하였음에도, 칼뱅의 논증은 가혹했다.

칼뱅의 공격을 받고 있음을 알게 된 이들의 다수는 에라스무스주의 혹은 르페브르주의라 할 수 있는 신앙관을 가진 인문주의 저자와 인쇄업자였고, 제네바에 어느 정도 공감했다. 그러나 칼뱅에게 이들은 사변적인 사상과 문학적 관심으로 순전한 복음을 훼손하는 자유사상가일 뿐이었다. 1550년에 그는 이와 같은 인물들의 집단은 프랑스 복음주의자들에게 위험한 사례들이라 여기며 공격했다. 『추문에 대하여』는 여러 사람 중에서도 특히 에티엔 돌레Etienne Dolet, 클레망 마로Clément Marot, 프랑수아 라블레 같은 저명한 문인들을 비판했는데, 모두 나바르의 마르그리트의 후원을 받아 성공한 이들이었다.

에티엔 돌레는 탁월한 재능을 지닌 인물이었다. 인문주의자이자 작가이며 인쇄업자로, 툴루즈에서 거리 싸움에 연루되어 화가 한 사람을 죽인 혐의로 체포된 일도 있었다.[44] 그를 많이 존경했던 프랑수아 1세가 여러 번 구출해 주기도 했지만, 결국 그의 운은 다했다. 1544년에 이단으로 체포되었다가 가까스로 탈출했으나 곧바로 파리에 두 해 더 구금되었다. 파리 고등법원의 재판에서 유죄 선고

를 받은 그는 1546년 자신의 생일에 파리의 플라스 모베르에서 교
살당하고 화형대에서 불태워졌다. 돌레는 라틴어에 대해 광범위하
고도 논쟁적인 글을 썼고, 신약성경에서 기원한 그의 신앙관은 과
장하지 않고 말하면, 어느 하나에 얽매여 있지 않았다. 칼뱅이 『추
문에 대하여』에서 조소를 날렸음에도 불구하고, 돌레는 까다로운
사람이었고 자신의 종교적·인문주의적 믿음 때문에 기꺼이 큰 위험
을 감수했다. 클레망 마로는 한때 제네바에 머물면서 시편 관련 유
명한 저술을 펴냈고 프랑스에서 가장 저명하고 인기 있는 작가로
인정받았다.[45] 1542년에 그는 위장을 옹호하는 시를 썼고, 박해를
당하는 독자들에게 제네바 사람들처럼 말하지 말라고 권했다. 그럼
에도 불구하고 제네바로 돌아가 칼뱅과 함께 일할 수 있었는데 이
후에는 퇴출되어 1544년 홀로 가족도 없이 처량한 죽음을 맞았다.
그의 운명은 칼뱅이 비난한 프랑스에 있는 많은 이들과 다르지 않
았다. 즉 이단적 견해 때문에 쫓기는 신세였지만, 제네바의 신뢰도
받지 못했다. 결국 칼뱅이 주장했듯, 위장은 종교적 혼란이라는 공
포에서 이들을 보호해 주지 못했다. 제네바도 이들에게 자비를 베
풀지 않았다.

아그리파 [폰 네테샤임], 빌라노바누스 [미카엘 세르베투스], 돌레 및
그 부류들이 마치 수많은 키클롭스^{Cyclops*}인 양 언제나 복음을 오만하
게 거부했다는 것은 널리 알려진 사실이다. 이들은 결국 어리석음과
광기에 깊이 빠져들어, 하나님의 아들에 대항하는 형편없는 설독을

---

* 고대 그리스 신화에 나오는 외눈박이 거인이다.

퍼뜨렸을 뿐만 아니라 영혼의 생명에 대한 문제에서도 스스로 개나 돼지와 다를 바 없음을 드러냈다. 라블레, 데페리우스, 고베아누스 같은 이들도 복음을 일부만 아는, 똑같은 눈먼 상태에 빠지고 말았다. 경건치 못한 자들이 뻔뻔하게도 영생의 거룩한 서약을 모욕하고 웃음거리로 만들어서 모독했다는 것 외에 무슨 이유가 있겠는가.[46]

칼뱅에게 기독교의 핵심은 하나님께 드리는 바른 예배였다. 거짓된 신앙과 함께 살아갈 수는 없다고 결단하던 때는 그의 삶을 결정짓는 순간이 되었다. 망명은 우상숭배로부터의 해방이었다. 칼뱅은 스스로를 명시적으로 모델로 제시하지는 않았지만, 다른 이들이 어떤 희생을 치르더라도 자신과 같은 선택을 해야 한다고 주장했다. 소위 니고데모파를 맹렬하게 공격한 것은 무엇이 위태로운 것인지 보여 준다. 타협하는 그들의 태도 때문에 가톨릭만큼이나 거대한 적이 되고 말았다. 이들은 종교개혁의 이유와 결과를 훼손한 것이었다. 칼뱅에게는 가장 역겨운 것으로, 복음의 요구와 상관없이 살면서 겉만 번듯한 허위의 기독교였다. 그 자신이 앞서 10년 동안 타협한 적이 있다는 사실이 되돌아가는 동포를 가혹하게 책망한 것에 얼마나 영향을 끼쳤는지 알려져 있지는 않지만, 그는 언제나 궁지에 몰렸을 때 가장 지독했다.

"당신들은 유산을 받기 위해 그곳에 갑니다": 순교

동포 남녀가 신앙 때문에 죽어 가고 있음을 알고 칼뱅의 고뇌는 깊어졌다. 특히 이름을 보며 얼굴을 떠올릴 수 있을 때는 더했다. 그는 스스로를 순교자로 생각한 적이 없었고, 박해가 닥칠 때면 도망쳤다. 그는 가능하면 그리스도인은 죽음이나 우상숭배로 인한 타락을 피해 망명하라고 거듭 가르쳤다. 그러나 불길이 프랑스 전역으로 퍼지자 그는 이제 순교 문제를 이야기해야 했다. 특히 학생 다섯 명이 로잔을 떠나 조국인 프랑스로 돌아간 1552년이 가장 중요한 해였다.⁴⁷ 그들은 리옹에 도착한 직후 체포되었는데, 이는 프로테스탄트 세계에 충격으로 다가와 불링거, 비레, 칼뱅을 비롯한 주요 종교개혁자들이 즉각 그들을 대신해 편지를 썼다. 칼뱅은 이중 전략을 세웠다. 베른 의회를 통해 프랑스 왕에게 영향력을 행사하여 그들을 풀어 주게 하는 것과 동시에, 해당 학생들에게도 죽음을 준비하라는 편지를 썼다.⁴⁸ 그는 어려운 입장에 처했다. 할 수만 있다면 투옥된 이들을 구하고자 했겠지만, 재판에서 진다면 훌륭한 죽음을 감당해야 한다고 생각했다.

학생들은 라틴어를 읽을 수 있었지만, 칼뱅은 종교 문제로 투옥된 다른 이들도 그의 가르침에서 유익을 얻을 수 있도록 편지를 프랑스어로 썼다. 순교는 전 교회의 문제였기 때문에, 그는 모든 지역의 신자뿐만 아니라 제네바 회중이 그들을 위해 기도하고 있다고 학생들에게 확신시켰다.⁴⁹ 조사를 받을 때 어떻게 행동해야 할지도 알려 주었다.

그러므로 하나님의 영의 인도하심에 따라 겸손하게 처신하면서, 성경의 규칙에 따라 아는 대로 침착하게 대답하십시오. "저는 그렇게 믿어 왔습니다. 그러므로 말합니다." 그러나 이 때문에 솔직하고 분명하게 말하는 것을 멈추지는 마십시오. 당신들에게 모든 대적이 반박하지 못할 입과 지혜를 주시기로 약속하신 그분이 당신들을 넘어지게 하지 않으실 것을 확실히 믿으십시오.[50]

그들은 초대교회 순교자들 중에서 모델을 찾곤 했다.

칼뱅은 하나님이 순교자, 특히 하나님의 위로를 느끼는 순교자에게 특별한 힘을 주신다고 학생들에게 다시 확신시켰다. 신앙을 위해 죽는 사람은 누구나 생명의 면류관을 쓰게 될 것이다. 칼뱅은 마태복음 10장 32-33절을 위로로 제시했다. "누구든지 사람 앞에서 나를 시인하면 나도 하늘에 계신 내 아버지 앞에서 그를 시인할 것이요." 비레도 이 메시지를 반복하면서, 다섯 학생은 사라져 버릴 물리적인 불로 죽게 되겠지만, 이들을 재판한 이들은 영원히 꺼지지 않는 불에 던져질 것이라고 썼다.[51] 모든 인간은 하나님의 뜻에 순종해야 하는데, 순교는 순종의 가장 극적인 형태다. 그리스도를 따르는 의무의 일부인 것이다. 칼뱅은 신자가 죽는 것이 하나님의 뜻일 수 있다고 확신했다. 교회를 강하게 하고 회심자를 얻는다. 핍박하는 자 앞에서 신자가 인내를 보일수록 더 많은 대중에게 거룩한 모범이 되었다.

1553년 5월, 관대한 처분을 구하는 모든 요청이 실패로 돌아가자 칼뱅은 다섯 수감자들에게 편지를 보내 구원을 확신하라고 했다.

이 세상을 떠나면서, 우리는 모험하듯 가지 않습니다. 천국의 삶이 있음을 확실히 알 뿐 아니라, 우리 하나님이 값없이 자녀 삼아 주셨음을 확신하기 때문에 당신들은 유산을 받기 위해 그곳에 간다는 것도 알 것입니다. 하나님이 당신들을 그분 아들의 순교자로 임명하신 것은 당신들에게 베푸시는 넘치는 은혜의 표입니다.

이들이 처형당하기 직전인 7월 칼뱅이 쓴 마지막 편지에는 기도 속에서 자신도 함께하겠다는 약속이 들어 있었다.

그러나 이 모든 불행 속에서도 우리에게 약속된 행복한 소산을 구하며 우리 자신을 위로해야 합니다. 그분은 그 소산을 천사들을 통해 보내 주실 뿐 아니라 친히 우리 눈에서 눈물을 닦아 주시리라 약속하셨습니다. 따라서 우리에게는 천국에 반하여 분을 발하는 멸망의 상태에 있는 불쌍하고 눈먼 이들의 오만을 멸시할 권리가 있습니다. 또한 우리가 당신들이 처한 자리에 있지는 않지만, 이것이 우리의 대장이신 그분의 아들 아래서 우리를 한 몸 되게 하시는 무한히 선하신 하늘 아버지를 기쁘시게 한다는 것을 인식하며, 동료로서 기도와 염려와 애정 어린 긍휼로 당신들을 떠나지 않고 함께 싸우겠습니다.[52]

칼뱅은 동포들에게 신앙을 위해 죽을 준비가 되어 있어야 한다는 메시지를 전했다. 타협은 곧 모든 것을 잃는 것이다. 기이하게도 1540년대에 그가 했던 가장 가혹한 발언들은 복음주의 신앙을 따르는 자라는 자의식을 가진 이들을 향했고, 심지어는 제네바의 종교개혁자인 스스로를 겨냥했을 수도 있다. 근본적 문제가 있었다. 1534년에 칼뱅 자신이 그랬듯, 당시 프랑스의 복음주의 문화는 위장을 통해서 살아남았다. 핍박은 간헐적으로 있었고 늘 조직적으로 자행된 것도 아니었지만, 실재했고 또 영향을 끼쳤다. 사람들은 신앙 때문에 죽어 가고 있었다. 칼뱅은 망명을 택했고, 속 깊은 곳에서 타협에 대한 혐오가 자라났다. 이 때문에 칼뱅은 자신이 복음화하려고 했던 바로 그 사람들과 불화할 수밖에 없었다. 1540년대에 그는 신앙을 완전히 공개적으로 고백하지 않으면서 하는 행위에 대해서는 무엇이든 의혹을 품었다. 그가 보기에, 신앙이란 악마와도 같은 로마 가톨릭교회와 완전히 단절하는 것을 뜻했다. 이는 그가 생애 마지막 날까지 열정을 다해 지킬 믿음이었기에, 무수히 많은 남녀와 아이들이 그를 따라 망명 혹은 죽음을 택했다. 그럼에도 불구하고 어떤 이들에게 그 선택은 너무 가혹한 것이어서, 칼뱅은 추종자를 많이 잃기도 했다.

12

갈등의 나날들

16세기 대부분의 중소 도시처럼, 제네바도 악취 진동하는 협소한 물리적 공간에서, 주민들은 사회적 관계를 이루고 상업을 하면서 매일 부대끼며 살았다. 그런 시대였다. 인문주의자 에라스무스는 바젤의 광장들을 통과하면서 악취 때문에 옷으로 코를 막았을 거라고 이야기한다.[1] 현대적 의미의 사적 영역에 대해 전혀 알지 못한 이들이 좁은 거리, 교회, 시장, 술집에서 친구와 적으로 끊임없이 교류했다. 소문과 험담은 사회생활의 일용할 양식이었고, 폭력은 갈등을 해결하는 공통된 수단이었다. 제네바 목회자의 설교를 읽은 사람이 있다면 그 도시가 부도덕의 소굴이라는 인상을 받을 테지만, 사실상 제네바 사람이 사는 방식이 여느 프랑스, 스위스, 독일 도시에 사는 이들과 크게 다른 것은 아니었다. 유럽 전역의 통치자와 서민은 젊은 층, 특히 청년들, 가난한 이들, 외국인들을 어떻게 대해야 할지 고심했다. 질병에 대한 공포와 번개, 작업장, 가정의 화로에서 화재가 발생할 위험은 계속 있었다. 대부분의 질병은 전염이 된다고 생각했기에, 가까이 있는 사람들이 더 공포의 근원이 되었다. 이 시기 제네바가 특별했던 것은 지역 주민을 압도하는 엄청난 수의 이민자들이었다. 이로 인해 정치적 당파주의가 일촉즉발의 긴장 상황을 야기했다.

난민

1540년대 중반 프랑스 출신 난민이 제네바 성문 곳곳으로 홍수처럼 밀려들어 와 도시에 차고 넘쳤다. 칼뱅의 명성에 이끌려 가족과 친구들, 안전한 곳을 찾아온 남녀들로 제네바는 급격히 변화되었고, 1546년이 되자 이들의 존재는 가장 심각한 정치 문제가 되었다. 1544년 봄 칼뱅은 부활절 성찬에 너무 늦게 도착한 이들을 위해 성찬을 베풀어도 좋다는 허락을 받았지만, 1546년이 되자 상황은 끔찍하게 변했다. 제네바 시민은 당국의 허가 없이 이방인에게 방을 빌려줄 수 없었고, 떠나려 하지 않는 사람은 구타를 당하며 위협에 시달렸다. 난민이 들어오는 것을 미연에 방지하려고 애썼다. 행정장관 한 사람이 왈도파 학살이 있었던 프로방스의 메랑돌로 파견되었다. 1년에 4천 명의 난민이 빠져나온 곳이었다. 그는 신자를 돕는 지역 목회자를 위한 돈을 가지고 갔다.[2] 제네바는 외국인에게 필요한 것을 제공한 후 이들을 다시 내보내는 방식을 취했다. 1546년 들어 이 전략은 먹히지 않았고 난민들은 머물면서 지역 주민들의 적대감만 키우고 있었다. 대체로 새로 오는 사람들은 16세기 종교적 난민이라는 공통의 운명체로만 환영을 받았다. 지역 일자리와 숙소를 제공한 자선 기관에서 질병을 옮기는 짐짝 취급을 받았다. 이는 런던에서 프랑크푸르트, 덴마크에서 스위스 연방에 이르기까지 난민이 처한 운명으로, 이들은 정착하고자 했던 지역의 주민들에게 멸시와 의혹의 대상이었다. 1555년 로카르노 출신의 이탈리아 프로테스탄트 난민들이 불링거의 권유로 취리히에 도착했을 때, 이들을 달갑지 않은 경쟁자로 인식한 상인들과 사업가들의 적개심의 파도와 마주했다.[3]

그러나 제네바 본토인에게는 난민의 숫자뿐 아니라, 이들이 권력 구조에 빠른 속도로 스며드는 방식도 문제였다. 이 외국인들은 통합을 추구했고, 이는 곧 장 칼뱅과 프랑스 목사 집단이 가장 극적으로 대변하던 실재였다. 이 목사들은 많은 제네바 사람들이 경멸하고 분노를 표했던 모든 것을 옹호하기에 이르렀다. 이런 상황에서도 제네바 사람들은 난민 유입을 이득으로 바꾸는 길을 찾아냈다. 즉 외국인이 도시 안에서 부르주아 신분을 돈으로 살 수 있게 허용했는데, 이것은 큰 돈벌이가 되었다.[4] 그러나 도시는 이로 인해 곤경에 처했다. 부르주아 신분 매매는 수입을 얻는 주요 수단이었지만, 그 신분으로 외국인이 얻은 권한은 받아들여지지 않았다. 1555년에 이 권리를 판매해서 시가 벌어들인 수입은 총액의 약 20퍼센트에 달했다. 일거양득을 노린 관원들은 1551년에 부르주아 신분을 산 사람에게 향후 25년 동안 투표권을 금하려고 했다. 그러나 그런 노력은 실패로 돌아갔다.[5]

난민은 제네바 본토인과 별개인, 문화, 가족, 망명자로서의 경험으로 긴밀히 묶인 특별한 집단을 형성했다. 일부 제네바 사람들은 콩시스투아르의 개입으로 개혁파 신앙을 강요받는다고 느꼈던 반면, 난민은 스스로 선택해서 종교의 이유로 제네바에 왔다. 지역 주민들은 난민을 부동산을 구매하고 다수의 제네바 사람들보다 높은 생활 수준을 유지하는 특권적 부유층으로 인식했다. 두 집단의 대조는 두드러졌다. 난민은 돈이 많고 부동산은 적었으나, 제네바 엘리트는 부동산은 많으나 현금이 부족했다. 외국인들이 제네바 경제로 자본을 유입한 덕분에 그들은 자본가로 활동할 수 있었다.[6] 칼뱅에 적대적인 제네바인들과 외국인들 간에는 돈거래가 거의 없었던 반면, 칼뱅의 제네바인 후원자들과 프랑스 난민 간에는 돈거래가 많았다.[7] 또한 제네바 사람과 섞이기를 거부하는 프랑스 난민들의 태도도 긴장을 일으키는 또 다른 요인이었다. 이들은 지역 사람이 아니라 자기들끼리 결혼했고, 사업을 하고 돈을 빌려주며 보증을 서는 등 경제적으로 긴밀히 엮여 있었다. 프랑스에서 법률들을 발표했지만, 다수가 여전히 프랑스의 부동산에 접근할 수 있었다.

그러나 이 프랑스인들도 동질 집단은 아니었기에 상당한 사회적 차이가 뚜렷이 남아 있었다. 도시에 정착한 이들 중 다수가 교육 수준이 높은 데다 귀족인 경우도 있었지만, 박해를 피해 보호받을 곳을 찾아온 다른 이들은 변변찮은 배경 출신이었다. 1550년대 제네바 의회는 프로방스 출신 난민 약 500명이 시골 지역에 정착하는 것을 허락했다.[8] 정치적 위협이 되지 않는 난민을 대하는 의회의 태도는 부유한 도시 출신 프랑스 가문들을 대하는 태도와 많이 달랐다.

몸과 영혼을 돌봄

칼뱅과 다른 설교자들은 강단 위에서 제네바 사람들에게 그리스도인으로서의 의무가 사회에서 가장 연약한 이들, 즉 가난한 자와 병든 자, 과부된 자와 고아된 자를 돌보는 것임을 거듭 상기시켰다. 고린도후서 주석에서 칼뱅은 "복을 심는 자는 복을 거둔다"는 바울의 말을 인용하여, 자선은 베푸는 자의 재산을 줄어들게는 하지만 공동체를 부유하게 한다고 설명한다. 그는 바울의 말을 다르게 표현하여 사도가 다음과 같이 선언한 것과 마찬가지라고 말한다. "네 이웃에게 더 관대하면 할수록 하나님이 네게 베푸시는 복을 더 많이 받을 것이다."[9] 『교회법』에 따라 제네바에서 가난한 사람과 아픈 사람을 돌보는 것은 집사의 일로, 칼뱅은 이 직분이 초대교회까지 거슬러 올라간다고 믿었다.[10] 칼뱅의 지도하에 제네바의 집사는 하나의 단계에서 안수를 받는 직분으로 변화되어, 고유의 권리를 갖고 사회 복지를 책임지는 목회직이 되었다.[11]

1540년대에 빈자와 병자 돌봄은 여러 노력을 통해 제공되었다.[12] 시립 병원은 지역민의 필요를 돌보았지만, 수많은 이민자들에게 상황은 달랐다. 다수의 난민은 개인적으로 스스로를 돌보았지만, 더 조직화된 체계가 기금 형태로 등장했다. 이 중 하나가 프랑스 기금 Bourse Française으로, 프랑스 공동체에서 유언과 기부로 기금을 조성한 재단이었다.[13] 기금의 정확한 기원은 알려져 있지 않지만, 칼뱅이 관여된 것은 분명하다. 칼뱅의 친구 다비드 뷔존톤 David Busanton이 1545년에 사망하면서 제네바와 스트라스부르의 가난한 사람을 위해 남긴 상당한 액수의 유산과 관련이 있는 것 같다.

프랑스 기금은 특히 난민을 도우려고 마련되었다. 이들 중 다수는 고향 프랑스에서 아무런 도움을 받을 수 없는 이들이었다.[14] 이 기금은 엄청나게 다양한 활동을 통해 제네바에 온 남녀와 아이들의 다양한 필요를 돌보았다. 사람들이 직업 훈련을 받고 직장을 구하는 데 도움을 주고, 소년들에게 견습생 자리를 마련해 주며, 과부를 돌보고 이들에게 일감으로 주로 바느질하는 일을 찾아 주었다. 직업의 종류는 엄청나게 다양했다. 드니 라그니에^Denis Raguenier가 장 칼뱅의 설교 필사자로 고용되었다는 이야기는 유명하다. 1560년까지 적어도 11년 동안 이 종교개혁자의 설교를 속기로 받아 적은 다음, 보통의 글로 번안하는 일에 기금의 도움으로 관여했다.[15] 기금은 또한 과부에게 새 남편을 찾아 주는 결혼 서비스도 시행했다. 아이들을 돌보는 것은 물론, 자녀가 있는 과부는 특히 더 돌보았다. 독립된 고아원은 없었지만, 기금은 아이들을 위탁 가정으로 보내는 제도 만들었다. 남녀가 프랑스로 돌아가 가족을 제네바로 데리고 올 수 있도록 재정을 지원하기도 했다.[16]

제네바 교회의 집사는 어떤 것이든 했고, 모든 것을 했다. 옷과 땔감을 샀고 의료 지원을 했으며 자주는 아니어도 출산 현장에 있기도 했다. 아픈 아이의 보호자도 정했다. 근본적으로 어떤 필요든 채우려고 노력했다. 빛이 나지 않는 일이었다. 집사는 사람들 집집마다 어떤 위험이 닥치든 즉각 해결해야 했다. 갑작스레 난민이 밀려오는 일도 예고 없이 찾아왔다. 까다로운 기부자 및 수급자도 상대해야 했는데, 지역 주민들이 품은 적대감뿐 아니라 도움받았던 이들의 배은망덕에 대한 기록이 넘쳐난다. 사람들은 자주 빌린 물건을 훔쳐 갔고, 집사들을 폭력적으로 위협하는 일도 흔했다.[17] 집사는 자원봉사자로 어느 정도 자산이 있어야 했다.

1550년대에 기금은 도시 내 프랑스인들 네트워크에 의존했다. 이들은 공식적으로 정치 관직에서는 배제되었지만 공동체에 기여할 광범위한 재능을 지닌 이들이었다. 상대적으로 부유했고 꽤 우호적이었으며 초기 집사는 모두 프랑스어를 쓰는 외국인이었다. 기록을 남겨야 했기 때문에 회계 장부 다루는 일에도 조예가 깊었다는 것도 중요했다. 집사들의 이름은 이들이 사업가였음을 보여 주며, 그들은 동생 앙투안이나 전 비서 샤를 드 존빌리에Charles de Jonvilliers처럼 언제나 칼뱅의 가까운 지지자였다. 집사가 세속 관원은 아니었기에, 명망 있는 그리스도인이어야 한다는 기대가 있었다. 칼뱅은 병자와 빈자를 돌볼 때 여성의 역할을 강조했는데, 물론 집사는 남성에게 주어지는 직분이므로 여성들이 임명받은 집사여야 한다고 생각한 것은 아니다. 집사의 아내가 가끔씩 기록에 나오는데, 남편이 죽고 난 후 곤경에 처한 이들을 돌보고 자선을 베푼 이들이었다.[18] 도시 목회자들은 이들을 엄격히 관리했다. 목회자는 집사에게 할 일을 알려 줄 수 있었고, 기금의 장부는 목사회의 감독하에 통과되었다.

"신이 설교자들을 데려옵니다"

사부아와의 단절 이래 도시 특유의 당파 싸움은 1540년대 후반 들어 다시 한번 표면화되었는데, 이번에는 근본적으로 서로 관점이 다른 두 독특한 당파가 등장했다. 하나는 토착 제네바 집안들로 이 도시의 전통적인 관용 정신의 옹호자임을 자처했다. 다른 하나는 제네바에 온 목회자 및 이들의 후원자인 프랑스인들로, 이들은 부유하고 주로 귀족이었다. 제네바에서 난민에 대한 분노가 거리와 모임 공간에 퍼졌는데, 종종 프랑스인 목회자를 노린 논쟁, 저항, 폭력으로 이어졌다. 거리에서 칼뱅과 동료들에게 욕을 하거나 침을 뱉는 일이 흔했다. 칼뱅의 편지와 설교에서는 자신과 곤경에 처한 동료 목회자들이 복음과 교회의 치리를 거부하는 완강한 불신자들과 세상 끝날 듯 싸우고 있다는 인상을 자주 받는다. 그러나 이는 오해다. 의심할 바 없이, 제네바 사람 다수가 그들의 관점에서 삶에 간섭하는 콩시스투아르, 강단의 가차 없는 장광설을 증오했는데, 이 모든 것은 조국의 박해를 피해 제네바에서 난민 생활을 허락받은 이들이 행한 것이었다. 제네바 사람들 생각에 자신들이 베푼 환대와 관용에 비해 부실한 보상이 돌아왔기 때문이었다. 그러나 목회자에 대한 대중 저항이 일고 있었던 것은 아니다. 실제로 개혁은 맹위를 떨치고 있었다.

1550년의 제네바는 팽팽한 긴장감이 도는 상황이었지만, 희망이 없지는 않았다. 사람들 간의 논쟁은 일상이었는데, 특히 제네바 사람과 프랑스 사람 사이에 잦아서 콩시스투아르와 소의회의 개입이 필요했다. 재정 관련 사건, 술에 취해 벌어지는 소동, 성관계 등 근대 초기 도시 공동체에서 일어나는 일상적인 일을 놓고 벌어지는 논쟁들이었다. 칼뱅과 동료들이 강단에서 제네바 시민의 행동을 비난하면서 분노가 격화되고 있기는 했지만, 의회와 목사들의 관계가 붕괴된 것은 아니었다. 1550년 가을 목회자들은 성탄절, 부활절, 성령강림절에 행하는 성찬을 폐지하라고 요구했다. 이들은 가톨릭이 선호하는 전통적인 시간에 성찬에 참여하지 않는 방식으로, 개혁파 성찬을 미사와 구별하기 위해 한동안 노력했다. 베른 교회의 관습과 단절하는 것이었지만, 제네바 관원들은 이에 동의했다.[19]

더 큰 논란거리는 목회자들이 제네바의 전통적인 사회적·종교적 관습, 곧 아이에게 세례명을 붙여 주는 관습을 직접 공격한 것이었다.[20] 고착화된 가톨릭 관습을 끊어 내기 위해 1546년부터 목사회는 적합하지 않다고 판단된 전통적인 이름들의 목록을 작성했다.

다니엘, 베드로, 마태 같은 성경에 나오는 이름만 써야 한다는 것이었다. 가톨릭이 지배하는 유럽의 다른 지역과 마찬가지로 제네바에서도 성인의 이름, 특히 지역 성인의 이름은 개인과 가족 및 공동체 정체성의 필수 요소였다. 예컨대, 제네바에서는 클로드^{Claude}가 인기 있었다. 전통적인 이름에 대한 이런 공격은 종교개혁이 일어난 유럽 전역에서 흔했기 때문에, 칼뱅이 제네바에서 한 행동은 앞서 취리히와 다른 스위스 도시에서 일어난 일을 모방한 것이었다. 특별히 제네바적인 것을 공격한 것이기보다는, 가톨릭식 경건 또는 이 관습에 반대하는 이들에게 미신으로 알려진 행위에 머물러 있는 것에 대한 공격의 일환이었다. 1543년 칼뱅이 그토록 강한 어조로 비난했던 대로 개혁자들은 성인숭배와의 감정적 연결 고리를 끊어 내고 싶어 했는데, 여기에는 다른 목적도 있었다. 미신으로 간주된 대부 혹은 대모 제도를 없애고, 아이들의 영적 지도에 더 책임을 지는 부모, 특히 아버지를 만드는 것이었다. 결정적으로 칼뱅이 금지된 이름 목록을 공개했을 때 의회가 그를 지지했다. 저항이 없었던 것은 아니지만, 세례 기록을 보면 조치가 취해졌음을 알 수 있다.[21]

제네바 사람 다수에게 전통과 이렇게 단절하는 것은 그들 정체성의 핵심에서 끊어지는 것이었기에 어리둥절하고 혼란스러웠다. 제네바 사람들이 자녀에게 선조와 연결된 이름을 지어 주고 싶어 하는 현상은 지극히 자연스러웠다. 아이의 이름을 공적으로 선언하고, 아이와 대부모가 같은 이름으로 묶이는 것은 대부모의 전통적인 권리였다. 대부모 제도는 단순히 종교의 문제만이 아니라 명예와 지위의 문제이기도 했으며, 상당한 경제적 이익과도 관련이 있었다. 칼뱅의 개혁에 대한 반대 여론이 들끓었고, 1550년 말에 이르러서는 제 제네바 목회자들의 세례 정책에 대한 저항도 거세졌다.

세례명 논쟁은 목사와 제네바 사회의 특정 부류 간에 불붙고 있던 설전의 일부였다. 1550년 루이 방디에르$^{Louis\,Bandière}$가 다수를 대표하여 "신이 설교자들을 데려옵니다. 그들은 프랑스에서 재산과 땅을 다 소비해 버렸기에, 여기서 얻고 싶어 하는 겁니다"라고 했다. 그리고 덧붙였다. "악마가 외국인 전부를 데려올 수도 있고, 그들은 다른 곳 어디든 가서 그들이 섬기는 반죽의 신을 먹을 수 있어요." 또한 "외국인들이 우리를 다스리고 싶어 하는 겁니다."[22] ("반죽의 신"은 성찬을 폄하하는 표현이었다. 칼뱅 교회의 핵심을 말로 공격한 것이다.) 이 발언으로 견책당한 방디에르는 폭력적으로 돌변해 행인 하나를 때렸다. 목회자가 가족이 제시하는 이름을 매몰차게 거부하고 가능한 다른 이름으로 유아에게 세례를 주자, 제네바 사람들이 예배 시간에 화를 내는 경우도 잦았다. 1552년 2월 발타자르 세트$^{Balthazar\,Sept}$와 가스파르 파브르$^{Gaspard\,Favre}$가 클로드가 세례명으로 가능한지 물으면서 상원에 이름 문제로 불만을 표했다.[23] 얼마 후 칼뱅은 이 주제에 대해 너무 신랄하게 설교한다는 이유로 경고를 들었다. 1552년 10월 칼뱅이 세트의 자녀 중 하나에게 세례 주기를 거부하자, 이후 이 제네바 사람 세트가 상원에 불만을 제기했다. 목회자들이 교회를 나서자, 세트와 다른 사람들은 "이 목회자들이 우리를 모욕했으니 더 이상 참을 수 없다"며 화를 냈다. 이어 세트는 목회자 중 하나에게 검을 패용할 권리가 있는 것에 문제를 제기했다. 그 목회자가 현장에 있던 행정관에게 조치를 요구했고, 행정관은 세트를 나무랐다. 사건은 곧 폭력으로 돌변했고, 세트와 연루된 사람들은 결국 며칠간 투옥되었다.

의회는 가스파르나 멜히오르 같은 제네바의 전통적인 특정 이름을 목회자들이 거절해서는 안 된다고 선언하며 도시의 점증하는 갈등을 통제하려고 노력했다. 그러나 이 타협안으로 분노한 칼뱅은 관원들 앞에 나타나 자신이 만든 목록을 지키려 했다. 그러나 이런 "보통의 이름들"은 계속 사용되다가, 칼뱅파가 적대자들에게 승리한 1555년에야 세례자 명부에서 사라졌다.[24] 이 정책은 금지된 이름들이 더 이상 미신적인 위협으로 간주되지 않는 17세기까지 강제 시행되었다.

"그런 사람을 변호하는 것은 지극히 터무니없는 일이라고 말하겠습니다"

1549년에 불링거와 함께 만든 취리히 일치신조가 신학적으로 문제가 되었다. 스위스 교회들을 하나로 만들려는 의도였지만, 바젤 그리고 결정적으로 베른이 서명을 거부했다. 제네바는 지지자가 거의 없었다. 가톨릭 프랑스와 사부아 땅 언저리에 위태롭게 자리한 제네바는 베른의 보호에 의존해야 했다. 1548년에서 1550년 사이 스위스 연방에 가입하려던 시도는 수포로 돌아갔고, 베른과 제네바의 연대도 1550년에 종료되었다. 결국 5년 더 연장되기는 했지만 말이다. 이 연대는 도시에서 폭력을 유발할 수 있고, 유발하기도 했던 많은 논쟁거리 중 하나였다. 베른인들은 제네바에서 일어난 사건들에 개입할 권리가 있다고 믿었고, 이 도시에 프랑스인 수가 늘어나는 것을 강한 의혹을 품고 지켜보았다. 제네바 교회는 칼뱅의 지도하에 베른의 의식과 관습을 점차적으로 그렇지만 단호하게 폐지했고, 동맹인 로잔의 피에르 비레와 테오도르 드 베즈가 프랑스어를 쓰는

하인리히 불링거(1504-1575). 1531년부터 사망할 때까지 취리히 교회를 이끈 지도자. 칼뱅의 가장 중요한 동맹.

목회자들에게 영향을 끼치는 것도 눈엣가시였다.

칼뱅과 베른의 관계 악화는 이 개혁자에게 확실히 공감하지 않았던 한 프랑스인 난민이 도착하면서 시작되었다. 제롬-에르메스 볼섹Jérôme-Hermès Bolsec은 1545년에 복음주의적인 설교를 한다는 이유로 프랑스에서 추방당한 카르멜회 수사였다. 파리에서 페라라로 갔다가, 1550년에 제네바 바로 외곽에 위치한 베른 지배하의 베이지 마을에 정착했다. 여기서 볼섹은 의사로 일하면서 칼뱅의 친구 자크 드 팔레의 아들을 치료했다. 팔레는 플랑드르 출신 귀족으로 개혁파 신앙으로 개종한 후 제네바 근교로 이주해서 살고 있었다. 볼섹은 1551년 가을 금요일에 열리는 콩그레가시옹에 참석했다가, 창조 전에 하나님이 선택받을 자와 저주받을 자의 운명을 이미 결정하셨다는 칼뱅의 예정론에 심각한 의혹을 표했다. 볼섹은 그것이 하나님을 악의 저자로 만든다고 주장했다. 이런 비판은 새로울 것도 없고 처음도 아니었지만, 제네바에서 그리고 칼뱅 앞에서 이런 말을 한 것은 대담하지만 동시에 어리석은 행동이었다. 당파 싸움으로 어느 한쪽이 우세할 수는 있어도, 제네바에서는 관원과 목회자 사이에 교리에 관한 합의가 있었기에, 신학적 다툼은 모두 불안하고 바람직하지 않은 것으로 여겼다. 첫 경고에 이어, 1551년 10월 체포된 볼섹은 이렇다 할 회개의 기색을 보이지 않았고 한 달 동안 감옥에서 괴로운 나날을 보냈다. 볼섹이 자기 견해에 경도되어 있음을 깨달은 제네바 관원들은 다른 스위스 도시들의 의견을 구했다. 볼섹이 칼뱅의 가르침뿐 아니라 스위스 개혁자들의 영웅인 울리히 츠빙글리의 견해마저 비판하는 바람에 문제가 더 심각해졌다. 스위스인들은 제네바에 충고하는 것이 조심스러웠다.[25] 원칙적으로는 교회 내 불화를 일으킬 수 있는 독자적인 목소리를 침묵하게 해야 한다고 주장했지만, 누구도 처형을 염두에 두지는 않았다. 그것의 여파를 예측할 수 없었기 때문이다. 온건한 판결이 촉구되었고 제네바 사람들이 이에 따르면서, 1551년 12월 말 볼섹은 도시에서 추방되었다.

어떤 면에서 이 이야기는 그다지 중요하지 않다. 그의 이후 삶에서 드러났듯, 볼섹은 사기꾼 아니면 괴짜였고, 결과적으로 자신에게 심각한 모욕을 준 칼뱅에게 제대로 된 신학적 위협조차 가하지 못했다. 제네바 의회는 볼섹이 공동체의 질서를 위협한 난봉꾼임을 거의 의심하지 않았다. 볼섹을 기소한 것은 관원들이지 목회자들이 아니었다. 그는 콩시스투아르에 출석한 적도 없었다.[26] 그러나 이 특이한 에피소드에서 칼뱅에게는 예상치 못한, 또 달갑지 않은 결론이 부상했다. 별 볼 일 없는 다른 적대자들과 마찬가지로, 칼뱅은 볼섹을 응대할 만한 가치가 없는 인물이라고 생각했다. 그러나 이 전직 수도사는 종교개혁자 칼뱅의 예정 교리에 대해 그의 가장 가까운 동지들을 비롯한 많은 이들이 불편을 느끼게 하는 말을 많이 쏟아 냈기에, 칼뱅은 1550년대의 상당한 시간을 변호하는 데 들여야 했다.

칼뱅을 가장 당황하게 만든 것은 하인리히 불링거와의 불화였다. 취리히 교회에서 온 공식 답변에는 취리히 일치신조에서 이미 언급한 문제에 대해 견해를 요청하여 놀랐다는 것이 드러나 있다. 제네바 사람들이 볼섹을 너무 가혹하게 대했다고 취리히 목회자들이 느꼈다는 것 외에 추가된 내용은 없었다. 이들은 평화를 위해 기도했고, 제네바 형제들에게 이 범법자와 화해를 추진하라고 조언했다. 불링거가 칼뱅에게 보낸 개인 서신은 좀더 실질적이었다.[27] 불링거 역시 저서 『설교집』에서 가장 최근에 다루었던 교리, 특히 칼뱅과 분명히 합의했던 교리에 대해 조언해 달라는 요청을 받고 깜짝 놀랐다. 그는 예정 교리를 자신의 목회 사역의 중심에 있는 신학적 비전과의 일관성이라는 측면에서 해석했다. 하나님은 모두를 구원하기 원하시고 죄인의 죽음을 바라지 않으신다. 저주를 받는 자는 하나님이 원하셔서가 아니라 그들이 믿음이 없기 때문에 그렇게 되는 것이다.[28] 이것은 칼뱅의 입장이 아니었기에, 불링거의 답장에는 이중 예정에 대한 함축적 비판이 담겨 있었다. 하나님의 선택에 인간이 구원받기 원하시는 하나님의 뜻이 반영되어 있음을 칼뱅은 추호도 의심치 않았다. 그러나 선택은 유기와 분리될 수 없었다. 주권자 하나님은 어느 한 시점에 구원받을 자와 저주받을 자를 작정하신다. 이것이 칼뱅의 이중 예정 교리로 알려진 것이고, 어떻게 은혜로우신 하나님이 엄청나게 많은 남녀에게 영원한 형벌을 작정하실 수 있는지 이해하는 데 어려움을 겪은 칼뱅의 친구들마저 분열시켰다. 불링거는 예정의 중심성을 부인하지 않았다. 그가 염려한 것은 칼뱅의 운명결정론으로, 저주받은 자에게는 무언가를 할 수 있는 여지가 전혀 없고 하나님이 그렇게 작정하셨기 때문에 저주받는다는 주장이었다. 칼뱅에게 한 그의 가장 주목할 만한 발언 중 하나를 보면, 불링거는 칼뱅이 예정을 강조한 것 때문에 질책했을 뿐 아니라 전임자 츠빙글리와도 거리를 두었는데, 이는 그가 거의 하지 않았던 일이었다.

> 이제 나를 믿으세요. 많은 사람이 당신의 『기독교강요』에 나오는 예정에 대한 설명에 마음이 상했고, 제롬[볼섹]도 츠빙글리가 책에서 다룬 섭리와 같은 결론을 끌어냈습니다. 사실상 사도들은 이 숭고한

문제를 아주 간단히 다루었습니다. 그리고 정말 다루어야 하는 경우와 그런 상황에서도 주의를 기울여서 경건한 자가 그로 인해 마음 상하지 않고, 하나님은 모두가 잘되기를 원하시며 자기의 가치가 아닌 하나님의 참된 선물인 믿음으로 얻는 그리스도 안에서의 구원을 주시는 분임을 이해하게 되었다는 것이 제 의견입니다.[29]

불링거는 칼뱅의 예정 교리가 사도들이 말하려고 준비해 놓은 범위마저 넘어섰기에, 이로써 교회의 조직에 상처를 내고 있다고 여겼다. 그러나 불링거는 논쟁을 원하지 않았기에, 볼섹이 구원은 하나님의 은혜에만 달려 있다는 고백을 할 수 있다면 화해해야 한다고 주장했다. 그는 하나님이 죄를 만드셨다는 입장을 칼뱅이 지지했다는 의혹을 개인 서신에서는 계속해서 명백히 밝혔으면서도 이 주제에 대한 서로의 견해차를 둘만 알고 있자는 칼뱅의 요청을 받아들였다.[30]

칼뱅은 이런 비판을 참을 수 없었다. 하나님과 인간의 관계에서 핵심인 교리 하나가 새로 만들어진 것이라거나 인간의 어리석음을 드러낸 너무 앞서 나간 행위라는 식의 주장에 칼뱅은 자극을 받아 분노의 답장을 써 보냈다.

우리에게 절제와 인간애가 부족하다는 당신의 비판은 우리 생각에는 당신이 마땅히 믿었어야 하는 만큼 우리 편지를 믿지 않으셨기 때문인 듯합니다. 우리 편지에 묘사된 제롬보다 그는 더 나은 인물입니까? 그가 당신이 생각하는 것처럼 하나님의 은혜로 모든 공을 돌렸습니까? 그런데 당신은 평화로운 교회를 뒤흔들고 치명적인 불화를 일으켜 우리를 갈라놓으려 했으며 화를 낼 이유가 없는데도 우리에게 온갖 욕설을 퍼붓고 하나님을 전제 군주와 동일시하면서 더 악하게는 우리가 하나님의 자리에 시인들의 제우스를 앉혔다면서 공개적으로 모욕한 사람을 변호하고 계십니다. 그런 사람을 변호하는 것은 지극히 터무니없는 일이라고 말하겠습니다.[31]

칼뱅은 또한 자기 신학을 츠빙글리의 신학과 연결 짓는 잔인한 비교에 마음이 상했다. "제롬이 츠빙글리의 가르침에 마음이 상했듯, 제가 사용한 방식의 가르침이 선한 사람들 다수를 기분 나쁘게 하고 있다는 당신의 편지 내용에 정말 놀랐습니다. 어디에 유사점이 있는지 여쭙니다. 확신을 갖고 말하건대, 츠빙글리의 책은 너무도 풀기 어려운 역설로 가득하기 때문에, 적절성의 측면에서 볼 때 제가 말한 내용과는 정말로 아주 다릅니다." 둘 사이의 불화로 생길 수 있는 악영향에 신경이 많이 쓰인 칼뱅은 우정에 대한 재확인으로 편지를 마무리하고, 불링거에게 취리히에서 공부하던 자기 가족 한 사람을 돌봐 달라고 요청했다.

볼섹 사건은 칼뱅과 다른 스위스 교회들과의 관계에 심각한 긴장을 유발했다. 그와 불링거 간 서신 왕래도 약 1년간 중단되었다. 부분적으로는 불링거가 심하게 아팠기 때문이었다. 그는 전염병에 걸려 거의 죽을 뻔했고, 회복 속도가 극도로 느렸다. 불링거가 편지를 보내오면서 연락이 재개되었을 때, 칼뱅이 그에 대해 부정적인 견해를 갖고 있다며 불링거가 염려한다는 사실을 알고 칼뱅은 놀라움을 표현했다. 불링거의 편지를 배달한 취리히 목회자와의 긴 대화 후 칼뱅은 다음과 같은 편지를 썼다. "당신과 당신의 동료들에 대한 이야기를 나누었지만, 제가 아는 한, 당신에 대해 우호적이지 않은 의견을 전할 의도가 담긴 말을 저는 단 한마디도 내뱉지 않았습니다."[32] 그런 다음 그는 직접 우정에 호소했다.

> 제가 당신을 적으로 여기기는커녕, 형제간의 모든 친밀한 끈으로 영원히 당신과 연결되어 있고 싶다는 것을 먼저 증언하고 엄숙히 선언합니다. 이것을 확신하는 저는 당신을 주님의 일을 하시는, 사랑하며 나뉠 수 없는 동료로서 칭송합니다. 아울러, 당신은 교회에서 지극히 탁월한 명성을 공적으로 누리시고, 사적으로는 언제나 제 친구이셨으며 사랑하고 존경하는 분이라는 것 외에 저는 아무것도 쓰지도 말하지도 않았음을 믿어 주시기를 바랍니다.

불링거가 자신을 적으로 여길 가능성까지 칼뱅이 언급했다는 것이 놀랍다. 이 발언의 뿌리는 취리히에 있는 불링거의 동료들, 특히 구약 교수 테오도르 비블리안더Theodor Bibliander와 연결되어 있다. 그는 칼뱅에 대한 비판을 숨기려고 애쓰지 않았고 칼뱅도 그의 "비열하고 신뢰하기 힘든 기질"을 언급하여 맞받아쳤다.

칼뱅은 파렐에게는 더 솔직했다. 바젤로부터 받을 지원이 부족할 것임을 예상하고 "그들[바젤 교회]이 하나님의 선택에 대해 완전히 단념할 때까지 기다리세요"라며 빈정거렸다.[33] 그러나 거의 책략을 쓰듯이, 그는 하나님의 섭리로 유익을 얻었다며 기뻐했다. "잘 알지 못했던 때에도, 저는 합의 신조[취리히 일치신조]로 그들[스위스인들]과 긴밀히 묶여 있었기 때문에, 그들도 마음대로 대의에 손상을 입히지 못합니다. 제가 들은 바로는 그들이 다른 상황에서는 제롬의 후견자가 될 수도 있었다고 합니다." 이것이 스위스 사람들과의 관계에 대한 칼뱅의 요약된 관점이었다. 그의 신학을 완전하게 표현하지는 못했지만, 1549년 일치신조를 통해 칼뱅은 이들과 공존할 방법을 찾았다. 이를 기반으로 그는 마음에 간직한 상호 연결된 두 개의 목표에 도달하는 길을 걷기 시작했다. 루터파와의 화해, 그리고 프랑스에서 핍박받는 같은 신앙인들을 위해 프로테스탄트 교회들의 연합된 지원을 받는 것이 바로 두 목표였다. 그러나 스위스인들은 상황을 아주 다르게 인식했다. 불링거와 칼뱅에게 허를 찔렸다고 생각했지만, 1551-1552년 바젤 교회와 베른 교회는 결국 일치신조에 서명했다. 일치신조는 이제 기정사실이 되었다. 불링거는 칼뱅을 길들이고, 자신들의 "순전한 교리"를 유지한 것이다. 스위스인들에게 이 일치신조는 하한선이기보다는 상한선이었기에, 볼섹 사건이 증명했듯 이들은 더 이상 협상하려 하지 않았다.

달아오르는 칼뱅

칼뱅과 제네바 관원들이 도시에서 볼섹을 추방함으로써 사건을 효과적으로 마무리했다고 생각했다면, 중대한 실수였다. 볼섹은 베른 지역으로 가서 반대 목소리를 계속 냈을 뿐 아니라, 신학 때문이 아니라 칼뱅에 대한 증오심으로 똘똘 뭉친 수많은 동조자들을 신속히 모았다. 베른 관원들은 이 새로운 상황을 진정시키려고 전혀 노력하지 않았기 때문에, 칼뱅은 더 안절부절못했다. 문제의 핵심은 별로 중요하지 않은 주변적 인물인 볼섹이 아니라, 칼뱅과 칼뱅 지지자들에 대한 베른의 인식이었다.[34] 칼뱅을 비롯해 이들 눈에 그의 대리자로 보이는 비레와 베즈가 프랑스어를 사용하는 목사들을 타락시키고 있고, 기존 교회의 치리와 신학에서 이탈시키고 있다며 두려워했다. 눈총을 받은 곳은 피에르 비레와 테오도르 드 베즈가 가르치던 로잔 아카데미로, 이곳은 칼뱅의 유해한 가르침, 무엇보다도 예정 교리가 전파되는 도관으로 인식되었다.

칼뱅은 베른 관원들을 설득하기 위해 방문할 수 있을지 파렐과 깊이 논의했다가, 자신이 프랑스어 사용 지역에서 큰 영향을 끼치기는커녕 오히려 상황을 더 악화시킬 뿐이라는 결론을 내렸다.[35] 파렐이 평화를 이루기 위해 무언가를 하되, 말을 삼가는 것도 포함해 달라고 요청했다. 칼뱅이 파렐의 선동적이고 자극적인 설교와 글이 공통의 대의를 훼손한다고 믿은 것은 당연했다. "우리가 아는 대로, 사탄이 그토록 간절히 갈망하는 기회를 얻지 못하도록 자제하려고 노력해 주시기를 빌고 간청합니다. 어리석은 자들에게 너무 많은 관용을 보이라고 부름받은 것은 아니지만, 그들이 매혹을 느낄 만한 무언가를 주어야 한다는 것은 당신도 아실 테지요." 칼뱅은 인정사정없는 동료가 될 수도 있었지만, 성패가 어디에 달려 있는지 알았다. "주님이 우리 자신을 가르치기 위해서가 아니라 사람들을 가르치기 위해 우리에게 강단에 오르라고 명령하시기 때문에, 당신은 가르치는 방식을 점검하여 너무 장황한 말씀으로 모욕을 당하는 일이 없도록 해야 합니다."

결국 칼뱅은 평화를 위해 베른에 갔다. 그는 관원들에게 자신이 그들을 지극히 존중하며, 교회에 대한 그들의 권위를 침해하는 그 무엇도 의도하지 않았다고 말했다. 칼뱅이 한때 큰 희망을 품었던 교회의 수장 요한네스 할러를 비롯한 많은 이들이 제네바 사건들에 대해 여전히 의혹을 품고 있기는 했지만, 그는 대체로 따뜻한 영접을 받았다. 그러나 베른 지역은 계속해서 대적들의 주장을 보호하는 피난처가 되었다. 특히 볼섹과 취리히 일치신조로 이어진 사건들에 중요한 역할을 한 오랜 적 앙드레 제베데에게는 더욱 그러했다. 그동안 제네바에서는 볼섹 사건의 반향이 지속되고 있었다. 칼뱅이 베른 사람들과 조율하기 위해 노력하고 있을 때, 그의 예정론이 다시 공격을 받았다. 이번에는 도시 내부에서였다. 볼섹에 반대하는 목회자들의 변증문 심사를 위해 관원들이 지명한 장 트롤리에Jean Trolliet가 목사들을 공격하고 칼뱅의 가르침을 맹비난했던 것이다. 다시 한번 목회자들과 제네바 지도자 다수가 증오에 찬 다툼을 벌이면서, 관원들이 평화를 다시 세우는 힘겨운 작업을 떠맡아야 했다. 결국 트롤리에가 소의회에 사과하고 선한 시민이 되겠다고 선언했다. 칼뱅으로서는 제네바 의회로부터 자기 교리가 수용되었다는 확인을 받았다.[36]

그러나 문제는 사라지지 않았다. 베른에는 칼뱅의 가르침에 대해 적대적인 목소리들이 계속 울려 퍼졌는데, 1554년 볼섹이 주도하여 강력한 공격을 가하자, 제네바 의회는 베른에 항의 서신을 써야 했다.

> 엄청나게 많은 사람이 모인 모르주의 모임에서 어떤 사람이 우리의 형제이자 대가인 장 칼뱅 선생님을 심하게 비난했는데, 이 말이 자주 반복되면서 칼뱅이 이단이라는 소문이 지역 전체에 퍼졌습니다. 니옹에서 설교자 제베데는…우리가 붙들고 피로 서명할 준비가 되어 있는 그 교리에 대해 설교하면서, 모든 교황주의보다 더 사악한 이단이고 이를 전하는 자는 악마이며 차라리 미사를 유지하는 편이 더 낫

12. 갈등의 나날들

다고 말했습니다. 그 와중에, 당신이 아시는 대로, 오류 때문에 제네바시에서 쫓겨난 제롬[볼섹]이라는 이름을 가진 자가 조금도 주저하지 않고 우리 형제 칼뱅을 이단이자 적그리스도라 부르고 있습니다.[37]

제네바 의회는 내부 논쟁에도 불구하고 설교자와 교사로서의 칼뱅의 탁월한 능력, 그를 지지하는 상당한 세력, 신학적 불화는 이미 폭발 직전의 상황에 버티기 힘든 긴장만 더할 것이라는 실용적 진실을 인정하면서 흔쾌히 칼뱅의 편에 섰다.

베른과 칼뱅의 관계 단절은 거의 완성되었다. 칼뱅은 요한네스 할러를 실제로 만난 적이 없었는데, 할러는 칼뱅을 "두 마르틴" 즉 루터 및 부처와 비교한 적이 있었다.[38] 결코 칭찬이 아니었다. 칼뱅과 베른 사이의 갈등을 실력 있는 주도적 종교개혁자와 뒤처진 시골 교회의 충돌로 파악하고, 쉽게 그런 인상을 받으면서 칼뱅의 편지들을 읽는 것은 구미를 당기는 일이다. 그러나 실제 사실은 이와는 다르다. 베른은 종교개혁의 성채였고, 칼뱅과의 차이에도 불구하고 베른 관원들은 동일하게 프로테스탄트에 헌신적이었다. 그러나 이들은 다양한 독일어권 및 프랑스어권 공동체들로 구성된 방대한 영역을 통치하고 있었기 때문에, 평화와 질서 유지를 위해 분투했다. 제네바는 그저 일부였을 뿐이다. 베른 관원들은 자신들의 목회자들을 칼뱅이 공격한 것, 도시에서 예전 의식들을 포기한 것, 제네바에서 일어난 세례명 논쟁, 칼뱅이 성찬과 출교를 연결시킨 것에 화가 난 것이었다.

그럼에도 불구하고 사태는 더 볼썽사나워졌다. 칼뱅의 영향력을 제한하기 위해 1544년에 베른은 로잔 아카데미에서 『기독교강요』

를 강의한다는 소문을 듣고 자극을 받아 칼뱅의 저작을 베른 지역의 금서로 지정했다. 베른 교회의 가르침에 반대되는 것으로 판단된 칼뱅의 모든 책을 불태워야 한다는 칙령이었다.[39] 분서는 이단에게 하는 조치로 강렬한 상징이었다. 프로테스탄트 대부분에게 분서는 교황의 권력 남용과 부패, 적그리스도의 존재에 대한 증표라는 최악의 이미지를 연상시켰기에, 다른 프로테스탄트의 작품을 불태운다는 것은 프로테스탄트에게는 생각조차 불가능한 충격적인 일이었다. 1555년 5월 칼뱅은 자기 신학을 변호하는 아주 긴 편지를 베른 관원들에게 보냈다. 이 편지에서 그는 자기 신학이 베른을 포함한 모든 스위스 교회들이 현재 동의한 취리히 일치신조에 근거를 두고 있다고 주장했다. 이단 혐의를 부정했지만, 관계 개선 가능성에 대한 회의적인 체념으로 가득한 편지였다.

[칼뱅이 이단이라는] 이 소설이 이제 여러분의 나라에 널리 퍼져, 사람들은 마치 복음이라도 되는 양 확신에 차서 그 말을 합니다. 제가 밤낮으로 교회를 섬기고 진리를 지키기 위해 수고하는 지금 이때에, 제 고통에 대한 대가가 그런 유감스런 감사라니 이는 정당하지 않다고 생각합니다. 세상이 감사를 표하지 않는다고 해서 하나님이 제게 명하신 것을 중단하지는 않을 것임이 바로 진실입니다. 그럼에도 불구하고 격려를 받아 마땅할 만큼 수고한 제가 반대로 부당하게 억압받았다는 사실을 인식하는 것은 여러분의 의무입니다.[40]

논쟁은 신학에 대한 것이라기보다는 사람에 대한 것이었다. 베른 관원 다수가 칼뱅의 작품에 친숙하지 않았을 것이다. 그가 그들의 권위에 도전했기 때문에 그런 취급을 받은 것이었다.

제네바에서의 싸움

1550년대 초 칼뱅은 설교자들과 그들 설교에 제네바 사람들이 보이는 일상적 분노를 비롯해 볼섹 논쟁, 베른과의 악화된 관계, 세례명 논쟁 등 들불 같은 싸움을 몇 차례 치러야 했다. 이런 혼란에 더하여, 1551년에는 콩시스투아르의 권위를 놓고 제네바의 목회자와 관원 사이에 새로운 논쟁이 불붙었다. 이 주제를 놓고 칼뱅은 콩시스투아르에서 지도급 의원 미셸 모렐Michel Morel과 공개적으로 충돌했다. 자신들의 가족이 치리회의 강압적인 분위기에 압박감을 느꼈다며 분노를 품고 원한을 갚으려는 저명 인사들은 넘치도록 많았다. 이런 악감정은 콩시스투아르의 권위를 제한하고 이 기관의 판결은 관원들이 이의를 제기하면서 뒤집을 수도 있음을 인정하라는 요구에 기름을 끼얹었다.[41]

아미 페랭이 이끈 칼뱅 반대파가 이 기관에서 일하는 평신도 위원들 혹은 장로들 명단을 조정하려고 했을 때, 콩시스투아르가 얼마나 정치적으로 변할 수 있는지 분명해졌다. 1540년대 초 이 조직이 창립될 때부터 콩시스투아르에서 일했던 관원들은 칼뱅과 프랑스 목회자들과 관심사를 공유한 이들로, 정치적 영향력이 별로 없었다. 그러다가 1553년 페랭파 인사들이 콩시스투아르에서 자리를 잡고 칼뱅의 자리를 위협하면서 상황이 바뀌었다. 이는 이 도시에서 목회자들의 권위를 제한하려는 조직화된 움직임의 일부였는데, 여기에는 총의회에서 목회자의 발언을 금지하는 안도 포함되어 있었다.⁴² 동시에 페랭파는 칼뱅 지지자들의 선거권을 제한하여 정치적 날개를 꺾어 버리려고 했다.

이런 불화로 도시는 서로 싸우는 두 당파로 쪼개졌다. 그해 가을에 일어난 세르베투스 사건을 포함해, 수많은 갈등의 배후에서 결정적인 대결 구도를 만든 것은 출교 문제였다. 한 사건이 특별히 언급할 가치가 있다. 콩시스투아르가 출교시킨 필리베르 베르텔리에(Philibert Berthelier)는 9월 1일에 성찬에 참석할 수 있게 해 달라며 항소했다.⁴³ 칼뱅은 의회의 특별 회의에 등장하여 자격 없는 베르텔리에가 성찬에 참여하여 그리스도를 모욕하느니 차라리 수천 번 죽는 편이 낫다고 선언했다. 의원들은 사건을 심사한 후, 비록 가을 성찬식이 열리는 9월 3일 성례는 받지 못하지만 베르텔리에에게 항소권이 있다는 사실에는 동의했다. 칼뱅은 이 타협안을 받고는 분노로 몸을 떨었다. 강단에서 이 결정을 비난하며 의원들에게 철회를 요구했다. 또한 목숨을 걸고 주님의 식탁을 사수할 것이라고 성찬 예배에서 선언했다. 베르텔리에는 그 예배에 나타나지 않았다.

제네바에서 세르베투스 사건이 일어났기 때문에 싸움은 훨씬 더 치열했다. 많은 사람이, 그중에서도 특히 칼뱅은 그 에스파냐인 이단이 자신을 고통스럽게 하는 일을 베르텔리에가 후원하고 있다고 믿었다. 세르베투스 사건을 심리 중이던 의원들은 베르텔리에에 대한 최종 결정을 그가 11월에 있을 성찬에 참여하게 해 달라고 또 한 번 항소할 때까지 유보했다. 칼뱅과 콩시스투아르의 다른 구성원들은 11월 7일에 의원들 앞에 소환되어, 성찬 참여 불허는 관원들에게 권한이 있으므로 콩시스투아르에게는 선택권이 없으니 침묵하라는 명령을 들었다. 칼뱅은 저항하며 총의회 앞에서 발언하게 해 달라고 요구했다. 또다시 스위스 도시들에게 의견을 구해야 할 상황이 찾아왔다.

콩시스투아르 권력을 둘러싼 논쟁은 칼뱅의 패배로 돌아갔다. 그는 치리를 시행하는 데 있어 교회의 독립된 권위를 확보하는 데 실패했던 것이다. 관원들을 설득하여 1541년『교회법』에 대한 해석을 바꾸게 하는 데도 실패했다. 사실, 그가 도시를 떠나겠다며 위협했던 것은 엄청난 반전이었다. 그러나 관원들은 아랑곳하지 않고 강경하게 교회 치리가 자신들의 손에 있어야 한다고 했다. 칼뱅은 자신이 마르틴 부처가 스트라스부르에서 당했던 패배를 경험하고 있음을 깨달았다. 칼뱅은 상황이 점점 더 악화되고 있음을 인식하고 친구 장 뷔데를 베른과 취리히로, 미셸 콥을 비엘과 바젤로 보내 교회 지도자들에게 자기가 당한 일을 알리는 활동을 벌이기 시작했다. 모두가 하나같이 지지를 보낸 것은 아니지만, 『교회법』에 대한 칼뱅의 해석에 긍정적인 반응을 보였다. 그는 스위스 교회 지도자들이 애매한 입장에 있음을 다시 확인하게 되었는데, 이 도시 중 어디에도 통치하는 관원들로부터 독립된 권위 있는 치리회가 없었기 때문이었다. 츠빙글리파 교회 행정 조직은 치리 문제를 책임지는 "거룩한" 관원들을 늘 이상화했고 불링거는 정치 지도자들과 자주 갈등에 휘말리면서도 이 입장을 고수했다.[44] 그럼에도 불구하고 바젤의 지몬 줄처가 칼뱅을 강하게 지지하지 않아서 화가 난 칼뱅이 결국 약 반년간 줄처와의 서신 왕래를 중단했던 것과는 달리, 불링거는 칼뱅에게 확고부동한 지지를 보냈다.[45]

제네바는 1544년을 교착 상태에서 시작했다. 페랭을 따르는 관원들도, 반대편 목회자들도 상대를 쓰러뜨릴 만큼 강한 근육을 키우지는 못했다. 결과는 아슬아슬하고 바람직하지도 않은 공존이었다. 양 진영이 축제 음식을 나누는 등 화해하려는 시도가 있었다. 칼뱅은 2월에 비레에게 개인적으로 페랭과 화해했음을 알렸다.[46] 그러나 포도주와 음식을 나누어도, 평화는 오지 않았다. 베르텔리에는 콩시스투아르와의 논쟁 후 다시 한번 출교당했다. 더 중요한 것은 6월에 그가 외국인을 때린 혐의로 체포된 것이었다. 이 도시에서 프랑스인에 대한 폭력이 증가하고 있다는 방증이었다.

전환점은 1555년 선거였다. 그때 페랭파가 장 칼뱅과 프랑스 목회자를 지지하는 파에 근소한 차로 패했다. 칼뱅파가 승리한 이유는 제네바에서 페랭파가 사회의 무질서를 막는 데 실패했다는 인식 때문이었다. 남색 행위 같은 악명 높은 범죄에 대한 기소와 더불어 폭력과 까다로운 논쟁이 지속되자, 제네바 사람들은 우레 같은 설교를 쏟아내는 목회자들이 옳았다는 불편한 느낌을 받았다. 무질서와 하나님의 징벌에 대한 공포는 근대 초기 세계에서는 강력한 동기였다. 칼뱅과 동료들은 수년 동안 부도덕을 비난했다. 그러나 더 중요한 것은 이들이 해결책도 제시했다는 것이다. 하나님의 뜻에 순종하면 공동체에 복이 임할 것이다. 칼뱅과 동료 목회자들의 힘은 통렬하게 비판하는 재능에 달려 있는 것이 아니라, 거룩한 공동체의 비전을 제시하는 능력에 달려 있었다. 1555년 많은 제네바 사람들이 이 목회자들에게서 보았던 것보다 더 선호하게 된 것이 바로 이것이었다. 다툼이 쉽게 일어날 수 있는 분위기에서 상당수의 사람들이 다른 흐름이 필요하다는 데 설득되었는데, 이것이 선거 결과를 좌우했다. 끈끈한 가족 관계망와 배타적인 행동을 보이던 페랭파는 "제네바 정부의 최고위에서 결론이 나지 않는 다툼과 무질서"

"늑대와 강도에게 설교하는 칼뱅." 강당에 서 있는 원기 왕성한 칼뱅을 묘사한 16세기 목판화.

에 연루되었다.[47] 결과는 선거의 압도적 승리가 아니었고 제네바의 상황은 혼돈의 언저리에 위태롭게 서 있는 것 같았다.

페랭파와 마찬가지로 칼뱅 지지자들도 자기 사람들을 주요 정치 및 법 요직에 배치함으로써 제네바 정부를 장악하려 했지만, 한 가지 아주 다른 전술도 활용했다. 선거에서 이긴 이들은 페랭파와 같이 선거와 같은 예측 불허의 상황에 예속되지 않으려고 재빠르게 프랑스인 다수에게 부르주아 지위를 부여했다. 그래서 선거자 명부를 자기 사람들로 채움으로써 자기 자리를 견고히 했다. 1555년과 1556년 두 선거 사이에 프랑스인 대략 130명이 부르주아 권리를 얻었다.[48] 페랭파는 패했지만 여전히 존재했고 등장해도 되겠다고 판단할 만한 상황이 되면 곧바로 행동을 취했다. 1555년에 도시 내 두 당파 간 폭력 충돌이 많기는 했지만, 칼뱅 지지자들이 장악한 소의회가 프랑스인들의 입국을 막거나 10년간 적어도 투표권은 주지 말자는 페랭파의 요구를 거부하자 이후 갈등은 최고조에 이르렀다. 5월의 어느 저녁, 술을 마시고 열이 오른 페랭파가 거리에 쏟아져 나와 소의회에 반대하는 시위를 벌였다. 이 사건은 조직화된 시위라기보다는 소동에 가까웠다. 처음에 관원들은 별로 비중 없는 몇 사람만 체포하고 주요 참가자들은 돌려보냈다. 아미 페랭은 소의회 회의에 계속 참석했지만, 여름 내내 선거 승리자들이 입지를 강화했다. 6월 중순, 페랭파는 선거권을 뺏겼고 이어 몇 주 안에 체포되었으며 벌금형을 받고 추방되었다.

베른은 이 사건들을 충격 속에 지켜보았다. 그들이 지지했던 페랭파는 칼뱅과 추종자들을 효과적으로 제어하는 역할을 했었다. 1556년까지 연장되었던 베른과 제네바 동맹이 만료된 후 이어진 갱신 협상은 교착 상태에 빠졌다. 칼뱅은 공식 대표단의 일부로서 무력하게 베른으로 갔지만, 빈손으로 돌아왔다. 베른과 제네바는 이제 신학과 정치로 분열되었다. 추방당한 페랭파 대부분은 베른으로 가서 반대파로 결집해서 함께 분노했다. 상황은 더 암울해졌고, 베른이 곧 제네바를 침공한다는 소문이 퍼졌다. 민병대가 보강되었고 성벽이 강화되었다. 종교개혁의 유럽은 새로운 비극을 마주할 위기에 처했다. 즉 같은 신앙고백을 하는 진영 간에 전쟁이 발발할 위기에 있었다.

페랭파가 제네바에서 기소를 당하던 1555년 여름 칼뱅은 반대파가 어떤 취급을 당했는지 그리고 이 과정에서 제네바 개혁자들이 어떤 역할을 했는지에 대한 소문에 불편해하는 불링거에게 답장했다. 불링거가 들은 소문은 다음과 같았다. 고문받던 페랭파 일부가 거짓 자백을 했고 칼뱅이 거기 가담했다는 것이었다. 둘째, 칼뱅이 베른과의 동맹 갱신을 반대한 것으로 잘못 묘사되었다. 이런 혐의 제기가 너무 심각해서, 칼뱅은 그가 쓴 편지 중 가장 길고 능숙한 해명문을 답장으로 보냈다. 페랭파 중 일부가 고문당했다는 사실, 그리고 이들이 자백했다는 사실을 부인하지는 않았다. 이들이 고문받다가 자백했다는 사실을 법조인 칼뱅은 조심스럽게 덧붙였는데, 이후에 이들이 인정한 사실과 일치하는 것이었다. 칼뱅에게 잔혹하고 피에 굶주린 인물이라는 악평을 선사한 세르베투스 처형 바로 직후였기에, 그는 정당한 법적 절차를 밟았음을 보여 주고 싶었다. 칼뱅이 불링거에게 자기변호를 해야 한다고 느꼈던 것은 바로 이런 상황의 엄중함 때문이었다.

> 그러므로 저는 악의적으로 특정 사실을 왜곡하고 거짓으로 조작한 이미 죽음 직전인 두 형제 중 형을 보고 그에게 법정의 공식 판결로 공표된 것, 판관도 증인도 없을 때 저와 연결 지은 그것이 스스로의 자유 의지로 인한 것인지 아닌지 모든 사람 앞에서 물었습니다. 그는 자유 의지로 그랬다고 답했습니다. 저는 다시 제가 그를 위협해서 자백을 강요하거나 자백하면 보상이 있을 것이라는 감언이설로 속인 적이 있는지 물었습니다. 그는 아무 주저 없이 그런 적이 없다고 대답했습니다.[49]

보복을 행하려는 박해자가 아니었던 칼뱅은 불링거에게 자신은 하나님의 심판을 직면한 두 사람에게 신앙고백과 회개를 촉구했을 뿐이라고 강조했다. 그리고 이 점에서 자신은 성공했다고 주장했다. 두 사람 다 도덕적으로 타락한 수치스런 삶을 살았다고 인정했기 때문이었다. 그러나 이 두 사람은 페랭파를 대신하여 관원들에게 대항한 치안 방해 혐의는 인정하지 않았다. 물론 칼뱅은 불링거에게 이들의 유죄를 추호도 의심하지 않는다고 했다.

또한 칼뱅은 자신이 받은 많은 비난이 베른 지역에서 시작된 것이기는 하지만, 자신이 베른과의 동맹을 훼손하려 했다는 비난도 사실무근이라고 주장했다. 그가 불링거에게 보낸 자기변호는 확고했다. "그러므로 우리 도시를 위해 베른과의 연맹이 얼마나 유용한지 제게 길게 말씀하실 필요가 없습니다. 우리 도시의 상원 의원은 모두 압니다. 또 우리 도시 시민 대부분도 제가 이를 지켜 내기 위해 얼마나 성실히 노력했는지 모르지 않습니다." 이 동맹에서 부당한 취급을 받은 측은 제네바였다. 칼뱅이 썼듯이, 제네바 사람들이 언제나 베른에 우정의 손을 뻗었기 때문이었다. 칼뱅은 일촉즉발 상황에 처한 두 진영 사이에 평화가 이루어질 수 있도록 모든 권위를 동원해 달라고 불링거에게 부탁했다. "베른 영토 전역에 전쟁과 포위와 도시를 약탈하는 이야기가 울려 퍼지고 있습니다. 사실 저는 무의미하다고 생각하기는 하지만, 분명 새로운 공포로 위협받지 않고 지나는 날이 단 하루도 없습니다." 칼뱅에게 베른 교회는 종교 개혁이 모방해서는 안 되는 모범으로, 성경 해석 훈련을 받지 않은 세속 통치자가 영적인 일에 개입할 수 있게 허용한 결과를 보여 주는 실례였다. 가이사에게 주어서는 안 될 것을 주었다는 것이다.

제네바 선거에서 얻은 승리는 예측된 결과가 아니었다. 만약 페랭파가 실수와 내부 갈등으로 상황을 장악하는 데 실패하지 않았더라면, 칼뱅은 교회 치리 문제로 논쟁 하는 중에 쫓겨났을 것이다. 이 프랑스인은 분명 때로 자신의 불운에 의기소침해했다. 이 도시에서 받는 반대가 상당했고, 그 반대는 외부 세력과 밀접히 연결되어 있었다. 그러나 제네바는 톨킨의 소설에 나오는 빛과 어둠의 세력이 싸우는 전투 무대와 달랐다. 칼뱅에게는 확실히 지지자와 반대자가 모두 있었지만, 다 합쳐도 제네바 전체 인구에는 못 미쳤다. 관원과 시민 다수에게 가장 큰 관심은 참종교와 도시의 안정이었다. 페랭파가 더 이상 어느 것도 제공할 수 없을 것으로 보였을 때, 이들은 권력의 자리에서 쫓겨났다. 칼뱅 지지자들의 승리는 이 도시에서 제네바 사람들의 마음을 사로잡는 데 설교가 얼마나 중요했는지 보여주는 가장 두드러진 증거다. 목회자가 강단에서 세상의 파괴와 도덕적 패역뿐 아니라 믿음과 구원 이야기를 전하자, 목사들이 불평을 늘어놓았던 때와 달리 사람들은 아이들을 교회로 데려와 세례를 받게 하고 설교를 들으며 성찬에 참석했다. 칼뱅은 회중에게 죄악으로 가득한 세상에 사는 죄인이라고 매일 상기시켰는데, 중요한 것은 새 예루살렘이 아니라 갈등에 지친 도시를 보듬는 것이었다.

13

"이 괴물이 끄집어내지 않은 불신앙은 하나도 없습니다"

혐오 인물 세르베투스

제네바에서 미카엘 세르베투스가 처형당한 일로 장 칼뱅의 사후 평판이 많은 이들에게 각인되었다. 16세기부터 오늘날까지, 비방자들은 이 사건을 칼뱅의 독재적이고 편협한 기질이 명백해진 순간으로 꼽았다. 이와는 대조적으로, 지지자들은 제네바에서 이단 하나가 처형된 것이 유럽 전역에서 일어난 다른 일보다 딱히 더 나쁜 것은 아니라고 흔히 주장한다. 유럽 전역에서 종교 재판소는 고문을 했고 아나뱁티스트는 익사당했으며 프로테스탄트는 화형대로 끌려갔다. 이와 관련된 논쟁은 결코 해결되지 않을 것이다.

1553년 사건들에는 역사가 있다. 적어도 20년간 서로를 알았던 세르베투스와 칼뱅 사이에는 증오가 있었다. 1534년에 칼뱅은 세르베투스의 요청으로 상당한 위험 부담을 감수하면서 파리로 가서 이 에스파냐 사람을 만났다. 칼뱅은 이후 그를 떠올리면서, 세르베투스가 약속을 지키지 않았다고 했다. 칼뱅의 가장 초기 신학 작품

『영혼의 잠』은 세르베투스와 파리에 있는 그의 모임에서 내놓은 견해를 최소한 부분적으로라도 반대하는 내용을 다루었다. 칼뱅은 세르베투스가 제네바에 오면 화형당했을 것이라고 말한 적이 있었지만, 이 발언은 좀 신중하게 살펴보아야 한다. 칼뱅은 반대자들을 잔인하게 대할 수 있는 사람이었고, 이들을 핍박하는 것도 주저하지 않았다. 하지만 그가 이들을 죽이려고 적극적으로 노력했다고 주장할 근거는 없다. 그러나 칼뱅이 개인적 경험을 통해 알게 되었듯, 이단은 가장 심각한 위험 요소였다. 피에르 카롤리가 칼뱅에게 가한 정죄 때문에 1530년대의 제네바 종교개혁은 거의 무너질 뻔했고, 칼뱅은 자기 평판을 바로잡기 위해 처절한 싸움을 해야 했다. 초기 근대 세계에서 이단은 단순히 교리적 오류의 문제가 아니었다. 도덕적 부패라는 낙인을 남겼다. 공동체에도 독을 퍼뜨렸다. 유일하게 알려진 치료법은 완전 박멸이었다. 가톨릭과 프로테스탄트가 완전히 합의한 한 가지는 이단은 절대 용납되어서는 안 된다는 것이었다.

게다가 세르베투스는 유명한 이단이었다. 1546년 그는 저서 『기독교의 회복에 대하여』*On the Restoration of Christianity*를 칼뱅에게 보내면서 만나기를 바란다고 했다. 칼뱅은 당시 샤를 데프빌 Charles Despeville 이라는 필명으로 그와 여러 차례 편지를 주고받았는데, 가망이 없다고 결론 내리며 급히 편지 왕래를 끊었다. 칼뱅은 파렐에게 다음과 같이 알렸다. "세르베투스가 최근에 제게 편지를 썼는데, 편지와 함께 정신 나간 공상으로 가득한 두꺼운 책을 동봉했습니다. 저는 기가 찼고, 들을 가치도 없는 허풍으로 가득한 그 책을 보아야 했습니다. 그는 제가 동의하면 여기 오겠다고 합니다. 그렇지만 저는 그의 안전을 약속할 마음이 없습니다. 그가 오고 제 권위가 먹혀들지 않는다면, 저는 그가 살아서 떠나는 것을 결코 보고만 있지 않을 겁니다."[1] 칼뱅은 세르베투스의 책을 읽고 경악했다. 그를 분노하게 한 것 중에는 원죄 부인을 비롯해 기괴하고 이해되지 않는 삼위일체론이 있었다. 세르베투스에게 그리스도는 하나님의 영원한 아들이 아니라, 하나님이 이 땅에 오기 위해 취한 하나의 형체[form]였다. 그러나 이는 그저 시작일 뿐이었다. 그가 쓴 모든 것이 사실상 프로테스탄트와 가톨릭 신앙에 반하는 것이었다. 세르베투스는 악마가 교황 제도를 만들었으며 세상의 종말은 대천사 미카엘이 마지막 해방을 가져다줄 때 온다고 믿었는데, 이 에스파냐인은 그 종말이 16세기 말 어느 때에 있을 것이라고 주장했다.

1553년, 세르베투스는 익명으로 출간한 『회복에 대하여』를 이전에 칼뱅에게 썼지만 답장을 받지 못한 편지 30통과 함께 그 책을 제네바에 보냈다. 이때 칼뱅은 자신의 삼위일체론을 삼신론이자 적그리스도의 작품이라며 폭언을 일삼던 이 에스파냐 사람이 집요하게 자신을 따라다니며 괴롭힌다고 느꼈다. 이제 칼뱅은 행동을 취했다. 그는 세르베투스가 미셸 드 빌뇌브[Michel de Villeneuve]라는 이름의 의사로 살고 있던 리옹에서 남쪽으로 32킬로미터 떨어진 론강 위의 프랑스 도시 비엔 당국에 악명 높은 이단자가 있다고 알렸다. 세르베투스는 체포되어 재판을 받았지만, 가까스로 도망쳤다. 칼뱅이 설교하던 제네바의 한 교회 예배에 그가 나타난 것이 이때였다.

그는 왜 나타났을까? 칼뱅은 파렐에게 "어떤 의도로 그가 왔는지" 모른다고 했지만, 세르베투스가 칼뱅 자신의 요청으로 구금되었다는 사실은 인정했다.[2] 재판 과정에서 세르베투스는 나폴리로 가다가 누구의 눈에도 띄지 않기를 바라며 제네바에서 하룻밤만 머물려 했다고 설명했다.³ 그가 위험을 감수한 분명한 이유는 밝혀지지 않았다. 나폴리로 가려고 했다면 제네바는 쉽게 피해 갈 수 있는 노선상에 있었고, 칼뱅이 비엔의 가톨릭 당국에 자신에 대해 알린 사실도 그는 분명히 알고 있었다. 칼뱅은 세르베투스에게 그를 정죄한다는 모든 암시를 다 준 상태였다. 칼뱅이 한 말에 따르면, "이단과 신성 모독자를 살려 주는 사람이 바로 신성 모독자다."⁴

실수가 아니었다. 칼뱅과 어떻게든 접촉하려고 세르베투스가 반복해서 시도했으므로 칼뱅은 거의 강박에 시달릴 지경이었다. 제네바에 그가 온 것은, 말 탄 자 넷이 유럽을 가로질러 달려와 마지막 날에 종교개혁을 새로운 로마로 변화시킬 책임자를 만나게 될 것이라는 묵시적 관점에 따라 행한 도발이었다. 세르베투스는 마지막 항거를 위해 제네바에 간 것이었다. 거기서 자신의 견해를 모두 설명한 후 순교자로 죽을 예정이었다. 더 이상 도망가거나 숨을 일은 없었다. 이제 그를 핍박하는 자들, 그리고 가장 미워하는 적을 대면할 시간이었다.⁵

타이밍이 이보다 더 나쁠 수는 없었다. 제네바에서는 칼뱅이 패배할 가능성이 농후한 출교 논쟁이 격화되었다. 1553년 여름의 도시 분위기는 스포츠로 가열된 운동장 같았다. 세르베투스가 체포된 다음 날, 칼뱅은 제네바 법에 따라 이 에스파냐 사람의 생애와 가르침을 요약한 문서를 준비했다. 삼위일체, 범신론, 세례, 영혼 불멸의 부인을 다룬 그의 저술에서 39개 항목을 발췌했다. 칼뱅의 개인 비서 니콜라 드 라 퐁텐Nicolas de la Fontaine이 당시 감옥에 있었고, 혐의가 가짜인 것이 입증되면 며칠 후 풀려날 예정이었다.⁶ 법의 명령을 따른 것이었기에 드 라 퐁텐의 투옥은 자발적이었고 그 기간 동안 칼뱅은 친동생 앙투안을 대신 임명했다. 첫 심리는 8월 14일부터 16일까지 열렸고, 공식 재판은 17일에 시작되었다. 세르베투스는 그가 받은 혐의에 기반해서 여러 차례 조사를 받기로 되어 있었다. 먼저, 그는 이단 혐의로 바젤에서 투옥된 적이 있었고, 1531년에 요한네스 외콜람파디우스에게 쓴 편지들에는 이단 처형에 반대하는 그의 입장이 정리되어 있다는 사실이 인정되었다.[7] 칼뱅은 세르베투스가 그의 가르침 때문에 스트라스부르와 바젤을 떠나라는 강요를 받았다고 언급했다. 첫 재판은 8월 21일에 끝이 났는데, 의회는 세르베투스에게 자기변호를 준비할 수 있도록 책을 참고하게 하고 프랑스의 비엔에 왜 그가 거기서 체포되었는지 묻는 편지를 쓰기로 결의했다.

세르베투스는 분명 칼뱅과 싸우는 것이었지만, 이 재판 과정에서 칼뱅의 역할은 제한적이었다. 출교권이 누구에게 있느냐 하는 문제로 관원들과 벌인 논쟁에서 곤경에 빠진 상태였기 때문이다. 이는 교회의 통제권을 놓고 다투는 싸움이었다. 제네바의 통치자들은 칼뱅이 재판의 추이를 결정하게 놔두지 않았다. 세르베투스가 살지 죽을지를 결정하는 것은 통치자들이라는 것이 요점이었다. 칼뱅은 파렐에게 보낸 편지에서 그와 같은 내용을 인정했다.

> 그가 얼마나 뻔뻔한지는 그가 미쳐서 악마들에게 신성이 있다고 말하기를 주저하지 않으니 더 이상 말하지 않아도 되겠지요. 정말로, 많은 신이 각 악마들 안에 있고 신이 이들과 꽤 교감을 해 왔듯, 나무와 돌에도 똑같이 적용됩니다. 적어도 사형이 그에게 선고되어야겠지만, 저는 형벌이 너무 가혹하지는 않기를 바랍니다.[8]

이단은 사형에 해당하는 중죄였지만, 칼뱅은 세르베투스가 죽기를 원하지는 않았다.

8월 23일에 재판이 재개되었는데, 세르베투스는 그에게 호의적이지 않은 페랭파 소속의 시 검사 클로드 리고$^{Claude\ Rigot}$가 준 30개 질문에 답해야 했다. 리고는 세르베투스가 의회에 간청한 조건을 거부하고, 이 죄수가 변호사 없이도 거짓말을 잘할 수 있기 때문에 변호사는 필요 없다고 주장했다.⁹ 반대 심문에서도 그는 세르베투스가 유대인과 무슬림을 만났다고 하면서 몰아붙였다. 그러는 동안 비엔으로부터 비엔 당국이 이단을 심문하겠으니 그를 돌려보내라고 요구하는 답변이 왔다. 그러자 세르베투스는 제네바에 있게 해 달라고 간청했다. 가톨릭 관원들은 세르베투스의 혐의를 밝히도록 도움을 준 칼뱅에게 감사를 표하기까지 했다.

재판 과정의 세 번째 국면에서는 칼뱅과 세르베투스 간에 토론이 벌어졌고, 라틴어로 기록이 남아 있다. 다음 날 칼뱅은 자신과 제네바 목회자들이 세르베투스의 가르침에서 이단적이라고 판단한 38개 항목이 담긴 진술서를 준비했다. 세르베투스는 자신의 견해를 교부 이레나이우스와 테르툴리아누스의 권위하에 변론할 수 있다고 답하고, 칼뱅을 악마의 대변인이라고 비난하면서 그가 꾸며 낸 것이라고 주장하며 맹공격으로 칼뱅에 맞섰다. 그러면서 제네바 관원들은 세르베투스 자신이 아니라 칼뱅을 사형시켜야 한다고 주장했다. 칼뱅은 다른 목회자들이 서명한 『짧은 논박』$^{Brief\ Refutation}$으로 응답했다. 충돌의 핵심은 칼뱅의 신론 및 인간론, 특히 예정론과 유아세례론에 맞선 세르베투스의 공격이었다. 칼뱅의 입장에서는 이 세상 속 하나님의 임재에 대한 세르베투스의 설명을 단호히 반대했다.

칼뱅이 보기에, 세르베투스는 하나님이 창조로부터 분리되어 있지 않고 그 창조 안에 구현되어 있다고 주장하는 사람이었다. 즉 일종의 범신론이었다.

다시 한번 제네바 의회는 다른 스위스 도시들에 의견을 묻기로 했다. 9월 8일 클로드 뒤 팡(Claude du Pan)은 베른, 취리히, 바젤에 보내는 편지를 갖고 도시를 출발했다. 제네바에서 얼마나 나쁜 일이 벌어졌는가 하는 것은 세르베투스 사건에 불링거를 끌어들여 불편을 끼친 것에 대해 칼뱅이 사과하는 것으로 보아 알 수 있다. "정말로 그들[의회]이 우리의 권고에도 불구하고, 당신을 이렇게 힘들게 하는군요. 그렇지만 이들이 너무도 어리석고 광기 어린 상태에 이르렀기 때문에, 우리가 무슨 말을 하든 의심합니다. 하도 많이 그랬기 때문에, 한낮이 되면 그들이 바로 의심하기 시작할 것이라고 말씀드릴 수 있습니다."[10]

의회가 발송한 공식 편지들은 칼뱅이 할러, 불링거, 줄처에게 쓴 전언과 함께 전달되었다. 칼뱅은 바젤의 지몬 줄처에게 20년 전 세르베투스가 그 도시를 방문해서 문제를 일으킨 사실을 상기시켰다.[11] 스위스 교회들에 보낸 칼뱅의 편지들은 그가 이 교회들과 함께 문제를 해결할 방도를 찾고자 했음을 보여 주는 증거다. 그가 가장 선호하는 "적응"의 원리를 적용해서, 칼뱅은 각 서신 하나하나 그것을 읽는 독자의 태도에 맞추어 썼다. 자기 견해를 직접 제시하기보다, 바젤 사람들에게는 세르베투스가 심하게 공격했던 외콜람파디우스와 부처를 상기시켰다. 마찬가지로 카피토와 줄처를 거부했던 도시 베른의 적대를 언급했다. 바젤 교회에는 자신을 지원했던 일을 언급하며 찌르고 쑤셨다. 칼뱅은 1540년대와 1550년대 초 계속

되는 협상에 참여하면서 기술을 연마했다. 어떤 조치를 취하지 않으면, 스위스 도시의 관원들이 판사에게 주는 조언이 너무 시원찮아서 아무 소용이 없을까 봐 염려한 것이다. 이 전략은 먹혀들었다. 취리히는 제네바를 전적으로 지지했고, 줄처는 세르베투스의 오류를 분명히 지적하는 답장과 함께 불링거의 인도를 따랐다. 그의 편지가 불링거의 편지만큼 강하지는 않았지만, 더 심각할 수 있었다. 9월에 뒤 팡이 돌아왔을 때, 칼뱅은 스위스인들이 자기편임을 알았다.

제네바인들이 스위스 사람들의 답장을 기다리는 동안, 칼뱅은 프랑크푸르트의 프랑스인 공동체 목회자들에게 편지를 써서 세르베투스를 반대하는 활동의 범위를 더 확장시켰다.

20년 전 여러분이 계시는 독일을 치명적인 오류들로 가득한 유해 출판물로 오염시켰던 에스파냐 사람 세르베투스의 이름을 틀림없이 들어 보셨을 겁니다. 독일에서는 추방되고 프랑스에서는 가명을 쓰며 잠적했던 이 쓸모없는 인간이 최근에 일부는 이전 책에서 가져오고 일부는 지어낸 새로운 허구에서 가져와 더 두꺼운 책으로 짜깁기하여 만들어 냈습니다. 그리고 리옹의 이웃 도시 비엔에서 비밀리에 출간했습니다. 많은 인쇄본이 부활절 시장에 맞춰 프랑크푸르트로 흘러들어 갔습니다. 그러나 인쇄업자의 대리인은 경건하고 고귀한 분으로, 이 책에 오류의 잡동사니만 가득하다는 것을 알고 그 책에 담긴 것은 모두 금지했지요. 얼마나 오류가 많은지 말하기에는 너무 깁니다. 사실상, 하나님을 대적하는 끔찍한 신성 모독이 넘쳐 납니다. 모든 시대의 경건치 못한 헛소리를 모아 놓은 광기 어린 책을 직접 확인해 보세요. 마치 지옥에서 온 것인 양, 이 괴물이 끄집어내지 않은 불신앙은 하나도 없습니다. 그 책을 읽는 것만으로도 형을 선고하는 게 차라리 나을 겁니다. 거의 모든 쪽에서 여러분을 공포에 질리게 하는 무언가를 분명 찾게 되시리라 확신합니다. 우리 관원들이 그 책의 저자를 감옥에 가두어 놓았는데, 그는 오래지 않아 벌을 받을 겁니다. 바라건대, 그럼에도 전염병 같은 독이 더 퍼지지 않게 하는 것은 여러분의 의무입니다."[12]

감옥에 있던 세르베투스는 옷, 책, 변호사 접견을 요구했다. 변호사를 원한 것은 무엇보다도 그가 프랑스어를 잘하지 못하기 때문이었다. 제네바에서 그가 의회에 보낸 편지들은 재판을 따라가는 과정에서 경험한 난제를 에스파냐어로 언급하는 내용으로 가득했다. 그는 칼뱅에게 라틴어로 말할 수 있었지만, 비엔에서 몇 년 산 이후에도 프랑스어는 문제였다.[13] 의회에 간청하는 편지에서 그는 "칼뱅이 무슨 말을 해야 할지 몰라 진퇴유곡에 빠져 있는 것 그리고 제가 여기 감옥에서 썩어 가기를 바라며 기뻐한다는 것을 여러분은 아십니다. 이가 나를 집어삼킬 듯 득실거리고 옷은 찢겼지만, 갈아입을 재킷도 셔츠도 없고 해어진 것 하나뿐입니다. 다른 간청을 드리옵기는, 하나님의 뜻에 부응하는 것인데 칼뱅이 유스티니아누스 황제를 인용하지 못하게 해 달라는 것입니다."[14] 세르베투스는 비용을 지불한다는 조건으로 옷을 받았지만, 칼뱅의 『짧은 논박』도 함께 받아 그다지 달갑지 않았을 것이다. 또한 교부 이레나이우스와 로마의 위-클레멘스Pseudo-Clement of Rome의 저술*도 반입되었는데, 세르베투

* 클레멘스 1세 교황의 것이라고 거짓으로 알려진 작자 미상의 저작이다.

스는 이 책들을 읽고 주석도 달았다. 의회가 조사하기 위해 가져왔던 이 책들과 세르베투스의 기록은 지금도 제네바에 남아 있다.[15]

다시 한번 스위스 도시들로 서신을 보내 세르베투스 판결에 대해 조언을 듣기로 결정되었다. 이번에는 자크모즈 제르노즈^{Jaquemoz Gernoz}가 제네바 의회가 스위스 정치 지도자들과 교회 지도자들에게 쓴 서신들뿐만 아니라, 세르베투스의 『배상』^{Restitution} 몇 부와 1528년에 바젤에서 출간된 테르툴리아누스 및 이레나이우스의 작품들, 칼뱅과 세르베투스 간에 벌어진 토론 기록들을 갖고 9월 22일에 스위스 도시들을 향해 떠났다. 제르노즈는 엄청난 속도로 이동하여 9월 25일에는 베른에, 9월 29일에는 취리히에 도착해서 3일간 머문 후, 샤프하우젠으로 갔다가 10월 9일 바젤에 도착했다. 이 모든 스위스 도시들은 세르베투스가 어떤 벌을 받아야 하는지 일치된 의견은 없었지만, 제네바를 지지한다고 답했다. 바젤 교회는 만약 화해가 불가능하다면, 세르베투스가 아무런 해를 끼칠 수 없도록 감옥에 갇혀야 한다고 주장했다. 그러나 형벌의 형태는 제네바 의회가 결정해야 한다는 데 모두 동의했다. 제르노즈는 답변을 취합하여 10월 18일 제네바로 복귀했다. 문서들은 번역되어 한 주 안에 의회에 제출되었다.

이어서 일어난 일을 이해하기 위해서는 스위스 도시들이 보낸 답장의 힘을 인식해야 한다.[16] 취리히의 불링거는 세르베투스를 지옥에서 온 악마로 정죄하면서 제네바 교회가 이단을 칠 영광스러운 기회를 가져야 한다고 썼다. 제네바와 관계가 자주 틀어졌던 베른도 이 전염병을 교회에서 제거하라고 관원들에게 강권했다. 심지어 바젤도 이 이단을 처리해야 한다는 데 동의했지만, 특정한 형태의 형벌을 제시하려고는 하지 않았다. 이런 지지가 있어 제네바 의회는 행동할 수 있었던 것이다. 세르베투스의 운명은 정해졌다.

칼뱅에 따르면, 페랭은 이 사건을 종결하려고 했지만 10월 26일 관원들은 세르베투스 문제를 마지막으로 논의하기 위해 만났다. 의회의 결정은 다음 날 내려졌다. 만장일치로, 세르베투스에게 유죄 및 사형이 선고되었다. 치명적 오류로 지적된 것은 삼위일체와 유아세례에 대한 가르침이었다. 스위스 교회의 만장일치 결정, 이단 죄, 기독교 세계의 법을 인용하면서, 의회는 다른 선택이 없다고 선언했다. 칼뱅은 파렐에게 보낸 편지에서 자신이 마지막 순간에 처형 방식을 바꿔 보려 했다고 썼다. 즉 화형 대신 다른 방식을 채택하자고 주장했으나 소용이 없었다는 것이다. 그는 칼을 사용하자고 제안했다고 했다. 칼뱅은 세르베투스가 이 소식을 어떻게 받아들였는지 묘사했다. "처음에 그는 충격을 받았습니다. 그다음 방 전체에 들릴 정도로 크게 한숨을 내쉬었습니다. 그런 후에 마치 미친 사람인 듯 끙끙대더니, 악마 같은 평정을 되찾았습니다. 그러다 울음이 길어지더니 이젠 계속 가슴을 치면서 에스파냐말로 '자비! 자비!'라고 부르짖었습니다."[17] 세르베투스는 칼뱅과 이야기하기 원했고, 이 만남에 대해서는 칼뱅의 기록만 남아 있다. 칼뱅은 그에게 개인적인 적의를 갖고 있지 않다고 말하고, 공식적인 기록으로 남도록 자신의 모범적 행동을 자세히 설명했다.

나는 그가 구원을 받아 우리 구세주의 것이 되게 하려고 이제껏 16년 이상 위험을 무릅쓰며 살았다고 그에게 넌지시 알려 주었다. 나는 그가 하나님의 모든 선한 종들과 화해하게 하려고 성실히 최선을 다했다. 그는 언쟁을 피했지만, 나는 편지에서 그에게 친절히 반박하기를 멈추지 않았다. 한마디로, 나는 끝까지, 내 선한 충고에 화가 난 그가 내게 모든 분노와 화를 퍼부을 때까지 모든 인간적인 수단을 다 활용했다.[18]

이것이 마지막이었다. 칼뱅은 다음과 같이 덧붙였다. "바울의 원리에 따라, 나는 저주를 자초한 이단에게서 손을 뗐다."

칼뱅은 세르베투스가 죽기보다는 자기주장을 철회하기를 바랐다. 이 점에서 승리자는 이 에스파냐 사람이었다. 파렐은 처형장까지 세르베투스와 동행하면서, 그리스도가 하나님의 참된 아들임을 고백하라고 마지막까지 설득했다. 세르베투스는 아무 말 없이 걸어갔다. 유황을 뿌린 짚과 나뭇잎이 머리 위에 놓였고, 그는 사슬에 감긴 채 화형대로 끌려갔다. 팔이 뒤로 묶인 세르베투스는 눈앞에서 타오르던 불이 장작더미로 던져지는 것을 보았다. 어느 사료에 따르면, 그는 공포에 질려 외마디를 질렀다. 그의 마지막 말은 "오, 영원하신 하나님의 아들 예수여, 저를 불쌍히 여기소서!"였다. 중요한 것은 "하나님의 영원하신 아들"이 아니었다는 사실이다. 그는 불과 반시간 만에 사망했고 그의 나이 44세였다.

처형이 있은 지 거의 1년이 되었을 때, 필립 멜란히톤은 칼뱅에게 다음과 같은 편지를 썼다. "세르베투스의 신성 모독에 대한 당신의 답변을 읽으면서 당신의 경건과 견해를 알게 되었습니다. 저는 또한 제네바 의회가 이 완강한 사람을 사형시킨 것이 올바른 행동이었다고 봅니다. 그는 신성 모독을 결코 그치지 않았을 것입니다. 이 결정에 동의하지 않은 이들이 누구였는지 궁금합니다."[19] 칼뱅은 멜란히톤의 우정과 이단 박멸에 대한 지지에 감사하는 답장을 보냈다.

왜 프로테스탄트 개혁자들은 세르베투스 처형에 그렇게 기꺼이 동의했을까? 이 질문에 답하기 위해서 우리는 현대적 감수성을 버리고, 16세기 세계로 들어가야 한다. 1550년대 초 프로테스탄트 종교개혁 세력은 가톨릭의 재부흥을 대면하고 있었는데, 당시 트리엔트 공의회에서는 가톨릭의 신학과 치리를 명료하게 정의하고 있었다. 프로테스탄트 교회들은 이단 교설과 이단자의 온상이라는 비난으로 계속해서 심각한 타격을 입었다. 프로테스탄트가 이단에 대한 입장을 정해야 하는 상황에 직면했던 결정적인 순간에 의도치 않은 세르베투스 사건이 찾아왔다. 세르베투스와 기독교회의 근본 교리들을 명백하게 부인하는 그의 행위를 정죄하는 데 실패하면 재앙이 될 것이 분명했다. 우상숭배로 여기는 것들과 오랜 전투를 치르던 칼뱅이 이를 못 본 척할 수는 없었다. 16세기 프로테스탄트 목회자와 신학자에게 그들이 활동하던 도시에 들이닥친 모든 전염병 중 가장 악독한 것이 바로 이단이었다.

그렇다면 칼뱅 개인은 어떠했을까? 중형 선고를 지지해 달라고 스위스 동료들에게 요청함으로써, 재판 과정에서 분명 중요한 역할을 했다. 뼛속까지 세르베투스를 혐오했다는 것도 분명한 사실이다. 칼뱅은 이 사람을 이기려고 결심했고 논쟁에서 그를 괴멸시켰다. 세르베투스가 기소되기를 원했고, 아마도 결국에는 죽기를 바랐을 것이다. 재판은 상호 적대감만 키웠다. 그러나 칼뱅이 세르베투스를 처형할 수는 없었다. 이는 의회의 일이었는데, 의회는 칼뱅에게 호의적이지 않았고 출교 문제로 칼뱅과 분쟁 중에 있었다. 세르베투스 사건으로 관원들의 권위가 칼뱅보다 강하다는 것이 드러났고, 사형 선고를 받은 세르베투스를 칼로 처형하자는 칼뱅의 요청이 거부된 것은 그 때문이었을 것이다. 이단에게 쉴 곳이 되어 주거나 결백하다고 할 경우 전 유럽에서 제네바의 이름을 더럽히는 일임을 관원들은 분명하게 잘 알고 있었다. 교회 예배에 나타나 눈에 띈 순간, 세르베투스는 이미 죽은 것이나 마찬가지였다.

사형 집행자 칼뱅?

세르베투스 재판이 시작되자, 칼뱅에 대한 반대 물결이 요동쳤다. 중심지는 바젤이었다. 칼뱅이 줄처에게 보낸 편지에서 무슨 일이 일어났는지 바젤 사람들이 제대로 알고 있는지 물었음에도 불구하고, 다른 소식통들이 있었다. 그리고 그들은 적대적인 경우가 많았다. 세르베투스가 칼뱅의 조력으로 체포되었다는 소문이 급속도로 퍼졌다. 인문주의자 첼리오 세쿤도 쿠리오네[Celio Secundo Curione]가 9월 중순 바젤에 도착하여, 이탈리아에서 돌아오는 여행길에 그라우뷘덴과 취리히에 머물며 수집한 정보를 풀어놓았다. 오늘날의 동부 스위스에 위치한 그라우뷘덴에는 이탈리아와 북유럽을 잇는 중요한 연결 고리가 되어 준 이탈리아 복음주의 공동체가 많았다. 바젤에 거주한 인문주의자 다수는 이탈리아 출신 난민으로, 이 사건을 그들이 피해 온 박해를 다시 도입하는 것과 마찬가지로 인식했고, 세르베투스의 사상에 공감한 사람이 적지 않았다.[20]

그러한 인물 중 하나가 마테오 그리발디[Matteo Gribaldi]로, 바젤 시민권자로서 파도바의 전 법학 교수였던 그는 보니파키우스 아머바흐의 절친한 동료였다.[21] 그리발디의 신앙관은 반反삼위일체론의 성격을 띠었고, 그는 세르베투스의 저서를 읽으면서 공감을 느꼈던 그리스도를 다른 방식으로는 이해해 본 적이 없다고 주장했다. 재판이 시작되던 시점에 제네바에 있던 그는 바젤로 돌아가 칼뱅과 재판에 대한 부정적 이야기를 전했다. 세르베투스의 의견에 공감한 그는 거짓 가르침이라는 죄목으로 누구도 벌을 받아서는 안 되며, 이단자가 사형을 당해서도 안 된다고 주장했다. 그리발디는 제네바에 있는 동안 칼뱅을 만나 이 문제를 논하려 했으나, 칼뱅은 만나기를 거절했다. 바젤에 도착한 그리발디는 큰 존경을 받았고, 이탈리아인 동료 쿠리오네와 함께 시의 연회를 즐겼다. 그러면서 쿠리오네, 아머바흐, 카스텔리오, 인쇄업자 오포리누스, 피에트로 페르나Pietro Perna와 함께 세르베투스 사건의 추이를 관심 있게 지켜보았다.[22] 1553년 9월 28일에는 지몬 줄처가 불링거에게 편지를 써서 바젤에서는 칼뱅에 반대하는 분위기가 강하다고 알렸다. 이 도시에서 숨어 살던 네덜란드 급진 종교개혁자 다비드 요리스David Joris는 경건한 미카엘 세르베투스에 대해 드러내어 발언했고, 세르베투스가 정말로 이단이라면 형제애 차원에서 그에게 권고를 주어야 한다고 썼다.[23] 처형 소식이 바젤에 들리자, 칼뱅에 대한 비난이 격해졌다.

처형이 있은 지 며칠 후 저명한 인물 몇몇이 바젤로 가서 반대파에 합류했다. 이 중 하나가 장 콜리네Jean Colinet로 칼뱅이 경멸했던 제네바 문법 학교의 교사였으며, 칼뱅을 5년간 제네바 교회에 혼란을 야기한 인물로 묘사했다. 콜리네가 제네바 목사들에게 위선자라는 딱지를 붙였다는 사실을 칼뱅이 알게 된 후, 이들의 관계는 나아질 기미가 보이지 않았다. 콜리네는 선임자 세바스티앙 카스텔리오를 지지했다는 이유로 콜레주 드 리브에서 면직되었는데, 그가 그 사부아 사람의 작품 중 하나의 서문을 썼기 때문이다. 세르베투스가 처형당한 날, 콜리네는 콩시스투아르에 출두했다.[24] 다른 사람으로는 라 로셸에서 온 전 아우구스티누스회 수사 출신 레제 그리무 Léger Grymoult 로, 프랑스에서 이단 혐의로 체포되었다가 이후 1547년에 제네바에 도착해서 저명한 뒤 빌라르 du Villard 집안의 세 아들의 가정교사가 되었다. 1552년에는 바젤로 가서 대학에서 공부했는데, 공부하던 중 아머바흐, 대학 교수이자 학장인 마르틴 보르하우스 Martin Borrhaus, 카스텔리오를 만났다. 카스텔리오의 가르침에 큰 매력을 느낀 그리무는 그의 저작을 편집하기 시작했다. 세르베투스가 처형되던 시기에는 제네바에 돌아와 있었는데, 그 상황을 목격하고 충격을 받았다. 제네바를 떠나 취리히로 가서 시장에게 이 사건에 대한 불만을 토로했다. 그러나 취리히 목사들이 그에게 적대적이었기에, 취리히를 떠나 다시 바젤로 돌아갔다. 또 다른 인물은 헨트 출신의 네덜란드인 피터르 아나스타시우스 더 주터러(또는 히페르프라그무스) Pieter Anastasius de Zuttere; Hyperphragmus 로, 1551/2년에 고향을 떠나 스위스 땅으로 들어갔다. 입증되지는 않았지만, 처형 때 제네바에 있었다고 주장하면서 1557년에 프랑스어로 그에 대한 시를 비롯해 『세르베투스 죽음의 역사』History of the Death of Servetus 라는 책도 썼다. 세르베투스의 작품 몇 부를 구했다고 주장했고, 제네바를 떠난 후에는 귀족 자크 드 팔레와 함께 베이지의 성에 머물렀다. 드 팔레는 칼뱅의 친구였지만, 1550년대 초 둘의 관계가 급격히 나빠졌다.[25]

바젤에서도 현장 목격자의 증언에서 나온 것이라면서 같은 제목인 『세르베투스 죽음의 역사』라는 다른 책이 등장했다.[26] 카스텔리오가 썼을 가능성이 있는 이 상세한 역사서는 관련자들의 동기를 분석한 책이었다. 아미 페랭은 이 유혈 사태의 일부가 되고 싶어 하지 않았다고 설명한 반면, 칼뱅은 자연스럽게 아주 나쁘게 묘사되었다. 세르베투스가 "예수 그리스도여, 저를 불쌍히 여기소서"라고 부르짖었을 때, 그 거룩한 죽음 이후 칼뱅이 웃었다고도 썼다. 책의 후반부에서는 이단자 처형에 반대하는 논증을 제시하고, 일부 불편한 진실을 다시 끄집어냈다. 칼뱅은 다른 스위스 교회들의 판단을 신뢰했지만, 교리 문제에 대해서는 그들을 판단하는 입장을 견지했고 그 판단이 호의적이지 않았다는 것이다. 이 책이 보여 주듯, 칼뱅이 성찬에 대한 츠빙글리와 외콜람파디우스의 가르침을 거부하면서 루터와 뜻을 같이했었다는 사실은 잘 알려져 있었다. 이는 볼섹도 주장했던 것과 같은 논증이었다. 한마디로, 칼뱅이 위선자라고 비난을 받은 것이다. 그러면서 세르베투스 살해자라는 이름을 얻었다. 그리스도의 가르침과는 동떨어진 위선적 행동을 했으며, 비난받는 로마 가톨릭교회에 어울릴 법하다는 것이다. 『세르베투스 죽음의 역사』는 계속해서 칼뱅과 로마가 헤롯과 빌라도처럼 닮았다고 지적했다. 예정론은 칼뱅이 보인 형편없는 오류들 중 하나라고 말이다. 만약 이중예정 가르침이 정말로 참되고 의혹도 말끔히 정리된다면, 당연히 신자는 세르베투스를 두려워하지 않을 것이라고 했다. 유대인이 그리스도를 두려워했던 것처럼, 세르베투스의 몸이 추앙받아서는 안 된다고 여겨 칼뱅이 그렇게 필사적으로 행동한 것이라고 썼다. 칼뱅이 정말로 세르베투스와 논쟁하기를 원했다면, 세르베투스가 답변할 수 있게 허락했어야 한다는 것이다.

처형 이후, "세르베투스파"가 바젤뿐 아니라 그라우뷘덴 및 이탈리아 지역에서 등장했고 구성원 다수는 학자였다. 이 중 다수는 변방의 고립된 인물들이었다. 그러나 바젤에는 쿠리오네가 이끄는 이탈리아 공동체 내부 인사들, 사부아 사람 세바스티앙 카스텔리오, 다비드 요리스를 중심으로 모인 집단, 대학생을 비롯하여 더 일관성 있고 잘 알려진 조직이 존재했다. 카스텔리오는 칼뱅을 지지하는 바젤의 공식 답변을 자신과 쿠리오네, 보르하우스같이 칼뱅을 신뢰하지 않았던 이들은 배제하고, 소수의 목회자들이 썼다고 불만을 토로했다. 카스텔리오는 칼뱅이 바젤의 답변을 획책했고, 그의 해로운 영향력이 모든 곳에 퍼져 있다고 확신했다. 칼뱅을 반대하는 이들은 숫자상으로는 소수였지만, 출판사와 연결되어 있었기 때문에 엄청나게 유리한 위치에 있었다. 오포리누스, 페르나 같은 이들의 지지를 받아 출판물로 자기 견해를 밝힐 수 있었고, 칼뱅의 주장과 다른 이야기를 할 수도 있었다. 처형은 심각한 불의라는 것이 이들 사이의 지배적인 분위기였는데, 비난의 대상은 제네바 의회가 아니라 칼뱅이었다. 실제 사실과 달리, 이들은 칼뱅이 세르베투스의 운명을 결정할 수 있었다고 믿기로 한 것이었다. 바젤에 거주하던 칼뱅 지지자는 다수가 칼뱅이 사형 집행인이라도 되는 양 행동했다고 주장한다며 10월 28일 불링거에게 알렸다.[27]

이탈리아인과 제네바인의 신뢰를 동시에 받아 견해와 지식으로 자주 조언해 주어야 했던 불링거는 마지못해 중추적 인물로 부상했다. 이탈리아인들은 콘라트 게스너$^{Konrad\ Gesner}$, 칼뱅 신학의 유명한 비판자 테오도르 비블리안더 같은 중요한 학자들이 있는 취리히를 제네바보다 좋아했다. 불링거, 파렐, 비레는 모두 이 반대파 네트워크의 성장세를 알고 있었고 걱정하기 시작했다. 칼뱅은 불링거에게 자기변호를 할 작정이라고 편지를 썼고, 불링거는 칼뱅의 뜻을 지지하는 입장이지만 바젤에 있는 반대자들의 이름을 밝히지는 말라고 충고했다. 그 도시에 경건한 사람이 많기 때문에, 칼뱅이 소수의 "일탈자" 때문에 바젤 교회 전체를 반대하는 글을 쓰는 것처럼 보여서는 안 된다고 조언한 것이다.[28] 12월 11일 칼뱅은 제네바 의회 앞에 나와 자기를 변호해도 된다는 승인을 받았다.

칼뱅은 엄청난 속도로 글을 써서 두 주 만에 답변서를 의회에 제출했다. 의회는 답변서를 조사할 위원 4명을 임명했다. 『미카엘 세르베투스의 오류에 반대하는 전통 신앙 변호』*Defence of the Orthodox Faith against the Errors of Michel Servetus*라는 제목의 이 답변서는 그가 쓴 최고의 글은 아니었다. 급하게 쓴 흔적이 분명했고, 논증에는 통상 들어 있던 유창함이 떨어졌다. 그러나 메시지에는 타협이 없었다. 세르베투스의 거짓 교리보다 사탄의 종이 범하는 더 큰 오류는 없다는 것이었다.[29] 처음에 칼뱅은 세르베투스의 입장은 순전히 터무니없는 것이므로 합리적인 사람들은 이를 일축할 것이라 기대했지만, 슬프게도 그런 일은 일어나지 않았다. 칼뱅은 이 문제의 유해한 본질을 알았기에, 세 가지 구체적 목표를 정했다. 즉 세르베투스를 따른다고 주장하는 이들 안에 있는 서로 어긋나고 혼란스러운 주장들을 보여 주는 것, 자신의 행동에 대한 거짓 소문들을 일소하는 것, 이탈리아인 망명 공동체에 세르베투스의 견해가 확산되는 문제를 다루는 것이었다.[30] 그러나 핵심 질문은 이단자를 벌할 관원의 권리에 있었다. 그는 세르베투스의 저작을 광범위하게 인용하면서, 이 에스파냐 사람이 혼자 그런 일을 하지 않았다고 덧붙였다. 이단자 처벌을 반대한 다른 "광신자들"이 있는데, 그가 지적한 인물은 오랜 적 카스텔리오였다. 칼뱅은 하나님이 그리스도인을 죽이려고 부르신 것이 아니며 하나님의 나라는 칼이 아니라 말씀 선포로 전진한다는 사실은 인정하지만, 사람들에게 믿기를 강요하는 것과 참된 교리 및 교회를 변호하는 것 사이에는 근본적인 차이가 있다고 강력히 주장했다. 실제로 그리스도는 폭력이 아니라 말씀의 검을 가져오셨고, 성경은 힘을 사용할 권위를 부여한다. 사도행전 5장에서 베드로는 거짓말하는 아나니아와 삽비라에게 죽음에 이르는 벌을 받게 했고, 바울은 마술사 엘루마의 눈을 멀게 했으며, 심지어 그리스도도 힘을 사용해서 성전을 정화하셨다. 군주는 칼로 교회의 일치를 유지할 의무가 있기에, 칼뱅은 거짓 가르침을 다루는 데 적합한 무기가 관대함이라는 생각을 공격했다. 오류에 관대해야 한다는 잘못된 믿음을 퍼뜨렸기 때문이었다. 관원의 역할은 공동체 질서를 유지하는 것인데, 이는 질서 유지의 기반인 참된 신앙을 수호함으로써 이루어진다는 주장이었다.[31]

칼뱅의 이 저술은 자신의 삼위일체 신학에 대한 변증서라기보다는 그를 비판하는 자들을 공격하기 위해 쓴 글이었다. 이 책에 대한 반응은 분산되었다. 베른에서는 니클라우스 추르킨덴Niklaus Zurkinden이 특히 비판적이어서, 칼뱅이 반대자들에게 형을 선고하는 교황주의자의 예를 따르는 대신에 그들에게 더 나은 모습을 보여 줄 수도 있지 않았겠냐며 반박했다.[32] 추르킨덴은 의회 서기관이자 누아용의 행정관으로 근무했던 성공한 시민이었다. 보 지방도 잘 알았고 광범위한 친구 네트워크를 갖고 있었다. 칼뱅과도 가까웠으며 베른에 거주하는 칼뱅의 주요 접촉 대상이었음에도, 1554년 2월 그는 종교적 관용 문제에 대한 칼뱅의 견해에 우려를 표했다.[33] 칼뱅은 반대자들이 자신을 펜을 들고 죽일 자를 찾아 헤매는 죽음의 사자로 묘사하고 있다며 불링거에게 불평했다.[34]

의심하는 자들에게 맞서다

바로 이 순간에 『이단자 그리고 그들이 핍박받아야 하는지에 대하여』Concerning Heretics and Whether They Are to Be Persecuted라는 제목의 책이 바젤에 등장했다. 저자는 마르틴 벨리우스Martin Bellius라는 사람이었고, 칼뱅의 주요 주장에 반대하는 글이었다.[35] 벨리우스는 1540년대 초 칼뱅이 제네바에서 쫓아낸 학식 있는 인문주의자 세바스티앙 카스텔리오의 필명이었다. 『이단자 그리고 그들이 핍박받아야 하는지에 대하여』는 여러 종교개혁자들이 쓴 글에서 발췌한 내용을 모은 책으로, 이들이 이단자 처형에 반대했다는 내용이었다. 그러나 이 책에서 가장 중요한 부분은 벨리우스가 쓴 서문이었다. 그리스도 자신도 이단자라는 죄목으로 처형되셨기 때문에, 누군가를 이단자라 이름 붙이는 행위를 아주 조심해야 한다는 경고가 핵심 내용이었다. 다음으로, 이단자를 교회 치리가 요구한 이상으로 가혹하게 다루어서는 안 된다고 주장했다. 관원들은 도둑과 살인자를 벌해야 하고 신자를 보호해야 하지만, 이들의 권위가 신학에까지 확장되어서는 안 된다. 신앙을 이유로 누군가를 박해해서도 안 된다. 카스텔리오의 또 다른 가명인 바실리우스 몬트포르티우스Basilius Montfortius가 쓴 이 책의 마지막 장에서는 칼뱅이 신명기에 호소한 내용을 비판했다. 거짓 예언자를 죽이라는 명령을 이단자에게 적용해서는 안 된다며 칼뱅의 주장에 반대한 것이다. 마지막 날까지 원수를 관용하라는 그리스도의 말씀을 따라야 한다고 했다. 신자와 불신자를 분리하는 것은 인간의 몫이 아니었다. 칼뱅의 『미카엘 세르베투스의 오류에 반대하는 전통 신앙 변호』와 마찬가지로, 이 책도 신속히 프랑스어로 번역되면서 제네바를 더욱 근심에 빠지게 했다.

이 책은 오포리누스가 인쇄했고, 나폴리의 보니파치오 도리아 Bonifacio d'Oria 후작이 재정을 지원했으며, 다비드 요리스가 책의 구성에 관여했을 가능성이 있다. 카스텔리오가 보르하우스, 아머바흐, 토마스 플라터에게 지원을 요청했을 수도 있다. 이들은 카스텔리오에게 지적이고 재정적인 수단을 제공할 만한 위치에 있던 가까운 친구이자 동료였다. 아머바흐는 에라스무스의 유언 집행자였기 때문에, 이 네덜란드 인문주의자의 유산에서 나온 연금을 카스텔리오에게 소액이지만 정기적으로 지급했다. 오포리누스는 이 책을 출간하면서, 출판 지역을 마그데부르크로 했다. 이단을 억압하고자 했던 카를 5세에 저항한 도시의 권위를 상기시키려는 의도였을 것이다.[36] 그러나 칼뱅은 그가 증오했던 적의 우아한 문체는 인정했다. "얼마 전에 또 한 권의 책이 바젤에서 은밀하게 출간되었는데, 이 책에서 가명으로 위장한 카스텔리오와 쿠리오네가 이단을 칼로 억압하면 안 된다고 주장하고 있습니다. 늦긴 했지만, 교회 목회자들은 악이 더 널리 퍼지는 것을 막기 위해 일어서야 하지 않을까요?"[37] 1555년 초 칼뱅은 푸아티에에 있는 교회에 편지를 쓰면서, 카스텔리오와 그의 추종자들을 마치 소크라테스 추종자처럼 "신앙 전체를 파괴하는 부정한 의심의 자유"를 추구하는 "새로운 학파"라 칭하며 이 책을 한 번 더 언급했다.[38]

서로 연결되어 있으나 각각 별개인 3가지 쟁점들이 칼뱅의 반대자들을 결속시켰다. 세르베투스 처형으로 인한 분노, 이단자 징벌의 더 광범위한 원칙에 대한 거부, 칼뱅의 예정론에 대한 증오가 그것이었다. 카스텔리오의 저술에 이어 새로운 도발을 가한 것은 첼리오

세쿤도 쿠리오네의 『복된 하나님 나라의 넓이에 대하여』Concerning the Amplitude of the Blessed Kingdom of God로, 칼뱅의 이름은 언급하지 않으면서도 그의 예정론을 공격하는 책이었다.[39] 제네바에서는 프랑스어로 된 익명의 편지가 의원 방델에게 전달되었는데, 칼뱅과 스위스 종교개혁자들의 예정론을 정죄하는 내용이었다. 칼뱅에 대한 언급들이 지극히 사적인 내용이었기에, 칼뱅은 1554년 여름에 의회에 출두해 관원들에게 이같은 인신공격을 처리하지 않으면 자리에서 물러날 수도 있다고 했다. 이 위협이 통하면서, 칼뱅이 요구했던 만큼 단호하지는 않았지만 의회는 그를 지지하기로 했다.[40] 편지의 저자가 밝혀지지는 않았지만, 칼뱅은 카스텔리오를 지목했다.[41]

바젤에서 『이단자 그리고 그들이 핍박받아야 하는지에 대하여』의 출간을 막을 아무런 조치는 이루어지지 않았지만, 칼뱅은 1554년 이 도시에서 어느 정도 반전의 계기를 마련했다. 카스텔리오가 라틴어로 번역 성경을 출간했을 때, 로마서 9장 13절("기록된 바 내가 야곱은 사랑하고 에서는 미워하였다 하심과 같으니라")에 대한 주석을 달면서 칼뱅의 예정 교리를 가혹하게 공격하는 데 초점을 맞추었다. 이 문제가 긴급 사항이 된 것은 이 주석들이 따로 책으로 인쇄되어 프랑스에서 라틴어와 자국어로 회람된다는 소식 때문이었다. 칼뱅은 바젤 당국에 조치를 요구했고, 당국은 요구를 들어주었다. 이 성경의 2판에서는 주석이 삭제되었고, 카스텔리오는 검열관들 앞에 출두해서 한때 친구였지만 이제는 칼뱅을 지지하는 마르틴 보르하우스와 대면했다.[42]

이단자 처리에 대한 논쟁은 결론이 나지 않은 채로 남았다. 1550년대 바젤의 검열관들은 더욱 압박을 가했지만, 카스텔리오와 쿠리오네는 살아남았다. 카스텔리오는 칼뱅의 『미카엘 세르베투스의 오류에 반대하는 전통 신앙 변호』에 대한 가혹한 비평문을 마련하여 세르베투스 재판에 관한 칼뱅의 모든 기술 내용을 거부했다. 다른 사람들과는 달리, 카스텔리오의 목적은 그 자신도 이단적이라고 평가한 세르베투스의 사상을 변호하는 것이 아니었다. 그것은 핵심이 아니었다. 이단자를 세속 관원이 처벌할 수 있느냐 하는 것이 문제였다. 칼뱅처럼 카스텔리오도 프랑스를 의식하고 있었기에, 논쟁은 전혀 추상적이지 않았다. 통치자에게 이단자를 죽일 권리가 있느냐의 문제는 왕에게 보호를 요청한 프랑스 복음주의자에게 즉각적인 영향을 끼칠 수 있는 주제였다. 복음주의자가 이단자로 판정되면, 칼뱅의 주장은 왕의 손에 놀아나 처형을 정당화한 것이 된다. 관용 그리고 종교적 믿음을 세속 당국과 분리하는 문제에 대한 카스텔리오의 주장은 박해를 당하고 있는 이들에게 훨씬 매력적이었다. 제네바는 카스텔리오의 생각이 솔깃할 만한 호소력이 있음을 알고 독설로 응수했다.

카스텔리오의 『칼뱅의 책에 반대하며』^{Against the Book of Calvin}는 세르베투스를 참된 신앙을 파괴하려는 자가 아니라 의문을 제기하는 자로 규정하면서, 교리 때문에 사람이 처형당해야 한다는 생각을 다시 한번 논박했다.[43] 17세기 초 네덜란드 공화국에서 등장하기 전인 50년 동안에는 이런 식의 원고 형태로 인쇄되고 보존된 적이 없었다. 제네바가 이 글의 존재를 알았고 칼뱅이 친구 중 더 많이 신뢰하고 확신한 테오도르 드 베즈에게 답변문 쓰기를 위임했지만, 카스텔리오의 글은 친구들과 지지자들을 위한 회람용일 가능성이 컸다. 1554년 9월 로베르 에스티엔^{Robert Estienne}이 발행한 『벨리우스 반대』*Antibellius*에서 베즈는 "아카데미 회원들"Academicians을 교회 개혁을 배신한 행적을 감추려고 관용이라는 가면을 쓴 이들이라 공격했다.44 칼뱅은 반대파를 지칭하며 "아카데미 회원들"이라는 용어를 사용한 적이 있었는데, 회의주의를 양산했던 플라톤이 사망한 후에 플라톤의 아카데미 회원들에게 붙인 표현이었다. 생애 말기에『아카데미 회원에 반대하며』*Against the Academicians*에서 회의주의를 공박했던 젊은 시절의 아우구스티누스가 이 전통의 회원이었듯, 키케로도 여기에 속해 있었다.45 온건하고 관대한 듯 말하지만, 사실은 신앙을 증언하는 이들이 고난 속에서 지켜 낸 모든 것을 무너뜨리는 이들을 베즈는 당대의 아카데미 회원이라 묘사했다. 베즈는 논쟁을 피한다는 미명하에 교리에 헌신하기를 거부하는 태도를 보이는 것을 경멸했다. 교회를 배반하는 것이나 다름없었기 때문이다. 무응답으로 일관할 수는 없는 책이었기 때문에, 카스텔리오는『이단자 그리고 그들이 핍박받아야 하는지에 대하여』에서 이미 전개한 논증을 반복하기는 하지만 다시 한번 펜을 들어 자신들을 향한 비난에 대응했다. 그러나 이 글은 다시 출판되지는 않았고, 소규모 모임에서 원고 형태로 유통되었다.

칼뱅과 카스텔리오 간에 벌어진 설전의 마지막 장은 1556년에서 1558년까지 이어졌고, 예정 교리가 주된 논쟁 주제였다. 1556년 말 테오도르 드 베즈의 라틴어 신약성경 등장과 함께 전투가 시작되었다. 이 새 신약성경에서 베즈는 카스텔리오의 번역이 성경에 나오는 이야기들과 단어를 이교도식으로 번역했다며 무자비하게 공격했다.46 예컨대, 만약 모세가 고대 로마에 살았다면 위대한 연설가처럼 말했을 것이라고 믿은 카스텔리오는 모세가 사용한 단어들을 우아한 고전 문체로 번역했는데, 칼뱅과 베즈는 이를 끔찍하게 여겼다. 성경을 보는 대립적 관점 두 가지가 더 있었다. 인문주의자이자 신령주의자였던 카스텔리오는 성경을 주로 성령과 분리된 죽어 있는 인간적이고 문학적인 문서로 보았다. 따라서 그는 유대인 역사가 요세푸스[37-100경]가 쓴 구절을 성경에 삽입해서 이야기를 채우는 기묘한 시도를 할 수 있었다. 거룩한 말씀을 이렇게 제멋대로 다루는 것만큼 칼뱅을 분노케 하는 일은 없었다.

필립 멜란히톤이 카스텔리오가 그런 방식으로 취급받는 데 동정을 표한다는 내용의 편지를 쓴 1557년 11월 상황이 더 악화되었다.[47] 아무 이름도 언급되지 않았지만, 칼뱅에게는 이것이 배신이나 다름없었다. 멜란히톤은 세르베투스 처형을 지지했었다. 얼마 후 마음을 바꾸기 시작했지만 말이다. 그는 보름스 종교 회의에서 베즈를 만나, 칼뱅 진영에 속한 일부 사람이 교리적 배타성에 너무 집착한다며 염려했다.[48] 멜란히톤이 카스텔리오에게 우정의 손을 내민 사실을 알게 된 칼뱅은 분노로 달아올랐다. 그는 한때 바젤과 비텐베르크 사이를 중재했던 프랑스인 동료 위베르 랑게(Hubert Languet)에게 비난을 퍼부으면서, 멜란히톤을 속이고 프랑스 전역에 카스텔리오의 명성을 독약처럼 퍼지게 한 것에 대한 책임을 물었다. 칼뱅은 랑게가 자신의 전 비서 프랑수아 보댕의 대변자라 믿었다. 보댕은 칼뱅이 이전에 카스텔리오를 대하는 태도와 그의 예정 교리를 모두 비판한 인물이었다.[49]

칼뱅은 카스텔리오에게 마지막으로 맹비난을 퍼부었는데, 1558년 1월 발간된 것으로 가장 증오에 차 있었으며 이 사부아인을 도적, 거짓말쟁이, 반역자로 묘사했다. 그러나 이런 욕을 아무리 쌓아 놓아도, 하나님의 검사인 자신이 대적을 완전히 끝장내 버릴 수는 없는 데서 오는 좌절감도 분명해졌다. 그는 바젤에서 카스텔리오가 유죄 선고를 받게 하는 데 성공하지 못했고, 그에 대한 신뢰를 무너뜨리는 것에도 실패했다. 제네바로부터 온갖 공격으로 두들겨 맞으면서도 카스텔리오는 살아남았다. 그는 칼뱅보다 1년 일찍 사망해서 바젤 대성당에 묻혔다. 이는 대학 교수에게 주어지는 특권이었다. 그러나 제네바에 있는 그의 대적과 마찬가지로, 카스텔리오 역시 중병과 대적들의 가차 없는 공격에 시달리며 마지막 몇 달을 보냈다. 지치고 여윈 그는 48세에 무덤으로 갔는데, 칼뱅보다는 일곱 살이 적었다. 1년 안에 프랑스 종교개혁 진영은 가장 위대한 두 문필가를 잃었다. 이들의 화해는 다음 세상에서나 가능해졌다.

미카엘 세르베투스 재판과 처형으로 칼뱅은 온갖 나쁜 의미에서 국제적 인물이 되었다. 칼뱅의 대적들의 관점에서, 칼뱅은 오직 성경과 이신칭의 원리 위에 세워졌던 프로테스탄트 교회들이 얼마나 국가에 부역하는 권력 기관이나 기득권으로 타락할 수 있는지 증명하는, 종교개혁의 실패를 대변하는 인물이 되었다. 이 사건의 법률적 공과나 칼뱅의 역할에 상관없이, 이 이야기는 지극히 파괴적인 양상을 띤다. 다양한 사람들이 집단적으로 칼뱅에 반대하면서, 세르베투스와 이단자 처형권이라는 이슈를 둘러싸고 연합 전선이 형성되었다. 이들의 수는 적을지 몰라도 자신의 견해를 전파하는 데는 탁월한 능력이 있음이 드러났다. 그러나 이 모든 반대에도 불구하고, 스위스 개혁파 교회들은 대체로 칼뱅을 지지했기 때문에, 세르베투스 사건 이후 계속된 칼뱅을 향한 공격에도 불구하고 그를 몰아내는 일에까지 이어지지는 못했다. 1540년대에 맺은 불링거와의 관계는 1550년대 초 출교 논쟁과 세르베투스 논란으로 암흑기를 거치는 동안 그를 지탱해 준 힘이었다. 프랑스를 복음화하는 데 스위스인들이 더 적극적인 역할을 할 수 있을지 여전히 회의적이었을 가능성이 크지만, 칼뱅은 제네바에 자신을 계속 있게 한 사람이 누구인지는 절대 잊지 않았다.

14

루터의 상속자들

다른 것으로는 칼뱅을 존경할 만한 이유가 없다고 말하는 사람이 있을지 모르겠지만, 1550년대에 지치지 않고 가혹한 맹공격을 지속한 그의 능력만큼은 놀랍다. 일반적으로 1555년을 결정적 전환의 시기로 보는데, 이때 칼뱅과 그를 지지하는 이들은 페랭파에게 승리하고 제네바를 장악하는 데 성공했다. 그러나 역사에서는 당시 주인공들 스스로는 인식하지 못했을 불가피성을 들면서 사건들을 미화할 수 있다. 제네바가 바로 그런 경우다. 승리는 마지막 순간까지 칼날 위에 서 있는 듯했기 때문에, 칼뱅에게 제네바의 정치적 대혼란은 독일, 스위스, 프랑스에 퍼져 있는 반대자들과의 쓰라린 불화를 동반했다. 대적들이 계속 나타났기에, 종교개혁자 칼뱅은 마찬가지로 공격하고 방어하지 않을 수 없었다. 1550년대 중반 일상의 사역은 큰 타격을 입었는데, 겉으로 보기에는 두드러지지 않았지만 실제 분위기는 더 암울했다. 세르베투스 처형 이후 적대자들의 반발이 이어졌고 세바스티앙 카스텔리오를 지지하는 이들 때문에 칼뱅은 깊은 상처를 입었다. 겨우 46세였던 그는 1555년 말 더 이상 살아갈 수 없을 것 같은 인생에 대해 다음과 같이 토로했다.

> 저를 믿어 주십시오. 바로 여기 가까이 있는 이들과의 갈등이 세르베투스와의 갈등 그리고 지금 베스트팔 및 동류와 겪는 갈등보다 큽니다. 그들의 숫자는 셀 수 있을 정도를 넘고, 그들의 열정은 감당할 수 없을 만큼 뜨겁습니다. 선택할 수 있다면, 이웃에게 영원히 괴롭힘당하느니 교황주의자에게 한 번 화형당해 죽는 편이 낫습니다. 제가 맡은 일의 부담으로, 끊임없이 일어나는 슬픈 일로 고통당하고 주제넘는 요구들로 방해받으면서 무너지고 있음이 분명히 보이는데도, 이들은 제게 단 한순간의 쉼도 허락하지 않습니다. 제게 위안이 하나 있다면, 죽음이 곧 찾아와 이 모든 어려운 일에서 저를 건져 낼 것이라는 사실입니다.[1]

여기서 언급된 베스트팔^{Westphal}은 별로 알려지지 않은 함부르크의 루터파 목사로, 1552년에 쓴 저서 『성찬기념론자들의 여러 책에서 취합한 성찬에 대한 혼란스럽고 다양한 견해들의 잡동사니』$^{Farrago\ of\ Confused\ and\ Divergent\ Opinions\ on\ the\ Lord's\ Supper\ Taken\ from\ the\ Books\ of\ the\ Sacramentarians}$는 카를슈타트, 츠빙글리, 외콜람파디우스, 부처 같은 다양한 프로테스탄트 개혁자들이 성찬 문제에서 의견 차가 크다는 사실을 보여 주려고 악의적 의도로 그들 작품에서 발췌한 내용을 취합한 책이었다.[2] 베스트팔은 특히 칼뱅의 『성찬에 대한 소고』^{1541}와 고린도전서 주석 ^{1546}을 겨냥하여 칼뱅을 이단 무리와 한통속으로 간주했고, 더불어 츠빙글리파도 미워했다. 신학적으로 베스트팔은 부활하신 그리스도가 빵과 포도주에 실제 임재하심을 강조하는 편재 교리$^{doctrine\ of\ ubiquity}$

를 받아들였다. 이로써 베스트팔이 믿기에, 취리히 일치신조에서 츠빙글리파에 물들어 오염된 멜란히톤과 칼뱅의 세력에 대항하는 그가 고故 마르틴 루터의 참된 제자가 되었다.

루터의 죽음과 카를 5세에게 독일 프로테스탄트가 패배한 사건은 신학적 대혈투로 이어졌다. 루터파는 두 진영으로 양분되었다. (멜란히톤의 이름을 딴) 필립파Philippists와 그네시오Gnesio* 루터파로, 두 진영 모두 자신이 루터를 계승했다고 주장했다. 문제는 멜란히톤이 일부 동료와 함께 작센에서 라이프치히 잠정협약Leipzig Interim으로 알려진 합의안을 도입하면서, 그의 관점에서 신앙에 영향을 끼치지 않는 것으로 보이는 가톨릭 의식 일부의 재도입을 허용하며 발생했다. 이런 식으로 로마와 타협한 것을 놓고 그네시오 루터파는 격분해서 멜란히톤을 비방했다. 이 당파의 지도적 인물은 크로아티아 출신의 재능 많은 논쟁가 마티아스 플라키우스 일리리쿠스Matthias Flacius Illyricus로, 한때 멜란히톤의 가장 탁월한 제자 중 하나였으나 이제는 불공대천의 원수였다. 멜란히톤은 이를 두고 둥지에서 독사를 기른 격이라고 말했다. 재능과는 거리가 먼 인물인 베스트팔은 멜란히톤이 가톨릭과 협력한 것을 두고 비난하던 북부 독일 루터파 집단에 속해 있었고, 1549년에 이 비텐베르크 교수가 루터를 배신했다고 정죄하는 공격 문서를 출판했다. 칼뱅은 그해 포위 공격을 당하던 멜란히톤에게 편지를 보내, 한편으로는 우정을 표하고, 다른 한편으로는 힐난을 하면서 분별없이 이 논쟁에 끼어들었다.[3] 칼뱅은 멜란히톤이 평화를 위해 너무 많은 가톨릭 관습을 받아들이려 한

* 그리스어 γνήσιος에서 유래한 단어로 "순전한", "참된"의 의미다.

다고 주장했다. 제네바에서 온 이 편지를 읽고 멜란히톤은 평화롭게 반응하지 않았다. 그 편지를 찢어 버렸다고 한다.

루터의 죽음 후 그의 이름을 딴 이 운동은 거의 30년 동안 내전에 휩싸여 있었다. 그네시오 루터파는 반대편으로 달려가는 것처럼 보이는 수많은 반대의 행위를 들어 멜란히톤을 미워하고 비난했다. 라이프치히 잠정협약으로 가톨릭에 너무 많은 것을 양보했고, 개혁파 성찬 사상을 수용한다는 의혹도 받았다. 베스트팔이 취리히 일치신조를 공격했을 때, 그에게 칼뱅과 불링거는 주요 표적이 아니었다. 이들은 제국의 중심인물이 아니었다. 주로 멜란히톤에게 이단 혐의를 지워서 공격했다. 이는 익숙한 이야기다.

취리히 일치신조가 독일에서 공격당하고 있다며 불링거가 논쟁에 대해 언급한 1554년 봄에야 칼뱅은 베스트팔의 글을 알게 되었다. 국내와 해외에서, 무엇보다도 세르베투스와 카스텔리오와 관련된 갈등에 휩싸이면서, 칼뱅은 작은 소동에는 가능한 한 개입하지 않으려 했고, 응답할 가치가 있는지 없는지 심사숙고했다. 그럼에도 불구하고 그는 불링거가 원한다면 뭔가를 쓸 3일의 시간을 떼어 두겠다고 불링거에게 말했다.[4] 논쟁을 피하고 싶었던 불링거는 이 문제는 놔두어야 한다고 생각했지만, 칼뱅은 일단 자신이 베스트팔의 저술을 읽고 그 의미를 파악했다면 답해야 한다고 생각했다. 4월 칼뱅은 취리히로 다시 편지를 보냈다. "베스트팔의 그 가벼운 책보다 더 무미건조한 것은 상상할 수조차 없지만, 그런 중상모략으로 더럽혀진 군주들의 영혼이 보여서, 또한 최근 그런 슬픈 사례를 덴마크 왕에게서 겪은 일이 있어서, 어떤 수단이라도 다 사용해야 할 것 같습니다."[5]

칼뱅은 한때 덴마크에 정착했다가 루터파 교리와 덴마크 교회의 치리를 받아들이기 거부했다는 이유로 쫓겨난 폴란드인 귀족 얀 와스키[Jan a Lasco, 1499-1560*]의 안내로, 잉글랜드를 떠난 네덜란드 출신 난민들이 처한 곤경에 관해 언급했다.[6] 와스키는 엠덴에 도착한 후 이 주자들의 절망적인 곤경을 묘사한 편지를 종교개혁자들에게 보내면서 취리히 일치신조를 베스트팔이 비난한 문서 한 부를 동봉했었다.[7] 이 탁월한 폴란드인이 갈등이 시작되는 시점에 큰 역할을 했다. 1552년 그는 루터의 성찬 가르침을 비난하고 취리히 일치신조를 지지하는 일련의 설교를 출판했다. 베스트팔은 자신이 루터의 순전한 가르침이라 인식한 내용이 모욕받는 것 그리고 취리히 일치신조가 루터파와 개혁파 간 미래 논의의 기반이 될 수도 있다는 사실에 경악했다. 『성찬기념론자들의 여러 책에서 취합한 성찬에 대한 혼란스럽고 다양한 견해들의 잡동사니』 출판 후 1553년에는 『성찬에 대한 바른 믿음』*Right Belief Concerning the Lord's Supper*을 출간했는데, 여기서 그는 루터의 편재 교리를 변호했다.[8] 1554년 봄에는 제네바와 취리히 사이에서 오가는 소식에 베스트팔의 이름이 정기적으로 등장한다. 베즈는 카스텔리오에 대해 불링거에게 편지를 쓰면서, 자신이 악마의 또 다른 작품이라 할 베스트팔의 글을 읽고 있다는 내용을 덧붙였다.[9]

칼뱅의 의향은 분명했다. 파렐에게 쓴 편지에서 그는 "당신은 루터의 이름으로 우리를 공격하는 이 미친 인간들이 얼마나 야만적으로 행동하는지 알게 될 것입니다. 당신은 곧 더 자세한 내용을 받

* 폴란드인이지만 잉글랜드 종교개혁에 끼친 영향이 큰 인물로, 폴란드어로는 Jan Łaski로 표기한다.

14. 루터의 상속자들 **421**

게 될 텐데, 저는 아직 정독할 여유가 없습니다"라고 언급했다.[10] 칼뱅은 베스트팔이 멜란히톤의 아우크스부르크 신앙고백 수정판에 구현된 주류 루터파 사상을 대변하지 못하고 홀로 내는 목소리라고 오판했다. 칼뱅은 1540년에 이 수정판에 기꺼이 서명했고, 자신의 성찬 교리가 이 고백서와 조금도 모순되지 않는다고 지속적으로 믿었다. 그는 두 가지 잘못된 가정을 품고 있었다. 첫째, 불링거도 그렇게 생각했는데, 베스트팔이 흉내만 내는 "유인원"이라는 가정, 둘째, 루터파가 전반적으로 칼뱅의 성찬 견해에 공감할 것이라는 가정이었다.

일치신조 변호

만약 답변서를 작성한다면, 그 답변서는 모든 개혁파 교회의 이름으로 나와야 한다는 것이 칼뱅의 강경한 입장이었다. 그는 이를 착수할 준비가 되어 있었지만, 혼자는 아니었다. 의심할 것 없이 오랫동안 묵은 적대감으로 불타오르고 있던 불링거는 이 생각을 받아들이기 시작했다. 불링거는 칼뱅에게 다음 내용의 편지를 보냈다. "이해력과 교양이 없고 싸움하기 좋아하고 파괴적인 루터파의 많은 이들이 교황파보다 우리를 더 많이 핍박하고 있어요. 이들은 중단되었던 전투를 다시 벌이고 있어요.…우리가 그들의 야만적이고 무지한 글을 무시하고 넘어가도 될지 의심스럽습니다. 베스트팔, 그 진짜 베스트팔렌 사람이며 어리석고 야만적인 인간이 『잡동사니』 말고도 성찬에 대해 또 한 권의 책을 출간했더군요. 이 책에서 그 사람이 성찬에 대한 우리의 정통 가르침을 혹평했어요."[11] 불링거는 이 책 사본 하나를 제네바에 보내 두 사람이 함께 대응하자고 했다. 칼뱅은 편지 위에 다음과 같이 간결한 노트를 남겼다. "그가 이 문제를 심사숙고하기 시작했다." 이번에는 칼뱅이 침착했다. 와스키에게 보낸 답장에서 그는 종교개혁자들의 모호한 입장에 대해 설명했다.

와스키를 격려하는 말을 건넸지만, 칼뱅은 펜을 들어야 할지 완전히 확신할 수 없었다. 이는 지극히 민감한 문제였다. 루터파와의 논쟁에 돌입하는 것은 추가 협상 희망을 치명적으로 훼손할 수 있지만, 일치신조 변호에 실패한다면 스위스인들을 잃을 수도 있었다. 칼뱅은 다양한 주제의 글을 빠르게 써 냈지만 그의 뛰어난 두뇌에도 버거운 일이었다. 그는 베스트팔의 글과 지성에 대해 거의 생각해 보지 않았기에, 와스키나 피에르 비레를 떠올리면서 자기 대신 대리자가 일을 맡으면 좋지 않을까 고민했다. 비레에게 보낸 편지에서 칼뱅은 베스트팔에 대응할 때는 "어떤 탁월하게 날카로운 지성도, 엄청난 학식도, 어떤 세밀한 적용도 필요치 않습니다. 그저 믿음과 평범한 영민함만 있으면 됩니다"라고 했다.[12] 말하자면, 칼뱅 자신보다 못한 사람도 할 수 있는 일이었다. "평범한 영민함"을 사용하라는 제안을 비레에게 했는지는 알려지지 않았지만, 보 지방에서 칼뱅의 대리인으로 10년 이상 활약하면서 비레는 제네바에서 던지는 뼈는 자신이 주워야 한다는 기대에 익숙해졌을 것이다.

실제로는 원고는 칼뱅이 직접 쓰고, 9월에 초고를 불링거에게 보내 논평을 부탁했다. 그러면서 그는 이 취리히의 개혁자에게 원고가 별로 세련되지 않아서 비평할 내용이 있을 것이라고 통고했다. 또한 읽는 모든 내용이 불링거의 눈에 차지 않을 것이라고 미리 알렸다.

"제가 해야 하는 것보다 때로 더 많이 그들에게 양보했다고 당신이 생각하실지도 모른다는 두려움이 생깁니다. 지금이라도 누군가가 우리를 반대하면, 그들의 완고함에 질리게 하려고 일부러 그런 겁니다. 또한 우리에게 동의하는 학식 있는 사람들과 용감하게 행동하기보다는 적당하기를 원하는 이들에게는 적절한 양해를 구하고자 합니다."[13] 마지막 발언은 멜란히톤에 대한 이야기였는데, 이 사건에서 침묵으로 일관하고 있었기 때문이었다. 베스트팔의 책략은 취리히 일치신조의 언어와 칼뱅이 전혀 다른 어조를 사용했던 성찬에 대한 초기 작품을 대조시킨 것이었다. 칼뱅은 루터파 편재 교리를 받아들인 적이 없었는데도, 스트라스부르 및 멜란히톤과의 우호 관계는 모두에게 널리 알려져 있었다. 이전 적들이 그랬듯, 베스트팔은 칼뱅이 초기에 츠빙글리의 신학에 적대적이었던 과거와 지금의 새로운 취리히와의 우호 관계가 완전히 일관성을 상실한 것이라 주장했다. 취리히 일치신조에서의 합의를 위해 이전에 했던 말을 뒤집어 버렸다는 것이다. 베스트팔이 정말로 베스트팔렌 사람일 수는 있지만, 그렇다고 그가 어리석은 사람은 아니었다. 그가 칼뱅의 저술들 안에 있는 모순으로 칼뱅에 맞섰기에, 칼뱅도 빠른 대응을 해야 했다. 이를 위해 칼뱅은 별로 활발하지 못했던 취리히와의 이전 관계를 청산하고, 이제 자신만의 방식으로 취리히 일치신조를 변호해야 한다는 사실을 인식했다.

다시 한번, 스위스 사람들을 대해 본 칼뱅의 경험은 효과가 있었다. 10월 8일 개혁파 교회들에 보낸 편지는 불후의 명작이었다. 그는 그리스도의 교회 일치 문제와 관련해 부인할 수 없는 차이 및 견해차가 있다고 설명했다. 취리히 교회가 루터에게 거절당한 것에 예민하다는 사실을 활용하고 성례에 대한 자신의 이해를 포기할 마음이 없다는 점도 분명히 했다. 개혁파 교회들에게는 응답할 책임이 있었다. 내부 "갈등"은 적에게만 이로울 뿐이기 때문이었다. 그다음 분명한 칼뱅식 어조로, "시치미를 떼면서 침묵하는 것이 많은 악의 기반이 되고 길을 열어 주기 때문에, 학식 있고 신중한 이들이 교회에 이렇게 많은 해를 끼치는 이 공격들에 대응해야 하는지 아닌지 결정하게 하자"고 덧붙였다.[14] "갈등하는 당파들"이란 말은, 칼뱅이 보기에는 루터파와의 어떤 의미 있는 토론에도 참여할 마음이 없는 스위스인들을 가리켜 점잖게 표현한 것이었고, 시치미를 떼고 침묵하는 자는 의심할 바 없이 멜란히톤이었다.

칼뱅은 루터파가 츠빙글리파를 비방하기 위해 흔히 쓰는 용어인 "성찬기념론자"를 베스트팔이 사용한 것에 대해 공격하기 시작했다. 그 의미가 성찬이 "텅 빈 의식"이며 그리스도가 상징적으로만 임재한다는 뜻이라면, "우리는 거룩한 상징물들 이면에 실제로 존재하는 무언가가 있다고 주장하는 것은 아니기 때문에" 이 오류를 정죄하는 루터파가 옳을 수 있다고 주장했다. 이를 듣고 취리히 사람들이 앉은 자리가 술렁거렸을 것이다. 칼뱅이 지칭한 "우리"는 단순히 취리히 일치신조에 합의한 이들뿐 아니라, 스위스 개혁 신학의 전체 전통을 수용한 이들까지 포함하는 용어였다. 베스트팔의 공격력은 많은 부분이 종교개혁자들 간 불일치가 드러나는 문서들을 편집하는 오래된 술책에서 비롯되었다. 카스텔리오도 『이단자 그리고 그들이 핍박받아야 하는지에 대하여』에서 합의된 내용을 제안하는 종교개혁자들의 "짧은 발언들"을 편향적으로 연결하는 같은 방식을 행한 적이 있었다.

14. 루터의 상속자들

이것은 칼뱅이 뿌리 뽑아야 한다고 생각했던 구조였다. 칼뱅은 종교개혁자들 간 차이는 신학이 아니라 표현 방식에서 나타나는 것일 뿐이라고 반박했다.

그러나 그[베스트팔]가 후에 다른 견해들, 곧 실제로는 서로 양립할 수 없는 것이 아님에도 모순으로 보이는 다른 견해들을 수집하리라는 것을 저는 숨기지 않을 겁니다. 그러나 우선, 누군가가 추가적으로 논증을 제시하지 않는다면, 그가 악의적으로 마치 그것이 완전한 설명인 양 활용할 것입니다. 다음으로, 모든 사람은 자신을 표현하는 자신만의 방식을 가지고 있고 또 가지도록 허락되어야 한다고 할 때, 미개하다고 할 수는 없지만 공정하지 않게 그는 같은 내용을 말할 뿐 아니라 같은 방식으로 필요한 모든 것에 과하게 사용합니다.

칼뱅이 성찬에 대한 종교개혁자들의 의견 차가 단지 표현의 문제일 뿐이라고 주장한 것도 놀라운데, 주장을 밀어붙이기까지 했다. "탁월하고 뛰어난 그리스도의 종 츠빙글리와 외콜람파디우스가 여전히 살아 있더라도, 이들은 그 결의안[취리히 일치신조]에서 한 단어도 바꾸지 않을 것입니다. 명예롭게 기억되는 사람 마르틴 부처도 제게 보낸 편지에서 그것을 읽고 자신의 신앙에 부합한다며 전 교회에 기쁨을 전했습니다."

그러나 평화 중재자 칼뱅은 여기까지만 몸을 굽혔다. 그가 스위스 사람 및 그들의 합의안을 변호하는 데는 대가가 있었는데, 그 값이 비쌌다. 그는 공개적으로는 아니었지만 츠빙글리에게 찬사를 보내면서 스위스 사람들을 만났지만, 그들은 불링거가 거의 20년 동안 쌀쌀맞게 대했던 부처의 유산을 받아들여야 했다. 스위스인들은 성찬에 대한 입장 하나를 인정해야 했는데, 그것은 칼뱅이 거부하지 않았던 마르틴 루터에 대한 존중뿐 아니라, 성찬에 대한 칼뱅의 영적 해석에도 호의적인 입장이었다. 다시 말해, 베스트팔을 혐오스러운 괴물로 여기는 루터파 내부의 참된 프로테스탄트 신앙의 제자들에게 스위스인들이 자처하여 말을 건넨다면, 칼뱅은 그들 교회의 이름으로 이 과업을 떠맡겠다고 선언한 것이다. 스위스인들에게서 답장이 오기를 기다리는 동안 칼뱅은 파렐에게 앞으로 일어날 일에 대한 솔직한 예측을 담아 편지를 보냈다.

> 저는 확실히 베른 사람들이 자신들 의회의 허락을 받지 않았다면서 양해를 구하리라고 생각합니다. 소심해서가 아니고, 자기네들이 생각하는 것을 다른 이들과 솔직하게 대화하려 하기보다 침묵으로 반대를 표하려고 하기 때문입니다. 그러나 우리가 기대하는 것을 취리히에서 얻으면, 그들도 이를 지지해야 한다고 끈질긴 요구를 받게 될 것입니다. 그러면 불링거와 빨리 이야기해서 그가 조치를 취하게 하는 일은 당신 몫입니다. 저는 고귀한 [암브로시우스] 블라러Ambrosius Blaurer, 1492-1564가 우리 편이 되리라 의심하지 않는데, 그는 경건과 학식뿐 아니라 저를 향한 특별한 예의와 넘치는 애정으로 우리를 지지할 것이며 당신이 지나치도록 관대하게 칭찬하셨던 그 부족한 글을 그 역시 좋은 말로 칭찬할 겁니다. 모든 사람을 다독거리고 설득하는 일에서 기쁨을 느끼는 줄처의 온화한 성격 덕분에 바젤 주민은 지체하지 않을 겁니다. 그러나 하나님이 이 모든 일을 인도하실 겁니다.[15]

취리히 사람들은 칼뱅의 글을 받아 면밀하게 검토했다. 칼뱅은 동료애로 그들이 자신의 말을 주의 깊게 조사하고 싶어 하는 것이리라 생각했다. 그러나 스위스인 동료들은 극도로 진지하게 글을 읽었고, 이어서 취리히 목사들은 중요한 수정 사항들을 담은 긴 목록을 작성했다. 특히 이들은 칼뱅이 베스트팔을 가혹하게 인신공격한 것에 놀랐는데, 이 독일인을 "짐승"이라 묘사한 부분이 그러했다. 취리히 사람들은 개혁파 교회에 우호적인 독일 지역 인사들과의 관계에 이런 욕설이 영향을 끼치지는 않을까 염려했다. 논쟁은 칼뱅이 오래도록 연마해서 효과를 보는 기술이었지만, 전반적으로 인신공격을 하는 것은 사전에 피했었다. 그러나 베스트팔의 경우, 칼뱅은 참으로 적의 인격을 모독하고 조롱했다. 그는 여전히 카스텔리오를 비롯한 세르베투스 처형 반대자들과의 싸움에 휘말려 있었는데, 이 싸움에서는 그의 인격도 계속해서 모욕을 당했다. 끔찍한 나날이었다.

언어도 문제였지만, 취리히가 정말로 견디기 힘들었던 것은 루터에 대해 우호적인 칼뱅의 서술이었다. 칼뱅은 베스트팔이 루터의 가르침에 충실하지 않다는 것을 증명하려고 노력했지만, 불링거는 받아들이기 힘든 논증이었다. 불링거는 칼뱅에게 "당신은 루터가 살아 있다면 인정하지 않을 테고, 또한 그의 저작에 완전히 빠진 루터파도 오늘날 인정하지 않을 가르침을 루터의 것으로 돌리고 있습니다.…친애하는 형제여, 당신은 루터가 이 영적 향연에 대해 얼마나 우둔하고 야만적으로 생각하고 썼는지 모르는군요"라고 날카롭게 상기시켰다. 또한 "그가 이 글 대부분을 독일어로 썼기 때문에 당신은 그의 책을 읽을 수도 이해할 수도 없었을 겁니다"라며 책임을 맡은 칼뱅에게 상기시켰다.[16] 칼뱅에게 유익했던 것은 취리히 사람들이 가장 문제가 되는 구절이라고 인식했던 내용을 독일어에서 라틴어로 번역해서 제공해 준 것이다. 불링거는 칼뱅이 전체 이야기를 모른다며 훈계하듯 제안했다.

문서 한 꾸러미가 제네바로 돌아왔고 칼뱅은 10월 중순까지 본문을 수정했는데, 답장을 받은 지 한 주 만이었다. 칼뱅은 자신이 학생 취급을 받았다는 것에 짐짓 어느 정도 당황했지만, 논쟁에서 이기는 데 집중하느라 짜증은 섞일 틈이 없었다. 기본적으로 취리히 사람들은 자신들이 칼뱅 편에 서 있음을 분명히 표했고 볼섹과 세르베투스 사건에서 시기적절하게 지원할 만큼 마음을 쓰는 것이 분명하기에, 칼뱅은 그들이 처방한 약을 기꺼이 먹을 준비까지 되어 있었다. 이름을 직접 언급하지 말라는 요구는 거부했지만, 베스트팔에 대한 공격적 언사를 많이 삭제했다. 마찬가지로 너무 격앙되지 않도록 루터에 대한 표현도 다양화했다. 불링거에게 보낸 편지에는 다음과 같이 적었다. "저는 언제나 당신의 조언을 따랐습니다.…여전히 만족스럽지 않지만, 그것[그 일]을 덮어 버릴 준비가 되었습니다.…만족하게 되면 인쇄를 늦춰서는 안 됩니다."[17] 그러나 칼뱅은 특정 지점에서는 양보할 마음이 없었다. 루터가 "무례한 태도"로 스위스 사람들에 맞서 심한 격론을 벌였다는 사실을 인정하면서 이 비텐베르크의 종교개혁자에 대한 언급을 수정하긴 했지만, 그는 "가장 안정적인 평화일 수 있는 것을 촉진하기 위해" 루터에 대한 칭송을 그대로 유지했다.[18] 또한 칼뱅은 그리스도가 성찬에 "실재"하신다는 자신의 표현뿐 아니라 아우크스부르크 신앙고백 수정판에 우호적인 서술도 그대로 두었다.

스위스 목회자들의 이름으로 작성된 52쪽짜리 짧은 책이 로베르

에스티엔의 인쇄로 1555년 초 『건전한 정통 성찬 교리에 대한 변호』 The Defence of the Sound and Orthodox Doctrine of Sacraments라는 제목으로 출판되었다. 칼뱅은 이뤄 낸 성취에 기뻐하며 이 책의 사본을 개혁파 교회의 친구들에게 보냈는데, 이들의 반응도 똑같이 만족스러웠다. 그러나 그의 전략은 스위스 연방을 넘어 영향을 끼쳤다. 그는 베스트팔이 다른 독일 루터파, 특히 누구보다도 멜란히톤으로부터 고립되기를 바랐다. 칼뱅은 멜란히톤의 승인을 절실히 갈망하며 1555년 3월 편지를 썼다. "저는 지금 당신의 의견을 간절히 기다립니다."

"아무 일에든지 다툼으로 하지 말라"

베스트팔의 첫 책에 칼뱅의 관심을 끌어온 인물은 얀 와스키였다. 이 모든 문제는 1553년에 메리 여왕이 등극한 이후 잉글랜드를 떠난 종교 난민의 운명과 긴밀히 연결되어 있었다. 에드워드 6세는 프랑스 복음주의자와 난민, 혹은 나그네에게 피난처를 제공했다. 따라서 방문하는 상인 및 난민 공동체를 섬기는 교회가 런던에 설립되었다.[19] 그러나 에드워드왕이 사망하면서 다 끝난 일이 되자, 프랑스인들은 라인강 유역의 베젤로 이주해서 전에 런던 난민 교회를 목회한 프랑수아 페뤼셀François Perussel의 지도를 받았다. 그러나 지역 루터파와의 관계에 문제가 생기자, 페뤼셀은 개혁파 신앙을 가진 이들이 루터파 관습을 따라도 되는지 칼뱅에게 묻고 조언을 구했다. 라이프치히 잠정협약에서 멜란히톤이 제시한 입장을 그대로 가져온 칼뱅은 외적으로 무시해도 될 문제라고 대답했다.[20] 페뤼셀은 이 대답에 충격을 받았는데, 칼뱅이 개혁파와 루터파의 교리적 차이를 오해했고 이런 타협은 상상도 할 수 없는 일이라 생각했기 때문이다.[21] 와스키는 루터파와의 타협은 용납할 수 없다며 칼뱅과는 전혀 다른 조언을 했기에, 이 공동체 안에 분열이 일어났다.

1555년 봄이 되자, 무대가 프랑크푸르트로 바뀌었다. 프랑스 난민들이 꽤 따뜻한 환영을 받으며 프랑크푸르트에 도착했다. 발레랑 풀랭Valérand Poullain의 지도하에 있던 초기 집단은 스물네 가정으로 구성되어 있었지만, 1555년 말까지 5천 명 이상으로 늘어나면서 도시 인구의 10퍼센트가 넘을 정도로 많아졌다. 이 상황에 충격을 받은 프랑크푸르트의 루터파 목사들은 지역민의 분노를 충동질했다. 특히 런던에서 이동한 프랑스어권 난민 공동체의 상인들에게 분노의 화살을 집중했다. 1555년 봄에는 얀 와스키가 도착해서 공동체를 조직했다. 프랑크푸르트 관원들에게는 복잡한 상황이었다. 난민들이 루터파가 아니라 개혁파인데다 상당한 갈등을 조장했지만, 경제적인 이유로 이들의 거주를 용인해야 했다. 난민 중에 지역 경제에 큰 도움이 되는 무역상이 많았기 때문이었다. 프로테스탄트 내부의 반대자들로부터 엄청난 압력을 받고 있던 필립 멜란히톤은 칼뱅과 협력하여 프랑스인 난민 공동체를 지원했다. 그래서 그는 프랑크푸르트 관원들에게 편지를 보내, 교리적 차이를 이유로 도시에서 프랑스인들을 추방해서는 안 된다고 요청했다.[22] 또한 친구들에게 칼뱅의 활동과 난민이 처한 곤경을 알리는 작업도 계속해서 진행했다.[23]

이 와중에 베스트팔이 프랑크푸르트 공동체에 관심을 갖기 시작했다. 그는 이 공동체를 부랑자로 가득한 모임이라며, 특히 와스키를 폄하했다. 논쟁이 불붙어 도시가 양극단으로 갈라지면서, 난민들에게는 더 암울한 상황이 전개되었다. 칼뱅은 프랑크푸르트 관원들을 달래려고 이들에게 자신의 책 『복음서들의 조화』Harmony of the Gospels를 헌정했는데, 관원들로부터 아주 긍정적인 반응과 함께 돈 40굴덴을 받았다. 프랑크푸르트 의회가 도시의 루터교 목사들로부터 개혁과 난민 문제를 해결하라는 강한 압박을 받자, 칼뱅이 중재에 나섰다. 1556년 겨울에 프랑크푸르트 관원들에게 편지를 써서 도시를 방문해서 중재하겠다고 제안했다. 그는 정중한 답장을 받았지만, 제안의 수용 여부에 대해서는 아무런 언급이 없었다. 목사들과 난민들이 서로에게 품은 적대감은 난민 공동체 안에서 일어나고 있던 내적 다툼, 특히 풀랭이라는 인물을 둘러싸고 벌어진 싸움인 것으로 드러났다. 이 상황이 매우 염려스러웠던 칼뱅은 1555년 말 제네바에서 감독이 자기 신자들에게 보냈을 법한 편지를 써서 사절 편에 보냈다.

칼뱅은 다시 한번 바울의 어조를 따랐다. 그는 공동체가 쪼개지는 모습에 충격을 받았다. 논란의 중심에는 풀랭의 독재 행위와 비판을 허용치 않는 태도가 있었다.[24] 문제가 있었음에도, 또 칼뱅 자신이 잘 알지 못하는 부분이 있음을 인정했지만, 난민들은 이 세계에서 자신들이 처한 현실을 들여다보아야 했다. 그는 난민에게 망명자로 산다는 것의 의미를 설교했다. 교회 개척에 성공한 경험이 있는 풀랭 같은 이들이 와서 직분을 맡으면, 목사 선출과 같은 복잡한 규칙에 얽매일 필요가 없다고 칼뱅은 썼다. 또 이 같은 규칙은 교회가 완전히 정착된 경우 존재하는 것이지, 외국에 난민으로 있는 상황에서는 더 유연해야 한다는 것이었다. 또한 하나님의 은혜의 표지를 바라보아야지, 규정을 놓고 분열하거나 자기 의견만 고집해서는 안 되는 일이었다. "여러분은 거기서 지금 빌린 숙소에서 살고 있습니다. 여러분을 만족시키는 것이 얼마나 어려운지 사람들이 알게 되면, 여러분의 그 투정 때문에 풍성한 인간애로 여러분을 받아들인 친절한 관원들의 마음이 상하지 않겠습니까?"[25] 칼뱅은 불화로 프랑크푸르트 공동체가 붕괴될 것, 특히 도시민 다수가 이 공동체를 추방할 적당한 때를 기다리고 있다는 사실을 상기시켰다.

칼뱅의 무서운 경고에도 불구하고, 프랑크푸르트 난민 공동체의 상황은 더 악화되었다. 1556년 봄이 되면서 칼뱅에게 개인적으로 중재해 달라는 집단 요청이 늘어난다. 이에 칼뱅은 4월에 제네바 의회로부터 출장을 허락받아 스트라스부르를 거쳐 프랑크푸르트로 갔다. 제네바를 떠나기 전 그는 또 한 편의 목회 권고 편지를 보냈다.

그러므로 내 형제들이여, 하나님의 이름으로 여러분께 바울의 이 교훈을 더 많이 실천하라고 간청합니다. 그가 사용한 단어에서 드러나듯이, "아무 일에든지 다툼으로 하지 말고, 이기려는 정욕으로도 하지 마십시오." 각 사람이 자기 말만 옳다고 하면 싸움이 일어날 수밖에 없습니다. 이보다는 각 사람이 자기 잘못을 인정하고, 비난하는 이들은 스스로 화해의 손을 내미십시오. 서로 적대감을 유지하는 것 말고는 아무것도 좋을 것이 없는 모든 공격을 포기하십시오. 우리를 기분 나쁘게 하는 것은 아무것도 참을 수 없다면, 각 사람이 서로에게서 분리되어 자기만의 삶을 따로 영위해야 할 겁니다. 이것이 바로 에베소 사람들이 평화의 묶는 줄로 마음의 하나됨을 힘써 지키고, 특히 겸손과 온유와 인내로 돌아가기를 소망한 바울이 서로의 짐을 지고 사랑 안에서 서로를 지탱해야 한다고 주장한 이유입니다.[26]

9월 프랑크푸르트에 도착했을 때, 칼뱅은 프랑스어권 두 난민 공동체가 분노에 차서 서로를 적대하면서, 양측 모두 칼뱅의 이름을 들먹이는 상황을 직면했다. 프랑크푸르트의 잉글랜드인 공동체도 적대적으로 나뉘어 칼뱅에게 호소하는 유사한 운명에 처한다. 루터와 마찬가지로, 칼뱅도 그의 권위에 호소하면서 서로 화해하지 않는 두 당파에 시달렸다. 루터파의 반대를 유발할지도 모른다는 두려움 때문에, 프랑크푸르트에서 설교하기를 허락받을 수는 없었지만, 칼뱅은 이 사건을 심사할 목회자 위원회에 와스키 및 여러 목사들과 함께 참여할 수는 있었다. 지위, 인격, 제네바 콩시스투아르와 목사회에서 일한 오랜 시간 덕분에, 프랑크푸르트에 도착하기 전에 이미 결심한 내용을 제안하고 원하던 해결책을 위원회에서 얻어 낼 수 있었다. 즉 풀랭을 공적으로 비난하지는 않겠지만 평화 회복을 위해 그의 사임은 필수라는 내용이었다. 결국 이 때문에 한때 서로 좋은 친구였던 칼뱅과 풀랭의 관계는 망가졌지만 어쨌든 평화는 이루어졌다.[27] 공동체 내부의 적대적 행위가 중단된 후 이어서 페뤼셀Perussel이 이끌던 개혁파 난민 교회가 베젤에서 문을 닫는 패배가 있었기 때문에, 프랑크푸르트의 평화는 달콤하지만 동시에 쓰라린 평화였다.

멜란히톤을 회유하다

독일 지역에서 칼뱅의 존재는 깊은 분열을 초래했다. 루터파 관원 일부는 프랑크푸르트에 평화를 정착시킨 그의 능력에 존경을 표했다. 동시에 그는 그네시오 루터파와 필립파 사이의 전투에 깊이 연루되었다. 이 상황이 얼마나 복잡했는지는 칼뱅과 멜란히톤의 관계에 반영되어 있다. 칼뱅이 원했던 것, 즉 공개적인 연대는 멜란히톤이 줄 수 없었다. 두 사람이 다정한 심지어 친밀한 관계를 유지했음에도 불구하고, 이들 간 신학의 차이는 상당했다. 그네시오 루터파에게 공격받고 있던 멜란히톤은 베스트팔 문제를 놓고 칼뱅과 논쟁할 입장이 아니었다. 그는 세르베투스 사건에서 칼뱅을 지지했고, 이에 대해 제네바의 종교개혁자 칼뱅은 1555년 3월에 쓴 편지에서 그에게 감사를 표했다. 그러나 성찬 문제에서는 같은 행동을 할 준비가 되어 있지 않았다.[28] 노골적인 지지가 불가능할 때, 멜란히톤은 조용히 말을 전했다. 성직자와 평신도 관원들과의 광범위한 접촉을 통해 그는 칼뱅을 도와 독일 지역에 있는 종교 난민들을 지원했다.[29] 이는 눈에 잘 띄지는 않는 연대였지만, 1561년에 팔츠 선제후가 개혁파 신앙을 선택하는 열매로 나타났다. 이로써 이후 16세기에 수십 년간 독일 땅 안에서 칼뱅주의가 번성하는 문이 열렸다.[30]

칼뱅은 멜란히톤의 소심함을 참아 줄 만큼 참을성이 강하지 않았다. 칼뱅은 두 사람이 예정에 대한 견해차를 해결할 수 있다고 확신하며, 멜란히톤이 성찬에 대해 공적으로 선언하기를 원한다는 내용의 편지를 보냈다. 취리히 사람들과도 합의했기 때문에, 진짜 관계 회복의 기회가 찾아온 것이었다. 심지어 자신의 『미카엘 세르베투스의 오류에 반대하는 전통 신앙 변호』가 루터와 일치하는데도 멜란히톤은 미끼를 물지 않았다고 강조했다. 1555년 5월 멜란히톤이 답장을 보냈는데, 공개 지지의 의사를 밝히기보다는 분열된 교회를 위해 기도하는 편을 택하겠다고 했다. 그는 칼뱅이 수년 전에 예정 논쟁에서 그랬던 것처럼, 또다시 자기 이름을 이 선전 전戰에 사용하지 않기를 바랐다. 칼뱅이 8월에 다시 한번 멜란히톤에게 지지를 요구하자, 답변 없는 침묵이 3년간 이어졌다.[31] 동시에 멜란히톤이 칼뱅의 애원 편지를 받았던 바로 그 시기에, 루터 교회 내에는 멜란히톤에게 개혁파 교회에 반대하는 입장을 천명하라고 요구하는 이들이 있었다. 중간에서 이러지도 저러지도 못하게 된 멜란히톤은 자기 의도를 드러내지 않고 잠자코 있을 수밖에 없었다.

1555년 여름 칼뱅과 멜란히톤이 접촉하고 있던 중, 베스트팔이 논쟁을 한 단계 격상시켰다. 강렬한 적의를 논쟁으로 끌고 가기 좋아했던 베스트팔은 『어떤 성찬기념론자의 거짓 고소에 대한 정당한 변호』*A Just Defence against the False Accusations of a Certain Sacramentarian*를 잉글랜드 및 프랑스 난민이 거주하던 프랑크푸르트에서 인쇄했다. 그는 다시 한번 자신이 "성찬기념론자"라는 딱지를 붙인 이들의 다양한 입장을 평가하면서, 이들이 성찬에서 그리스도가 임재한다는 사실을 부인하는 데만큼은 하나 되어 있다고 결론 내렸다. 와스키는 이 책을 "베스트팔이 당신을 대적하는 가장 사악한 책을 썼습니다…그가 당신이 사용한 말로 당신을 공격한다고 사람들이 말합니다"라는 경고문과 함께 칼뱅에게 보냈다.[32] 스트라스부르에서 칼뱅이 많이 존경했던 이탈리아인 종교개혁자 피에트로 마르티레 베르미글리도 도시 내 외국인 교회들을 최대한 자극하려고 프랑크푸르트에서 인쇄했을 가능성이 큰 그 작품에 대해 들었다고 덧붙였다. 그는 칼뱅이 작센에서 비난당하고 있다는 사실도 친구들로부터 전해 듣고 있었다.

이제 전투의 한복판에 놓인 칼뱅에게 퇴로는 없었다. 1556년 1월 장 크레스팽 출판사에서 발간한 칼뱅의 두 번째 책 『요아킴 베스트팔의 비난에 응답하는 성찬에 대한 경건하고 정통적인 신앙의 두 번째 변호』*A Second Defence of the Pious and Orthodox Faith concerning the Sacraments in Answer to the Calumnies of Joachim Westphal*가 출간되었다. 제목에 베스트팔의 이름이 등장했는데, 베스트팔의 논증 하나하나에 대해 격렬히 비판하느라 170쪽이 넘을 정도로 두꺼워졌다. 책은 합의의 기반으로 취리히 일치신조를 사용하기를 희망한다는 표현과 함께 작센 교회들에 헌정되었다. 칼뱅이 츠빙글리파를 제압하기 위해 논조까지 바꾸었다는 베스트팔의 악의적인 주장에 대해, 칼뱅은 작센 교회들에 바친 헌정문에서 자신이 그렇게 일관성 없는 인물은 아니라고 대응했다. "이 사람[베스트팔]이 선전 포고한 이들에게 품은 적대감이 너무도 커서, 이제 그들과 아무것도 공유하지 않으려고 한때 선호했던 그 교리를 공격하는 이가 누군지 보이지 않습니까?"[33]

칼뱅은 개혁파 성찬 교리가 텅 빈 상징 외에 아무것도 아니라는 베스트팔의 핵심 주장을 해체하기 위해 『두 번째 변호』의 구조를 세심하게 만들었다.

> 우리가 성찬에서 그리스도의 임재를 없애고 하나님의 능력을 우리 마음대로 판단한다는 말을 사람들에게 몰래 퍼뜨리고 다니는 이들의 부정직함을 우리는 혐오한다. 이 신비의 숭고한 본질, 즉 그리스도는 그분의 몸이 천상에 계심에도 불구하고 우리를 그분과 하나 되게 하고 우리를 그분의 생명에 참예케 하기 위하여 그분의 영의 비밀스런 사역을 통해서 우리에게 내려오신다. 그 신비가 인간 지성의 한계를 초월하는 것은 아니다.[34]

그렇게 길게 썼음에도 불구하고, 칼뱅은 자신의 답변서에 완전히 만족하지 못했는데, 스스로 원했던 것보다 거칠고 품격이 떨어졌기 때문이었다. 그는 다음과 같이 표현했다. "이 책을 급박하게 썼다는 것을 많은 사람이 알아챌 수 있을 것이다. 반드시 해야 하는 일이었고, 자연스럽게 일어난 일이어서, 나는 오래 고민하지 않고 내용을 불러 주었다. ([베스트팔은] 내가 완전히 원한이라는 감정에 감염되었다고 하는데) 사실상 그 감정과는 너무 거리가 멀기 때문에, 그 뒤에 나는 쓰라린 마음이 전혀 없는데 어떻게 이렇게 거친 표현들이 내 안에서 쏟아져 나왔는지 궁금할 정도였다."[35] 칼뱅은 어떻게 그런 언어가 자기 입에서 쏟아져 나올 수 있었는지 놀랐다는 말을 취리히 사람들에게도 했다.

1556년 내내 논쟁은 계속되었다. 개혁파 진영에는 불링거가 힘을 보탰다. 그는 칼뱅을 지지한다는 편지를 보냈다. 반면 루터파 진영에서는 몇 사람이 "성찬기념론자"에 반대하는 글을 추가로 썼다. 베스트팔을 고립시키려던 칼뱅의 기대는 여지없이 빗나가고 말았는데, 칼뱅이 루터에게 간청했지만 루터파 지도자 대부분이 확고하게 제네바 개혁자가 아니라 함부르크 목사를 자기편이라 생각했기 때문이었다. 칼뱅은 전열을 정비한 작센 교회 세력과 싸우고 있음을 깨달았으며, 베르미글리가 들은 대로 그들은 칼뱅을 몹시 싫어했다. 칼뱅은 베스트팔이 1557년에 보낸 답장의 의미를 그제야 절실히 깨달았다. 칼뱅이 『두 번째 변호』를 써서 작센 목사들에게 헌정했지만, 베스트팔은 기가 막힌 수완으로 형세를 뒤집어서 성찬에 대한 견해가 제각각이었던 독일 루터 교회들을 하나로 모으는 데 성공했다. 마그데부르크와 브레멘이 칼뱅에 대해 상세히 반박문을 써서 제출하는 한편, 주로 북부 독일 지역에 위치한 한 무리의 교회들은 신앙고백서를 보냈는데 모두 제네바에 적대적이었다. 불링거가 칼뱅에게 가한 지적의 무게도 무거웠다. "당신은 몸의 임재라는 그런 어리석은 견해를 따르는 이들이 아주 적으리라 생각했을 겁니다.…한 군대가 공격을 하고 나면 또 다른 군대가 공격합니다. 무장한 군대가 말입니다. 모두가 일어나 우리를 공격합니다. 모두가 베스트팔주의를 방어하고 있습니다!"[36]

실제로 1557년 내내 베스트팔은 "성찬기념론자"에 반대하는 논증을 폭포수처럼 쏟아냈다. 프랑크푸르트에 있는 난민을 양 떼 안에 섞인 "병든 양"으로 묘사하면서, 이들을 추방해야 한다고 요구했다. 프랑크푸르트 의회에 보낸 편지가 독일어로 번역되면서, 갈등이 광범위하게 평신도 독자층까지 확산되었다. 동시에 그가 라틴어로 쓴 칼뱅 반박 논증도 잘 팔렸다.[37] 비텐베르크 교수 멜란히톤이 같은 편이라는 인상을 남기는 칼뱅과 다른 이들을 모두 반박하면서 베스트팔은 멜란히톤의 소책자도 자기 문서 목록에 추가했다. 이런 소책자들은 너무 인기가 많아서, 비텐베르크에서 엄청난 속도로 팔렸다.

베스트팔이 가한 공격의 칼날은 속살을 드러나게 했다. 칼뱅은 자신과 멜란히톤이 한마음으로 동의한다는 주장이 점점 더 의심 받는 상황에서, 그 인상을 유지하기 위해 안간힘을 썼다. 칼뱅은 1557년 여름 자신이 마지막 저항을 해야 한다고 느끼고 있지만, 이 사람에 대한 일을 처리하려고 하면 스스로를 거의 통제할 수 없게 된다고 파렐에게 토로하면서, 베스트팔에게 마지막 답장을 썼다. 칼뱅의 『마지막 권면』*Final Admonition*은 『두 번째 변호』보다 두 배나 두꺼울 정도로 방대했다. 여기서 베스트팔과 종교개혁자 플라키우스 일리리쿠스를 비롯한 마그데부르크 사람들의 입장을 자세히 설명했다. 칼뱅은 불링거에게 이 부분을 어떻게 쓸지 특히 신경이 쓰인다고 편지했다. 불링거는 다음과 같이 답장을 보냈다. "당신이 작센 사람들에 반대했던 그 글을 아주 열심히 읽었고, 읽으면서 여러 차례 하나님과 당신에게 감사드렸습니다. 심지어 지금도 마음 깊은 곳에서부터 최고의 감사를 드리고 있습니다. 나는 이 책이 좋습니다."[38] 칼뱅은 자신이 언제나 아우크스부르크 신앙고백, 즉 그가 1540년 서명한 멜란히톤의 수정판을 인정했다고 주장했다. "우리는 아우크스부르크 신앙고백을 변조한 것은 아무것도 가르치지 않습니다. 그러므로 그들이 그토록 가혹하게, 또는 그토록 야만적으로 우리와 다툴 이유가 없습니다. 만약 혹시라도 의심이 생긴다면, 우리는 이 고백서를 쓴 필립 [멜란히톤]에게 호소합니다. 마그데부르크 사람들이 답장에서 이를 말하기를 주저하고 있기 때문에, 선한 양심을 신뢰하며 저는 제가 말한 것을 마음껏 반복하려고 합니다. 이것이 적절한 생각일 텐데, 필립이 스스로 자기가 말한 것이 무슨 뜻인지 설명하게 합시다."[39]

칼뱅과 불링거가 베스트팔에 반대하는 일에 협력했지만, 이 일화로 두 사람의 의견이 갈라져 있음이 드러났다. 두 사람은 이 사안을 매우 다른 관점으로 보았다. 불링거에게 이 일은 루터파의 또 다른 공격에 저항하여 개혁파의 순전한 교리를 변호하는 일이었기에, 루터파에게서는 불쾌한 논증 이외에 어떤 것도 기대하지 않았다. 반면, 칼뱅은 이 일이 일정 형태의 화해에 이르기를 희망했기에, 처음부터 두 진영의 화합을 위한 대화를 촉구했다. 불링거는 끌려 다니기를 거절했는데, 이 태도로 칼뱅은 분노했고 순간적으로 통찰력을 잃었다. 칼뱅이 점점 더 화가 났다는 사실은 파렐에게 보낸 편지에서 확인할 수 있다.

> 그[불링거]가 회담을 열 생각이 전혀 없다는 사실은 제게 새롭지도, 놀랍지도 않습니다. 편지를 쓰기 전에 답변을 이미 예상했기 때문입니다. 그렇지만 동시에 제가 그와 취리히 교회에게 바라는 지원을 제게 부여해 주는 것에 그가 얼마나 냉담하고 또 주저하는지 당신은 아십니다. 처음에 그는 관대함에 넘쳐 제게 약속했지요. 그러나 저는 그들이 나를 속인다 해도, 다른 이들의 도움을 받을 생각 없이 대의를 밀고 나간 것처럼, 이제 포기하지 않을 겁니다. 진리를 고백하기 위한 더 자유로운 무대가 이제 제게 열릴 것이고, 저도 이제 더 민첩해졌습니다. 지금까지 제가 얼마나 그들의 까다로운 요구에 양보해야 했는지 당신도 잘 아실 테지요.[40]

격앙된 채 작성한 이 편지는 그의 의도보다는 인격을 보여 준다. 칼뱅은 서로 간에 이룬 합의를 지키기 위해 위험을 무릅썼으나 불링거가 무관심하다고 여겨 상처를 입었고, 인간적으로 서운함을 느꼈다. 물론 취리히의 지지가 필요했기에, 포기할 마음은 없었다. 그럼에도 불구하고 전체 프로테스탄트의 일치를 위한 계획이 스위스의 지지를 계속 지켜 내야 한다는 당위 때문에 교착 상태에 있다는 것이 더 분명해졌다.

그해 초 칼뱅은 자신과 1551년에 잉글랜드에서 사망한 마르틴 부처 간의 두드러진 차이를 설명한 적이 있었다. 그는 부처가 얼마나 무게감 있는 존재였는지 1550년대 내내 뼈저리게 인식했다. 1557년에 칼뱅은 파렐에게 보낸 편지에 다음과 같이 썼다. "[불링거]는 나를 부처와 비교합니다. 그의 과도한 행동이 이런 이유 때문에 제게 상처가 되는데, 그는 선한 대의를 올바른 방식으로 솔직하고 신중하게 변호한 적이 없습니다. 그러나 제 행동 방식은 완전히 다릅니다. 저는 인격을 지킨다고 모략을 피하려 하지는 않기 때문입니다."[41] 칼뱅에 따르면, 스트라스부르의 종교개혁자 부처는 모두를 기쁘게 하려고 실제 자신이 믿는 것을 아예 말하지 않았기 때문에 교회 일치를 위한 칼뱅의 노력을 심각하게 훼손했다. 2년 전 칼뱅은 피에트로 마르티레 베르미글리에게 다음과 같이 쓴 바 있었다.

> 루터와 그 지지자들의 소란을 잠재우고 싶었던 그[부처]는 굽실거렸기 때문에, 말 한마디에도 혼란에 빠져 옴짝달싹 못하곤 했지요. 또 다른 긴급 상황으로 그는 당혹스러워했습니다. 그는 이전에 자신이 부주의해서 당한 수치를 덮고 싶어 했습니다. 저는 종종 그에게 깨닫게 해 주었지만 말입니다. 제 생각에, 아무도 그에게 더 자유롭게 행동하라고 심지어 이런 상황에서는 용기를 내서 더욱 진심으로 모호한 표현 없이 진리라고 믿는 바를 선언하라고 촉구하지 않았습니다.[42]

여기서 사용된 언어는 칼뱅이 자신을 다윗 및 바울과 비교하면서, 유사점과 차이점에 한꺼번에 집중하게 만드는 방식을 상기시킨다. 부처는 칼뱅의 영적 아버지이자, 그리스도의 교회를 섬기는 자기희생의 모범이었다. 세네카 주석을 발간한 초기부터 칼뱅은 다른 사람에게 의존하지 않고 자유를 추구하는 스토아 학파의 길을 걸었다. 일치의 사람이 되기 위해서, 그는 스스로를 부처가 아닌 칼뱅으로 드러내야 했다.

1550년대 중반 프랑스에서 프로테스탄트에 대한 핍박이 격해지자, 칼뱅은 프랑스 왕에게 청원하기 위해서 일치된 프로테스탄트 전선을 형성해야 한다고 확신하고 이 일에 더 열심을 냈다. 그러나 극히 어려운 과업이었다. 베스트팔을 무찔러야 했고, 모든 프로테스탄트가 모이는 회담이 가치가 있다고 불링거와 멜란히톤 두 사람을 모두 설득해야 했다. 칼뱅은 프로테스탄트 세계가 한 목소리를 내기 원했고, 이를 성취하기 위해 어느 정도는 신학적으로 유연한 태도를 보이면서 서로를 관용하기를 진심으로 바랐다. 그가 보기에, 더 큰 대의는 바로 일치였다. 베스트팔 사례가 보여 주었듯, 교리는 필수불가결한 것이지만 그럼에도 스위스 교회들과 멜란히톤을 따르는 이들 간 차이는 별로 크지 않다고 믿었다. 칼뱅은 불링거에게 보낸 편지에 다음과 같이 썼다. "반대로, 저는 모호하고 알쏭달쏭하거나 어정쩡한 조정보다 더 유해한 것은 없다는 사실을 인정함에도 불구하고, 진정하고 솔직한 중용이 모든 정직한 사람들을 만족시킬 만한 것을 떠올리게 할 것이라고 믿으며 체념하지 않습니다. 그러므로 저는 시끄럽게 떠들며 세상의 평화를 해치는 성질 급한 자들의 영향력을 분쇄할 겁니다."[43] 반면, 기대치가 더 컸던 멜란히톤에게는 더 예민한 태도로 대했다.

> 비록 당신은 시끄러운 논쟁에서 발을 빼셨지만, 바울이 스스로 모범을 보이면서 모든 그리스도의 종에게 금한 내용이 무엇인지 아실 겁니다. 확실히 당신은 바울의 삶에서 증명된 그 중용을 가장 칭찬하고 싶으실 겁니다. 그토록 인내심을 타고 난 그가 소란스러운 일들을 용감하게 돌파한 것을 볼 때, 우리는 그렇게까지는 고통스럽지 않

은 이 시대의 상황에 쉽게 굴복할 수 없습니다. 한마디로 말해, 당신의 그 지나치게 고집스러운 침묵 때문에 후손에게 당신의 평판이 흠집나지 않도록 주의 깊게 사안을 숙고하셔야 합니다.[44]

이어서 그는 다음과 같이 결론을 맺는다. "평화의 수단을 찾는다면, 우리의 유일한 희망은 회담에 있는데, 이 회담을 당신이 원하신다는 사실을 저는 의심치 않습니다. 그러나 저는 당신이 더 용기를 내시기를 바랍니다."

종교 회담에 대해 어느 정도 관심이 있던 뷔르템베르크의 독일 루터파 공작이 여기에 처음으로 반응을 보였다. 칼뱅은 주저 없이 이 기회를 놓치지 않고 회담 실현을 위해 활동을 벌였지만, 효과가 없었다. 스위스, 특히 불링거는 핍박받는 왈도파와 프랑스 복음주의자에 대한 지원을 요청하며 스위스 교회를 대표해서 독일 지역을 순회한 테오도르 드 베즈와 기욤 파렐의 행동에 분노했다.[45] 1557년 5월 14일 이들은 괴핑엔에 도착해서 뷔르템베르크의 크리스토프에게 극히 루터파적인 신앙고백문을 제출했는데, 많은 독일인을 기쁘게 하기는 했지만 스위스 사람들은 경악했다.[46] 이후 1557년 가을 베즈와 파렐은 보름스 회의에서 멜란히톤을 만나 신학적 합의에 이르렀는데, 취리히와 제네바에는 알려지지 않았다.[47] 사태를 더 악화시킨 것은 보름스에서 다른 루터파의 상당한 압박 때문에 멜란히톤이 츠빙글리파를 공식적으로 정죄해 버린 일이었다. 불링거와 스위스는 어떤 유형이든 아우크스부르크 신앙고백을 증오했기에, 칼뱅이 그렇지 않음을 논증했음에도 불구하고 이 문서의 저자가 루터라고 주장했다. 칼뱅은 급히 피해를 수습해야 했다. 취리히는 제네바와 멜란히톤이 자기들을 배신했다고 생각했다. 그들이 보기에는 멜란히톤도 루터보다 나을 게 없었다. 칼뱅은 불링거에게 편지를 보내 베즈가 상황에 몰려 독단적으로 행동할 수밖에 없었던 반면, 자신은 멜란히톤이 츠빙글리의 신학을 정죄한 일에 대한 취리히 종교개혁자 불링거의 분노에 공감한다고 했다. 또한 칼뱅은 그 노인*이 약해져서 생긴 일이라고 설명할 수밖에 없다고 덧붙였다.[48]

    베스트팔이 조용히 있을 리 없었다. 1558년 내내 칼뱅을 공격하는 더 긴 글 몇 편을 출판했는데, 제네바 종교개혁자는 대응할 여유가 없었다. 프랑스 상황 및 구약 주석 작업에 몰두하고 있었던 데다, 심하게 아프기까지 했기에 칼뱅은 전투 현장을 떠났다. 개혁파 교회는 이전 그 어느 때보다 더 고립되었다. 성찬을 둘러싼 루터파와의 오랜 논쟁으로 이제는 새로이 바닥에 이르렀고, 화해의 신호 같은 것은 전혀 없었다. 그러나 칼뱅에게 이는 개인적인 패배였다. 그는 완전히 얕잡아 봤던 베스트팔과의 싸움에서 패했다. 베스트팔이 상당한 신학적 식견을 갖추기는 했지만, 그 통찰을 활용하기보다는 성찬에 대한 제네바의 가르침의 변화, 또한 심지어는 칼뱅이 전에 한 말을 효과적으로 활용하여 모순된 특징을 증명해 낸 데 있었다. 이렇게 해서 그는 제네바와 취리히 간 연대의 고리마저도 끊어 내려고 했다. 그는 칼뱅을 자기 입장도 제대로 설명하기 어려워서 우물쭈물 대는 멍청이로 만드는 데 성공했는데, 이 위대한 연사이자 작가에게는 낯선 경험이었다. 칼뱅은 대체로 대적을 가혹하게 몰아붙이는 데 능했지만, 이번에는 아니었다.

*   멜란히톤을 의미한다.

유럽의 종교개혁자

16세기 후반에 "칼뱅주의"가 놀랍게 성장한 것을 보면, 살아생전에 칼뱅이 유럽 전역에 폭넓은 영향을 끼쳤다고 추정하고픈 유혹이 생긴다. 그리고 어느 정도는 사실이다. 그는 제국의 종교 정치에 관여하고, 독일 및 스위스 종교개혁 지도자들 그리고 난민 공동체와 가까운 관계에 있으면서 명성과 사람들의 존경을 얻었다. 그가 점점 유명해지자 학생들이 제네바로 모였고 대륙 전역의 교류망도 확장되었으며 그의 사상도 더 널리 전파되었다. 그러나 그의 이름이 지지자들 사이에서 영예를 얻고 작품이 엄청난 인기를 끌었지만, 칼뱅만 두드러졌다고 생각하는 것은 오해다. 마찬가지로, 하인리히 불링거와 필립 멜란히톤도 폭넓게 교류했고, 취리히와 비텐베르크에서 오랫동안 가르친 후에 이들의 학생과 저술은 유럽 전역에서 찾아볼 수 있었다. 불링거의 음성은 잉글랜드, 동유럽, 프랑스에서도 선명히 들렸다. 특히 프랑스에서 그는 프랑스인이 아닌 프로테스탄트 저술가 중 가장 독자층이 두터운 인물이었다. 멜란히톤은 종교개혁의 위대한 교사였고, 그의 명성은 우뚝 솟은 탑과도 같았다. 칼뱅의 업적도 이들이 이룬 업적과 나란히 놓을 만했고, 이 업적이 암흑 속에서 드러나지 않은 것도 아니었다. 그 영향력이 누적되고 있었다. 1540년대 중반에 프로테스탄트 교류망은 헨리 8세의 궁정에서부터 독일의 도시와 공국과 대학을 거쳐, 스위스 연방과 프랑스로 뻗어 나갔고, 심지어 오스트리아, 헝가리, 폴란드 땅까지 동진하고 있었다. 성직자, 정치인, 상인, 서점 업자, 학생, 배송 업자가 이 교류망에 참여했다. 편지, 출판물, 책 박람회, 외교 관계, 종교 회의를 통해 새로운 소식과 사상을 교환했다. 칼뱅, 불링거, 멜란히톤은 가장 저명한 인물들이었지만, 이들은 더 광범위한 대업의 일부였을 뿐이다.

칼뱅은 다양한 방식으로 더 넓은 지역의 유럽 종교개혁에 관여했다. 일치를 추진하며 범위를 넓혀 여러 지역을 방문했는데, 멀리 프랑크푸르트와 스트라스부르뿐 아니라, 베른, 취리히, 바젤에도 자주 갔다. 제네바에서도 그는 프랑스, 신성로마제국, 이탈리아, 스위스, 동유럽에서 끊임없이 오는 방문자들을 맞이했는데, 이들 모두 열의를 다해 새로운 소식을 전하고 다양한 신학 및 교회 문제를 논의했다. 칼뱅이 불링거에게 보낸 편지에서, 집에 도착하니 예상치 못한 수많은 손님이 저녁을 함께 먹자고 기다리고 있더라며 갑작스레 편지를 마무리하는 경우는 별로 특별할 것 없을 정도로 흔했다.[1] 또한 칼뱅은 방대한 정보망에 연결된 일원이기도 했는데, 그 안에서 동료 개혁자들은 글로 소문이나 이야기를 전했다. 즉 라틴어로 "노바"nova* 라 알려진 것으로, 자주 개인 서신에 덧붙여 전해졌다. 이런 "노바"는 종종 여러 제후 및 도시 간에 교환된 공식 보고서와 외교

* 새로운 것.

문서에서 발췌되었고, 서적상들이 수집하는 경우도 있었다.² 하인리히 불링거는 칼뱅이 정보를 얻는 최고의 소식통이었다. 불링거의 서신 왕래 범위는 경이적이었다. 그는 유럽 전역, 특히 이탈리아에서 일어난 사건들의 추이를 그라우뷘덴, 잉글랜드, 아우크스부르크와 뉘른베르크 같은 제국의 대도시에 있는 이들과의 연락망을 통해 받아서 칼뱅에게 늦지 않게 전해 주었다. 그러나 "슈바벤의 사도"라 불린 암브로시우스 블라러, 필립 멜란히톤, 요한네스 할러 같은 이들도 칼뱅의 중요한 소식통 역할을 했다. 종교개혁자들의 중요한 임무 중 하나는 동료들에게 정보를 알려 주고 수집한 정보의 진상을 파악하는 것이었다. 예컨대, 서신과 새로운 소식을 제네바에 전달하기 전, 불링거는 자기가 확보한 정보를 부가해서 이 자료들 위에 손수 주석을 달았다.

제네바에 있던 학생, 난민, 방문자들이 찾아오면, 칼뱅은 기꺼이 이들에게 시간을 할애했다. 이 일이 자주 그를 지치게 한다는 것을 알았지만 말이다. 이들은 모국으로 돌아가도 계속 칼뱅과 연락하면서 조언을 구했다. 1540년대 말까지 칼뱅은 통치자, 힘 있는 귀족, 귀부인에게 편지를 쓰면서, 국제적인 종교개혁자의 역할을 적극적으로 감당했다. 또한 조언을 구한다며 이들에게 자기 작품을 헌정하기 시작했다. 이제 영국, 폴란드, 저지대 국가들, 팔츠의 사례를 알아보기로 하자.

잉글랜드

칼뱅은 스트라스부르에 있으면서 마르틴 부처를 통해 잉글랜드에서 벌어지는 일에 대해 알게 되었다. 부처는 1530년대 내내 캔터베리 대주교 토머스 크랜머와 독일 남부 종교개혁자들 간에 커지고 있던 연락망에 속해 있었다.³ 그리고 자신이 쓴 1536년 로마서 주석을 크랜머에게 헌정했다.⁴ 동시에, 부처의 영향력이 너무 과도해지지 않게 하려고, 불링거도 잉글랜드에 오래도록 지속되고 엄청나게 성공적인 것으로 판명되는 영향력을 발휘하기 시작했다. 취리히 출신 학생들을 옥스퍼드와 케임브리지에 보내 공부하게 했는데, 나중에 칼뱅의 친구이자 불링거의 후계자가 되는 젊은 루돌프 그발터$^{Rudolf\ Gwalther}$도 그중 하나였다. 불링거는 다른 스위스 종교개혁자들에게도 크랜머와 교제하라고 권했고, 1530년대 말에는 사람과 문자로 하는 소통망이 든든히 구축되었다.

제국 내 종교개혁의 전망이 암울하던 이 시기에 잉글랜드는 희망의 빛을 주었다. 헨리 8세는 아라곤의 카탈리나$^{Katherine\ of\ Aragon}$와 이혼하려고 시도하던 중에 프로테스탄트 지도자들의 자문을 구한 일이 있었고, 왕의 새 아내 앤 불린$^{Anne\ Boleyn}$은 1536년 몰락 전까지 복음주의자를 적극적으로 후원했다. 1530년대 말 헨리 8세의 대법관 토머스 크롬웰$^{Thomas\ Cromwell}$은 잉글랜드와 슈말칼덴 연맹 간 연대를 적극적으로 추진했는데, 이는 독일 종교개혁자들에게 큰 관심거리였다. 그러나 1539년에 헨리가 복음주의자를 외면하는 것으로 보이는 6개 조항$^{Six\ Articles}$을 공표하면서 분위기가 반전되었고, 루터는 이제 잉글랜드 왕에게 품었던 이전 희망을 포기하기에 이르렀다.

마르틴 부처는 종래와 같이 낙관적 입장을 고수하며, 크랜머에게 인내하면서 계속 개혁을 추진하라고 조언했다. 필립 멜란히톤은 1539년 11월 헨리 8세에게 쓴 편지에서 6개 조항을 체계적으로 반박했지만, 그 내용으로 왕을 비난하지는 않는 기지를 발휘했다.[5] 기가 꺾이지 않은 크롬웰은 헨리 8세와 슈말칼덴 연맹을 결혼 연대로 묶는 작업을 계속 진행하던 중에, 충분한 위상을 갖춘 여 공작 duchess 클레페의 안나Anne of Cleves를 찾아냈다. 중요한 문제는 잉글랜드 왕이 아우크스부르크 신앙고백을 받아들여야 한다는 독일 루터파의 요구였다. 왕은 몇 가지 신학적 우려 때문에 이 고백서를 싫어했다. 헨리는 연대에 진지하게 반응했는데, 냉소적인 정치적 동기가 아니라 오히려 종교적인 이유였다.[6] 1540년에 결혼이 파기되었다는 소식이 널리 극적으로 알려졌는데, 그렇다고 그가 독일 루터파와의 접촉에 대한 관심을 잃은 것은 아니었다. 마찬가지로, 멜란히톤도 그가 잔인하다고 과도하게 공격하지 않았다. 헨리는 이신칭의 같은 특정 핵심 교리들에 대해 자신의 종교적 관점이 루터파, 특히 멜란히톤의 견해와 일치한다고 확신했다.[7] 이는 오해로 입증되었다.

헨리 8세의 계산 착오는 종교개혁자들이 그들 간에 이루어진 교리적 합의의 정도를 얼마나 자주 오해했는지 상기시킨다. 칼뱅은 멜란히톤과의 관계에서 이런 실수를 저질렀다. 부분적으로는 연대를 위해 어떤 형태로든 신학적 합의가 있어야 한다는 필요에서 비롯된 기대 섞인 생각 때문이기도 했는데, 이는 글이 쓰이고 읽히는 방식과도 큰 관련이 있었다. 그 시대 인문주의 저자 대부분과 마찬가지로, 칼뱅도 동의할 만한 것들을 뽑아내기 위해 글을 읽었다. 그가 사랑하는 아우구스티누스를 연구할 때도 자기 목적에 부합하는 그 교부의 일부 사상만 취합했다. 불링거, 부처, 다른 프로테스탄트 개혁자들도 마찬가지였다. 이미 살펴보았지만, 이런 식으로 원래 저자가 의도했던 실제 주장과는 다른 말을 한 것으로 읽힐 수도 있었다.

그 반대도 마찬가지였다. 반대자의 작품을 샅샅이 뒤져서 정죄할 만한 구절들을 찾아낼 수 있었다는 뜻이다. 중세 교회의 이런 오래된 관습은 16세기 신학 전쟁을 통해 더 강화되었다.

칼뱅이 1541년에 제네바로 돌아갔을 때, 그는 아직 잉글랜드를 중요하게 여기고 있지 않았다. 부처와 불링거를 통해 정보를 얻었지만 많이 안 것도 아니고 딱히 관심을 가진 것도 아니었다. 제네바, 신성로마제국, 프랑스만 해도 신경 쓸 일이 너무 많았다. 1547년 에드워드 6세가 왕좌에 올랐을 때, 칼뱅은 관여해야 할 특별한 필요성을 느끼지 못한 채 프로테스탄트가 표현하는 기쁨의 행렬에 동참했다. 그러나 그 후로 서서히 변화가 일어났다. 칼뱅은 어린 에드워드 6세의 섭정이 된 서머싯 공작 에드워드 시모어 Edward Seymour와 흥미진진한 영적 연대를 형성했다. 또한 부처를 통해 토머스 크랜머와도 서신 왕래를 시작했다.

경건한 공작: 섭정 서머싯

서머싯에게 보낸 편지들은 칼뱅이 파악하기에 종교개혁에 공감을 나타내는 저명한 귀족 집안의 구성원들과 접촉하려고 하는 움직임의 일환이었다. 그는 프랑수아 1세의 누이이자 프랑스 복음주의자들의 후견인인 나바르의 마르그리트와 편지를 계속 주고받았다. 1530년대에 페라라에서 시작된 프랑스의 르네와의 관계도 유지했다.[8] 칼뱅이 반복해서 개정 출간한 1536년판 『기독교강요』를 프랑수아 1세에게 헌정한 것은 지도자들에게 호소하는 수사적 논증의 힘을 믿고 있었음을 보여 준다. 잉글랜드에서는 서머싯 공작 에드워드 시모어가 핵심 역할을 맡았다. 1548년 칼뱅은 공작에게 편지를 보내, 참종교의 본질과 이 종교를 방어하는 과정에서 군주가 해야 할 역할을 알려 주었다. 에드워드 시모어는 헨리 8세의 세 번째 아내 제인 시모어의 오빠*였고, 1547년부터 1549년에 몰락할 때까지 잉글랜드의 섭정이었다.[9] 그는 어린 에드워드 6세를 곧바로 장악하고, 차지한 권력을 바탕으로 조심스러운 종교개혁 정책을 추진했다. 칼뱅은 종교개혁이 평화가 아니라 전쟁을 몰고 오리라는 의견을 제시했는데, 우상숭배를 제거하고 참종교를 도입하려는 군주들의 선한 의도에도 불구하고, "그들의 믿음이 여러 다양한 유혹으로 시험에 들 수 있기 때문"이었다.[10] 하나님의 뜻은 사람을 시험하시고 통치자들이 세상의 사건들 너머를 보게 하는 것이었다. 혼란은 사탄이 그리스도의 교회를 파괴하기 위해 계속해서 일하고 있음을 보여 주는 신호이기도 하다. "하나님의 말씀이 드러났을 때가 구원의 시기이지만, 우리가 한 것은 거의 없습니다. 이것이 하나님이 우리를 계속 벌하시는 이유입니다."

칼뱅은 잉글랜드의 혁명에 대해 아는 바를 이야기하면서 왕에 대한 반역은 칼로 제압되어야 한다고 강조하며 선언했는데, 이는 하나님에 대한 공격과 다를 바 없기 때문이라는 것이었다. 통치자들은 교회와 신자를 보호해야 하는데, 때로 무력이 필요하다. 교회는 건전한 신앙고백이 있어야 하고 건전한 교리 위에 기초하는데, 칼뱅은 서머싯에게 다음과 같이 제시했다.

* 제인 시모어가 에드워드 6세의 어머니이고 에드워드 시모어는 에드워드 6세의 외삼촌이다.

우리는 하나님만이 우리 영혼의 유일한 통치자라고 주장합니다. 우리는 그분을 인간이 만든 어리석은 발명품에 따라 섬기지 않고, 그분의 율법이 우리 양심의 유일한 규범이자 영적 지침이라고 주장합니다. 또한 그분의 본성에 맞게, 그분은 영과 순결한 마음으로 예배를 받으십니다. 또 한편으로 우리 안에 오직 곤고 말고는 아무것도 없음을, 또 우리의 감정과 성향이 모두 부패했음을, 그 결과 우리의 영혼이 바로 그 죄악의 심연이며 궁극적으로 우리 자신에 대해 절망하고 있음을 인정합니다. 또한 우리 자신의 모든 주장, 가치, 선행의 힘을 모두 써 버렸기에, 우리는 그리스도 예수 안에 있는 모든 복의 근원에 의지해야 하며, 그분이 우리에게 주신 것 즉 그분의 죽음과 수난의 공로를 받아들임으로, 이로써 우리는 하나님과 화해할 수 있습니다.

칼뱅은 이렇게 신앙을 요약하여 "어린아이와 무지한 사람들을 건전한 교리에 익숙해지도록" 가르치는 "공통의 공식"으로 만들었다. 교육 수준이 높은 이들에게는 "바울이 디모데에게 말했듯 가르치고 권하고 훈계할" 설교자들이 있어야 했다. 교리문답 없이는 어떤 교회도 살아남을 수 없는데, 교리문답이 "죽지 않고 좋은 곡식으로 자라 세대와 세대를 이어 가며 몇 배로 증식하는 씨앗과 같기" 때문이다. "기독교의 상태를 향상시키고 튼튼하게 하기 위해" 하나님은 군주를 통해 일하시지만, "목사들이 하나님의 말씀을 널리 전파할 때 하나님은 그분의 말씀이라는 영적 검으로 주권적 힘을 선언하기를 기뻐하십니다."

칼뱅은 잉글랜드의 변화 속도가 너무 늦다는 대륙의 종교개혁자

다수의 염려를 언급했다. "우리가 중용을 지켜야 하며 지나침은 신중하지도 유용하지도 않은 행동"이고, "예배 형태는 사람들의 상황과 입맛에 맞게 조정될 필요가 있음"을 인정하면서도, 칼뱅은 잉글랜드에서 지속되어 온 관습이 복음에 반하는 것임을 들었다고 서머싯 공작에게 말했다. "하나님께 기도할 때, 우리가 경건에 무제한 허가를 받았다고 할 것이 아니라, 바울이 우리에게 준 규범을 따라야 합니다(로마서 10장). 이는 하나님의 말씀에 근거한 것이어야 합니다. 따라서 죽은 자를 기념하는 행위, 즉 하나님이 이들에게 은혜를 베풀어 달라고 천거하는 이 행위는 기도의 마땅한 형태와 방식에 위배됩니다. 이는 우리 성찬에 해로운 것을 더하는 행위입니다." 종교개혁은 반드시 신중을 기하여 진행해야 하지만, 궁극적으로 하나님의 일이며 인간의 이해를 넘어서는 역사였다. 중용을 지킨다고 해서 하나님의 뜻에 반하는 모든 것을 허용하는 데까지 가서는 안 된다. 교회는 악과 무질서를 뿌리 뽑는 치리를 해야 하고, 교회에 위임된 가르침을 보호해야 한다. "교리가 교회에 생명을 불어넣는 영혼이듯, 치리와 악의 교정은 몸을 건강하고 활력 있게 유지시키는 신경과 같습니다. 주교와 신부의 의무는 이를 감독하는 것이기에, 끝까지 추문에 휩싸인 사람들이 성찬을 오염시키게 두어서는 안 됩니다." 칼뱅이 서머싯에게 보낸 편지는 다른 군주와 관원에게 보낸 내용과 크게 다를 바 없지만, 이번에는 명중했다. 섭정은 긍정적인 답장을 보내왔고, 칼뱅은 1549년 7월 9일 파렐에게 자신이 시모어 가문의 인정을 받았다고 알렸다. 그는 겸손한 어조로, 서머싯이 자기 편지를 잘 받아들였다고 기록해 놓았다.[11]

칼뱅과 서머싯의 관계는 스코틀랜드와 프랑스 간에 일어난 끔찍한 전쟁, 국내 정치 실패, 획득한 권력에 대한 반대로 섭정이 몰락한 1549년 이후에 더욱 흥미진진해졌다. 1550년 칼뱅은 친구 니콜라 데 갈라르 편에 서머싯에게 보내는 글 두 편을 잉글랜드로 보냈다. 이 두 글에서 칼뱅은 섭정에게 영적 조언을 했다. 서머싯은 이 글들을 감옥에서 영어로 번역한 후, 『거룩한 위로와 안내 편지』An Epistle both of Godly Consolacion and also of Advertisement 와 『영적이고 가장 소중한 진주』A Spyryutuall and most Precyouse Pearle 라는 제목으로 출간했다.[12]

칼뱅의 목회 서신에는 서머싯에 대한 특별한 동정이 담겨 있었다. 그는 건성으로 복음을 받아들인 잉글랜드 왕국에서, 섭정이야말로 진정한 개혁의 목소리를 내는 사람이라 믿었다. 잉글랜드에서 피난처를 찾은 종교개혁자 중에는 실망이 깊었던 이들도 있었다. 1548년 히브리어 학자 파울 파기우스 Paul Fagius 와 함께 잉글랜드에 도착한 마르틴 부처는 왕과 서머싯과 크랜머의 환영을 받았지만, 곧 환상에서 깨어났다. 부처는 파렐에게 1550년 1월 편지를 보내 자신과 피에트로 마르티레 베르미글리, 이탈리아인 베르나르디노 오키노 Bernardino Ochino 를 비롯한 난민 누구도 종교개혁 운동에서 발언권을 얻지 못했다고 썼다.[13] 에드워드 시대의 교회, 특히 크랜머가 취한 조치가 타협으로 인식되었기에 좌절이 컸다. 그러나 대주교 크랜머는 카를 5세가 신성로마제국에서 승리한 이후 자신이 손님들에게 베푼 환대를 재빨리 상기시키고, 독일 복음주의자들이 행한 수많은 타협에 주목하도록 이끌었다. 쓰라린 진실이긴 했지만, 칼뱅도 그렇게 믿었듯 부처는 에드워드 시대의 교회가 타협하는 과정에 자신이 공모자로 활약했다고 믿는 대륙의 동료 개혁자 다수를 보고 훨씬 더 괴로워했다.[14] 부처는 잉글랜드에서 고립되었다. 부처는 가장 확고부동한 동지로 인식하고 정보를 나누어도 될 만큼 신뢰한 칼뱅에게 자신이 얼마나 불행한지 기탄없이 알렸다. 1549년 초 칼뱅은 자신의 이전 멘토 부처에게 영적인 권고 서신을 보냈다. 이 편지에서 그는 다시 한번 여행에 쓰이는 언어를 활용했다. "가장 빛나는 횃불 아니 태양 그 자체와도 같은 하나님의 영이 당신 삶의 여정을 최종 목적지까지 인도하실 뿐 아니라, 당신에게 불멸의 복을 주시려고 찬란하게 빛을 비추십니다. 이 근원으로부터 인도를 받았다면, 당신이 방랑하고 있는 곳이 어디든 그분이 곧 당신에게 정착할 곳을 찾아 주실 것이니, 당신은 그곳을 안식처로 만드십시오."[15] 난민이 되어 고달픈 방랑을 하기 이전에, 일치를 추구하며 유럽 전역을 끝없이 돌아다녔던 자신의 선생이자 멘토인 부처의 영혼을 칼뱅은 절묘한 문장 몇 줄로 사로잡았다. 안식처에 대한 언급은 심지어 죽음조차도 안식을 가져다주지 못한 부처의 최후를 생각할 때, 더 통렬히 다가온다. 메리의 통치하에 부처의 시신은 무덤에서 끄집어내진 후 불에 태워졌고, 그의 무덤도 파괴되었다.

잉글랜드에서 일어난 사건들을 칼뱅이 아는 데는 한계가 있었기 때문에, 1550년 11월 파렐에게 보낸 편지에서 칼뱅은 부처의 서신을 모호하게 인용하면서, "인정할 수 없는 것"을 들었다고 언급했다. 즉 개혁의 속도가 늦을 뿐 아니라, 얀 와스키가 난민 교회에 영향력을 끼치고 있다는 것이었다. 칼뱅은 이 폴란드인에 대해 가혹한 그리고 궁극적으로 불공정한 평가를 내리는데, "조금만 아첨을 들어도 엄청나게 영향을 받을 수 있는" 사람이라는 것이다. "저는 아첨이라는 바람이 그를 사방팔방으로 날려 버릴까 두렵습니다"라고 덧붙였다. 더 쉽지 않은 일은 어린 에드워드 6세에게 직접 편지를 쓰는 것이었다.¹⁶ 칼뱅은 익명의 여러 인물들이 그렇게 하기를 촉구했다고 주장했다. 아마도 가장 가능성이 높은 인물은 크랜머로, 그는 국제적 지원을 확보하고 칼뱅과 서머싯을 멀어지게 하려고 애쓰고 있었다. 평소와 달리, 칼뱅은 무슨 말을 써야 할지 거의 몰랐기 때문에 글을 쓰면서 상당히 걱정했다고 밝혔다. 프랑스, 스위스 연방, 신성로마제국과는 달리, 잉글랜드는 그에게 완전히 미지의 땅이었다. 그는 자신의 이사야서 주석을 에드워드 왕에게, 후에는 엘리자베스 여왕에게 헌정하기로 했고, 그다음 신약 서신서 주석에는 왕에 대한 헌사를 추가했다.

토머스 크랜머와 칼뱅은 가깝지 않았지만 서로 존중하는 관계였다. 서로 친구가 되지는 않았지만 서신을 주고받았는데, 이들이 공유한 접촉점은 부처였을 것이다. 크랜머는 칼뱅이 쓴 글 일부를 읽었음에 틀림없다. 그는 1536년판 『기독교강요』를 갖고 있었고, 크랜머의 사위는 이를 영어로 번역했으며, 그의 인쇄공이 출판했다. 또한 1551년에도 결정적인 개입이 있었다. 서머싯의 영지에 있던 글래스턴베리 프랑스인 공동체의 목사이자 칼뱅의 친구였다가 프랑크푸르트 문제로 사이가 틀어지는 발레랑 풀랭이, 몰락한 섭정을 처형하기 직전 왕에게 저항하지 말라고 칼뱅에게 엄히 경고한 것이다.¹⁷ 풀랭은 불명예를 안은 서머싯을 칼뱅이 뜻을 굽히지 않고 지지할 때 생길 참혹한 결과를 예견한 크랜머의 가르침에 따라 행동한 것이었다. 잉글랜드 정치에 무지했기에, 칼뱅은 심각한 계산 착오에 빠져 무너지기 직전이었다. 엘리자베스가 보좌에 올랐을 때도 같은 상황이 다시 전개되었다.

에드워드 통치 말기에는 칼뱅과 크랜머의 접촉이 늘었는데, 대주교가 어린 왕의 지도하에서 유럽 프로테스탄트의 더 광범위한 일치를 추진했기 때문이었다. 당시 옥스퍼드에서 흠정^{regius} 강좌 담당 신학 교수로 있던 피에트로 마르티레 베르미글리는 잉글랜드에서 프로테스탄트 의회를 열자고 제안하는 열렬한 지지자였고, 그가 크랜머에게 끼친 영향도 상당했다.[18] 대주교는 멜란히톤, 불링거, 칼뱅에게 지지를 호소하는 편지를 보냈지만, 답장들이 고무적이지는 않았다.[19] 불링거와 멜란히톤은 잉글랜드로 흔쾌히 가려고 하지 않았지만, 제네바의 칼뱅은 열정을 보였다.

> 이 일도 우리 시대의 큰 악에 속한다고 할 수 있습니다. 교회가 너무 분열되어 있고 인간적 교제가 우리 안에 있다는 평판은 거의 없으며 모두가 고백하지만 거의 신실하게 실행되지 않는 그리스도인의 교제는 너무 적습니다. 학식 있는 이들이 지나치게 주저한다면, 가장 엄중한 비난이 지도자들에게 퍼부어질 것입니다. 이들은 자신들의 죄악된 일에만 열중하고 교회의 안전과 모든 경건에는 무관심하거나 개인의 평안에만 만족하고 다른 이들에게는 아무런 신경도 쓰지 않는 자들이라는 비난 말입니다.[20]

칼뱅은 크랜머에게 이같이 모임을 열어서 분열되어 있는 프로테스탄트 교회들을 한데 모으라고 촉구했다. 칼뱅이 그토록 지치지 않고, 겉으로는 전혀 열매가 보이지 않는데도 추진했던 꿈이었다. 칼뱅은 "열 개의 바다"라도 건너서 참석하겠다고 공언했다.

그해 7월, 과장법은 사라졌다. 칼뱅은 그런 회의를 열기에 아직 적당한 때가 아닌 것 같다고 크랜머에게 인정했다. 이 점에 대해 칼뱅

15. 유럽의 종교개혁자

은 대주교의 노력을 칭찬한 후, 이어 강펀치를 날렸다.[21] 편지의 나머지 부분은 잉글랜드 종교개혁을 잘못 이끌었다며 크랜머를 가혹하게 책망하는 내용이었다. 칼뱅은 파렐과 부처가 한때 자신에게 사용했던 예언자의 불로 크랜머를 도발했다. 이는 그가 자기 친구들을 책망할 때 늘 사용했던 방식이었지만, 문제는 크랜머가 칼뱅의 절친한 친구가 아니었다는 사실에 있었다. 자기보다 나이가 많은 인물*에게 그가 사용한 어투는 충격적이었다.

> 제 입장을 말씀드리면, 잉글랜드에서 복음이 번성한 짧은 기간에 우리 대의에 진보가 있었다는 사실은 인정합니다. 그러나 아직 남아 있는 것들을 생각하신다면, 당신이 여러 일에 얼마나 많이 게으른지 고려하신다면, 당신이 급히 일을 진행시키지 않는 것에 핑계를 댈 수 없음을 알게 될 것입니다.…위험을 벗어난 후에 당신이 방종하지 않도록, 제가 한때 당신의 성실함을 주목한 적이 있음을 언급할 필요는 없겠지요. 그렇지만 편안하게 말씀을 드리자면, 저는 두려움이 여전히 남아 있는데, 정말로 가을 내내 꾸물거리며 시간을 보내다가 영원한 겨울 추위에 시달리게 되지는 않을까 두렵습니다. 당신은 수년간 어느 정도 진보하셨으니까, 이제 스스로를 자극해서 한층 더 노력하셔야 합니다. 그래서 의도적으로 꾸물거린 것을 후회하지 않도록 하셔야 하고, 이토록 무질서한 상태로 남은 일들을 두고 세상을 떠나지 않도록 하셔야 합니다. 저는 일들이 아직도 제대로 조직되지 않은 상태에 있다고 말씀드리고자 합니다. 외적인 종교적 폐습들이 그런

---

* 크랜머는 칼뱅보다 20살이 많았다.

식으로 교정된다면, 계속해서 뻗어 나가고 있는 셀 수 없을 만큼 많은 어린 싹은 그대로일 수 있기 때문입니다.

칼뱅은 자신의 소식통에 따르면 잉글랜드 예전에 여전히 미사의 많은 요소가 남아 있으며 교회 재산이 약탈당한다고 했다며 계속 공격을 퍼부었다. 그는 이 상황을 "수치스럽다"고 표현했다. 그리고 자신이 잉글랜드에서 가장 신뢰하는 이가 피에트로 마르티레 베르미글리라면서, 크랜머가 그의 말을 귀담아 들으면 좋겠다며 무언가를 암시하듯 글을 마무리한다. 부처가 죽은 후 칼뱅은 자신과 불링거를 참된 종교개혁의 지도자로 인식했기에, 복음이 갈피를 잡지 못하고 헤매는 주교를 교정하길 요청했다고 믿었다.

이방인 교회들

칼뱅과 서머싯의 관계 단절과 더불어, 에드워드 시대 잉글랜드 교회에 미치는 제네바의 영향력도 줄어들었다. 대신 스트라스부르와 취리히가 더 중요한 존재감을 드러냈다. 칼뱅보다는 불링거가 대륙의 핵심 인사였다. 그러나 칼뱅의 존재가 완전히 무시된 것은 아니었다. 잉글랜드와의 특별한 연대가 젊은 왕의 보호 아래 교회를 세운 종교 난민 공동체를 통해 형성되었다. 런던과 글래스턴베리에는 프랑스인 공동체가 있었는데, 이 프랑스인 교회들은 1542년 제네바 예전을 예배에서 사용했다.[22] 그러나 신학으로 보면, 영향을 받은 곳은 제네바가 아니라 스트라스부르와 취리히였다.[23] 잉글랜드 소재 외국인 공동체의 지도자 얀 와스키, 마르틴 미크론 Martin Micron, 얀 우텐호버Jan Utenhove*는 모두 취리히에서 시간을 보냈고, 불링거와도 가까웠다.[24] 우텐호버가 잉글랜드에서 일어난 사건들에 관해 칼뱅과 소식을 주고받기는 했지만, 이들과 칼뱅의 관계는 훨씬 멀었다.[25] 런던의 외국인 교회들은 부처와 츠빙글리의 성찬 및 교회 교리를 받아들였다. 여러 사람의 저작을 절충해서 받아들이는 와스키의 성향 때문에, 네덜란드 난민 공동체는 칼뱅의 예정론을 수용할 필요가 없었다. 실제로 두 사람은 좋은 관계를 맺지 못했기에, 칼뱅은 이 폴란드 개혁자의 영향력이 런던에서 커지는 것에 대해 파렐에게 우려를 표명했다.[26]

칼뱅이 가장 큰 영향을 끼친 곳은 프랑스인 공동체로, 이 교회는 칼뱅의 제네바 교리문답과 올리베탕의 신약성경을 사용했고, 제네바식 예정론이 두드러지게 겉으로 드러나는 『기도 양식』Form of Prayers도 활용했다.[27] 프랑스인 교회에서 논쟁이 일어나 칼뱅의 이름이 회자되자, 와스키는 제네바에 편지를 보내 중재를 요청했다.[28] 칼뱅은 그 공동체가 제네바를 예루살렘으로 만들면 안 되고, 자신을 우상으로 만들어서도 안 된다고 퉁명스럽게 응답했다. 그는 런던 피난민 교회들에 깊이 관여할 의향이 없었다.

그러나 잉글랜드 복음주의자 다수는 칼뱅의 이름에 최고의 존경을 표했다. 나중에 메리 여왕 시대에 종교 난민 중 하나가 되는 바톨로뮤 트래헤런Bartholomew Traheron은 1540년대에 취리히와 제네바에서 공부한 적이 있었다. 잉글랜드로 퍼진 예정론 싸움이 걱정이 된 그

- 와스키는 폴란드 출신이고, 미크론과 우텐호버는 플랑드르, 즉 오늘날의 네덜란드/벨기에 출신이었다.

는 하인리히 불링거에게 도움을 구하는 편지를 썼다. 이 편지에는 잉글랜드에 퍼진 칼뱅의 초기 명성이 어느 정도였는지 드러나 있다.

> 저는 취리히에 사시는 당신 및 아주 학식 깊은 다른 분들이 하나님의 예정과 섭리에 대해 어떻게 생각하시는지 정말로 알고 싶습니다. 이유를 물으신다면, 이곳에 당신이 멜란히톤의 견해에 너무 지나치게 기울었다고 주장하는 사람들이 있기 때문이라고 답하겠습니다. 그러나 저를 포함해서, 우리 중 많은 사람이 명료하고 성경에도 가장 부합한다며 장 칼뱅의 입장을 받아들입니다. 또한 그 학식이 아주 뛰어나고 탁월한 장 칼뱅이 쓴 피기우스와 게오르기우스 시쿨루스Georgius Siculus에 대항하는 그 뛰어난 논문이 우리 안에서 논란이 시작되던 바로 그 시점에 우리에게 온 것에 대해 하나님께 진심으로 감사드립니다. 그 주제에 대해 많은 빛을 비추어 주었다고 고백하는 바입니다.…우리는 그의 탁월하고 학식 있는 견해가 당신의 견해와 크게 다르지 않기를 확실히 소망합니다.[29]

"부당한 증오의 불길을 외국 땅으로": 망명자와 스코틀랜드 교회

1553년 8월 3일 칼뱅이 수심에 잠겨 불링거에게 알렸다. "잉글랜드 왕의 죽음을 알리는 자들이 제가 바라던 숫자보다 훨씬 많습니다. 따라서 우리는 그의 죽음이 이미 확실한 듯 애통해하며 한 개인의 죽음으로 인한 막대한 손실을 만난 교회의 운명을 애통해합니다. 우리는 지금 동요가 일어나지 않을까 하는 두려움에 떨고 있습니다."[30] 레이디 제인 그레이Jane Grey를 잉글랜드 왕좌에 등극시키려던 시도가 실패하고 1553년 메리 튜더가 등극하면서, 피난처를 찾아 해외로 탈출하는 복음주의자들이 줄을 이었다. 1553년 9월 17일에 프랑스인과 네덜란드인 약 160명이 배 두 대에 가득 나눠 타고 대륙으로 떠났다. 루터파 지역인 덴마크로 간 사람들이 끔찍한 일을 경험한 것에서 보듯이, 그들은 따뜻한 환영을 보장받지도 못했고 프로테스탄트 간 신앙고백의 차이도 쓰라린 논쟁을 일으켰다. 마찬가지로 프랑크푸르트에서 일어난 갈등이 보여 주듯이, 루터파와 개혁파 교회 사이에 계속되던 적대감으로 결국 취약한 난민 공동체가 희생양이 되었다.

망명자들을 이끈 이들 다수는 엄청난 기질과 강한 확신을 가진 인물들이었다. 비좁고 위험한 환경에서 살 수밖에 없는 이들에게 갈등 발생은 필연이었다. 이는 1553년 여름 프랑크푸르트로 간 잉글랜드인 망명자들도 경험한 일이었는데, 이들은 당시 정착 후 발레랑 풀랭이 지도하는 프랑스인 공동체와 건물을 나눠 썼다. 그러나 이런 일은 두 집단의 믿음과 실천 방식이 같을 때만 가능했다.[31] 잉글랜드인이 사용한 예배 양식은 주로 1552년 공동 기도서에서 가져온 것이었는데, 프랑스인 공동체가 자신들에게 맞춰 활용하던 것을 조금 수정한 형태였다. 프랑스인 공동체는 제네바의 것을 많이 차용하여 풀랭이 만든 예전에 따라 예배했다. 존 녹스^{John Knox}는 1554년 가을에 제네바를 떠나 프랑크푸르트에 도착한 후 잉글랜드인 회중의 목사가 되었는데, 곧 자기가 얼마나 난처한 입장에 처해 있는지를 깨달았다. 에드먼드 그린덜^{Edmund Grindal}과 리처드 콕스^{Richard Cox} 주교가 이끈 스트라스부르의 잉글랜드인 공동체는 공동 기도서를 더 철저히 따르고 싶어 했는데, 녹스는 자신에게 예전을 급진적으로 바꿀 자유가 있다고 생각하지 않았지만 이 기도서에 대해 꽤 비판적이었다. 조언 요청을 받은 칼뱅은 1555년 1월 18일 아버지 같은 마음을 담아 답장을 썼다. 전투 중에 있는 프랑스인 공동체에 보내는 메시지와 비슷한 어조로, 그는 잉글랜드인들에게 그들이 있는 곳이 어딘지를 상기시켰다.[32] 망명 생활 중에는 모든 것이 문제가 되기 때문에, 외적인 문제를 놓고 미친 듯이 싸우기 쉽다는 것이었다.

칼뱅의 의도는 예배의 외적 요소들을 다룰 때는 자비로운 마음으로 접근해야 하는데, 익숙한 방식에서 벗어나기 힘든 이들의 "어리석은 고집"에 과도한 관용은 하지 않되 온화한 마음을 가져야 한다는 것이었다. 잉글랜드 예전에는 그가 만족하지 못하는 부분이 많았다. 미신적인 언어를 충분히 버리지 않았다는 것인데, 서머싯 섭정과 크랜머에게 지적했던 부분이었다. 그러나 작은 다툼보다 더 큰 위험이 상존했다. 잉글랜드에서 시작된 개혁은 붕괴되었고, 하나님의 교회를 재건하는 일은 이제 프랑크푸르트 공동체의 몫이 되었다.[33] 이를 위해서는 무엇보다도 교회의 참된 자유가 보장되어야 했다. 교황제로는 돌아가지 않으면서도 외적인 문제에는 어느 정도 관용을 허용하는 자유였다. 이웃을 사랑하라는 신의 명령이 주는 자유였다. 칼뱅은 바울이 고린도 사람들에게 한 말을 직접 인용하여 명료한 메시지를 전하면서, 하나님을 섬기는 데 필수인 개혁을 선언하면서도 공동체를 성장시키고 다툼을 피하기 위한 사랑의 정신을 요청했다.

결국 1555년 4월말까지 공동 기도서 개정안을 사용하는 것으로 합의가 이루어졌다.[34] 그러나 이 합의는 일시적이었을 뿐이었다. 공동 기도서에 더 애착을 가진 리처드 콕스 주교와 한 집단—특히 존 녹스가 가장 싫어하는 요소들을 선호하는 이들—이 스트라스부르에서 프랑크푸르트로 오면서 합의가 종결되었다. 합의안을 어긴 것에 분노한 녹스는 『공동 기도서』를 비난하고 에드워드 시대 교회의 몰락을 공격하는 불같은 설교를 토해 냈다. 온 열성을 다해 특정 인물들을 거명하며 비난했는데, 그중 일부는 현장에 있었다. 회중이 양편으로 갈라졌다. 녹스는 자신에게 반대하는 음모가 있다고 확신했는데, 반대파가 자신이 쓴 글에 대한 정보를 프랑크푸르트 관원들에게 제공했다는 것이었다. 콕스를 지지한 이들은 녹스의 저작 『잉글랜드에 있는 하나님의 진리를 고백하는 이들에게 보내는 신실한 권고』Faithful Admonition to the Professors of God's Truth in England 의 일부가 신성로마제국 황제 카를 5세를 특별히 로마 황제 네로와 비교하며 비난하는 내용을 담았다고 지적했다. 신경이 쓰인 프랑크푸르트 관원들은 녹스에게 도시를 떠나라고 했고, 결국 그는 1555년 3월 지지자들에게 눈물 어린 고별 설교를 하고 도시를 떠났다.

칼뱅은 화가 머리끝까지 났다. 5월 리처드 콕스에게 편지를 보내서 구체적으로 녹스의 이름을 말하며 그가 끔찍한 박대를 당했다고 주장했다.[35] 더 심각한 갈등이 일어날까 봐 구체적인 이름들을 언급하지는 않았지만, 칼뱅은 프랑크푸르트에서 무슨 일이 있었는지 다양한 이들에게서 전해 들었다고 주장했다. 피난민 공동체에 속한 한 사람이 관원들 앞에서 동료 교인들에게 비난받을 수 있다는 사실이 도무지 믿기 어렵다며 규탄했다. 이어서 통렬한 질책을 퍼부었다. "부당한 증오의 불을 외국 땅에 가져오느니 조국에 머무르는 편이 나았을 뻔했습니다." 칼뱅은 녹스에게 좀더 유연해져야 한다고 충고한 사람이 자신임을 넌지시 알렸다. 이제 콕스도 그렇게 유연해지기를 기대한다는 것이다.

1555년 가을 윌리엄 위팅엄^{William Whittingham}이 이끄는 한 무리가 녹스를 따라 제네바로 가서 공동체를 만들고 제네바 예전에 따라 예배했다.[36] 이 공동체는 녹스와 크리스토퍼 굿먼^{Christopher Goodman}을 공동체의 목사로 임명했는데, 이들은 잘 동역하면서 좋은 친구가 되었다. 녹스가 자주 제네바 밖으로 나가 있었기에, 굿먼이 잉글랜드 난민에게 특별히 신경을 쓰던 칼뱅과 긴밀히 협력하며 교회를 섬겼다. 녹스와 굿먼 모두 제네바 교회에서 배운 것을 많이 활용했는데, 스코틀랜드인 녹스는 "그리스도의 가장 완전한 학교…나는 다른 곳에서도 그리스도가 참되게 전파되고 있다고 고백한다. 그러나 방식과 신앙이 진정으로 개혁된 곳을 그 외 다른 곳에서는 아직 본 적이 없다"라는 유명한 묘사를 남겼다.[37] 제네바 교회는 해외에 있는 잉글랜드 난민 교회 중 가장 크고 중요했고, 당대 막 성장하던 인쇄 문화를 잘 활용했다. 『기도 양식』은 제네바 예전에서 기원한 것이며, 윌리엄 위팅엄이 칼뱅의 『교리문답』과 일부 운율이 붙은 시편과 함께 인쇄했는데, 영어로 된 최초의 개혁파 예전이 되었다.[38] 『기도 양식』은 1560년에 스코틀랜드에서 개혁파 교회가 세워진 후 『공동전례집』^{Book of Common Order}*의 기초가 되었다.[39] 의심의 여지 없이, 가장 위대한 성취는 제네바 성경으로, 위팅엄, 마일스 커버데일^{Miles Coverdale}, 크리스토퍼 굿먼, 앤소니 길비^{Anthony Gilby} 등이 포함된 번역팀이 만들었다.[40] 이 성경은 엘리자베스 여왕 통치기 잉글랜드의 성경이자 셰익스피어의 성경이 되었으며, 킹 제임스 버전^{KJV}이 등장한 한참 후까

• 1556년 존 녹스가 만든 최초의 장로교회 예배 의식서다.

지도 인기를 유지했다. 1579년부터 제네바 성경은 스코틀랜드의 공식 성경으로 채택되었으며, 성경을 살 여유가 있는 모든 집에 한 부씩 비치되었다.

약 20년 전에 스트라스부르에서 부처가 칼뱅 자신에게 했던 아주 영향력 있는 멘토의 역할을 이번에는 칼뱅이 똑같이 녹스, 굿먼 및 여러 다른 이들에게 담당했다. 페랭파에 승리한 지 6개월이 지나지 않았을 때 도착한 난민들은 가르침, 예배, 치리가 이루어지는 국교회 작동 방식에 주목했다. 이들은 칼뱅이 가르치는 성경 강의에 참석했고 그와 절친한 친구들이 모이는 모임에 들어갔으며 대화를 즐기고 학문 활동에도 관여했다. 로베르 에스티엔 덕분에, 이들은 출판물을 읽을 수 있었을 뿐 아니라 유럽의 위대한 출판 대가 중 하나로부터 배우는 것도 많았다. 녹스는 제네바에 머문 시기를 자기 인생에서 가장 행복했던 기간으로 기억하게 된다.

프랑크푸르트에서 겪은 어려움들은 궁극적으로 영국에서 일어난 종교개혁들의 발전에 엄청난 영향을 끼쳤다. 녹스와 굿먼은 칼뱅의 개혁 모델을 수용하고 스코틀랜드 개혁의 토대로 삼기로 했는데, 이로써 스코틀랜드는 1560년 첫 번째 "칼뱅주의" 영토가 되었다. 이 북부 왕국에 끼친 제네바의 영향은 압도적이었다. 제네바의 성경, 교리, 예전, 콩시스투아르가 주도하는 치리까지 이식되었다. 귀족의 지원을 받은 스코틀랜드 종교개혁자들은 16세기 유럽의 다른 나라와는 비교하지 못할 만큼 열린 기회를 누렸는데, 놀라울 정도로 빠르게 새 교회가 건설되기 시작했다. 그러나 제네바 모델의 확장은 여기까지였다. 스코틀랜드 왕국의 개혁은 훨씬 더 어렵고, 정치적이라는 사실이 증명되었기 때문이다. 콩시스투아르가 주도하는

치리를 시도하면서, 교회는 귀족과 상당한 타협을 하지 않을 수 없었다.[41]

분노한 여왕

잉글랜드에서 메리가 죽고 1558년 엘리자베스가 등극하자, 유럽 프로테스탄트는 단체로 환호했다. 망명자들의 귀향 행렬이 이어졌다. 제네바의 잉글랜드인 교회도 곧 해체되었다. 칼뱅은 손님들에게 고향으로 돌아가서 잉글랜드 교회 개혁을 시작하라고 권했다. 그도 서둘러 행동을 취하면서 이사야 주석을 엘리자베스 여왕에게 헌정했고 여왕의 최고 고문이자 엘리자베스 시대 종교 정책의 핵심 기안자인 윌리엄 세실 William Cecil 에게 1559년에 편지를 보냈다. 칼뱅은 세실에게 솔직하면서도 편안한 조언을 했다.

> 세실 경은 진지하게 이를 유념하셔야 합니다. 하나님의 복음의 부패되지 않은 진리와 성결을 주장할 때 우리가 하나님의 일을 하고 있다는 뜻입니다. 그러므로 이를 지체해서는 안 됩니다. 경의 자리에서 얼마나 나아가야 일이 편리하게 될지, 또 어느 지점에서 신중한 온건함을 취하는 것이 맞을지 더 잘 아실 것입니다. 그러나 어떤 그럴듯한 핑계를 댄다 해도, 지체하는 것은 무엇이든 의혹을 불러일으킬 수 있음을 기억하십시오.[42]

칼뱅은 잉글랜드 교회가 바르게 개혁될 때가 바로 이때라고 믿었기에, 앞장서서 목소리를 내기로 결심했다. 그러나 일이 뜻대로 되지 않았다.

5월 칼뱅은 다시 한번 세실에게 편지를 썼는데, 이번에는 불신으로 가득 찬 어조였다. "제가 여왕께 드리는 제 이사야서 주석을 가지고 갔던 전령이 돌아와 말을 전했습니다. 제가 전한 호의를 폐하께서 별로 좋아하지 않으셨다는데, 그 이유는 이 도시에서 이전에 출간된 특정 저술들 때문에 폐하는 제게 화가 나 있기 때문이라고 합니다."[43] 이들 "특정 저술들"은 모두 아주 잘 알려져 있었다. 즉 녹스가 쓴 『여자의 괴물 같은 통치에 반대하는 첫 번째 나팔소리』First Blast of the Trumpet Against the Monsterous Regiment of Women 와 굿먼의 『백성은 어떻게 위에 있는 권세에 복종해야 하는가』How Superior Powers Oght to be Obeyd of their Subjects*였다. 녹스의 책에는 출판 지역에 대한 정보는 누락되어 있지만, 두 책은 모두 제네바에서 출간되었다. 이들은 군주에게 저항할 수 있는 백성의 권리에 관심을 둔 데다, 정말 문제가 된 것은 여성 통치자의 적법성을 의문시한 것이었다.[44] 1558년에 나온 이 작품들은 유럽 종교개혁 역사상 출간 시기를 가장 못 맞춘 사례일 것이다. 엘리자베스 여왕의 분노가 너무도 격렬하여, 굿먼은 잉글랜드로 돌아가서도 숨어 지내야 했다. 여왕의 진노는 그 끔찍한 사상의 진원지인 제네바로 향했고, 여왕은 장 칼뱅이 이 중상모략을 공모했다고 믿었다.

칼뱅은 그 일이 초래한 결과를 빠르게 알아차렸기에, 세실에게

* 원래 제목은 *How Superior Powers Ought To Be Obeyed By Their Subjects And Wherein They May Lawfully By God's Word Be Disobeyed And Resisted*, 즉 "백성은 어떻게 위에 있는 권세에 복종해야 하는가, 그리고 백성이 불복종하고 저항할 수 있음을 하나님의 말씀이 정당화하는 경우는 언제인가"였다.

썼던 그 편지에서 자신이 녹스와는 많이 다르다며 해명을 시도했다.

2년 전, 사적인 대화 중에 존 녹스가 여성 통치에 대해 제 의견을 물었습니다. 그것은 자연의 초기 정해진 질서에서 이탈한 것이므로, 이는 노예제와 마찬가지로 자신의 권리를 방기한 남성에 대한 심판으로 보아야 한다고 솔직하게 대답했습니다. 그럼에도 불구하고 특정 여성들은 때로 은사가 넘치기에 하나님의 특별한 은혜가 그들 안에 두드러져서, 하나님의 섭리로 등극하는 일이 있음이 분명합니다. 하나님이 이런 사례들을 통해 남성의 연약함을 정죄하려 하셨든지, 그분 자신의 영광을 더 두드러지게 나타내고자 하셨기 때문일 것입니다. 저는 훌다와 드보라를 예로 들겠습니다. 하나님은 이사야의 입을 통해 사사로운 여성과는 분명히 구분되는 여왕들이 교회를 양육하는 유모가 되리라 약속하신 것*을 같은 선상에 있는 사례로 덧붙입니다.

엘리자베스 여왕의 반응은 단순히 언짢아하는 것으로 끝나지 않았다. 잉글랜드 종교개혁 전체가 여왕의 분노로 혼란에 빠졌다. 난민 공동체가 런던으로 귀환한 일은 의심을 받았고, 새 여왕에게 밉보였다는 엄청난 두려움이 개혁파 사이에 만연했다. 엠덴에 있던 공동체를 런던으로 귀환시키는 협상에서 책임을 맡은 앤소니 애쉬 Anthony Ashe가 남긴 기록에 따르면, 신자들은 미움받았고 놀랍게도 녹스의 책을 찾아 집집이 수색을 당해야 했다.[45]

- 이사야 49:23, "왕들은 네 양부가 되며 왕비들은 네 유모가 될 것이며."

15. 유럽의 종교개혁자 **471**

엘리자베스는 에드워드가 아니었고, 여왕의 종교관도 남동생과 많이 달랐다. 여왕은 메리 통치기를 견디고 살아남았기에 프로테스탄트이기는 했지만 본능적으로 보수적일 수밖에 없었다. 누가 어떻게 하라고 하는 이야기를 들을 마음이 없었다. 따라서 녹스 글의 어조는 너무도 공격적 혹은 파괴적이었다. 칼뱅에게 그 결과는 너무 고통스러웠다. 녹스와의 친분 때문에 잉글랜드의 1559년 종교 정책에 전혀 관여할 수가 없었고, 그 결과 이 정책은 수장령과 통일령 Acts of Supremacy and Uniformity 으로 이어졌다. 대륙의 개혁파 교회가 잉글랜드 교회 형성에 결정적 목소리를 내겠다는 꿈은 순식간에 사라졌다.

칼뱅이 아무것도 하지 않은 것은 아니었다. 친한 친구이자 동료였던 니콜라 데 갈라르를 잉글랜드로 보내 런던에 있던 프랑스인 교회를 이끌게 했다.[46] 런던에 프랑스 출신 목사들이 절박하게 필요한 상황이 되자, 1560년 3월 18일 프랑스인 공동체는 칼뱅에게 편지를 보내 제네바에서 목사 한 사람을 보내 달라고 요청했었다. 칼뱅이 데 갈라르를 보낼 준비를 했다는 사실은 그가 런던 공동체를 얼마나 중요하게 생각했는지 보여 주는 명백한 증거였다. 데 갈라르는 제네바식 치리를 프랑스인 교회에 적용했고, 이방인 교회 책임자였던 런던의 그린덜 주교와도 친밀한 관계를 형성했다. 그린덜은 제네바로 보내는 프랑스 사람들의 편지에 함께 서명하면서, 칼뱅과 제네바 교회에 잉글랜드를 위해 기도해 달라고 부탁했다. 데 갈라르는 칼뱅과 매우 가까웠다. 따라서 칼뱅은 잉글랜드로 보낸 편지에서 한때 자신의 비서로 봉사해 준 이 충직한 동료와 떨어져 있는 것이 힘들다고 썼다.[47] 근심의 이유가 또 하나 있었다. 칼뱅은 왕실이 교회를 너무 통제하는 것이 불편했다. 정치 지도자의 뒤꿈치만 쫓아

다니는 교회가 어떻게 정화되고 회복될 수 있겠는가?

그린덜 주교는 칼뱅에게 보낸 편지에서 데 갈라르가 자신과 "우리 교회"에 큰 도움을 주었다고 썼다.[48] 그가 호의를 베푼 증거는 그린덜이 데 갈라르를 초청해서 런던 성직자들 앞에서 라틴어로 일주일에 두 차례 설교하게 한 것이었다. 주교는 프랑스 및 다른 이방인 교회의 치리와 질서가 잉글랜드 회중에게도 영향을 끼치기 희망했다.[49] 그러나 새로 도착한 새내기 목사인 데 갈라르는 이내 다른 난민 지도자인 피에르 알렉상드르Pierre Alexandre와의 논쟁에 휘말렸다. 알렉상드르는 크랜머와 가까웠기에, 그린덜은 반복해서 이 일에 개입해서 싸우고 있는 두 사람을 화해시켜야 했다. 여러 번의 편지에서 칼뱅은 새로운 역할을 맡은 데 갈라르를 격려하면서, 그에게 진정한 친구인 그린덜이 있다며 기운을 북돋고 제네바에 남은 아내와 아이들의 안부를 전했다. 상황이 더욱 위험해지자, 데 갈라르는 현재 런던에서 처한 곤란한 상황에서는 제네바 종교개혁자의 이름을 아예 언급하지 않는 편이 최선이라고 칼뱅에게 전했다. 실제로 칼뱅만 엘리자베스 여왕의 가혹한 분노를 느낀 것은 아니었다. 마일스 커버데일과 윌리엄 위팅엄처럼 제네바에 머물던 잉글랜드 교회 관련 인물 중 새로운 질서 체계 아래에서 자리를 얻은 사람은 아무도 없었다. 아무것도 잊히거나 용서받지 못했다.

데 갈라르는 런던에서 제네바식 교회를 세우려고 했는데, 익숙한 문제로 즉각 갈등이 생겼다. 메리 통치기에 잉글랜드에 남아 가톨릭으로 위장했던 프랑스인은 어떻게 할 것인가? 다시 한번 니고데모파에 대한 논의가 되살아났다. 데 갈라르는 칼뱅의 노선을 따랐기에, 가톨릭 신자로 위장했던 이들은 공개적으로 참회와 회개를 한 후 공동체에 받아들여질 수 있다고 주장했다.[50] 그는 제네바에서 이해했던 방식으로 치리를 런던에 있는 프랑스 교회의 중심에 놓았는데, 결국 이것은 큰 분열을 야기했다. 그는 잉글랜드에 3년간 머문 뒤 기후가 맞지 않는다며 떠났지만, 그가 남긴 유산은 이어졌다. 런던 교회가 이후에도 계속 제네바 출신 목사를 원했기 때문이다.

칼뱅과 잉글랜드와의 관계는 호기심을 자극하는 수수께끼 같은 주제다. 칼뱅은 프로테스탄트 여왕 엘리자베스가 왕좌에 오른 지 6년 만에 사망했다. 이 둘의 관계의 시작은 재앙과도 같았고 회복된 적도 없었지만 이는 그저 이야기의 일부일 뿐이다. 프랑스인 및 네덜란드인이 모인 이방인 교회를 통해 제네바는 계속 잉글랜드에서 중요한 존재감을 과시했고, 칼뱅의 이름을 가장 뛰어난 이들 위에 올려놓았다. 칼뱅과 하인리히 불링거는 영국 종교개혁에 영향을 준 대륙의 대주교나 마찬가지였다. 칼뱅의 도시에서 난민으로 지낸 이들은 그 경험을 결코 잊지 않았다. 그 흔적은 일평생 새겨졌다. 그들은 그곳에서 배운 것에 여전히 헌신했고, 엘리자베스 통치기의 종교적으로 타협한 세상에 만족하지 못했다. 다수의 "제네바인들"은 치리를 유지하려고 소속되었던 잉글랜드 교회를 떠나 제네바식 치리를 행하는 네덜란드인 및 프랑스인 교회 예배에 참석하는 편을 택했다.[51] 이들은 난민 경험으로 형성된 세대에 속했으며 제네바 및 취리히와의 만남을 통해 개혁파 교회의 일부가 되었는데, 루터파는 개혁파 교회를 거부했었다. 이들이 사망하고 난 후에도, 유산은 남았다. 이방인 교회들은 제네바로 연결되는 주요 연결망이었고, 서신이 왕래되는 실제적 통로였다.[52] 청교도 신앙은 칼뱅의 신학을 받아들인 이들 교회에서 태동했다. 16세기 동안 놀라울 정도로 많은 양의 칼뱅 작품이 영어로 번역되었다는 사실은 이제 잘 알려져 있는데, 당대 종교개혁자들, 심지어 불링거 작품의 양을 훨씬 능가한다.[53] 1559년판 『기독교강요』는 1561년에 번역되어 출판되었는데, 이는 빙산의 일각이었다. 곧이어 특히 1570년대에 성경 주석이 모조리 번역되기 때문이다. 칼뱅이 죽고 시간이 흘렀지만, 잉글랜드에서는 그가 그토록 다가서려고 했던 평신도 청중에게 이제야 가닿게 되었다.[54]

이단들의 피난처: 폴란드

1547년부터 1553년까지 크라코프와 루블린 주변 지방을 중심으로, 주로 귀족 집안의 보호 아래 지역 운동의 형태로 프로테스탄트가 번성했으며, 중동부 유럽 사례에서 자주 발견된다.[55] 1550년에는 이탈리아 북부 만토바 출신의 히브리어 학자 프란체스코 스탄카로 Francisco Stancaro가 성직자 여섯 명과 함께 도착해서 소폴란드 Lesser Poland*에서 교회의 새 질서 체계를 구축했다.[56] 이 체계는 쾰른에서 종교개혁을 진행하다 실패한 헤르만 폰 비트 대주교 Archbishop Hermann von Wied, 1477-1552**에게 적용된 조항에 근거를 두었다. 1554년 개혁파 조직의 첫 교회가 인가되었다. 이단을 박멸하려는 가톨릭교회의 시도를 귀족들이 저지했는데, 이들은 1550년대 중반까지 자신들에게 맞는다

* 폴란드어로는 Małopolska로 표기하며, 역사적으로 폴란드 남서부에 위치한 지역으로 수도는 크라코프였다.
** 쾰른에서 종교개혁을 시도했으나 시민들의 지지를 받지 못했고, 결정적으로 황제와의 전쟁에서 패배하며 종교개혁에 실패했다. 교황에 의해 파문되었다.

고 여기는 예배를 자신들의 영토에서 드리라고 명령할 권한을 보장받았다. 리투아니아에서는 빌뉴스를 둘러싼 광대한 영토를 통치한 리투아니아 공국의 재상 미콜와이 라지비위^{Mikołaj Radziwiłł}의 개종으로 1553년에 폴란드 종교개혁이 상당한 성공을 거두었다. 라지비위는 프로테스탄트 설교자들의 후견인이 되었고, 그의 신앙도 루터파에서 개혁파 신앙으로 바뀌었다. 1550년대 중반은 낙관주의가 팽배한 시기였다.

다시 한번, 프로테스탄트 내부에 분열이 일어났다. 프루시아 왕국에서는 루터파와 보헤미아 형제단이 주도권을 가졌지만, 리투아니아의 복음주의자는 스위스를 선망했다. 내분이 들불처럼 퍼져나갔는데도 왕이 개입하기를 꺼려하면서, 상황은 극도의 혼돈으로 치달았다. 이 시점에서 1556년 폴란드 개혁파 교회가 핀추프에서 회의를 열면서 칼뱅, 베즈, 로잔 대학 교수 유스타슈 드 케누아^{Eustache de Quesnoy}를 폴란드로 초청했다. 제네바가 종교개혁의 모범으로 점점 더 부상하고 있었다. 칼뱅은 거의 1년을 기다리면서 답변을 미루었지만, 결국 제네바에서 할 일이 많다며 답장을 거부하고 대신 폴란드인 얀 와스키를 추천했다. "저는 여러분이 지금 제가 고용되어 유용하게 활동하고 있는 현장에서 벗어나 갈기갈기 찢기는 것을 보고 싶어 하지 않으시리라 생각합니다."[57] 와스키는 폴란드로 돌아가서 성찬을 놓고 루터파와 개혁파로 갈라진 두 당파를 중재하고, 칼뱅의 예정 교리는 언급조차 하지 않으면서 추가 논쟁을 막으려고 애썼다.[58]

칼뱅이 폴란드 교회와 처음으로 접촉하게 된 계기는 폴란드에서 자란 그리스계 이탈리아인이자 보나 스포르자 왕비^{Queen Bona Sforza}의

고해 신부로, 1554년에 책을 사기 위해 제네바에 머문 프란체스코 리스마니노^Francesco Lismanino를 통해서였다. 그는 칼뱅에게 1548년부터 1572년까지 폴란드를 다스리던 명민하고 사려 깊은 지그문트 2세에게 편지를 쓰라고 권했는데, 당시 프로테스탄트는 이 군주에게 큰 희망을 품고 있었다.[59] 제네바에 머물던 기간에 리스마니노는 짐작건대 칼뱅의 영향을 받아 개혁파 신앙으로 돌아섰고 결혼도 했다. 두 사람이 계속 연락을 주고받았다는 것은 칼뱅이 지그문트의 태도와 영적 고민에 대해 상당히 많이 알고 있었다는 사실을 통해 드러난다. 왕은 복음주의에 어느 정도는 공감했지만, 이 신앙을 받아들이지는 않았다. 그가 이탈리아인 어머니 보나 스포르자로부터 상당한 유산을 물려받을 기회를 놓칠 수도 있다는 사실이 두려워서 로마와의 관계를 단절하기를 꺼려했기 때문이다.[60]

지그문트에게 쓴 편지에서 칼뱅은 보통의 권고를 넘어, 왕이 그리스도의 교회를 정화해야 하며 특별한 문제 하나를 발견했다고 썼다. 즉 로마 가톨릭교회의 구조와 전통에 반하는 행동을 꺼려한다는 것이었다.

교황주의자들은 언제나 그들의 계급 제도를 우리에게 강요하기 때문에, 저는 이들이 폐하에게서도 같은 무기로 자기들 힘을 키우고 있음을 의심치 않습니다. 우리가 다른 모든 교리 조항에서 그들보다 우위에 있음을 그들이 알고 있기 때문에, 이들은 패배할 때 이 끔찍한 주장을 반복합니다. 아무리 교회의 상태가 참혹할 정도로 부패해 있어도, 평신도가 이 결함에 참견하는 건 불법이라고 하면서 말이지요.[61]

이어서 칼뱅은 다른 주제들과 더불어, 에베소 교인들에게 하나 되라고 요청한 바울의 말이 만약 우두머리 한 사람 아래서 하나 되라는 뜻이라면 바울이 실제로 해야 할 말을 잊은 기막힌 상황으로 보아야 한다면서 교황제를 공격했다. 그리스도만 유일한 대제사장이자 교회의 머리라는 뜻이었다. 칼뱅은 초대교회 모델에서 이를 끌어왔다.

고대 교회는 실제로 주교 제도를 제정했고, 각 지역에 특정 고위 성직자들을 임명했습니다. 이런 일치된 연대를 통해 주교들은 서로가 하나 되어 있을 수 있었습니다. 다른 사람 위에 군림하거나 어쩔 수 없이 부패할 수밖에 없는 권리를 사취하지 않고, 질서를 위해 교회 회의에서 가장 높은 자리를 차지하거나 동료와 형제 사이에서 하나 됨을 이루기 위한 것이라면, 빛나는 폴란드 왕국에서 한 대주교가 그런 특별한 지위를 가져야 할 것입니다.

"교회의 영혼은 교리의 순결"이며, 이 점에서 로마는 바빌론보다도 존중할 가치가 없다. 왕은 권위를 연속하여 계승한다는 교황의 주장에 휘둘려서는 안 된다. 배교의 나락으로 떨어졌을 때 권위는 상실되었다. 이어서 놀라운 주장이 뒤따랐다. "그러나 하나님은 현재 교황제라는 폐허 속에서 붕괴되어 있는 교회를 일으켜 세울 적합하고 올곧은 교사들을 세우셔서 직접 치료하십니다. 또한 주님이 교회를 모으시는 과정에서 우리의 헌신을 사용하시기 위해 주님이 허락하신 이 직무는 정말로 이례적입니다." 칼뱅은 이제 자신의 놀라운 소명을 완전히 이해하고, 반복해서 바울의 권위를 소환하며,

그의 표현을 빌리는 성숙한 사상가였다. 왕을 가르치는 데도 주저함이 없었다.

리스마니노는 폴란드로 돌아가던 중 잠시 취리히에 들렀다. 칼뱅은 불링거에게 보내는 소개 편지를 써 주었다. 리스마니노가 확실히 마음에 든 칼뱅은 가장 긍정적인 표현을 사용해서 그를 추천했다. "아주 건강하지는 않은 이 사람이 이 지역 날씨를 좋아하기는 쉽지 않다는 사실을 알게 되었고, 또 건강 문제와 계속 싸워야 할 필요는 없기 때문에, 그는 환경을 바꿔 보기로 결심했습니다. 그러나 이 사람은 당신과 함께하는 곳보다 더 편안한 장소를 어디에서도 찾을 수 없다고 생각합니다."62 리스마니노는 또한 지그문트에게 보내는 칼뱅의 편지 사본도 가지고 갔다. 불링거는 이 편지를 읽는 데 "반 시간이나 써도" 좋다고 생각했던 것 같다. 칼뱅이 간명하게 언급한 대로, 이 편지를 쓴 사람은 "군주들이 경멸한다는 사실을 아는" 사람이었다.

1555년 폴란드 의회에서 열린 한 회의, 즉 그 정신이 프로테스탄트적이기보다는 오히려 에라스무스적이라 할 수 있는 모임에서 왕이 국가 교회를 이끌어야 한다는 주장이 제기되었다. 지그문트는 성직자의 결혼, 현지어 성경 번역, 이종배찬* 같은 개혁에 우호적이었다. 그래서 폴란드 교회의 개혁 청사진을 작성하여 교황 바오로 4세에게 보냈지만, 교황은 이를 수용하지 않았다.

같은 해 폴란드 프로테스탄트는 세체민Secemin에서 자체 교회 회의를 열었는데, 그 결과 동유럽 종교개혁을 혼돈에 빠뜨린 급진적

* 빵뿐 아니라 포도주도 평신도에게 나누어 주는 성찬 예식이다.

인 사상이 등장했다. 이를 주도한 인물은 피오트르 즈고니웅차[Peter Gonesius]*로, 세르베투스 문제로 칼뱅을 공격한 이들을 이끈 바젤의 법학 교수 마테오 그리발디의 영향을 받았다. 바젤에서 공부한 폴란드 학생 다수가 그랬듯, 즈고니웅차는 세르베투스의 사상에 호의적이었기 때문에, 주로 카스텔리오의 글에서 발췌한 처형 관련 이야기를 고향에 보냈다.[63] 그리발디의 유아세례 및 삼위일체 반대 견해는 세르베투스에게서 비롯된 것이었는데, 즈고니웅차의 주장 전반에 나타났다. 그리스도의 신성을 부인하는 반(反)삼위일체론은 급진 사상가들을 통해 폴란드로 유입되었는데, 이 사상가들 다수가 스위스를 통과해 북쪽으로 이동한 이탈리아인이었다. 얀 와스키는 고향으로 돌아갔을 때 그들이 엄청난 영향을 끼치고 있는 것을 알게 되었다. 이를 해결하기 위해 그는 1557년 8월 소폴란드 교회들을 불러 모았고, 이 회의에서 제네바 교리문답과 치리서가 채택되었다. 로잔 아카데미를 모델로 삼은 학교도 핀추프에 세워졌다.

1550년대 말 폴란드 상황은 극도로 혼란스러웠고 당파 싸움도 치열했다. 1559년에 해외에 있다가 귀국한 스탄카로[Stancaro]는 삼위일체 교리 논쟁을 시작했는데, 이 논쟁으로 폴란드 교회는 갈기갈기 찢어졌고 국제적인 위기가 촉발되었다.[64] 1560년 와스키가 사망하면서 폴란드 개혁파 교회에 지도자가 사라졌고, 결국 급격한 변화로 이어졌다. 불링거는 스탄카로의 주장에 맞서 치열하게 싸웠고, 그리스도의 신성과 인성을 철저히 분리하는 이 이탈리아인에게 반박하라는 편지를 폴란드 동료들에게 수차례 보냈다. 멜란히톤과 칼뱅도

* 폴란드어로 Piotr z Goniądza다.

동유럽에서 이제 막 탄생한 프로테스탄트의 상태를 염려하면서 논쟁에 가담했다.

칼뱅은 1560년 6월에 쓴 편지에서 피에르 파올로 베르게리오Pier Paolo Vergerio와 스탄카로의 행동에 불만을 쏟아 놓았다. 한때 교황이 파견한 해외 대사였던 베네치아인 베르게리오는 폴란드로 가기 이전에 살았던 그라우뷘덴과 바젤에서 급진적인 사상을 받아들였다.[65] 칼뱅은 베르가리오가 "계속 설치고 다니면서 순수한 기독교 교리를 뒤섞으며 독소를 퍼뜨리고 있습니다"라고 썼다.[66] 이어서, 스탄카로가 "자꾸 거짓으로 우리 이름을 들먹이며 자기를 변호하는 데 사용했습니다"라고 덧붙였다. 또한 칼뱅은 1560년 7월 1일에 후스파의 후손인 보헤미아 형제단에 편지를 보내, 폴란드 개혁파 교회와 합의해서 하나가 되라고 촉구했다. 정통 신앙을 붕괴시키는 급진주의자들에 맞서 한마음으로 연합하지 않는 이들에게는 엄중한 경고를 보냈다.

> 현재 여러분의 협력을 받지 못하는 그 경건한 형제들[폴란드 교회들]은 일을 하기가 훨씬 더 힘듭니다. 사탄이 스탄카로와 조르지오 비안드라타Giorgio Biandrata 그리고 다른 이들의 공격을 이끌면서 폴란드에 반대하고 있다면, 이 위기에서 폴란드를 구출하는 것이 여러분의 의무가 아닙니까? 이를 무시한다면, 언젠가 여러분이 도움이 필요할 때 형제들이 도움을 주지 않을 수도 있다는 사실을 생각해 보세요. 하나님이 이 시점까지는 여러분을 그 논쟁에서 면제시키셨지만, 늘 스스로의 힘으로 논쟁을 회피할 수 있는 것은 아니니까요.[67]

스탄카로 논쟁은 1560년대 초에 격렬했고, 개혁파 교회는 절체절명의 위기를 맞았다. 특히 스탄카로가 베스트팔의 책을 본 뒤 제네바와 취리히의 차이를 드러내는 데 집중하면서 칼뱅은 곤경에 빠졌다.[68] 1561년에 스탄카로가 폴란드에서 추방당하면서 위기를 모면한 듯했으나, 실제 상황은 더 나빠졌다. 삼위일체 교리를 의심하면서 제네바에서 칼뱅을 곤란하게 만들었던 조르지오 비안드라타가 1560년 폴란드에 나타난 것이다. 칼뱅은 한 폴란드 귀족에게 자신의 사도행전 주석 개정판을 헌정했었다. 그 책 서문에서 그는 비안드라타를 세르베투스 추종자이자 "스탄카로보다 더 악하다"고 언급했다.[69] 비안드라타가 그토록 위험한 인물로 인식된 이유는 그가 많은 폴란드 귀족들의 지지를 받은 데다, 그들은 비안드라타에 대한 칼뱅의 판단이 부당하다고 생각했기 때문이다. 세르베투스 사건에 이어 제네바 소재 이탈리아인 교회에서 반삼위일체 견해가 유통된다는 사실을 알고 칼뱅은 불링거와 달리 이탈리아인들을 심하게 의심했다. 폴란드에서 온 서신에도 불구하고 그는 비안드라타가 이전 잘못을 회개했다고 믿지 않았다. 비안드라타는 1563년 폴란드를 떠나 트란실바니아로 갔지만, 그때는 이미 돌이키기 어려운 상태였다. 이 나라의 "개혁파" 목회자 대부분은 강한 반삼위일체 성향을 갖게 되었고, 칼뱅이 사망한 즈음에는 한때 전도유망했던 동유럽 종교개혁의 미래는 지극히 암울해졌다.

네덜란드

저지대 국가들에서는 복음주의자가 꽤 이른 시기에 등장했음에도,

조직 교회는 칼뱅의 나이가 꽤 많이 든 시기에 비로소 형성되었는데, 이 과정에서 압제가 중요한 역할을 했다. 네덜란드계 교회에 끼친 칼뱅의 직접적인 영향은 편지 몇 통에 불과했으며, 로잔과 제네바에서 훈련받은 목회자도 십여 명을 조금 넘는 수준에 지나지 않았다. 그러나 다시 한번 강조하건대, 숫자는 칼뱅과 제네바의 목소리가 이 지역에 영향을 미친 다양한 유형과 통로를 가릴 뿐이다. 1543년에 스트라스부르에 거주하는 칼뱅의 친구 한 사람이 칼뱅의 『소논문』Small Treatise 200부를 투르네와 발랑시엔의 복음주의 비밀 집회소에 보냈다. 이 글은 인기가 없었다. 신자는 추방이나 순교에 직면할 각오를 해야 한다는 칼뱅의 요구는 이들 공동체에게는 너무 과한 처방으로 느껴졌다.[70] 1544년 투르네의 복음주의 비밀 집회소에서 보낸 청원이 스트라스부르에 도착했고, 칼뱅과의 상의 후 피에르 브륄리Pierre Brully가 목사로 파견되었다. 브륄리는 다른 신자 12명과 함께 체포되어 처형당했는데, 이 때문에 칼뱅은 네덜란드 개입을 급히 멈춰야 했다. 1545년부터 이어진 네덜란드에서의 이단 압박은 잔혹했다. 이후 15년 이상 피의 홍수가 멈추지 않고 흘렀다. 희생자 다수는 아나뱁티스트였지만, 네덜란드 종교계는 극도로 다양했고 모든 주요 종교개혁자들의 글이 유통되었다.

브륄리가 처형된 후 네덜란드 복음주의자 다수는 처음에는—우리가 살펴본 대로 칼뱅이 마음 깊이 간직한—라인란트의 베젤에서,[71] 이어 런던과 엠덴에서 난민 생활을 해야 했다. 이들 난민 교회에 큰 관심을 보인 칼뱅은 이들을 통로로 삼아 네덜란드에 영향력을 끼쳤다. 1550년대 중반까지 압제로 인해 가톨릭교회에 대한 저항이 불붙었고 개혁파 공동체를 세우려는 새로운 노력이 있었는데,

1556년의 안트베르펜 사례는 주목할 만했다. 이 공동체의 초대 목사는 에브라르 에라일^{Evrard Erail}로, 제네바에서 이 도시로 파견되었다. 안트베르펜 교회는 심각한 위험에 처해 있었기에, 핍박을 피하기 위해서는 사전에 조심해야 할 것이 많았다.[72] 동시에 이 교회는 베젤, 프랑크푸르트, 특히 엠덴을 포함한 북부 개혁파 난민 공동체의 연결망 일부가 되었다. 1558년 엘리자베스가 여왕에 오르면서, 런던의 네덜란드 공동체는 다시 한번 이 연결망의 중요한 접촉점이 되었다. 이 교회들은 목사와 문헌을 서로 교환했고, 내적 갈등 해결 과정에서 서로를 도왔다. 주로 스트라스부르의 영향력을 받았지만, 제네바의 영향도 마찬가지였다. 이들 대부분은 조언이 필요할 때면 칼뱅을 찾았다.

칼뱅은 1556년 12월 안트베르펜 교회에 편지를 써서 변치않는 관심을 표현했다. "여러분이 저를 사랑하시듯, 제가 여러분을 기억하고 있다는 것이 여러분에게 기쁨을 주리라 확신합니다."[73] 회중은 칼뱅에 품은 기대가 컸지만, 그는 자신의 가르침에 의존하지 말라고 주의를 주었다. 오히려 하나님의 말씀을 읽고 그 말씀의 교리를 지켜야 한다고 말이다. 그러나 그 편지의 무게 중심은 니고데모파의 유형을 따르지 말라고 공동체에 전하는 권고에 있었다. 그가 쓴 『니고데모파 신사들에게 드리는 답변』이 1554년 이미 네덜란드어로 번역되어 있었다는 사실이 중요한데, 이 책은 네덜란드어로 번역된 칼뱅의 첫 작품이었다.[74] 이와는 대조적으로, 『기독교강요』의 네덜란드어 초판은 1560년이 되어서야 출간되었다. 엠덴에서 출판된 칼뱅의 반니고데모주의 논문들은 네덜란드 복음주의자들이 복음주의자가 아닌 척 위장하는 현상이 확산되는 것을 막기 위해 작성되었다. 칼뱅은 한 편지에서 강한 목소리로 덧붙인다.

> 분명 모든 것을 읽고 들을 필요는 없습니다. 우리의 주 목적은 모든 성결과 완전으로 하나님께 드리는 것이기 때문입니다. 또한 그 과정에서 이를 지키는 것은 부패한 본성을 벗을 때 비로소 가능하며, 우리는 올곧은 삶의 여정을 걸어야 하고, 그분 자신을 위해 우리를 떼어 보존하시는 자비의 하나님을 순전한 양심으로 섬겨야 합니다. 그러나 우리 본래의 연약함 때문에, 또 정말로 많은 유혹에 둘러싸여 우리의 고귀한 부르심을 이내 잃어버리고 의무를 제대로 수행하지 못하기 때문에, 이 과정 내내 우리의 변덕스런 본성이 우리를 이리저리로 이끌고 다니기 때문에, 우리는 하나님이 베푸시는 도움을 활용해야 합니다. 그러므로 형제들이여, 하나님께 구하고 적합한 교훈을 얻기 위해 개인적으로 읽을 뿐만 아니라 예수 그리스도의 이름으로 모이기를 힘쓰십시오. 그럼으로써 여러분은 점점 더 진보할 것입니다.

1566년 네덜란드 혁명이 발발했을 때 칼뱅은 이미 죽은 후였다. 이 "경이로운 해"Wonderyear는 프로테스탄트가 처음으로 숨었던 곳에서 나왔다가 다시 한번 비밀 집회와 난민 생활로 후퇴할 만큼, 야외 설교와 성상 파괴로 극적이기도 한 해였다. 그러나 칼뱅의 영향은 여전히 널리 퍼져 있었다. 난민 공동체를 묶고 있던 네트워크를 통해 그의 글이 번역되어 퍼졌다. 젊은이들은 제네바로 파견되어 목회자로 훈련받은 후 고향으로 돌아가 설교했다. 1570년대에 네덜란드 교회들이 숨어 있던 곳에서 다시 나왔을 때, 주요 수정 사항들이 있기는 했지만 제네바에서 시행되던 것과 거의 유사한 콩시스투아르 구조의 교회 정치를 채택했다. 칼뱅의 교리문답은 개혁파 교회 가르침의 표준으로 널리 수용되었고, 대부분 교회에서 활용되었다.

제국에서 누린 성공: 팔츠

신성로마제국이 종교 갈등에 휩싸여 있던 시기 중 1544년에서 1556년까지 이 지역을 다스린 백작 프리드리히 2세는 팔츠 선제후령의 평화를 유지하기 위해 중립을 지켰다. 그는 합스부르크가의 충직한 신하였음에도, 1520년대에 이미 마르틴 부처와 접촉해 왕실 목회자로 고용했다. 1540년대에 열린 종교 회의들에서는 가톨릭과 루터파 양 진영 간 중립을 지키려 했고, 개인의 종교적 성향도 온건했다. 그러나 1540년대까지 프로테스탄트 쪽으로 상당히 많이 옮겨 왔고, 1540년대 중반까지는 선제후령에 적용할 새 교회 질서를 작성한다. 1547년에 슈말칼덴 연맹이 재기가 불가능할 정도로 완패한 후 잠정협약이 강요되면서, 프리드리히는 다시 한번 방향을 바꾸었다. 잠정협약이 선제후령에서 시행되지는 않았고 그가 지도적인 프로테스탄트 고문들을 해임하지도 않았지만, 그럼에도 협정 자체는 수용했다. 그러나 팔츠에는 영향력 있는 신학 지도자가 없었다. 이런 이유로 1552년에 카를 5세가 패배했을 때도 프로테스탄트가 자동적으로 회복되지는 않았다.

1555년 이후 독일 도시들은 아우크스부르크 신앙고백으로 연대했는데, 이 고백서에는 개혁파의 영향력이 상당히 제거되어 있었다. 반면, 이미 살펴보았듯이 북부에서는 멜란히톤을 지지하는 필립파와 순수 루터파를 지향하는 그네시오 루터파의 분열이 점점 더 심해지고 있었다. 팔츠의 특수 상황은 이 지역에서 멜란히톤이 엄청난 존경을 받고 있다는 것이었다. 멜란히톤은 선제후와 오랫동안 교제해 왔고, 정치 지도자든 성직자든 이 지역에서 그의 명성을 따라잡을 이는 없었다. 선제후 오토 하인리히가 통치하던 1558년에 하이델베르크 대학이 멜란히톤의 지도하에 완전히 개혁되었다. 그 결과, 스위스 교회에서 온 사람들뿐 아니라 멜란히톤의 학생들도 요직을 차지하면서 지식과 교회 지도력을 제공했다.

1559년에 프리드리히 2세가 선제후로 등극하면서, 팔츠는 종교적 입장이 주로 멜란히톤파에 가까웠던 또 한 사람의 영향 아래 들어갔다. 그네시오 루터파는 마지막 발판을 상실했고, 군주와 대학은 한마음이 되었다. 어렵고 혼란스러운 성찬 문제에서 프리드리히는 멜란히톤의 입장을 취했는데, 멜란히톤의 『판단』^{Judgement*}을 모두가 열렬히 받아들였다. 멜란히톤은 수석 목회자 자리에서 사임한 직후 1560년에 사망했다. 현인이 사라지자, 팔츠 교회는 칼뱅과 불링거에게 지도를 구했다. 한때 칼뱅은 멜란히톤에게 실망했다며 불만을 표하기는 했지만, 결국 그가 제국에 큰 영향력을 끼칠 수 있는 길을 열어 준 인물은 바로 오랜 친구 멜란히톤이었다.

하이델베르크로 간 개혁자 중에는 카스파르 올레비아누스^{Kaspar Olevianus}가 있었다. 그는 독일 트리어 출신으로, 프랑스에서 법을 공부하면서 개혁파 프로테스탄트 사상에 노출되었다.[75] 제네바에서 공

* 완전한 제목은 *Judgement concerning the controversy of the Lord's Supper*로, 1559년에 작성되었다.

부하던 기간에 올레비아누스는 칼뱅과 가까워졌고, 그를 엄청나게 존경하게 되었다. 1560년 하이델베르크에 도착한 올레비아누스는 신학 교수와 궁정 설교자로 일했고, 제네바식에 따른 교회 개혁을 추진했다. 그는 칼뱅을 자신의 멘토로 여겼고, 칼뱅은 그에게 교회 치리를 어떻게 해야 하는지 알려 주는 편지를 보냈다.[76] 칼뱅은 제네바에서 시행하는 모든 내용, 즉 어린이 교육, 치리를 활용해서 성찬을 지키는 것, 목회자 심사 등, 세칙까지 상세히 적어 보냈다. 그러나 올레비아누스가 자신이 깨달은 것을 시행할 때 신중해야 한다는 조언도 같이 보냈다. 올레비아누스가 도착한 지 얼마 지나지 않아 팔츠에서 성찬 문제를 놓고 큰 논쟁이 벌어졌다. 선제후는 루터파 군주들에게 이단, 즉 개혁파를 쫓아내라는 엄청난 압박을 받고 있었다. 올레비아누스는 개혁파 신학자들에 대한 적대감이 엄청나다고 보고하는 등, 일어나는 사건을 칼뱅에게 계속 편지로 알렸다. 순전하고 경건한 신자였던 선제후는 이런 상황에 요동치 않고, 1562년 주요 교회 개혁 프로그램을 도입하기 시작했고, 이듬해에는 올레비아누스와 자카리우스 우르시누스$^{Zacharius\ Ursinus}$가 쓴 129개 조항으로 된 하이델베르크 교리문답을 도입했다.[77] 교리문답에는 프리드리히의 난처한 입장이 반영되어 있다. 1555년 아우크스부르크 화의$^{Peace\ of\ Augsburg}$를 통해 제국에서는 오직 루터교만 용인되었다. 개혁파 신앙은 불법이었다. 하이델베르크 교리문답은 아우크스부르크 신앙고백의 범위 내에서 개혁파 프로테스탄트 사상의 다양한 지류를 함께 묶어 내려는 시도였다.[78] 폴란드 출신인 우르시누스는 비텐베르크에서 공부하면서 멜란히톤과 숙식을 함께했다. 제국 전역, 프랑스, 스위스를 두루 다닌 그는 자신의 개혁파 신학에 의혹을 제기한 루터파 신학자들과 갈등에 휩싸였다. 취리히에서는 피에트로 마르티레 베르미글리와 오래 지속된 우정을 쌓았는데, 베르미글리가 그를 선제후에게 추천했다.

이후 교리문답은 가장 탁월한 개혁파 신앙 문서 중 하나가 되지만, 선제후에게 제출된 이 문서는 심각한 문제를 유발했다. 선제후는 1566년 제국의회에 소환되어 해명해야 했고, 자신은 한 번도 칼뱅의 글을 읽어 본 적이 없다고 공개 선언해야 했다. 이와는 대조적으로, 개혁파 교회 지도자들은 교리문답을 열렬히 환영했다. 그러나 이 문서의 본질에 대한 논쟁은 오래도록 지속되었다. 최근 연구에서는 멜란히톤, 스위스 개혁자들, 칼뱅의 신학에서 끌어온 이 교리문답의 혼합적 특징을 강조했다.[79] 팔츠에서 등장한 스위스 개혁파와 멜란히톤 사상의 이 같은 결합은 모든 갈등 현장에서 칼뱅이 희망한 그 공통 기반을 찾아내는 것이 가능함을 증명해 주었다.

그럼에도 모든 일이 잘 풀린 것은 아니다. 칼뱅이 사망한 후 오래지 않아 팔츠는 교회 치리 문제라는 오랜 논쟁 주제로 분열되었다. 비록 1564년에 취리히식에 더 가까웠던 유형이 시행된 바 있었음에도, 올레비아누스는 제네바의 콩시스투아르 유형을 도입하려고 애썼다.[80] 이는 1560년대 내내 제네바와 취리히 사이에서 벌어진 치열한 논쟁으로 이어졌는데, 이는 불링거와 칼뱅 두 사람의 개인적 관계가 개혁파 교회 내의 차이를 표면적으로 드러나지 않게 억제하는 데 얼마나 큰 기여를 했는지 상기시킨다.

칼뱅의 국제적 영향력이 어느 정도였는지는 신앙고백이나 교회법 심지어 서신으로도 가늠하기 어렵다. 그의 작품은 넓은 지역에서 광범위하게 읽혔고, 그의 사상은 종교개혁을 경험해 본 적 없는 지역에서도 다양한 수준으로 전유되었다. 개인 접촉, 제네바에서의 가르침과 설교, 서신을 통해 그는 엄청나게 많고 다양한 인물과 교제했다. 그에게 공감하는 사람들 사이에서 그의 평판은 엄청났지만, 그는 홀로 존재하는 인물은 아니었다. 그의 글을 읽은 사람들은 불링거, 멜란히톤, 베르미글리 같은 다른 위대한 종교개혁자들의 글도 함께 읽었다. 그는 자신의 견해를 교회 조직에 강요한 적이 없으며, 녹스의 찬사에도 불구하고 제네바를 절대적인 기준으로 인식하지도 않았다. 칼뱅의 국제 사역은 가시적 교회는 외형으로가 아니라 교리로 일치되어야 한다는 변치 않는 믿음에서 비롯되었다. 칼뱅은 살아생전에 그런 일치를 거의 보지 못했지만, 그가 쓴 작품이 엄청나게 인쇄되었기 때문에 죽어서도 이 일치를 위해 일한 가장 두드러진 변호자로 남을 수 있었다.

16

"그리스도의 완전한 학교"

거룩한 공동체

제네바가 완전하다는 존 녹스의 묘사를 들었다면 칼뱅은 발끈했을지도 모른다. 칼뱅은 참교리가 정립되고 바른 예배와 거룩한 치리가 시행되면, 제네바가 치열하게 분투하고 있는 유럽 전역의 종교개혁 운동에 선례가 될 것이라 희망을 품었을 수도 있다. 그러나 그것이 칼뱅이 기대한 청사진은 아니었다. 또한 제네바는 어떤 의미에서도 완전하지 않았다. 녹스의 주장은 교회와 그리스도인 개인의 삶은 매일의 일상에서 벌어지는 실패 가득한 죄와의 분투라고 하는 칼뱅의 견해를 조롱하는 것이었다. 하나님의 말씀으로 살아가고 그리스도의 몸에서 양식을 얻는 신자는 그것으로 족하다. 이들은 한 발을 하나님 나라에 두고 있는 자들이다. 완전함은 다음 세상에서 온다. 그때까지 남녀 신자는 끊이지 않는 투쟁에 갇힌 불완전한 공동체에 살면서 하나님의 명령에 충성을 다해야 한다. 칼뱅은 결코 이 과업을 평가절하하지 않았다. 그렇다고 그가 천국 열쇠를 준 것도 아니었다. 그리스도인 공동체는 한 가지 유형에만 국한되지 않았다. 하나님의 명령에 순종하고 그리스도인이 사랑으로 함께 사는 한, 공동체의 외양은 필요에 따라 다양할 수 있었다. 이것이 칼뱅이 오래도록 지녔던 "적응"이라는 견해였다. 그가 프랑크푸르트 공동체에 지적했듯이, 난민 생활에는 필요한 것이 많았다. 그러나 이스라엘 민족의 경우와 같이, 더 중요한 질문은 하나님을 향한 순종의 여부였다. 이 메시지로 칼뱅은 그 세대의 가장 영향력 있는 목소리를 내는 인물이 되었다. 그는 에라스무스와 종교개혁이 말하는 내면의 영성과 구원으로 가는 여정이라는 메시지를 근대 초기 세계의 소용돌이 속에서도 살아남을 수 있는 교회의 비전으로 변모시켰다.

모든 참상에도 불구하고, 칼뱅에게 세상은 하나님의 피조물이었다. 악은 하나님이 만든 작품이 아니라, 인간의 죄성에서 비롯된 것이었다. 남자와 여자는 그들 존재의 실재와 결과를 바라보아야 했다. 갑작스런 비약은 없는 법이다. 혼돈과 죄는 하나님의 구속 혹은 약속을 위협하지 못하는데, 그리스도인은 이를 확신할 수 있다. 칼뱅은 사회 불안을 두려워했고, 권력의 질서와 구조를 강조했다. 반역과 무질서는 죄의 열매였다. 백성은 통치자에게 복종해야 했다. 백성은 통치자를 두려워해야 했다. 상업과 시민 사회 질서는 각자가 맡은 역할을 충실히 행하는 사회에 나타나는 필연적 차이들을 통해 유지된다. 이 점에서 칼뱅은 전형적인 16세기 사회관을 지향했다. 사회적 유동성은 없었다. 그는 백성이 직업을 바꿀 수는 있지만, 사회 계급을 바꿀 수는 없다고 믿었다. 따라서 섣불리 개조하는 것을 불신했다. 귀족은 타고난 통치 계급이었다. 그러나 잘 들어맞지 않는 구석도 있었다. 당시 사회 구조에 대한 칼뱅의 집착은 소명에 대한 논의에서 역전된다. 자신을 비천한 배경에서 선택받아 높은 자리를 차지한 다윗으로 묘사한 것이다. 제네바와 더 광범위한 교회에서 그가 차지한 예언자와 사도의 지위는 하나님이 특별히 부여하신 것이라 믿었다. 취리히에서 불링거가 그랬듯, 그 역시 이로 인해 시 의회에 저항하는 자신의 행동을 정당화했다. 이런 압도적인 성격 때문에 프로테스탄트 교회에서 지극히 유력한 인물이 되었고, 자주 예언자 같다고 표현되면서도 제도권 권위자들과는 날카롭게 부딪혔다.[1]

칼뱅에게 사회는 혼재되어 있는 곳이었다. 신자는 불신자가 수적으로는 훨씬 우세한 곳에 함께 사는데, 이는 하나님의 뜻이다. 그리스도인이라고 해서 이 세상의 흥망성쇠에서 면제받지 않으며, 실제로 고난은 하나님의 시험이다. 신자는 공동체를 떠나는 것이 아니라, 공동체 안에서 살라고 부르심을 받았다. 칼뱅이 아나뱁티스트를 비롯해 이 세상에서 도덕적 완전을 이룰 수 있다고 하는 이들의 어떤 주장도 거부한 근본 이유가 바로 이것이었다.[2] 그리스도인은 여전히 죄인으로 남아 있으며, 교회의 경건도 불완전하다. 사랑, 회개, 용서, 회복은 일상에서 감당해야 할 몫이다. 교회의 제도들은 끊임없이 반복되는 죄와 용서를 다루기 위해 존재한다. 칼뱅에게 성례인 성찬은 그리스도인을 먹여서 믿음을 유지할 수 있게 했는데, 이와 마찬가지로 가르침, 예배, 권고는 그리스도인의 삶을 지탱하게 해주어야 한다.

칼뱅의 마음은 언제나 공동체를 향해 있었기에, 그는 개인 구원에 특권을 부여하지 않았다. 심지어 한 사람을 벌함으로써 전체 몸을 치료할 수 있다고 믿었다. 개인 소명은 더 큰 공동체에 봉사하기 위한 것이며, 사회적·경제적·법적 연대는 정의와 평등으로 유지되어야 한다. 16세기에 흔히 활용된 은유에 따르면, 몸은 함께 기능하는 각 지체의 건강에 달려 있다. 그리스도인—칼뱅은 주로 남자를 뜻했다—은 세상에 참여해야 한다. 즉 인문학을 공부하고 공동체의 경제 및 정치 활동에 참여해야 한다. 그리스도인은 필요할 때 법정을 활용해야 하지만, 오직 사랑으로 해야 한다. 질서가 잘 유지된 상태는 하나님의 선물이며, 칼뱅은 인간 사회의 복리와 보존을 증진시킨다는 이유로 기술, 농업, 건축, 손으로 하는 모든 직업을 칭송했다.[3]

섭리의 손길은 언제나 현존한다. 하나님의 신비로운 세상 통치는 성경과 피조물에서 그 징조를 읽을 수 있음에도 불구하고, 인간의 이해 범위를 넘어선다. 하나님은 죄와 불순종을 이기고 인간에게 다가오시지만, 하나님의 목적을 인간이 알 수는 없다. 그리스도인은 하나님이 자신을 돌보시는 것을 알지만, 지식이 제한되어 있으므로 겸손할 수밖에 없고 말씀에 주목할 수밖에 없다.[4] 칼뱅은 더 알고자 하는 욕망은 수치를 모르는 교만이며 예정을 헐뜯는 이들의 오류라고 비난했다. 하나님은 완전히 자유롭게 결정하시며, 그 결정은 하나님의 선하심에서 흘러나온다. 하나님이 구원받을 누군가를 선택하시는 것은 표현할 수 없을 만큼 관대한 행위이자, 그리스도인이 감사해야 하는 귀중한 일이다. 이유를 파고드는 행위는 태양에 너무 가까이 날아가는 행위나 마찬가지다.

교회는 박해를 받으며, 그 지체는 소수다. 그외에 아무것도 기대해서는 안 된다. 그러나 하나님이 피조물 안에서 일하시기 때문에 세상에서 분리되어서는 안 된다. 그리스도의 마지막 재림 때까지 아무것도 예측할 수 없기에, 인간은 하나님의 세계를 경영하고 평화와 교제를 심는 노동을 감당해야 한다. 칼뱅에게는 체념하며 운명에 몸을 맡기는 것과 완전함이라는 망상에 빠지는 것 모두 똑같이 혐오스러웠다.[5] 하나님의 섭리는 무위無爲도, 악행도 용납하지 않는다. 섭리는 신자 안에 기쁨을 솟아나게 하며 세상의 고난을 직면하게 하지만, 이것이 예방 접종은 아니다. 복음은 하나님의 영원한 호의와 사랑을 가르쳐 준다. 복음은 위로의 근원이며, 이것이야말로 가장 중요한 힘이다. 그리스도인은 인내하고 견디면서 하나님을 기다려야 하며 하나님의 뜻에 순종해야 한다.

약해진 육신

1555년에 칼뱅은 46세 홀아비였고 건강도 좋지 못했다. 역사를 승리주의 관점으로 읽는 사람들은 모세가 홍해를 가른 것과 비슷한 방식으로 칼뱅이 페랭파를 누르고 제네바를 장악했다고 기억한다. 그러나 칼뱅이 본 세상은 전혀 달랐다. 1550년대 중반 매일 해야 하는 지겨운 일들은 그의 육체를 완전히 무너뜨려서 맡은 일을 감당할 수 없을 지경이 되었다. 성인기 내내 그를 괴롭힌 편두통과 장 문제에 더하여 통풍에도 시달렸다.[6] 요산이 과다해서 담석에도 시달렸는데, 편지에서 자주 이에 대해 호소하기도 했다. 정치적 승리로 육체적 고통을 면한 것은 아니었다. 밤새 심하게 땀을 흘렸고, 이 때문에 기침하며 피를 토하기도 했는데, 폐결핵 증상이었다. 상태는 점점 더 나빠졌다. 변에는 십이지장충 등 기생충이 가득했는데, 이 때문에 출혈이 과다했고 쉽게 지치고 빈혈에 시달렸다. 기침과 피로로 몇 주간 심지어 몇 달 동안 편지나 소책자 내용을 받아 적도록 불러 줄 수조차 없는 경우도 잦았다. 그는 정말 극소량만 먹었고 그것도 대개 하루에 한 번 정도였으며 금식도 자주 했다. 이 모든 것으로 인해 육신은 퇴화되었다. 친구들은 그에게 뼈와 가죽만 남은 정도라고 했다.

1558년 가을 심각할 정도로 건강이 악화되었을 때, 칼뱅은 멜란히톤에게 다음과 같은 글을 남겼다.

> 처음 발작이 왔을 때, 저는 잠들었거나 깜빡 졸고 있었는데, 그것이 선수를 쳐서 제가 알아차리지도 못할 만큼 앞서간 것은 아니었습니다. 특히 오래도록 함께해서 무척이나 익숙한 매우 고질적이고 쓰라린 고통이 동반되었기 때문이지요. 그러나 온몸이 떨리는 발작이 저녁 식사 시간에 다시 찾아오자, 저는 엄격한 금식으로 생기는 평소의 소화불량을 잊게 할 정도로 심한 발작이구나 하고 생각했습니다.…제 통증의 본질을 알아차린 후로 이제 6주가 지났습니다. 그동안 침실에만 처박혀, 두 겹 이불로 꽁꽁 싸매고는 침대에 꼼짝없이 누워 의사의 처분만 따르고 있습니다.[7]

다른 친구들과 멜란히톤에게 쏟아 놓은 이 상세한 내용이 단순한 정보만은 아니었다. 칼뱅의 몸은 하나님 섭리의 일부였다. 고난은 그의 운명이었다. 그가 순교나 핍박을 직접 경험한 것은 아니었지만, 질병은 그를 동료 그리스도인들과 바울의 경험에 직접적으로 가닿게 했는데, 바울이 그리스도와 교회를 위해 자신이 고통을 당한다고 이야기한 내용이 칼뱅에게 심오한 영감을 주었다. 고린도후서에서 바울은 어떻게 배를 탔다가 난파되고 매를 맞은 자신이 극단적인 어려움 속에서 살아남았는지 기술한다. 칼뱅은 "그토록 많은 악과 위험과 괴로움을 겪지 않고 그리스도의 것이 될 수 있는 사람이 있는지" 물었다. "내 대답은 이 모든 것이 모두에게 필수는 아니지만, 더 위대하고 더 빛나는 증언이 있는 곳에는 이런 일이 나타난다는 것이 많은 특별한 요소를 지녀 두드러진 사람은 덜 고귀하거나 덜 고난받은 이들을 무시하지 않을 것이고, 교만으로 거드름 피우지도 않을 것이다."[8] 망가진 몸은 그가 받은 특별 소명의 일부였다.

고통스러운 결말들

칼뱅은 홀로 지내기를 즐기는 인물은 아니었다. 이들레트의 죽음 이후 재혼 의사를 표명한 적이 없었고, 다른 개혁자들과는 대조적으로 아내를 찾아 달라고 요청하지 않았다. 아내의 사랑과 지원으로 확실히 위로를 받았음에도 불구하고 말이다. 그가 다른 홀아비들에게 재혼하라고 조언한 것과는 전혀 반대되는 상황이었다. 이들레트가 비운 공간을 어느 정도는 샤누안가에 소재한 집으로 이사한 칼뱅의 동생 앙투안과 그의 아내가 메워 주었다. 칼뱅이 분명히 원하고 필요로 했던 것은 이들레트에 대한 순전한 애정을 훼손하지 않으면서도, 그를 돌보아 주고 집안일을 관리해 줄 사람이었다.

칼뱅은 정치적 반대자들, 볼섹, 세르베투스, 베스트팔, 이탈리아인들과의 끝없는 갈등을 겪는 내내, 육체적·직업적 필요를 돌보아 주는 헌신적인 친구들 조직의 지원을 받았다. 이 조직은 칼뱅의 명성을 듣고 주로 프랑스에서 몰려든 사람들이 모인 유동적인 조직으로, 대들보는 파렐과 비레였다. 그러나 1550년대에 테오도르 드 베즈 같은 새 얼굴이 등장하면서 판도가 바뀌었다. 또한 칼뱅과 파렐 및 비레의 관계도 변하기 시작했다. 즉 탁월한 재능을 지니고 교육을 잘 받은 무리가 옛 삼총사를 대체한 것이다. 그들은 자발적으로 제네바로 온 이들로, 대개 프랑스에서 법을 공부한 인문학자들이었다. 칼뱅은 오랜 동지들에게서 갑자기 등을 돌리지는 않았지만, 미묘하고 때로 고통스런 과정을 통해 프랑수아 보댕, 프랑수아 오트망, 장 지라르, 발레랑 풀랭같이 한때 가까웠던 동료들이 주변부로 밀려났다.

1550년대의 끝없는 논쟁들이 신학적 차이에만 국한된 것은 아니었다. 지극히 개인적이기도 했다. 전투가 과열되자 칼뱅은 친구들에게 완전한 충성을 요구했는데, 이 때문에 한계점에 다다른 것일 수도 있다. (드 팔레로 알려진) 자크 드 부르고뉴는 황제 카를 5세의 6촌으로, 아내와 함께 1540년대에 복음주의 신앙으로 개종하며 악평을 받았다.[9] 이런 신분 높은 인물의 개종은 곧바로 칼뱅의 주목을 끌었고, 선전 기회를 놓치지 않기 위해 그는 고린도전서 주석을 드 팔레에게 헌정했다.[10] 칼뱅은 드 팔레 부부에게 제네바로 오기를 권했고, 지나칠 정도로 이 부부의 필요를 신경 썼다. 이들에게 마땅한 존경심을 제대로 보여 주지 못하고 섬김에 실패했다며 발레랑 풀랭을 가혹하게 꾸짖기까지 했다. 그는 드 팔레 부부에게 믿음을 굳게 지키라고 권면하고, 다른 귀족 개종자를 얻기 바라면서 이들을 다른 이들이 따라야 할 모범으로 제시했다. 놀랍게도, 칼뱅은 두 사람에게 각각 따로 편지를 보냈는데, 팔레 부인인 욜란드 드 브레드로드 Yolande de Brederode가 남편에게 상당한 영향력을 발휘하는 강한 성품의 여성이라고 판단했기 때문이었다. 칼뱅은 욜란드에게 영적 조언과 위로를 주는 편지를 많이 주고받았다.[11]

이 관계는 드 팔레가 가진 복음주의 신앙에 대한 공감이 칼뱅과는 달랐고, 그가 칼뱅의 신학 많은 부분에 불편을 느끼면서 붕괴되었다. 그는 한동안 그의 집에 살면서 그를 의술로 돌보아 주었던 볼섹을 옹호했을 뿐만 아니라, 칼뱅의 예정론을 비판한 카스텔리오와 다른 비판자들에게 공감을 표했다. 설상가상으로 드 팔레는 바젤과 그곳의 칼뱅 반대자 무리와 가까웠다. 이것이 대치하게 된 이유였다. 귀족 후원자 얻기를 열망했던 칼뱅은 처음에는 일어나고 있는 문제를 모른 체했다. 마침내 드 팔레가 볼섹을 변호하자, 분노를 폭발시켰다. "제가 그만큼 충분히 알려 드린 후에도 당신은 그토록 애써 그[볼섹]를 높이 칭찬하시니, 이는 우리와 우리 교리 전부를 정죄한 것이나 마찬가지입니다. 교리와 관련해, 그는 너무도 치명적이고 너무도 광포하며 너무도 악마와 같은 원수라, 얼굴도 붉히지 않고 이렇게 글을 썼습니다. 칼뱅의 하나님은 위선자에다 사기꾼이며 불성실하고 부당하고 죄를 도발하고 후원하는 자이며 악마보다도 더 악하다고 말이지요."[12] 칼뱅이 느낀 배신감은 강렬했다.

어쩌다 당신의 친구가 즉시 혹은 다음 날 제가 당신을 보았는지 물었습니다. 저는 보았다고 그래서 유감이라고 대답하고는, 당신이 백번 피하려 하신다면 저 역시 저를 가장 적대시하는 대적들을 피하는 것보다 더 주의를 기울여 당신과의 모든 접촉을 피할 것입니다. 왜냐하면 그자와 그토록 친밀한 모습을 보이고 계시니 말입니다. 제가 들은 바에 따르면, 당신은 차라리 교황주의자가 되는 것이 백배 나을 정도로 진리에 있어서 온갖 불신앙으로 뒤틀려 있는 카스텔리오를 찬미했습니다.

칼뱅에게 우정이라는 것은 그리스도 교회의 대의에 대한 충성으로 뼈대가 세워진 것이었다. 여기에는 감정이 끼어들 여지가 거의 없었고, 있다 해도 인격적인 신뢰에 바탕을 둔 것이었다. 1558년, 거의 35년의 우정을 쌓은 기욤 파렐과 관계는 비극적 종말을 맞았다. 69세의 파렐은 그의 집에서 안식처를 제공받아, 과부가 된 어머니와 남자 형제와 함께 살던 16살 소녀에게 청혼했다. 이 추문을 들은 칼뱅은 충격을 받고, 친구들에게 파렐의 정신이 불안정하다고까지 말했다. 1558년 늦여름 파렐은 지원을 요청하고자 제네바를 찾았지만, 소용이 없었다. 칼뱅은 1558년 11월 극도로 비판적인 편지를 뇌샤텔 목사들에게 보냈는데, 이 편지에서 칼뱅은 대적들이 이 결혼을 하늘에서 내려온 만나로 여기고 개혁파 목사들의 도덕적 방종을 정죄하는 총공격을 감행할 것이라고 했다.[13] 칼뱅에 따르면, 그렇게 나이 많은 노인이 소녀와 결혼하는 것은 터무니없는 행위 그 자체였다. 결혼은 예고되었기에 바꿀 수는 없겠지만, 처음 자신의 충고를 따랐다면 일이 이렇게 통탄할 지경에까지 이르지는 않았을 것이 분명하다고 여겼다. 칼뱅은 파렐에게 편지를 써서 설명을 덧붙였다. "제가 당신 면전에 대고 약혼식은 물론 결혼식에도 가지 않겠다고 말한 것은 이 결혼이 가능하지도 않고 합당하지도 않기 때문이었습니다. 저는 당신이 이렇게 저를 다시 초대하는 이유를 모르겠습니다. 만에 하나 제가 당신의 소원을 정말로 들어주고 싶었다 하더라도, 몇몇 다른 이유들로 그렇게 할 수 없습니다."[14]

결혼식은 1558년 12월 20일에 강행되었다. 우려했던 칼뱅의 예측은 슬프게도 맞아 떨어졌다. 파리의 프로테스탄트 회중은 충격에 빠졌다. 제네바에 종교개혁을 소개하고 성직자 결혼을 도입한 인물이 자기보다 50살이나 어린 여성과 결혼을 하는 끔찍한 추문을 일으킨 것이다.[15] 종교개혁에 재앙이 임했고, 칼뱅은 이를 해결해야 했다. 이혼 가능성은 없었다. 칼뱅은 파렐이 정신병에 걸려서 바른 판단을 할 수 없으므로 그를 너무 몰아세워 자살하게 만들면 안 된다고 주장했다. 이런 식으로, 칼뱅은 오랜 친구와의 관계를 잔인할 정도로 냉정하게 단절해 버리고, 오직 피해를 최소화하는 데만 집중했다. 이야기는 한층 더 애처로워진다. 이 부부는 칼뱅이 죽던 해에 아들을 낳고, 장Jean이라는 이름을 붙여 주었다. 친구에게 등 돌린 사람의 이름을 딴 것인가?

칼뱅이 죽기 직전까지도 두 사람 사이에는 소통 없이 침묵만 있었다. 죽기 직전 파렐에게 보낸 구술 편지를 보면, 칼뱅은 일종의 사과를 했던 것 같다. 파렐은 죽어 가는 칼뱅을 보러 마지막으로 제네바로 갔지만, 우리가 아는 것은 두 사람이 늦은 저녁을 함께 먹었다는 것뿐이다. 싸우던 두 사람이 논의했을 내용은 그저 추측만 할 수 있을 뿐이다. 파렐은 여전히 폐물 취급을 받았다. 그는 친구가 죽은 지 9일이 지나서야 죽음에 대한 소식을 들었다.

피에르 비레와는 눈에 띄는 분열이 없었다. 칼뱅은 친구의 상당한 재능을 잊지 않았지만, 1550년대에 프랑스에서 일어난 상황에 대한 대응이 달랐을 뿐 아니라, 칼뱅의 조직 내부 인사들 간 충돌도 있었다. 비레에게 문제 중 하나는 테오도르 드 베즈와의 관계가 좋지 않았다는 것인데, 두 사람은 로잔에서 같이 가르쳤다. 칼뱅은 점점 베즈를 좋아하고 존중하게 되었는데, 이 젊은 프랑스인에게 성경 번역 개정과 카스텔리오에 대한 답변서를 쓰게 하는 등 중요한 일을 맡기려 한 것에서 분명히 알 수 있다. 베즈는 같은 프랑스인이고 소수 귀족 집안에 속했으며 칼뱅의 마음을 끌 만한 재능이 있었는데, 귀족에 약한 칼뱅의 성향은 숨길 수가 없었다. 또한 칼뱅은 베즈에게서 자신과 비슷한 성향을 보았다. 두 사람 모두 인문주의와 법을 철저히 공부했다. 베즈도 회심한 이후 프랑스를 떠났다.[16] 두 사람 다 오로지 한 마음만 오롯이 유지했다. 칼뱅은 베즈에게서 자기 자신을 보았을 것이다. 따라서 그는 부처가 오래전 자신에게 했던 것과 비슷하게, 베즈에게 지도자 역할을 맡겼다. 칼뱅 사망 이후 베즈는 탁월하면서도 독립성을 가진 계승자로서 자기 능력을 과시한다.[17]

피에르 비레는 베즈의 부상을 탐탁지 않게 여겼다. 쓰라린 다툼 끝에 로잔 아카데미를 관원들이 폐교한 것도 심각한 타격이었지만, 비레는 칼뱅이 자신을 비난했다는 사실을 알고 이 때문에 더 마음이 아팠다. 비레와 베즈는 로잔에서 관계가 좋지 못했고, 제네바에 도착했을 때 열렬한 환영을 받은 사람은 베즈였다. 비레가 자신이 베즈와의 관계 때문에 홀대받고 있다고 믿던 1558년 8월 칼뱅은 비레에게 항거불능의 편지를 한 통 썼다. 이 편지에서 그는 두 사람이 프랑스에서 한 행동을 비교했다. "그러나 나는 베즈가 신실하고 진정한 그리스도의 종이라고 인식한 이들의 조언을 받아들인 것에 당신이 그토록 화를 내는 이유를 모르겠습니다. 그때 당신에게 최선의 것으로 조언하는 이들에게 당신은 한껏 반박하려 했지요. 당신이 정직하다면, 베즈가 자신과 마음이 더 맞는다고 느끼는 이들의 조언을 따르는 것에 당신이 놀랄 필요는 없겠지요."[18] 이 이야기는 성경에 나오는 내용과 비슷한 것 같다. 칼뱅은 자기 말을 듣지 않는 아들, 비레를 꾸짖고 있다. 반면 순종적이고 신중하다는 이유로, 특히 자기 말을 잘 듣는 다른 아들 베즈를 칭찬한다.

베즈와 칼뱅의 우정은 이상으로 묶여, 둘은 하나가 되어 있었다. 둘 다 고위 귀족을 프랑스에서 종교개혁이 승리하는 열쇠로 보았고, 베즈의 입장이 조금 더 복잡 미묘하긴 했지만 둘 다 성상 파괴주의를 비롯해 권위에 대한 어떤 형태의 저항도 반대했다. 또한 베즈는 칼뱅의 콩시스투아르 교회 조직과 예정론과 성찬론을 절대적으로 충성스럽게 따랐다. 칼뱅 편에서는 베즈의 의심할 바 없는 외교술에 의존했다. 그래서 칼뱅은 군주들과의 협상을 위해 베즈를 독일 땅으로 보냈고, 이어서 프랑스로 보내 나바르의 왕에게와 파리의 교회에서 해야 할 민감한 임무를 맡게 했고, 푸아시 회의Colloquy of Poissy를 이끌게 했다. 하인리히 불링거도 칼뱅만큼이나 베즈를 높이 평가했기에, 1564년 칼뱅이 사망한 후 취리히와 제네바의 지도자들은 가까운 친구가 되었다. 불링거의 『설교집』을 프랑스어로 번역해서 제네바에서 출판할 수 있도록 주선한 인물도 베즈였다.

칼뱅의 생애 마지막 시기에, 아득하지만 잊히지 않았던 이름이 다시 등장했다. 칼뱅이 오를레앙과 부르주에서 함께 공부하고, 그 가족과 함께 살기도 한 프랑수아 다니엘의 아들이 제네바에 유학을 갔다가 개혁파 신앙에 매혹되었다. 아들이 법을 공부하기 바랐던 아버지의 뜻에 저항한 아들 다니엘은 칼뱅을 멘토와 중재자로 보았다. 칼뱅은 여전히 가톨릭교회를 떠나지 않은 옛 친구와 다시 연락하기 시작하면서 아들의 곤란한 입장을 전달했다. 이 편지는 여러 이유로 흥미롭다. 칼뱅의 초기 시절과 그의 젊은 시절 친구들에게 일어난 일을 회상하는 드문 순간이라는 점 외에도 편지의 주제, 즉 아버지에 대해 아들이 느끼는 책임감을 상기시키는 내용으로 보아, 칼뱅은 자신의 아버지를 떠올렸을 것이다. 칼뱅은 다니엘의 아들에게 하던 법 공부를 계속하라고 권면했다. 그의 아버지에게 칼뱅은 "나는 그에게 의무를 상기시켰습니다. 당신의 바람을 따르지 않으면 배은망덕이라는 비난을 피할 길이 없다고 말입니다"라고 알렸다.[19] 칼뱅도 자기 아버지의 결정을 따랐다면, 배은망덕하지는 않을까 하는 두려움 때문에 수익성 좋은 법조인 직업으로 전환하지 않았을까? 칼뱅은 다니엘에게 젊은이는 무엇을 하라는 말을 잘 듣지 않는다고 했다. 그러고는 할 수 있는 한 인도하고 조언하는 것이 연장자의 의무라고 하면서 대리 아버지처럼 행동했다. 그 오랜 친구가 자기 아들을 위해 선택한 직업이 무엇이든, 칼뱅의 관점에서는 참신앙을 배우는 것이 필수였다. 칼뱅은 다니엘에게 아들이 집을 떠나 제네바로 간 것을 애통해하지 말라고 덧붙이면서, 아들은 이 도시에서 신앙으로 성장했다고 썼다. 이 말과 함께 그들이 갈라서게 된 신랄한 과정이 등장한다. "당신 역시 지금 걸려 있는 덫에서 이제는 빠져나와 하나님께 나아오지 않겠습니까?" 우정과 원칙이 충돌할 때, 칼뱅은 예민해졌다. 다니엘에게 보낸 편지에서 그는 "나는 당신에게 품은 그 사랑으로, 내 빈약한 수단이 허락하는 한 언제든 그를 도울 준비가 되어 있습니다"라며 끝맺는다.

1560년 2월 칼뱅은 다니엘에게 한 번 더 편지를 썼다. 이 편지에서는 사실상 법 공부에는 별 관심을 보이지 않는 제네바의 그 젊은 학생을 자신이 어떻게 지원하고 있는지 상세하게 설명했다. 칼뱅은 그에게 돈을 빌려주었는데, 시원스럽기 그지없는 행동이었다. 그러나 이 행동 이면에는 다니엘과 그의 가족에 대한 칼뱅의 오랜 애정이 있었고, 이 감정을 그는 공개적으로 표현했다.

내가 그에게 빌려준 돈 27크라운은 돌려받았습니다. 내가 당신에게 얼마나 오랫동안 신세졌는지 생각하면 그 돈을 받기가 정말 민망했지요. 실제로 내가 좀더 부유했다면 1페니도 돌려받지 않으려 했을 겁니다. 그렇지만 당신을 위해서라면 내가 무엇이든지 할 수 있다는 사실을 믿어 주십시오. 그리고 내가 가진 얼마 안 되는 것들은 언제든 당신과 당신 식구들이 원하는 대로 사용하십시오. 오랫동안 생각해 온 것인데, 일종의 신년 선물로 당신 딸들에게 금화 한 닢씩 보내는 것을 허락해 주겠습니까? 내가 당신에게 보이는 최소한의 감사 표현이라 할 수 있습니다.[20]

이전 삶의 흔적은 이렇다. 둘 사이의 접촉에 대한 더 이상의 자료는 남아 있지 않다.

"터무니없는 위로": 시편

전투가 계속되던 1550년대 초 칼뱅은 성경에 담긴 책 하나에 몰입해 있었는데, 오랫동안 이 책으로 큰 위로를 받았다. 바로 시편이었다. 온갖 자기주장을 펴던 16세기 저자들은 교부 암브로시우스Ambrose가 "다른 어떤 것보다 더 달콤하다"고 묘사한 이 책에서 위로와 격려를 구했고, 칼뱅도 그중 하나였다. 1509년에 시편을 출간한 르페브르는 이 책으로 독자를 그리스도께로 인도하려 했고, 시편을 바울 서신서들과 함께 프랑스 신앙 갱신의 중심에 배치했다.[21] 마찬가지로, 마르틴 부처의 1529년 주석도 프로테스탄트 진영에서 엄청나게 영향력 있는 책이었다.[22] 시편은 칼뱅이 종교개혁자로 일하기 시작한 가장 초기부터 존재감이 강렬했다. 1537년 1월에는 예배에 시편 찬송을 도입해야 한다며 제네바 시 의회를 설득했다. 스트라스부르에서는 시편을 운문화해서 가락을 입히는 작업에 참여했다. 그는 클레망 마로의 1542년판과 1543년판 시편에 서문을 썼고, 1545년과 1551년의 올리베탕 성경 개정 작업도 했다. 여기서 그는 그리스도인이 경건의 감정을 표현하는 것이 얼마나 심오한 일인지 언급했다. 1550년대 내내 칼뱅은 주로 주일 오후에 시편을 강의하고 설교했다.[23] 중요한 1555년 선거와 페랭파의 패배 후에는 시편 주석을 쓰기 시작했다. 서문에는 다음과 같은 내용이 나온다.

> 나는 이 책을 "우리 영혼의 전 영역에 관한 해부학"이라고 칭하는 것이 적절하다고 본다. 우리 인간이 인식할 수 있는 감정 중 여기에 반영되지 않은 것은 없기 때문이다. 또한 오히려 성령은 모든 슬픔, 애통, 공포, 의심, 희망, 관심, 당혹스러움, 요약하면, 우리 마음을 요동케 하는 모든 감정을 생생하게 끄집어내신다. 성경의 다른 부분에는 하나님이 우리에게 알리라고 그분의 종에게 명령하신 계명이 들어 있다. 그러나 하나님께 말하는 자들로 제시되며 내면 가장 깊은 곳에 있는 생각과 애정을 열어 놓는 예언자들이 여기 있어서 우리 각자에게 스스로를 점검하라고 요청하거나 끌어당긴다. 특히 우리의 수많은 약함과 악함 중 그 어느 것도 감출 수 없다.[24]

시편 주석에서 칼뱅의 영혼 탐험은 인간적인 모든 것에 천착한다. 죄의 결과, 하나님에 대한 두려움, 구원에 대한 갈망이 그것이다. 포기의 아픔, 내 대적의 잔인한 번영도 정의에 대한 목마름과 함께 등장한다. 칼뱅의 성경 해석은 성경에서 교리를 끄집어내는 것에만 한정되지 않았다. 칼뱅을 가장 힘 있는 주석가로 만든 것은 하나님의 말씀에 대한 그리스도인의 감정적인 반응을 말로 표현해 내는 능력이었다. 이 중 다수가 개인 경험에서 온 것이었다. 칼뱅 자신이 삶에서 겪은 고통이 영적인 표현을 찾게 했고, 이는 그저 한 개인의 일이 아니라 공동체, 즉 교회를 위한 것이었다. 칼뱅은 난민 생활을 잘 알아 그에 대해 말할 수 있었고, 어떻게 그 경험이 그를 하나님께로 인도했는지 썼지만, 그것이 자서전은 아니었다. 시편과 그의 통찰은 하나님이 그 시대의 이질적이고 고통당하는 그리스도인에게 말씀하고 계시다는 것이었다. 칼뱅은 이스라엘과 바벨론 유수를 예로 들면서 인구가 2만 1천 명까지 팽창한 도시에서 설교했지만, 동시에 잉글랜드인, 프랑스인, 네덜란드인, 폴란드인에게도 외쳤다. 망명 생활의 의미를 알았던 이들이 제네바 교회들에 모여 그의 설교를 듣기도 했지만, 먼 나라에도 칼뱅의 말은 인쇄물 및 다른 이들의 설교를 통해 전해졌다.

칼뱅은 이스라엘 사람들이 처했던 역사적 상황도 충분히 평가하려 했지만, 동시에 이스라엘이 교회라고도 증언했다.[25] 다윗의 나라는 그리스도의 나라의 예표였으며, 이스라엘 백성의 경험은 16세기 사람들에게 교훈과 지식을 준다. 칼뱅의 말로 하면, 이들은 거울을 통해 자신을 본다. 종교개혁과 함께 하나님은 그들이 다시 하나 되리라 약속하시면서 바벨론 유수 상태에서 불러내셨다. 그러나 하나님은 또한 겉으로 보기에 아무런 희망이 없어 보이는 곤경 중에서 녹초가 되어 있는 이들을 위로하신다. 하나님의 선택이 곧 보증이다. 특정 개인이 아니라, 하나님이 거하시고 그분이 인도하실 교회를 택하신다.²⁶ 세상은 하나님의 영광이 드러나는 무대로서 교회에서 가장 밝게 빛나며, 교회는 하나님의 언약적 약속에 발을 딛고 있기에 확신 속에 살아가며 하나님의 보호를 받는다.²⁷

하나님은 이 세상에 집이 없는 자들이 머물 곳이다. 시편 102편에서 칼뱅은 올빼미의 이미지를 가져와서 난민 경험을 설명한다. "영혼은 다른 새들에게서 떨어져 나온 새 한 마리와 같고, 유수 중인 이스라엘 백성도 이와 같다. 땅은 비옥할지 몰라도, 이들은 자신들의 집과 고향과 성전에서 밀려났다. 친구가 없기 때문에 고독하고 외로운 이들로 묘사된다. 동료에게서 떨어진 이 작은 새들은 지극이 나약해서, 이들의 비통은 다른 모든 슬픔을 능가한다."²⁸ 더구나 "이들이 대적에게 혹사당하고 모욕당했다고 사람들이 외친다. 성령은 이 기도를 방어의 한 방편으로 말씀해 주셨다."²⁹ 시편은 그리스도인의 가장 깊은 필요에 대한 외침을 성령을 통해 표현한 것이다.

칼뱅은 경건한 자와 경건치 않은 자의 경험을 반복해서 대조한다. 시편 90편은 인간의 변덕스러운 본질을 묵상한다. 장수와 물질적 위안에 강박적으로 사로잡혀 있고, 재앙이 닥치기까지는 하나님을 거의 경외하지 않는 인간은 하나님의 심판을 피할 수 있다고 스스로를 속인다. 그러나 악은 반드시 심판받는다. 칼뱅에 따르면, 경건치 않은 자는 줄에 묶인 개처럼 하나님의 진노를 느낀다. 개는 줄에서 벗어나려고 애쓴다. 반면, 신자는 하나님의 목적을 하나님의 진노 속에서 인식하며 겸손과 참회로 반응한다. 그러나 진노로는 하나님을 규정할 수 없다. 시편이 반복해서 제시하는 것처럼, 진노는 하나님의 온전한 본성을 보여 주는 은혜와 용서를 드러내기 위한 것이다. "그의 선물로 우리는 부요케 되지만 그분은 스스로를 위해서는 아무것도 남기시는 것이 없다. 그럼에도 그분은 우리에게 아낌없이 주시기에 그분 성품의 찬란함과 아름다움이 드러난다. 그분이 우리에게 선한 일 행하기를 그치실 때 그의 아름다움이 잘 보이지 않듯이 말이다."[30]

시편 102편에서 기자는 선언한다. "여호와여 주는 영원히 계시고 주에 대한 기억은 대대에 이르리이다. 주께서 일어나사 시온을 긍휼히 여기시리니 지금은 그에게 은혜를 베푸실 때라 정한 기한이 다가옴이니이다." 수사 구조를 완벽하게 알고 목회 감각도 날카로운 칼뱅은 하나님이 인간과 관계 맺으시는 방식을 탐구하고 위로하는 묵상으로 전환한다. "스스로에게 힘을 북돋우려고 예언자는 언뜻 보면 터무니없는 위로로 보이는 하나님의 영원성을 스스로에게 내놓는다. 우리의 연약하고 죽음을 피할 수 없는 상태 때문에 한순간도 머물러 있을 수 없는 바로 그때, 하나님이 그분의 하늘 보좌에 영원토록 앉아 계시다는 사실이 어떤 유익을 줄까?"[31] 우리 인생의 덧없고 미몽 같은 본질을 인식하게 하는 것이 이렇게 하나님을 바라보는 것이라고 칼뱅은 지적한다.

그러나 영감 받은 저자는 하나님이 교회를 그분의 특별한 돌보심의 대상으로 삼으리라 선언하신 약속들, 특히 눈에 띄는 언약 조항인 "내가 그들 중에 거[하리라]"(출애굽기 25:8)는 말씀을 상기하라고 요청하며, 신성하고 해체될 수 없는 연합을 신뢰하라고 한다. 따라서 이 영감 받은 저자는 비록 이들이 고난과 곤궁에 처해 있다 하더라도, 이 모든 연약한 자들을 하나님이 거하시는 이 천상의 영광에 참여할 자들이라고 선언하기를 주저하지 않는다.[32]

믿음으로 당대의 이스라엘 민족이 된 이들, 제네바와 칼뱅을 바라보는 사람들에게 칼뱅은 다음과 같이 메시지를 전한다.

> 비록 교회는 망했지만, 그[시편 기자]는 하나님이 그분의 놀라운 능력으로 교회를 죽음에서 새로워진 생명으로 다시 일으키실 것을 확신한다. 이것은 교회가 항상 외형적으로 살아남은 것처럼 보이도록 보존되는 것이 아니라, 죽은 것처럼 보이는 때도 언제든지 하나님이 기뻐하시기만 하면 순식간에 새로 창조된다는 것을 보여 주는 놀라운 구절이다. 그러므로 교회를 무너뜨리는 어떤 황폐한 상황도, 하나님이 이전에 무에서 세계를 창조하신 것과 마찬가지로 교회를 사망의 흑암에서 불러내시는 것이 그분의 합당한 일하심이라는 소망을 우리에게서 빼앗지 못하게 해야 한다.³³

이것이 1550년대 프랑스의 핍박받는 이들에게, 제국의 분열된 그리스도인들에게, 메리 통치하의 잉글랜드에서 온 난민에게 전한 칼뱅의 메시지였다.

인쇄업의 세계

1550년대 제네바에 인쇄업이 번성한 데는 세 가지 요인이 서로 맞물려 있었다. 먼저, 칼뱅이었다. 그는 1550년부터 14년 후 사망하기 전까지 매년 최소 10만 단어를 인쇄해서 출판한 것으로 알려져 있다.[34] 두 번째는 성경이었다. 놀랍게도, 1536년부터 1563년까지 완본 성경과 신약성경 150편이 이 도시에서 출간되어 프랑스 왕국의 수요를 채웠다. 1526년에 프랑스에서는 소르본이 프랑스어 성경 출판을 금지했었다. 마지막 요인은 시편 찬송으로, 1562년에 테오도르 드 베즈가 완성하여 인쇄 업계에 파장을 일으켰다. 이 모두가 제네바의 신흥 인쇄 산업의 스타 작가 칼뱅을 중심에 두고 돌아갔다. 그가 가르친 내용과는 상관없이, 그가 쓴 글이 돈이 된다는 사실을 모르는 사람은 없었다. 따라서 칼뱅의 건강은 영적인 문제일 뿐 아니라, 경제적인 문제이기도 했다.

1550년대 내내 제네바 인쇄업은 급격하게 변모했다. 1548년에 파리의 왕실 인쇄업자 로베르 에스티엔이 베른 관원들에게 로잔에 정착하게 해 달라고 요청했다.[35] 그는 1549년 10월 제네바를 통과해 가는 길에 칼뱅을 만났다. 에스티엔은 아직 복음주의 대의를 완전히 수용한 상태가 아니었다. 파렐은 이 영향력 큰 인쇄업자를 비난하는 악의적인 편지를 보냈다. 칼뱅은 훨씬 신중했다. 파리에서의 모든 것을 잃을 위기에 처한 사람이 내린 결정의 크고 복잡한 이면을 이해한 것이다. 에스티엔은 뷔데 집안과 인연이 깊었기에, 그가 방문하기로 결정한 데는 수많은 귀족 집안의 영향이 있었다. 자기가 펴낸 작품들을 앙리 2세가 금서로 지정했다는 사실을 알게 된 에스티엔은 성경을 읽고 기도하는 것만으로 만족할 수 없었다. 그래서 난민 생활을 택한 것이었다.

물론 칼뱅에게 자기 글들을 이전 왕실 인쇄업자가 출간한다는 생각은 무척 매력적이었다. 그러나 칼뱅과 1540년대 내내 쓰라린 갈등을 겪었던 장 지라르는 시 의회 내 칼뱅 반대자들을 지지했다. 싸움의 핵심에는 칼뱅의 작품 판매로 엄청나게 이득을 보는 프랑스 시장이 있었다. 1551년 샤토브리앙 칙령에서는 제네바를 선동적인 작품의 온상으로 지목하며 이런 칼뱅의 인기에 삐딱하게 대응했었다. 1552년에 에스티엔은 지라르를 대신해 칼뱅의 주요 인쇄업자가 되었고, 이어서 추잡한 다툼이 이어졌다. 칼뱅은 1554년에 이 다툼에 개입하여 저자인 자신이 인쇄권 부여에 대해 최종 결정을 내리겠다고 요구했다. "그러므로 그는 그가 원하는 누구에게든 자신의 작품을 주게 해 달라고 요구했다. 그래야만 자기 작품을 계속 관리하고 명예도 유지할 수 있다고 주장했다. 장 지라르에게는 교리문답 인쇄권을 허락할 것인데, 이것만으로도 그가 먹고 사는 데는 충분하고도 남을 것이다."[36]

장 크레스팽 역시 1548년에 제네바에 도착한 이후 칼뱅 진영에서 적극적으로 활동했다.[37] 여러 면에서 크레스팽은 칼뱅의 가장 가까운 친구들의 전형이라 할 만했다. 그는 아라스의 유명한 법조인 가문 출신이었고, 법조 분야에서 성공적인 경력을 쌓고 있었던 것 같다. 그러나 루뱅의 3개 고전어 인문주의 대학에서 공부하면서 종교개혁 사상을 접하게 되었고, 1540년대 중반 아르투아 지방에서 거부당한 후 임신한 아내를 두고 강제로 추방되었다. 1545년 스트라스부르로 가는 길에 그는 처음으로 제네바에 들렀지만, 이 당시에는 인생을 바꿀 만큼 충분히 오래 머물지 않았다. 그는 칼뱅에게 마음이 끌렸는데, 특히 니고데모주의에 대한 강한 반감을 공유했기 때문이었다. 크레스팽은 두둑한 혼인 지참금으로 얻은 상당한 재산과 함께, 프랑스에서 아내와 딸을 되찾아 1548년에 제네바로 가서 살았다. 부유하고 법률에 조예가 깊으며 교육 수준도 높았던 프랑스인 크레스팽은 곧 앙투안 칼뱅, 니콜라 데 갈라르, 프랑수아 오트망, 샤를 드 존빌리에, 로랑 드 노르망디[Laurent de Normandie], 테오도르 드 베즈가 속한 진영의 일원이 되었다. 크레스팽에게 인쇄업을 소개한 인물은 베즈였다. 크레스팽의 이 사업은 그가 독립된 종이 공급자들을 따로 고용할 수 있을 만큼 잘되었다.

크레스팽은 명민한 사업가였고, 칼뱅의 작품은 그가 찍는 인쇄물의 약 4분의 1이었다. 특히 그는 『교리문답』과 『기도 양식』 같은 자국어 문서를 장악했는데, 둘 다 아주 잘 팔렸다. 종교개혁자 칼뱅의 초기 작품을 인쇄한 후에는 논쟁적인 소책자들도 찍었는데, 이것들이 국제적으로 배포되기는 했지만 재정적 보상이 그렇게 크지는 않았다. 크레스팽은 칼뱅을 통해 사업의 혜택을 누렸지만, 그 역시 더 광범위하고 라틴어를 사용하지 않는 대중에게 칼뱅의 저작을 퍼뜨리는 데 핵심 역할을 했다. 그의 큰 관심사는 대중을 위한 신학이었는데, 이것이 그가 이룩한 업적의 최고봉, 즉 순교자 열전들martyrologies의 핵심이 되었다. 이 주제를 다루는 첫 인쇄본은 리옹에서 학생 다섯 명이 죽은 일에서 비롯되었다. 이어서 계속 이 주제에 대한 책을 발간하면서, 크레스팽은 순교에 대한 칼뱅의 이해를 교회사와 제네바 신학을 규정하는 특징으로 발전시켰다.[38]

크레스팽은 칼뱅을 엄청나게 존경하며 그의 가르침을 따르기는 했지만, 칼뱅 주변의 굳게 단결한 인쇄업자 조직의 일원은 아니었다. 특히 에스티엔 집안과는 낯선 경쟁 관계에 있었다. 문제가 되는 것은 에스티엔 집안에 있는 성경 인쇄 독점권으로, 극도의 분노를 유발하는 특권이었다. 이 경우 다른 인쇄업자 및 칼뱅 자신과 마찬가지로, 크레스팽도 주기적으로 시 의회와 옥신각신했는데, 1560년에 칼뱅의 사도행전 주석을 승인받지 않고 인쇄했다는 이유로 사흘간 감옥에서 고생하고 벌금도 물었다. 인쇄업자이자 그가 가진 부로 인해 제네바에서 크레스팽은 인정받는 지위에 있었고 존경도 받았다. 제네바에서 그가 차지한 중요한 역할은 칼뱅과의 관계를 훌쩍 넘어섰다. 그에게는 유럽, 특히 저지대 국가들 전역의 개혁파 집단과 든든한 연결 고리가 있었고, 스위스 연방 및 신성로마제국 내 독일어권 지역에도 중요한 연결망이 있었다.[39] 불링거와 가까워 그의 작품을 제네바에서 출간했고, 1550년대에는 제네바에서 루터의 작품 출간을 맡아 하는 주요 인쇄업자이기도 했다. 그러나 이 모든 수익성 높은 연결망이 베스트팔 논쟁으로 갑자기 단절되고 말았다.

칼뱅의 생애 막바지에는 다른 이들이 부상했다. 그중에는 『기독교강요』 라틴어 및 프랑스어 최종판의 퇴고 등의 작업을 감독하는 동생 앙투안도 있었다. 이런 퇴고 작업에는 장 칼뱅을 비롯한 당시 인문주의자 대부분이 별로 시간을 들이지 않았다. 또한 앙투안은 마케팅 책임자처럼 행동하고 인쇄 프로젝트에 재정을 투자했으며 판매를 감독했다. 로베르 에스티엔의 아들 앙리에게 실망한 후, 추가로 인쇄업자 한 사람을 더 고용하는 안이 시 의회에서 통과되게 한 사람도 앙투안이었다.[40] 앙투안 뱅상Antoine Vincent 역시 칼뱅의 가까운 동료가 되어 칼뱅의 작품 인쇄에 참여했다.

1550년대에는 재정 후원 상황도 변했다. 1546년에서 1554년까지 칼뱅의 작품에 재정을 지원한 사람은 부유한 사업가 르네 드 비아나시René de Bienassis였다. 1550년 이후 볼섹을 비롯한 칼뱅의 적 일부를 비아나시가 후원하면서 불쾌한 불화가 생겼다. 1550년 이후 주요 인물은 로랑 드 노르망디로, 칼뱅이 사망할 때까지 출판을 후원하며 칼뱅을 도왔다. 1554년 드 노르망디는 칼뱅의 작품을 다루는 책 판매 회사에 자리를 잡고, 제네바 출판사들이 낸 작품들을 프랑스로 가져가 판매하는 순회 종교 서적 판매업자, 즉 권서^{colporteurs}를 후원했다.[41] 여기서 그는 프랑스 기금의 도움을 받았는데, 기금에서는 가난한 사람을 도울 뿐 아니라 제네바의 선교 노력에 재정을 지원하기도 했다.[42] 노르망디는 발디우스 인쇄소도 인수했는데, 1551년부터 더 고도의 전문성이 요구되는 칼뱅의 라틴어 작품을 준비한 이는 에스티엔이었지만, 이 인쇄소에서 칼뱅의 프랑스어 작품 다수가 출판되었다. 이 모든 과정의 구성에는 문제가 있어서 논쟁이 잦았는데, 이 때문에 칼뱅 작품 인쇄 사업의 이미지가 훼손되었다.

페랭파가 패배하기 전, 칼뱅은 자주 작품 검열을 받아야 했는데, 적대적인 관원들이 그를 힘들게 하는 일이 많았다는 뜻이다. 예컨대, 취리히 일치신조가 출판 거부되자 칼뱅은 분노했다. 인쇄업은 정치적인 일이었다. 제네바가 사부아와 베른에 둘러싸여 있었기 때문에, 제네바 관원들은 신중해야 했다. 다른 주요 개혁파 도시가 처한 상황도 마찬가지였다. 취리히와 베른도 추문이 되거나 논쟁이 되는 작품이 정말로 엄청난 결과를 불러올 수 있기 때문에 인쇄되는 작품을 신중하게 살폈다. 심지어 칼뱅이 승리한 후에도 시 의회는 인쇄 심사를 지속했고, 이 권리를 지키기에 급급했다. 그러나 전반적으로 1555년 이후에는 신뢰 관계가 꽤 정착되었고, 간헐적으로 관원들이 개입해서 칼뱅을 극도로 분노하게 만들기도 했지만 시 의회는 칼뱅과 맞서려고 하지 않았다.[43] 앙투안이 계속 관리를 하고 있었지만, 정작 칼뱅이 염려한 것은 수입이 아니었다. 그는 종교개혁에 도움이 되는 작품만 제네바에서 인쇄하기로 했다. 말하자면, 그가 승인한 책만 발행한다는 뜻이었다. 시 의회는 특정 작품을 인쇄할지 말지를 칼뱅에게 자주 문의했고, 칼뱅은 출판권 승인 문제에 대해 조언했다. 1560년 인쇄업 감독 책임자로 임명된 세 사람은 모두 가까운 친구였다. 즉 테오도르 드 베즈, 장 뷔데, 프랑수아 슈발리에François Chevallier였다.[44]

"칼뱅은 스스로를 예언자라 합니다"

피렌체의 지롤라모 사보나롤라나 잉글랜드의 존 웨슬리 같은 과거의 위대한 설교자들은 오늘날 인쇄된 종이 위에서 보면 별로 인간미가 없어 보인다. 그들을 가장 탁월하게 만든 것을 오늘날 우리는 경험할 수 없기 때문이다. 바로 그들의 목소리다. 종교개혁에 대한 일반적인 평가에 따르면, 감각적이고 감정적인 중세의 종교와 대조적으로 프로테스탄트는 책의 종교라 한다. 칼뱅의 세계와 16세기 제네바로 들어가려면 상상력이 필요한데, 어떻게 말이 움직이고 분노를 자아내고 위로하며 교화할 수 있는지를 인식하는 감각이다. 오늘날 교회의 엄숙하고 조용한 분위기와는 달리, 16세기 설교는 선술집에서 말하는 것과 비슷했다. 설교자는 짖고 있는 개, 울고 있는 아기, 잡담, 계속 왔다 갔다 이동하는 사람, 심지어 주먹 다툼과도 경쟁해야 했다. 이들은 참석한 이들에게 설교자를 존중하라고 요청해야 했고, 이 과정에서 가장 중요한 수단은 목소리였다. 바젤의 종교개혁자이자 널리 존경받는 학자 요한네스 외콜람파디우스는 목소리가 약해서 강단에서는 무력했다. 칼뱅이 설교했던 원고는 존재하지만, 문제가 많다. 칼뱅의 설교를 기록한 이들이 있었지만, 그런 기록으로는 "아마 이렇게 들렸을 것이다"라는 식의 추측만 할 수 있을 뿐이다. 그는 원고가 거의 없거나 아예 없이 설교했고, 주로 성경한 권만 앞에 두고 설교했다. 그가 하나님의 말씀을 사람의 삶의 순간에 적용했듯이, 순전한 즉흥성이 경험의 본질적 일부이기도 했다. 또한 시간의 문제이기도 했다. 끊임없이 밀려드는 수많은 일을 감당해야 했기에, 칼뱅은 시간을 두고 설교를 준비하는 사치를 누릴 수 없었다. 그래서 즉흥 설교를 할 수밖에 없었다.

그럼에도 불구하고 칼뱅이 설교하면 사람들이 몰려들었다. 프랑스에서 첫 번째 종교전쟁이 발발한 후 이런 설교를 듣는 것은 어땠을까?

우리는 정말로 오랜 기간 지속된 전투를 보았습니다. 이 전쟁은 끝이 없었습니다. 심지어 이 전투 말고도, 우리는 수많은 사람이 다른 여러 전쟁으로 죽임당한 것을 보았습니다. 그저 한 장소에서, 한 군대에게 일어난 사건이 아닙니다. 그리스도인이라고 주장하고 가톨릭이라고 주장하는 군주들 사이에서 끝없는 전쟁이 벌어졌습니다. 그들은 셀 수 없이 많은 사람을 죽이고 있습니다.…누구는 가난한 이들이 덤불 속에서 죽어 있는 것을 보았고, 남은 이들은 굶주림과 목마름, 열기와 추위, 수많은 궁핍을 견뎌 내야 합니다. 누군가 그들의 목을 따는 것이 그들에게 호의를 베푸는 것일 정도입니다. 그들은 고통당하고 있고 열 번이라도 죽게 될 것이므로, 말하자면 죽음 앞에 있는 그들에게 마지막 결정타를 날리는 것이지요.[45]

1550년대 후반부터 전한 칼뱅의 창세기 설교에는 이 도시의 난민 상황을 반영하는 내용이 가득하다.[46] 1559년에만 남녀 성인과 어린이 1,700명이 제네바에 도착했다. 칼뱅의 창세기 주석에 비해 창세기 설교는 이 개혁자가 신학을 거의 양보하지 않으면서도 어떻게 언어와 문체를 사람들에게 맞추었는지를 보여 준다.[47] "적응"은 지나치게 단순화한다는 뜻은 아니었다.

설교자로서 칼뱅의 권위는 바울에 대한 논증에서 찾아볼 수 있다. 칼뱅은 고린도후서 4장 3절을 다루면서, 왜 바울이 고린도 사람들의 잘못된 판단에 스스로를 내맡기지 않았는지 고려한다. 이 논증에서 칼뱅은 자신을 바울과 동일시하면서, 사람들이 정당하지 않을 때에는 하나님께 직접 호소해야 한다고 말한다. "그러나 신실한 목사가 합리적이지 않고 잘못된 편견에 압도당하고 정의와 진리가 설 자리가 없음을 알게 될 때는, 반드시 하나님께 호소해야 합니다. 특히 일에 대한 바르고 참된 지식이 전해질 수 없다는 사실이 분명해지면, 사람의 견해가 무엇이든 상관없이 하나님의 심판석으로 나아가야 합니다."[48] 칼뱅은 제네바와 자신의 관계를 고린도와 바울의 관계에 대입한다. 자신의 정당성을 주장하고 고린도 사람을 가르치는 사도의 본보기는 칼뱅 자신에 대한 변호로 쓰였다. "그러므로 바울은 자기 안에 내주하는 죄를 인식하고 고백했습니다. 그러나 그의 사도권(여기서 다루는 주제)에 대해서는, 완전한 순전함과 신의로 행동했기에 자신의 양심이 아무것도 정죄하지 않는다고 주장했습니다."[49]

칼뱅의 신학 및 목회 저술에서 모범은 바울이었지만, 그가 강단에 올라설 때는 구약 예언자의 형상이 더 뚜렷했다. 1552년에 에스겔을 본문으로 설교하면서 칼뱅은 대적의 말을 인용하며 스스로에 대해 설명한다. "오늘 이렇게 말하는 사람들이 있습니다. '우리 중에 예언자가 있다는 것을 사람들이 알 것이라고 하면서, 칼뱅은 스스로를 예언자라 합니다. 그는 스스로에 대해 말하고 있는 것입니다.

그가 예언자입니까?' 글쎄요, 제가 선포하는 것은 하나님의 교리이기에, 저는 그 언어를 사용할 뿐입니다."[50]

예언자들이 그랬듯, 칼뱅은 공동체가 처한 특정 시기들에 대해 발언했다. 그는 대적들에 대해 언급한다. "그들은 내가 눈 감은 채 설교만 하기를 원하며, 내가 어디에 있으며 어떤 장소에 있는지, 어느 때인지 모르기를 바랍니다."[51] 당대 사건들을 자주 구체적으로 설교에서 언급하지는 않지만, 정황은 분명했다. 그러나 그는 교회에 출석하는 개인이나 집단을 주저하지 않고 언급했기에, 당사자들은 소스라치게 놀랐다. 설교를 통해 고대 이스라엘 사람과 초대 그리스도인의 이야기가 당대 사람의 현실이 되었다.

설교할 때, 목사는 하나님의 말씀을 공동체와 개인의 상황으로 가져왔지만, 듣는다는 것은 수동적인 행위가 아니었다. 칼뱅의 신학 개념 전체는 성경을 세상에 적용하는 데 초점이 있었다. 하나님의 말씀에 반응하지 않고 듣기만 하는 것은 무의미했다. "우리의 믿음은 우리가 생각하는 것에 기초해서는 안 되며, 하나님이 우리에게 약속하신 것에 기초해야 합니다. 바울이 말했듯이 믿음은 들음에서 오는 것이며, 사람이 만들어 낸 모든 말을 듣는 것이 아니라 하나님의 말씀만을 듣는 것입니다."[52]

[또한] 우리가 계속 성장하며 진보하는 것은 좋은 일입니다. 우리는 같은 수준에 늘 머물러 있어서는 안 됩니다. 오늘날 교육을 받을 때 우리는 받은 지식에 따라 그 지식으로부터 유익을 얻어야 합니다. 내일 우리는 다른 설교를 들을 것이고, 그다음 새로운 강의를 들을 것입니다. 그것이 아무 쓸모없습니까? 그분이 기뻐하시는 대로 우리에게

베푸신 그 가르침에 따라, 우리는 그분의 거룩한 뜻을 더 잘 따르고 그분의 말씀의 교리 안에서 인내하도록 더욱 힘을 얻을 것입니다.[53]

칼뱅의 설교들로 그가 수사학에 얼마나 유창한 감각을 가진 인물이었는지 알 수 있다. 한번은 교회 회중에게 거울을 보여 주면서 무엇이 보이는지 물었다.

> 설교에서 유익을 얻으려고 얼마나 자주 설교의 내용을 스스로에게 상기시킵니까? 집에서는 설교에 대해 얼마나 이야기합니까? 대부분은 마치 규율처럼 일요일에 설교 한 편을 듣는 것으로 충분하다고 생각하는 것 같습니다. 돌아가면 주제에서 다룬 것을 더 잘 기억하기 위해 설교에서 들은 것을 숙고하기보다, 악하고 세속적인 계획들에 대해서만 이야기합니다. "아니야, 아니야, 그걸 생각하면 침체될 뿐이야. 그러니 고뇌하지 말자."

칼뱅은 다음과 같이 덧붙인다. "그들은 구원에 대한 간증보다 아침 식사를 더 즐거워합니다."[54]

칼뱅의 설교는 얼마나 효과가 있었을까? 칼뱅이 구약 예언자와 자신을 동일시한 데는 메시지가 거의 영향을 끼치지 못하고 있다는 좌절감이 한몫했다. 칼뱅은 "우리 가운데 복음이 그토록 열매가 적은 이유가 무엇일까요?"라고 물었다. 그리고 자문자답했다. "우리 대부분이 복음에 관심이 없고 거의 신경도 쓰지 않기 때문입니다. 복음이 선포되어도 예배에 참석해도, 그냥 습관일 뿐입니다. 여기서 엄청나게 많은 것을 말하는데, 각 사람이 가지고 가는 것은 무엇입니까?"⁵⁵ "영혼의 구원을 갈망하고 선한 발전과 교회의 질서를 구하는 하나님의 종들은 이를 견디기가 어렵습니다. 하나님이 우리에게 맡겨 주신 과업이 무엇인지, 그분의 말씀을 언제 선포할지 우리는 알기 때문입니다. 따라서 이 세상에서 그런 배은망덕, 즉 하나님의 말씀이 멸시받고 거절되는 것을 볼 때, 우리가 애통하고 한숨 쉬고 눈물로 가슴을 치는 것 말고 무엇을 할 수 있겠습니까?"⁵⁶ 설교자와 예언자의 몫은 건전한 교리로 훈련받는 것뿐만 아니라, 공격과 거절도 버텨 내는 것이다. 칼뱅은 저항을 바른 설교의 표지로 여겼다. 설교자는 청중과 대적하는 상황을 피하려고 해서는 안 된다. 거친 말도 자주 필요하다. 그러나 심판은 회개 및 용서와 함께 온다. 정죄만 설교해서는 안 된다.

목사와 사제의 메시지에 대한 사람들의 무관심으로 애통해하는 소리는 유럽 전역의 프로테스탄트 및 가톨릭 지역에서 들을 수 있었다. 칼뱅의 말만 읽으면 완고한 제네바 사람들과의 다툼이라는 왜곡된 인상을 받는다. 사실상, 1550년대 중반까지 그가 생피에르 교회에서 아침과 오후 예배에서 설교할 때 수많은 이들이 들어찼던 것에서 알 수 있듯이, 그의 호소는 자석같이 사람을 끌어당겼고 설교는 대규모 청중을 모았다. 칼뱅은 스타였지만, 혼자 일하지 않았고 그럴 수도 없었다. 그는 개인숭배의 대상이 되지 않으려고 필사적으로 신경을 썼다. 1540년대 말에는 제네바시의 목사들이 예배를 분담할 수 있도록 주의 깊게 계획을 세워 체계를 마련했다. 곧 칼뱅이 일을 너무 과도하게 하지 않도록, 제네바 교회의 예배 책임에 변화를 준 것이다.⁵⁷ 각 목사는 연속 강해*lectio continua*를 하거나 성경 속 한 책의 각 장을 계속해서 설교했는데, 이 때문에 사람들은 같은 시기에 여러 연속 설교를 들을 수 있었다. 책임이 나뉘어 있었다. 한 목사가 성례를 집전하면, 다른 목사는 설교했다. 칼뱅이 설교할 때는 유아세례를 다른 이가 맡았을 것이다. 이렇게 하면 다른 목사가 칼뱅의 설교를 들을 수 있는 유익이 있었다. 칼뱅은 자신이 설교하지 않을 때는 다른 목사의 설교를 듣곤 했다. 의심의 여지 없이 이 설교자들은 주눅이 들어 있었을 것이다.

화해의 목회

멘토였던 마르틴 부처와 달리, 칼뱅은 치리를 교회의 표지로 보는 것을 거부했다. 그럼에도 세르베투스 사건을 제외하고 그리스도인 공동체를 치리해야 한다는 믿음만큼 칼뱅의 사후 명성에 영향을 끼친 주제는 없었다. 1555년 승리로 칼뱅이 운신할 폭은 훨씬 넓어졌지만, 생애 마지막 10년 동안 콩시스투아르는 칼뱅에게 점점 더 많은 짐을 지웠던 증거가 남아 있다.[58] 그는 계속 콩시스투아르 회의에 참석해서 분위기를 주도했고 남녀를 신문했으며 조언하고 권면했다. 우리는 제네바 사회를 구성하는 인구의 상당수가 칼뱅과 그의 동료 앞에 나왔음을 알고 있다. 매년 인구의 대략 7퍼센트였던 것 같다. 콩시스투아르가 그렇게 분주하게 일했기 때문에 제네바 시민 중에 같은 문제를 반복해서 저지른 자가 거의 없었다는 주장도 있다.[59]

칼뱅의 성격과 법에 대한 능통한 지식 덕분에 그는 콩시스투아르 회의를 장악할 수 있었다.[60] 사건에서 복잡한 법 혹은 성경 해석 문제가 필요하면 종종 콩시스투아르를 대신해서 시 의회에 출석하기도 했다. 예컨대, 사형은 시 의회가 결정하는 문제였고, 판결은 행정장관 중 한 사람이 선고했다.[61] 그다음 도시의 포고하는 관리가 큰 소리로 선고문을 읽었다.

1546년 『결혼법』*Marriage Ordinances*은 칼뱅의 결혼관을 성공적으로 법제화한 사례였다. 그는 결혼 계약에 대한 자유와 남녀의 상호 동의를 주장했는데, 그가 설교에서 지속적으로 변호했던 핵심 요소이기도 했다. 약혼도 합의가 필수였다. 부모가 강제로 아이들에게 함께 살게 할 수도 없었다. 마찬가지로, 제네바에 새로 도착한 이들은 성품과 자격 증명을 통과해야 했고, 실패하면 1년을 다시 기다려야 했다. 콩시스투아르는 이 과정을 감독해서 『교회법』이 준수되게 했다. 1546년부터 콩시스투아르가 남긴 페르노디*Pernodi* 재판 기록이다. 페르노디는 "약 4개월 전에 한 여성과 약혼한 후 결혼하지 않은 상태로 함께 살았는데, 이는 하나님의 말씀을 위반한 추문이다. 그는 의무를 다하기로 약속했고 일요일이 지나고 한 주 후에 결혼할 예정이다."[62] 동거 혹은 혼전 성관계는 금지였기에 위반하면 감옥에 갇히는 벌을 받아야 했지만, 제네바에서 이런 행동과 형을 집행하는 일은 눈에 띄지 않았다. 콩시스투아르가 여러 사건을 다루면, 칼뱅은 주저 없이 사건과 관련된 주제에 대해 설교했다. 결혼이 합의하에 이루어져야 한다고 주장했지만, 강간 피해자는 가해자와 결혼해야 한다고도 주장했다. 그래야 피해자가 매춘부가 되지 않을 수 있기 때문이었다.[63]

칼뱅의 콩시스투아르는 아버지, 어머니, 아이들, 젊은 하인들이 함께 사는 가족 단위를 이상으로 지지했다. 제네바에서 이혼은 스위스의 다른 개혁파 도시들에서 정한 규정을 따랐는데, 일부다처제,

16. "그리스도의 완전한 학교"   523

근친상간, 전염병, 육체적 기형이 포함되었다.[64] 방종한 행위라는 의미의 파티도 이혼 소송의 이유가 될 수 있었다. 칼뱅은 비밀리에 사적인 파경을 인정하는 중세 교회의 관습을 피하기 위해 이혼 과정을 공개해야 한다고 주장했다. 그러나 전반적으로, 결혼은 삶을 위한 제도였고 모든 조치는 남편과 아내가 함께 있게 하기 위한 것이었다. 칼뱅의 결혼 상담 사역은 두드러졌다.[65] 이혼은 일단 모든 가능한 화해 수단이 소진된 후에 마지못해 승인되었다. 이 점에서 제네바는 절대 유별난 지역이 아니었다. 취리히에서는 배우자들이 서로 다툴 때 차이를 극복할 때까지 빵과 물만 넣어 주고 탑에 가두어 둘 수도 있었다.

콩시스투아르 회원들이 늘 합의에 이른 것은 아니었다. 예컨대, 칼뱅은 두 사람의 신앙고백이 다르거나 나이 차이가 너무 많이 나면 결혼을 취소하는 편이 낫다고 생각했다. 파렐의 행동을 처리하는 과정을 생각해 보면 이 주장을 이해하기 쉽다. 다른 곳에서와 마찬가지로, 간음은 중죄였고 징벌 수위도 다양했다. 범죄자가 모든 개선 노력을 거부했거나 여러 연인을 두는 등 특별한 추문에 휩싸인 경우에 한정되기는 했지만, 가장 가혹한 벌은 사형이었다. 1560년부터 태도가 좀더 엄격해지면서 자주는 아니었지만 간음한 자를 죽이라는 성경의 명령이 제네바에서는 시행되기도 했다. 1564년 이전에 여성 네 명과 남성 한 명이 처형당했다.

콩시스투아르는 가정에도 기꺼이 개입했다.[66] 부모는 콩시스투아르와 소의회를 활용해서 자녀에게 체벌을 가할 수 있었다. 콩시스투아르는 늘 부모 편이었지만, 기관들이 학대라고 판단할 경우에는 아이를 보호하는 조치를 취하기도 했다. 칼뱅의 인도하에 청소년 신앙 교육이 가정에서 교회로 넘어갔다. 그러나 이러한 조치로도 청년들이 교리문답 교육을 생략하는 일을 완전히 막지 못했다.[67] 칼뱅이 복귀한 초기에 교회가 직면한 문제는 너무 많아서 어떤 것들은 다루지도 못하고 무시해야 했다. 그러나 1550년대에는 교리문답 교육을 받지 않을 시 단순히 권고로 그치지 않고 실제로 체벌을 했다. 1558년에는 소년 아홉 명이 얼음 위에서 하키와 같은 경기를 했다는 이유로 회초리로 맞았다. 무단결석도 큰 문제여서, 1550년대 말에는 교리문답 교육 시간에 거리를 순찰할 관원들이 임명되었다. 일요일 오후에 젊은이들이 파페과이[Papeguai]에 참석하느라 교리문답에 빠진 일에 대한 기록이 남아 있다. 파페과이는 궁술과 화승총 사격 경기를 통해 왕을 뽑는 무술 경연 대회였다. 프랑수아 데 조[François des Eaux]는 1560년 교리문답 시간에 펜싱을 가르쳤다는 이유로 콩시스투아르로 소환되었다. 학교에도 늘 체벌이 있었지만, 아버지는 아들의 기를 꺾어 놓아야 한다고 배웠다. 1555년 이후에도 제네바에는 칼뱅에 대한 적대감을 가진 이들이 여전히 있었다는 사실을 염두에 두어야 한다. 물론 그들이 적대감을 겉으로 표현하는 것은 지혜롭지 못한 행동이었다. 교리문답에 출석하지 않은 것은 저항감을 표현하는 행동 중 하나였다.

칼뱅이 보기에, 경제생활은 타락한 세상의 일부였으며 물질적 재화에 대한 인간의 욕망은 끝이 없었다. 그는 상업이 제네바의 생존에 필수라는 사실을 인정했지만, 시장의 탐욕스런 본성 때문에 규제되어야 한다고 믿었다. 시장 자체를 반대하지는 않았다. 심지어 친구들에게 신중한 투자를 권하고 최근 도착한 이민자들에게는 대출을 받을 수 있게 해 주는 등 금융 활동에도 참여했다.[68] 합리적인 이익은 괜찮았지만, 고리대금은 장사꾼이 순진한 사람들을 이용해 먹는 모든 부패한 상업 행위와 같은 것으로 취급했다. 따라서 정부는 부당하게 폭리를 취하는 행위를 막기 위해 개입해야 했다. 칼뱅은 신용 대출에 5퍼센트의 세금을 매겨야 한다고 주장했고, 공립 은행 설립을 지지했다. 그러나 이와 더불어 음식 가격 통제, 공정한 노동 임금, 더 나은 작업 환경을 위한 활동도 벌였다. 1559년에는 인쇄업자와 그들 밑에서 일하는 장인 사이의 노동 토론을 중재했다. 그다음 장인에게 더 나은 임금이 보장될 수 있도록 시 의회를 찾아갔다.[69] 그의 지도하에 콩시스투아르는 고리대금업자, 사기꾼, 가격 담합자, 도둑을 기소했다.[70] 근대 초기 사업 방식은 16세기 내내 극적으로 변했고 콩시스투아르의 목회자와 평신도는 새로운 신용 대출 문화를 정착시키기 위해 투쟁했다. 제네바에서 악덕 사채업자, 전당업자, 과도하게 부풀린 가격으로 다양한 상품을 파는 상인은 콩시스투아르에 출두해야 했고, 자주 성찬 참여를 금지당했다.

칼뱅은 부를 누린 세대는 가난한 자를 돌보는 책임을 외면할 수 없다고 생각했는데, 이는 단지 수표를 써 주는 것 같은 자선만을 뜻하지 않았다. 그리스도인으로서 남자와 여자는 고통받는 자를 위해 직접적인 행동에 나서야 한다는 것이 칼뱅의 믿음이었다. 강단에서 사람들에게 상기시키는 대로, 그들의 의무는 몸을 섬기는 것이었다. 1550년대 내내 프랑스 난민들이 엄청나게 쏟아져 들어오면서 제네바의 상업 문화가 변했다. 1555년부터 칼뱅은 신명기를 200회 이상 설교했는데, 자주 등장한 주제는 난민을 향해 도시 시민이 보여 주어야 하는 실천적 책임에 대한 것이었다. 집주인은 너무 높게 집세를 받아서는 안 되고 시민은 난민을 고용해야 하며 관원은 시민을 대하듯 이들을 재판해야 했다. 기술상의 문제로 혹은 프랑스인들이 부족해서 그들을 고용하는 데 돈이 더 많이 들었음에도 불구하고, 제네바 사람들은 그렇게 해야 했다.[71] 근대 초기 도시의 경제계는 복잡했고 변화무쌍했다. 제네바의 경우 10년간의 엄청난 인구 유입으로 심대한 변화를 맞았다. 칼뱅은 경제 문제를 성경 용어로 분석했다. 시장은 그리스도인의 일치라는 최우선 원칙에 기여해야 했다. 그러나 콩시스투아르 기록이 증언하듯, 이 관계는 극도로 거북했다.

교사

라틴어를 읽을 수 있는 이들은 칼뱅을 교사로 만났는데, 그는 목회 후보자 교육뿐 아니라 동료 목회자 교육에도 헌신적이었다. 1550년대 내내 그는 구약 예언서를 강의했는데, 이 강연은 비서들이 받아 적었다. 장 뷔데는 다음과 같은 기록을 남겼다. "몇 년 전에 장 칼뱅이 다윗의 시편을 해설하기 시작했다. 우리 중 얼마는 청중으로 개인 공부를 위해서 강의를 받아 적었다. 그런데 한참 있다가 우리는 이 엄청난 강연의 유익이 극소수의 청중에게만 한정된다면…얼마나 엄청난 손실인가 하고 생각하기 시작했다. 우리가 일상적으로 하던 습관 대신에 강연을 글자 하나하나 놓치지 않고 받아 적으려고 노력하면 [이런 습관의 개선이] 가능할 것 같다."[72] 칼뱅의 예언서 설교를 효과적이고 정확하게 기록하기 위해 몇 년 이상 꾸준히 체계가 정비되었다. 칼뱅은 즉흥 강연이 기록되어 배포되는 것을 여전히 불편해했지만, 대체로 만족스러워했다.

칼뱅의 강연을 기록으로 남긴 제네바의 교육 수준 높은 청중은 목사, 학자, 방청객^{auditeurs}, 새로 부상한 교회를 섬기기 위해 위험을 무릅쓰고 프랑스로 가기를 준비하던 이들이었다. 방청객은 아마도 제네바로 대규모로 유입된 교육 수준 높은 프랑스 난민들일 텐데, 칼뱅의 강의를 이해할 만큼 충분한 라틴어 실력을 갖춘 이들이었다. 프랑스 사람뿐만 아니라 잉글랜드, 스코틀랜드, 폴란드, 헝가리 같은 나라에서 온 난민 및 방문자였다. 1550년대에 제네바에 있던 잉글랜드인 교회의 교인 다수도 강연에 참석해서 신학을 배우고, 이를 곧 고향에 전한다. 칼뱅은 그가 관여했던 거의 모든 일에서 그러했듯이, 강의를 준비할 시간이 거의 없었기 때문에 기억과 수사법과 논지를 만들어 내는 경이적인 능력으로 본문만 가지고 강연했다. 그는 그렇게 청중을 매료시켰다.

콩시스투아르 및 목사회와 더불어, 칼뱅은 학교도 기독교 사회 건설에 필수 요소라고 여겼다. 교회와 정부를 섬길 준비를 하기 위해 교육을 받아야 할 필요는 1541년 『교회법』이 이미 인정했는데, 아카데미가 세워진 것은 이보다 18년 후였다. 1540년대와 1550년대에는 지역 목회자들이 종교 교육을 감독하는 일을 맡았고, 칼뱅도 성경을 다른 직분자들에게 강해하는 일을 자신이 감당할 필수 의무의 일부로 간주하여 무거운 강의 부담을 비롯해 중요한 역할을 떠맡았다. 라틴어와 그리스어는 콜레주 드 리브에 다니는 소년 학생 일부가 할 수 있었는데, 이 학교는 카스텔리오가 한때 일했던 것으로 유명했다. 그러나 칼뱅은 목사들에 의해 선정된 교사들이 가르치는 기관을 원했다.[73]

아카데미 설립은 1559년이 되어서야 이루어졌다. 칼뱅에게 이 아카데미는 1530년에 파리에서 했던 왕립 교수직의 제네바판이었다.

이는 기독교 인문주의의 승리였다. 드 노르망디와 에스티엔이 제네바에 도착하면서, 학교 설립 계획이 마련되었고 적당한 건물을 물색하기 시작했다. 칼뱅은 학식 있는 교사, 특히 성경을 가르치는 데 필수인 히브리어 및 그리스어 학자를 구하기 시작했다. 그러나 1536년 이후 학교 기능을 감당했던 콜레주 드 리브는 수리가 필요한 부실한 상태에 있었다. 1550년부터 1556년까지 학장은 학생들이 병에 걸렸는데도 무너져 가는 건물에서 어떻게든 공부를 하려 한다며 호소했다. 돈은 늘 장애물이었다는 사실은 별로 놀랄 일도 아니다. 칼뱅은 관원들에게서 학교에 필요한 재정을 충분히 확보하지 못했다.[74] 로잔 아카데미가 모델이었는데, 이 학교는 1558년에 베른 관원들과 다툼에 휘말렸고 내부에서 일어난 비레와 베즈 두 사람의 갈등으로 쪼개졌다. 결국 보 지방에서의 프랑스인 목사 다수와 함께 전 직원이 해고되었다. 베즈는 폐교 직전 로잔 아카데미를 떠나 제네바로 복귀했다. 로잔의 직원, 학생, 목사도 제네바로 복귀해서 테오도르 드 베즈가 교장직을 맡고 1559년 문을 연 새 아카데미의 핵심 구성원이 되었다.

    베즈의 아카데미 개교 연설은 그가 장 칼뱅과 공유한 기독교 인문주의를 우아하게 해설한 것이었다. 고전 저자들은 지혜 탐구의 필수 요수였고, 언어·역사·문학·철학 영역에서는 이 저자들에게 많이 배웠다. 그러나 이들은 그리스도인이 아니었고 그리스도의 계시의 빛 없이 살았던 이교도였다. 교육의 목적은 젊은이들이 성경을 연구하고 교회를 섬기는 일에 준비되게 하는 것이었다. 하나님이 이들에게 요구하는 것이 많으므로 부지런해야 했다. 따라서 헛된 지적 호기심을 피하고, 적그리스도와의 역사적 싸움에서 그들에게 주

어진 섭리적 역할을 늘 명심해야 했다.[75]

그 당시에는 거의 사용되지 않은 용어인 아카데미는 두 부서로 이루어져 있었다. 하나는 사립 학교(라틴어 학교)schola privata였고, 다른 하나는 공립 학교(상급 학교)schola publica였다. 사립 학교는 여러 면에서 자녀들을 위해 학교를 원했던 제네바 원주민에게 더 중요했다. 그러나 역사가들은 공립 학교에 더 주목하는 경향이 있는데, 이 학교에 목사 준비 과정이 있었기 때문이다. 사립 학교는 새 건물에 입주했고, 공립 학교는 노트르담 라 뇌브Notre Dame la Neuve의 예배당으로 이사했다.[76] 학교의 중요성은 시 의회가 투자한 금액에서 확인되는데, 1559-1560년 예산의 약 20퍼센트를 썼다. 시 의회도 추가로 재정 확보 수단을 찾아냈음에도 불구하고, 제네바의 "수도원 해체"와 페랭파 토지를 팔아 생긴 돈이 여기에 많이 투자되었다. 예컨대, 시민들은 유언할 때 아카데미에 유산을 남겨야 했다. 마찬가지로, 장 보쉬Jean Bochy가 리옹에서 칼뱅의 『기독교강요』를 출판하여 앙투안 칼뱅의 출판권을 침해했을 때, 여기에 매겨진 벌금이 아카데미에 지급되었다.

아카데미는 제네바의 젊은이와 미래 목회자를 교육하는 것과 더불어 교회의 필요에 부응하는 아주 신앙고백적인 기관이었다. 학생은 교리문답에 표현된 제네바 교회의 가르침에 서명해야 했다. 예컨대, 아카데미는 가톨릭에서 프로테스탄트로 개종한 이들을 위해 개혁파 신학과 신앙생활을 배우는 간단한 과목들을 개설했다. 이미 프랑스에 있던 목회자들이 재교육을 받기 위해 제네바로 돌아왔다.[77] 1550년대 말 프랑스 프로테스탄트 교회 수가 크게 늘어나자, 제네바는 목회자를 공급해 달라는 요청을 받았다. 당시는 전시 상황이었다. 따라서 아주 기초적인 훈련만 받은 목회자들이 파견되었다. 그러나 칼뱅 사망 후 베즈의 지도하에 목회자 교육은 좀더 질서정연해졌다.

칼뱅은 아카데미에 상당히 깊이 관여했다. 생애 막바지에도 한 주에 세 차례씩 강의했는데, 대개 한낮에 한 시간 정도였다. 성경에 대해 강연했는데, 우리가 본 대로 학생이 아닌 청중도 많았다. 그가 신학을 별도의 과목으로 가르친 적은 없었고, 그가 가르친 것은 성경이었다.[78] 구심점은 테오도르 드 베즈로, 재능과 비전을 가진 학장이었다. 그는 제네바를 교회의 지도자로 세우는 데 아카데미는 필수라 보았기에, 새 건물들을 짓고 도서관을 만들고 수준 높은 교사를 임명하기 위해 끊임없이 일했다. 아카데미가 너무 늦게 설립되어 칼뱅이 중요한 역할을 하기는 어려웠지만, 그가 남긴 유산의 핵심 부분이었다. 제네바 아카데미는 성직자를 가르치기 위해 집필한 『기독교강요』와 함께 제도적 뼈대가 되었다. 따라서 그의 『기독교강요』 라틴어 최종판이 등장한 해에 아카데미가 문을 연 것은 우연의 일치라 하기 어려워 보인다.

"이 신비 속 경이": 1559년판 『기독교강요』

칼뱅은 『기독교강요』를 더 효율적인 교육 수단으로 만들기 위해 계속 고민하면서, 제네바로 복귀한 후 이 책을 계속 라틴어와 프랑스어로 개정했다. 개정 역사는 복잡하기 때문에 여기서 붙들고 있지는 않겠다.[79] 주목해야 할 것은 개정으로 인해 나아진 것의 본질이 무엇인가이다. 각 개정판은 칼뱅의 쉼 없는 성경, 교부, 중세 및 당대 주석자 연구에서 비롯되었다. 새 자료가 추가되었지만, 이미 있던 내용이 삭제되는 경우는 거의 없었다. 그 결과, 작품은 점점 발전했다. 학자들은 성경 및 신학의 새로운 각주 및 참고문헌이 개정된 판들에 나타나는 것을 보면서, 칼뱅이 수십 년 동안 무엇을 읽었는지 추적할 수 있다. 1540년대와 1550년대 신학 논쟁, 특히 볼섹, 세르베투스, 베스트팔과의 논쟁으로 새로운 사상 체계가 만들어졌고, 이것이 늘어난 본문에 반영되었다.

칼뱅은 1558년에 『기독교강요』의 라틴어 및 프랑스어 최종판을 준비하다가 심하게 아팠다. 베즈에 따르면, 피를 토했다고 한다. 아직 입증되지는 않았지만, 프랑스어 번역은 구술로 이루어졌을 것으로 보인다.[80] 1559년 라틴어 최종판에서는 이 책을 성부, 성자, 성령, 교회라는 주제를 다루는 네 권으로 나누었다.[81] 제1권은 하나님에 대한 교리, 즉 신론을 다룬다. 제2권은 구속과 예수 그리스도, 제3권은 믿음, 칭의, 중생, 예정, 제4권은 교회의 본질을 다룬다.[82] 그럼에도 불구하고 핵심 신학 논증은 변치 않았다. 즉 창조자 하나님과 구원자 하나님에 대한 지식, 곧 하나님에 대한 이중적 지식이라는 칼뱅의 공식은 변치 않는다.

『기독교강요』의 신학적 관점은 무엇일까? 이를 한두 줄로 요약할 수 있다고 생각하는 것은 지독한 오만이다. 그러나 우리가 찾으려는 것은 여러 다른 작품과 맥락 속에서 나온 다양한 주제를 한데 모으는 것이다. 하나님은 피조된 질서 안에서 계시되고, 모든 인간에게는 신성을 인식하는 감각이 어느 정도 있다. 영광이 드러나는 무대를 통해 모든 이해를 넘어서는 궁극적 존재인 하나님이 지각될 수 있다. 이 지식 때문에 인간이 하나님을 몰랐다고 변명하는 행위는 용납될 수 없지만, 이 지식이 구원에 충분한 것은 아니다. 하나님의 구원하시는 행위를 드러내려면 성경이 반드시 있어야 한다. 하나님은 성경에 계시된 예수 그리스도를 통해서만 알 수 있다. 칼뱅은 그리스도의 신성을 변증하기 위해 삼위일체 교리를 설명한다. 그는 하나님에 대한 설명을 섭리에 대한 논의로 마무리한다. 창조하시는 하나님은 피조물을 돌보신다.

제2권에서 칼뱅은 인간이 오직 외부의 도움으로만 구원받을 수 있음을 분명히 한다. 그리고 이 경우 외부의 도움은 예수 그리스도의 사역이다. 칼뱅은 모세에게 주어진 율법을 논하며, 이 율법에 세 가지 형태가 있다고 설명한다. 율법은 가르치고, 공동체를 통치하기 위해 사용되고, 신자가 하나님의 뜻에 순종하도록 지도한다. 그는 신약의 우월성을 강조하기는 하지만, 신약과 구약을 근본적으로는 같은 것으로 인식한다. 그리스도가 구원에서 필수적인 역할을 하시며, 그분께는 인성과 신성이 있다고 주장한다.

제3권에서는 믿음을 다루는데, 인간을 향한 하나님의 뜻과 그리스도의 희생의 유익을 설명한다. 믿음은 그리스도의 임재를 신자의 삶으로 가져다주며, 이로써 구세주의 몸에 접목된다. 이는 이신칭의 및 중생 교리로 이어진다. 그리스도와의 연합을 통해 신자는 그리스도의 모든 유익을 받으며, 도덕적·영적으로 새로워진다. 이어서 칼뱅은 예정으로 주제를 전환하는데, 왜 어떤 이들은 하나님의 약속을 믿지만 어떤 이들은 그렇지 않은지 이 신비를 설명한다. 예정 교리는 위로의 교리로, 그리스도인은 자기 구원을 책임질 수 없으며 하나님은 결코 그들을 포기하지 않으신다고 확신을 준다.

제4권에서는 교회를 다루면서, 가시적 교회에서 택자 및 유기자의 존재 등, 우리가 이 책에서 이미 다룬 여러 논점을 제시한다. 성찬과 세례라는 두 성례를 논의하고, 칼뱅이 베스트팔에 대항해서 쓴 많은 내용이 『기독교강요』에도 반영되었다. 그는 특히 그리스도의 영적 임재가 어떤 식으로 설명될 수 있는지 찾아내는 데 신경을 많이 쓴다.

칼뱅이 심각하게 아팠는데도, 1559년 『기독교강요』는 조직과 명료함에서 가히 걸작이었다. 이 작품을 쓴 목표는 명료하고 간략하고 설득력 있는 방식으로 기독교 교리 체계 전반을 해설하는 것이었다. 그는 이 교리가 참된 교회는 언제든 가르쳐야 하는 내용이라고 주장한다. 목적은 신자가 이해할 수 있도록 바른 순서로 교회의 가르침을 해설하기 위함이었다. 이 책이 성경을 대신하지는 않지만, 성경에서 찾을 수 있는 핵심 주제들을 더 잘 이해할 수 있게 돕는 안내자가 되는 것이 이 책의 역할이었다. 여기에는 하나님, 창조, 인간, 구원, 교회에 대한 놀라운 관점이 담겨 있지만, 이것이 칼뱅이 남긴 결정적인 말은 아니었다. 여기에는 1550년대 말 그의 사상의 현황, 당시 세계에 참여한 경험, 성경 연구가 반영되어 있는데, 모두 역동성이 넘쳤다.

칼뱅은 올바른 방법론과 가르치는 순서에 대한 관심을 멜란히톤과 공유했고, 멜란히톤의 1555년 『신학총론』에 깊은 영향을 받았다. 그는 언제나 일반적 원리들을 다룬 후 각 주제를 더 세부적으로 다루었다. 또한 플라톤 같은 고전 저술가들의 영향도 크게 받았는데, 누구보다도 플라톤을 아주 종교성이 깊은 인물이자 교수법의 고수로 인식했다. 『기독교강요』는 독자가 성경을 이해할 수 있도록 일련의 주제들을 제시하고, 또 마음에 의심이 사라지고 거짓 가르침이 제거될 때까지 신앙의 모든 핵심 요소를 제대로 설명하려는 목적으로 집필되었다. 이 목표는 그가 마음에 품은 간명함의 이상과 자주 불화가 일었다. 다뤄지는 내용을 독자가 완전히 이해할 수 있도록 『기독교강요』에 등장하는 용어들을 명확히 정의하려고 노력했는데, 이 방법론은 키케로와 플라톤에게 배운 것이었다.[83] 이 정의는 단지 지식을 지적 범주로만 나눈 것이 아니라, 강력한 수사학적 요소가 있었다. 개인을 설득해서 가르침을 수용하고, 그 인생을 변화시키는 요소였다. 하나님의 구원하시는 행위에 대한 지식은 변혁을 일으키는 지식이었다.

목적은 사람들을 하나님께로 데려오는 것이었다. 『기독교강요』를 지속적으로 개정했다는 것은 칼뱅이 교육과 교화를 위한 더 나은 방법을 찾으려고 계속 분투했음을 뜻한다. 심지어 언어와 수사법의 고수에게도 이 일은 쉬운 일이 아니었음이 분명했다.

독자들에게 당부하고자 하는 것은 지적 관심을 이처럼 너무 좁은 한계에 제한시키지 말고 내가 인도할 수 있는 것보다 더 높이 올라가려고 애쓰라는 것이다. 왜냐하면 나는 이 문제를 논의할 때마다 최선을 다해서 모든 내용을 다 말하려고 애쓰지만, 나중에 보면 언제나 그 신비의 가치에 비해 나의 논의가 너무 미미하다는 느낌을 받기 때문이다. 나는 입으로 표현하는 것보다 머리로 사고하는 것이 훨씬 뛰어나지만, 나의 사고력조차 이 신비의 위대함에는 완전히 정복당하고 압도당하고 만다. 그러므로 이 신비 속 경이에 탄성이 터져 나올 수밖에 없다. 지성으로 깨달을 수 없고 입으로도 표현할 수 없는 것이 분명하기 때문이다.[84]

복종, 순종, 겸손, 이 말들은 강단, 출판사, 콩시스투아르 회의에서 칼뱅이 전하는 그리스도인의 인생관을 대변하는 구호였다. 또한 그는 창조를 통해 계시된 그리고 모든 피조물에게로 사랑을 확장하시는 전능자 하나님에 대해서 말했다. 이는 위계 구조에 바탕을 둔 관점이었다. 칼뱅은 그 안에서 몸은 무너져가고 있었지만 교회의 예언자로서의 개인적 권위를 굳혔고, 제네바에서 그의 존재감은 더욱 커졌다. 그러나 종교개혁의 불꽃은 모국 프랑스 전역으로 퍼져나갔고, 프로테스탄트 교회들은 숨어 있던 곳에서 밖으로 나오기 시작했으며, 다른 목소리들이 일어나 저항과 싸움, 피와 협잡에 대해 외쳤다. 칼뱅의 이름을 받아들인 운동이 그의 손에서 급히 벗어나면서, 이제 그저 지켜보는 것 말고 할 수 있는 것이 없었다.

17

교회와 피: 프랑스

칼뱅은 1558년 "프랑스에 있는 우리 형제들은 제가 가르친 것과 같은 견해라는 사실을 의심치 마시기 바랍니다"라고 팔츠 선제후에게 편지를 보냈다.[1] 그가 자만에 차서 말한 것은 아니었다. 불링거의 번역된 글뿐 아니라 파렐과 비레의 글도 1540년대와 1550년대에 널리 읽혔지만, 칼뱅은 프랑스에서 유력한 프로테스탄트 저술가로 확고부동하게 떠올랐다. 왕국은 권서와 상인이 제네바에서 프랑스의 주요 간선 도로를 따라 운반한 출판물로 넘쳐났다. 1550년에 칼뱅은 제네바에 영적 지도력과 물질적 지원을 베풀어 주기를 기대하는 복음주의 비밀 집회소들과 이미 밀접하게 접촉하고 있었다. 1549년에 나바르의 마르그리트가 사망한 후, 사람들은 이제 이의 없이 칼뱅을 종교개혁의 지도자로 인식했다. 1550년에는 님^{Nîmes}에 있던 섭정 클로드 바두엘$^{Claude\ Baduel}$이 비텐베르크 시절의 스승 필립 멜란히톤에게 편지를 써서, 자신의 유일한 위안은 "하나님의 말씀에 대한 가르침과…제네바 교회와…장 칼뱅"이라고 했다. "장 칼뱅은 선생님도 잘 아시듯 경건과 건강한 가르침과 영혼의 힘으로 가장 깊은 불행 중에 있는 우리에게 자주 그리고 힘 있게 편지를 써서 위로해 주었습니다."[2] 칼뱅의 편지는 프랑스의 개혁을 외치는 소리였다. 라틴어 및 프랑스어판 『기독교강요』, 성경 주석, 논쟁 저작은 그 뜻을 측량할 수는 없지만 신앙 때문에 고난당하는 이들을 향한 그 사랑은 의심의 여지가 없는, 신실하시며 임재하시는 하나님에 대한 일관된 메시지를 전하는 데 함께 기여했다. 그의 비전은 우상숭배로 더럽혀지지 않은 이들에게 예배를 받으시는 하나님, 자기희생과 자기부인을 요구하시는 하나님에 대한 비전이었다. 칼뱅은 십자가 아래 사는 삶에 목적을 부여했다. 핍박은 선택의 표지였고 하나님이 신자를 결코 포기하지 않으신다는 사실을 기억하게 하는 강력한 암시였다. 동포에게 쓴 편지에서 칼뱅은 다음과 같이 호소했다.

> 십자가는 가혹한 고난 중에 여러분의 시선을 돌리고, 여러분의 죄를 질책하기보다는 그분의 말씀 때문에 고통당해도 그럴 가치가 있다고 하는 여러분을 귀히 여기신다는 사실을 기쁘하게 합니다. 그분이 은혜로 우리를 지지하지 않으셨다면 우리 모두는 죄로 질책을 받아 마땅할 텐데 말입니다. 또한 인내하면서 그분의 손으로부터 교정을 받은 불쌍한 죄인들을 그분이 위로하기로 약속하셨다면, 성령의 도움과 위로는 여러분을 내버려 두지 않을 것임을 믿으십시오. 여러분이 그분을 신뢰한다면, 여러분은 그분이 자기 자녀들을 주관하시는 상태를 받아들이게 될 것입니다.[3]

그러나 칼뱅과 조국과의 관계에 문제가 없었던 것은 아니다. 그는 매일 제네바에서 20년 전 떠나온 서쪽 땅을 바라보았을 것이다. 종교개혁자로서의 경험은 망명하기로 한 결단이라 할 수 있었다. 1540년대에 겁을 내며 복음을 받아들였지만 로마 가톨릭교회와 깔끔하게 단절하지는 않는 듯 보이는 복음주의자들에 반대해 칼뱅은 거친 활동을 벌였다. 제네바에서는 크레스팽의 순교자 열전 덕에 그는 고난, 망명, 죽음이 핍박에 대한 수용 가능한 반응이라는 모범임을 구축하는 데 성공했다. 양심의 가책을 덜어 낼 필요가 있는 이들에게는 제3의 길이 없었다. 많은 이들이 칼뱅의 부름을 따라 망명을 선택하면서 제네바로 밀려든 후 이 도시의 종교 및 정치 문화를 압도했는데, 결국 1555년 그를 지지한 이들은 승리의 절정을 맞았다. 그러나 그렇지 않았던 이들의 숫자도 많았다. 특정 신앙을 가졌다는 이유로 수많은 이들이 목숨을 잃는 문화 속에서 자기 신앙을 은폐하고 싶어 했던 이들의 마음을 칼뱅이 몰랐을 리 없다. 또한 1550년대 중반부터 조직 교회가 귀족들의 후원 아래 등장했지만 안전이 보장되는 것은 아니었다. 칼뱅은 이제 자신이 비난했던 그 은폐의 정신과 대화하지 않을 수 없었다.

대확장

프랑스가 개종하기를 바랐던 칼뱅은 고위 귀족의 지도력에 희망을 걸었다. 이 때문에 그는 나바르의 앙투안^{Antoine of Navarre, 1518-1562}이나 콩데 공^{Prince of Condé, 1530-1569}* 같은 인물을 신뢰했는데, 두 사람 다 결국에는 실망을 안긴다. 1550년대에 아주 많은 수의 귀족이 프로테스

---

* Louis de Bourbon, 혹은 Louis I로도 불리는 프랑스 위그노파 지도자.

탄트로 개종하자, 귀족의 신분을 늘 과도하게 높이 평가하는 경향이 있던 칼뱅이 이에 현혹되었고, 심지어 일시적으로 눈이 멀었다고 할 정도가 되어 버렸다. 그러나 이 존경에는 문제가 있었다. 외부인이었던 그는 귀족 문화를 완전히 파악하지 못했는데, 이 문화와 종교의 관계는 늘 변덕스러웠다. 특히 귀족의 개종은 파악하기 쉽지 않은 일이었고, 신앙고백을 통한 소속도 유동적이었다. 비슷하게, 한 귀족이 개혁파 신앙을 받아들였다고 해서 집안 전체가 개종한다고 보장할 수 있는 것도 아니었다.[4] 종교는 복합적이어서, 스코틀랜드 및 다른 지역과 마찬가지로 프랑스의 귀족도 자기들에게 유리한 것만을 선별적으로 받아들였고, 그렇지 않은 것은 무시했다. 또한 개종했다고 해도 원래의 생활 방식을 포기하지는 않았다. 제네바에서 가르치던 내용이 아무리 흘러들어 가도 춤, 음악, 축제, 가장행렬 등을 멈추지 않았다. 귀족은 칼뱅의 가르침과는 조화되지 않는 귀족의 방식에 따라 살았고, 관계를 형성하려면 타협이 필수였다. 칼뱅은 이를 알았기에, 프랑스에서 복음이 전파될 수 있게 하기 위해서는 그가 아주 많이 기대하던 그들의 행동을 받아들이든지 아니면 최소한 눈을 감아야 한다는 것을 인정했다.

1555년부터 프랑스 귀족층의 놀라운 개종과 함께 프로테스탄트 교회들이 대규모로 등장하기 시작했다. 두 가지 현상이 연결되어 있었다. 귀족 개종자들은 막 등장한 교회를 보호해 주었다. 이 성장기에 칼뱅은 자기 민족에게 기존의 비밀 모임을 이제 목회자와 성례, 콩시스투아르가 있는 공개된 교회로 바꾸라고 권면했다.[5] 또한 수많은 편지를 여러 다양한 교회에 발송하고 목회자들을 파송해서 바른 신앙과 행위가 정착될 수 있도록 했다. 파리의 형제들에게는 서로 격려하고 어떤 대가를 치르더라도 분열을 피하라고 강권하면서 서로를 외면하면 "늑대의 먹이"가 된다고 경고했다.[6] 푸아티에 교회에는 불필요하게 위험한 행동을 하지 말고 한 장소에서만 모이지 말며 이집 저집으로 바꾸면서 발각되지 말라고 했다. 각 사람은 자기 가정이 예배 공간으로 사용될 수 있도록 준비해야 했다. 칼뱅이 하나님의 인도하심과 지역별 책임을 위임하면서, 집회의 형태까지 그대로 따라하라고 불러주지 않았다는 사실이 중요하다.[7] 앙제Angers 교회에도 비슷한 조언을 했다. 형제들은 적그리스도의 악행을 떠나야 하지만 과도하게 위험한 삶을 살지는 말아야 했다. 또한 질서와 규율을 유지하고 다툼을 피해야 했다. "우리는 여러분이 벌써 질서를 확립하고 추문을 막으며 구속력을 가진 경찰을 세웠다는 소식을 듣고 기뻐했습니다. 그런 치리를 폐하지 말고 강화하도록 노력하십시오. 그리고 여러분 각자가 그 규범에 순종해서 온유의 정신이 여러분 가운데 넘치는 것을 보여 주십시오."[8]

성공은 엄청났다. 1559년에는 프랑스 전역에 최소 59개 교회가 퍼져 있었다. 가장 많이 성장한 지역은 기엔, 가스코뉴, 노르망디, 도피네, 랑그도크로 모두 귀족의 지지를 받았다. 개혁파 신앙의 가르침에 가장 매력을 느낀 이들은 도시 중산층이었다. 파리에서는 상당한 규모의 신자 집단이 등장했다. 파리의 프로테스탄트 교회 예배에 참석하는 이들 중에는 저명 인사 집안도 상당수였다. 성공한 만큼 위험도 커졌는데, 1557년 9월 생자크 거리에서 예배 중이던 남녀와 아이 130명이 체포되었다.[9] 참석한 귀족 중 일부는 칼로 무장을 하고 있었기 때문에 싸우다 달아났고 나머지는 감옥으로 끌려갔다. 무력 충돌과 가문들의 무력함은 난제를 부각시켰다. 저항은 합법적이었나? 칼뱅은 파리 교회에 공감을 담아 편지를 썼지만, 폭력은 단호하게 비난했다. 생자크 거리는 파리에서 프로테스탄트를 대상으로 첫 번째 조직적인 폭력 사건이 발생한 장소였지만, 이 사건이 마지막은 아니었다. 8월 에스파냐군이 생캉탱Saint-Quentin에서 프랑스군을 무너뜨리자, 수도에는 암울한 분위기가 감돌았다.[10] 합스부르크 군대가 파리로부터 160킬로미터도 떨어지지 않은 곳에 주둔하면서, 공포가 도시를 휘감았다. 칼뱅은 투옥된 프로테스탄트들을 심방하며 믿음으로 견디라고 격려하던 파리의 목회자들에게서 사건을 계속 보고받았다.

생자크 거리 체포 사건으로 프로테스탄트 운동이 정체되었지만, 멈춘 것은 아니었다. 위대한 샤티옹 집안 출신이자 군사 지도자였던 프랑수아 당들로 드 콜리니François d'Andelot de Coligny, 1521-1569가 1556년에 프로테스탄트로 개종한 후, 브르타뉴의 자신의 영지를 복음화하기 시작했다. 칼뱅의 지도에 따라 파리 목회자들은 당들로의 형이자 프랑스 제독인 가스파르 드 콜리니Gaspard de Coligny, 1519-1572 등 고위 귀족과의 관계를 부지런히 조성했다. 1558년 봄에는 파리 프로테스탄트의 미래가 다시 밝아 보였다. 5월 센강 좌안에서 열린 여러 집회에서는 시편을 불렀다. 나바르 왕가에서 왕의 아들이 아닌 최고 연장자에게 주는 칭호인 제1대공First Prince of the Blood 자리에 있던 나바르의 앙투안이 한 집회에 참석했는데, 이 일은 참석한 모든 이가 가장 큰 상을 받은 것이나 마찬가지였다. 마르그리트의 사위인 이 나바르 왕*은 어렵고 변덕스럽기까지 한 동맹이었고, 제멋대로인 데다 춤과

* 나바르의 앙투안은 1555년부터 1562년에 사망할 때까지 나바르의 왕이었다.

축제 등 왕실 생활의 사치에 깊이 물든 인물이었다. 이 모든 것이 칼뱅을 오싹하게 했지만, 당시로서는 무시해야 했다. 칼뱅은 할 수 있는 것을 했고, 자신과 왕이 같은 대의에 헌신하지 않는다는 사실을 인정하면서도 앙투안에게 수많은 편지를 써서 종교개혁을 이끌어 달라고 요청했다.

> 저는 폐하가 하시게 될 신앙고백이 폐하의 인격, 왕으로서의 위엄, 국가, 명예, 재산과 관련해 폐하를 뒤흔들어 놓는 중요한 결과를 가져올 수 있다는 사실을 잘 알고 있습니다. 그러나 폐하, 무슨 일이 일어나든지 간에, 폐하가 하나님께 얼마나 매여 있으며 얼마나 많은 빚을 지고 있는지 생각해 보셔야 합니다. 폐하가 소유한 모든 것을 그분이 주셨으며, 훨씬 좋은 것 즉 천국의 유산도 그분이 주십니다. 잘 아시다시피, 폐하가 그 높은 지위에 앉아 계시다고 해서, 모든 행복과 구원이 달린 우리 주 예수 그리스도에 대한 교리 곧 모든 신자에게 공통으로 주어진 법과 규칙을 면제받는 것은 아닙니다.[11]

그러나 이 예언자 같은 권면은 별로 효과가 없었다.

이와는 대조적으로, 프랑수아 당들로 드 콜리니는 개종 후에 특히 루아르 지방을 중심으로 열정적인 활동을 하면서 여러 교회 개척에 핵심 역할을 했다. 그러나 그의 새로운 종교적 열정은 앙리 2세 궁정의 비난에 직면했고, 그는 1558년에 가택 연금되었다. 칼뱅은 파리 교회로 파송된 장 마카르 Jean Macard 목사의 편지에서 당들로의 연금을 둘러싸고 파리에서 일어난 사건들에 대한 정보를 얻었다. 그는 마카르를 지극히 좋아했고, 그의 용기를 존경했다. 마카르가 투옥된 신자를 심방하고 전염병에 희생된 이들을 위해 봉사하는 일로 분주했다는 사실로 그의 용기는 증명된다. 당들로가 처한 상황은 지극히 중요했는데, 개혁파 교회에 귀족의 보호가 필요한 칼뱅은 이 중요한 개종자를 잃지 않으려고 필사적으로 노력했다. 완전히 예언자의 어조로 당들로에게 쓴 편지에서 굳건히 서서 믿음을 지키고 그렇지 않으면 영원한 대가를 치르라고 권고했다.

> 대장님을 예수 그리스도의 순전하심으로부터 떠나게 하려는 자들, 바울이 말했던 우리를 속이고 유혹하기 위해 공포를 불러일으키는 미혹자들이 속삭이는 소리에 귀를 기울이지 말고 계속 닫아 두십시오. 우리의 신앙고백이 그들이 보기에는 소용없어 보일 수 있지만, 그것은 하나님을 기쁘시게 하며 하나님의 눈에는 귀중한 것임을 대장님도 아실 겁니다. 이는 대장님이 그분께 완전한 희생을 드리는 일입니다. 대장님을 그분의 일을 위해 바치는 것이 그분을 기쁘시게 하기 때문입니다.[12]

칼뱅에게는 끔찍하게도, 동요한 당들로는 위기를 모면하려고 새 신앙을 반쯤 철회하고 말았다.

앙리 2세는 왕국 내 존재하는 "루터파"(당시 알려진 이름) 문제를 해결하기 위해 뭔가를 해야겠다고 결심했다. 그러나 합스부르크 왕가와의 끝없는 전쟁 탓에 옴짝달싹 못 하고 있었다. 1557년 7월의 콩피에뉴 칙령Edict of Compiègne은 상황 악화를 막기 위한 필사적 조치였다. 개혁파 신앙을 계속 신봉하는 이들은 사형에 처한다는 법령이 도입되었지만, 프로테스탄트 비율이 상당히 많이 늘어난 파리 고등법원에서 강력한 저항이 있었다. 그러나 1559년 4월 카토-캉브레지 평화 조약Peace of Cateau-Cambrésis으로 앙리는 수도를 오염시키는 이단 무리에 시선을 돌릴 수 있게 되었다. 왕은 1559년 6월에 열린 파리 고등법원 회의에 개인적으로 참석해서 칙령이 왜 제대로 시행되지 않았는지 극적으로 알게 되었다. 고등법원의 프로테스탄트 재판관들은 공개적으로 왕에게 도전했는데, 그중에는 치안 판사이자 대법관의 조카로, 국왕과 가톨릭 신앙에 열정적인 국왕의 정부 그리고 국왕이 행하는 핍박에 반대 발언을 했던 안 뒤 부르Anne du Bourg, 1521-1559가 있었다. 앙리는 뒤 부르를 죽이기로 결심했다.

그러나 사건이 예상치 못한 방향으로 전개되었다. 1559년 6월 말 앙리 2세가 마상 창 시합에서 심각한 부상을 입었다. 그는 눈을 통과해서 뇌를 뚫고 들어간 파편 때문에 열흘 후 사망하고 말았다. 핍박이 전적으로 성공적이지는 않았지만, 개혁파를 핍박하던 극도로 포악한 국왕의 죽음으로 왕권은 몰락했다. 프랑스 왕좌는 15살의 병약한 소년이자 어머니 카트린 드 메디시스Catherine de Médicis, 1519-1589의 통제하에 있던 프랑수아 2세에게 넘어갔다. 이제 프랑스 왕국은 콜리니와 당들로가 속한 가장 부유한 지주 집안인 몽모랑시 집안과 기즈 집안의 주요 경쟁 무대가 되었다. 허약한 두 아들의 어머니 카트린은 서로 다른 신앙고백으로 완전히 갈라져 있던 두 강력한 집안과 협상해야 했다. 칼뱅은 목사 앙투안 드 라 로슈 샹듀Antoine de la Roche Chandieu를 나바르의 왕에게 보내, 이제 그가 섭정이 되는 길이 열렸다는 메시지를 전했다. 나바르 왕 앙투안은 여기에 관심이 없었다. 많은 이들이 나바르의 왕에게 실망했지만, 칼뱅은 제1대공만이 이 상황에서 행동을 취할 수 있다고 계속 주장했다.

제네바에서는 불만스러워했지만, 공포와 죽음이 지배하던 파리에서 프로테스탄트가 처한 극단적인 위기를 생각할 때, 이런 머뭇거림은 이해할 만했다. 프로테스탄트 목사 마카르는 복음주의자들의 명단을 기즈 집안 소속인 로렌의 추기경이 확보하고 있다는 경고를 받았다.[13] 1559년 여름에 도시의 소란스런 무리가 보는 앞에서 신앙고백을 하지 못하도록 혀가 잘린 채로 남녀들이 처형당했다. 구경꾼들은 교수형에 처한 이들의 시신을 훼손한 후 거리로 끌고 다녔다. 단순히 종교 문제는 아니었다. 무리는 이단이 도시의 도덕 질서에 심각한 위험을 초래했다고 설복당한 것이었다.[14] 뒤 부르에 대한 재판은 1559년 12월에 끝났는데, 프로테스탄트가 도시를 파괴하려 한다는 소문이 돌았다. 또한 뒤 부르가 크리스마스 직전 처형당하게 되자, 그를 구하려는 어떤 시도도 막으려는 추가 조치가 취해졌다.

프로테스탄트 교회들은 1559년 파리에서 첫 번째 전국 회의synod를 열고자 계획 중이었다.[15] 이 회의를 이끈 인물은 칼뱅이 파리로 파송한 프랑수아 드 모렐François de Morel과 부르고뉴 귀족 집안 출신으로 제네바에서 칼뱅에게 배운 후 파리 교회의 목사가 된 앙투안 드 라 로슈 샹듀였다. 제네바의 지위를 전적으로 인정했지만, 파리에서 열린 회의는 자체 조직이었고 제네바의 규칙들은 상황 변화에 맞추어 조정되었다. 그 결과 독특한 방침이 등장했다.[16] 칼뱅은 프랑스 교회가 제네바 교회의 신앙고백을 채택하기를 원했기에 프랑스만의 새로운 신앙고백에 반대했지만, 프랑스 목회자들의 생각은 달랐다. 별로 탐탁지 않았지만, 결국 칼뱅도 이에 동의하고 새로운 신앙고백서를 준비했다.[17] 드 모렐은 전국 회의에서 제네바로부터 온 원고에 다섯 항목만 덧붙이겠다고 칼뱅을 안심시키며, 이 종교개혁자가 고

향 땅의 교회에 결정적 영향력을 미치는 것을 확고히 했다.[18]

1560년은 귀족들이 개혁파 신앙으로 가장 많이 개종한 해였고, 귀족 여성들의 역할이 결정적이었다. 이들 중에는 나바르의 앙투안의 아내이자 마르그리트 왕비의 딸 잔 달브레[Jeanne d'Albret, 1528-1572]도 있었다.[19] 잔은 베아른에서 개혁파 설교를 후원했으며, 1560년에는 자신이 개종했다고 선언했다. 개혁파 신앙이 승리한 순간이었다. 칼뱅은 1월 초 잔이 보낸 편지에 대한 답장을 쓰면서 잔의 개종이 너무 기쁘다고 했다.[20] 피레네 산맥 북쪽에 위치한 나바르와 베아른은 하나의 독립 왕국을 이루었으나, 잔의 아들이 프랑스의 왕 앙리 4세가 되면서 프랑스와의 연합을 통해 프랑스의 일부가 되었다.

다른 개종자로는 콜리니 제독의 아내 샤를로트 드 라발[Charlotte de Laval]과 루아의 백작 부인 마들렌 드 마이[Madeleine de Mailly]로, 이 백작 부인의 딸이 나바르의 앙투안의 동생 콩데 공과 결혼했다. 백작 부인은 콩데 공이 개종하는 데도 크게 기여했다. 칼뱅은 이 여성들과 가까이 교제했고, 이들의 중요성도 결코 과소평가하지 않았지만, 이들의 관계는 꽤 복잡했다. 프랑스에서는 여러 사건들이 일어나 풍성해지고 있었지만, 칼뱅은 잉글랜드에서 일어난 심각한 반전으로 고통을 받았다. 이미 살펴본 대로, 존 녹스가 여성 통치자들에 반대하여 쓴 소책자 때문이었다. 이 재앙으로 칼뱅은 여성 역할에 대한 입장을 명확히 하지 않을 수 없는 상황에 내몰렸다. 이렇게 해서 내놓은 입장은 미묘하고 흥미로운 통찰이 드러난다. 성경이 충분히 보여 주듯이, 하나님이 여성들을 높이셔서 통치자로 세우신 일이 있었지만, 이는 대체로 비상시에 일어나는 일이며 하나님의 진노를 드러내는 표지였다고 잉글랜드의 세실에게 설명했다. 드보라의 경우처럼,

이런 일이 분명히 정당하고 하나님의 뜻을 반영하지만, 자연 질서에 따르면 통치자는 남성이어야 한다. 여성이 고위직에 앉는 것에 대한 태도도 프랑스 귀족 여성들과 주고받은 칼뱅의 서신에서 명료하게 나타났다. 전체적으로, 그는 영적 조언과 격려에 대한 언급으로만 한정했고, 정치와 신학 문제로 들어가지는 않았다.

칼뱅의 전략은 무기력한 나바르의 왕 앙투안을 어떻게든 붙들고 있는 것이었는데, 1560년에 그는 베즈를 네라크에 보내서 동요하며 흔들리는 나바르 왕이 마음을 굳게 먹고 개혁을 추진하도록 격려하게 했다. 베즈는 이 전략에서 칼뱅과 같은 의견이었기에, 앙투안과 그의 동생인 콩데 공 루이를 설득해서 기즈 집안에 대항하는 개혁파 교회들의 뒤에서 무게를 실어 달라고 요청했다.[21] 결과적으로 베즈는 앙투안에게는 거의 영향을 끼치지 못했지만, 콩데 공과 앙투안의 아내 잔에게는 인상을 남겼다. 베즈는 또한 당시 일곱 살이던 나바르의 왕자 앙리도 만났는데, 그는 후에 프랑스 왕 앙리 4세가 된다. 두 사람은 이때부터 칼뱅의 죽음 이후에 일어나는 일련의 사건들을 낳는 오랜 관계를 맺기 시작했다.

앙부아즈 음모

칼뱅은 환영했던 앙리 2세의 죽음으로 프랑스 왕좌는 메리 스튜어트의 남편인 유약한 소년 왕* 프랑수아 2세가 이어받았다. 미성년자가 왕이 되자 기즈 집안과 로렌의 추기경은 섭정이 되었다. 이들은

* 등극 당시 15세였다.

프로테스탄트 박멸 작업을 더 밀어붙이기로 결심했다. 1559-1560년에는 체포와 핍박의 정도가 더 심해졌다. 일부 프로테스탄트 지도자들은 이제 행동에 나서지 않으면 안 되겠다고 느꼈다.

기즈 집안에 저항하기 위해 꾸민, 결국 재앙으로 끝난 음모가 어떻게 시작되었는지는 여전히 모호하며 역사가들도 여전히 논쟁 중이다.[22] 이전에 기즈 집안을 위해 일했던 젊은 귀족이자, 시유 드 라 르노디Sieur de La Renaudie라 불리던 장 뒤 바리Jean du Barry가 구상한 일이었다. 그는 1559년 제네바로 가서 칼뱅을 만났고, 칼뱅은 그를 대수롭지 않게 여겼다. 그러나 뒤 바리는 베즈와는 더 좋은 관계를 형성했다. 이때 그는 증오의 대상인 기즈 집안에 대항하는 모종의 행동을 취할 준비가 되어 있던 다른 목사 몇 사람과도 가까워졌다. 칼뱅의 동지 프랑수아 드 모렐 목사가 파리를 떠난 후, 다른 프로테스탄트 목사들이 모여 음모를 꾸몄다. 가장 적극적이었던 인물은 칼뱅의 친구이자 이전 학생이었던 프랑수아 오트망으로, 당시 그는 스트라스부르에서 법학 교수로 재직하고 있었다. 1560년 초 프랑스 전체가 기즈 집안에 반대해서 봉기한다는 소문이 파다했지만, 칼뱅은 이 음모에 관여하지 않았고 이런 비밀 행동에도 격하게 반대했다. 그는 프랑스 궁정을 습격해서 어린 프랑수아 2세는 사로잡고, 기즈 집안의 섭정들은 암살하려고 계획한 라 르노디를 극히 혐오했다. 콩데 공도 이 계획을 논의했는데, 그는 "침묵하는 대장"이 되려고만 했지, 손에 피를 묻히지 않으려고 아무것도 하지 않았다. 부르봉 가문*이 왕좌를 차지하게 하는 것이 이 음모의 궁극적인 의도였다.

* 나바르의 앙투안, 콩데 공, 앙리 4세가 소속된 위그노 가문.

앙부아즈 음모는 1560년 3월 17일 왕이 거주하던 앙부아즈 성 Château d'Amboise을 어설프게 공격한 사건에서 유래했다. 얼마간의 혼돈 후에, 공모자들을 기다리고 있던 군대가 이들을 쉽게 제압했다. 라 르노디는 사로잡혔고, 1,200명 이상이 교수형에 처해졌다. 이때 처형당한 사람 중에 시유 드 발몽지Sieur de Villemongis가 있었다. 그는 처형 직전에 목이 잘린 동료들의 피에 손을 담그고는 "여기 우리 자녀들의 피가 있나이다, 오 주여, 당신의 한이 풀리는 날이 올 것입니다!"라고 외쳤다.[23] 이 음모는 재앙 그 자체였지만, 이 사건으로 개혁파 운동의 첫 번째 정치적 순교자들이 나왔다.

음모가 실패하면서, 제네바와 칼뱅의 입장이 난처해졌다. 제네바는 신속히 자신들은 개입하지 않았고 어떤 음모도 몰랐다고 공식 선언을 해야 했다. 자기가 휘말릴 수도 있다고 염려한 칼뱅은 제네바 입장보다 더 복잡했다.[24] 라 르노디와 만나 논의한 적이 있다는 사실은 인정했지만, 공모를 승인한 일은 없다고 단호하게 주장했다. 처음에는 친한 친구이자 파리의 목사 앙투안 드 라 로슈 샹듀와 이야기한 것을 부인했지만, 결국 대화를 나누었다는 사실은 밝혔다. 칼뱅이 아무것도 몰랐다는 주장은 목사회가 공모를 마지막 단계에서 알아채고 심지어 낭트의 공모자들 모임에 대표를 보낸 증거가 발견되면서 더욱 사실이 아님이 드러났다. 그러나 그곳에 보낸 목사 프랑수아 부아노르망François Boisnormand이 목사회로부터 참석 지시를 받은 것인지는 알려져 있지 않다.[25] 칼뱅이 실제 고백하려던 것보다는 음모에 대해 더 많이 알았음은 분명하다. 칼뱅은 베즈가 음모자들에게 공감했다는 사실도 알았음에 틀림없다. 또한 그 계획을 주도한 이가 만약 나바르의 왕이었다면 반대하지 않았을 것이라고 증언하기도 했다. 나바르의 앙투안의 동생 콩데는 참여하기를 거절했고, 나바르의 앙투안은 음모에 대해 몰랐던 것 같다.

콩데는 프랑스 법정에서 자신은 전혀 관여하지 않았다고 맹세하고 난 후, 나바르의 자기 영지로 돌아갔다. 거기서 그는 오트망과 베즈를 만났는데, 귀족들이 종교개혁을 이끌어야 한다고 설득하기 위해 칼뱅이 네라크로 보낸 자들이었다. 1560년 8월에 열린 회담에는 나바르의 앙투안과 베즈와 오트망이 참석했고, 여기서 이들은 프로테스탄트가 강세인 남부 지방을 해방시키기 위한 새로운 음모를 꾀했다. 리옹의 프로테스탄트가 무기를 들면서 사건은 폭력으로 비화되기 시작했다. 카트린 드 메디시스는 전쟁이 두려워 에스파냐의 필리페 2세에게 지원을 요청하는 한편, 프랑스 왕 프랑수아 2세는 콩데를 법정으로 소환했다. 국왕에 대한 반역과 복종 사이에서 하나를 택하라고 요구받은 나바르의 앙투안은 후자를 선택하고 1560년 10월 콩데를 법정으로 데려가는 데 동의했다. 그 결과 출두한 콩데는 즉각 체포되었다. 카트린은 프랑수아 2세에 대항하는 폭동을 추동했다며 나바르의 앙투안을 공개적으로 고발하고, 섭정은 자신이 되어야 한다고 하는 그의 주장을 철회하라고 강요했다.[26] 동시에 카트린은 기즈 집안이 콩데를 처형하지 못하도록 절박하게 애썼는데, 그랬다가는 전쟁이 일어날 것이 뻔했기 때문이다. 그러나 결국 카트린을 도운 것은 아들 프랑수아 2세의 죽음이었다. 이로써 기즈 집안의 섭정도 끝이 났다.

그 자체로 우스꽝스러우면서도 비극적인 사건인 앙부아즈 음모는 칼뱅에게 큰 영향을 미쳤다. 전제 군주에 저항할 수 있는 권리가 개인에게 있느냐에 대해 그는 시종일관 부정적이었다. 또한 베즈 등 제네바에 있는 일부를 비롯해 다수가 다른 생각을 갖고 있다는 것도 알고 있었다. 과거에 칼뱅은 징벌은 하나님께 맡겨 두고, 대신 인내하고 복종해야 한다고 조언했다. 그러나 이 메시지는 핍박과 처형이 이어지는 시기를 살던 프랑스인의 마음에 공명하지 않았다. 음모 이후 몇 달 동안 칼뱅은 개인의 저항이 정당화될 수 있는 상황과 방식에 대해 구체적으로 고민했다.[27]

위대한 선교

1555년부터 제네바는 프랑스의 신생 프로테스탄트 교회들을 섬길 목회자들을 파송하면서 가장 대담한 선교 활동을 시작했다. 1555년에서 1562년까지 목회자 150명 이상이 상대적으로 안전한 제네바와 보 지방을 떠나 섬뜩한 위험이 도사리는 프랑스로 건너갔다. 강제 점유한 교회에서 설교하거나 성상을 파괴하는 불법 행위에 연루된 이들에게 고문과 사형이 극히 흔했다.[28] 대부분은 귀족, 중산층 부르주아, 장인 계급 출신으로 이들 중 농민은 없었다. 그리고 일부는 이전에 사제였다.[29] 귀족 태생인 인물들은 신분이 높은 이들의 사회적 집단으로 진입해서 개종자를 얻을 수 있었기 때문에 종교개혁에서 엄청난 유익을 누렸다. 목회자들은 제네바를 떠나 프랑스 왕국 전역의 목적지로 갔는데, 주로 대도시와 특정 지역으로 갔다. 그 특정 지역은 주로 종교개혁에 공감하는 후원자들이 그 지역에 있느냐로 결정되었다. 프랑스 전역의 새로운 교회들은 제네바에 필사적으로 목회자를 보내 달라고 요청했는데, 이들이 요구한 수는 제네바가 공급할 수 있는 목회자 수를 훨씬 넘어섰다. 용감하고 열정적으로 조국으로 돌아간 많은 이들이 잘 훈련받은 사람이거나 공동체의 기대를 충족시킬 수 있는 이들이 아니었음은 뻔한 결론이었다.

칼뱅은 기회와 어려움을 인식하고 있었고, 제한된 상황에서도 성경에 대한 기본 교육을 제공함으로써 할 수 있는 한 최선을 다해 목회자를 교육시키려 했다. 우리가 이미 살펴본 대로, 그의 설교와 강의를 학생들이 받아 적었고, 1561년에는 매일 강연에 참석하는 학생이 약 천 명이었다고 추정된다.[30] 1559년에 제네바 아카데미가 설립되기 전 시 의회는 도시에 도서관을 세웠고 인쇄업자들은 자기들이 찍은 책 몇 부를 기증하여 학생들이 빌려 갈 수 있게 했다. 이 학생들 다수가 베즈와 같은 교수의 집에서 살았는데, 이들은 유명한 선생들과 접촉하는 특권을 얻었다. 이는 종교개혁이 정착된 유럽 지역 전역에 공통적으로 정착된 관습이었다. 비텐베르크와 취리히에서는 멜란히톤과 불링거가 학생, 난민, 방문자에게 숙식을 제공했고 식사 시간은 수업 토론의 연장이 되기도 했다. 아내와 자녀들을 남겨 두고 프랑스로 떠나야 했던 목회자들의 남겨진 가족을 제네바 시는 신경 써서 돌보았다. 제네바에서 목회자가 되기 위해 준비하는 학생들은 자주 저명한 집안 아이들의 가정교사로 일하는 등 임시 직업을 가졌다. 비서로 일하는 이들도 있었는데, 예컨대, 데 갈라르, 프랑수아 부르구앙, 장 쿠쟁 Jean Cousin 은 모두 학창 시절에 칼뱅의 설교를 기록하는 일에 전념했다.

그러나 제네바에서 할 수 있는 일은 제한되어 있었다. 제네바는 교회가 몇 개밖에 없는 중소 도시였기에, 프랑스로 가려고 준비하는 이들에게 제공할 수 있는 일자리가 충분치 않았다. 1559-1561년에 프랑스로 돌아간 많은 이들은 보 지방에서 일한 경험 많은 목사들이었는데, 보 지방은 그들이 파문 문제로 논쟁에 얽힌 곳이었다. 그들은 자기 고향에서 대대적인 선교 운동을 벌이며 목회하기를 원했다. 이로써 프랑스에 칼뱅의 신학이 널리 퍼지게 되었는데, 프랑스 전역에 수백 개 신앙 공동체를 형성한 목회자들이 제네바 교회의 치리를 배우고 훈련받았기 때문이었다. 이 때문에 베른과는 갈등이 발생할 수 있었고, 실제로 그러했다. 특히 1558-1559년에 파송된 목회자 대다수가 베른 영토에서 일했고, 로잔에서도 갈등이 생겨 도시를 떠났다.[31] 이들은 칼뱅의 가르침에 충실했고, 새로운 교회를 섬기기 위해 프랑스로 잠입하며 목숨을 걸어야 했던 이들의 귀에 울린 목소리도 칼뱅의 것이었다.

칼뱅도 새 목회자들에 대한 염려로 전전긍긍했다. 목회자의 자질에 대한 높은 기준에는 조금도 양보가 없었다. 종교개혁 운동의 성공 여부는 치리가 시행되는 교회에서 바른 교리를 가르치고 성례를 집행하는 목회자의 능력에 달려 있다고 인식했다. 그러나 융통성이 요구되는 상황이었다. 제네바에는 목회자를 선정하는 공식 절차가 있었다. 후보자는 목사회에 출석해서 성경 한 구절을 해석해야 했다. 그다음 칼뱅이 그를 시 의회와 교구 교회와 대면시켰다.[32] 그러나 프랑스로 가는 목회자들에게는 그럴 시간이 없었다. 따라서 목사회는 후보자를 간단하게 승인했다. 파송된 이들이 목사회의 권위 아래 있었기에, 목사회는 당연히 이들이 순종하기를 기대했다는 사실이 중요하다. 또한 이들은 칼뱅 및 다른 목사에게 각 지역에서 일어난 사건에 대해 보고할 의무가 있었다. 시간이 지나면서 점점 수신자는 목사회가 되었지만, 처음에는 프랑스에서 온 요청, 특히 1555년 이후 요청 다수는 먼저 칼뱅 개인에게 편지로 온 것이었다. 말하자면, 목사회가 성직자를 위한 일종의 유사 주교 역할을 했다고 할 수 있었다. 여러 다양한 요청을 다루는 것은 한 팀으로 일하던 제네바의 지도자급 목회자들이 나누어 처리해야 하는 업무였다. 요청이 들어온 프랑스의 특정 지역을 가장 잘 아는 인물이 해당 요청을 처리했다. 사안이 정치적으로 민감했기 때문에, 처음에는 모든 요청이 극비리에 처리되었고, 목사회는 아무에게도 심지어 시 의회에도 결정된 사항을 알리지 않았다. 칼뱅은 이러한 비밀 조치에 깊이 관여했는데, 1557년경에는 사항들이 공개적으로 논의되었다.[33] 프랑스의 침공에 늘 취약한 환경에 있는 제네바로서는 대의에 참여하고 헌신하는 이 모든 일을 제네바가 배후에서 선동하는 것으로 비춰져서는 안 되었고, 따라서 관심이 없는 척 연기해야 했다.

칼뱅은 이 선교 활동의 모든 측면에 골고루 관여했다. 목회자들에게 성경을 가르쳤고 제네바, 뇌샤텔, 보에서 시행하는 목회자 훈련을 감독했으며 이들에게 시험을 치르게 한 후 시 의회에 데리고 가서 소개했다. 목회자들은 파송된 공동체에서 사역하면서 지역 상황에 대한 엄청난 양의 정보를 제공함으로써, 칼뱅과 동료들이 변화 상황에 뒤처지지 않고 따라가게 해 주었다. 칼뱅은 목회자와 회중 간에 분쟁이 발생했을 때 중재하고 판단하는 역할도 맡았다.

1560-1561년에 프랑스에서 개혁파 교회가 성장한 것은 경이로움 그 자체였다. 루앙에서는 인구의 약 20퍼센트가 개혁파 신앙을 받아들였다.[34] 개혁파 교회 운동은 공격적이었다. 가톨릭교회들은 모욕당했고 성례는 조롱당했으며 폭도의 폭력은 도시 중심부에서 너울거렸다. 칼뱅은 이 소식을 듣고 당황하여, 신생 교회들에 복종하

기를 일렀다. 그러나 그 말을 듣는 이는 소수에 지나지 않았다. 왕국 내에서는 권력 균형이 계속 요동쳤지만, 제네바에서 파견된 목회자 수가 150명에 달하며 프로테스탄트의 영향력이 최고조에 달한 시기는 1561-1562년이었다.[35] 프랑스에서 대의를 위해 일할 성직자들이 필요해지자 보 지방의 목회자들이 빠져나갔고 베른도 프랑스어권에 목회자를 제공하기 위해 애를 썼으며 제네바에도 설교자가 부족했다.[36] 목회자들은 프랑스 전역으로 파송되었지만, 대규모 인원이 간 곳은 오를레앙으로, 콩데가 자기 군대를 집결시킨 곳이었다. 칼뱅과 아카데미에서 가르친 니콜라 콜라동을 제외한 거의 모든 제네바의 지도자급 목회자가 이 시기에 프랑스를 방문했다. "그는 우리에게 복음을 처음으로 선포한 인물"이기 때문에, 시 의회가 막으려고 애를 썼음에도, 파렐조차 1561년 프랑스로 다시 들어갔다.[37] 베즈는 프랑스를 수없이 오갔다. 장 레몽 메를랭Jean-Reymond Merlin은 목사회의 파송으로 제네바 대표로 샤티옹 집안의 콜리니 제독의 궁정에 들어갔고 자신의 활동과 푸아시 회의 준비에 대한 자세한 사항을 적은 장문의 보고서를 칼뱅에게 보냈다. 메를랭이 더 오래 머물려 하자, 성경 번역 때문에 그가 필요했던 칼뱅은 그의 요청을 거절하면서 제네바로 돌아오라고 했다.

푸아시 회의

프랑수아 2세 사망 후 1560년에 섭정이 된 카트린 드 메디시스는 로렌의 추기경이 이끄는 신흥 기즈 집안의 권력을 빼앗기 위한 활동을 벌였다. 섭정은 이를 위해서는 걱정스러울 정도로 급진적으로 변하던 프로테스탄트 핍박을 멈춰야 한다고 믿었다. 섭정을 지지하는 대법관이자 온건파였던 미셸 드 로피탈Michel de l'Hôpital은 왕국의 평화를 원했기에, 교회 의회를 조직하자고 제안했다. 드 로피탈과 카트린은 함께 프로테스탄트가 안전한 장소에서 모임을 가질 수 있을 정도로 상황을 안정시키고자 노력했지만, 폭도의 폭력에는 여전히 취약했다. 그러던 1561년 4월 나바르의 앙투안이 가톨릭교도를 자극하려 폭력 행위를 유발하게 하지 말라는 엄중한 경고문을 파리의 사제들에게 발행했다.[38] 앙투안은 타협점을 찾길 바라면서 이런 포고문을 발표했지만, 결과적으로 프로테스탄트의 설교와 가톨릭의 의식 행렬이 충돌하면서 오히려 상호 적대감만 커지고 말았다. 심지어 아이들도 거리에서 난투극을 벌였다. 1561년 여름 끝 무렵 프로테스탄트는 파리에서 설교를 하고 있었다.

1561년 9월과 10월의 푸아시 회의는 카트린 드 메디시스와 드 로피탈의 작품이었다. 섭정이 이 회의를 주재한 목적은 화합을 이루는 것이었다. 프로테스탄트에게 기즈 집안의 의뢰인으로 인식된 드 로피탈은 두 신앙의 공존이 파괴적인 폭력을 끝내기 위해 지불할 만한 대가라고 믿었다. 기즈 집안에서 가장 힘이 강한 로렌의 추기경은 어느 정도 종교간 타협을 원하는 것 같았고, 신성로마제국 내 종교 정착의 기반인 1530년 아우크스부르크 신앙고백에 대해서도 긍정적으로 말했다. 이 신앙고백에 대한 추기경의 호의적인 발언을 칼뱅은 독일 루터파, 즉 칼뱅에 대해 긍정적인 관점을 유지하던 얼마 안 되는 독일인들과 개혁파 간의 이간질로 인식했고 그에게 이것은 저주나 마찬가지였다.[39]

(런던에서 도착한) 데 갈라르, 드 모렐, 드 생-폴, 폴리옹, 베즈를 포

함한 제네바 목회자들이 푸아시에서 프로테스탄트 대표단을 이끌었다. 칼뱅은 진행 상황을 면밀히 보고받았고, 교리적 정확성을 더 강하게 요구했다. 실제로, 그는 가톨릭이 어떤 주제든 동의하는 순간이 있으리라 믿지 않았기 때문에 기대치가 낮았다. 회의 상황에 대한 보고서를 보내 준 베즈에게 편지를 쓰면서 칼뱅은 심지어 농담도 했다. "다른 이들은 우호적인 보고서로 한껏 우리의 기대를 채워 주고 있는데, 새 소식을 듣고 싶어 안달이 난 우리에게 당신이 알려 주신 소식은 너무 인색하다는 사실을 당신이 알고 부끄러워한다고 해도 놀랍지 않습니다. 많은 이들에게 즐거움을 주고 싶다면, 당신의 이름이 칭송되는 그 학교에서 배우시고 더 뻔뻔하게 거짓말하는 법도 배우십시오. 다른 사람들은 경탄하며 이야기하는데, 당신만 한 줌의 희망도 우리에게 주려고 하지 않는군요"라고 비꼬는 투로 이야기했다.[40] 그는 현장에 참석하고 싶었지만, 나타나지는 않았다. 대신 베즈에게 무슨 말을 하고 무엇을 할지 분명히 알려 주었지만, 너무 심각한 분열이 일어날 수 있으므로 자기 이름은 언급하지 말라고 지시했다.

예상대로, 회의는 제대로 진행되지 않았다. 양편 모두 상대편 이야기를 듣지 않았고, 베즈가 개혁파 성찬 교리를 모임에서 설명하자 조롱이 빗발쳤다. 루터파였던 뷔르템베르크 공작 Duke of Württemberg은 나바르의 앙투안에게 격려 편지를 써서 아우크스부르크 신앙고백을 채택하라고 권했는데, 칼뱅은 채택 시 결과에 대해 엄중히 경고하는 편지를 앙투안에게 보냈다.[41] 칼뱅은 이 모든 움직임 배후에 카트린 드 메디시스, 로렌의 추기경, 기즈 공작의 악한 영향이 있음을 감지하고, 베즈에게 어떤 타협도 하지 말라고 지시했다. 회의에서 이루어진 것은 아무것도 없었지만, 칼뱅은 사건을 다루는 베즈의 능숙한 재능을 입에 침이 마르도록 칭찬했다.[42]

푸아시는 프로테스탄트들에게 중요한 순간이었다. 베즈는 스스로 얼마나 탁월한 인물인지 증명했고, 반대자들에게서도 존경을 얻어 냈다. 그는 프랑스 전역을 두루 다니고 궁정에도 출입하면서 사건을 바라보는 시각도 달라졌다. 결코 칼뱅에 대한 충성은 잃지 않았지만, 칼뱅이 떠난 지 30년이 지난 모국에서 일어난 사건과 그 변화 상황에 대한 파악은 베즈가 훨씬 나았다. 칼뱅은 자주 우편물과 서신에 나오는 내용을 믿을 수 없다며 불평했다. 회의에서 보인 베즈의 활약에 깊은 인상을 받은 카트린은 1561-1562년 겨울 파리에 남아 달라고 베즈에게 요청했다. 베즈는 파리에 남아 프로테스탄트를 위해 봉사했고, 잔 달브레 집안의 가문 목사로도 일했다. 12월 10일에는 빗속에서 6천 명에게 설교를 했다. 이 짧은 거주 기간에 베즈의 책과 다른 종교개혁자들의 저술이 파리에서 팔렸다. 베즈는 칼뱅에게 카트린은 개혁파에 대한 선의로 가득하다며 다음과 같이 보고하는 편지를 보냈다. "우리의 왕비는 이전 어떤 때보다 우리에게 훨씬 호의적이라는 사실을 당신에게 확실히 말씀드립니다."[43]

저술 및 목회자들과의 개인적 관계를 통한 칼뱅의 영향력이 엄청났지만, 프랑스 프로테스탄트를 이끈 눈에 띄는 실질적 지도자는 베즈와 피에르 비레였다. 칼뱅은 제네바에만 머무르면서 프랑스 종교개혁의 결정적 시기에 다른 이들에게 책임을 떠넘겨 버렸다는 정죄의 목소리가 있음을 잘 알고 있었다. 그리고 이 비난을 반드시 해명해야 한다고 느꼈다.

"나는 돌아갈 마음이 없습니다"

1561년 여름에 예언자 다니엘에 대한 칼뱅의 강의가 제네바에서 출간되었다. 이 책에서 눈길을 끄는 것은 프랑스 신자들을 대상으로 쓴 서문으로, 칼뱅을 반대하는 이들이 결코 그냥 두지 않았던 문제에 정면으로 맞선 것이었다. 왜 프랑스 프로테스탄트 운동에서 가장 중요한 인물이 조국으로 돌아가지 않았을까? 대답은 다소 당혹스러웠다.

> 제가 여러분과 공유하는 그 조국을 26년간 떠나 있었다는 것을 저는 별로 후회하지 않으며 그 나라의 온화한 날씨가 세계 가장 먼 곳의 수많은 외국인을 끌어모으지만, 하나님의 진리, 순전한 신앙, 영원한 구원의 교리가 사라지고 그리스도의 나라가 무너진 지역에서 사는 것은 제가 즐거워하거나 원하는 일이 아닙니다. 따라서 나는 돌아갈 마음이 없습니다. 그러나 내가 태어난 나라 사람들을 잊어버리고 그들이 잘되는 것을 무시하는 것은 인간적인 의무와도 혹은 신적 의무와도 전혀 부합하지 않을 것입니다.[44]

칼뱅이 지금 무슨 말을 하고 있는 것일까? 여전히 우상숭배로 오염된 땅에서는 살 수 없다는 뜻일까? 그렇다면 가톨릭과 도시 및 지방의 공간을 공유하고 살아야 하는 프랑스의 새로운 프로테스탄트 신자는 어쩌란 말인가? 죽음에 대한 공포 때문일까? 칼뱅 같은 엄청난 인물이 순교자가 되게 하는 것에는 극단적 위험이 따를 것임에도 불구하고, 프랑스에는 칼뱅을 체포해서 재판하고 싶어 한 이들이 많았음은 의심의 여지가 없었다. 어떤 경우든, 순교는 그가 늘 피하던 길이었다. 그는 순교자 대신 망명자가 되기로 선택했고, 망명 생활을 예언자 같은 권위를 얻는 기반으로 삼았다. 아마도 가장 확실한 암시는 1564년의 유언에서 찾을 수 있을 것이다. 여기서 칼뱅은 자신이 하나님의 은혜로 프랑스의 "끔찍한 우상숭배 수렁"에서 건짐을 받았다고 말한다. 그는 구원을 가르치라는 소명을 하나님께 받았기에 이 일을 했다. 다니엘서 강의의 서문에서 그는 우상숭배에 빠진 프랑스 민족을 죄악에서 빠져나오게 하는 일을 멈춘 적이 없었다고 하면서 자기 삶과 목회를 변증했는데, 이는 이후 유언의 전조라 할 만했다. 예언자들이 먼 곳에 유배된 이스라엘에게 했던 것처럼, 칼뱅의 역할도 멀리서 가르치고 말하는 것이었다.

다니엘서에서 칼뱅은 프랑스 신자들에게 "거울"—그가 선호하는 이미지를 다시 한번 사용한다—을 들어 올려서 보여 주었다고 주장한다. 이 거울에서 "생생한 그림을 보듯이, 우리는 하나님이 잠시 사악한 자들을 남겨 두시고 내버려 두시면서 그분 종들을 금과 은처럼 정련하시는 것을 목격합니다. 따라서 불경한 자들이 평정과 안정을 누리는 동안 이를 불평하기보다 오히려 시련의 풀무에 던져 버려야 합니다." 다시 말해, 하나님은 박해자들에게 결국 손을 대시겠지만, 신자는 즉각적인 구원을 기대해서는 안 된다. 하나님의 뜻이 아닐 수 있기 때문이다. 필요한 경우, 신자는 "하나님의 영광을 드러내기 위해" 죽을 준비도 되어 있어야 한다.

루터도 말했지만, 복음을 선포하면 소요가 일어나며 그 말씀이 저항을 받을 경우 갈등은 불가피하지만, 그렇다고 해서 신자의 폭력 사용이 정당화되지는 않는다. 칼뱅은 자신의 권위를 강조했고, 호소력 짙은 목소리로 주장했다.

제가 모든 소요 상황을 막으려고 얼마나 열심히 노력했는지 굳이 말할 필요는 없습니다. 그리스도의 나라가 상처 없이 조용히 전진하지 못한다고 해도, 그것이 결코 제 잘못이 아님을 모든 사람의 심판자이신 대법관 앞에서 천사들과 함께 여러분 모두가 증언해 주시기를 요청합니다. 또한 각 사람이 경계를 넘지 않은 것은 바로 저의 신중함 때문이었다고 생각합니다.

칼뱅은 프랑스 교회를 향해, 다니엘의 예언들은 프랑스의 현실을 직시하게 하며 정치 지도자들로 실망하는 때에도 구원에 대한 기대를 굳게 붙잡으라고 격려한다고 말했다.

그토록 많은 사람이 고집스럽게 망하는 멸망의 길로 온몸 바쳐 달려가는 것은 정말 슬픈 일이지만, 그들의 어리석은 분노로 우리까지 불안해할 필요는 없습니다. 다니엘의 또 다른 권고는 우리에게 도움이 됩니다. 즉 특정 구원은 발견되는 모든 이들을 위해 비축되어 있다고 책에 쓰여 있습니다. 그러나 우리를 택하신 것은 하나님의 비밀스러운 뜻, 곧 우리 구원에 대한 주요 대의에 감추어져 있지만, 복음을 믿음으로써 그리스도의 몸으로 편입되는 모든 이가 양자가 된다는 사실은 의심의 여지가 없으므로, 이 선언에 만족하고 여러분이 기쁘게 시작한 이 믿음의 여정에서 견디십시오.[45]

칼뱅은 자기 입장을 정의했다. "하나님이 제게 명하신 자리를 버리는 것은 합당한 일이 아니기 때문에, 저는 여러분께 헌신하며 내 순례 여정의 끝까지 수고를 다 바쳤습니다. 하늘 아버지의 측량할 수 없는 궁휼 안에서 그 약속이 저를 여러분과 함께 그분의 영원한 유산이 있는 곳으로 데려가실 것입니다." 그는 프랑스로 돌아갈 때를 놓쳤다. 더 이상 그의 육체가 감당할 수 없었다. 그가 있을 곳은 제네바였다. 그가 잘 아는 세상이었고, 조국을 향해 말할 수 있는 요새였다. 비록 그가 개인적으로 종교개혁을 이끌기 위해 프랑스로 돌아갔다면 일어났을 법한 것을 떠올릴 수는 있겠지만, 또 그랬다면 의심의 여지 없이 그는 소르본과 고등법원의 수배자 명단에서 가장 위에 있었겠지만, 실제로 그런 일은 일어나지 않았을 것이다. 칼뱅은 운동을 이끄는 지도자는 아니었다. 그의 탁월한 재능은 쓰고 말하고 기관을 운영하는 것이었다. 교회를 개척하는 것이 아니라, 교회를 빚어 가는 것이었다. 느보산 위의 모세처럼 그는 약속의 땅이 있는 서쪽을 바라보았다. 하지만 요단강을 건너지 못하게 막은 이는 하나님이 아니라 칼뱅 자신이었다.

"우리는 철저하게 배신당했습니다"

1562년 연초부터 칼뱅은 쉬지 못했고 신경과민 상태에 있었다. 그는 베즈에게 보낸 편지에서 그의 친구가 프랑스에서 수행한 협상 방식에 불만을 표했다. 그가 푸아시 회의 직후 베즈에게 아낌없이 했던 찬사는 옛말이 되었다. 이제 두 사람은 교회에 형상들을 두는 문제를 놓고 서로 반대편에서 갈등했다.

첫 번째 회의에서 당신이 스스로 던진 덫에 걸렸음을 인식하지 못했다는 사실이 놀랍습니다. 당신이 채택한 방식은 늘 나를 불쾌하게 했습니다. 그러니까 당신은 근거의 절반을 고대 증언에 의존하게 만들었어요. 이 문제[형상 문제]에 대해 우리가 서로 합의하는 것은 불과 물이 합의하는 것과 비슷합니다. 그러나 당신이 실수로 혹은 숙고 부족으로 이런 오류를 범한 것은 아니기 때문에, 나는 당신이 결정하도록 맡겨 두겠습니다. 그러나 막 생기기 시작한 상처에서 다시 피가 흐르고 내가 당신과 얼마나 많이 다른지 고백하지 않을 수 없네요.[46]

칼뱅이 기분이 좋지 않을 때 이 편지를 쓴 것이라 생각할 수도 있겠지만, 칼뱅이 베즈에게 퍼부은 거친 독설로 이들의 관계가 달라졌음을 알 수 있다. 칼뱅을 가장 짜증나게 만든 것은 베즈가 실수나 조급함으로는 설명될 수 없는 다른 입장을 취하면서 분명한 의지를 갖고 했다는 사실이었다. 칼뱅에게 이것은 상처의 딱지를 뜯어내는 신의 없는 행동이었다.

모국 상황도 전혀 나아지지 않았다. 칼뱅은 프랑스에서 일어난 사건에 대해 불링거에게 일상적 소식을 보내면서, 교회 지도자들이 베른에 모여서 회의를 하자고 제안했던 주제를 다루었다. 그러나 칼뱅의 진단은 가혹했다.

당신은 제게 협력을 요청하지 않으시겠지요. 왜냐하면 저는 우리의 모든 전망이 완전히 무너졌다고 선언하기 때문입니다. 더 이상 아무것도 말할 필요가 없습니다. 최근 뇌샤텔에서 열리는 회의에 참석하라는 호출을 받았지만, 저는 제 도움이 필요한 척하는 이들이 제가 선을 넘는다며 고함치는 일 없도록 참석을 면제시켜 달라고 간청했습니다. 두 번째 참석하라는 소환을 받았습니다. 어떻게 해야 할지 모르겠습니다. 그들이 교회가 잘 되게 하는 일을 논의하고 싶어 한다고 당신이 생각한다면, 그야말로 엄청난 실수입니다. 그들이 그렇게 모욕하며 조롱할 때면 저는 제가 지구 땅끝 어느 구석에 있으면 좋겠다고 생각합니다.[47]

칼뱅은 불링거에게만 자기가 모욕당할 때 느끼는 굴욕감, 고립감, 사라지지 않는 배신감을 고백했다. 이것은 그저 칼뱅의 생각일까? 그러니까 분명 나이가 들면서 지나치게 예민하게 비판에 대응하는 것일까, 아니면 그가 의심했듯이 실제로 다른 개혁자들이 그를 공격하고 있었던 것일까? 후자의 경우에는 증거가 없다. 베즈와 불링거에게 보낸 편지들에서는 그가 프랑스에서 가장 두려워했던 것인 전쟁을 증언하는 한 사람에 대해 이야기할 뿐이다. 프랑스에서 일어나는 사건들은 그의 손을 벗어나고 있었다.

1562년 봄 프랑스에서 적대적 사건이 터진 것은 놀라운 일이 아니었다.[48] 도화선에 불을 붙인 부싯돌은 3월 1일 바시에서 일어난 학살로, 기즈 집안의 군대가 500명의 개혁파 예배자를 공격하여 그중 30명을 죽인 사건이었다. 카트린 드 메디시스가 콩데와 기즈 집안 사이에서 협상을 이끌어 평화를 유지하려고 필사적으로 애를 쓰고 있었을 때, 통제 불능의 사건이 터진 것이다. 그러나 4월이 되자 프랑스 전역으로 폭력이 번지면서 여러 지역에서 일련의 학살이 일어났다. 콩데는 프로테스탄트 귀족으로 구성된 군대를 이끌고 오를레앙을 점령하고는, 자신이 왕과 카트린에 맞설 군대를 장악했다고 선언했다. 1562년 여름 내내 프로테스탄트는 약탈한 교회와 대

1562년 3월 1일, 기즈 공의 명령으로 프랑스 프로테스탄트들이 살해된 바시 학살을 그린 선묘. 이 사건으로 칼뱅이 그토록 두려워했던 종교전쟁이 발발했다.

성당에서 대규모 성상 파괴를 저질렀다. 1562년 7월에는 프로테스탄트는 법을 어긴 자이므로, 죽여도 처벌받지 않는다는 공고가 내려졌다.[49] 카트린 드 메디시스는 에스파냐의 필리페 2세에게 지원을 요청한 반면, 콩데는 프로테스탄트의 자연스러운 연대 의식에 따라 잉글랜드의 엘리자베스 1세에게 도움을 청했다. 엘리자베스는 르아브르Le Havre 항구를 돌려받는다는 조건으로 돈과 군대를 약속했는데, 이 일로 많은 프랑스인이 분노했다.[50]

이 전쟁으로 제네바가 기묘하고 역설적이기까지 한 곤경에 처했음이 드러났다. 이 도시의 공식적인 정책은 중립이었다. 콩데와 베른 사람들은 더 확실한 지원을 하라고 상당한 압박을 가했지만, 신자는 기도만 해야 했다.[51] 칼뱅의 도시가 프랑스인을 지원하지 말라고 계속 권고하는 상황은 이해하기 어렵지만, 이는 당시 상황이 얼마나 복잡했는지 보여 준다. 1550년대 후반 이래 내내 제네바는 사부아와 프랑스의 공격이 있으리라는 암울한 전망에 직면해 있었고, 철저한 방어가 가능한 것도 아니었다. 속임수만이 유일한 해결책이었다. 도시가 공식적으로 군대를 일으키지는 않았지만, 제네바 사람 다수가 개별적으로 시 의회에 프랑스로 가서 프로테스탄트 군대에 합류하게 해 달라고 청원했다. 베른 군대가 프랑스로 가는 길에 제네바 경계를 통과한 1562년 7월, 칼뱅은 제네바 호위단을 조직하자고 주장했다. 호위단 단장이 프랑스로 계속 진격하게 해 달라고 요청하자, 칼뱅이 개입하여 기병들이 베른 군대를 국경 너머까지 계속 호위하게 했다. 제네바 호위단이 계속 진격했을 때 문제를 제기한 사람은 없었다.

전쟁 과정에서 칼뱅의 적극적인 개입은 눈에 띌 정도였는데, 그의 건강 상태를 고려할 때 더욱 그렇게 보일 수 있다. 그는 의회에 정기적으로 출석했고, 관원들은 그에게 다른 도시와의 협상을 수행해 달라고 요청했다. 그와 장 뷔데는 자금 모금안을 마련했고, 대출은 바젤과 스트라스부르에서 받았다. 전쟁에 자금을 대는 제네바의 역할은 더 부유했던 바젤, 스트라스부르, 리옹에 비하면 상대적으로 적었지만, 칼뱅은 콩데 및 다른 프랑스 지도자들을 신성로마제국 및 스위스 연방 내 교회와 연결하는 인물 네트워크의 대표적 연락책이었다.[52] 이 군대들에는 돈이 필요했기에, 그는 프랑스 교회의 인색함을 꾸짖고 독일인 용병에게 지급하는 금액을 후원할 의무를 상기시키는 편지를 미친 듯이 썼다. 그러나 다시 한번, 이것도 어느 정도 타협한 것이었다. 칼뱅은 폭동, 무질서한 성상 파괴 및 개별 저항을 반대했는데, 이 모두는 사회의 무질서와 연결되어 있었기 때문이었다. 그러나 긴박한 상황에서는 돈을 주고 용병을 사는 것을 기꺼이 허용했는데, 이는 심지어 마키아벨리마저 반대한 행위였다. 랑그도크 교회에 보낸 편지에서 그는 "문제의 핵심은 당들로 경이 소집한 군대를 지원할 돈을 구하는 일입니다. 지금은 과거에 때때로 저질렀던 실수와 오류를 찾아내기 위해 의문이나 논쟁을 제기할 때가 아닙니다"라고 말했다.[53] 비록 주저하기는 했지만, 그는 종교전쟁의 필요성을 받아들였다.

1차 전쟁은 1562년 12월 19일에 벌어진 드루 전투^{battle of Dreux} 로 시작되었다. 약 한 세기 만에 처음으로 두 프랑스 군대가 서로를 향한 증오로 맞부딪혔다. 양군은 치열한 공방을 벌이다, 결국 콩데의 군대가 패배하면서 참혹한 살육이 벌어졌다. 칼뱅은 불링거에게 이 접전에 대한 보고를 담은 편지를 보냈는데, 그는 콩데를 겁먹은 군대

특히 보병과 용병에게 배신당한 영웅으로 묘사했다.[54] 베즈는 설교자 가운을 입고 성경을 휘두르며 마치 구약의 고귀한 예언자처럼 전투 현장에 서 있기도 했다.[55] 또한 그는 칼뱅에게 루앙 포위전에서 나바르의 앙투안이 총탄에 맞아 사망한 것도 보고했다. 베즈는 앙투안을 당대의 배교자 율리아누스[Julian the Apostate, 331경-363]*라고 쏘아붙였다.[56]

1563년 2월 어느 프로테스탄트 귀족이 쏜 총에 기즈 공이 맞아 사망하고, 이로써 기즈 집안의 최고 지도자가 사라지면서 예상치 못한 상황이 전개되었다.[57] 콜리니는 여전히 오를레앙에서 프로테스탄트 군대를 이끌고 있었다. 카트린은 드루 전투 후 투옥되어 있던 콩데에게 앙부아즈 평화 조약[Peace of Amboise, 1563년 3월 19일]에 서명해서 평화를 구축하라고 압박했다. 개혁파 교회들은 몇몇 특정 지역에서 신앙을 허가받았지만, 파리와 주변 지역에서는 허가받지 못했다. 가톨릭교회에서 탈취한 재산도 반납해야 했다. 이 결정은 양편 모두에게 만족스럽지 못했다. 파리의 불운한 포고관들이 이 조약의 내용을 외치며 돌아다니자 진흙과 배설물이 날아왔고, 그들은 목숨을 잃을까 봐 두려워 달아났다.[58] 교황을 비롯한 유럽의 가톨릭 군주들은 그들이 증오하는 개혁파 프로테스탄트와 협상한 것에 격노했고 어린 샤를 9세에게 항의했다. 칼뱅도 마찬가지로 불같이 화를 내면서, 이 평화 조약을 변절이라 선언했다. "우리는 다른 형제[콩데]에게 철저하게 배신당했습니다"라고 불링거에게 썼다.[59]

---

* 313년 기독교 공인 이후 다른 로마 황제가 모두 그리스도인이었던 것과 달리, 그는 로마의 재부흥을 위해 전통 신앙으로 돌아가는 정책을 펼쳤다.

콩데를 배신자로 매도했던 칼뱅은 5월 편지를 보내 한층 더 정치적인 표현을 구사했다. "전하, 저는 평화 조약에서 전하가 바라셨던 만큼 얻는 것이 쉽지 않았으리라는 점을 잘 알고 있습니다. 그러므로 많은 이들이 더 나은 것을 원했다 하더라도, 전하는 그것을 특별하게 생각하지 마시기를 간청합니다. 왜냐하면 이 점에 대해서 그들과 전하의 생각은 정확히 똑같기 때문입니다. 그 와중에 하나님이 상상한 이상으로 우리를 뒤로 물러나게 하신다면, 우리의 의무는 그분의 손에 우리를 겸손히 의탁하는 것입니다."[60] 칼뱅은 콩데 공에게 행사하는 자기의 영향력을 잃고 싶지 않았기에, 명백한 지도와 격려를 섞어 장문의 글을 써 보냈다. 특히 그는 콩데 공에게 아우크스부르크 신앙고백을 받아들이라고 하는 이들의 덫을 피하라고 했는데, 칼뱅은 이 신앙고백을 "물고기도 아니고 새도 아닌" 고백문이라고 묘사했다.

갈등하는 목소리들

피에르 비레가 로잔에서 쫓겨난 후 1559년 초 제네바에 복귀하자 많은 이들이 그를 비판했다. 교회 치리 문제를 두고 베른 관원들과 다툰 것이 쫓겨난 원인이었다. 취리히에서 하인리히 불링거는 비레의 행동이 정직하지 못했고, 베른에 반대한 탓에 결국 보 지방을 다시 한번 혼란으로 몰아넣었다고 견해를 밝혔다.[61] 칼뱅도 그에게 냉담했는데, 테오도르 드 베즈를 열정적으로 받아들인 것과는 대조적이었다. 칼뱅의 냉정한 태도는 의외였다. 특히 그가 베른 관원들에게 저항해야 한다고 주장했고, 비레의 협력 덕택에 그는 베른에서 지위를 확보할 수 있었기 때문이다. 그런데 바로 그 희생 때문에 비레는 제네바에서 감사를 거의 받지 못했다. 칼뱅은 비레가 베른 관원과 너무 강하게 대치했다며 비난했다. 또한 로잔에서 베즈가 인기를 얻지 못한 것은 자신이 더 나은 판단을 하지 못하고 비레를 계속 신뢰했기 때문이라는 잔인한 말도 덧붙였다.[62] 그럼에도 불구하고 비레는 제네바로 복귀했고, 1559-1560년에 칼뱅이 너무 심하게 아파서 누워 있던 시기에는 칼뱅의 역할을 대신하면서까지 자기 일을 완수했다. 그는 2년간 제네바에 머물며 콩시스투아르에서 칼뱅과 긴밀히 동역하고, 프랑스에서 오는 목회자 지원 요청을 처리하면서 아카데미에서 가르치고 목사회 서기로 봉사했다. 프랑스 기금 일에도 관여했다.[63]

1559년부터 칼뱅의 전략은 주요 인물의 마음을 얻기 위해 가까운 동료를 파견하는 것이었다. 베즈는 나바르의 앙투안과 협상하기 위해서 나바르로 갔고, 앙투안 드 라 로슈 샹듀는 파리와 나바르로 갔으며, 프랑수아 드 모렐은 파리에 있었다. 칼뱅은 계속 나바르의 앙투안에 집착했는데, 궁정을 지배하는 인물이자 제1대공 앙투안만이 평화로운 개혁을 이끌어 낼 수 있다고 믿었기 때문이었다. 앙투안이 그를 냉대하는 것이 확실해지기 전까지 그는 이 정책을 유지했다. 칼뱅은 프랑스 프로테스탄트가 성상 파괴와 폭력을 통해 진전된 것에 대해서는 무시하려고 했는데, 이 행동의 정당성을 전적으로 부정했기 때문이다. 비레의 태도는 완전히 달랐는데, 칼뱅이 인내와 비밀 엄수를 강조한 것과 대조적으로 공개적이고 적극적인 예배를 강조했고 가톨릭과는 절대 비타협을 권장했다. 1559년부터 비레는 미사를 가차 없이 공격하는 설교를 했는데, 그가 보기에 미사야말로 완전히 타락한 가톨릭 조직의 심장이었다. 이 때문에 그는 거의 20년 전에 쓴 미사 반대 소책자들을 다시 출간했다. 이런 논쟁은 비레가 프랑스에 소요를 일으키려 한다고 믿은 칼뱅과 충돌을 불러왔다.

종교개혁과 적대적인 정치 당국에 대한 서로 다른 태도는 극명하게 두드러졌다. 칼뱅은 핍박하는 통치자에게 개인이 저항하는 것은 어떤 유형이든 거부해야 한다는 관점을 오래도록 유지해 왔다. 이미 살펴본 대로, 그는 망명을 하거나 순교자가 되라고 권했다. 수동적 저항은 가능했다. 그러나 권위에 적극적으로 저항하는 것은 주도적인 종교개혁자들에게 심각한 문제가 되었다. 그러나 문제가 빠르게 확산되자, 칼뱅은 놀랍게도 자기 입장을 수정할 태세를 보이고 있었다. 프랑스 프로테스탄트가 격랑에 휩싸여 있던 시기인 1559년에 개정된 『기독교강요』에는 독재 군주를 향한 저항을 기꺼이 용인하는 입장이 나타나 있다.[64] 복음주의자에게 우상숭배를 강요하는 행위는 그의 마음을 짓눌렀다. 그는 군주에 대한 복종과 하나님을 향한 충성 사이에 갈등이 발생할 수 있다는 사실을 인정하고, 이전 입장을 재고하면서 이런 상황에서 통치자에 대한 저항은 허용된다고 주장했다. 신자는 맞서 싸울 수 있기 때문에, 더 이상 단순히 순교자가 될 필요가 없었다.

그럼에도 불구하고 칼뱅은 프랑스 교회에 보낸 편지에서 계속 자제를 요청했다. 발랑스 소재 한 교회에 보낸 편지에서 그는 분명하게 저항을 거부했다. "여러분은 대적에 대한 분노를 육신의 무기의 도움을 빌려서 발하지 말고, 우리를 구원하는 복음의 진리 그리고 우리 자신의 몸과 영혼보다 더 고귀하게 여겨야 할 하나님의 유익과 영광을 지속적으로 지켜 내는 일에 더 헌신해야 합니다."[65] 칼뱅은 제네바에서 프랑스로 파송된 목회자 다수가 공격적인 전술을 취하는 것에 비판적이었다. 이들은 공적 장소에서 설교하고 추문을 일으키며 성상 파괴 행위에 가담했다. 그는 어떤 개인이나 회중에게도 폭력을 행할 권위를 부여한 적이 없다고 반복해서 주장했다.[66]

그렇다면 가톨릭교회를 공격하고 당국에 맞서라고 그들을 자극한 이는 누구였을까? 바로 비레와 파렐로, 1530년대 보 지방에서 익힌 옛 방식이 프랑스로 흘러들어 간 것이었다. 이들은 성상 파괴와 저항을 옹호하는 작품을 계속 출판했다. 칼뱅이 하나님의 섭리를 기다리라고 한 것과 달리, 그들은 신자는 행동해야 한다고 부추겼다.

1561년 9월 칼뱅은 제네바 시 의회에 비레의 의사들이 비레가 이 도시에 계속 있으면 절대 병이 낫지 않을 것이므로 남부 프랑스의 따뜻한 광천수를 마시면 더 좋아질 것이라 했다는 사실을 알렸다. 또 다른 증거에 의하면, 비레가 제네바를 떠날 때 완벽히 건강한 상태였다고 한다. 사실상, 그는 칼뱅에게 할 만큼 했기에 이제 더 이상 충성스런 부관 역할을 할 마음이 없었다. 더구나 베즈가 있었기에 더 그랬을 것이다. 그는 남쪽으로 이동해서, 그 지역 개혁파 교회의 중추적 감독으로 빠르게 자리매김했다. 이 점에서 그의 지위는 북부의 베즈가 차지한 것과 비슷했다. 어쩌면 이전부터 칼뱅은 이런 계획을 세웠을 수도 있다. 자신의 가장 가까운 두 친구가 프랑스 개혁파 교회를 이끄는 지도자가 되는 것이었다. 그럼에도 불구하고, 일은 계획대로 되지 않았다. 칼뱅은 비레의 정확한 건강 상태를 계속 몰랐고, 그가 님으로 가려 했다는 것도 알지 못했다. 칼뱅은 비레가 남부의 새 프로테스탄트 교회들을 순방하면서, 제네바의 입장과 상충되는 입장을 옹호하리라고는 예상치 못했다. 그는 분노했고, 바보가 된 느낌을 받는다며 시 의회와 베즈에게 불평을 쏟아냈다.

남부에서 비레가 한 행동은 칼뱅이 정죄하던 바로 그런 행위였다. 바-랑그도크Bas-Languedoc에서 비레는 성상 파괴를 자극했고, 교회를 들쑤셨다. 복음주의 운동은 남부에서 1540년대와 1550년대에 종교 핍박을 효과적으로 제어한 강력한 사법 권력들의 경쟁 덕분에 번성할 수 있었다.[67] 당장 필요한 것은 지도자였는데, 비레가 바로 그 지도자로 보였다. 칼뱅은 제네바에 전해진 소식을 듣고 충격을 받았다. 1561년 1월 프랑스 왕에게 보낸 편지에서 칼뱅은 프랑스에서 일어난 종교개혁의 대의를 그 같은 과잉으로부터 거리를 두려고 애썼다.

> 혼란과 난동을 일으킨 일에 대한 고소와 관련하여, 이들[프로테스탄트 지도자들]은 그럴 의도는 아니었다며 이의를 제기했고, 반대로, 자신들은 이를 제어하고 막기 위해 모든 영향력을 동원했다고 합니다. 또한 무엇을 혁신하라고 조언한 적도 없고, 나라의 기존 질서를 존중하여 어떤 범죄도 저지르지 못하게 했으며, 오히려 자신들의 말을 듣고 싶어 하는 이들에게 계속 왕께 평화롭게 순종하라고 권했다고 합니다. 또한 만약 소요가 일어났다면, 이들은 이를 무척 유감스럽게 생각하며 분명 무슨 구실을 대는 것이 아닙니다. 그리고 이들은 지금까지 그런 행동을 장려한 일이 없으며, 앞으로도 이런 행위를 억제하는 일에 노력을 기울일 것입니다.[68]

그 내용은 비레가 지금까지 실제 했던 것과는 매우 다른 설명이었다. 1561년에 나온 『제국으로 가는 세계』Le Monde à l'Empire에서, 비레는 사건을 대하는 제네바의 태도를 더 이상 인내할 수 없음을 드러냈다. 칼뱅과 베즈에게 자문을 구하지 않고 쓴 그의 글에는 폭력성이 가득했고, 두 사람을 경악시켰다. 그는 자신이 님에서 일어난 성상 파괴 사건에 어느 정도 관여했는지 칼뱅에게 함구했다. 프랑스 교회들이 수많은 치리 및 처신 문제에 대해 여전히 칼뱅에게 자문을 구했지만, 비레는 적대적인 프랑스 배경에서 생존하는 교회들의 처지를 훨씬 더 잘 헤아리는 다른 경쟁적 견해를 제시했다. 1562년 1월이 되자 제네바 시 의회의 인내는 바닥을 쳤다. 의회는 비레에게 프랑스 남부를 떠나 파리나 제네바로 가라고 명령했다. 비레는 거부했다. 그해 리옹이 프로테스탄트의 손에 넘어가 종교개혁 출판업의 중심지가 되었다. 비레는 리옹으로 가서 거기 남으려 했다. 그러나 그는 여전히 목사회의 권위 아래 있었기에, 프랑스에 머물려면 허락을 받아야 했다. 칼뱅은 이를 반대하고 비레를 소환했다. 비레는 1563년 2월 제네바로 복귀했지만, 오래 머물지는 않았다.

1차 종교전쟁의 결과는 그렇게 나쁘지 않았다. 그러나 1562년 개혁파 운동 내부 분열이 심각해졌다. 장 모렐리Jean Morély는 『기독교 치리론』Treatise on Christian Discipline에서 교회의 계급주의 성격을 반대하고, 성령의 인도 아래 목회자가 선출되고 교리 문제가 토론되는 회중 교회 유형을 옹호했다.69 이는 콩시스투아르 같은 치리회 중심 교회 정치를 강조하는 제네바 유형을 급진적으로 반대하는 것이었기에, 제네바에서 문제가 되었다. 모렐리의 자녀 중 하나의 대부인 칼뱅은 제네바에서 이 책을 정죄했다. 모렐리는 콩시스투아르로 출두하라고 소환 명령을 받았으나, 아들의 세례를 위해 제네바에 오고 싶다고 하면서도 실제 복귀는 거부했다. 그는 예상대로 출교를 당했고, 『기독교 치리론』은 1562년 제네바에서 불에 태워졌다. 그렇다면 이것이 왜 그렇게 중요했나? 모렐리가 제네바의 인정을 받지 못한 것에 엄청난 중압감을 느꼈던 것과 별개로, 그의 생각은 프랑스 전역에 널리 받아들여졌다. 많은 지역 교회가 프랑스 교회의 중앙 집권화와 자유 박탈에 반발했다. 전국 회의가 열리기 이전 프랑스 프로테스탄트의 본질적 특징은 회중 중심적이었다. 이것이 이제 주 단위와 전국 구조로 개편되었다. 지역 교회의 권위를 강조한 모렐리는 나바르 왕비 잔 달브레를 비롯한 귀족에게서 중요한 지원을 확보했다. 이유는 꽤 분명했다. 귀족 다수는 치리회 중심의 교회 정치 원리를 받아들이지 않았는데, 이 체제에서는 그들의 전통적 권리와 연관된 행동과 관습에 대해 훈계를 듣게 될 수도 있었기 때문이었다. 모렐리가 지지하는 회중 교회 정치가 훨씬 호소력이 강했고, 칼뱅과 베즈의 입장에 대한 매력적인 대안이었다. 제네바 지도자들은 자신들의 교회 정치 원리의 골자가 위협받고 있다는 사실을 즉각 인식하고, 프랑스 목회자들에게 모렐리를 정죄하라고 요구했다.

그러나 이 이야기에는 좀더 개인적인 다른 요소가 있었다. 모렐리는 『기독교 치리론』을 피에르 비레에게 헌정했다. 비레가 모렐리에게 공감했다는 사실은 그가 이제 이전에 칭송했던 세계와는 다른 세계에 터를 잡았음을 다시 증명한 것이다. 귀족을 높이 평가한 칼뱅의 견해와는 달리, 비레는 스위스 출신이었기 때문에 지방 자치 공동체 주의를 신봉했다. 1563년 여름 칼뱅과 베즈는 비레에게 편지를 보내 프랑스 교회에서 일어난 혼란에 대해 불만을 표했다.[70] 이 편지에는 최악의 상황이 닥쳤을 때 제네바에서 일어날 충격에 대해 두 사람이 느끼는 공포가 담겨 있었다. 즉 급진적인 책자들이 유포되면 공동체는 갈등에 휩싸이고, 왕의 명령도 공공연하게 무시된다. 두 사람은 비레에게 왕권에 반대하는 어떤 행동도 하지 말고, 불법 집회도 열리지 못하게 막으라고 명령했다.

칼뱅과 비레의 관계는 파국으로 치닫고 있었다. 칼뱅은 1563년 9월 2일 비레가 더 이상 소식을 듣지 못하고 있고 베즈로 인해 밀려났으며 정보는 차단되어 있다고 하는 불평에 답변했다. 이들은 칼뱅의 사망 전 찢어진 곳들을 꿰매는 것처럼 보이기도 했지만, 결국 비레는 더 이상 제네바의 입장을 대변하는 인물이 아니었다. 그는 칼뱅의 치리회 정치에 반하는 보 지방 스타일의 회중주의의 변호자였다. 그는 행동과 저항을 지지했지만, 칼뱅은 계속 복종과 인내를 설교했다. 칼뱅은 베즈에게 힘을 많이 쏟았고, 궁정과도 계속 연락했다. 비레는 대중 감화력이 있는 인기 있는 설교자였고, 랑그도크에서의 저술을 통해 프랑스 종교개혁의 최전방에서 활약했다. 그와 파렐이 가톨릭교회에 대한 저항을 이끌었던 보 지방 출신이라는 배경도 비레의 행보에 큰 영향을 끼쳤다. 즉 성상 파괴 정신은 그의 혈관을 타고 흐르고 있었다.

1561-1562년 가을과 겨울 전쟁 위협이 눈앞에 다가오자, 칼뱅은 사무엘상을 본문으로 설교했다. 사람들이 이 설교에서 들은 것은 프랑스 군주에 대한 칼뱅의 솔직한 증오심이었다. 그는 왕은 독재자와는 구별되어야 한다고 확신했다. 그러나 현재 역사상 그 어느 때보다도 더 독재자 같은 왕들이 있다고 회중에게 상기시켰다.[71] 프랑스 궁정은 독사굴이었다. 이 어조는 낯설지 않았고, 참석한 남녀도

칼뱅과 다른 설교자들이 왕과 군주 들을 비난하는 설교를 들으며 놀라지 않았다. 실제로, 제네바를 방문하는 이들은 강단에서 귀족이 다루어지는 방식에 대해 자주 언급했다.[72]

전쟁이 발발하자 칼뱅은 구약 설교를 계속 이어 갔는데, 이번 본문인 사무엘하에서는 군대와 갈등에 대한 공포를 표현했다. 사무엘하 설교는 전쟁 기간에 무고한 자들이 겪는 고난에 대한 이야기로 가득했다. 군주들에 대해, 그들의 궁정은 "마치 공공 매음굴인 것처럼, 언제나 이 불순물과 감염물로 가득합니다. 너무도 음란해서 그들은 마치 장사나 거래를 하는 것처럼 말하면서 매춘부와 놀아나는 자들이 많습니다"라고 설교했다.[73] 그러나 동시에 칼뱅의 생각은 급진적으로 변했다. 그는 프랑스를 "살인자들"이 통치했으며 하나님이 대량 학살에 책임이 있는 자, 곧 나바르의 앙투안을 루앙 포위전 중에 총탄으로 쓰러뜨리셨다고 선포했다. 앙투안은 양편을 왔다갔다 하다가, 결국 개혁파 신앙을 버렸다. 한때 그를 엄청나게 신뢰했던 칼뱅은 이제 그를 배신자라고 비난했다. 나바르의 앙투안은 한 시민의 총에 맞았는데, 칼뱅이 보기에 이는 정의로운 심판이었다. 이것을 보면, 칼뱅은 이 같은 행위가 합법적이라고 점점 더 확신했음을 알 수 있다.

생애 말기에 칼뱅은 한때 프랑스 복음화에 함께 헌신했던 삼총사 중 두 사람과 우정을 상실했다. 제네바, 로잔, 뇌샤텔 연대는 1560년 초반 프랑스로 목회자를 파송하는 선교 과정에서 전성기를 누린 강력한 세력이었다. 이 연대는 개인적인 이유로 산산이 쪼개졌지만, 더 중요한 이유는 이들 간에 늘 근본적인 차이가 있었기 때문이다. 파렐과 비레는 유능한 혁명가였다. 이들은 사람들이 기존 질서를 무너뜨리고 종교개혁을 도입하게 했다. 이들은 폭력을 포함한 저항과 행동을 믿었다. 칼뱅은 그런 단계의 종교적 변화를 경험한 적이 없었다. 그는 바젤, 스트라스부르, 보 지방, 제네바에 새 질서가 이미 정착되었을 때 도착했었다. 그가 새 체제를 천재적으로 조직하는 재능을 가졌다는 것은 분명하지만, 그의 세계는 법과 질서가 있었고 적절히 기능하는 제도가 있었다. 논쟁의 여지가 있겠지만, 그의 가장 위대한 성취는 콩시스투아르였다. 콩시스투아르는 법적 토대 안에서 사회 질서를 성경의 가르침과 통합했다. 프랑스에서 그는 귀족이 종교개혁의 대의를 이끌 것이라 믿었다. 프랑스를 통치한 것은 귀족이었기 때문이었다. 그러나 귀족들이 그의 말을 듣지 않으면서, 이 계획은 실패했다. 칼뱅의 이름은 프랑스 전역에서 경외감을 불러 일으켰고, 그의 가르침은 프랑스 종교개혁 운동 전체를 자극하고 형성했다. 그러나 최종적으로 이 운동에서 칼뱅과는 단절해야 했다. 프랑스 프로테스탄트들은 생존을 위해 싸워야 한다는 사실을 잘 알았다. 시간이 지나면서 변화의 징후가 있었음에도, 제네바에서 오는 복종의 메시지는 너무도 비현실적이었다. 그들이 따른 길은 파렐과 비레의 길이었다. 예언자적 의를 동반한 폭력과 저항이었다. 칼뱅은 앙부아즈 평화 조약에 엄청나게 실망한 후 남은 해를 보내면서, 유혈 대참사가 일어날 것임을 예측하며 지켜보는 것 말고 할 수 있는 일은 없었다.

18

마지막

마지막 해

마지막은 길고 고통스러웠다. 칼뱅은 죽어 가고 있었고, 이 사실을 알고 있었다. 그가 가장 많이 교제한 인물은 불링거로 프랑스 소식, 일상적인 일, 잉글랜드 및 그 너머에서 일어난 사건, 망가져 가는 건강에 대해 편지를 주고받았다. 신장의 결석을 제거하려고 애썼던 내용을 읽으면, 근대 초기 선조들이 오늘날은 상상하기 힘든 고통을 얼마나 견뎌 내야 했는지 알 수 있다.

현재 저는 극심한 고통에서 회복되었습니다. 개암 열매 크기의 돌 하나를 제거해야 했습니다. 요폐로 고통당하고 있습니다. 의사의 조언에 따라 말 위에 올라탔는데, 말 위에서 이리저리 흔들리는 것이 돌을 빼내는 데 도움이 된다고 합니다. 집으로 돌아오는 길에 오줌 대신 시커먼 피가 나오는 것을 보고 깜짝 놀랐습니다. 다음 날에는 돌이 방광에서 요도로 밀고 들어갔으니, 고문이 더 심해졌지요. 30분이상 전신에 퍼지는 미칠 듯한 고통을 덜어 내려고 애를 썼습니다. 아무 소용없지만, 따뜻한 물로 찜질을 하니 조금 나아졌습니다. 그 와중에 요도가 찢어져서 엄청난 피가 쏟아졌지요. 그렇지만 이 고통에서 벗어나고 있으니 지난 이틀 동안 새로운 삶을 살기 시작하는 것 같습니다.[1]

칼뱅은 몸져 누워 있었기 때문에 비서들에게 불러 주는 것 말고는 일을 할 수 없었고 건강이 허락하는 한에서 일을 지속했다. 다른 이들이 대신하는 일이 잦기는 했지만, 할 수 있는 한 설교도 하고 콩시스투아르와 목사회에도 계속 참석했다. 1563년 1월 예레미야애가 강의로 강연을 마무리했고, 곧바로 예언자 에스겔 연구를 시작했다. 또한 사무엘상하 설교도 마쳤는데, 여기서 그는 프랑스 종교개혁의 학살극을 가혹하게 비난했다. 출판사들은 그의 작품을 연속해서 출간했는데, 그중에는 모세의 마지막 네 권과 예레미야 강연의 조화를 꾀한 작품도 있었다. 이 책을 그는 팔츠의 선제후 프리드리히 3세에게 헌정했다.

프랑스와 대조적으로, 팔츠의 전망은 밝았다. 칼뱅의 학생 몇 사람이 이끈 프리드리히 3세 치하의 개혁은 제네바를 독일 프로테스탄트 세계로 다시 데리고 갔다. 여기에 대해서는 칼뱅이 이미 고인이 된 멜란히톤에게 감사를 표해야 할 이유가 많다. 칼뱅이 인정한 것 이상으로 멜란히톤은 그에게 훌륭한 동맹이 되어 주었기 때문이다. 늘 그랬듯, 칼뱅은 쉬려고 하지 않았다. 끈질기게 고군분투했다. 프리드리히에게 책을 헌정한 것은 루터파(여기서는 그네시오 루터파)의 위험성과 그들이 제국과 프랑스에 끼치는 악한 영향에 대해 경고하는 기회로 활용되었다.² 칼뱅은 선제후에게 루터파와 개혁파 성찬론이 얼마나 다른지 상기시켰다. 이 헌정문에는 그가 극히 드물게 사용한 단어 "칼뱅주의"가 등장하는데, 이 용어는 당시 루터파가 경멸이 담긴 꼬리표로 흔히 사용하던 표현이었다.³ "가장 존경받는 군주이신 전하를 공격하기에 칼뱅주의라는 딱지를 붙이는 것보다 더 끔찍한 모욕은 없음을 그들은 알 수 있습니다." 그리고 진저리 치며 덧붙였다. "저에 대한 이 혹독한 증오가 어디에서 나오는지는 너무도 분명합니다." 칼뱅은 자기 설교에 대해 그랬던 것과 마찬가지로 강의가 출간되는 것에 대해서도 걱정했는데, 이 강의가 그가 직접 쓴 것이 아니라 다른 이들이 그의 강의를 받아 적은 것이었기 때문이었다. 그러나 결국 그는 만족을 표했다. "이 수고의 작업에서 유익을 많이 얻었다고 고백하는 편견 없고 순전한 독자들에 대한 이야기를 듣습니다." 칼뱅이 훨씬 분명하고 높은 성취감을 느꼈던 데서 볼 수 있듯, 그의 겸손에는 꽤 교묘한 면이 있었다. "만약 예레미야가 지금 살아 있다면, 제가 속은 게 아니라면, 제가 그의 예언을 정직하고 적절하게 설명했음을 인정할 것이며 제 주석을 추천할 것입니다. 또한 그의 예언을 오늘날 상황에 맞게 유용하게 적용했기 때문에 더욱 그렇게 할 것입니다"라고 선제후에게 강조했다.⁴ 요약된 이 두 문장에서 칼뱅 일생의 본질과 사역의 특징을 알 수 있다. 그는 영원한 예언을 당대 사회에 전하는 예언자였다.

질병과 앙부아즈 평화 조약으로 겪은 비통한 절망으로 어느 정도 꺾이기는 했지만, 칼뱅의 일 욕심은 줄어들지 않았다. 그는 매의 눈으로 프랑스에서 일어나는 사건들을 추적했고, 여러 다양한 인물과 계속 서신을 주고받았다. 랑그도크의 프로테스탄트 수장인 앙투안 드 크루솔$^{Antoine\ de\ Crussol}$에게 쓴 편지에서 신자는 하나님의 뜻이 드러나기를 기다려야 한다고 했다. "이런 패배로 자기 백성을 시험하는 것"은 하나님이 원하시는 바였다.[5] 그러나 자신을 기만하지는 않았다. 칼뱅은 죽음이 임박했음을 알았고, 귀족 남성과 여성에게 보낸 편지 등에는 영적 조언이 점점 더 많이 담겼다. 5월에는 포르시앙 공이자 콩데 공과 가까운 친구인 앙투안 드 크로이$^{Antoine\ de\ Croÿ}$와 연락했는데, 그는 베즈와도 함께 일한 적이 있었다.[6] 포르시앙 공은 칼뱅을 한 번 더 만나 보고 싶다는 소망을 피력했는데, 칼뱅은 영적 격려가 담긴 편지로 그리스도인의 의무를 기쁘게 수행할 수는 있지만, 그를 실망시킬 답을 보낸다고 답변했다. 또한 칼뱅은 포르시앙 공이 경건하다는 소식을 들으니 기쁘다고 했지만, 그것만으로는 충분치 않다고 상기시켰다. 경건하다는 명성은 무의미하다는 것이다. 참된 그리스도인의 삶은 매일 유혹과 악에 맞서 새롭게 싸우는 싸움이며, 특히 신분이 높은 이들은 더 그래야 한다고 지적했다. 이전에 이룬 것은 아무것도 아니었다. 전쟁에 대한 암시일 수도 있지만, 물리적인 무기로 싸우는 것이 아니라 그리스도께 대한 순종으로 싸워야 했다. 눈에 보이는 적과 눈에 보이지 않는 적 모두를 상대하는 이 싸움은 우리가 죽을 때까지 끝나지 않는데, 그리스도인에게 결코 완전한 무장이나 현실에 안주하는 것은 있을 수 없다. 칼뱅은 이 귀족이 처한 상태에 걸맞게 의도적으로 군사적인 용어를 사용했지만, 포르시앙 공을 진심으로 아꼈기에 생애 마지막 해에 수차례 편지를 주고받았다. 앙투안이 바랐던 대로 이생에서 한 번 더 만나는 것은 사실상 어렵다고 말하며 편지를 마무리하면서 하나님 나라에서는 만날 것이라는 확신을 덧붙였다.[7]

다른 이들에게 했던 칼뱅의 조언은 더 특별했다. 리옹의 장 드 수비즈$^{Jean de Soubise}$는 앙부아즈 평화 조약을 수용하기를 거절한 인물이었다. 칼뱅 자신도 이 조약에 좋지 않은 감정을 갖고 있었지만, 드 수비즈에게 고린도 사람들에게 보낸 바울의 말을 상기시키면서 시민 당국에 복종하면서 주님의 뜻을 안내하며 기다리라고 권면했다. "하나님은 신실하십니다. 그러니 감당할 수 없는 시험을 주시지는 않을 겁니다."[8] 그는 프랑스에서 일어나는 사건을 스위스의 여러 교회에 알리는 의무도 계속 감당했다. 불링거에게는 최근 가톨릭교회가 복구되었다는 리옹의 상황을 알려 주었다. 그러나 아우크스부르크 신앙고백의 망령이 계속 그의 머릿속으로 출몰했다. 칼뱅은 프로테스탄트 지도자들이 자신의 조언을 따르지 않고, 속임수에 빠져 이 신앙고백을 수용할까 봐 두려워했다. 24년 전 멜란히톤의 아우크스부르크 신앙고백 수정판에 칼뱅이 서명했을 때 분노했던 불링거에게는 칼뱅의 근심이 모순으로 느껴졌을 것이 분명하다. 원전인 1530년 아우크스부르크 신앙고백은 스위스가 독일 종교개혁에서 이탈한 순간을 상징했기에, 츠빙글리파는 이 이름에 대해 극도의 혐오를 느꼈다. 그러나 계속 나이가 들어 가는 개혁자들 양측 모두 몇 달 남지 않은 이 마지막 시기에 과거의 차이를 넘어서서 마음을 어루만지는 상호 관계를 회복할 준비가 되어 있었기에 옛것을 기억치 않으려 했다. 이제 이 두 사람, 정말로 어색한 이들이 유럽 종교개혁을 위해 더 할 수 있는 일은 없었다.

그러나 열정이 완전히 사그라진 것은 아니었다. 이제 칼뱅의 진노는 프랑스 프로테스탄트의 배신자 콩데에게로 향했다. 칼뱅은 카트린 드 메디시스가 이전 어느 때보다 더 적대적으로 변했다고 불링거에게 보고했다. 콩데는 아무것도 하지 않았다. 콜리니도 자신을 위험에 노출시키기보다 집에 틀어박혀 있는 편을 택했다는 점에서, 별로 나을 것이 없었다.⁹ 칼뱅도 패배한 후 이들이 직면한 위기를 잘 알았다. 콜리니 제독, 로슈푸코Rochefoucauld 백작, 테오도르 드 베즈가 함께 기즈 공작 살해 공모자 명단에 오르자, 이들은 변호서를 작성해서 출판한 후 회람시켰다. 칼뱅은 이 저술이 프랑스에서 잘 팔렸다는 소식을 전하며 불링거에게 한 부를 보냈다. 그리고 콜리니 제독의 변호서가 취리히에서 인쇄되어 추가로 배포될 수 있는지 불링거에게 물어보았다.

1563년 여름을 지나면서 칼뱅의 건강은 급속도로 악화되었다. 베즈에 따르면, 집에 계속 손님을 받으면서 신앙 및 광범위한 종교개혁 관련 주제를 토론하려고 했지만 제네바의 9월 성찬에는 참석할 수 없었다. 늘 그랬듯, 열정적 방문자, 학생, 목회자, 관원이 그의 의견을 구하러 왔지만 끊임없이 밀어닥치는 요청을 다 감당할 수 있었던 힘이 이제 사라졌다. 주로 조수들의 도움 덕분에 작품은 계속 쓸 수 있었기에, 그는 여호수아 주석 작업을 시작했다. 밖으로 나갈 수 있을 때는 사람들이 그를 의자에 앉혀 교회로 데리고 갔고 설교도 했으며 세례도 베풀었다. 제네바에 있는 유명한 강단 의자는 역사적인 모조품이지만, 칼뱅이 얼마나 병약한 인물이었는지 상기시킨다. 그는 금요일마다 계속 콩그레가시옹에 참석했고, 더 이상 공적 강연을 할 수 없게 되었을 때 폐회 기도에 권면을 담았다. 베즈는 다음과 같은 감동적인 이야기를 남겼다.

회중은 칼뱅이 함께하는 것을 기뻐했다. 많은 사람이 예전 그가 아팠던 다른 때와 같을 거라고 생각했지만, 가망이 없는데도 겉으로 보기에 그가 회복된 것 같았다. 목회자들뿐 아니라 친구들도 그에게 이렇게 오거나 일하면 너무 지치니 그러지 말라고 강권했다. 그러나 그는 양해를 구하고는, 오히려 자신에게 좋았다고 또 온종일 실내에만 머물러 있으면 너무 지겨워 견딜 수 없다고 말했다.[10]

칼뱅은 마지막 공식적 직무를 1564년 2월 초까지 수행했다. 이때부터는 침대에만 누워 있었고, 몸 상태는 오락가락했다. 3월 초 임종이 임박한 것 같았으나, 마지막으로 한 번 더 회복되었다. 칼뱅은 집행 유예를 받은 것이라며 농담했다. 제네바 목회자들이 그를 정기적으로 찾아와서, 칼뱅은 말하기가 점점 더 어려워졌지만 위로하고 위로받았다.

베즈의 이야기에는 뜻깊은 장면이 하나 있다. 제네바 교회 목회자들이 둘러 있고 침대에 누워 있는 칼뱅은 성경을 읽고 나서 본문 여백에 써 놓은 글에 불만을 표시했다. "글을 읽어 달라고 요청받은 그는 글을 찾아서 모여 있는 이들에게 긴 내용을 발췌하여 읽어 주었다. 칼뱅이 요청하자, 이들은 자기 의견을 말했다. 칼뱅이 계속 읽어 가는 동안 그의 상태가 더 나빠지는 것이 분명해졌다. 그러나 자신이 이들에게 말하고 있는 것이 기쁘다고 했기 때문에, 이 형제들 중 누구도 감히 그에게 그만 읽으라고 하지 못했다. 특히 칼뱅을 화나게 하지 않을까 두려워했기 때문이었다."[11] 이 장면이 보여 주는 인상이 지극히 흥미롭다. 칼뱅은 친구들 무리를 즐거워하고 필요로 했으며, 이들과 함께할 때 가장 행복했다. 그러나 이들은 그를 두려워할 정도로 탁월한 존재로 여겼다. 이들은 끝까지 칼뱅의 제자였던 것이다. 이것이 칼뱅이 일평생 걸었던 길이었다.

칼뱅은 두 차례 더 공적 장소에 모습을 드러냈다. 한번은 관원과 시민의 선의에 감사를 표하고 아카데미의 새 교장을 소개하기 위해 시청에 나왔고, 다른 한번은 1564년 부활절 성찬에 참석했다. 두 차례 다 의자에 앉아 있어야 했다. 4월에는 임종 침상에 누워 제네바 목회자들에게 계속해서 의무를 다하라고 권하고, 1541년 제네바로 복귀했을 때는 예측할 수 있는 것이 별로 없었다면서 과거 살아온 인생을 돌아보았다. 그러면서 모든 것이 하나님의 섭리임을 고백해야 한다고 역설했다. 베즈는 칼뱅의 마지막 나날을 하나의 지속적인 기도로 묘사하면서, 그리스도인답게 잘 죽는 것이 무엇인지 묵상한다. 늘 그랬듯, 칼뱅은 감정에 함몰되지 않은 채 친구 및 동료와 헤어졌다. 오랜 우정 같은 모든 감정은 하나님 앞에서 신실한 증언으로 승화되었다. 이는 우정에 대한 칼뱅의 인문주의적 이상이었는데, 상호 의무를 엄격하게 준수하는 투철한 젊은 법학생 시기에 형성되었고 교회를 위한 봉사로 완전히 체질이 개선된 이상이었다. 지금껏 그가 살아온 방식이었으며 이제 그가 죽음을 맞이하는 방식이었다. 베즈에 따르면, 너무 많이 이들이 그를 보고 싶어 해서 문이 밤낮으로 늘 열려 있었다고 한다. 칼뱅은 사람들에게 자신을 위해 기도하는 것으로 만족해 달라고 요청했다.

임종은 조용했다. 베즈는 다음과 같이 회상한다. "조금 전에 그를 두고 나왔는데 곧바로 메시지가 왔다. 나는 다른 형제 몇 명과 함께 최대한 빨리 집으로 달려갔다. 그러나 그가 이미 마지막 숨을 평화롭게 뱉어 낸 것을 확인할 수 있을 뿐이었다. 그는 한마디 말도 한숨도 없이 심지어 작은 움직임도 없이 운명했다. 마치 금방 잠든 것 같았다."[12]

신장 결석으로 몸이 중독되어 패혈성 쇼크가 일어난 것이 가장 분명한 사망 원인일 것이다.[13] 그러나 베즈에 따르면, 죽음의 원인보다 중요한 것은 죽음의 본질이다. 칼뱅이 평화롭게 죽었다는 사실은 그가 잘 죽었다는 사실을 의미한다. 비슷하게, 1546년 마르틴 루터의 데스마스크^{death mask}*는 그의 영혼이 악마에 사로잡혀 있어서 죽을 때 고함을 지를 것이라는 가톨릭 대적자들의 예언을 반박하려고 제작되었다. 잘 죽는 것은 자신의 임종을 기도와 회개로 충분히 준비하는 것이었는데, 가톨릭과 프로테스탄트를 막론하고 모든 신앙고백에서 좋은 죽음을 그렇게 보았다.[14]

슬픔이 제네바를 뒤덮었고, 많은 이들이 칼뱅의 시신과 친숙한 얼굴을 마지막으로 한번 보고 싶어 했다. 칼뱅이 가장 두려워하며 경계한 개인숭배의 징조가 도시에 빠른 속도로 나타났다. 이를 저지하기 위해 칼뱅의 시신은 다음 날 아침 플랭팔레 묘지^{Cimetière de Plainpalais}에 매장되었다. 수의를 입힌 시신을 나무 관에 넣고, 칼뱅이 요청한 대로 아무 표시도 없는 무덤에 안장했다. 베즈가 언급한 대로, 이 모든 것은 "건전치 못한 호기심"을 피하기 위해서였다. 매장 당시 고위 관료와 시민 다수가 현장에 참석했고, 장례식은 적당히 간소했다.

마지막 고백

1564년 4월 말에 작성된 칼뱅의 간략한 유언은 그의 마지막 인사말

* 죽은 직후 죽은 사람의 얼굴에서 본을 떠 만든 안면상을 가리킨다.

이었다. 바울이나 다윗, 예레미야와는 달리 칼뱅은 자기 목소리로 영적 나라에 증언을 남겼다. 유언은 그가 가장 생명력 넘쳤다고 여긴 인생의 측면들을 다루는데, 이는 모두 하나님의 은혜로운 섭리로 이루어졌다. 그는 "끔찍한 우상숭배 수렁"에서 끄집어내어져서, 다른 곳으로 내던져졌다. 복음으로의 회심은 그가 살았던 세상 밖으로 그를 데리고 가서 정화시켰고, 하나님은 "그분의 복음 진리를 가르치고 알게 하는 나와 내 수고를 기쁘게 사용하셨다."[15] 그는 제네바에 머물기로 한 결정에 정당성을 부여했는데, 거기서 하나님이 소명으로 주신 그 직분을 감당할 수 있었다. 자신의 "진짜 피난처"가 하나님이 은혜로 양자 삼아 주신 것에 있다고 언급한 일을 제외하고는 자신이 조국을 떠나 망명했다는 비유를 사용하지는 않는다. 이는 시편 주석의 주제이기도 했는데, 여기서 칼뱅은 하나님 외에는 집이 없는 상태인 망명에 대해 말한다.

유언에서 칼뱅은 자신의 약점에 주목했다. "그러나, 아아 슬프다, 내가 그렇게 묘사하는 것이 가능하다면, 내 욕망과 열정이 너무 식고 줄어들어서 이제 나는 내 존재와 행동이 모든 면에서 불완전하다는 것을 잘 안다." 이를 정형화된 표현으로 읽을 수도 있지만, 1557년의 시편 주석과 그의 서신들에 나오는 자전적 진술이라는 맥락에서 읽으면 이 표현이 주는 공명은 매우 크다. 이는 칼뱅의 분열된 자아였다. 즉 그에게는 현재 자신의 무가치함에 대한 인식과 불만족, 그와 대조되는 예언자 및 사도로서의 부르심에 대한 확신이 있었다. 작품의 수준을 향상시키고, 더 분명하고 통찰력 있는 주석을 쓰며, 『기독교강요』를 가르칠 때 그 가치를 극대화하기 위해 개정하고, 교회의 일치를 추구하며 위험한 길을 끊임없이 돌아다니게

한 것은 바로 이러한 분열이었다. 한 인격 속에는 두 요소가 있었다. 그를 힘들게 한 것은 자신의 현재 모습과 되어야 하는 모습 사이의 간극에 대한 지나친 예민함이었다. 칼뱅은 이 땅에 예루살렘이 임하지 않을 것을 알았지만, 그럼에도 예루살렘을 건설하려는 노력을 멈추지 않았다.

기대

칼뱅은 일평생 죽을 준비가 되어 있었다. 1534년 말 난민으로 망명자 생활을 시작했을 때 쓴 『영혼의 잠』에서부터 『기독교강요』 마지막 개정판까지, 그는 그리스도인의 삶을 영원을 향해 가는 여정이라 말했다. 마태복음 24장 43절을 해설하면서, "하나님은 그분의 자녀라는 영광스러운 칭호를 자신을 이방인으로 인식하는 이들, 즉 언제든 이 땅을 떠날 준비가 되어 있을 뿐 아니라 '천상의 삶을 향한 부단한 여정'으로 움직이는 이들 외에 누구에게도 주지 않으신다"고 했다.[16] 이 세상에서의 삶은 소망과 인내로 빚어져야 했다. 소망은 말씀 안에 모든 인간에게 나타낸 하나님의 특정 약속들에 기초한다. 반면, 인내는 숨겨진 목적을 드러내시는 하나님을 기다리는 능력이다. 순례는 세상의 악에 저항하는 투쟁이며, 고통은 그리스도인에게 할당된 몫이다. 오직 세상보다 하나님을 더 사랑하는 이들만 승리할 것이다. 그러나 적대적인 이 땅에서 고난을 당하는 동안 하나님은 그들을 결코 버리지 않으실 것이므로 그들은 승리할 것이다. 칼뱅에게 전진하는 것은 투쟁하는 것이며, 그리스도의 십자가를 지는 것이다. 그리스도인의 삶은 가만히 서 있는 삶이 아니다. "비록 신자들이 지금은 지상에서 순례 중이지만, 확신 속에 천상으로 오르기 때문에 마음에 평안을 품고 미래의 유산을 받는다"고 로마서 5장 2절을 해설했다.[17]

일평생 그리스도인은 매 순간 영원에 시선을 고정해야 하는데, 이는 죽음을 향한 갈망을 뜻한다. 칼뱅의 저술과 설교 전체에는 동일한 긴급 메시지가 관통한다. 즉 영원을 바라보는 그리스도인의 삶이다. 이 실재에서 빗나가는 것은 모두 피해야 한다. 병으로 몸무게가 많이 줄어든 칼뱅은 인간 존재의 연약함을 절감했다. 죽을 수밖에 없는 육신은 어떤 순간에도 움직임을 멈출 수 있다는 지식은 그의 사역에 추진력이 되었다. 매 시간은 하나님을 예배하는 행위로 성화되어야 했다. 『기독교강요』 3권에서 칼뱅은 영원에 대해 묵상하면서, 죽음에 대한 기독교만의 독특한 이해에 대해 설명한다. 하나님은 남녀 인간을 세상에 자리 잡게 하셨고, 또 언제든 데려가실 수 있다. 하나님의 손에서 피할 수 있다고 생각하는 것은 어리석은 자뿐이다. 칼뱅에 따르면, 고대 철학자들은 세상을 멸시하고 죽음을 영예롭게 여기는 올바른 태도를 보이기는 했지만 이들은 죽음을 절망으로만 보았다. 이들에게는 믿음이 없기 때문에, 세상에서 벗어나는 것 말고는 죽음에서 아무것도 얻지 못한다. 그리스도인의 죽음에 대한 기대는 이것이 끝이 아니라 다음 단계로 가는 길이라 이해하는 데서 비롯된다. 죽음은 그리스도인을 하나님께 더 가까이 데려가는데, 하나님이 곧 여정의 진짜 끝이다. 인간이 죽음을 두려워하는 것은 자연스럽지만, 칼뱅이 보기에 두려움은 믿음이 없는 자들에게 속한 것이다. 그리스도인에게 죽음은 기쁨의 근원인데, 그리스도인이 믿음에 대한 확신을 가지고 소망을 품고 산다면 이들은 이미 하나님 나라에 들어와 있기 때문이다. 그는 하나님의 심판에 대한 두려움이라는 측면에서 자신의 회심을 설명한 적이 있다. 그러나 이제 그 두려움이 그에게 영원에 대한 소망을 준다.

그러면 죽음 이후에는 무슨 일이 벌어지는가? 칼뱅이 내세의 모습이 어떠한지 억측하지 않는 것은 놀랍지 않다. 그러나 그는 성경이 어느 정도 분명한 가르침을 준다고 믿었다. 육체가 죽는 순간에 몸과 영혼은 분리된다. 몸은 무덤에서 흙으로 변하지만, 영혼은 즉각 심판을 받는다. 택함받은 자의 영혼과 저주받은 자의 영혼은 각각 정해진 운명에 처한다. 택함받은 자는 천상의 복락으로 들어가며, 유기된 자는 불에 던져진다.[18] 이 점에서는 칼뱅의 사상이 프로테스탄트 종교개혁자들과 특별히 다르지 않다. 천국에 들어가기 전에 신자의 죄가 지워지는 가톨릭 신학에서 말하는 제3의 장소인 연옥은 거부한다. 프로테스탄트에게는 오직 천국과 지옥만 있을 뿐이다. 그러나 질문은 여전히 남아 있다. 영혼이 즉각 천상의 복락이나 형벌을 받으러 간다면, 그리스도께서 재림하실 때 건설하실 새 예루살렘은 도대체 무엇인가? 영혼은 이미 심판 받지 않았나? 프로테스탄트는 이 난제에 다양한 대답을 시도했다. 어떤 이들은 최후의 심판까지 영혼이 잠들어 있다고 주장했다. 이는 칼뱅이 『영혼의 잠』에서 공격한 주장이다. 불링거 및 다른 개혁자들과 조화를 이루는 칼뱅의 견해는 두 개의 심판이 있다는 주장이다. 하나는 인생이 끝날 때 받는 심판, 다른 하나는 최후의 심판이다. 신자의 영혼은 천상의 복락으로 들어가지만, 완전한 복락은 아니다. 모든 것이 완전히 드러나는 마지막 심판까지 기대하는 상태가 남아 있다. 따라서 칼뱅에게, 그리스도인의 삶의 특징인 기대는 사망 안에서도 지속된다.

칼뱅을 기억한다는 것

어떤 형태의 사후 개인숭배도 없게 하려고 기념비를 만들지 말고 묻어 달라는 것이 칼뱅의 바람이었다. 데스마스크도 없었다. 칼뱅은 자신이 다른 이들보다 높은 위치에 오를 수 있었던 것은 자신 때문이 아니라 하나님이 허락하신 권위 때문이라고 믿었다. 그는 언제나 그 두드러진 능력을 확실히 인식하고 있었다. 난민으로서의 망명 경험을 그는 결코 행동의 모범으로 제시하지 않았고, 오히려 바울과 구약 예언자들 같은 성경 인물들을 통해 말하는 편을 선호했다. 이 점에서 그의 상황은 마르틴 루터와 많이 달랐는데, 루터의 장례식에서 멜란히톤은 루터를 교회의 위대한 영웅으로 칭송했다.[19] 루터파는 자신들의 개혁자를 설교와 소책자에서 공개적으로 추앙했다. 심지어 불링거도 죽은 츠빙글리를 공적으로 칭송했다.[20] 제네바에서는 칼뱅을 칭송하며 전하는 설교나 추도사가 없었다. 그를 종교개혁의 거인으로 묘사하려는 시도가 이루어진 적이 없었다.

이런 차이는 왜 생겼을까? 1564년에 칼뱅이 사망했을 때, 친구들은 칼뱅이 자신의 삶에 대해 많은 말을 하지 않았다는 사실을 잘 알았다. 그러나 동시에 대적들은 이미 칼뱅의 성품을 비방하는 저술을 이미 유통하고 있었다. 더구나 칼뱅을 지독하게 비난한 카스텔리오의 관용에 관한 저술은 프랑스에서 인기리에 읽히고 있었다. 두 전선에서 방어가 필요했다. 추종자들이 칼뱅을 성인 취급하는 일을 막아야 했고, 적대적인 저술가들의 비방에 반박해야 했다. 16세기 칼뱅의 친구들은 제네바에서 칼뱅의 전기를 세 편 썼다. 각 전기는 칼뱅에 대한 기억을 다루면서 그의 지지자들이 직면한 복잡한 요

소들을 잘 보여 준다.[21]

테오도르 드 베즈가 첫 전기를 썼는데, 칼뱅의 사망 후 1564년에 나온 여호수아 주석 안에 포함되어 출간되었다. 짧고 간략한 이 전기에서 베즈는 칼뱅의 생애에 일어난 사건에는 그다지 관심을 기울이지 않았고, 대신 교리를 삶으로 구현한 인물로 묘사하는 편을 선택했다. 칼뱅을 포위된 신자, 특히 프랑스에서 핍박받는 신자를 격려하며 교화하는 인물로 제시하려는 의도였다. 칼뱅이 당한 고난과 시험은 모범으로 간주되었는데, 칼뱅이 의도한 시련은 아니었다. 이단, 특히 그가 미워했던 세바스티앙 카스텔리오와의 싸움은 극적으로 묘사되었다. 베즈는 카스텔리오의 명성을 무너뜨리는 제네바식 운동의 핵심 인사였다. 사부아 출신 카스텔리오는 2년 전인 1562년에 이미 사망했는데도, 여전히 그 존재감이 느껴졌다. 베즈가 그려 낸 첫 번째, 1차원적 칼뱅 묘사는 사람들을 별로 만족시키지 못했기 때문에, 1년이 채 지나지 않아서 칼뱅의 생애에 대한 두 번째 글이 등장했다. 이번에는 칼뱅의 친구 니콜라 콜라동이 베즈와 함께 공저자로 참여했다. 이 작품은 베즈의 이전 작품에서 많은 요소를 가져왔기 때문에 칼뱅은 하나님이 선택하신 인물이라는 기조는 비슷했다. 그러나 이 기본 뼈대 위에 이 개혁자를 좀더 인간적으로 만들기 위해 주로 개인의 기억에서 취합한 일화를 가미함으로써, 훨씬 더 연대기적인 서술이 만들어졌다.

세 번째이자 마지막 전기는 10년을 더 기다려서 나왔는데, 이 전기에는 1575년에 출간된 칼뱅의 편지들이 부록에 추가되었다. 원래 라틴어로 작성되었다가 17세기 말에 가서야 프랑스어로 번역된 이 전기는 제한된 독자들을 위해 출간되었다. 따라서 내용에도 그런 의도가 정확히 읽힌다. 이 전기는 출판으로 본다면 실패작이었다. 세 번째 전기는 우리에게는 가장 잘 알려져 있으나, 출간 후 혹평을 받아 거의 빛을 보지 못했다. 여기에 나오는 칼뱅의 마지막 생애에 대한 묘사는 젊은 시절부터 무덤에 묻히기까지 칼뱅을 따르던 베즈의 것이라고 생각하기 어려워 보인다. 그러나 이 전기는 칼뱅의 삶의 중요한 측면을 보여 주는 우리의 유일한 자료다.

칼뱅의 친구들에게는 이 책의 출간을 급히 진행해야 하는 당위가 있었다. 아주 다른 이야기를 하고 싶어 하던 이들이 있었기 때문이다. 칼뱅의 대적인 제롬 볼섹이 마지막 말을 하려고 벼르고 있다가, 칼뱅이 죽은 지 10년 안에 글을 두 개나 썼다.[22] 다른 많은 가톨릭 신자처럼 볼섹도 프로테스탄트 종교개혁자들이 성인으로 칭송받는 것을 두려워했기에, 칼뱅과 제네바의 명성을 무너뜨리고 싶어 했다. 이레나 백커스(Irena Backus)가 잘 보여 주었듯, 여기서 볼섹은 엄청난 성공을 거두었다. 그가 칼뱅에게 덧씌운 어두운 그림은 베즈가 칼뱅을 하나님의 사람으로 그려 낸 여러 시도보다 훨씬 압도적인 영향을 끼쳤다. 볼섹의 손에서 칼뱅은 종교개혁에 관련된 모든 것에 악영향을 끼친 인물로 제시되었다. 비도덕적이고 잔혹하며 거짓에 능한 독재자의 이미지였다. 볼섹은 자신이 가장 신뢰할 만한 자료를 기반으로 작품을 썼다고 주장했지만, 진실은 전혀 달랐다. 그는 칼뱅을 깎아내리기 위해 이야기를 만들어 냈을 뿐이었다. 예를 들어, 칼뱅이 누아용에서 남색으로 기소된 적이 있다고 하면서, 그가 성적 변태이자 사면발니 때문에 끔찍한 죽음을 맞았다는 주장 등이다. 이 전기는 엄청난 독자를 확보했고, 16-17세기에 여러 판을 거듭하며 인쇄되고 출간되었다.

칼뱅 사후 적대적인 가톨릭 측의 칼뱅 전기들이 연쇄적으로 등장해서, 주로 칼뱅의 독재적이고 이단적인 성향을 집요하게 물고 늘어졌다. 그중 가장 흥미로운 작품은 장-밥티스트 마송Jean-Baptiste Masson의 것으로, 그는 칼뱅의 이전 비서였던 프랑수아 보댕의 학생이었다. 보댕은 칼뱅을 괴물이라며 비난한 인물이었다.[23] 칼뱅의 잔혹성과 독재적 성향을 강조한 마송의 묘사는 부정적이었지만, 이 작품이 특별한 점은 그가 비평적으로 자료를 활용했다는 것이다. 이 자료 중 다수는 칼뱅을 위해 일하며 시간을 보낸 보댕이 제공했다. 이 전기 『생애』Life에 기록된 대화들은 보댕에게서 온 것이다. 예컨대, 마송은 칼뱅이 얼마나 악한 인물인지 보여 준다. "비록 그가 겸손해 보이고 자기 생각을 단순하게 드러내는 것 같아 보여도, 사실상 교만과 자기애를 숨긴 것이다. 이는 종파가 좋든 나쁘든 상관없이 모든 종파의 창시자에게서 보이는 흔한 악이다. 그러므로 '당신의 동료들은 당신의 교만과 믿을 수 없는 오만불손에 대해 불평합니다'라고 보댕이 제대로 말한 것이다."[24] 따라서 마송의 작품에서 발견되는 역사적 세부 사항 다수는 프로테스탄트 성인 전기들보다 훨씬 신뢰성이 높다. 볼섹과는 달리, 마송은 단지 칼뱅의 인격을 무너뜨리는 데만 집중하지 않았다. 그는 칼뱅이 그의 비범한 재능 때문에 훨씬 더 위험한 인물이 되었다는 내용의 서사를 구축했다. 마송의 표현에 따르면, 칼뱅은 "글의 양, 의식, 자극, 수사적 강조, 표현의 생생함을 고려할 때, 어느 장관보다도 많이 쓰고 잘 쓰는" 탁월한 저술가였다.[25] 정보의 풍성함으로 마송의 요점은 더욱 탄탄해졌다. "우리는 칼뱅의 생애에 대한 이야기를 그의 친구도 그의 적도 아닌 입장에서 기술했다. 내가 그는 프랑스의 파멸이자 멸망이라고 말한다 해도 거짓말하는 것은 아니다. 그가 어린 시절에 죽거나 차라리 태어나지 않았더라면! 조국에 너무도 많은 아픔을 가져다주었기 때문에, 그가 태어난 것을 그저 혐오하고 질색할 수밖에 없다."[26]

기억들

당대에 묘사되는 장 칼뱅의 이미지를 조사해 보면, 그림이든 판화든 압도적인 이미지는 노인 칼뱅의 모습이다. 그러나 칼뱅은 유럽 종교개혁의 고귀한 어르신이 아니었다. 사망 당시 56세도 채 안 되었는데, 당시 기준으로 보아도 고령이라 할 수 없었다. 그보다 나이가 많았던 불링거는 11년이나 더 오래 살았다. 병들어 아팠던 필립 멜란히톤도 마르틴 루터, 마르틴 부처, 칼뱅의 친구 기욤 파렐처럼 장수했다. 살인적인 일상의 일정과 반복된 병이 칼뱅을 조로하게 만들었고, 일찍 무덤에 묻히게 했다.

그러나 기억에 남는 것은 칼뱅이다. 여기에는 이유가 많다. 우선, 취리히, 바젤, 이후의 하이델베르크가 역사의 뒤안길로 사라졌을 때, 개혁파 신앙의 중심지로서 제네바의 지속적인 명성을 공고히 한 테오도르 드 베즈의 관리 능력을 들 수 있다. 더 중요한 것은 유럽 전역, 이어서 신세계로 확산된 칼뱅주의의 발흥으로, 일관된 신학 체계, 교회 조직의 모델, 영적 치리가 이어져 왔다는 것이다. 여러 차례 수정 및 변형이 있었지만, 장 칼뱅의 모범은 여전히 그 중심에 있었다.

살아 있을 때나 죽었을 때나 마찬가지였다. 칼뱅의 유산은 변화하는 세계의 일부이기도 했다. 그가 죽은 해 1564년에는 유럽 종교

장 칼뱅(1509-1564). 16세기 선각 판화.

개혁에 근본적인 변화가 일어나고 있었다.[27] 루터와 츠빙글리에게서 지도력을 위임받은 2세대 종교개혁자들의 시대가 끝나가고 있었다. 칼뱅이 활동하던 시기에는 변화가 극심했고, 신학적 요동이 심했다. 그러나 칼뱅의 삶이 가져온 변화와 요동은 지역별로 국교화된 교회를 위해 신앙 조항과 교리문답을 작성하던 루터파, 개혁파, 가톨릭 국가, 즉 신앙고백을 분명하게 규정하는 국가들로 대체되고 있었다. 칼뱅이 당대 사람들과 공유했던 논변적 인문주의 문체는 학교와 아카데미에서 사용할 수 있는 새로운 논증법으로 대체되었다. 신학 자체는 아직 변하지 않았고 칼뱅의 사상은 여전히 개혁파 전통의 핵심이었지만, 이것을 가르치는 수단은 새로운 요구를 반영했다.[28] 더구나, 살아 있었을 때와 마찬가지로 죽어서도 칼뱅은 혼자가 아니었다. 불링거, 베르미글리 및 이들의 후계자들을 비롯한 더 광범위한 개혁파 사상의 흐름 안에 있는 모든 다양한 맥락에서 칼뱅은 읽히고 연구되며 해석되었다. 그가 원했던 대로, 그는 목회자 공동체에 속한 인물이 되었다.

유럽 전역에서 칼뱅에 대한 기억은 여러 형태로 나타났다. 학생들은 그의 책을 개혁파 전통의 일부로 공부했고 평신도와 성직자는 그의 작품을 다양한 현지어로 읽었다. 그러나 그의 목소리는 책을 읽은 이들만 들은 것이 아니었다. 그의 성경 해석은 스코틀랜드, 헝가리처럼 다양한 나라의 강단에서 쏟아졌다고 표현해도 될 만큼 울려 퍼졌고, 이 제네바 개혁자에 대해 거의 알지 못했던 남녀와 아이들에게 도달했다. 그의 말은 제네바 교리문답을 통해 신앙을 배우는 이들도 교대로 읊고 낭송했다. 헤아릴 수조차 없는 다양한 방식으로 사후 칼뱅은 성장하는 "국제 칼뱅주의" 교회들을 탄생시킨 인물들의 삶에 영향을 끼쳤다. 망명자의 삶을 살았던 사람에게 가장 어울리는 기념물이 그가 한 번도 본 적 없는 땅에서 왔다. 1583년 제네바는 사부아 공의 군사적 위협 아래 있었다. 그때 베즈는 잉글랜드에 대표단을 파견해서 재정 지원을 요청했다. 엘리자베스는 칼뱅에게 냉담했지만 모금된 액수는 경이로울 정도로 많았는데, 한때 피난처를 제공하고 기독교 신앙을 가르쳐 준 한 도시와 한 사람에게 한 나라가 보이는 뜨거운 감사의 표시였다.[29]

약어

ARG   *Archiv für Reformationsgeschichte*

Beveridge, *Tracts and Treatises* John Calvin, *Tracts and Treatises*, trans. Henry Beveridge, 3 vols (Edinburgh: Calvin Translation Society, 1844-1851)

BHR   *Bibliothèque d'Humanisme et Renaissance*

Bonnet *Letters of Jean Calvin*, ed. Jules Bonnet, trans. David Constable, 4 vols (Edinburgh: Constable, 1855-1857)

BSHPF   *Bulletin de la Société de l'Histoire du Protestantisme Français*

CO   *Ioannis Calvini Opera quae supersunt omnia*, ed. G. Baum, E. Cunitz and E. Reuss, 59 vols (1863-1900); also published as vols 29-87 of *Corpus Reformatorum*

CR   *Corpus Reformatorum. Philippi Melanchthonis Opera Quae Supersunt Omnia*. eds C. G. Bretschneider and H. E. Bindseil (Halle: 1834-1860)

De Clementia *Calvin's Commentary on Seneca's De Clementia*, ed. Ford Lewis Battles and André Malan Hugo (Leiden: E. J. Brill, 1969)

HBBW   Heinrich Bullinger, *Briefwechsel* (Zurich: Theologischer Verlag, c. 1973-)

HSP   *Proceedings of the Huguenot Society of Great Britain and Ireland*.

Institutes John Calvin, *Institutes of the Christian Religion*, ed. John T.McNeill, trans. Ford Lewis Battles, 2 vols (Philadelphia:Westminster Press, 1960)

Romans John Calvin, *The Epistles of Paul the Apostle to the Romans and to the Thessalonians*, trans. Ross McKenzie (Edinburgh: Oliver & Boyd, 1960). v = verse.

SCJ *Sixteenth Century Journal*

STC A Short Title Catalogue of Books Printed in England, Scotland, and Ireland and of English Books Printed Abroad 1475–1640

주

1. 프랑스 청년

1. Commentary on Psalms, Preface, *CO* 31:21.
2. Hugh Cunningham, *Children and Childhood in Western Society since 1500* (London: Longman, 1995)를 보라. 또한 근대 초기 어린이들의 삶에 대해 여전히 아주 깊은 통찰을 주는 고전적 연구로는 Philippe Ariès, *Centuries of Childhood: A Social History of Family Life*, trans. Robert Baldick (1962; repr. Harmondsworth: Penguin, 1973)가 있다.
3. *Censura* to the *Retractationes et Confessiones* (Basle, 1528), 1:45. 이 문헌을 알려 준 세인트앤드루스의 Arnoud Visser에게 감사한다. 그는 'Reading Augustine through Erasmus' Eyes: Humanist Scholarship and Paratextual Guidance in the Wake of the Reformation', *Erasmus of Rotterdam Society Yearbook* 28에서 이 주제를 더 심도 있게 다룬다.
4. Commentary on Psalms, Preface, *CO* 31:19-21.
5. Commentary on Psalms, Preface, *CO* 31:21.
6. 칼뱅의 초기 생애에 대한 고전 연구로는 Alexandre Ganoczy, *The Young Calvin*, trans. David Foxgrover and Wade Provo (Edinburgh: T&T Clark, 1987)이 여전히 가치 있다.
7. Suzanne Selinger, *Calvin against Himself: An Inquiry in Intellectual History* (Hamden, Conn.: Archon Books, 1984).
8. Bernard Cottret, *Calvin: A Biography*, trans. M. Wallace McDonald (Grand Rapids, Mich.: Wm B. Eerdmans, 2000), 11.
9. 학교 교육에 대해서는 Georges Huppert, *Public Schools in Renaissance*

France (Urbana, IL: University of Illinois Press, 1984)를 보라.
10. Thomas More, *Utopia*, trans. Clarence Miller (New Haven, CT: Yale University Press, 2001), 19. 『존 칼빈의 생애와 신앙』(목회자료사).
11. Theodore Beza, *The Life of John Calvin* (trans. 1997; repr. Darlington: Evangelical Press, 2005), 16.
12. Alister McGrath는 파리 대학의 성격에 대해 몇 가지 유용한 통찰을 제공한다. 콜레주 드 라 마르슈에 칼뱅이 다녔다는 것을 의심하는 McGrath의 판단은 고려할 가치가 있지만, 콜라동과 베즈가 제공한 내용을 대신할 설득력 있는 대안은 아니다. Alister E. McGrath, *A Life of John Calvin: A Study in the Shaping of Western Culture* (Oxford: Blackwell, 1990), 23-27를 보라.
13. 이 사건에 대한 자세한 내용은 A. Lefranc, *La Jeunesse de Calvin* (Paris: Fischbacher, 1888), 61에 나온다.
14. 17 February 1550, *CO* 13: 525-526.
15. 마튀랭의 교수법에 대해서는 Elizabeth K. Hudson, 'The Colloquies of Maturin Cordier: Images of Calvinist School Life and Thought', *SCJ* 9 (1978): 57-78. Also Jules le Coultre, *Maturin Cordier et les origines de la pédagogie protestante dans les pays delangue française (1530-1564)* (Neuchâtel: Secrétariat de l'Université, 1926)를 보라.
16. Foster Watson, 'Maturinus Corderius: Schoolmaster at Paris, Bordeaux, and Geneva in the Sixteenth Century', *School Review* 12 (1904): 285에서 재인용.
17. E. A. Berthault, *Mathurin Cordier et l'enseignement chez les premiers Calvinistes* (Paris, 1876), 11f.
18. Hans R. Guggisberg, *Sebastian Castellio, 1515-1563: Humanist and Defender of Toleration in a Confessional Age* (Aldershot: Ashgate, 2002), 31-32.
19. Ganoczy, *Young Calvin*, 57-63.
20. André Tuilier, *Histoire de l'Université de Paris et de la Sorbonne* (Paris: Nouvelle Librairie de France, 1994).
21. McGrath, *Life of John Calvin*, 33.
22. 르페브르에 대해서는 1장을 보라.
23. *Erasmi Opera*, 426, I, Colloquia p. 806 et seq. 프랑스어 번역판은 Augustin Renaudet, *Préréforme et humanisme à Paris pendant les premières guerres d'Italie (1494-1517)* (Paris: Librairie Ancienne Honoré Champion, 1916),

267-268.
24. McGrath, *Life of John Calvin*, 31-50는 전적으로 추측에 근거한 설명이다.
25. R. J. Knecht, *The Rise and Fall of Renaissance France, 1483-1610*, 2nd edn (Oxford: Blackwell, 2001), 84.
26. Marie-Madeleine de La Garanderie, 'Guillaume Budé: A Philosopher of Culture', *SCJ* 19 (1988): 379-388. David O. McNeil, *Guillaume Budé and Humanism in the Reign of Francis I* (Geneva: Droz, 1972)도 보라.
27. Claude de Seyssel, *The Monarchy of France*, ed. Donald R. Kelley, trans. J. H. Hexter (New Haven, CT: Yale University Press, 1981).
28. Ehsan Ahmed, 'Wisdom and Absolute Power in Guillaume Budé's Institution du Prince', *Romantic Review* 96 (2005): 173-186; M. Martin, *Guillaume Budé, le livre de l'Institution du Prince* (Berne: Lang, 1983)도 보라.
29. 프랑수아 1세의 문화적 유산에 대해서는 Janet Cox-Rearick, *The Collection of Francis I: Royal Treasures* (New York: Harry N. Abrams, 1996)를 보라.
30. 프랑스에 대해서는 Jean-Claude Margolin, 'Humanism in France', in Anthony Goodman and Angus MacKay (eds), *The Impact of Humanism on Western Europe* (London: Longman, 1990), 164-201를 보라.
31. 프랑수아 1세의 복잡한 종교관에 대해서는 R. J. Knecht, "Francis I, 'Defender of the Faith'", in E. W. Ives, R. J. Knecht and J. J. Scarisbrick (eds), *Wealth and Power in Tudor England: Essays Presented to S. T. Bindhoff* (London: Athlone Press, 1978), 106-127를 보라.
32. Léon-E.Halkin, *Erasmus: A Critical Biography* (Oxford: Blackwell, 1993), 114에서 재인용.
33. Eamon Duffy, *The Stripping of the Altars: Traditional Religion in England, c. 1400-c.1580* (New Haven, CT: Yale University Press, 1992).
34. Christopher Elwood, *The Broken Body: The Calvinist Doctrine of the Eucharist and the Symbolization of Power in Sixteenth-Century France* (Oxford: Oxford University Press, 1999), 12-26.
35. Francis Higman, 'Theology for the Layman in the French Reformation', in his *Lire et découvrir: la circulation des idées au temps de la Réforme* (Geneva: Droz, 1998), 87.
36. Brian Patrick McGuire, *Jean Gerson and the Last Medieval Reformation*

(University Park, PA: Pennsylvania State University Press, 2005)를 보라.
37. David S. Hempsell, "Measures to Suppress 'la peste luthérienne' in France, 1521-1522", *Bulletin of the Institute of Historical Research* 49 (1976): 296-329; Rodolphe Peter, 'La Réception de Luther en France au 16e siècle', *Revue d'Histoire et de Philosophie Religieuses* 63 (1983): 67-89.
38. Francis Higman, 'Premières réponses catholiques aux écrits de la Réforme en France, 1525-c. 1540', in P. Aquilon and H.-J. Martin (eds), *Le Livre dans l'Europe de la Renaissance* (Paris: Promodis Editions du Cercle de la Librairie, 1988), 361-377. 또한 Higman, 'Luther d'histoire et la piété de l' église gallicane: Le Livre de vraye et parfaicte oraison', *Revue d'Histoire et de Philosophie Religieuses* 63 (1983): 11-57도 보라.
39. Knecht, *Rise and Fall of Renaissance France*, 115.
40. Francis Higman, 'Le Levain de l'Evangile', in his *Lire et découvrir*, 16.
41. David Nicholls, 'Heresy and Protestantism, 1520-1542: Questions of Perception and Communication', *French History* 10 (1996): 186.
42. Higman, 'Le Levain de l'Evangile', 17-18.
43. 루터의 이미지에 대해서는 Robert Kolb, *Martin Luther as Prophet, Teacher, and Hero: Images of the Reformer, 1520-1620* (Grand Rapids, MI: Baker Books, 2000)를 보라.
44. Guy Bedouelle, *Lefèvre d'Etaples et l'intelligence des écritures* (Geneva: Droz, 1976). John Woolman Brush, 'Jacques Lefèvre d'Etaples: Three Phases of his Life and Work', in Franklin. H. Littell (ed.), *Reformation Studies: Essays in Honor of Roland Bainton* (Richmond, VA: John Knox Press, 1962), 117-128; Richard M. Cameron, 'The Attack on the Biblical Works of Lefèvre d'Etaples, 1514-1521', *Church History* 38 (1969): 9-24; Richard M. Cameron, 'The Charges of Lutheranism Brought against Lefèvre d'Etaples', *Harvard Theological Review* 63 (1970): 119-149도 보라.
45. Eugene F. Rice Jr, 'Humanist Aristotelianism in France', in A. H. T. Levi (ed.), *Humanism in France at the End of the Middle Ages and in the Early Renaissance* (Manchester: Manchester University Press, 1970), 132-149.
46. Guy Bedouelle, 'Jacques Lefèvre d'Etaples (c. 1460-1536)', in Carter Lindberg (ed.), *The Reformation Theologians* (Oxford: Blackwell, 2001), 4.
47. Anselm Hufstader, 'Lefèvre d'Etaples and the Magdalen', *Studies in the*

Renaissance 16 (1969): 31-61.

48. Jonathan Reid, 'King's Sister-Queen of Dissent: Marguerite of Navarre (1492-1549) and her Evangelical Network' (PhD dissertation, University of Arizona, 2001), 182. [Jonathan Reid, *King's Sister-Queen of Dissent: Marguerite of Navarre (1492-1549) and her Evangelical Network* (2 vols) (Leiden: Brill, 2009)는 저자의 박사 학위 논문을 책으로 펴낸 것이다 — 역주]
49. Reid, 'King's Sister', 168.
50. Walter Bense, 'Noel Beda and the Humanist Reformation at Paris, 1504-1534', 3 vols (PhD dissertation, Harvard Divinity School, 1967).
51. Reid, 'King's Sister', 169.
52. Knecht, *Rise and Fall of Renaissance France*, 115-116.
53. 마르그리트에 대한 가장 중요한 최신 연구는 Reid의 'King's Sister'이다. Henry Heller, 'Marguerite of Navarre and the Reformers of Meaux', *BHR* 33 (1971): 279-310도 보라.
54. Michel Veissère, 'Guillaume Briçonnet, évêque de Meaux, et la réforme de son clergé', *Revue d'Histoire Ecclésiastique* 84 (1989): 657-672.
55. Heather M. Vose, 'A Sixteenth-Century Assessment of the French Church in the Years 1521-1524 by Bishop Guillaume Briçonnet of Meaux', *Journal of Ecclesiastical History* 39 (1988): 509-519.
56. "Die Stellung desr 'Summaire' von Guillaume Farel innerhalb der frühen reformierten Bekenntnisschriften", in Heiko A. Oberman and others (eds), *Reformiertes Erbe: Festschrift für Gottfried W. Locher zu seinem 80. Geburtstag*, 2 vols (Zurich: Theologischer Verlag, 1992), 93-114.
57. Michel Veissère, 'Guillaume Briçonnet, d'après sa correspondance avec Marguerite d'Angoulême (1521-1524)', *Information Historique* 41 (1979): 34-37.
58. Reid, 'King's Sister', 69.
59. Christian Wolff, 'Strasbourg, cité du refuge', in Georges Livet and Francis Rapp (eds), *Strasbourg au coeur religieux du XVI siècle: hommage à Lucien Febvre* (Strasbourg: Librairie Istra, 1977), 321-330.
60. Higman, 'Le Levain de l'Evangile', 19.
61. 고등법원의 활동에 대해서는 Christopher W. Stocker, 'The Politics of the Parlement in Paris in 1525', *French Historical Studies* 8 (1973): 191-212를 보라.

62. Natalie Zemon Davis, *Society and Culture in Early Modern France: Eight Essays* (Stanford, CA: Stanford University Press, 1975).
63. Higman, 'Le Levain de l'Evangile', 26.

2. 법학의 왕자들과 보낸 시간

1. Ganoczy, *Young Calvin*, 62-63.
2. Ibid., 64.
3. Henri Delarue, 'Olivétan et Pierre de Vingle à Genève', *BHR* 8 (1946): 105-118.
4. Michael L. Monheit, 'Guillaume Budé, Andrea Alciato, Pierre de l'Estoile: Renaissance Interpreters of Roman Law', *Journal of the History of Ideas* 58 (1997): 21-40.
5. Ganoczy, *Young Calvin*, 68.
6. Monheit, 'Renaissance Interpreters', 31-32.
7. 알치아티에 대해서는 Donald R. Kelley, *Foundations of Modern Historical Scholarship: Language, Law, and History in the French Renaissance* (New York: Columbia University Press, 1970): 87-115를 보라. Paul Viard, *André Alciat, 1492-1550* (Paris: Societé Anonyme du 'Recueil Sirey', 1926)도 보라.
8. Monheit, 'Renaissance Interpreters', 27-31를 보라.
9. Jean-François Gilmont, *John Calvin and the Printed Book*, trans. Karin Maag (Kirksville, MO: Truman State University Press, 2005), 196-197; Olivier Millet, *Calvin et la dynamique de la parole* (Paris: Champion, 1992), 42.
10. Cornelius Augustijn, Christoph Burger and Frans P. van Stam, 'Calvin in the Light of the Early Letters', in Herman J. Selderhuis (ed.), *Calvinus Praeceptor Ecclesiae: Papers of the International Congress on Calvin Research, Princeton, August 20-24, 2002* (Geneva: Droz, 2004), 140-141.
11. Beza, *Life of Calvin*, 20.
12. Denis Crouzet, *Jean Calvin: vies parallèles* (Paris: Fayard, 2000), 74.
13. Emile Doumergue, *Jean Calvin: les hommes et les choses de son temps* (Lausanne: G. Bridel, 1899), 1:18, 37-39.
14. Aimé-Louis Herminjard, *Correspondance des réformateurs dans les pays de langue française* (Geneva and Paris, 1866-1897), 2:394.
15. 나는 여기서 다음 문헌의 논증을 따른다. Michael L. Monheit, "'The Ambition

for an Illustrious Name': Humanism, Patronage, and Calvin's Doctrine of Calling", *SCJ* 23 (1992): 267-287.

16. *De Clementia*, 10.
17. Monheit, 'Ambition for an Illustrious Name', 269-271.
18. 베즈는 부르주에서 학생이었을 때 칼뱅이 보여 준 근면한 성경 연구에 대해 언급한다. Beza, *Life of Calvin*, 20.
19. Gilmont, *Calvin and the Printed Book*, 164.
20. A. N. S. Lane, *John Calvin: Student of the Church Fathers* (Edinburgh: T&T Clark, 1999), 44, 52.
21. Gilmont, *Calvin and the Printed Book*, 165.
22. *De Clementia*, 11.
23. 중요한 작품으로 Guenther Haas, *The Concept of Equity in Calvin's Ethics* (Waterloo, Ontario: Wilfrid Laurier University Press, 1997)가 있다. Christoph Strohm, "Methodology in Discussion of 'Calvin and Calvinism'", in Selderhuis (ed.), *Calvinus Praeceptor Ecclesiae*, 76-77도 보라.
24. Irena Backus, 'Calvin's Concept of Natural and Roman Law', *Calvin Theological Journal* 38 (2003): 16-19.
25. Ibid., 21-22.
26. *De Clementia*, 33.
27. Irena Backus, *Historical Method and Confessional Identity in the Era of the Reformation(1378-1615)* (Leiden: E. J. Brill, 2003), 특히 99-101에 나오는 요약을 보라.
28. *De Clementia*, 77.
29. Ibid., 85.
30. Backus, 'Calvin's Concept of Natural and Roman Law', 20.
31. *De Clementia*, 109.
32. Strohm, "Methodology in Discussion of 'Calvin and Calvinism'", 75.
33. Ibid., 76.
34. Peter Goodrich, 'Laws of Friendship', *Law and Literature* 15 (2003): 23-52를 보라.
35. Anthony Grafton and Megan Williams, *Christianity and the Transformation of the Book: Origen, Eusebius, and the Library of Caesarea* (Cambridge, MA: Belknap Press, 2006), 54-55.

36. Calvin to François Daniel, May 1532, *CO* 10:20-21; Bonnet 1:38.
37. Monheit, 'Ambition for an Illustrious Name', 285f.

3. "마침내 구원받다": 회심과 도피

1. Ganoczy, *Young Calvin*, 71.
2. Max Engammare는 칼뱅이 1531-1533년에 파리에서는 바타블과, 부르쥬에서는 멜히오르 볼마르와 히브리어를 공부했다는 자주 반복되는 주장에는 증거가 없다고 주장한다. 'Joannes Calvinus trium linguarum peritus? La question de l' Hébreu', *BHR* 58 (1996): 37. 칼뱅은 서신에서 바타블이라는 이름을 단 한 번도 언급하지 않는다, 38.
3. Augustijn, Burger and van Stam, 'Calvin in the Light of the Early Letters', 141.
4. ibid., 142.
5. *CO* 31:13-35.
6. Heiko A. Oberman, 'Subita Conversio: The Conversion of John Calvin', in Oberman and others (eds), *Reformiertes Erbe*, 281.
7. John C. Olin (ed.), *A Reformation Debate: Sadoleto's Letter to the Genevans and Calvin's Reply* (New York: Harper & Row, 1966), 87-88.
8. Ibid., 89.
9. Ibid., 90. [본문 내용은 박건택 편역, "사돌레토에게 주는 답신", 『칼뱅소품집 1: 1532-1544』(서울: 크리스천 르네상스, 2016), 566에 나오는 박건택의 한글 번역을 인용한 것이다. 박건택의 소품집은 프랑스어 및 라틴어 원전에서 직접 번역한 국내에서 가장 권위 있는 칼뱅 텍스트다—역주]
10. Willem Nijenhuis, "Calvin's 'Subita Conversio': Notes to a Hypothesis", in W. Nijenhuis (ed.), *Ecclesia Reformata: Studies on the Reformation* (Leiden: E. J. Brill, 1994), 2:3-23.
11. Oberman, 'Subita Conversio', 291.
12. François Wendel, *Calvin: The Origins and Development of his Religious Thought*, trans. Philip Mairet (1950; trans. London: Collins, 1963), 39. 『칼빈』 (CH북스).
13. Francis M. Higman, *Censorship and the Sorbonne: A Bibliographical Study of Books in French Censured by the Faculty of Theology of the University of Paris, 1520-1551* (Geneva: Droz, 1979), 40-45.
14. Nicholls, 'Heresy and Protestantism', 185.

15. Reid, 'King's Sister', 484-487.
16. R. J. Knecht, *Francis I* (Cambridge: Cambridge University Press, 1982), 243-244.
17. Nicholls, 'Heresy and Protestantism', 194.
18. Calvin to Daniel, Oct. 1538, *CO* 10:27-30; Bonnet 1:12-16.
19. J. Dupèbe, 'Un document sur les persécutions de l'hiver 1533-1534 à Paris', *BHR* 48 (1986): 406.
20. Wendel, *Calvin*, 41.
21. 'Academic Discourse Delivered by Nicolas Cop on Assuming the Rectorship of the University of Paris on 1 November 1533', trans. Dale Cooper and Ford Lewis Battles, in John Calvin, *Institutes of the Christian Religion, 1536 Edition*, ed. and trans. Ford Lewis Battles, revised edn (repr. London: Collins, 1986), 365.
22. Bernard Roussel, 'François Lambert, Pierre Caroli, Guillaume Farel, et Jean Calvin (1530-1536)', in Wilhelm H. Neuser (ed.), *Calvinus Servus Christi: die Referate des Congrès International des Recherches Calviniennes/ International Congress on Calvin Research/Internationalen Kongresses für Calvinforschung; vom 25. bis 28. August 1986 in Debrecen* (Budapest: Pressabteilung des Ráday-Kollegiums, 1988), 32-35.
23. Beza, *Life of Calvin*, 15.
24. Wendel, *Calvin*, 41; Gilmont, *Calvin and the Printed Book*, 11도 보라.
25. Olivia Carpi-Mailly, 'Jean Calvin et Louis du Tillet, entre foi et amitié, un échange révélateur', in Olivier Millet (ed.), *Calvin et ses contemporains: actes du colloque de Paris 1995* (Geneva: Droz, 1998), 8-9.
26. Beza, *Life of Calvin*, 16.
27. Ganoczy, *Young Calvin*, 84-85.
28. Bonnet 1:18; *CO* 10:37-38.
29. Barbara Sher Tinsley, *History and Polemics in the French Reformation: Florimond de Raemond, Defender of the Church* (Selinsgrove, PA: Associated University Presses/Susquehanna University Press, 1992)를 보라.
30. Florimond de Raemond, *Histoire de la naissance, progress et décadence de l'hérésie de ce siècle* (Paris, 1605), 889. Ganoczy, *Young Calvin*, 331에서 재인용.

31. Augustijn, Burger and van Stam, 'Calvin in the Light of the Early Letters', 142-145.
32. Carpi-Mailly, 'Jean Calvin et Louis du Tillet', 8.
33. 벽보 사건에 대해서는 L. Febvre, 'L'origine des Placards de 1534', *BHR* 7 (1945): 62-72; Donald R. Kelley, *The Beginning of Ideology: Consciousness and Society in the French Reformation* (Cambridge: Cambridge University Press, 1981); Francis M. Higman, 'De l'Affaire des Placards aux Nicodémites: le movement évangélique français sous François Ier', *Etudes Théologique et Religieuses* 70 (1995): 359-366를 보라.
34. Higman, 'Le Levain d'Evangile', 23.
35. 츠빙글리에 대해서는 Lee Palmer Wandel, *The Eucharist in the Reformation: Incarnation and Liturgy* (Cambridge: Cambridge University Press, 2006); *Voracious Idols and Violent Hands: Iconoclasm in Reformation Zurich, Strasbourg, and Basel* (Cambridge, Cambridge University Press, 1995); Bruce Gordon, *The Swiss Reformation* (Manchester: Manchester University Press, 2002), 71-75를 보라.
36. Knecht, *Rise and Fall of Renaissance France*, 144.
37. Gabrielle Berthoud, *Antoine Marcourt, Réformateur et pamphlétaire, du 'Livre des Marchans' aux Placards de 1534* (Geneva: Droz, 1973).
38. Paul Wernle, *Calvin und Basel bis zum Tode des Myconius, 1535-1552* (Basle: Friedrich Reinhardt Universitäts-Buchdruckerei, 1909), 7; Willem Balke, *Calvin and the Anabaptist Radicals* (Grand Rapids, MI: Wm B. Eerdmans, 1981), 26-27.
39. Capito to Calvin, *CO* 10:45-46.
40. 원문의 정확한 일자를 알기가 어렵지만, 이 개정 작업은 그가 바젤에서 1535년 겨울, 봄, 여름에 『기독교강요』를 마무리하고 있던 시기에 이루어졌다고 보는 것이 가장 타당하다. 칼뱅이 크리스토페르 파브리(Christopher Fabri)에게 보낸 편지의 일자는 1534년 9월 11일이며, 『영혼의 잠』 수정에 대한 언급은 과거 시제로 되어 있다. 『기독교강요』 또한 이듬해 봄이 되어야 출간되기는 하지만, 완성된 시기는 그 달이었다. 1535년 9월에 보 지방 목회자이자 파렐의 친구인 파브리에게 보낸 편지에서 칼뱅은 "당신이 영혼 불멸에 대한 제 논문에 나오는 일부 내용을 완전히 수용하지는 않으신다고, 당신의 요청에 따라, 제가 알지는 못하는 어떤 사람이 제게 전달해 주었습니다"라고 언급했다. Bonnet 1:19.

41. 1516년에 피에트로 폼포나찌(Pietro Pomponazzi, 1462-1525)가 『영혼 불멸에 대한 논문』을 출간한 일이 있는데, 여기서 그는 아리스토텔레스를 따라 인간의 영혼이 몸을 떠나서는 작동할 수 없고, 따라서 육체적으로 죽은 이후에는 생존할 수 없다고 주장했다. 제5차 라테란 공의회(1512-1517)는 이 사상을 비난하고, 폼포나찌의 이름을 언급하지는 않고, 각 인간이 가진 지적인 영혼은 불멸하며 개별적이라고 포고했다. 마르틴 루터는 영혼은 불멸이 아니므로, 몸과 함께 죽었다가, 마지막 날에 그리스도와 함께 부활한다고 주장하면서 공의회 교리를 가차 없이 비난했다.
42. Roussel, 'François Lambert, Pierre Caroli, Guillaume Farel, et Jean Calvin', 35-52.
43. 세르베투스에 대해서는 Roland Bainton, *Hunted Heretic: The Life and Death of Michael Servetus, 1511-1553* (1953; repr. Gloucester, MA: Peter Smith, 1978)를 보라.
44. Beza, *Life of Calvin*, 25. 모임이 1533년에 열렸는지, 아니면 1534년에 열렸는지 논란이 있다. 베즈는 1534년에 열렸다고 말한다. Doumerge와 Bainton도 이 견해를 따른다. Bainton, *Hunted Heretic*, 81.
45. Beveridge, *Tracts and Treatises*, 3:418. 원전은 *CO* 5:165-232에 있다.
46. Ibid., 435.
47. Ibid., 426.
48. Ibid., 427.
49. Ibid., 406.
50. Ibid., 426.
51. Ibid., 429-430.
52. Wes Williams, *Pilgrimage and Narrative in the French Renaissance: 'The Undiscovered Country'* (Oxford: Oxford University Press, 1998), 26-28.
53. Gilmont, *Calvin and the Printed Book*, 40.

4. 숨겨진 구석에서의 망명 생활

1. Beza, *Life of Calvin*, 8.
2. *CO* 31:21.
3. *CO* 31:23.
4. 바젤에서 진행된 종교개혁에 대해서는 Hans R. Guggisberg, *Basel in the Sixteenth Century: Aspects of the City Republic before, during, and after*

the Reformation (St Louis, MO: Center for Reformation Research, 1982); Gordon, *Swiss Reformation*, 108-112; Amy Nelson Burnett, *Teaching the Reformation: Ministers and their Message in Basel, 1529-1629* (Oxford: Oxford University Press, 2007)을 보라.

5. Gordon, *Swiss Reformation*, 122-135; Helmut Meyer, *Der Zweite Kappeler Krieg. Die Krise der schweizerischen Reformation* (Zurich: Hans Rohr, 1976).
6. 바젤의 에라스무스에 대해서는 R. J. Schoeck, *Erasmus of Europe: The Prince of Humanists, 1501-1536* (Edinburgh: Edinburgh University Press, 1993), 283f를 보라.
7. Myron P. Gilmore, 'Boniface Amerbach', in Myron P. Gilmore (ed.), *Humanists and Jurists: Six Studies in the Renaissance* (Cambridge, MA: Belknap Press, 1963), 146-177.
8. Sigrid Looss and Markus Matthias (eds), *Andreas Bodenstein von Karlstadt (1486-1541). Ein Theologe der frühen Reformation* (Wittenberg: Hans Lufft, 1998).
9. Edgar Bonjour, *Die Universität Basel von den Anfängen bis zur Gegenwart, 1460-1960* (Basle: Helbing & Lichtenhahn, 1983).
10. Peter G. Bietenholz, 'Printing and the Basle Reformation, 1517-1565', in Gilmont, *Reformation and the Book*, 235-263.
11. Ibid., 245.
12. Gilmont, *Calvin and the Printed Book*, 180-181.
13. 아쉽게도 플라터 일기의 좋은 영어 번역판은 없다. 다음 현대 독일어판이 참고하기에 가장 좋다. Thomas Platter, *Lebensbeschreibung*, ed. Alfred Hartmann, 3rd edn (Basle: Schwabe, 2006).
14. Emmanuel Le Roy Ladurie, *The Beggar and the Professor: A Sixteenth-Century Family Saga*, trans. Arthur Goldhammer (Chicago: University of Chicago Press, 1997), 68-69.
15. Martin Steinmann, *Johannes Oporinus. Ein Basler Buchdrucker um die Mitte des 16. Jahrhunderts* (Basle: Helbing & Lichtenhahn, 1967); Martin Steinmann, 'Aus dem Briefwechsel des Basler Druckers Johannes Oporinus', *Basler Zeitschrift für Geschichte und Altertumskunde* 69 (1969): 104-203.

16. Wernle, *Calvin und Basel*, 3.
17. Ibid., 4.
18. 지몬 그리나이우스에 대한 학술 문헌은 극소수에 지나지 않는다. 수학에 대한 그의 관심은 다음 책에서 다루었다. Charlotte Methuen, *Kepler's Tübingen* (Aldershot: Ashgate, 1998); 크랜머와의 의미심장한 관계는 다음 문헌이 다룬다. Diarmaid MacCulloch in *Thomas Cranmer: A Life* (London and New Haven, CT: Yale University Press, 1996), 60-68.
19. Peter G. Bietenholz, *Basle and France in the Sixteenth Century: The Basle Humanists and Printers in their Contacts with Francophone Culture* (Geneva: Droz, 1971), 58.
20. Ibid., 59.
21. 뮌스터와 히브리어에 대해서는 Stephen G. Burnett, "Reassessing the 'Basel-Wittenberg Conflict': Dimensions of the Reformation-Era Discussion of Hebrew Scholarship", in Allison P. Coudert and Jeffrey S. Shoulson (eds), *Hebraica Veritas? Christian Hebraists and the Study of Judaism in Early Modern Europe* (Philadelphia: University of Pennsylvania Press, 2004), 181-201를 보라. 뮌스터에 대한 최신 연구는 Matthew McLean, *The Cosmographia of Sebastian Münster: Describing the World in the Reformation* (Aldershot: Ashgate, 2007)을 보라.
22. Engammare, 'Joannes Calvinus trium linguarum peritus?', 39.
23. Ibid., 41.
24. Gilmore, 'Boniface Amerbach', 146-177.
25. 츠빙글리와 루터 사이에 벌어진 성찬 논쟁은 Gordon, *Swiss Reformation*, 71-75에 요약되어 있다.
26. Martin Greschat, *Martin Bucer: Ein Reformator und seine Zeit, 1491-1551* (Munich: Beck, 1990), 115-126. 카피토에 대해서는 James Kittelson, *Wolfgang Capito: From Humanist to Reformer* (Leiden: E. J. Brill, 1975)를 보라. 스위스에 끼친 부처와 카피토의 영향에 대해서는 Amy Nelson Burnett, 'The Myth of the Swiss Lutherans', *Zwingliana* 32 (2005): 45-70를 보라.
27. 슈말칼덴 연맹에 대해서는 Thomas A. Brady Jr, *Protestant Politics: Jacob Sturm (1489-1553) and the German Reformation* (Atlantic Highlands, NJ: Humanities Press, 1995), 143-203를 보라.
28. 비텐베르크 협약에 대해서는 Greschat, *Martin Bucer*, 142-152; Ernst Bizer,

Studien zur Geschichte des Abendmahlsstreits im 16. Jahrhundert (1940, repr. Darmstadt: Wissenschaftliche Buchgesellschaft, 1962)를 보라. 더 최신이자 꼼꼼한 해석으로는 Amy Nelson Burnett, 'Basel and the Wittenberg Concord', *ARG* 96 (2005): 33-56이 있다.

29. Gordon, *Swiss Reformation*, 149.
30. 올리베탕 성경 번천사에 대해서는 Max Engammare, 'Cinquante ans de révision de la traduction biblique d'Olivétan: les bibles réformées genevoises en français au XVIe siècle', *BHR* 53 (1991): 347-377, 특히 348-352를 보라.
31. Gilmont, *Calvin and the Printed Book*, 113에서 재인용.
32. Ibid., 149.
33. 나는 여기서 다음 문헌에 실린 서문을 활용했다. Irena Backus and Claire Chimelli (eds), *'La Vraie Piété': divers traités de Jean Calvin et 'Confession de foi' de Guillaume Farel* (Geneva: Labor et Fides, 1986).
34. Traudel Himmighöfer, *Die Zürcher Bibel bis zum Tode Zwinglis (1531)* (Mainz: Philipp von Zabern, 1995).
35. 'L'homme tout entire, avec ses appartenances, ses faits, ses pensees, ses paroles, sa vie, ont totalement deplu a Dieu.' Backus and Chimelli, *'La Vraie Piété'*, 26.
36. 이 주제는 다음 문헌이 길고 설득력 있게 다룬다. Randall C. Zachman, *Image and Word in the Theology of John Calvin* (Notre Dame, IN: University of Notre Dame Press, 2007).
37. Ibid., 26.
38. Backus and Chimelli, *'La Vraie Piété'*, 27.
39. *CO* 31:23.
40. Richard Muller, *The Unaccommodated Calvin: Studies in the Foundation of a Theological Tradition* (Oxford: Oxford University Press, 1999), 25-26. 『16세기 맥락에서 본 진정한 칼뱅신학』(나눔과섬김).
41. *CO* 31:23.
42. Muller, *Unaccommodated Calvin*, 103.
43. Jean-Daniel Benoît, 'The History and Development of the *Institutio*: How Calvin Worked', in G. E. Duffield (ed.), *John Calvin* (Appleford, Berkshire: Courtenay Press, 1966), 103.

44. John Calvin, *Institutes of the Christian Religion. 1536 edition*, trans. and annotated by Ford Lewis Battles (London: Collins, 1986), 1.
45. Ibid., 2.
46. Ibid., 5.
47. Ibid., 9.
48. Ibid., 43.
49. Ibid., 76.

5. 폭력적 종교개혁과 소동

1. F. Whitfield Barton, *Calvin and the Duchess* (Louisville, KY: Westminster John Knox Press, 1989).
2. Ganoczy, *Young Calvin*, 105.
3. Commentary on Psalms, *CO* 31:23-25.
4. Heiko A. Oberman, 'Calvin and Farel: The Dynamics of Legitimation in Early Calvinism', *Journal of Early Modern History* 2 (1998): 33-60를 보라.
5. Carlos M. N. Eire, *War against the Idols: The Reformation of Worship from Erasmus to Calvin* (Cambridge: Cambridge University Press, 1986), 119-121.
6. Michael W. Bruening, *Calvinism's First Battleground: Conflict and Reform in the Pays de Vaud, 1528-1559* (Heidelberg: Springer Verlag, 2005), 112.
7. Ibid., 40.
8. Ibid., 111.
9. Gordon, *Swiss Reformation*, 58-59, 92-93, 96-97.
10. 논쟁에 대해서는 다음 책에 실린 논문들을 보라. Eric Junod (ed.), *La Disput de Lausanne (1536): la théologie réformée après Zwingli et avant Calvin* (Lausanne: Bibliothèque Historique Vaudoise, 1988).
11. Emile-Michel Braekman, 'Les Interventions de Calvin', in Junod (ed.), *La Disput de Lausanne*, 149-158.
12. 이 점에 대해 나는 브루에닝의 견해에 전적으로 동의한다. Bruening, *First Battleground*, 141.
13. Ibid., 142.
14. Ibid., 151-152.
15. William G. Naphy, *Calvin and the Consolidation of the Genevan Reformation* (Manchester: Manchester University Press, 1994), 16-18.

16. E. William Monter, *Calvin's Geneva* (New York: John Wiley & Sons, 1967), 64. 몬터가 주목했듯이, "제네바는 베른의 궤도 안에 있는 위성 하나였을 뿐이다."
17. 이를 다음 논문에서 잘 그려냈다. Thomas Lambert, 'Preaching, Praying and Policing the Reform in Sixteenth-Century Geneva' (PhD dissertation, University of Wisconsin-Madison, 1998), 34-38.
18. Lambert, 'Praying and Policing the Reform', 39.
19. Jeanne de Jussie, *The Short Chronicle: A Poor Clare's Account of the Reformation in Geneva*, ed. and trans. Carrie F. Klaus (Chicago and London: University of Chicago Press, 2006), 128.
20. Herminjard, *Correspondance*, 4:208; Gilmont, *Calvin and the Printed Book*, 46.
21. Gilmont, *Calvin and the Printed Book*, 30.
22. E. A. de Boer, 'Calvin and Colleagues: Propositions and Disputations in the Context of the Congrégations in Geneva', in Selderhuis (ed.), *Calvinus Praeceptor Ecclesiae*, 332.
23. 취리히에서는 프로페차이가 주로 구약에 집중했다. 히브리어 본문을 읽은 후, 70인역의 그리스어 본문을 읽었다. 성경 구절 주해에 기초해서, 라틴어 번역문을 사람들에게 설교하기 위해 현지어로 바꾸는 작업도 이루어졌다. 이는 학문적인 해석에서 목회적 적용으로 부드럽게 넘어가는 과정으로 이해되었다. 스위스에서 프로페차이와 이 모임이 어떻게 성장했는지에 대해서는 Gordon, *The Swiss Reformation*, 232-239를 보라.
24. De Boer, 'Calvin and Colleagues', 332.
25. 이 점은 다음 문헌이 설득력 있게 주장한다. Frans Pieter van Stam, 'Die Genfer Artikel vom Januar 1537: aus Calvins oder Farels Feder?', *Zwingliana* 27 (2000): 87-101.
26. Ibid.
27. Randall C. Zachman, *John Calvin: Teacher, Pastor, and Theologian* (Grand Rapids, MI: Baker Academic, 2006), 134.
28. 이 주제는 다음 문헌에 잘 논의되어 있다. Irena Backus, "What Prayers for the Dead in the Tridentine Period? [Pseudo-]John of Damascus, 'De his qui in fide dormierunt' and its 'Protestant' translation by Johannes Oecolampadius", in Oberman, *Reformiertes Erbe*, 2:13-24.
29. Calvin to Megander, Feb. 1537, *CO* 10:85-87; Bonnet 1:25.

30. Ibid.
31. Cornelius Augustijn, 'Farel und Calvin in Bern 1537-1538', in Peter Opitz (ed.), *Calvin im Kontext der Schweizer Reformation* (Zurich: Theologischer Verlag, 2003), 11에서 재인용.
32. Ibid., 13.
33. Calvin to Grynaeus, *CO* 10:106-109; Bonnet 1:32.
34. Calvin to Viret, Bonnet 1:29.
35. Myconius to Bullinger, *HBBW* 17:185.
36. Bullinger to Myconius, *HBBW* 7:203-205.
37. Calvin to Zurich Church, 30 Aug. 1537, *CO* 10:119-123.
38. Amy Nelson Burnett, 'Myth of the Swiss Lutherans', 45-70.
39. 1 Nov. 1537, *HBBW* 7:289.
40. *CO* 10:127-128. Frans Pieter van Stam, 'Das Verhältnis zwischen Bullinger und Calvin während Calvins erstem Aufenhalt in Genf', in Opitz (ed.), *Calvin im Kontext*, 28도 보라.
41. Calvin to Bucer, Jan. 1538, *CO* 10:137-144.
42. Augustijn, de Boer and van Stam, 'Calvin in the Light of the Early Letters', 156.
43. Ibid., 147에서 재인용.
44. Beza, *Life of Calvin*, 31.
45. *Johannes Calvini, Opera Selecta*, ed. Peter Barth, 5 vols (Münster: C. Kaiser, 1926-1936), 1:290.
46. Ibid.
47. 저작의 제목은 'De christiani hominis officio in sacerdotiis papalis ecclesiae vel administrandis vel abiiciendis', *Opera Selecta* I:229-362이다.
48. Naphy, *Consolidation*, 27.
49. Monter, *Calvin's Geneva*, 66.
50. Naphy, *Consolidation*, 28.
51. Calvin to Bullinger, Feb. 1538, *CO* 10:153-154; Bonnet 1:42.
52. Frans Pieter van Stam, 'Farels und Calvins Ausweisung aus Genf am 23. April 1538', *Zeitschrift für Kirchengeschichte* 110 (1999): 215.
53. Ibid., 219.
54. Ibid.

55. Bruening, *First Battleground*, 163-164.
56. Van Stam, 'Farels und Calvins Ausweisung', 222-223.
57. Ibid.

6. 교회를 발견하다

1. Van Stam, 'Farels und Calvins Ausweisung', 223.
2. Ibid.
3. Ibid., 224.
4. Ibid.
5. Ibid.
6. Bullinger to Niklaus von Wattenwyl, 4 May 1538, *CO* 10:195; *HBBW* 8:126도 보라.
7. Van Stam, 'Farels und Calvins Ausweisung', 225.
8. Calvin to Bullinger, 20 May 1538, *CO* 10:200-201; Bonnet 1:45.
9. Ibid.
10. Calvin to du Tillet, 10 July 1538, *CO* 10:220; Bonnet 1:48.
11. Calvin to du Tillet, 10 July 1538, *CO* 10:221; Bonnet 1:49.
12. Calvin to Farel, 4 Aug. 1538, *CO* 10: 228-230; Bonnet 1:51.
13. Ibid.
14. Calvin to Farel, 20 Aug. 1538, *CO* 10:235-237; Bonnet 1:54.
15. Cornelis Augustijn, 'Calvin in Strasbourg', in Wilhelm H. Neuser (ed.), *Calvinus sacrae scripturae professor* (Grand Rapids, MI:Wm B. Eerdmans, 1994), 168.
16. Thomas A. Brady Jr, *Community, Politics and Reformation in Early Modern Europe* (Leiden: E. J. Brill, 1998), 192.
17. 스트라스부르에 대해서는 M. U. Chrisman, *Strasbourg and the Reform: A Study in the Process of Religious Change* (New Haven, CT: Yale University Press, 1967); Thomas A. Brady Jr, *Ruling Class, Regime and Reformation at Strasbourg, 1520-1555* (Leiden: E. J. Brill, 1978); Laura Jane Abray, *The People's Reformation: Magistrates and Commons in Strasbourg, 1500-1598* (Ithaca: Cornell University Press, 1985); René Bornert, *La Réforme protestante du culte à Strasbourg au XVIe siècle (1523-1598): approche sociologique et interprétation théologique* (Paris: E. J. Brill, 1974)를 보라.

18. Wendel, *Calvin*, 60.
19. Thomas A. Brady Jr, 'Martin Bucer and the Politics of Strasbourg', in Christian Krieger and Marc Lienhard (eds), *Martin Bucer and Sixteenth Century Europe: actes du colloque de Strasbourg (28-31 août 1991)* (Leiden: E. J. Brill, 1991), 134-135.
20. *CO* 10:226-229. John Witte Jr and Robert M. Kingdon, *Courtship, Engagement, and Marriage in John Calvin's Geneva* (Grand Rapids, MI:Wm B. Eerdmans, 2005), 97에서 재인용.
21. Calvin to Farel, 19 Mar. 1539, *CO* 10:347-348. Witte and Kingdon, *Courtship*, 109에서 재인용.
22. Calvin to Farel, 19 Mar. 1540, *CO* 12:30-31.
23. Calvin to Farel, Sept. 1540, *CO* 11:83-86. Witte and Kingdon, *Courtship*, 99에 나오는 논의를 참고하라.
24. *CO* 15:205-207. Witte and Kingdon, *Courtship*, 100를 보라.
25. 부처에 대한 유일한 포괄적인 전기는 Martin Greschat, *Martin Bucer: A Reformer and his Times*, trans. Stephen Buckwalter (1990; English trans. Louisville, KY: Westminster John Knox Press, 2004)이다. 상대적으로 최근에 연구된 것으로는 Kriegerand Lienhard (eds), *Martin Bucer and Sixteenth Century Europe*이 있다. [최윤배, 『잊혀진 종교개혁자 마르틴 부처』(서울: 대한기독교서회, 2012)를 참고하라-역주]
26. Willem van't Spijker, 'Calvin's Friendship with Bucer: Did It Make Calvin a Calvinist?', in David Foxgrover (ed.), *Calvin and Spirituality: Calvin and his Contemporaries; Colleagues, Friends, and Contacts* (Grand Rapids, MI: CRC Product Services, 1998), 169-186를 보라; 그의 'Bucer und Calvin', in Krieger and Lienhard (eds), *Martin Bucer and Sixteenth Century Europe*, 461-470도 보라; Wilhelm Pauck, 'Calvin and Butzer', in Richard C. Gamble (ed.), *Articles on Calvin and Calvinism: Calvin's Early Writings and Ministry* (New York and London: Garland Publishing, 1992), 37-56도 중요하다.
27. Calvin to Bullinger, 12 Mar. 1539, Zachman, *Calvin as Teacher, Pastor, and Theologian*, 23에서 재인용.
28. Ian P. Hazlett, 'Calvin's Latin Preface to his Proposed French Edition of Chrysostom's Homilies: Translation and Commentary', in James Kirk (ed.),

Humanism and Reform: The Church in Europe, England and Scotland, 1400-1643; Essays in Honour of James K. Cameron (Oxford: Blackwell, 1991), 129-150.

29. Spijker, 'Bucer und Calvin', 464.
30. Calvin to Bucer, 15 Oct. 1541, *CO* 11:296.
31. Calvin to Farel, 24 Oct. 1538, *CO* 10:273-276; Bonnet 1:68.
32. Spijker, 'Bucer und Calvin', 465.
33. Farel to Calvin, 25 May 1551, in Preserved Smith, 'Some Old Unpublished Letters', *Harvard Theological Review* 12 (Apr. 1919): 212.
34. Calvin to Farel, 8 Oct. 1539, *CO* 10:396-400.
35. Muller, *Unaccommodated Calvin*, 120.
36. Ibid., 104.
37. Muller, *Unaccommodated Calvin*, 104에서 재인용.
38. Olivier Millet, "Les 'Loci communes' de 1535 et l'Institution de la Religion chrétienne de 1539-1541, ou Calvin en dialogue avec Melanchthon", in G. Frank and Martin Treu (eds), *Melanchthon und Europa* (Stuttgart: Thorbecke, 2001), 85-96.
39. Muller, *Unaccommodated Calvin*, 128.
40. Carpi-Mailly, 'Jean Calvin et Louis du Tillet', 135-148.
41. Bonnet 1:93.
42. Cottret, *Calvin*, 139에서 재인용.
43. Calvin to du Tillet, 20 Oct. 1538, *CO* 10:270; Bonnet 1:71.
44. Ibid.
45. James R. Payton Jr, 'Calvin and the Libri Carolini', *SCJ* 28 (1997): 477.
46. Calvin to ministers of Geneva, *CO* 10:251; Bonnet 1:59.
47. Monter, *Calvin's Geneva*, 67f.
48. Calvin to Geneva, *CO* 10:252; Bonnet 1:61.
49. Calvin to Geneva, *CO* 10:351; Bonnet 1:118.
50. Calvin to Geneva, *CO* 10:352; Bonnet 1:120.
51. Calvin to Farel, *CO* 10:361; Bonnet 1:127.
52. John C. Olin, *A Reformation Debate* (New York: Fordham University Press, 2000), 37.
53. Ibid., 43.

54. Ibid., 45.
55. Ibid., 54.
56. Ibid., 79.
57. Ibid., 87.
58. Brady, 'Martin Bucer and the Politics of Strasbourg', 135.
59. Wilhelm H. Neuser, 'Calvins Beitrag zu den Religionsgesprächen von Hagenau, Worms, und Regensburg (1540/41)', in L. Abramowski and J. F. G. Goeters (eds), *Studien zur Geschichte und Theologie der Reformation: Festschrift für Ernst Bizer* (Neukirchen-Vluyn: Neukirchener Verlag, 1969), 214.
60. Christopher Ocker, 'Calvin in Germany', in Christopher Ocker and others (eds), *Politics and Reformations: Histories and Reformations: Essays in Honor of Thomas A. Brady, Jr.* (Leiden and Boston: E. J. Brill, 2007), 323.
61. Augustijn, 'Calvin in Strasbourg', 170-171.
62. Calvin to Farel, Ibid., 171에서 재인용.
63. Ibid에서 재인용.
64. Neuser, 'Calvins Beitrag', 230-231.
65. Ocker, 'Calvin in Germany', 331.
66. Ibid., 329.
67. Ralph Keen, "Political Authority and Ecclesiology in Melanchthon's 'De Ecclesiae Autoritate'", *Church History* 65 (1996): 1-14.
68. 다음 글에 역사상 처음으로 영어로 번역된 원문이 실려 있다. Christopher Ocker, 'Calvin in Germany', 341-344.
69. Ibid., 343.
70. Neuser, 'Calvins Beitrag', 236.

7. 교회를 위한 "간결 명료성": 로마서

1. John B. Payne, 'Erasmus: Interpreter of Romans', *SCJ* 2 (1971): 1-35, and T. H. L. Parker, *Commentaries on the Epistle to the Romans, 1532-1542* (Edinburgh: T&T Clark, 1986)를 보라.
2. *Institutes* 1.13.1, David Wright, 'Calvin's Accommodating God', in Wilhelm H. Neuser and Brian G. Armstrong (eds), *Calvinus sincerioris religionis vindex; Calvin as Protector of the Purer Religion* (Kirksville, MO:

Truman State University Press, 1997), 4에서 재인용. Jon Balserak, *Divinity Compromised: A Study of Divine Accommodation in the Thought of John Calvin* (Dordrecht: Springer, 2006)도 유용한 연구 문헌이다.
3. Strohm, "Methodology in Discussion of 'Calvin and Calvinism'", 71.
4. R. Ward Holder, *John Calvin and the Grounding of Interpretation: Calvin's First Commentaries* (Leiden: E. J. Brill, 2006), 142.
5. David C. Steinmetz, 'Calvin and the Irrepressible Spirit', *Ex Auditu* 12 (1996): 105.
6. *Romans*, 2.1.
7. Nicole Kuropka, 'Calvins Römerbriefwidmung und der Consensus Piorum', in Opitz (ed.), *Calvin im Kontext*, 163.
8. *Romans*, 3.
9. 칼뱅의 주해 방법론에 대한 탁월한 논의로는 Randall C. Zachman, 'Gathering Meaning from Context: Calvin's Exegetical Method', in his *Teacher, Pastor, and Theologian*, 103-130이 있다.
10. *Romans*, 3.
11. David Steinmetz, 'Calvin and Patristic Exegesis', in his *Calvin in Context* (Oxford: Oxford University Press, 1995), 특히 135-137를 보라.
12. Commentary on Ezekiel 20:18, Lane, *Student of the Church Fathers*, 36에서 재인용. 칼뱅과 교부와의 관계에 대해서는 Lane의 탁월한 통찰이 담긴 서론을 보라.
13. Ibid., 29.
14. Muller, *Unaccommodated Calvin*, 39-61. David C. Steinmetz, 'The Scholastic Calvin', in Carl R. Trueman and R. Scott Clark (eds), *Protestant Scholasticism in Reassessment* (Eugene, OR: Wipf & Stock, 2005), 16-30도 보라.
15. Muller, *Unaccommodated Calvin*, 57.
16. Elsie Anne McKee, 'Exegesis, Theology, and Development in Calvin's Institutio: A Methodological Suggestion', in Elsie Anne McKee and Brian G. Armstrong (eds), *Probing the Reformed Tradition: Historical Studies in Honor of Edward A. Dowey, Jr* (Louisville, KY: Westminster John Knox Press, 1989), 155.
17. Ibid., 156.

18. Timothy J. Wengert, 'Philip Melanchthon's 1522 Annotationes on Romans and the Lutheran Origins of Rhetorical Criticism', in Richard A. Muller and John L. Thompson (eds), *Biblical Interpretations in the Era of the Reformation: Essays Presented to David C. Steinmetz* (Grand Rapids, MI:Wm B. Eerdmans, 1996), 118-140.
19. Kuropka, 'Römerbriefwidmung', 154.
20. Ibid., 159.
21. G. W. Pigman III, 'Versions of Imitation in the Renaissance', *Renaissance Quarterly* 33 (1980): 1-32.
22. Ibid., 30에서 재인용.
23. *CO* 20:77-78.
24. Philippians 2:3. John Calvin, *The Epistles of Paul the Apostle to the Corinthians, Ephesians, Philippians and Colossians*, trans. T. H. L. Parker (Edinburgh: Oliver & Boyd, 1965), 246.
25. V. 1:20, *Romans*, 31-32.
26. V. 1:19, ibid., 31.
27. V. 1:18, ibid., 30.
28. 로마서 주석에서 칼뱅이 믿음을 어떻게 다루는지에 대해서는 Barbara Pitkin, *What Pure Eyes Could See: Calvin's Doctrine of Faith in its Exegetical Context* (Oxford: Oxford University Press, 1999), 특히 42-55를 보라.
29. V. 3:4, *Romans*, 60.
30. V. 3:25, ibid., 76.
31. V. 4:20, ibid., 99.
32. V. 4:23, ibid., 100-101.
33. V. 9:11, ibid., 200.
34. V. 9:22, ibid., 211 (저자 수정).
35. V. 7:2, ibid., 138.
36. 칼뱅과 유대인에 대해서는 Achim Detmers, *Reformation und Judentum: Israel-Lehren und Einstellungen zum Judentum von Luther bis zum frühen Calvin* (Stuttgart: Kohlhammer, 2001), 특히 239-279를 보라. Detmers는 칼뱅이 유대인이나 그들의 문화에 대해 거의 몰랐다는 사실을 보여 준다. Stephen G. Burnett, 'Calvin's Jewish Interlocutor: Christian Hebraism and anti-Jewish Polemics during the Reformation', *BHR* 55 (1993): 113-123도 보라.

37. V. 13:8, *Romans*, 284.
38. V. 15:1, ibid., 303.
39. V. 5:4, ibid., 305.
40. V. 15:25, ibid., 315.
41. V. 15:31, ibid., 318.

8. 그리스도의 교회를 세우다

1. Calvin to Viret, 19 May 1540, *CO* 11:36; Bonnet 1:162-164.
2. 여기에 대해서는 Oberman, 'Calvin and Farel', 40-41를 보라.
3. Zurich to Strasbourg, *CO* 11:233-234. 스트라스부르에서 취리히로 보낸 답변은 *CO* 11:239-240에 있다. 칼뱅을 지지하는 편지는 바젤에서 왔다. *CO* 11:236-237.
4. Calvin to Zurich church, 31 May 1541, *CO* 11:230-233; Bonnet 1:258-262.
5. Strasbourg to Geneva, 1 Sept. 1541, *CO* 11:266-268; 제네바에서 1541년 9월 17일에 보낸 답변은 *CO* 11:284-285를 보라.
6. Naphy, *Consolidation*, 84-85를 보라.
7. William G. Naphy, *Plagues, Poisons and Potions: Plague-Spreading Conspiracies in the Western Alps ca. 1530-1640* (Manchester: Manchester University Press, 2002), 45.
8. Ibid., 46.
9. Ibid., 51.
10. Naphy, *Consolidation*, 87-88.
11. *Institutes* 4, 1:vii.
12. Willem Balke, *Calvin and the Anabaptist Radicals* (Grand Rapids, MI: Wm B. Eerdmans, 1981), 156-157.
13. Irena Backus, 'These Holy Men: Calvin's Patristic Models for the Establishing of the Company of Pastors', in David Foxgrover (ed.), *Calvin and the Company of Pastors* (Grand Rapids, MI: CRC Product Services, 2004), 47.
14. 마찬가지로, 목회자 시험 및 안수 절차에서도 『교회법』이 칼뱅이 초대교회의 실천에 근거하여 정당성을 부여한 체계를 세웠다. Backus, 'Holy Men', 44-45.
15. 위원회 위원의 명단은 다음과 같다. Calvin, Claude Pertemps, Amy Perrin, Claude Roset, Jean Lambert, Potalia, Jean Balardut.
16. R. M. Kingdon, 'The Episcopal Function in Protestant Churches, XVIth-

XVIIth Centuries', in Bernard Vogler (ed.), *Miscellanea Historiae Ecclesiasticae* 8, in *Bibliothèque de la Revue d'Histoire Ecclésiastique* 72 (1987): 214.
17. Lambert, 'Preaching, Praying and Policing', 186.
18. Ibid., 193.
19. Ibid., 198.
20. Erik A. de Boer, 'The Congrégation: An In-Service Theological Training Center for Preachers to the People of Geneva', in Foxgrover (ed.), *Calvin and the Company of Pastors*, 71.
21. Lambert, 'Preaching, Praying and Policing', 227.
22. De Boer, 'Congrégation', 71.
23. Lambert, 'Preaching, Praying and Policing', 234.
24. Ibid., 201-202.
25. Bruce Gordon, 'The Protestant Ministry and the Culture of Rule: The Reformed Zurich Clergy of the Sixteenth Century', in C. Scott Dixon and Luise Schorn-Schütte (eds), *The Protestant Clergy of Early Modern Europe* (Basingstoke: Palgrave Macmillan, 2003), 137-155; 또한 'The New Parish', in R. Po-chia Hsia (ed.), *A Companion to the Reformation World* (Oxford: Blackwell, 2004), 411-425도 보라.
26. Darlene K. Flaming, 'The Apostolic and Pastoral Office: Theory and Practice in Calvin's Geneva', in Foxgrover (ed.), *Calvin and the Company of Pastors*, 150-151.
27. Ibid., 153.
28. Ibid., 163.
29. Calvin to Myconius, Oct. 1541, *CO* 11:311.
30. Naphy, *Consolidation*, 59-68을 보라.
31. Ibid., 70.
32. Ibid.
33. 취리히 교회는 치리 문제의 결과 때문에 자주 이동하는 목회자들에게 힘을 빌렸다. 물론 이 체계는 목회자 수가 충분할 때에만 작동할 수 있었다. Bruce Gordon, *Clerical Discipline and the Rural Reformation: The Synod in Zürich, 1532-1580* (Berne: Peter Lang, 1992), 216을 보라.
34. Calvin to Farel, 28 July 1542, *CO* 11:416-419; Bonnet 2:313-316.

35. Naphy, *Consolidation*, 72f.
36. Ibid., 73.
37. Ibid., 75.
38. Witte and Kingdon, *Sex, Marriage, and Family*, 1:66-68.
39. Thomas Lambert가 지적했듯이, "눈물과 분노 폭발은 콩시스투아르 모임의 일상이었다." 'Preaching, Praying and Policing', 247.
40. Ibid., 266.
41. Ibid., 269.
42. Ibid., 274.
43. Balke, *Calvin and the Anabaptist Radicals*, 165.
44. *Institutes* 4:12.9.
45. Jeffrey Watt, 'Women and the Consistory in Calvin's Geneva', *SCJ* 24 (1993): 429.
46. Naphy, *Consolidation*, 78.
47. Elsie Anne McKee, 'Context, Contours, Contents: Towards a Description of Calvin's Understanding of Worship', in Foxgrover (ed.), *Calvin and Spirituality*, 66-92를 보라.
48. Lambert, 'Preaching, Praying and Policing', 287.
49. Ibid., 316.
50. Ibid., 341.
51. Christian Grosse, 'Places of Sanctification: The Liturgical Sacrality of Genevan Reformed Churches, 1535-1566', in Will Coster and Andrew Spicer (eds), *Sacred Space in Early Modern Europe* (Cambridge: Cambridge University Press, 2005), 68-69.
52. Lambert, 'Preaching, Praying and Policing', 213.
53. Grosse, 'Places of Sanctification', 70.
54. *Institutes* 1:11.13. Grosse, 'Places of Sanctification', 73에서 재인용.
55. Lambert, 'Preaching, Praying and Policing', 217.
56. Christian Grosse, 'Places of Sanctification', 77에 나오는 평가를 주목하라.
57. Calvin to Farel, 11 Nov. 1541, *CO* 11:321-322; Bonnet 1:282-284.
58. Thomas J. Davis, 'Preaching and Presence: Constructing Calvin's Homiletical Legacy', in David Foxgrover (ed.), *The Legacy of John Calvin* (Grand Rapids, MI: CRC Product Services, 2000), 92-93.

59. Davis, 'Preaching and Presence', 97.
60. Ibid., 99.
61. Lambert, 'Preaching, Praying and Policing', 369.
62. William Monter의 경이로운 표현에 따르면, "이 해피 엔딩으로 제네바 혁명이 제네바의 자녀들을 삼켜 버리지 못하게 되지는 않았다." Monter, *Calvin's Geneva*, 74.
63. Calvin to Farel, Apr. 1546, *CO* 12:334; Bonnet 2:38-41.
64. Calvin to Farel, 4 July 1546, *CO* 12:355-357; Bonnet 2:47-49.
65. Calvin to Farel, 1 Sept. 1546, *CO* 12:377-378; Bonnet 2:56-58.
66. Monter, *Calvin's Geneva*, 77-80.

9. 칼뱅의 세계

1. Calvin to Bullinger, 23 Nov. 1554, *CO* 15:318; Bonnet 3:96-98.
2. 2 Cor. 7:5, *CO* 50:86-87. John Calvin, *The Second Epistle of Paul the Apostle to the Corinthians and the Epistles to Timothy, Titus, and Philemon*, trans. T. A. Smail (Edingburgh: Oliver & Boyd, 1964), 96-97.
3. Robert M. Kingdon, *Adultery and Divorce in Calvin's Geneva* (Cambridge, MA: Harvard University Press, 1995)를 보라.
4. *Institutes* 1:17.10.
5. Graham Robb, *The Discovery of France: A Historical Geography, from the Revolution to the First World War* (London: W. W. Norton, 2007), 92.
6. Max Engammare, 'Plaisir des mets, plaisirs des mots: irdische Freude bei Calvin', in Neuser and Armstrong (eds), *Calvinus sincerioris religionis vindex*, 189-208.
7. Engammare, 'Plaisir des mets', 195.
8. Ibid., 196.
9. Zachman, *John Calvin as Teacher*, 240-242.
10. 칼뱅의 작업 환경에 대해서는 Gilmont, *Calvin and the Printed Book*, 127f를 보라.
11. Engammare, 'Plaisir des mets', 200.
12. Ibid., 202.
13. D. R. Kelly, *François Hotman: A Revolutionary's Ordeal* (Princeton, NJ: Princeton University Press, 1983), 36.
14. Ibid., 143.

15. Ibid., 47.
16. Gilmont, *Calvin and the Printed Book*, 181.
17. Andrew Pettegree, 'Genevan Print and the Coming of the Wars of Religion', in Andrew Pettegree (ed.), *The French Book and the European Book World* (Leiden: E. J. Brill, 2007), 89-106를 보라. *Reformation and the Culture of Persuasion* (Cambridge: Cambridge University Press, 2005)도 보라.
18. *CO* 13:520. Gilmont, *Calvin and the Printed Book*, 186에서 재인용.
19. Farel to Calvin and Viret, 1 Dec. 1541, *CO* 11:353.
20. Calvin to Farel, 16 Sept. 1541, *CO* 11:281-282; Bonnet 1:260-261.
21. Calvin to Bucer, 15 Oct. 1541, *CO* 11:296-300; Bonnet 1:264-271.
22. Calvin to Viret, 24 Oct. 1545, *CO* 12:193-194; Bonnet 1:10-11.
23. Calvin to Farel, 1 Sept. 1549. 작품 이름이 편지에 나오지는 않지만, 파렐의 *Le Glaive de la Parole Veritable contre le Bouclier de Defense, duquel un Cordelier s'est voulu server*이었을 가능성이 가장 크다. 이 작품은 1550년에 제네바에서 출간되었다. *CO* 13:374; Bonnet 2:247.
24. Farel to Calvin, 25 May 1551; Smith, 'Some Old Letters', 212-213 (저자 수정).
25. Calvin to Farel, 11 Nov. 1541, *CO* 11:321-322; Bonnet 1:282-284.
26. Calvin to Myconius, 14 Mar. 1542, *CO* 11:376-381; Bonnet 1:288-296.
27. Willem Balke, 'Jean Calvin und Pierre Viret', in Opitz (ed.), *Calvin im Kontext*, 72.
28. Bruening, *First Battleground*, 179f.
29. 베른에서 일어난 성찬 논쟁에 대해서는 Burnett, 'Myth of the Swiss Lutherans', 45-70를 보라.
30. 여기에 대해서는 Bruening, *First Battleground*, 181f에 나오는 논의를 참고하라.
31. Hans R. Guggisberg, *Sebastian Castellio, 1515-1563: Humanist and Defender of Religious Toleration in a Confessional Age*, trans. Bruce Gordon (Aldershot: Ashgate, 2002).
32. Calvin to Viret, Sept. 1542, *CO* 11:436-439; Bonnet 1:326-327.
33. Guggisberg, *Sebastian Castellio*, 34f.
34. Calvin to Viret, 8 Mar. 1546, *CO* 12:305-306; Bonnet 2:23-24.
35. Calvin to de Falais, 4 July 1546, *CO* 12:354-355; Bonnet, 2:49-50.
36. Calvin to Viret, 13 July 1546, *CO* 12:359; Bonnet 2:51.

37. Calvin to de Falais, 18 Sept. 1545, *CO* 12:169-171; Bonnet 2:5-6.
38. Calvin to Farel, 21 Aug. 1547, *CO* 12:580-581; Bonnet 2:123-125.
39. Calvin to Viret, 15 June 1548, *CO* 12:731-732.
40. Calvin to Viret, 7 Apr. 1549, *CO* 13:230-231; Bonnet 2:202-203.

10. 그리스도의 몸을 치료하다

1. Randall C. Zachman, 'The Conciliating Theology of John Calvin: Dialogue among Friends', in Howard Louthan and Randall C. Zachman (eds), *Conciliation and Confession: The Struggle for Unity in the Age of Reform, 1415-1648* (Notre Dame, IN: Notre Dame University Press, 2004), 96-97.
2. Lane, *Calvin as Student*, 179-180.
3. Ibid., 180.
4. Timothy Wengert, 'We Will Feast Together in Heaven Forever: The Epistolary Friendship of John Calvin and Philip Melanchthon', in Karin Maag (ed.), *Melanchthon in Europe: His Work and Influence Beyond Wittenberg* (Grand Rapids, MI: Baker Books, 1999), 26-28.
5. Ibid., 28.
6. Ibid., 30-31.
7. Greschat, *Martin Bucer*, 199.
8. 제국 내에서의 발전 상황에 대해서는 Brady, *Protestant Politics*, esp. 206-291를 보라.
9. Calvin, 'On the Necessity of Reforming the Church', in Beveridge, *Tracts and Treatises*, 2:245.
10. Gordon, *Swiss Reformation*, 173-174.
11. Genevan Catechism, Beveridge, *Tracts and Treatises*, 2:89.
12. Thomas J. Davis, *The Clearest Promises of God: The Development of Calvin's Eucharistic Teaching* (New York: AMS Press, 1995), 148f에 나오는 논의를 보라.
13. Ibid., 151.
14. Ibid., 120f.
15. Calvin, 'A Short Treatise on the Lord's Supper', in Beveridge, *Tracts and Treatises*, 2:159-160.
16. Ibid., 154.

17. 칼뱅과 스위스와의 관계에 대해서는 Bruce Gordon, 'Calvin and the Swiss Reformed Churches', in Andrew Pettegree, Alastair Duke and Gillian Lewis (eds), *Calvinism in Europe, 1540-1620* (Cambridge: Cambridge University Press, 1994), 64-81를 보라.
18. Calvin to Farel, 26 Feb. 1540, *CO* 11:23-26.
19. Calvin to Viret, 19 May 1540, *CO* 11:35-37; Bonnet 1:162-164.
20. Anthony N. S. Lane, 'Was Calvin a Crypto-Zwinglian?', in Mack P. Holt (ed.), *Adaptations of Calvinism in Reformation Europe: Essays in Honour of Brian G. Armstrong* (Aldershot: Ashgate, 2007), 21-41를 보라.
21. Wim Janse, 'Calvin's Eucharistic Theology: Three Dogma-Historical Observations' (학회 발제문, Calvin International Congress, Emden, 2006).
22. Melanchthon to Bucer, 28 Aug. 1544, in Heinz Scheible (ed.), *Melanchthons Briefwechsel* (Stuttgart-Bad Cannstatt: Frommann Holzburg, 1977-), 34:120.
23. Calvin to Farel 10 Oct. 1544, *CO* 11:754-755; Bonnet 1:404-405.
24. Calvin to Bullinger, 25 Nov. 1544, *CO* 11:772-775; Bonnet 1:405-410.
25. Calvin to Melanchthon, 21 Jan. 1545, *CO* 12:9-12; Bonnet 1:410-416.
26. Calvin to Luther, 21 Jan. 1545, *CO* 12:7-8; Bonnet 1:416-418.
27. Bruce Gordon, 'Holy and Problematic Deaths: Heinrich Bullinger on Zwingli and Luther', in Marion Kobelt-Groch and Cornelia Niekus Moore (eds), *Tod und Jenseitsvorstellungen in der Schriftkultur der Frühen Neuzeit* (Wolfenbüttel: Harrassowitz, 2008), 47-62.
28. Pierre Viret, *De la vertu et usage du ministère de la Parolle de Dieu et des sacraments* (Geneva: Jean Girard, 1545).
29. Bruening, *First Battleground*, 188-189.
30. Johannes Haller to Bullinger, 8 Aug. 1548, *CO* 13:24; Ibid., 190에서 재인용.
31. Calvin to Bullinger, 26 June 1548, *CO* 12:727-731; Bonnet 2:154-159.
32. Oberman, 'Calvin and Farel', 39-41에서 논의된다.
33. Theodore W. Casteel, 'Calvin and Trent: Calvin's Reaction to the Council of Trent in the Context of his Conciliar Thought', *Harvard Theological Review* 63 (1970): 91-117.
34. Beveridge, *Tracts and Treatises*, 3:27.
35. Casteel, 'Calvin and Trent', 114.

36. Heiko A. Oberman, 'The Pursuit of Happiness: Calvin between Humanism and Reformation', in John W. O'Malley, Thomas M. Izbicki and Gerald Christianson (eds), *Humanity and Divinity in Renaissance and Reformation* (Leiden: E. J. Brill, 1993), 259.
37. Calvin to de Falais, 14 July 1548, *CO* 13:8-9.
38. Calvin to Bullinger 11 Sept. 1548, *CO* 13:51-52.
39. Calvin to Bullinger, 21 Jan. 1549, *CO* 13:164-166; Bonnet 2:196-198.
40. Ibid.
41. Bruening, *First Battleground*, 203.
42. 프랑스 동맹을 좀더 자세히 알고 싶으면 ibid., 52-56를 보라.
43. Davis, *Clearest Promises of God*, 43.

11. "칼뱅이 그렇게 용감하게 행동한다면, 왜 여기 오지 않는가?": 프랑스

1. Francis Higman, *Censorship and the Sorbonne: A Bibliographical Study of the Books in French Censured by the Faculty of Theology of the University of Paris, 1520-1551* (Geneva: Droz, 1979), 62-63.
2. Davis, *Society and Culture in Early Modern France*, 7.
3. A. Munz, 'Deux exécutions à Paris pour cause d'hérésie. Lettre d'un jeune catholique allemande, témoin oculaire, 1542', *BSHPF* 6 (1858): 420-423. David Watson, 'The Martyrology of Jean Crespin and the Early French Evangelical Movement, 1523-1555' (PhD thesis, University of St Andrews, 1997), 85.
4. Gabriel Audisio, *Procès-verbal d'un massacre: les Vaudois du Luberon (avril 1545)* (Aix-en-Provence: C.-Y. Chaudoreille, 1992). *The Waldensian Dissent: Persecution and Survival, c. 1170-1570* (Cambridge: Cambridge University Press, 1999)도 보라.
5. Euan Cameron, *The Reformation of the Heretics* (Oxford: Oxford University Press, 1984), 237-239.
6. Jean Crespin, *Histoire mémorable de la persécution de Mérindol et Cabrières* (Geneva: J. Crespin, 1556); J. F. Gilmont, *Bibliographie des éditions de Jean Crespin, 1550-1572* (Verviers, Librairie P. M. Gason, 1981), 1:55-57, 59.
7. Henry Heller, *The Conquest of Poverty: The Calvinist Revolt in Sixteenth-Century France* (Leiden: E. J. Brill, 1986), 63-69.

8. M. Royannez, 'L'Eucharistie chez les évangeliques et les premiers réformés', *BSHPF* 125 (1979): 572.
9. 크레스팽의 방법론에 대해서는 Catharine Randall Coats, 'Reconstituting the Textual Body in Jean Crespin's Histoire des martyrs (1564)', *Renaissance Quarterly* 44 (1991): 62-85를 보라.
10. Benedict, *Christ's Churches Purely Reformed: A Social History of Calvinism* (New Haven, CT: Yale University Press), 132-133.
11. William Monter, 'Les Exécutés pour hérésie par arrêt du Parlement de Paris (1523-1560)', *BSHPF* 142 (1996): 200.
12. N. Sutherland, *The Huguenot Struggle for Recognition* (New Haven, CT: Yale University Press, 1980), 42.
13. Nathanael Weiss, *La Chambre Ardente: étude sur la liberté de conscience en France sous François Ier et Henri II (1540-1550)* (1889; repr. Geneva: Slatkine, 1979), 202. Watson, 'Martyrology', 118에서 재인용.
14. William Monter, *Judging the French Reformation: Heresy Trials by Sixteenth-Century Parlements* (Cambridge, MA: Harvard University Press, 1999).
15. Sutherland, *Huguenot Struggle*, 43.
16. Ibid., 44-45.
17. 다음 저술이 가장 중요하다. Brad S. Gregory, *Salvation at Stake: Christian Martyrdom in Early Modern Europe* (Cambridge, MA: Harvard University Press, 1999).
18. 이 정보를 알려 준 Andrew Pettegree에게 감사한다. 세인트앤드루스에서 나온 저작에 따르면, 제네바가 프랑스어로 출간된 종교 서적의 양에서 파리 다음으로 2위를 차지했음을 알 수 있다.
19. Sutherland, *Huguenot Struggle*, 47.
20. Higman, 'Calvin and the Art of Translation', 374.
21. Ibid., 376.
22. Gilmont, *Calvin and the Printed Book*, 120; Millet, *Calvin et la dynamique*, 829f.
23. *The Treatise on Relics* (1543), *Answer of John Calvin to the Nicodemite Gentlemen Concerning their Complaint that He is too Severe* (1544), *Against the Anabaptists* (1544), *Against the Libertines* (1544), *Against*

Cordelier (1547) and *Against Astrology* (1549).

24. John Calvin, 'On Relics', in Beveridge, *Tracts and Treatises*, 1:331.
25. Ibid., 334.
26. Ibid., 167.
27. Reid, 'King's Sister', 562f.
28. Peter Matheson, 'Martyrdom or Mission: A Protestant Debate', *ARG* 80 (1989): 165.
29. David Wright, 'Why was Calvin So Severe a Critic of Nicodemism?', in David F. Wright, Anthony N. S. Lane and Jon Balserak (eds), *Calvinus Evangelii Propugnator: Calvin, Champion of the Gospel; Papers Presented at the International Congress on Calvin Research, Seoul, 1998* (Grand Rapids, MI: CRC Product Services, 2006), 71-72.
30. Eire, *War against the Idols*, 241. See also his 'Prelude to Sedition? Calvin's Opposition to Nicodemism and Religious Compromise', *ARG* 79 (1985): 120-145.
31. 프란시스 히그먼은 칼뱅이 '니고데모파'로 지칭하게 되는 '갈리아 가톨릭 신자들'이 쓴 작품 10종을 찾아냈다. 이들은 루터에 동의하는 내용이 많은 반면 교황의 권위를 부인했다. Francis Higman, 'The Question of Nicodemism', in W. Neuser (ed.), *Calvinus Ecclesiae Genevensis Custos* (Grand Rapids, MI: Wm B. Eerdmans, 1984). Thierry Wanegffelen은 1540년대 프랑스에서 제3의 길이 있었다고 주장했다. 가톨릭교회 내부에서 복음주의적 개혁이 가능하다고 믿은 이들이었다. 이들은 대부분 복음주의 가톨릭 신자였기에, 특정 전통의 신앙을 고백하는 그리스도인은 아니었다. Thierry Wanegffelen, *Ni Rome, ni Genève: des fidèles entre deux chaires en France au XVIe siècle* (Paris: Champion, 1997). 프로테스탄트 종교개혁자 중에서 볼프강 카피토는 니고데모파에 대한 동정심이 많았고, 로마 교회가 참교회라 주장하는 그의 편지도 회람되었다.
32. David Wright, 'Why was Calvin So Severe', 67.
33. Herminjard, *Correspondance*, 9:126, n. 1316.
34. Eire, *War against the Idols*, 252.
35. Ibid., 256.
36. Perez Zagorin, *Ways of Lying: Dissimulation, Persecution, and Conformity in Early Modern Europe* (Cambridge, MA: Harvard University Press, 1990), 73.
37. Eire, *War against the Idols*, 243.

38. 'Answer to the Nicodemite' in John Calvin, *Come Out from Among Them: 'Anti-Nicodemite' Writings of John Calvin*, trans. Seth Skolnitsky (Dallas, TX: Protestant Heritage Press, 2001), 116.
39. Ibid., 123.
40. 제목은 다음과 같다. *Epistre envoyee aux fidèles conversent entre les chrestiens papistiques* (1543). Zagorin, *Ways of Lying*, 103.
41. Viret, *Admonition et consolation aux fidèles* (Geneva, 1547).
42. *Contre le secte phantastique et furieuse des libertines que se nomment spirituelz*. Response à un certain holandais. Ioannis Calvini, *Opera omnia*, series IV, vol. 1 (Geneva: Droz, 2005).
43. David Wright, 'Why was Calvin So Severe', 78.
44. Etienne Dolet, *Correspondance: répertoire analytique et chronologique suivi du texte de ses letters latines*, ed. Claude Longeon (Geneva: Droz, 1982).
45. Reid, 'King's Sister', 577. M. A. Screech, *Clément Marot: A Renaissance Poet Discovers the Gospel* (Leiden: E. J. Brill, 1994)도 보라.
46. *Concerning Scandals by John Calvin*, trans. John W. Fraser (Edinburgh: Saint Andrew Press, 1978), 61.
47. 학생 이름은 Martial Alba, Bernard Seguin, Charles Faure, Pierre Navihères, Pierre Escrivain이었다.
48. Mirjam G. K. van Veen, "'...Les Sainctz Martyrs...' Die Korrespondenz Calvins mit fünf Studenten aus Lausanne über das Martyrium (1552)", in Opitz (ed.), *Calvin im Kontext*, 127-145.
49. Ibid., 131.
50. Calvin to Martin Drimont, 10 Jan. 1553, *CO* 14:466-469; Bonnet 2:366-369.
51. Van Veen, 'Les Sainctz Martyrs', 134.
52. Calvin to Five Students, 7 July 1553, *CO* 14:561-564; Bonnet 2:393-395.

12. 갈등의 나날들

1. Johan Huizinga, *Erasmus and the Age of the Reformation*, trans. F. Hopman (New York: Dover Publications, 2001), 118-119를 보라.
2. Naphy, *Consolidation*, 123. 프로방스 출신 난민에 대해서는 Gabriel Audisio, 'The First Provençal Refugees in Geneva (1545-1571)', *French History* 19

(2005): 385-400를 보라.
3. Mark Taplin, *The Italian Reformers and the Zurich Church, c. 1540-1620* (Aldershot: Ashgate, 2003)를 보라.
4. Naphy, *Consolidation*, 124.
5. Ibid., 127-128.
6. Ibid., 133.
7. Ibid., 136.
8. Audisio, 'First Provençal Refugees', 390.
9. Calvin, *Commentary on II Corinthians*, 9:6, 121, *CO* 50:108.
10. Elsie Ann McKee, *John Calvin on the Diaconate and Liturgical Almsgiving* (Geneva: Droz, 1984); Robert M. Kingdon, 'Calvin's Ideas about the Diaconate: Social or Theological in Origin?', in Carter Lindberg (ed.), *Piety, Politics, and Ethics: Reformation Studies in Honor of George Wolfgang Forell* (Kirksville, MO: Truman State University Press, 1984), 167-180; Glenn S. Sunshine, *Reforming French Protestantism: The Development of Huguenot Ecclesiastical Institutions, 1557-1572* (Kirksville, MO: Truman State University Press, 2003).
11. Sunshine, *Reforming French Protestantism*, 100.
12. Jeanine Olson, *Calvin and Social Welfare: Deacons and the Bourse Française* (Selinsgrove, PA: Susquehanna University Press, 1989), 33.
13. Sunshine, *Reforming French Protestantism*, 99.
14. Olson, *Social Welfare*, 37-39.
15. Ibid., 47.
16. Ibid., 44.
17. Ibid., 75.
18. Ibid., 80.
19. Naphy, *Consolidation*, 168-169.
20. William G. Naphy, 'Baptisms, Church Riots and Social Unrest in Calvin's Geneva', *SCJ* 26 (1995): 87-97과 Karen E. Spierling, *Infant Baptism in Reformation Geneva: The Shaping of a Community, 1536-1564* (Aldershot: Ashgate, 2005), 140-152를 보라.
21. Spierling, *Infant Baptism*, 147-148.
22. Naphy, 'Baptisms', 93.

23. Ibid., 95.
24. Spierling, *Infant Baptism*, 150-151.
25. Uwe Plath, *Calvin und Basel in den Jahren 1552-1556* (Basle and Stuttgart: Helbing & Lichtenhahn, 1974), 28, 35.
26. Naphy, *Consolidation*, 171.
27. Cornelis P. Venema, *Heinrich Bullinger and the Doctrine of Predestination: Author of the 'Other Reformed Tradition'?* (Grand Rapids, MI: Baker Academic, 2002), 59. 'Heinrich Bullinger's Correspondence on Calvin's Doctrine of Predestination, 1551-1553', *SCJ* 17 (1986): 435-450도 보라.
28. Venema, *Heinrich Bullinger*, 60. Peter Opitz, 'Bullinger's Decades, Instruction in Faith and Conduct', in Bruce Gordon and Emidio Campi (eds), *Architect of Reformation: An Introduction to Heinrich Bullinger* (Grand Rapids, MI: Baker Academic, 2004), 101-116도 보라.
29. Bullinger to Calvin, 1 Dec. 1551, *CO* 14:214-215, Venema, *Heinrich Bullinger*, 61-62에서 재인용.
30. Venema, *Heinrich Bullinger*, 63.
31. Calvin to Bullinger, 22 Jan. 1552, *CO* 14:215-254; Bonnet 2:214-215.
32. Calvin to Bullinger, Apr. 1553, *CO* 14:513-514; Bonnet 2:384-386.
33. Calvin to Farel, 22 Feb. 1552, *CO* 14:289-290.
34. Bruening, *First Battleground*, 216-217.
35. Calvin to Farel, *CO* 14:289-290.
36. Naphy, *Consolidation*, 175.
37. Bruening, *First Battleground*, 218에서 재인용.
38. Bruening, *First Battleground*, 219.
39. Ibid., 220.
40. Calvin's letter to Berne, 4 May 1555, *CO* 15:550-551; Bonnet 3:176-181.
41. Naphy, *Consolidation*, 173-174.
42. Ibid., 178.
43. 이 이야기는 ibid., 184-185에 상세히 나온다. Christian Grosse, *L'Excommunication de Philibert Berthelier: histoire d'un conflit d'identité aux premiers temps de la Réforme genevoise (1547-1555)* (Geneva: Société d'Histoire et d'Archéologie de Genève, 1995)도 보라.
44. Hans Ulrich Bächtold, *Bullinger vor dem Rat. Zur Gestaltung und*

Verwaltung des Zürcher Staatswesens in den Jahren 1531 bis 1575 (Berne: Peter Lang, 1982)는 불링거와 의회 사이에 불거진 다양한 문제를 다룬다. Gordon, *Swiss Reformation*, 251-257도 보라.
45. Plath, *Calvin und Basel*, 110-111.
46. Calvin to Viret, 8 Feb.1554, *CO* 15:18.
47. Naphy, *Consolidation*, 191.
48. Ibid.
49. Calvin to Bullinger, July 1555, *CO* 15:676-685; Bonnet 3:207-216.

13. "이 괴물이 끄집어내지 않은 불신앙은 하나도 없습니다"

1. Calvin to Farel 13 Feb. 1546, *CO* 8:283.
2. Calvin to Farel, 20 Aug. 1553, Bonnet 3:417.
3. Roland H. Bainton, 'Servetus and the Genevan Libertines', *Church History* 5 (1936): 141-142.
4. Commentary on Deuteronomy, *CO* 8:476. Bainton, *Hunted Heretic*, 170-171 에서 재인용.
5. Bainton, *Hunted Heretic*, 176.
6. Ibid., 168.
7. Platt, *Calvin und Basel*, 58f.
8. Calvin to Farel, 20 Aug. 1553, *CO* 14:590; Bonnet 3:417.
9. Bainton, *Hunted Heretic*, 190.
10. Calvin to Bullinger, 7 Sept. 1553, Bonnet 3:427.
11. Plath, *Calvin und Basel*, 54-55.
12. Calvin to Frankfurt ministers, 27 Aug. 1553, Bonnet 3:422.
13. 소의회에 보낸 세르베투스의 편지들에서 발췌한 내용은 Roland H. Bainton, *Michel Servet: hérétique et martyr, 1553-1953* (Geneva: Droz, 1953), 119-120에 나온다.
14. Bainton, *Hunted Heretic*, 197에서 재인용.
15. Irena Backus, 'Servet Michel et les Pères anté-nicéens', in Valentine Zuber (ed.), *Michel Servet (1511-1553), hérésie et pluralisme XVIe-XXIe siècles* (Paris: Champion, forthcoming). 출판도 되지 않은 논문을 읽어 볼 수 있게 허락해 준 Backus 교수에게 감사드린다.
16. 취리히, 바젤, 베른, 샤프하우젠의 관원과 목회자에 대한 판단은 *CO* 8:808-823

에 나온다.
17. Bainton, *Hunted Heretic*, 209에서 재인용.
18. Ibid., 210.
19. Melanchthon to Calvin, 14 Oct. 1554, *CO* 15:268.
20. *CO* 15:239-244에 나오는 Camilio Renatus가 쓴 'Carmen in Calvinum'이라는 제목의 글이 제일 흥미롭다.
21. Plath, *Calvin und Basel*, 74.
22. Ibid., 73.
23. 요리스의 사상 형성에 대해서는 Gary K. Waite, *David Joris and Dutch Anabaptism, 1524-1543* (Waterloo, Ontario: Wilfrid Laurier University Press, 1990)를 보라.
24. Plath, *Calvin und Basel*, 84.
25. Ibid., 86-87.
26. Ibid., 88.
27. 의사 Guglielmo Grataroli가 불링거에게 이 말을 했다. *CO* 14: 657.
28. 28 Oct. 1553, *CO* 14:683.
29. Plath, *Calvin und Basel*, 121.
30. *CO* 8:461.
31. *CO* 8:474.
32. 다음 연구가 고전이다. E. Bähler, *Nikolaus Zurkinden von Bern, 1506-1588: Ein Vertreter der Toleranz im Jahrhundert der Reformation* (Zurich: Beer, 1912), 134f. Guggisberg, *Sebastian Castellio*, 80를 보라.
33. Zurkinden to Calvin, 10 Feb. 1554, *CO* 15:19-22.
34. Calvin to Bullinger, 29 Apr. 1554, *CO* 15:124.
35. Guggisberg, *Sebastian Castellio*, 81-96.
36. 여기에 대해 David Whitford에게 감사한다.
37. Calvin to Bullinger, 28 Mar. 1554, *CO* 15:94. 불링거는 칼뱅에게 같은 날에 편지를 써서, 세르베투스에 대한 칼뱅의 글을 칭찬하고, 잉글랜드교회와 관련된 일련의 이슈를 칼뱅에게 알려 주었다. *CO* 15:90.
38. Calvin to church at Poitiers, 31 July 1554, *CO* 15:200.
39. Markus Kutter, *Celio Secondo Curione: sein Leben und sein Werk, 1503-1569* (Basle and Stuttgart: Helbing & Lichtenhahn, 1955), 185.
40. Plath, *Calvin und Basel*, 169.

41. 편지는 분실되었지만, 다른 서신을 분석하여 복구했다. Plath, *Calvin und Basel*, 170.
42. Hans Guggisberg, 'Tolerance and Intolerance in Sixteenth-Century Basle', in Ole Peter Grell and Robert W. Scribner (eds), *Tolerance and Intolerance in the European Reformation* (Cambridge: Cambridge University Press, 1996), 153를 보라.
43. Guggisberg, *Sebastian Castellio*, 105f.
44. Ibid., 110-114.
45. John Heil, 'Augustine's Attack on Skepticism: The Contra Academicos', *Harvard Theological Review* 65 (1972): 99-116.
46. Marie-Christine Gomez-Girand and Olivier Millet, 'La Rhétorique de la Bible chez Bèze et Castellion d'après leur controverse en matière de la traduction biblique', in Irena Backus (ed.), *Théodore de Bèze (1519-1605): actes du colloque de Genève (septembre 2005)* (Geneva: Droz, 2007), 429-448.
47. Bruce Gordon, 'Wary Allies: Melanchthon and the Swiss Reformation', in Maag (ed.), *Melanchthon in Europe*, 58-60.
48. Guggisberg, *Sebastian Castellio*, 143.
49. Mario Turchetti, *Concordia o Tolleranza?: François Bauduin (1520-1573)* (Geneva: Droz, 1984), 375f.

14. 루터의 상속자들

1. Calvin to Johannes Wolf, 25 Dec. 1555; Rudolf Schwarz, ed., *Johannes Calvins Lebenswerk in seinen Briefen* (Tübingen: J. C. B. Mohr, 1909), 2:118-119. CO에는 이 편지가 없다. Wolfe(Wolphius)는 12월 3일에 칼뱅에게 한 폴란드인 방문자를 추천하고, 세르베투스에게 승리한 것을 축하하는 편지를 썼다. CO 15:877-878.
2. 베스트팔에 대해서는 Joseph N. Tylenda, 'The Calvin-Westphal Exchange: The Genesis of Calvin's Treatises against Westphal', *Calvin Theological Journal* 9 (1974): 182-209를 보라.
3. Wengert, 'We Will Feast Together', 35-36.
4. Tylenda, 'Calvin-Westphal Exchange', 184.
5. CO 15:124. Tylenda, 'Calvin-Westphal Exchange', 185에서 재인용.

6. Beza to Bullinger, 4 Apr. 1554, *CO* 15:96-97.
7. 와스키에 대한 문헌은 많다. 주로 Diarmaid MacCulloch, 'The Importance of Jan Laski in the English Reformation', in C. Strohm (ed.) *Johannes à Lasco: Polnischer Baron, Humanist und europäischer Reformator* (Tübingen: Mohr Siebeck, 2000), 315-345; Michael S. Springer, *Restoring Christ's Church: John a Lasco and the Forma ac ratio* (Aldershot: Ashgate, 2007); Henning Jürgens, *Johannes a Lasco in Ostfriesland: Der Werdegang eines europäischen Reformators* (Tübingen: Mohr Siebeck, 2002)를 보라.
8. Lasco to Calvin, 13 Mar. 1554, *CO* 15:81-84. 와스키는 개혁파 성찬 교리에 대한 공격 사항을 상세하게 설명한다. *CO* 15:83.
9. Herwarth von Schade, *Joachim Westphal und Peter Braubach* (Hamburg: Wittig, 1981), 27-30.
10. Calvin to Farel, 25 May 1554, *CO* 15:140-141; Bonnet 3:39.
11. Bullinger to Calvin, *CO* 15:157-158.
12. *CO* 15:208; Tylenda, 'Calvin-Westphal Exchange', 190.
13. *CO* 15:255-256; Tylenda, 'Calvin-Westphal Exchange', 192.
14. Calvin to Swiss Churches, 6 Oct. 1554, *CO* 15:256-258; Bonnet 3:79-86.
15. Calvin to Farel, 1 Nov. 1554, *CO* 15:297-298; Bonnet 3:90.
16. *CO* 15:273-275; Tylenda, 'Calvin-Westphal Exchange', 93.
17. *CO* 15:318; Tylenda, 'Calvin-Westphal Exchange', 194.
18. Calvin to Zurich ministers, 13 Nov. 1554, *CO* 15:304-307; Bonnet 3:89-94.
19. 이 주제에 대한 주요 연구서는 Andrew Pettegree, *Foreign Protestant Communities in Sixteenth-Century London* (Oxford: Clarendon Press, 1986)이다.
20. Calvin to Perussel, 27 Aug. 1554, *CO* 15:218-219; Bonnet 3:66.
21. Andrew Pettegree, *Marian Protestantism: Six Studies* (Aldershot: Ashgate, 1996), 66-67.
22. *CR* 9:179-180. 멜란히톤도 베젤의 관원들에게 똑같은 조언을 했었다.
23. 예컨대, 라이프치히의 Ulrich Mordeisen에게 1556년 1월 18일에 한 그의 조언을 보라. *Corpus Reformatorum*, ed. Karl Gottlieb Bretschneider and others (Halle, 1834-1907), 8:666.
24. Pettegree, *Marian Protestantism*, 70.
25. Calvin to Church in Frankfurt, Dec. 1555, *CO* 15:895-898; Bonnet 3:240-243.
26. Calvin to French Church in Frankfurt, *CO* 16:210-213; Bonnet 3:257-259.

27. Pettegree, *Marian Protestantism*, 76-77.
28. Wengert, 'We Will Feast Together', 37-41.
29. Hubert Languet가 논쟁에서 멜란히톤이 맡은 역할에 대해 논했다. *CR* 9:484-485.
30. Bodo Nischan, *Prince, People, and Confession: The Second Reformation in Brandenburg* (Philadelphia, PA: University of Pennsylvania Press, 1994)를 보라.
31. Wengert, 'We Will Feast Together', 39.
32. Lasco to Calvin, *CO* 15:774; Tylenda, 'Calvin-Westphal Exchange', 198.
33. John Calvin, 'The Calumnies of Joachim Westphal', Beveridge, *Tracts and Treatises*, 2:231.
34. Ibid., 234.
35. Tylenda, 'Calvin-Westphal Exchange', 203.
36. Ibid., 205.
37. Pettegree, *Marian Protestantism*, 79.
37. Beveridge, *Tracts and Treatises*, 2:231.
38. Tylenda, 'Calvin-Westphal Exchange', 207.
39. Beveridge, *Tracts and Treatises*, 2:425-426.
40. Calvin to Farel, 9 Dec. 1555, *CO* 15:861-862; Bonnet 3:239.
41. Calvin to Farel, 24 Sept. 1557, *CO* 16:638-639; Bonnet 3:368-369.
42. Calvin to Peter Martyr Vermigli, 18 Jan. 1555, *CO* 15:386-389; Bonnet 3:121-126.
43. Calvin to Bullinger, 30 May 1557, *CO* 16:501-502; Bonnet 3:332-334.
44. Calvin to Melanchthon, 3 Aug. 1557, *CO* 16:556-558; Bonnet 3:335-338.
45. Cameron, *Reformation of the Heretics*, 196-198.
46. 이 신앙고백문은 *CO* 16:469-472에 실려 있다. 불링거의 분노에 찬 반응은 *CO* 16:479에 있다. F. Aubert, H. Meylan and A. Dufour (eds), *Correspondance de Théodore de Bèze* (Geneva: Droz, 1962), 2:73-75, 82f., 86-94, 238-242, 251도 보라.
47. Gordon, 'Calvin and the Swiss Reformed Churches', 79.
48. Calvin to Bullinger, 23 Feb. 1558, *CO* 17:60-62.

15. 유럽의 종교개혁자

1. Calvin to Bullinger, 7 Sept. 1553; Bonnet 2:426.

2. Rainer Henrich, 'Bullinger's Correspondence: An International News Network', in Gordon and Campi, *Architect of Reformation*, 235-237.
3. MacCulloch, *Thomas Cranmer*, 174f.
4. Ibid., 175.
5. John Schofield, *Philip Melanchthon and the English Reformation* (Aldershot: Ashgate, 2006), 130-131.
6. Rory McEntegart, *Henry VIII, the League of Schmalkalden, and the English Reformation* (Woodbridge, Suffolk: Boydell Press, 2002)을 보라.
7. Schofield, *Philip Melanchthon*, 133-134.
8. Charmarie Jenkins Blaisdell, 'Calvin's Letters to Women: The Courting of Ladies in High Places', *SCJ* 13 (1982): 67-84.
9. 서머싯에 대한 주요 저작은 Ethan Shagan, 'Popular Politics and the English Reformation: New Sources and New Perspectives', *English Historical Review* 115 (2000): 121-133과 이어서 나온 Shagan의 단행본 *Popular Politics and the English Reformation* (Cambridge: Cambridge University Press, 2003)을 보라.
10. Calvin to Protector Somerset, 22 Oct. 1548, *CO* 13:77-90; Bonnet 2:168-184.
11. Calvin to Farel, 9 July 1549, *CO* 13:324-325; Bonnet 2:224.
12. *An epistle both of Godly consolacion and also of aduertisemente written by Iohn Caluine the pastour and preacher of Geneua, to the righte noble prince Edwarde Duke of Somerset, before the time or knowledge had of his trouble, but delyuered to the sayde Duke, in the time of hys trouble, and so translated out of frenshe by the same Duke hymselfe, in the tyme of his impriesonmente*. [Imprinted at London : By [W. Baldwin? in the shop of] Edward Whitchurche, the .v. day of Aprill, 1550] *STC* 4408.
13. MacCulloch, *Thomas Cranmer*, 470.
14. Ibid.
15. Calvin to Bucer, Feb. 1549, Bonnet 2:198-199.
16. MacCulloch, 'Importance of Jan Laski in the English Reformation', 315-345.
17. MacCulloch, *Thomas Cranmer*, 498.
18. 이 영향은 Torrance Kirby, "Synne and Sedition: Peter Martyr Vermigli's 'Sermon concernynge the tyme of rebellion'", *SCJ* 39 (2008): 419-440에 설명되어 있다.

19. MacCulloch, *Thomas Cranmer*, 501-502; 20 Mar. 1552, *CO* 14:306.
20. Calvin to Cranmer, Apr. 1552, *CO* 14:312-314; Bonnet 2:330-333.
21. Calvin to Cranmer, July 1552, Bonnet 2:341-343.
22. Pettegree, *Foreign Protestant Communities*, 69.
23. 잉글랜드의 영향에 대해서는 Carrie Euler, *Couriers of the Gospel: England and Zurich, 1531-1558* (Zurich: Theologischer Verlag, 2006)를 보라.
24. D. Rodgers, *John à Lasco in England* (New York: Peter Lang, 1994); J. ten Doornkaat Koolman, 'Jan Utenhoves Besuch bei Heinrich Bullinger im Jahre 1549', *Zwingliana* 14 (1974-1978): 263-273.
25. Utenhove to Calvin, 5 Feb. 1550는 제네바에 서머싯의 몰락을 보고하는 편지다. *CO* 14:45-46.
26. Pettegree, *Foreign Protestant Communities*, 70-71.
27. *La forme des prieres ecclesiastiques Auec la maniere d'administrer les sacremens, & celebrer le mariage, & la visitation des malades, et aussi la maniere de confirmer & imposer les mains aux ministres, anciens, & diacres. LVCII. Seigneur, enseigne nous a prier.* [London: s.n.], 155; and *Doctrine de la penitence publique Et la forme d'icelle ainsi comme elle se practique en l'Eglise des estrangiers à Londres, deuant qu'on vienne à l'excommunication. Ensemble aussi la forme d'administrer la saincte Cene* [London: s.n., 1552]. Pettegree, *Foreign Protestant Communities*, 71를 보라.
28. Lasco to Calvin, Apr. 1551, *CO* 14:107-108. 6월 7일에 와스키는 런던에서 불링거에게 성찬과 불링거의 『설교집』이 뜨겁게 환영받고 있다는 편지를 보냈다. *CO* 14:127-129.
29. Carl R. Trueman, *Luther's Legacy: Salvation and the English Reformers, 1525-1556* (Oxford: Oxford University Press, 1994), 216-217에서 재인용; 10 Sept. 1552, *CO* 14:359-360.
30. Calvin to Bullinger, 3 Aug. 1553, 4 Aug. 1553, *CO* 14:584; Bonnet 2:396-397.
31. Euan Cameron, 'Frankfurt and Geneva: The European Context of John Knox's Reformation', in Roger Mason (ed.), *John Knox and the British Reformations* (Aldershot: Ashgate, 1998), 51-73를 보라.
32. Calvin to Church at Frankfurt, 13 Jan. 1555, *CO* 15:393-394; Bonnet 4:117-119.
33. Ibid.
34. Cameron, 'Frankfurt and Geneva', 60.

35. Calvin to Richard Cox, 31 May 1555, *CO* 15:628-629.
36. 다음 저서가 이 공동체를 다루는 오래되고 탁월한 작품이다. Charles Martin, *Les Protestants Anglais réfugiés à Genève au temps de Calvin, 1555-1560* (Geneva: A. Julien, 1915). Dan G. Danner, *Pilgrimage to Puritanism: History and Theology of the Marian Exiles at Geneva, 1555-1560* (New York: Peter Lang, 1999)도 보라.
37. David Laing (ed.), *The Works of John Knox* (Edinburgh: Bannatye Club, 1856), 4:240.
38. William Maxwell, *The Liturgical Portions of the Genevan Service Book used by John Knox while a Minister of the English Congregation of the Marian Exiles at Geneva, 1556-1559* (Edinburgh: Oliver & Boyd, 1931). R. C. D. Jasper and G. J. Cuming (trans. and eds), *Prayers of the Eucharist: Early and Reformed* (London: Collins, 1975), 250-251도 보라.
39. 『성찬 집행, 결혼식, 죽은 자의 매장에 대한 우리의 공동 전례집』(*Book of Our Common Order in the Administration of the Sacraments and Solemnization of Marriages and Burials of the Dead*)으로 알려진 이 책은 총회가 1562년에 채택한 후 1564년에 확장판이 나왔다.
40. Maurice S. Betteridge, 'The Bitter Notes: The Geneva Bible and its Annotations', *SCJ* 14 (1983): 41-62를 보라.
41. 스코틀랜드 종교개혁에 대해서는 Margo Todd, *The Culture of Protestantism in Early Modern Scotland* (New Haven, CT and London: Yale University Press, 2002); Michael Graham, *The Uses of Reform: 'Godly Discipline' and Popular Behavior in Scotland and Beyond, 1560-1610* (Leiden: E. J. Brill, 1996); 최신 연구인 Jane E. A. Dawson, *Scotland Re-Formed, 1488-1587* (Edinburgh: University of Edinburgh Press, 2007), 특히 200-239를 보라.
42. Calvin to Cecil, 29 Jan. 1559, *CO* 17:419-420; Bonnet 4:15-17.
43. Calvin to Cecil, May 1559, Bonnet 4:46-48.
44. Jane E. A. Dawson, 'Trumpeting Resistance: Christopher Goodman and John Knox', in Mason (ed.), *John Knox and the British Reformations*, 130-153. 녹스의 여성 군주관에 대해서는 Robert M. Healey, 'Waiting for Deborah: John Knox and Four Ruling Queens', *SCJ* 25 (1994): 371-386를 보라.
45. Pettegree, *Marian Protestantism*, 145.
46. Jeannine E. Olson, 'Nicolas des Gallars and the Genevan Connection of

the Stranger Churches', in Randolph Vigne and Charles Littleton (eds), *From Strangers to Citizens: The Integration of Immigrant Communities in Britain, Ireland and Colonial America, 1550-1750* (Portland, OR: Sussex Academic Press and The Huguenot Society of Great Britain and Ireland, 2001), 38-47.
47. Ibid., 41.
48. Patrick Collinson, *Archbishop Grindal, 1519-1583: The Struggle for a Reformed Church* (London: Cape, 1979), 134.
49. Patrick Collinson, 'Protestant Strangers and the English Reformation', in Vigne and Littleton (eds), *Strangers to Citizens*, 58.
50. Olson, 'Nicolas des Gallars', 42.
51. Collinson, 'Protestant Strangers', 62.
52. Patrick Collinson은 "엘리자베스 시대 청교도 운동이 1560년대부터 1580년대까지 여세를 몰아 성장했을 때, 이방인 교회들은 존경의 대상이었고, 심지어 엘리자베스 시대 교회가 갖고 있지 못했던 모든 것을 가진 모범이라며 시기의 대상이 되기도 했다"고 지적한다. Collinson, 'Protestant Strangers', 61.
53. 이는 다음 연구 논문에서 취한 내용이다. Francis Higman, 'Calvin's Works in Translation', in Pettegree, Duke and Lewis (eds), *Calvinism in Europe*, 82-99.
54. Higman, 'Calvin's Works in Translation', 97.
55. 폴란드에 대해서는 Stanislas Lubieniecki, *History of the Polish Reformation and Nine Related Documents*, ed. George Hunston Williams (Minneapolis, MN: Fortress Press, 1995); Janusz Tazbir, *A State without Stakes: Polish Religious Toleration in the Sixteenth and Seventeenth Centuries* (1967; repr. New York: The Kosciuszko Foundation and Twayne Publishers, 1973)를 보라.
56. James Miller, 'The Origins of Polish Arianism', *SCJ* 16 (1985): 229-256.
57. Calvin to Polish Nobles, 17 Mar. 1557, *CO* 16:420-421; Bonnet 3:317-319.
58. Miller, 'Origins of Polish Arianism', 232.
59. James Miller, 'The Polish Nobility and the Renaissance Monarchy', *Parliaments, Estates, and Representation* 3-4 (1983-1984): 65-87.
60. Miller, 'Origins of Polish Arianism', 231.
61. Calvin to Sigismund, 5 Dec. 1554, *CO* 15:329-336; Bonnet 3:99-109.
62. Calvin to Bullinger, 9 Feb. 1555, *CO* 15:425; Bonnet 3:132-133.
63. Miller, 'Origins of Polish Arianism', 236.

64. George H. Williams, *Radical Reformation*, 3rd edn (Kirksville, MO: Truman State University Press, 2000), 655-665.
65. Anne Jacobson Schutte, *Pier Paolo Vergerio: The Making of an Italian Reformer* (Geneva: Droz, 1977)를 보라.
66. Calvin to Lusan, 9 June 1560, *CO* 18:100-101; Bonnet 4:112-114.
67. Calvin to Bohemian Brethren, 1 July 1560, *CO* 18:126-128.
68. Taplin, *Italian Reformers*, 179-183.
69. Ibid., 182.
70. Andrew Pettegree, *Emden and the Dutch Revolt* (Oxford: Oxford University Press, 1992), 19.
71. 베젤에 대해서는 14장을 보라.
72. Guido Marnef, 'The Changing Face of Calvinism in Antwerp, 1550-1585', in Pettegree, Duke and Lewis (eds), *Calvinism in Europe*, 143-159.
73. Calvin to Church at Antwerp, 21 Dec. 1556, *CO* 16:337-339; Bonnet 3:302-305.
74. Marnef, 'Changing Face of Calvinism', 148.
75. Lyle D. Bierma, *German Calvinism in the Confessional Age: The Covenant Theology of Caspar Olevianus* (Grand Rapids, MI: Baker Academic, 1996).
76. Calvin to Olevianus, 25 Nov. 1560, *CO* 18:235-237.
77. Lyle D. Bierma (ed.), *An Introduction to the Heidelberg Catechism: Sources, History, and Theology* (Grand Rapids, MI: Baker Academic, 2005).
78. Lyle D. Bierma, 'The Sources and Theological Orientation of the Heidelberg Catechism', ibid., 78.
79. Ibid.
80. Benedict, *Christ's Churches Purely Reformed*, 214f.

16. "그리스도의 완전한 학교"

1. 예언에 대한 통찰력 있는 논의는 Max Engammare, 'Calvin: A Prophet without a Prophecy', *Church History* 67 (1998): 643-661를 보라.
2. Susan E. Schreiner, *The Theater of His Glory: Nature and the Natural Order in the Thought of John Calvin* (1991; repr. Grand Rapids, MI: Baker Academic, 2001), 84.
3. Ibid., 94.
4. William R. Stevenson Jr, *Sovereign Grace: The Place and Significance of*

Christian Freedom in John Calvin's Political Thought (Oxford: Oxford University Press, 1999), 133.
5. Ibid., 145.
6. Charles L. Cooke, 'Calvin's Illnesses', in Timothy George (ed.), *John Calvin and the Church: A Prism of Reform* (Louisville, KY: Westminster John Knox Press, 1990), 62-63.
7. Calvin to Melanchthon, 19 Nov. 1558, *CO* 17:384-386; Bonnet 3:481-485.
8. Calvin, *2 Corinthians*, 152.
9. 이 관계는 다음 책에 잘 설명되어 있다. Françoise Bonali-Fiquet, *Jean Calvin, Lettres à Monsieur et Madame de Falais* (Geneva: Droz, 1991).
10. *CO* 12:260-261. 편지에는 날짜 표기가 없는데, 드 팔레는 이 편지를 "1546년 2월 6일에 받았다"고 표기해 두었다.
11. 좋은 사례는 1545년 늦은 여름부터 칼뱅이 드 팔레 부인에게 보낸 편지다. *CO* 12:172-174. 이 편지에서 그는 드 팔레 부인에게 세상의 고난을 인내로 견디라고 권면한다.
12. 'Deus Calvini est hypocrite, mendax, perfidus, iniustus, fautor et patronus scelerum', Calvin to de Falais, 월일 표기 없는 1552년, *CO* 14:448.
13. Calvin to ministers of Neuchâtel, 26 Sept. 1558, *CO* 17:351-353; Bonnet 3:473-475.
14. Calvin to Farel, Sept. 1558, *CO* 17:335-336; Bonnet 3:47-48, 475-477.
15. Oberman, 'Calvin and Farel', 43-49.
16. Scott M. Manetsch, 'The Journey towards Geneva: Theodore Beza's Conversion, 1535-1548', in David Foxgrover (ed.), *Calvin, Beza, and Later Calvinism: Calvin Society Papers 2005* (Grand Rapids, MI: CRC Product Services, 2006), 38-57.
17. 베즈 사망을 기념하는 행사에서 기원한 베즈에 대한 최신작으로 Irena Backus, *Théodore de Bèze* (Geneva: Droz, 2007)가 있다.
18. Calvin to Viret, 28 Aug. 1558, *CO* 17:308-309.
19. Calvin to Daniel, 6 Dec. 1559, *CO* 17:680-681; Bonnet 3:86.
20. Calvin to Daniel, Feb. 1560, *CO* 18:16; Bonnet 3:98.
21. Guy Bedouelle, *Le Quincuplex Psalterium de Lefèvre d'Etaples: un guide de lecture* (Geneva: Droz, 1979).
22. R. Gerald Hobbs, 'How Firm a Foundation: Martin Bucer's Historical

Exegesis of the Psalms', *Church History* 53 (1984): 477-491.
23. Barbara Pitkin, 'Imitation of David: David as a Paradigm for Faith in Calvin's Exegesis of the Psalms', *SCJ* 24 (1993): 846.
24. Commentary on psalms, Preface, *CO* 31:15.
25. Wulfert de Greef, 'Calvin as Commentator on the Psalms', in Donald K. McKim (ed.), *Calvin and the Bible* (Cambridge: Cambridge University Press, 2006), 104.
26. Herman J. Selderhuis, 'Church on Stage: Calvin's Dynamic Ecclesiology', in David Foxgrover (ed.), *Calvin and the Church* (Grand Rapids, MI: CRC Product Services, 2002), 49. 또한 Herman J. Selderhuis, 'Calvin as Asylum Seeker', in Wilhelm H. Neuser, Herman J. Selderhuis and Willem van't Spijker (eds), *Calvin's Books* (Heerenveen: Groen, 1997), 283-300도 보라.
27. Selderhuis, 'Church on Stage', 57.
28. Psalm 102 v.6, *CO* 32:63.
29. Psalm 102, *CO* 32:64.
30. Psalm 90 v.16.
31. Psalm 102 v.13, *CO* 32:66.
32. Psalm 102 v.12, *CO* 32:66.
33. Psalm 102 v.18, *CO* 32:70.
34. Gilmont, *Calvin and the Printed Book*, 3-4.
35. Elizabeth Armstrong, *Robert Estienne, Royal Printer: An Historical Study of the Elder Stephanus* (Cambridge: Cambridge University Press, 1954), 211f.
36. Gilmont, *Calvin and the Printed Book*, 186.
37. Gilmont, *Jean Crespin*, 39f. 길먼트의 상세한 전기가 여전히 표준 참고문헌이다.
38. David Watson, 'Jean Crespin and the Writing of History in the French Reformation', in Bruce Gordon (ed.), *Protestant History and Identity in Sixteenth-Century Europe* (Aldershot: Scolar Press, 1996), 2:39-58.
39. Gilmont, *Jean Crespin*, 119f.
40. Robert M. Kingdon, 'The Business Activities of Printers Henri and François Estienne', in G. Berthoud and others (eds), *Aspects de la propagande religieuse* (Geneva: Droz, 1957), 258-275.
41. Gilmont, *Calvin and the Printed Book*, 188.
42. Olson, *Calvin and Social Welfare*, 53-55.

43. Gilmont, *Calvin and the Printed Book*, 268.
44. Ibid., 188.
45. John Calvin, *Sermons on 2 Samuel, Chapters 1-13*, trans. Douglas Kelly (Edinburgh: Banner of Truth Trust, 1992), 85.
46. Max Engammare, 'D'une forme l'autre: commentaires et sermons de Calvin sur la Genèse', in Selderhuis (ed.), *Calvinus Praeceptor Ecclesiae*, 122-128.
47. Ibid.
48. Calvin on 2 Corinthians 4:3, *CO* 50:49.
49. Calvin on 2 Corinthians 4:4, *CO* 50:50-52.
50. Engammare, 'Prophet without a Prophecy', 649.
51. Wilhelmus H. Th. Moehn, *God Calls Us to His Service: The Relation between God and His Audience in Calvin's Sermons on Acts* (Geneva: Droz, 2001), 188-189.
52. Ibid., 198.
53. Ibid., 199.
54. Ibid., 204-205.
55. Ibid., 193.
56. Ibid., 226.
57. 엘지 맥키(Elsie McKee)가 'Calvin and his Colleagues as Pastors: Some New Insights into the Collegial Ministry of Word and Sacraments', in Selderhuis (ed.), *Calvinus Praeceptor Ecclesiae*, 9-42에서 이 주제를 다루었다.
58. Robert Kingdon, *Adultery and Divorce*, 180-181에 나오는 결론이다.
59. Ibid.
60. Witte and Kingdon, *Sex, Marriage, and Family*, 1:24.
61. Ibid., 70-71.
62. Ibid., 432에서 인용.
63. Ibid., 121.
64. 16세기 결혼 및 이혼에 정보가 가장 풍성한 저작은 Thomas Max Safley, *Let No Man Put Asunder: The Control of Marriage in the German Southwest: A Comparative Study, 1550-1600* (Kirksville, MO: Truman State University Press, 1984)와 Joel F. Harrington, *Reordering Marriage and Society in Reformation Germany* (Cambridge: Cambridge University Press, 1995)이다.

65. Robert M. Kingdon, *Adultery and Divorce in Calvin's Geneva* (Cambridge, MA and London: Harvard University Press, 1995)를 보라.
66. Jeffrey Watt, 'Childhood and Youth in the Genevan Consistory Minutes', in Selderhuis (ed.), *Calvinus Praeceptor Ecclesiae*, 43-64. 이후 언급되는 내용은 이 저술의 해설을 따른 것이다.
67. Watt, 'Children and Youth', 53f.
68. Ibid., 136.
69. Ibid., 140.
70. Mark Valeri, 'Religion, Discipline, and the Economy in Calvin's Geneva', *SCJ* 28 (1997): 123-142이 이 주제를 탁월하게 조망한다.
71. Ibid., 138-139.
72. Pete Wilcox, 'Calvin as Commentator on the Prophets', in McKim (ed.), *Calvin and the Bible*, 108.
73. Gillian Lewis, 'The Genevan Academy', in Pettegree, Duke and Lewis (eds), *Calvinism in Europe*, 35-63.
74. Karin Maag, *Seminary or University?: The Genevan Academy and Reformed Higher Education, 1560-1620* (Aldershot: Ashgate, 1995), 8.
75. Lewis, 'Genevan Academy', 40; Maag, *Seminary or University?*, 15-16.
76. Maag, *Seminary or University?*, 11.
77. Ibid., 23.
78. Ibid., 116.
79. 무엇보다도 Muller, *Unaccommodated Calvin*, 118-139를 보라.
80. Wendel, *Calvin*, 118.
81. Zachman, *Teacher, Pastor, and Theologian*, 86-94에서 이 주제를 잘 개괄한다.
82. 유용한 요약이 McGrath, *Life of John Calvin*, 151-174에 나온다.
83. Zachman, *Teacher, Pastor, and Theologian*, 90.
84. *Institutes* 4:17.7, Zachman, *Teacher, Pastor, and Theologian*, 101에서 재인용. (본 인용문의 한글 번역은 존 칼빈, 『기독교강요 하 최종판』, 원광연 옮김 (서울: 크리스챤다이제스트, 2004), 442f에 실린 원광연의 번역을 따랐다 — 역주)

17. 교회와 피: 프랑스

1. Calvin to Elector Palatinate, 21 Feb. 1558, *CO* 17:54; Bonnet 3:403.
2. Jonathan Reid, 'France', in Andrew Pettegree (ed.), *The Reformation World*

(London and New York: Routledge, 2000), 221.
3. Calvin to Brethren of France, June 1559, *CO* 17:570-574; Bonnet 4:49-54.
4. 이 주제에 대한 지식을 내게 공유해 준 Malcolm Walsby에게 감사드린다. Malcolm Walsby, *The Counts of Laval: Culture, Patronage and Religion in Fifteenth- and Sixteenth-Century France* (Aldershot: Ashgate, 2007).
5. Benedict, *Christ's Churches Purely Reformed*, 134f.
6. Calvin to Church of Paris, 28 Jan. 1555, *CO* 15:412-413; Bonnet 3:127-129.
7. Calvin to Church at Poitiers, 9 Sept. 1555, *CO* 15:754-756; Bonnet 3:138-151.
8. Calvin to Church in Angers, 9 Sept. 1555, *CO* 15:757-758.
9. Barbara B. Diefendorf, *Beneath the Cross: Catholics and Huguenots in Sixteenth-Century Paris* (Oxford: Oxford University Press, 1991), 50-51.
10. Ibid.
11. Calvin to Antoine, King of Navarre, 8 June 1558, *CO* 17:196-198; Bonnet 3:423-426.
12. Calvin to d'Andelot, 12 July 1558, *CO* 17:251-253; Bonnet 3:437-440.
13. Diefendorf, *Beneath the Cross*, 52.
14. Barbara Diefendorf가 주목했듯이, "우리는 '루터파 이단'이 단지 종교적 정통이 아닌 파리 사람에게만 적용되는 용어가 아니었음을 기억해야 한다. 이 용어는 사회질서에 대한 위협과 사회 전체에 대한 위협에 적용되는 표현이었다. 프로테스탄트는 종교적 이탈자일 뿐만 아니라 비도덕적이고 선동적인 변태로도 여겨졌다." Ibid., 54.
15. Sunshine, *Reforming French Protestantism*, 26-31.
16. Ibid., 30.
17. Ibid., 27.
18. Glenn S. Sunshine, 'Reformed Theology and the Origins of Synodical Polity: Calvin, Beza, and the Gallican Confession', in Fred Graham (ed.), *Later Calvinism: International Perspectives* (Kirksville, MO: Truman State University Press, 1994), 141-158.
19. David M. Bryson, *Queen Jeanne and the Promised Land: Dynasty, Homeland, Religion and Violence in Sixteenth-Century France* (Leiden: E. J. Brill, 1999). 좀더 오래된 다음 전기가 더 판단력이 뛰어나다. Nancy Lyman Roelker, *Queen of Navarre: Jeanne d'Albret, 1528-1572* (Cambridge, MA: Harvard University Press, 1968).

20. Calvin to Jeanne d'Albret, 16 Jan. 1561, *CO* 17:315-316. 베아른에서 진행된 종교개혁에 대해서는 Mark Greengrass, 'The Calvinist Experiment in Béarn', in Pettegree, Duke and Lewis (eds), *Calvinism in Europe*, 119-142를 보라.
21. Scott Manetsch, *Theodore Beza and the Quest for Peace in France, 1562-1598* (Leiden: E. J. Brill, 2000), 20.
22. N. M. Sutherland, 'Calvinism and the Conspiracy of Amboise', *History* 47 (1962): 111-138.
23. Kelly, *François Hotman*, 112.
24. Robert M. Kingdon, *Geneva and the Coming of the Wars of Religion in France, 1555-1563* (Geneva: Droz, 1956), 64.
25. Ibid., 72.
26. Knecht, *Rise and Fall of Renaissance France*, 287.
27. W. Nijenhuis, 'The Limits of Civil Disobedience in Calvin's Last-Known Sermons: Development of his Ideas on the Right of Civil Resistance', in Nijenhuis, *Ecclesia Reformata*, 2:84-85.
28. 이 목회자들에 대한 연구의 고전은 Kingdon, *Geneva and the Coming of the Wars of Religion*이다.
29. Ibid., 7.
30. Ibid., 14-15.
31. Ibid., 22.
32. Ibid., 26.
33. Ibid., 32.
34. 필수 연구서인 Philip Benedict, *Rouen during the Wars of Religion* (Cambridge: Cambridge University Press, 1981)을 보라.
35. Kingdon, *Geneva and the Coming of the Wars of Religion*, 79.
36. 칼뱅은 1561년 8월 27일자 편지에서 이를 베즈에게 알렸다. *CO* 18:649-650; Bonnet 4:224-225.
37. Kingdon, *Geneva and the Coming of the Wars of Religion*, 81.
38. Diefendorf, *Beneath the Cross*, 57-58.
39. 칼뱅이 종종 이 신앙고백을 호의적으로 언급했기 때문에 문제가 단순하지 않지만, 실제로 그가 언급한 고백서는 그 자신도 1540년에 서명한 멜란히톤의 수정판으로, 이 수정판은 1530년 원본을 상당히 많이 개정하고 수정한 판이었다.
40. Calvin to Beza, 10 Sept. 1561, *CO* 18:682; Bonnet 4:227.

41. Calvin to Antoine of Navarre, Aug. 1561, *CO* 18:659-661; Bonnet 4:212-214.
42. Calvin to Beza, 24 Sept. 1561, *CO* 18: 737-738.
43. Manetsch, *Theodore Beza*, 22-23.
44. Commentary on Daniel, Preface, *CO* 18:615.
45. *CO* 18:623.
46. Calvin to Beza, 18 Feb. 1562, Bonnet 4:286.
47. Calvin to Bullinger, 12 Mar. 1562, *CO* 19:327-329; Bonnet 4:262-265.
48. 무엇보다도 Mack P. Holt, *The French Wars of Religion, 1562-1629* (Cambridge: Cambridge University Press, 1995), 특히 50-75를 보라.
49. Knecht, *Rise and Fall of Renaissance France*, 306.
50. D. J. B. Trim, "The 'Secret War' of Elizabeth I: England and the Huguenots during the Early Wars of Religion, 1562-1577", *HSP* 27 (1999): 189-199.
51. Kingdon, *Geneva and the Coming of the Wars of Religion*, 117.
52. Ibid., 118-119.
53. Calvin to church in Languedoc, Sept. 1562, *CO* 19:550-551.
54. Calvin to Bullinger, 16 Jan. 1563, *CO* 19:637-641; Bonnet 4:286-290.
55. Manetsch, *Theodore Beza*, 25.
56. Beza to Calvin, 14 Dec. 1562, Ibid에서 재인용.
57. N. M. Sutherland, 'The Assassination of François Duc de Guise, February 1563', *Historical Journal* 24 (1981): 279-295.
58. Diefendorf, *Beneath the Cross*, 72-73.
59. Calvin to Bullinger, 8 Apr. 1563, *CO* 19:690-693; Bonnet 4:297-301.
60. Calvin to Condé, 10 May 1563, *CO* 20:12-15; Bonnet 4:309-313.
61. Bullinger to Viret, 3 Mar. 1559, *CO* 17:469-470.
62. Calvin to Viret, 27 Aug. 1558, *CO* 17:308. Oberman, 'Calvin and Farel', 57-58.
63. Olson, *Calvin and Social Welfare*, 50-59.
64. 다음 문헌이 이 주제를 다룬다. David M. Whitford, 'Robbing Paul to Pay Peter: The Reception of Paul in Sixteenth Century Political Theology', in R. Ward Holder (ed.), *The Reception of Paul in the Reformation* (Leiden: E. J. Brill, forthcoming). 출간 전에 논문을 읽어볼 수 있도록 허락해 준 저자에게 감사드린다.
65. Calvin to Valence, 22 Apr. 1560, *CO* 18:63.
66. Oberman, 'Calvin and Farel', 54-56.

67. Ray Mentzer, 'Heresy Proceedings in Languedoc', *Transactions of the American Philosophical Society* 74 (1984).
68. Calvin to King of France, 28 Jan. 1561, *CO* 18:343-345; Bonnet 4:167-170.
69. Benedict, *Christ's Churches Purely Reformed*, 136-137. Philippe Denis and Jean Rott, *Jean Morély et l'utopie d'une démocratie dans l'église* (Geneva: Droz, 1993); Robert M. Kingdon, 'Calvinism and Democracy: Some Political Implications of Debates on French Reformed Church Government, 1562-1572', *American Historical Review* 69 (1964): 393-401.
70. Calvin and Beza to Viret, 1 Aug. 1563, *CO* 20:123.
71. Nifenhuis, 'Limits of Civil Disobedience', 86f.
72. Max Engammare, 'Calvin monarchomaque? Du soupçon à l'argument', *ARG* 89 (1998): 207-226.
73. 사무엘하 11장에 대한 설교였다. Calvin, *Sermons on 2 Samuel*, 485.

18. 마지막

1. Calvin to Bullinger, 2 July 1563, *CO* 20:53-54. filbert와 hazelnut은 아주 가까운 식물이다. (인용된 칼뱅의 글에는 hazelnut으로 나오는데, "주"에서 저자는 filbert가 hazelnut과 비슷한 열매라고 소개한다. 한글로는 모두 '개암'으로 번역된다—역주)
2. Calvin to the Elector of the Palatinate, 23 July 1563, *CO* 20:72-79.
3. Ibid., *CO* 20:76
4. Ibid., *CO* 20:77-78.
5. Calvin to Antoine de Crussol, 7 May 1563, *CO* 20:8.
6. Calvin to Prince Porcien, *CO* 20:11-12.
7. Ibid., *CO* 20:12.
8. Calvin to Jean de Soubise, 25 May 1563, *CO* 20:30-31 (1 Cor. 10:13).
9. Calvin to Bullinger, 18 July 1563, *CO* 20:63-64.
10. Beza, *Life of Calvin*, 99.
11. Ibid., 100.
12. Ibid., 118.
13. Cook, 'Calvin's Illnesses', 66.
14. Bruce Gordon and Peter Marshall (eds), *The Place of the Dead: Death and Remembrance in Late Medieval and Early Modern Europe* (Cambridge:

Cambridge University Press, 2000), 특히 1-16를 보라.
15. Beza, *Life of Calvin*, 103.
16. Matthew 24:43, *CR* 73:678.
17. *Romans*, 105.
18. Heinrich Quistorp, *Calvin's Doctrine of the Last Things* (Richmond,VA: John Knox Press, 1955)를 보라.
19. James Michael Weiss, 'Erasmus at Luther's Funeral: Melanchthon's Commemorations of Luther in 1546', *SCJ* 16 (1985): 91-114를 보라.
20. 츠빙글리에 대한 불링거의 찬사에 대해서는 Daniel Bolliger, 'Bullinger on Church Authority: The Transformation of the Prophetic Role in Christian Ministry', in Gordon and Campi (eds), *Architect of Reformation*, 159-180를 보라. Gordon, 'Holy and Problematic Deaths'도 보라.
21. Irena Backus, *Life Writing in Reformation Europe: Lives of Reformers by Friends, Disciples and Foes* (Aldershot: Ashgate, 2008), 130-138. 이어지는 내용은 Backus 교수의 저술에 크게 의존했다.
22. Ibid., 153-162.
23. 마송의 칼뱅 전기에 대해서는 ibid., 181-186를 보라.
24. Masson, 'Vita calvini', Ibid., 179에서 재인용.
25. Ibid., 183.
26. Ibid., 181.
27. Richard Muller, *After Calvin: Studies in the Development of a Theological Tradition* (Oxford: Oxford University Press, 2003)를 보라.
28. Ibid., 16.
29. 'Memoires et Procedures de ma Negociation en Angleterre (8 October 1582-1588 October 1583) by Jean Malliet, Councillor of Geneva', ed. Simon Adams and Mark Greengrass, in Ian W. Archer (ed.), *Religion, Politics, and Society in Sixteenth-Century England* (Cambridge: Cambridge University Press, 2003), 특히 141-164.

참고문헌

2차 자료인 이 참고문헌 목록은 내 관점에서 독자에게 가장 유용한 것으로 선별했다. 또한 이 목록은 내가 엄청나게 많이 배운 학자들의 작품에 대해 감사를 표할 수 있는 기회이기도 하다. 의도된 청중을 고려할 때, 여기 제시된 목록은 영어로 된 작품이거나, 혹은 번역되어 인용된 작품이다. 프랑스어와 독일어 저작은 주에서 찾아볼 수 있다. 한번 나온 문헌은 다음 장에서 다시 인용되더라도 반복해서 다시 올리지 않았다.

장 칼뱅에 대한 관심을 갖고 계속 연구하고 싶은 독자에게는 다음 문헌을 추천한다. 논문 모음집 Donald K. McKim (ed.), *The Cambridge Companion to John Calvin* (Cambridge: Cambridge University Press, 2004)은 탁월한 학자들이 칼뱅의 생애와 작품의 여러 측면을 충실하게 다룬 작품이다. William J. Bouwsma, *John Calvin: A Sixteenth-Century Portrait* (New York and Oxford: Oxford University Press, 1988)는 칼뱅에 대해 도발적이지만 과도하게 심리학적인 접근을 한다. 『칼빈』(나단). Jean-François Gilmont, *John Calvin and the Printed Book*, trans. Karin Maag (Kirksville, MO, Truman State University Press, 2005)는 한 전문가가 칼뱅의 생애와 작품 세계에 대해 귀중한 논의를 하는 책이다. William G. Naphy, *Calvin and the Consolidation of the Genevan Reformation* (Manchester: Manchester University Press, 1994)은 제네바에서 칼뱅이 발전하는 과정을 다루는 필수 문헌이다. Richard A. Muller, *The Unaccommodated Calvin: Studies in the Foundation of a Theological Tradition* (Oxford: Oxford University Press, 1999)는 도전적이지만, 칼뱅의 신학을 당시 상황에 맞게 다루는 가장 통찰력이

탁월한 저술이다. 강력하게 추천하는 Randall C. Zachman, *Image and Word in the Theology of John Calvin* (Notre Dame, IN: University of Notre Dame Press, 2007)과 *John Calvin: Teacher, Pastor, and Theologian* (Grand Rapids, MI: Baker Academic, 2006)은 칼뱅의 작품의 다양한 측면에 대한 저자의 논문들을 모아 놓았다. David C. Steinmetz, *Calvin in Context* (New York and Oxford: Oxford University Press, 1995)는 엄청나게 유용한 책이다. John Witte Jr and Robert M. Kingdon, *Courtship, Engagement, and Marriage in John Calvin's Geneva* (Grand Rapids, MI: Wm B. Eerdmans, 2005)는 Robert M. Kingdon, *Adultery and Divorce in Calvin's Geneva* (Cambridge, MA: Harvard University Press, 1995)와 마찬가지로, 칼뱅 시대 제네바의 제도적 배경을 탁월하게 개관하는 작품이다.

칼뱅 사후 칼뱅주의의 발전에 대한 필수 문헌으로는 Philip Benedict, *Christ's Churches Purely Reformed: A Social History of Calvinism* (New Haven, CT and London: Yale University Press, 2002)이 있다. Andrew Pettegree, Alastair Duke and Gillian Lewis (eds), *Calvinism in Europe, 1540-1620* (Cambridge: Cambridge University Press, 1994)에 실린 논문들과 Graeme Murdock, *Beyond Calvin: The Intellectual, Political and Cultural World of Europe's Reformed Churches, c. 1540-1620* (Basingstoke: Palgrave, 2004)도 필수다.

1. 프랑스 청년

칼뱅의 젊은 시절에 대한 고전인 Alexandre Ganoczy, *The Young Calvin*, trans. David Foxgrover and Wade Provo (Edinburgh: T&T Clark, 1987)이 여전히 탁월하다. Bernard Cottret, *Calvin: A Biography*, trans. M. Wallace McDonald (Grand Rapids, MI: Wm B. Eerdmans, 2000)는 독특하지만, 영감을 주는 책이다. Cornelius Augustijn, Christoph Burger and Frans P. van Stam, 'Calvin in the Light of the Early Letters', in Herman J. Selderhuis (ed.), *Calvinus Praeceptor Ecclesiae: Papers of the International Congress on Calvin Research, Princeton, August 20-24, 2002* (Geneva: Droz, 2004)도 보라. 프랑스의 교육 체계에 대해서는 Georges Huppert, *Public Schools in Renaissance France* (Urbana, IL: University of Illinois Press, 1984)가 도움이 된다. 프랑스의 종교 및 정치 문화에 대한 종합적이고 읽을 만한 배경을 알고 싶으면, R. J. Knecht, *The Rise and Fall of Renaissance France, 1483-1610*, 2nd edn (Oxford: Blackwell, 2001)을 보라. Knecht, *Renaissance Warrior and Patron: The Reign of Francis I* (Cambridge and New York: Cambridge University Press, 1994)도 추천한다. 제도를 더 특별하게 집중하는 문헌으로는 Christopher W. Stocker, 'The Politics of the Parlement in Paris in 1525', *French Historical Studies* 8 (1973): 191-212가 있다. 프랑스 인문주의에 대해서는 Jean-Claude Margolin, 'Humanism in France', in Anthony Goodman and Angus MacKay (eds), *The Impact of Humanism on Western Europe* (London: Longman, 1990), 164-201를 보라. David O. McNeil, *Guillaume Budé and Humanism in the Reign of Francis I* (Geneva: Droz, 1972), Marie-Madeleine de La Garanderie, 'Guillaume Budé: A Philosopher of Culture', *SCJ* 19 (1988): 379-388도 중요한 연구다. 정보량이 엄청난 글로는 Guy Bedouelle, 'Jacques Lefèvre d'Etaples (c.1460-1536)', in Carter Lindberg (ed.), *The Reformation Theologians* (Oxford: Blackwell, 2001), 19-33이 있다. Jonathan Reid, *King's Sister-Queen of Dissent: Marguerite of Navarre (1492-1549) and her Evangelical Network* (Leiden: E. J. Brill, 2009)도 보아야 한다. 모(Meaux)에 대해서는 Henry Heller, 'The Briçonnet Case Reconsidered', *Journal of Medieval and Renaissance Studies* 2 (1972): 223-258를 보라. 소르본에 대해서는 J. K. Farge, *Orthodoxy and Reform in Early Reformation France: The Faculty of Theology of Paris, 1500-1543* (Leiden: E. J. Brill, 1985)를 보라. 프랑스 복음주의자에 대한 유용한 논문으로는 David Nicholls, 'Heresy and Protestantism, 1520-1542: Questions of Perception and Communication', *French History* 10 (1996):182-205이 있다. 프랑스 복음주의 인쇄업에 대한 프란시스 히그먼의 중요한 연구 다수는 그가 쓴 *Lire et découvrir: la circulation des idées au temps de la Réforme* (Geneva: Droz, 1998)에 들어 있다.

2. 법학의 왕자들과 보낸 시간

프랑스의 법 문화에 대해서는 Michael Monheit, 'Guillaume Budé,Andrea Alciato, Pierre de l'Estoile: Renaissance Interpreters of Roman Law', *Journal of the History of Ideas* 58 (1997): 21-40과 Donald R. Kelley, *Foundations of Modern Historical Scholarship: Language, Law, and History in the French Renaissance* (New York: Columbia University Press, 1970)를 보라. 이 시기 칼뱅의 활동은 Cornelius Augustijn, Christoph Burger and Frans P. van Stam, 'Calvin in the Light of the Early Letters', in Selderhuis (ed.), *Calvinus Praeceptor Ecclesiae*, 139-157에 주의 깊게 재구성되었다. 칼뱅과 세네카 주석의 관계에 대해서는 Michael L. Monheit, "'The Ambition for an Illustrious Name': Humanism,

Patronage, and Calvin's Doctrine of Calling", *SCJ* 23 (1992): 267-287를 보라. 칼뱅과 고전 철학과의 관계에 대해서는 Irena Backus, *Historical Method and Confessional Identity in the Era of the Reformation (1378-1615)* (Leiden: E. J. Brill, 2003)을 보라. 칼뱅의 수사법 및 문학 형식 활용에 대해서는 Olivier Millet, *Calvin et la dynamique de la parole* (Paris: Champion, 1992)가 탁월하다.

3. "마침내 구원받다": 회심과 도피

칼뱅의 회심에 대해서는 Heiko A. Oberman, 'Subita Conversio: The Conversion of John Calvin', in Heiko A. Oberman, Alfred Schindler, Ernst Saxer and Heinz Peter Stucki (eds), *Reformiertes Erbe: Festschrift für Gottfried W. Locher zu seinem 80. Geburtstag* (Zurich: Theologischer Verlag, 1992), 279-295와 Willem Nijenhuis, "Calvin's 'Subita Conversio': Notes to a Hypothesis", in his *Ecclesia Reformata: Studies on the Reformation* (Leiden: E. J. Brill, 1994), 2:3-23를 보라. 벽보 사건에 대해서는 Donald R. Kelley, *The Beginning of Ideology: Consciousness and Society in the French Reformation* (Cambridge: Cambridge University Press, 1981)을 보라. 성찬 논쟁의 배경에 대해서는 Lee Palmer Wandel, *The Eucharist in the Reformation: Incarnation and Liturgy* (Cambridge: Cambridge University Press, 2006)를 보라.

4. 숨겨진 구석에서의 망명 생활

Bruce Gordon, *The Swiss Reformation* (Manchester: Manchester University Press, 2002)이 중요한 배경을 보여 준다. 바젤에 대해서는 Hans R. Guggisberg, *Basel in the Sixteenth Century: Aspects of the City Republic before, during, and after the Reformation* (St Louis, MO: Center for Reformation Research, 1982); Amy Nelson Burnett, *Teaching the Reformation: Ministers and their Message in Basel, 1529-1629* (Oxford: Oxford University Press, 2007); Peter G. Bietenholz, 'Printing and the Basle Reformation, 1517-1565', in Jean-François Gilmont (ed.), *The Reformation and the Book*, trans. Karin Maag (Aldershot: Ashgate, 1998), 235-263를 보라. 바젤의 인문주의에 대해서는 Matthew McLean, *The Cosmographia of Sebastian Münster: Describing the World in the Reformation* (Aldershot: Ashgate, 2007)을 보라. 1530년대의 협상은 Amy Nelson Burnett, 'Basel and the Wittenberg Concord', *ARG* 96 (2005): 33-56에서 다룬다. 부처에 대한 주요 작품은 Martin Greschat, *Martin Bucer: A Reformer and his Times*

(Louisville, KY: Westminster John Knox Press, 2004)이다. 신성로마제국에서 일어난 사건들에 대해서 알고자 할 때는 Thomas A. Brady Jr, *Protestant Politics: Jacob Sturm (1489-1553) and the German Reformation* (Atlantic Highlands, NJ: Humanities Press, 1995)을 절대 간과할 수 없다. 칼뱅의 저술의 발전 과정을 알고 싶으면 Muller, *The Unaccommodated Calvin*, Gilmont, *John Calvin and the Printed Book*, Jean-Daniel Benoît, 'The History and Development of the *Institutio*: How Calvin Worked', in G. E. Duffield (ed.), John Calvin (Appleford: Courtenay Press, 1966), 102-107를 보아야 한다.

5. 폭력적 종교개혁과 소동

베른과 보 지방을 연구한 가장 중요한 책은 Michael W. Bruening, *Calvinism's First Battleground: Conflict and Reform in the Pays de Vaud, 1528-1559* (Heidelberg: Springer Verlag, 2005)이다. 칼뱅과 르네에 대해서는 F. Whitfield Barton, *Calvin and the Duchess* (Louisville, KY: Westminster John Knox Press, 1989)를 보라. 파렐과의 길고도 복잡한 관계는 Heiko A. Oberman, 'Calvin and Farel: The Dynamics of Legitimation in Early Calvinism', *Journal of Early Modern History* 2 (1998): 33-60에서 잘 정리되어 있다. 각 지역 종교개혁에서 일어난 성상 파괴에 대해서는 Carlos M. N. Eire, *War against the Idols. The Reformation of Worship from Erasmus to Calvin* (Cambridge: Cambridge University Press, 1986)가 다룬다. 종교개혁의 배경과 도입에 대한 탁월한 논의는 E. William Monter, *Calvin's Geneva* (New York, London and Sydney: John Wiley, 1967)를 보라. 이 사건에 대한 가톨릭의 관점을 알고 싶으면 Jeanne de Jussie, *The Short Chronicle: A Poor Clare's Account of the Reformation in Geneva*, ed. and trans. Carrie F. Klaus (Chicago and London: University of Chicago Press, 2006)를 보라. Thomas Lambert, 'Preaching, Praying and Policing the Reform in Sixteenth-Century Geneva' (PhD dissertation, University of Wisconsin-Madison, 1998)도 엄청나게 가치 있는 연구다.

6. 교회를 발견하다

스트라스부르에 대해서는 M. U. Chrisman, *Strasbourg and the Reform: A Study in the Process of Religious Change* (New Haven, CT: Yale University Press, 1967); Thomas A. Brady Jr, *Ruling Class, Regime and Reformation at Strasbourg, 1520-1555* (Leiden: E. J. Brill, 1978); Laura Jane Abray, *The People's Reformation: Magistrates and*

Commons in Strasbourg, 1500-1598 (Ithaca, NY: Cornell University Press, 1985)를 보라. Cornelis Augustijn, 'Calvin in Strasbourg', in Wilhelm H. Neuser (ed.), *Calvinus sacrae scripturae professor*, (Grand Rapids, MI:Wm B. Eerdmans, 1994), 166-177도 중요한 연구다. 부처는 Martin Greschat, *Martin Bucer: A Reformer and his Times* (Louisville, KY: Westminster John Knox Press, 2004), Amy Nelson Burnett, *The Yoke of Christ: Martin Bucer and Christian Discipline* (Kirksville, MO: Truman State University Press, 1994)에서 다룬다. 칼뱅과 부처에 대해서는 Willem van't Spijker, 'Calvin's Friendship with Bucer: Did It Make Calvin a Calvinist?', in David Foxgrover (ed.), *Calvin and Spirituality: Calvin and his Contemporaries: Colleagues, Friends, and Contacts* (Grand Rapids, MI: CRC Product Services, 1998), 169-186; 또한 'Bucer und Calvin', in Krieger and Lienhard (eds), *Martin Bucer and Sixteenth-Century Europe: actes du colloque* [Strasbourg 1991], 2 vols (Leiden: E. J. Brill, 1993), 2: 461-470를 보라. Thomas Brady Jr, 'Martin Bucer and the Politics of Strasbourg', in Krieger and Lienhard (eds), *Martin Bucer and Sixteenth Century Europe*, 134-135도 참고하라. 종교회의에 칼뱅이 참여한 것은 최근에 Christopher Ocker, 'Calvin in Germany', in Christopher Ocker and others (eds), *Politics and Reformations: Communities, Polities, Nations and Empires: Essays in Honor of Thomas A. Brady Jr.* (Leiden and Boston: E. J. Brill, 2007), 313-344에서 종합적으로 분석되었다. Brady의 중요한 논문 모음집 Thomas A. Brady Jr, *Community, Politics and Reformation in Early Modern Europe* (Leiden: E. J. Brill, 1998)도 보라. 타협에 대한 멜란히톤의 반대에 대해서는 Ralph Keen, "Political Authority and Ecclesiology in Melanchthon's 'De Ecclesiae Autoritate'", *Church History* 65 (1996): 1-14를 보라.

7. 교회를 위한 "간결 명료성": 로마서

칼뱅과 성경 해석, 교부와의 관계에 대해서는 David C. Steinmetz, *Calvin in Context* (New York and Oxford: Oxford University Press, 1995); A. N. S. Lane, *John Calvin: Student of the Church Fathers* (Edinburgh: T&T Clark, 1999); John L. Thompson, *John Calvin and the Daughters of Sarah: Women in Regular and Exceptional Roles in the Exegesis of Calvin* (Geneva: Droz, 1992)를 보라. John L. Thompson, 'Calvin as Biblical Interpreter', in Donald K. McKim (ed.), *The Cambridge Companion to John Calvin* (Cambridge: Cambridge University Press, 2004), 58-73도 참고하라. Elsie Anne McKee, 'Exegesis, Theology, and

Development in Calvin's Institutio: A Methodological Suggestion', in Elsie Anne McKee and Brian G. Armstrong (eds), *Probing the Reformed Tradition: Historical Studies in Honor of Edward A. Dowey, Jr* (Louisville, KY:Westminster/John Knox Press, 1989), 108-115; Randall C. Zachman, 'Gathering Meaning from Context: Calvin's Exegetical Method', in his *Calvin as Teacher*, 103-130; R. Ward Holder, *John Calvin and the Grounding of Interpretation: Calvin's First Commentaries* (Leiden: E. J. Brill, 2006)도 보라. Barbara Pitkin, *What Pure Eyes Could See: Calvin's Doctrine of Faith in its Exegetical Context* (New York and Oxford: Oxford University Press, 1999)도 아주 유용하다. 칼뱅의 용어 "적응"에 대해서는 Jon Balserak, *Divinity Compromised: A Study of Divine Accommodation in the Thought of John Calvin* (Dordrecht: Springer, 2006)를 보라.

8. 그리스도의 교회를 세우다

칼뱅과 스위스에 대해서는 Bruce Gordon, 'Calvin and the Swiss Reformed Churches', in Pettegree, Duke and Lewis (eds), *Calvinism in Europe*, 64-81를 보라. William G. Naphy, *Plagues, Poisons and Potions: Plague-Spreading Conspiracies in the Western Alps ca. 1530-1640* (Manchester: Manchester University Press, 2002)는 제네바의 공포 문화에 대해 다룬다. 제네바의 여러 종류의 모임에 대해서는 Erik A. de Boer, 'The Congrégation: An In-Service Theological Training Center for Preachers to the People of Geneva', in David Foxgrover (ed.), *Calvin and the Company of Pastors* (Grand Rapids, MI: CRC Product Services, 2004), 57-87를 보라. 칼뱅과 목회자 직분에 대해서는 Darlene K. Flaming, 'The Apostolic and Pastoral Office: Theory and Practice in Calvin's Geneva', in Foxgrover (ed.), *Calvin and the Company of Pastors*, 149-172를 보라. John Witte Jr and Robert M. Kingdon, *Sex, Marriage, and Family in John Calvin's Geneva*, vol. 1: *Courtship, Engagement, and Marriage* (Grand Rapids, MI: Wm B. Eerdmans, 2005), Robert M. Kingdon, *Adultery and Divorce in Calvin's Geneva* (Cambridge, MA: Harvard University Press, 1995)는 제도 개혁과 사회사를 다룬다. Jeffrey Watt, 'Women and the Consistory in Calvin's Geneva', *SCJ* 24 (1993): 429-444도 보라. Christian Grosse, 'Places of Sanctification: The Liturgical Sacrality of Genevan Reformed Churches, 1535-1566', in Will Coster and Andrew Spicer (eds), *Sacred Space in Early Modern Europe* (Cambridge: Cambridge University Press, 2005), 160-180에서는 예

배를 연구한다. Elsie Anne McKee, 'Context, Contours, Contents: Towards a Description of Calvin's Understanding of Worship', in Foxgrover (ed.), *Calvin and Spirituality*, 66-92도 같은 주제를 다룬다. 설교에 대해서는 Thomas J. Davis, 'Preaching and Presence: Constructing Calvin's Homiletical Legacy', in David Foxgrover (ed.), *The Legacy of John Calvin* (Grand Rapids, MI: CRC Product Services, 2000), 84-106를 보라.

9. 칼뱅의 세계
D. R. Kelly, *François Hotman: A Revolutionary's Ordeal* (Princeton: Princeton University Press, 1983)을 반드시 읽어야 한다. 인쇄 문화에 대해서는 Andrew Pettegree, 'Genevan Print and the Coming of the Wars of Religion', in Andrew Pettegree (ed.), *The French Book and the European Book World* (Leiden: E. J. Brill, 2007), 89-106를 보라. Andrew Pettegree, *Reformation and the Culture of Persuasion* (Cambridge: Cambridge University Press, 2005)도 보라. 베른에서 벌어진 성찬 논쟁은 Amy Nelson Burnett, 'The Myth of the Swiss Lutherans: Martin Bucer and the Eucharistic Controversy in Bern', Zwingliana 32 (2005): 45-70를 참고하라. 카스텔리오에 관심이 있다면 Hans R. Guggisberg, *Sebastian Castellio, 1515-1563: Humanist and Defender of Religious Toleration in a Confessional Age* (Aldershot: Ashgate, 2002)를 반드시 읽어야 한다.

10. 그리스도의 몸을 치료하다
'The Conciliating Theology of John Calvin: Dialogue among Friends', in Howard Louthan and Randall C. Zachman (eds), *Conciliation and Confession: The Struggle for Unity in the Age of Reform, 1415-1648* (Notre Dame, IN: Notre Dame University Press, 2004)를 보라. 칼뱅과 멜란히톤의 관계를 다루는 가장 중요한 논문은 Timothy Wengert, 'We Will Feast Together in Heaven Forever: The Epistolary Friendship of John Calvin and Philip Melanchthon', in Karin Maag (ed.), *Melanchthon in Europe: His Work and Influence beyond Wittenberg* (Grand Rapids, MI: Baker Books, 1999), 19-44이다. 칼뱅의 성찬 교리에 대해서는 Thomas J. Davis, *The Clearest Promises of God: The Development of Calvin's Eucharistic Teaching* (New York: AMS Press, 1995)을 보라. 최근 저술인 Anthony N. S. Lane, 'Was Calvin a Crypto-Zwinglian?', in Mack P.Holt (ed.), *Adaptations of Calvinism in Reformation Europe: Essays in Honour of Brian G.*

Armstrong (Aldershot: Ashgate, 2007), 21-41도 중요하다. 칼뱅과 트리엔트 공의회의 관계에 대한 다음 문헌은 상당히 오래되었지만, 여전히 신뢰할 만하다. Theodore W. Casteel, 'Calvin and Trent: Calvin's Reaction to the Council of Trent in the Context of his Conciliar Thought', *Harvard Theological Review*, 63 (Jan. 1970): 91-117. Heiko A. Oberman, 'The Pursuit of Happiness: Calvin between Humanism and Reformation', in John W. O'Malley, Thomas M. Izbicki and Gerald Christianson (eds), *Humanity and Divinity in Renaissance and Reformation* (Leiden: E. J. Brill, 1993), 251-283.

11. "칼뱅이 그렇게 용감하게 행동한다면, 왜 여기 오지 않는가?": 프랑스

Nicola M. Sutherland, *The Huguenot Struggle for Recognition* (New Haven, CT and London: Yale University Press, 1980)은 읽기 쉽고 깊은 사고가 담긴 연구다. 책 문화에 대해서는 Francis Higman, *Censorship and the Sorbonne: A Bibliographical Study of the Books in French Censured by the Faculty of Theology of the University of Paris, 1520-1551* (Geneva: Droz, 1979)를 보라. Natalie Zemon Davis, *Society and Culture in Early Modern France: Eight Essays* (Stanford, CA: Stanford University Press, 1975)는 여전히 프랑스 종교 문화에 대한 필수 독서 목록에 들어간다. Euan Cameron, *The Reformation of the Heretics: The Waldenses of the Alps, 1480-1580* (Oxford: Oxford University Press, 1984)는 왈도파와 종교개혁의 관계에 대한 가장 중요한 저작이다. Henry Heller, *The Conquest of Poverty: The Calvinist Revolt in Sixteenth-Century France* (Leiden: E. J. Brill, 1986)는 프랑스 종교개혁을 사회사 관점에서 다룬다. 견문을 크게 넓혀주는 또 다른 책으로 Ray Mentzer, *Heresy Proceedings in Languedoc, 1500-1560* (Philadelphia, PA: American Philosophical Society, 1984)가 있다. 크레스팽에 대해서는 Randall Coats, 'Reconstituting the Textual Body in Jean Crespin's Histoire des Martyrs (1564)', *Renaissance Quarterly* 44 (1991): 62-85가 유용하다. William Monter, *Judging the French Reformation: Heresy Trials by Sixteenth-Century Parlements* (Cambridge, MA: Harvard University Press, 1999). Brad S. Gregory, S*alvation at Stake: Christian Martyrdom in Early Modern Europe* (Cambridge, MA: Harvard University Press, 1999)는 순교에 대한 더 광범위한 비교 연구에 관심이 있다면 반드시 참고해야 한다. Peter Matheson, 'Martyrdom or Mission: A Protestant Debate', *ARG* 80 (1989): 154-171는 프로테스탄트 종교개혁자들의 입장이 달랐다는 사실을 탐구한다. 니고데모주의 문제는 David F. Wright, 'Why was Calvin

So Severe a Critic of Nicodemism?', in David F. Wright, Anthony N. S. Lane and Jon Balserak (eds), *Calvinus Evangelii Propugnator: Calvin, Champion of the Gospel; Papers Presented at the International Congress on Calvin Research, Seoul, 1998* (Grand Rapids, MI: CRC Product Services, 2006), 66-90이 신선한 접근법을 보여 준다. 표준 저서는 여전히 Carlos M. N. Eire, *War against the Idols: The Reformation of Worship from Erasmus to Calvin* (Cambridge: Cambridge University Press 1986)이다. 같은 저자의 'Prelude to Sedition? Calvin's Attack on Nicodemism and Religious Compromise', *ARG* 79 (1985): 120-145도 보라. 더 폭넓은 비교 연구를 위해서는 Perez Zagorin, *Ways of Lying: Dissimulation, Persecution, and Conformity in Early Modern Europe* (Cambridge, MA: Harvard University Press, 1990)을 보라.

12. 갈등의 나날들

제네바로 간 난민에 대해서는 Gabriel Audisio, 'The First Provençal Refugees in Geneva (1545-1571)', *French History* 19 (2005): 385-400를 보라. Mark Taplin, *The Italian Reformers and the Zurich Church, c. 1540-1620* (Aldershot: Ashgate, 2003)는 급진파와 스위스 교회에 대해 다루는 가장 탁월한 저작이다. Elsie Anne McKee, *John Calvin on the Diaconate and Liturgical Almsgiving* (Geneva: Droz, 1984)은 집사 직분에 대해 다루는 필수적 연구 문헌이다. Jeanine Olson, *Calvin and Social Welfare: Deacons and the Bourse Français* (Selinsgrove, PA: Susquehanna University Press, 1989)는 제네바의 사회 복지에 대한 중요한 연구서다. William G. Naphy, 'Baptisms, Church Riots and Social Unrest in Calvin's Geneva', *SCJ* 26 (1995): 87-97는 종교와 당파 정치의 상관관계를 다룬다. 최근에 나온 중요한 단행본 Karen E. Spierling, *Infant Baptism in Reformation Geneva: The Shaping of a Community, 1536-1564* (Aldershot: Ashgate, 2005)는 성찬의 신학적 차원과 사회적 차원을 모두 탐구한다. Cornelis P. Venema, *Heinrich Bullinger and the Doctrine of Predestination: Author of the 'Other Reformed Tradition?'* (Grand Rapids, MI: Baker Academic, 2002)는 칼뱅과 불링거의 관계에 대한 탁월한 통찰을 준다.

13. "이 괴물이 끄집어내지 않은 불신앙은 하나도 없습니다"

세르베투스에 대해서는 Roland H. Bainton, *Hunted Heretic: The Life and Death of Michael Servetus, 1511-1553* (1953: repr. Gloucester, MA: Peter Smith,

1978). 이 주제에 대해서는 형편 없는 책들이 많지만, 이 책은 최고의 연구서다. Roland H. Bainton, 'Servetus and the Genevan Libertines', *Church History* 5 (1936): 141-142도 보라. 요리스와 급진 사상에 대해서는 Gary K. Waite, *David Joris and Dutch Anabaptism, 1524-1543* (Waterloo, Ontario: Wilfrid Laurier University Press, 1990)를 보라. 카스텔리오에 대한 그의 결정판 전기에 더해, Hans Guggisberg, 'Tolerance and Intolerance in Sixteenth-Century Basle', in Ole Peter Grell and Robert W. Scribner (eds), *Tolerance and Intolerance in the European Reformation* (Cambridge: Cambridge University Press, 1996), 145-163도 보라. Bruce Gordon, 'Wary Allies: Melanchthon and the Swiss Reformation', in Maag (ed.), *Melanchthon in Europe*, 45-69는 칼뱅의 반대자 다수와 멜란히톤과의 관계를 다룬다.

14. 루터의 상속자들

베스트팔 논쟁에 대해서는 Joseph N. Tylenda, 'The Calvin-Westphal Exchange: The Genesis of Calvin's Treatises against Westphal', *Calvin Theological Journal* 9 (1974): 182-209를 보라. Joseph N. Tylenda, 'Calvin and Westphal: Two Eucharistic Theologies in Conflict', in Wilhelm H. Neuser, Herman J. Selderhuis and Willem van't Spijker (eds), *Calvin's Books* (Heerenven: Groen, 1997), 9-22도 보라. 와스키에 대해서는 Diarmaid MacCulloch, 'The Importance of Jan Laski in the English Reformation', in Christoph Strohm (ed.), *Johannes à Lasco: Polnischer Baron, Humanist und europäischer Reformator* (Tübingen: Mohr Siebeck, 2000), 315-345와 Michael S. Springer, *Restoring Christ's Church: John a Lasco and the Forma ac ratio* (Aldershot: Ashgate, 2007)를 보라. Andrew Pettegree, *Foreign Protestant Communities in Sixteenth-Century London* (Oxford: Clarendon Press, 1986)은 성례 논쟁을 다루는 반면, Bodo Nischan, *Prince, People, and Confession: The Second Reformation in Brandenburg* (Philadelphia, PA: University of Pennsylvania Press, 1994)는 칼뱅주의의 추가 발전 사항을 탐구한다.

15. 유럽의 종교개혁자

Diarmaid MacCulloch, *Thomas Cranmer* (London and New Haven, CT: Yale University Press, 1996)는 크랜머 대주교의 대(對)유럽 관계를 탁월하게 다룬다. John Schofield, *Philip Melanchthon and the English Reformation* (Aldershot:

Ashgate, 2006)과 Rory McEntegart, *Henry VIII, the League of Schmalkalden, and the English Reformation* (Woodbridge, Suffolk: Boydell Press, 2002)은 잉글랜드 종교개혁 연구에 매우 유용하다. Charmarie Jenkins Blaisdell, 'Calvin's Letters to Women: The Courting of Ladies in High Places', *SCJ* 13 (1982): 67-84, Ethan Shagan, 'Popular Politics and the English Reformation: New Sources and New Perspectives', *English Historical Review* 115 (2000): 121-133; *Popular Politics and the English Reformation* (Cambridge: Cambridge University Press, 2003) 은 서머싯 연구에 필수적인 문헌이다. D. Rodgers, *John à Lasco in England* (New York: Peter Lang, 1994), Carl R. Trueman, *Luther's Legacy: Salvation and the English Reformers, 1525-1556* (Oxford: Oxford University Press, 1994)도 보라. 탁월한 개관은 Euan Cameron, 'Frankfurt and Geneva: The European Context of John Knox's Reformation', in Roger Mason (ed.), *John Knox and the British Reformations* (Aldershot: Ashgate, 1998), 51-73에서 찾을 수 있다. Dan G. Danner, *Pilgrimage to Puritanism: History and Theology of the Marian Exiles at Geneva, 1550-1560* (New York: Peter Lang, 1999)는 이들의 삶과 사역에 대한 최신 연구다. Maurice S. Betteridge, 'The Bitter Notes: The Geneva Bible and its Annotations', *SCJ* 14 (1983): 41-62는 성경의 발전 및 그 중요성을 다룬다. Margo Todd, *The Culture of Protestantism in Early Modern Scotland* (New Haven, CT and London: Yale University Press, 2002)는 스코틀랜드 종교개혁에 대한 탁월한 저술이다. Michael Graham, *The Uses of Reform: 'Godly Discipline' and Popular Behavior in Scotland and Beyond, 1560-1610* (Leiden: E. J. Brill, 1996)도 마찬가지다. Jane E. A. Dawson, *Scotland Re-Formed, 1488-1587* (Edinburgh: University of Edinburgh Press, 2007)은 16세기 스코틀랜드 역사를 새롭게 접근하게 해 준다. Jane E. A. Dawson, 'Trumpeting Resistance: Christopher Goodman and John Knox', in Mason (ed.), *John Knox and the British Reformations*, 130-153과 Robert M. Healey, 'Waiting for Deborah: John Knox and Four Ruling Queens', *SCJ* 25 (1994): 371-386는 존 녹스의 소책자와 칼뱅에 대해 다룬다. Jeannine E. Olson, 'Nicolas des Gallars and the Genevan Connection of the Stranger Churches', in Randolph Vigne and Charles Littleton (eds), *From Strangers to Citizens: The Integration of Immigrant Communities in Britain, Ireland and Colonial America, 1550-1750* (Portland, OR: Sussex Academic Press and the Huguenot Society of Great Britain and Ireland, 2001), 38-47는 유용하다. Patrick Collinson, 'Europe in Britain: Protestant Strangers and the English

Reformation', 57-67도 활용 가치가 크다. Patrick Collinson, *Archbishop Grindal, 1519-1583: Struggle for a Reformed Church* (London: Cape, 1979)도 보라. 칼뱅의 저작의 확산에 대해서는 Francis Higman, 'Calvin's Works in Translation', in Andrew Pettegree, Alastair Duke and Gillian Lewis (eds), *Calvinism in Europe, 1540-1620* (Cambridge: Cambridge University Press, 1994), 82-99를 보라. 폴란드는 James Miller, 'The Origins of Polish Arianism', *SCJ* 16 (1985): 229-256과 George H. Williams, *Radical Reformation*, 3rd edn (Kirksville, MO: Truman State University Press, 2000)에서 잘 다루고 있다. Andrew Pettegree의 두 책 *Foreign Protestant Communities in Sixteenth-Century London* (Oxford: Oxford University Press, 1986)과 *Emden and the Dutch Revolt* (Oxford: Oxford University Press, 1992)는 이방인 공동체와 난민에 대해 연구한다. Guido Marnef, 'The Changing Face of Calvinism in Antwerp, 1550-1585', in Pettegree, Duke and Lewis (eds), *Calvinism in Europe*, 143-159는 네덜란드 교회의 초기 형성 과정을 다루는 주요 저서다. Guido Marnef, *Antwerp in the Age of Reformation: Underground Protestantism in a Commercial Metropolis, 1550-1577*, trans. J. C. Grayson (Baltimore, MD and London: Johns Hopkins University Press, 1996)도 보라. Lyle D. Bierma, *German Calvinism in the Confessional Age: The Covenant Theology of Caspar Olevianus* (Grand Rapids, MI: Baker Academic, 1996)는 팔츠에 대해 명료하고 유용한 연구 결과를 제공하며, Lyle D. Bierma, 'The Sources and Theological Orientation of the Heidelberg Catechism', in Lyle D. Bierma et al. (eds), *An Introduction to the Heidelberg Catechism: Sources, History, and Theology* (Grand Rapids, MI: Baker Academic, 2005), 75-102도 같은 지역을 다룬다.

16. "그리스도의 완전한 학교"

Max Engammare, 'Calvin: A Prophet without a Prophecy', *Church History* 67 (1998): 643-661는 칼뱅에 대한 전형적인 통찰을 제공하는 연구다. Susan E. Schreiner, *The Theater of His Glory: Nature and the Natural Order in the Thought of John Calvin* (1991; repr. Grand Rapids, MI: Baker Academic, 2001)은 추천할 만한 탁월한 연구서다. William R. Stevenson Jr, *Sovereign Grace: The Place and Significance of Christian Freedom in John Calvin's Political Thought* (Oxford: Oxford University Press, 1999)도 보라. 칼뱅과 시편에 대해서는 Barbara Pitkin, 'Imitation of David: David as a Paradigm for Faith in Calvin's Exegesis of the Psalms', *SCJ* 24 (1993): 843-863과 Herman J. Selderhuis, 'Church on Stage: Calvin's Dynamic Ecclesiology', in Foxgrover (ed.), *Calvin and the Church* (Grand Rapids, MI: CRC Product Services, 2002), 46-64를 보라. 오래 되었지만 여전히 유익한 Elizabeth Armstrong, *Robert Estienne, Royal Printer: An Historical Study of the Elder Stephanus* (Cambridge: Cambridge University Press, 1954)도 있다. 크레스팽의 역사관에 대해서는 David Watson, 'Jean Crespin and the Writing of History in the French Reformation', in Bruce Gordon (ed.), *Protestant History and Identity in Sixteenth-Century Europe*, (Aldershot: Scolar Press, 1996), 2:39-58를 보라. 칼뱅의 설교를 다루는 중요한 책으로는 Wilhelmus H. Th. Moehn, *God Calls Us to His Service: The Relation between God and His Audience in Calvin's Sermons on Acts* (Geneva: Droz, 2001)이 있다. Elsie Anne McKee, 'Calvin and his Colleagues as Pastors: Some New Insights into the Collegial Ministry of Word and Sacraments', in Selderhuis (ed.), *Calvinus Praeceptor Ecclesiae*, 9-42는 예배의 조직과 준비에 대해 탐구한다. 근대 초기 유럽의 결혼관에 대한 더 폭넓은 연구는 Thomas Max Safley, *Let No Man Put Asunder: The Control of Marriage in the German Southwest: A Comparative Study, 1550-1600* (Kirksville, MO: Truman State University Press, 1984)와 Joel F. Harrington, *Reordering Marriage and Society in Reformation Germany* (Cambridge: Cambridge University Press, 1995)이 있다. Jeffrey Watt, 'Childhood and Youth in the Genevan Consistory Minutes', in Selderhuis (ed.), *Calvinus Praeceptor Ecclesiae*, 43-64는 칼뱅 시대 제네바 사회에 대해 새로운 통찰을 던진다. Mark Valeri, 'Religion, Discipline, and the Economy in Calvin's Geneva', *SCJ* 28 (1997): 123-142는 교회와 변하는 경제계의 관계를 탁월하게 다루었다. 교육에 대해서는 Gillian Lewis, 'The Genevan Academy', in Pettegree, Duke and Lewis (eds), *Calvinism in Europe*, 35-63과 Karin Maag, *Seminary or University?: The Genevan Academy and Reformed Higher Education, 1560-1620* (Aldershot: Ashgate, 1995)가 결정판이다.

17. 교회와 피: 프랑스

Jonathan Reid, 'France', in Andrew Pettegree (ed.), *The Reformation World* (London: Routledge, 2000)는 탁월한 개요를 제공한다. Barbara B. Diefendorf, *Beneath the Cross: Catholics and Huguenots in Sixteenth-Century Paris* (Oxford: Oxford University Press, 1991)는 반드시 읽어야 한다. Nancy Lyman Roelker,

Queen of Navarre: Jeanne d'Albret, 1528-1572 (Cambridge, MA: Harvard University Press, 1968)는 중요한 역할을 맡은 왕비에 대한 최고의 연구서다. David M. Bryson, *Queen Jeanne and the Promised Land: Dynasty, Homeland, Religion and Violence in Sixteenth-Century France* (Leiden: E. J. Brill, 1999)도 보라. Mark Greengrass, 'The Calvinist Experiment in Béarn', in Pettegree, Duke and Lewis (eds), Calvinism in Europe, 119-142는 나바르의 독특한 위치를 논한다. Scott Manetsch, *Theodore Beza and the Quest for Peace in France, 1562-1598* (Leiden: E. J. Brill, 2000)은 베즈에 대한 필수 작품이다. N. M. Sutherland, 'Calvinism and the Conspiracy of Amboise', *History* 47 (1962): 111-138는 재앙이 된 앙부아즈 음모에 대해 다룬다. Malcolm Walsby, *The Counts of Laval: Culture, Patronage and Religion in Fifteenth- and Sixteenth-Century France* (Aldershot: Ashgate, 2007)는 중요 집안 하나를 탐구한다. Robert M. Kingdon, *Geneva and the Coming of the Wars of Religion in France, 1555-1563* (Geneva: Droz, 1956)은 프랑스 선교에 대한 표준 저작이다. 프로테스탄트교회의 발흥에 대한 우리 지식은 이제 Glenn S. Sunshine, *Reforming French Protestantism: The Development of Huguenot Ecclesiastical Institutions, 1557-1572* (Kirksville, MO: Truman State University Press, 2003)의 도움을 많이 받는다. Philip Benedict, *Rouen during the Wars of Religion* (Cambridge: Cambridge University Press, 1981)은 고전 연구서이자 강력 추천되는 책이다. Mack P. Holt, *The French Wars of Religion, 1562-1629* (Cambridge: Cambridge University Press, 1995)은 프랑스 종교전쟁의 기원과 과정을 다루는, 아주 잘 쓴 유용한 저술이다. D. J. B. Trim, "The 'Secret War' of Elizabeth I: England and the Huguenots during the Early Wars of Religion", *HSP* 27 (1999): 189-199는 잉글랜드 개입 문제를 논한다. N. M. Sutherland, 'The Assassination of François Duc de Guise, February 1563', Historical Journal 24 (1981): 279-295도 보라. 저항에 대해서는 David M. Whitford, 'Robbing Paul to Pay Peter: The Reception of Paul in Sixteenth Century Political Theology', in R. Ward Holder (ed.), *The Reception of Paul in the Reformation* (Leiden: E. J. Brill, forthcoming)을 보라.

18. 마지막

죽음 문화에 대해서는 Bruce Gordon and Peter Marshall (eds), *The Place of the Dead: Death and Remembrance in Late Medieval and Early Modern Europe* (Cambridge: Cambridge University Press, 2000)을 보라. 칼뱅의 죽음관은

Heinrich Quistorp, *Calvin's Doctrine of the Last Things* (Richmond, VA: John Knox Press, 1955)에 나온다. 칼뱅 전기들에 대한 연구로는 Irena Backus, *Life Writing in Reformation Europe: Lives of Reformers by Friends, Disciples and Foes* (Aldershot: Ashgate, 2008)이 있다. 칼뱅주의 및 개혁 신학의 발전에 대해서는 Richard Muller, *After Calvin: Studies in the Development of a Theological Tradition* (Oxford: Oxford University Press, 2003)가 없어서는 안 될 책이다.『칼빈 이후 개혁 신학』(부흥과개혁사).

찾아보기

가난한 자에 대한 관심(Care of poor) 241
가스코뉴(Gascony) 541
가장(Simulation) 345
간결 명료성, 성경 해석에서의(Brevity in scriptural interpretation) 203
간음(Adultery) 524
갈라르, 니콜라 데(Nicolas des Gallars, 약 1520-1580) 248, 456, 472-473, 512, 553, 557
갈리아의 자유(Gallican liberties) 44, 45, 317, 336
개혁파 교회(Reformed churches): 스위스 153, 165, 190, 243, 246, 324-327, 373, 379, 395-400, 415, 427, 428; 와 칼뱅 231, 285; 와 프랑스 544, 569, 573, 575
개혁파 신앙(Reformed religion) 109, 123, 125, 136, 138-139, 148-149, 190, 359, 435, 540-541
『거룩한 위로와 안내 편지』(*An Epistle both of Godly Consolacion and also of Advertisement*, 1550) 456
『건전한 정통 성찬 교리에 대한 변호』(*Defence of the Sound and Orthodox Doctrine of the Sacraments*, 1556) 430
검열(Censorship) 56-57, 90, 411
결혼(Marriage) 147; 칼뱅의 견해 522-524, 『결혼법』(1546) 523
겸손(Humility) 203, 204, 209, 347, 536
경건(Piety) 37, 88, 121, 122, 123, 145, 157, 174, 223, 506
경쟁(Emulation) 210, 227; 또한 '위장', '본받음'을 보라.
고난에 대한 칼뱅의 견해(Calvin on Suffering) 102, 105, 348, 538, 539
고린도전서[Corinthians: First Epistle (of Paul)] 104, 170, 275, 305, 310, 322, 418, 496, 498; 고린도후서 (Second Epistle) 268-269, 518
공동 기도서(Book of Common Prayer) 464, 465, 466

공평, 칼뱅과 세네카에게(Equity in Calvin and Seneca) 73, 74, 130
관용(Clemency) 69-70, 73, 75-76
관용 논쟁(Debate over toleration) 408-415
괴핑엔(Göppingen) 444
『교리문답』(Catechism, 1542) 148, 253, 336, 467, 513
교부들(Church fathers) 111, 126, 130, 153, 194, 205-207, 317, 345, 394; 칼뱅과 93, 205-207, 317
교육(Education) 38-42, 124; 목회자 240-241, 253, 528-531
교황 레오 10세(Leo X, 1475-1521) 45, 53
교황제(Papacy) 48, 49, 84, 90, 128, 319, 478, 569; 교황의 특권 44
교회(Church) 34; 중세 말기 프랑스 43-47; 제도 50, 237; 전통 61, 127, 186-191, 199, 202, 205-207, 318; 권위 61, 86, 127, 144, 195; 로마 가톨릭 56, 100, 126, 133; 개혁의 개념 53, 194-197; 거짓 100; 일치 17, 117, 159, 191, 299, 321, 327, 408, 590; 가톨릭교회 공격 136-141, 557; 직분 179, 226; 사도 210, 237; 프랑스 법질서의 혼돈 332-335
『교회 개혁의 필요성에 대하여』(On the Necessity of Reforming the Church, 1543) 299
『교회법』(Ecclesiastical Ordinances, 1541) 233, 237-241, 252, 285, 301, 361, 382, 528

『교회 조직에 대한 조항들』(Articles Concerning the Organization of the Church, 1537, Geneva) 147
교회 치리(Church discipline) 170, 174, 382, 387, 409, 488-489, 570; 또한 '금지', '제네바 콩시스투아르', '출교'를 보라.
구약(Old Testament) 35, 54, 82, 87, 103, 114, 122, 136, 211, 215, 223, 445, 518, 527, 533, 578
구원(Salvation) 217, 223, 225, 300, 304, 493
굿먼, 크리스토퍼(Christopher Goodman) 467, 468, 470;『백성은 어떻게 위에 있는 권세에 복종해야 하는가』470
귀족(Nobility): 칼뱅의 태도 38, 346, 539-540; 교회 44, 134, 539-540, 544; 귀족 여성 133-134, 547; 콩시스투아르의 치리 576
그네시오 루터파(Gnesio Lutherans, 순수 루터파) 419, 420, 487, 582
그라우뷘덴(Graubünden) 402, 405, 449, 481
그라티아누스의 『법령』(Gratian, Decretum) 72
그레이, 레이디 제인(Lady Jane Grey, 1536/7-1554) 463
그로퍼, 요한네스(Johannes Gropper, 1503-1559) 298
그리나이우스, 지몬(Simon Grynaeus, 1493-1541) 110, 113, 114, 120, 152, 155, 156, 164, 165, 166, 167, 201,

208, 235, 336
그리무, 레제(Léger Grymoult) 404
그리발디, 마테오(Matteo Gribaldi, 약 1505-1564) 402-403, 480
그리스도, 예수(Jesus Christ): 예수의 삶에 합일 104; 칼뱅 121-122, 531-535; 성찬에서의 임재 301-304; 세르베투스 390
그리스도인의 자유(Freedom of Christians) 130
그리스어(Greek language) 50, 52, 61, 82, 110, 111, 112, 120, 288
그린덜, 에드먼드(Edmund Grindal, 약 1519-1583) 464, 472, 473
그발터, 루돌프(Rudolf Gwalther, 1519-1586) 450
글래스턴베리(Glastonbury) 458, 461
금지, 제네바의 활용(Ban, use in Geneva) 249
기도(Prayer) 252
『기도와 교회 찬송 양식』(Form of Prayers and Ecclesiastical Songs, 1542): 제네바 253, 513; 영어 번역 462, 467; 프랑스 망명 교회 462
『기독교강요』(Institutes of Christian Religion) 336, 378, 538; 1536년판 『기독교강요』(1536) 74, 75, 95, 106, 115, 119, 121, 123-132, 133, 147, 148, 149, 156, 304, 329, 452; 1539년판 『기독교강요』 179-180, 194, 200, 203, 238, 296, 338; 1541년 프랑스어 판 『기독교강요』 338; 1543년판 『기독교강요』 190, 250, 300, 304; 1559년 판 『기독교강요』 475, 514, 530-531, 531-536, 572; 문헌으로서의 『기독교강요』 207-208, 339; 네덜란드어 번역 판 484
『기독교 교회의 바벨론 포로됨에 관하여』(On the Babylonian Captivity of the Christian Church) 49
『기독교적이고 참된 책임』(Christian and True Responsibility, 1543) 298
기엔(Guyenne) 541
기예르맹파(Guillermin, 제네바 당파) 184, 234, 251; 지도자의 사망 261
기즈 집안(Guise family) 545, 546, 548, 549, 551, 556, 557, 565, 569
길비, 앤소니(Anthony Gilby) 467

나바르(Navarre) 349, 547, 551, 571
나바르파(Navarrists, 나바르의 마르그리트 중심의 서클) 55, 56, 89, 93, 98, 158, 342,
나폴리(Naples) 391, 392, 410
난민(Refugees) 133, 447-449, 510; 바젤의 112, 402-408; 제네바의 260, 358-360; 프랑크푸르트의 프랑스인 431-434; 칼뱅과 네덜란드인 483-485
낭트(Nantes) 318, 550
네덜란드 혁명(Dutch Revolt) 485
네라크(Nérac) 93, 349, 548, 551
네로(Nero, 37-68) 68, 69, 70, 74
노르망디(Normandy) 40, 260, 335, 541
노르망디, 로랑 드(Laurent de Normandie) 512, 514, 529

녹스, 존(John Knox, 약 1510-1572)
464, 465-466, 467-468, 469,
470-471, 490, 491, 547
논쟁(Disputation): 로잔(1536) 139-140,
148, 158, 277; 제네바(1534) 144; 베
른(1528) 153; 라이프치히(1519) 188,
(1539) 191
논쟁(또는 논증, Polemic) 49, 98, 126,
147, 158, 187, 207, 336-342, 350,
428, 439, 513, 538, 572
농민전쟁(Peasants' War, 1525) 52
뇌샤텔(Neuchâtel) 98, 137, 166, 176,
232, 276, 278, 279, 327, 555, 564,
578
누아용(Noyon) 31, 32, 36, 38, 41, 60,
66, 81, 88, 95, 135
뉘른베르크(Nuremberg) 449
니고데모파(Nicodemites) 339,
342-352, 484, 512
『니고데모파 신사들에게 드리는 답변』
(Answer to the Nicodemite Gentlemen, 1544) 344, 346, 484
님(Nîmes) 537, 573, 575

다네, 피에르(Pierre Danès) 62
다니엘(Daniel, 성경 예언자) 560
다니엘 가족(Daniel family) 83
다니엘, 프랑수아(François Daniel) 61,
62, 78, 83, 93, 94, 503-505
다랑드, 미셸(Michel d'Arande, 1539년
사망) 53, 55, 56
다윗왕(King David) 34-35, 86, 87, 100,
347, 442

달브레, 잔, 나바르 왕비(Jeanne
d'Albret, 1528-1572, Queen of
Navarre) 547, 559, 576
당파 싸움, 제네바의(Factionalism in
Geneva) 143, 145, 184, 229, 233,
234, 260, 358, 363
덴마크(Denmark) 358, 464
도리아, 지오반니 베르나르디노 보니파치
오(Giovanni Bernardino Bonifacio
d'Oria, 1517-1597) 410
도피네(Dauphiné) 112, 120
『독일 민족의 그리스도인 귀족들에게 보
내는 연설』(Address to the Christian
Nobility of the German Nation,
1520) 49
독일 지역(German lands): '신성로마제
국'을 보라.
돌레, 에티엔(Etienne Dolet, 1509-1546)
350-351
『두 서신』(Epistolae duae, 1537)
156-158, 195, 344
둔스 스코투스(Duns Scotus, 1266-
1308) 43
뒤 부아, 미셸(Michel Du Bois) 187
뒤슈맹, 니콜라(Nicolas Duchemin) 61,
157, 168, 344; 『아우렐리우스 알부치
에 대한 변증』 63-64, 65, 66, 81, 82,
83
드루 전투(Battle of Dreux, 1562) 568,
569
드보라(Deborah, 사사) 547
디종(Dijon) 142

라그니에, 드니(Denis Raguenier) 362
라 로셸(La Rochelle) 335
라무스, 페트루스(Peter Ramus 또는 Petrus Ramus, 1515-1572) 112
라발, 샤를로트 드(Charlotte de Laval) 547
라블레, 프랑수아(François Rabelais, 1494-1553) 42, 350, 352; 『팡타그뤼엘』 90
라시우스, 발타자르(Balthasar Lasius) 111
라이프치히 잠정협약(Leipzig Interim, 1548) 419, 420, 430
라지비위, 미콜와이(Mikołaj Radziwiłł, 1515-1565) 476
라테란 공의회(Lateran Council, 1215) 241
라틴어(Latin language) 38, 39, 48, 99, 112, 114, 121, 146, 174, 273, 288, 336, 527
락탄티우스(Lactantius, 약 250-325) 124
랑게, 위베르(Hubert Languet) 414
랑그도크(Languedoc) 541, 568, 583
랑그르(Langres) 332
랑베르, 다니엘(Daniel Lambert) 90
런던(London) 358; 이방인(또는 난민) 교회들 430, 461-463, 483; 프랑스 교회 472-473, 제네바식 치리의 영향 472-474; 네덜란드 공동체 484
레겐스부르크(Regensburg) 231, 336; 제국의회(1546) 316
레만 호수(Léman Lake, Geneva) 135, 138, 142
레쉬, 콘라트(Conrad Resch) 111, 112
레스투알, 피에르 드(Pierre de l'Estoile) 60-66, 81
렉트, 앙투안(Antoine Lect) 141
렐리, 장 드(Jean de Rély, 1430-1499) 48
로렌의 추기경, 기즈의 샤를(Cardinal Lorraine, 1524-1574, Charles of Guise) 546, 548, 556
로마(Rome) 46, 64, 187, 300, 315, 317, 345, 392, 413, 477; 초기 기독교 공동체 226-227
로마법(Roman law) 62, 64, 74, 76
로마서(Letter to Romans) 146, 180, 339
로마서 주석(Commentary on Romans, 1539) 120, 174, 186-187, 199-227, 235, 238, 275, 339
로마의 위-클레멘스(Pseudo-Clement of Rome) 397
로슈 샹듀, 앙투안 드 라(Antoine de la Roche Chandieu) 545, 546, 550, 571
로욜라, 이그나티우스(Ignatius Loyola, 1491-1556) 41
로잔(Lausanne) 138, 139, 140, 142, 148, 149, 151, 161, 230, 279, 286, 311, 315, 476, 511, 554, 571, 578; 아카데미 378, 502
로카르노(Locarno) 359
로피탈, 미셸 드(Michel de l'Hôpital, 1507-1573) 557
론(Rhône) 142
루뱅 대학(Louvain University) 48, 512

루블린(Lublin) 475
루셀, 제라르(Gérard Roussel) 53, 56, 89, 92, 98, 157-158, 190, 344, 349
루앙(Rouen) 98, 332, 555, 569, 578
루이 12세, 프랑스 왕(Louis XII, 1462-1515, King of France) 133
루터, 마르틴(Martin Luther, 1483-1546): 프랑스에서 논쟁 47-52, 57, 130, 336, 419, 423, 557, 589; 칼뱅과 86, 91, 92, 192 308-310, 348; 스위스와 108-109, 113, 116-119, 154, 165, 301, 306, 310, 311, 425, 427-430; 교리문답 123, 124; 신학 168, 170, 199, 256, 305; 칼뱅의 언급 296-300, 305, 426-428, 434; 쾰른 개혁 298;『짧은 신앙고백』306; 멜란히톤과의 관계 306, 309; 죽음 310, 317, 헤센의 필립의 중혼 320
루터파(Lutherans, 'luthérien') 118, 192, 203, 233, 258, 295, 308, 321, 327, 419, 421, 451; 프랑스의 40, 97, 544; 칼뱅과 296, 417-445, 583, 600
뤼베롱(Luberon) 331
르네상스(Renaissance): 프랑스 45-46, 48, 62, 89; 군주제 45; 북부 48, 110
르노, 프랑수아(François Regnault) 48
르 아브르(Le Havre) 567
르페브르 데타플, 자크(Jacques Lefèvre d'Etaples, 1450-1536) 56, 62, 89, 93, 96, 336, 350; 성경 연구 50-55, 61, 111, 199, 505; 칼뱅을 만나다 93
르 프랑, 잔(Jeanne Le Franc) 36
리고, 클로드(Claude Rigot) 394

리브가(Rebekah) 217
리비우스(Livy, 주전 59-주후 17) 70
리스마니노, 프란체스코(Francesco Lismanino, 1504-1566) 477, 479
리옹(Lyon) 57, 353, 551, 575, 585; 다섯 학생 353-356, 513
리투아니아(Lithuania) 476
리헬, 벤델린(Wendelin Rihel) 275
마그데부르크(Magdeburg) 410, 438, 439, 440
마드리드(Madrid) 55, 56
마들렌, 라(La Madeleine, 제네바) 254
마로, 클레망(Clément Marot, 1496-1544) 351, 506
마르, 앙리 드 라(Henri de la Mare) 162
마르그리트, 나바르의, 앙굴렘의 마르그리트(Marguerite of Navarre, Marguerite of Angoulême, 1492-1549) 52, 55, 56, 62, 89, 90, 93, 97, 98, 133, 134, 158, 342, 349, 350, 452, 537, 542;『죄 많은 영혼의 거울』90
마르부르크 회의(Colloquy of Marburg, 1529) 116
마르쿠르, 앙투안(Antoine Marcourt, 1561년 사망) 98-99, 137, 139, 158
마리아, 동정녀(Virgin Mary) 330, 334
마송, 장-밥티스트(Jean-Baptiste Masson) 597
마쉬리에, 마르시알(Martial Masurier) 54
마이, 마들렌, 루아 백작 부인(Madeleine de Mailly, Countess de Roye) 547

『마지막 권면』(Final Admonition, 1557) 439
마카르, 장(Jean Macard) 543, 546,
마키아벨리, 니콜로(Niccolò Machiavelli, 1469-1527) 568
만투아 공의회(Council of Mantua, 1537) 140
망명(유배, 추방, Exile) 99-103, 108, 123, 140, 234, 335, 343, 352, 355, 356, 430-431, 439, 471, 483, 507-510, 539, 561
매춘(Prostitution) 143
멀러, 리처드(Richard Muller) 179
메간더, 카스파르(Kaspar Megander, 1495-1545) 149, 150-151, 152, 153, 154, 155, 160, 286
메랭돌(Mérindol) 331, 358
메를랭, 장 레몽(Jean-Reymond Merlin) 556
메리 스튜어트, 스코틀랜드 여왕(Mary Stuart, 1542-1587, Queen of Scots) 548
메리, 잉글랜드 여왕(Mary, 1516-1558, Queen of England) 464, 472, 473
메츠(Metz) 107, 298
멜란히톤, 필립(Philip Melanchthon, 1497-1560) 36, 49, 51, 57, 117, 118, 170, 176, 187, 191, 195, 310, 311, 419, 424, 553; 『신학총론』 180, 203, 297, 534, 585; 아우크스부르크 신앙고백 수정판 192, 231, 422, 429, 440; 『교회의 권위에 대하여』 195; 로마서 200, 202, 203, 208; 칼뱅과 205, 208, 295, 297, 300, 308-310, 336, 348, 435, 439, 443, 496, 534, 582; 쾰른과 298; 루터와의 관계 307; 세르베투스 400; 카스텔리오 414-415; 국제적인 종교개혁자 447-449; 과 잉글랜드 451, 459; 과 폴란드 480; 과 팔츠 486-490
모(Meaux) 53; 모 서클 52-59, 98, 148, 158, 331; 비밀 집회소 331-332
모렐, 미셸(Michel Morel) 380
모렐, 프랑수아 드(François de Morel) 546, 549, 557, 571
모렐리, 장(Jean Morély, 1524-1594) 575-576; 『기독교 치리론』 575
모로, 시몽(Simon Moreau) 247
모르시, 제라르(Gérard Morrhy) 63
모를레 뒤 뮈소, 앙투안(Antoine Morelet du Museau) 113
모샤임, 루프레히트 폰(Ruprecht von Mosheim) 194
모세(Moses) 17, 86, 215, 222, 413, 495, 533, 563, 582
모어, 토머스(Thomas More), 『유토피아』(Utopia) 38
목사, 목회의 네 가지 직분 중(Pastors in fourfold ministry) 240-241; 또한 '목회자'를 보라.
몬트포르티우스, 바실리우스(Basilius Montfortius): '카스텔리오, 세바스티앙'을 보라.
몽모 집안(Montmor family) 38
몽모랑시 집안(Montmorency family) 545

뮌스터, 제바스티안(Sebastian Münster, 1488-1552) 110, 114
뮐베르크 전투(battle of Mühlberg, 1547) 316
미그레, 로랑(Laurent Meigret) 265
미사(Mass) 42, 93, 96, 116, 129, 137, 140, 141, 144, 194, 255, 305, 332, 334, 343, 345, 346, 348, 364, 377, 461, 571-572
미신(Superstition) 37, 256
『미신을 피함』(De vitandis superstitionibus) 348
『미카엘 세르베투스의 오류에 반대하는 전통 신앙 변호』(Defence of the Orthodox Faith against the Errors of Michel Servetus, 1554) 407-408, 409, 412
미코니우스, 오스발트(Oswald Myconius, 1488-1552) 109, 111, 152, 244, 246, 284
미크론, 마르틴(Martin Micron, 1523-1559) 461
믿음(신앙, Faith) 122, 129, 130, 188, 214, 226, 302, 371, 533, 592
밀리우스, 크라토(Crato Mylius, 1503-1547) 192
밀턴, 존(John Milton) 210

바두엘, 클로드(Claude Baduel) 537
바리, 장 뒤, 시유 드 라 르노디(Jean du Barry, Sieur de La Renaudie) 549
바시 학살(Vassy Massacre) 565
바오로 3세, 교황(Pope Paul III, 1468-1549) 315
바오로 4세, 교황(Pope Paul IV, Giovanni Pietro Caraffa, 1476-1555) 316, 479
바울, 사도(Apostle Paul) 48, 51, 54, 68, 73, 86, 104, 105, 122, 146, 180, 346, 361, 408, 432, 433, 442, 443, 454, 455, 465, 496, 518
바젤(Basle, Basel) 35, 36, 99, 135, 143, 145, 232, 243, 254, 448, 480, 516, 568, 579, 598; 인쇄 49, 54, 57, 92, 121, 138, 146; 대학 114, 115; 과 칼뱅 107-132, 167, 169, 181, 231, 336, 374; 제네바 235, 382; 칼뱅에 대한 반대의 중심지 290, 402-408, 427; 프랑스 324; 취리히 일치신조 327, 367, 374; 세르베투스 393, 395, 398
바타블, 프랑수아(François Vatable, 1547년 사망) 53, 62
반삼위일체론(Anti-trinitarianism) 402, 480
발랑스(Valence) 572
발리스(Wallis, 스위스 연방) 111
발몽지, 시유 드(Sieur de Villemongis) 550
백년전쟁(Hundred Years' War, 1337-1453) 44
뱅글, 피에르 드(Pierre de Vingle) 121, 137
뱅상, 앙투안(Antoine Vincent) 514
베다, 노엘(Noël Beda, 1470-1537) 41, 42, 51-52, 89, 93
베로알두스, 필리푸스(Beroaldus the Elder, Philippus, 1453-1505) 72

베르게리오, 피에르 파올로(Pier Paolo Vergerio, 1498-1565) 481
베르미글리, 피에트로 마르티레(Pietro Martire Vermigli, 영어로 Peter Martyr Vermigli, 1499-1562) 348-349, 436, 438, 442, 456, 459, 461, 489, 490, 600
베르텔리에, 필리베르(Berthelier, Philbert) 381, 383
베른(Berne) 108, 243, 448, 515, 564, 567; 의 프랑스어권 영토 136-145, 149-151, 278, 310-313, 367-369, 378; 과 칼뱅 149, 150, 153, 156-162, 232, 278-279, 284-285, 310-313, 315, 326, 353, 369, 375-380; 예전 160-162, 165, 185; 제네바 160-162, 163, 229, 234, 249, 265, 285-286, 367-369, 383-388; 목회자 165; 프랑스 동맹 324; 취리히 일치신조 327, 367, 374; 제네바와의 동맹 367-369; 칼뱅의 반대자들의 피난처 375-379; 세르베투스 문제 논의 367-369; 프랑스 파송 목회자 375-379
베스트팔, 요아킴(Joachim Westphal, 1510-1574) 418-431, 497, 514; 『성찬기념론자들의 여러 책에서 취합한 성찬에 대한 혼란스럽고 다양한 견해들의 잡동사니』(1552) 418; 『성찬에 대한 바른 믿음』(1553) 421; 『어떤 성찬기념론자의 거짓 고소에 대한 정당한 변호』(1555) 436
베아른(Béarn) 350, 547
베젤(Wesel) 430, 483-484

베즈, 테오도르 드(Theodore, Beza 1519-1605): 『칼뱅의 생애』 36, 39, 59, 65, 93, 95, 101, 107, 173, 532, 587, 595, 596; 로잔 체류 367, 375, 421, 476; 『벨리우스 반대』 412-413; 신약 413; 보름스 종교 회의 444; 와 칼뱅 498, 501-502, 548, 556-559, 563, 564, 570, 575, 577; 와 비레 501-502, 571, 575; 제네바에서 513, 516; 제네바 아카데미 529-530; 라 르노디와의 관계 549; 푸아시에서 557-559; 드루 전투에서 569; 모렐리와의 논쟁 576
벨리우스, 마르틴(Martin Bellius): '카스텔리오, 세바스티앙'을 보라.
벽보 사건(Affair of the Placards, 1534-1535) 96-99, 106, 108, 113, 115, 121, 134, 137
변증법(Dialectic) 208
보 지방(Pays de Vaud) 136-141, 144, 151, 158, 235, 258, 283, 285, 313, 321, 408, 423, 552, 554, 556, 570, 573, 577, 579
보나 스포르자, 폴란드 왕비(Bona Sforza, Queen of Poland, 1495-1558) 477
보댕, 프랑수아(François Bauduin, 1520-1573) 274, 414, 498, 597
보르도(Bordeaux) 40
보르하우스, 마르틴(Martin Borrhaus, 1499-1564) 410, 411, 464,
보름스(Worms) 414; 보름스 회의 444
보쉬, 장(Jean Bochy) 530

684

보헤미아 형제단(Bohemian Brethren) 476, 481

『복음서들의 조화』(Harmony of the Gospels, 1555) 432

복음주의 신앙, 프랑스(Evangelical beliefs in France) 47-58, 96-99, 329-336, 539-548

복음주의 인쇄(출판, Evangelical Printing): 프랑스에서 49-58, 96-100, 333, 575; 제네바에서 510-516; 성경 510

복종, 세속권위에 대한(Obedience to temporal authorities) 130, 224, 492, 562, 572

본받음(모방, Imitation) 209-210; 또한 '위장'과 '경쟁'을 보라.

볼로냐(Bologna) 62

볼로냐 협약(Concordat of Bologna, 1516) 45, 53, 89

볼마르, 멜히오르(Melchior Wolmar) 61-62

볼섹, 제롬-에르메스(Jérôme-Hermès Bolsec, 약 1520-1584) 368-375, 375-378, 405, 420, 497, 499, 514, 532; 칼뱅 전기 596

뵈뵈(Phoebe) 226

부르, 안 뒤(Bourg, Anne du) 545, 546

부르구앙, 프랑수아(François Bourgoing) 248, 553

부르주(Bourges) 40, 62, 66, 78, 81, 115, 503; 부르주 칙령 44, 45

부처, 마르틴(Martin Bucer, 1491-1551) 91, 99, 109, 115, 117, 118, 164, 239, 344, 382, 418, 427; 와 칼뱅 154, 155, 160, 163-164, 167, 168-177, 180, 191-197, 203, 205, 230, 278, 284, 295, 298, 299, 323, 336, 441, 442, 486, 598; 와 스위스 153; 로마서에 관한 200, 203, 209; 와 쾰른 298; 스트라스부르를 떠나다 316; 잠정협약 서명 319; 니고데모주의 343; 와 잉글랜드 449-450, 452, 456, 457; 와 시편 505

분별(Discernment) 224, 227

불린, 앤, 잉글랜드 왕비(Anne Boleyn, Queen of England, 약 1504-1536) 450

불링거, 하인리히(Heinrich Bullinger, 1504-1575): 와 취리히 교회 117, 149, 150, 151, 154, 164, 170, 233, 553; 와 칼뱅 118, 160, 165, 176, 202-203, 231, 268, 308, 313-315, 321-327, 336, 370-375, 420, 421, 422, 423, 429, 438-444, 479, 490, 493, 503, 565, 568, 570, 581, 585, 586, 598; 로마서 200, 203, 209; 와 루터파 298, 300-302, 307, 310; 츠빙글리에 대한 301; 『설교집』 312, 370, 503; 와 부처 315; 프랑스 동맹 반대 324; 니고데모주의에 대한 343; 출교에 관하여 382; 세르베투스에 관하여 396; 와 칼뱅의 대적들 406, 408; 국제 종교개혁자 447-449; 와 잉글랜드 452, 459-463, 474; 와 크레스팽 514

뷔데, 기욤(Budé, Guillaume, 1467-1540) 45-47, 62, 64, 69, 73, 81, 113, 210

뷔데, 장(Budé, Jean) 382, 511, 516, 527, 568
뷔르, 이들레트 드(Idelette de Bure, 1549년 사망): 칼뱅과의 결혼 172-173, 232; 칼뱅과의 가정생활 267, 268; 죽음 292-294, 497
뷔존톤, 다비드(Busanton, David) 361
브란덴부르크(Brandenburg) 319
브레드로드, 욜란드 드(Yolande de Brederode) 498
브레멘(Bremen) 438
브룰리, 피에르(Pierre Brully) 483
브리송네, 기욤(Guillaume Briçonnet, 1472-1534) 50, 53, 54, 55, 56, 113, 148, 331
브리스가(Prisca) 226
블라러, 암브로시우스(Ambrosius Blarer, 1492-1564) 427
블루아(Blois) 98
비레, 피에르(Pierre Viret, 1511-1571) 113, 137, 139, 148, 149, 150, 151, 152, 154, 165; 와 칼뱅 229-230, 246-247, 274-275, 310-313, 315, 336, 375-376, 383, 406, 423, 497, 501-502, 570-579; 제네바에서 칼뱅 및 파렐과 동역 276-287, 573, 578; 칼뱅의 결혼 관여 290-292; 보에서 일어난 성찬 논쟁 310-313; 순교 343; 니고데모주의 349; 와 베즈 502, 575; 시편 찬송 511; 프랑스 프로테스탄트 지도자 559; 『제국으로 가는 세계』 575; 파리로 가라는 명령 575
비블리안더, 테오도르(Theodor Bibliander, 1506-1564) 374, 406
비아나시, 르네 드(René de Bienassis) 514
비안드라타, 조르지오(Giorgio Biandrata, 1515-1588) 482
비엔(Vienne) 391-394, 396-397
비엘(Biel) 382
비텐베르크(Wittenberg) 116, 127, 170, 192, 199, 202, 232, 297, 301, 306, 308, 309, 311, 313, 439, 447, 537, 553; 비텐베르크 협약(1536) 118-119, 153, 169, 192, 286
비트, 헤르만 폰, 쾰른 대주교(Hermann von Wied, 1477-1552, Archbishop of Cologne) 299, 475
빌뉴스(Vilna) 476
빌라도, 본디오(Pontius Pilate) 405

사도신경(Apostles' Creed) 123
사도행전(Book of Acts) 408, 482, 513
사돌레토, 야코포, 추기경(Jacopo Sadoleto, 1477-1547, Cardinal) 85, 186-191, 192, 201, 202, 309
사무엘상하(Samuel I and II) 577, 578
사부아(Savoy) 234, 367, 515; 사부아공 138, 140, 601; 제네바 위협 567
사부아의 루이즈, 섭정(Louise of Savoy, 1476-1531, regent) 55
사울왕(King Saul) 100
삼위일체 교리(Doctrine of trinity) 129, 149, 150, 151, 391, 392, 399, 408, 482, 533
상원(Senate): '소의회'를 보라.

생갈(Saint Gall) 326
생니콜라데종드 교회, 스트라스부르(Saint-Nicolas-des-Onde, Strasbourg) 170
생미셸(Saint-Michel) 47
생자크 거리 사건(Saint-Jacques, rue, incident) 541-542
생제르맹데프레 수도원(Abbey of Saint-Germain-des-Prés) 50
생제르베, 제네바(Saint-Gervais, Geneva) 142, 254
생캉탱 전투(Battle of Saint-Quentin, 1557) 542
생통주(Saintonge) 101
생피에르, 제네바(Saint-Pierre, Geneva) 145, 161, 232, 243, 254, 255
샤를 8세, 프랑스 왕(Charles VIII, 1470-1498, King of France) 44
샤를 9세, 프랑스 왕(Charles IX, 1550-1574, King of France) 569
샤토브리앙 칙령(Edict of Châteaubriant, 1551) 333, 511
샤프하우젠(Schaffhausen) 326, 398
설교(Preaching): 보 지방에서 137, 144; 칼뱅의 145, 233; 제네바에서 243-249, 252, 256-260; 프랑스에서 556-557, 559
설교(Sermons) 207, 256, 272, 274
섭리(Providence) 32, 39, 94, 108, 145, 165, 166, 168, 494, 495, 573
성경(Bible): 칼뱅과 32-35, 61, 65, 102, 120, 200; 번역 48, 120, 274; 프랑스어 성경 번역 48, 51, 52, 556; 원어 52, 82, 204, 208; 모 서클 52-55; 인쇄 110; 제네바에서의 토론 147; 인간의 감정 216, 506; 평신도 여성과의 갈등 264; 프랑스 교회 551, 552
성경(Scripture) 105; 성경 해석 200-204, 206-209, 211; 또한 '성경'(Bible)을 보라.
성령(Holy Spirit) 66, 201, 236, 508
성례(Sacraments) 13, 116-119, 129, 154, 200, 241, 534, 540; 또한 '세례', '성찬'을 보라.
성상 파괴(주의)(Iconoclasm) 138, 348, 503, 557, 567, 568, 571, 573, 574, 577
성인(Saints) 105, 137, 141, 239, 255, 334, 340
성직자(Clergy): 중세 후기 44, 47-48, 53; 보 지방의 136-141; 제네바 가톨릭 148, 243
성찬(Eucharist) 47, 97, 116-119, 191, 255, 302-304, 310-313
성찬(Lord's Supper) 97; 루터파와 츠빙글리파의 논쟁 116-119, 139, 141, 145, 154, 159-162, 164, 165, 238, 241, 249, 255, 286, 301-306, 321-327, 349, 358, 365, 417-430, 534, 583; 쾰른 298; 또한 '성찬'(Eucharist)을 보라.
성찬기념론자(츠빙글리파, Sacramentarians, Zwinglians) 193, 309
『성찬에 대한 소고』(Short Treatise on the Lord's Supper, 1541) 302, 322,

336, 418
세네카(Seneca, 주전 4-주후 65) 46, 66-76, 79, 91, 125
세네카의 『관용론』에 대한 주석 (Commentary on Seneca's De Clementia) 46, 66-79, 91, 130, 204, 442
세례(Baptism) 104, 123, 141, 147, 238, 241, 256, 292, 365, 366, 367, 378, 380, 388, 392, 394, 399, 480, 522, 534, 576, 586
세르베투스, 미카엘(Michael Servetus, 1511-1553) 101, 351, 381, 386, 417, 420, 428-429, 497, 532; 칼뱅 389-402; 『기독교의 회복에 대하여』 390, 398; 형벌에 대한 논쟁 398-399; 처형 400, 402-416, 480-482
『세르베투스 죽음의 역사』(History of the Death of Servetus, 1557) 404-405
세리에르 (올리베탕) 성경[Serrières (Olivétan) Bible] 120, 123, 180, 462, 506
세셀, 클로드 드(Claude de Seyssel, 1529년 사망), 『프랑스의 군주제』 (Monarchy of France) 45, 577
세속 권위(Temporal authorities) 130, 141, 170, 408; 에 복종 130, 224, 492, 561-562, 572; 와 종교개혁 232-233, 453-455; 저항 492, 550-551, 568, 570, 572, 573
세실, 윌리엄, 벌리 경(William Cecil, Lord Burleigh, 1520-1598) 469
세트, 미셸(Michel Sept) 159-160

세트, 발타자르(Balthazar Sept) 366
셰익스피어, 윌리엄(William Shakespeare, 1564-1616) 467
소 카토(the Younger Cato, 주전 95-46) 281
소니에, 마티유(Matthieu Saunier) 54
소니에, 앙투안(Antoine Saunier) 229
소르본, 파리 신학부(Sorbonne, faculty of theology, Paris) 40, 45, 47, 49, 51, 52, 53, 61, 62, 83, 84, 88, 89, 90, 97, 108, 207, 329, 334, 511, 563
소의회(상원, Small Council, Senate, 제네바) 143, 159, 237, 243, 249, 250; 연극 사건 처리 263; 페랭 반역 재판 265; 제네바인과 프랑스인 간 논쟁 해결 363-367; 목회자와의 관계 364; 세례명 논쟁 365-367; 와 볼섹 367-375, 377-378, 429; 와 콩시스투아르 380-388; 와 세르베투스 395-400; 와 도덕 감독 523-527; 칼뱅 567-568
소크라테스(Socrates, 주전 469-399) 410
솔로몬왕(King Solomon) 46, 105
쇼베, 레이몽(Reymond Chauvet) 248
수사학(수사법, Rhetoric): 과 법학 62; 신학 및 성경 해석 131, 201, 202, 208-209, 211; 논쟁 137, 208; 칼뱅의 활용 297, 338, 509
수에토니우스(Suetonius, 69-122?) 71, 72
순교(Martyrdom) 329-331, 352-356; 프랑스 550; 칼뱅과 540, 572
순교자 열전, 프로테스탄트(Protestant Martyrologies) 331, 335, 513, 539

슈말칼덴 연맹(Schmalkaldic League, 독일 프로테스탄트 군주 연맹) 90, 97, 118, 119, 169, 191, 299, 310, 316, 338, 450, 451, 486
슈발리에, 프랑수아(François Chevallier) 516
슈투름, 야코브(Jakob Sturm, 1489-1553) 187, 194, 316
슈투름, 요한네스(Johannes Sturm, 1507-1589) 169-170, 176-177, 193-194
슈파이어 의회(Diet of Speyer, 1544) 299
슐레이만 1세, 술탄(Suliman I, 1494-1566, Sultan) 317
스코틀랜드(Scotland) 455, 467-468, 600
스탄카로, 프란체스코(Francisco Stancaro, 1501-1574) 475, 480-482
스토아 철학(Stoicism) 68, 69, 75, 79, 82, 123, 442
스트라스부르(Strasbourg) 56, 57, 99, 100, 107, 135, 152, 165, 166-167, 239, 253-254, 331, 348, 361, 382, 393, 424, 433, 436, 461, 466, 468, 483, 549, 568; 칼뱅과 168-197, 200, 202, 223, 225, 230-232, 238, 298, 304, 327, 579; 아카데미 169
승리의 노래(Epinicion, 1541) 195
시모어, 에드워드, 서머싯 공작, 섭정(Edward Seymour, Duke of Somerset, Lord Protector, 약 1506-1552) 452-456, 465
『시민법대전』(Corpus iuris civilis) 62-63
시편(Psalms) 50, 54, 82; 칼뱅의 505-510
시편 찬송(Singing of psalms) 170, 331, 506
시편 찬송, 제네바(Genevan Psalter) 506
신명기(Book of Deuteronomy) 409, 526
신성 모독(Blasphemy) 334, 392
신성로마제국(Holy Roman empire) 51, 53, 56, 89, 108, 169, 230, 234; 과 칼뱅 298, 315-321, 338, 348, 456, 486-490, 568, 582; 과 전쟁 315-321
신성로마제국 도시들(Imperial cities) 116, 258
『신앙고백』(Confession of Faith, 1536) 148-149, 152, 159
신약(New Testament) 48, 50, 54, 82, 120, 121, 122, 146, 185, 237, 288, 351, 413, 462, 510, 533
신적 선택(Divine election) 179, 217-221, 246, 294, 297, 369, 507-508, 538
신적 은혜(하나님의 은혜, Divine grace) 203, 214, 216, 218, 304
신플라톤주의(Neoplatonism) 50
신학(Theology) 43; 칼뱅과 87, 122, 131, 151-152, 174, 206, 207, 208, 238, 296, 305, 323, 379, 554
심판, 하나님의(God's judgement) 102, 188, 213, 236, 386, 593
십계명(Ten Commandments) 221

아굴라(Aquila) 226
아나뱁티스트(Anabaptist) 15, 101, 124, 128, 172, 292, 339, 389, 483, 493
아라곤의 카탈리나, 잉글랜드 왕비(Catalina de Aragón, Katherine of Aragon, 1485-1536, Queen of England) 450
아르미노의 그레고리우스(Gregory of Rimini) 43
아르티퀼랑파(Articulant faction, Geneva) 184, 234, 235, 246, 251, 261
아리스토텔레스(Aristotle) 50, 71, 75, 77
아머바흐, 보니파키우스(Bonifacius Amerbach) 109, 115, 402, 403, 404, 410
아모, 피에르(Pierre Ameaux) 246
아브라함(Abraham) 102-103, 122, 215, 216-217,
아브라함의 품(Abraham's Bosom) 104
아우구스투스(Augustus, 주전 63-주후 14) 73, 74
아우구스티누스(St. Augustine, 354-430) 33, 111, 121, 205, 317, 340, 413, 451; 『고백록』 33
아우렐리우스, 마르쿠스(Marcus Aurelius, 121-180) 60
아우크스부르크(Augsburg) 311, 316, 449
아우크스부르크 신앙고백(Augsburg Confession, 1530) 444, 451, 486, 488, 557, 558, 585; 수정판[Variata (1540/2)] 192, 231, 422, 429, 440

아우크스부르크 잠정협약(Augsburg Interim, 1548) 319, 486
아우크스부르크 화의(Peace of Augsburg, 1555) 488
아카데미 회원들(Academicians) 413
아풀레이우스(Apuleius) 72
악(Evil) 220, 492
안트베르펜(Antwerp) 484
알랑송(Alençon) 90
알렉상드르, 피에르(Pierre Alexandre) 473
알자스(Alsace) 99
알치아티, 안드레아(Andrea Alciati, 1492-1550) 62-64, 66, 77, 81, 115, 210,
암브로시우스(St Ambrose, 약 340-397) 505
앙게스트 집안(Hangest de, family) 36, 37, 38, 39, 67
앙게스트, 클로드 드(Claude de Hangest) 67
앙굴렘(Angoulême) 92, 93, 94, 95, 99, 133
앙리 2세, 프랑스 왕(Henry II, 1519-1559, King of France) 323, 324, 332, 544, 545, 548
앙리 4세, 프랑스 왕(Henry IV, 1553-1610, King of France, 나바르의 왕자) 547
앙부아즈 음모(Conspiracy of Amboise, 1560) 548-552
앙부아즈 평화 조약(Peace of Amboise, 1563) 569, 579, 583, 585

앙제(Angers) 541
앙투안 드 부르봉, 나바르 왕(Antoine de Bourbon, 1518-1562, King of Navarre) 503, 539, 542-543, 545, 550-551, 557, 558, 569, 571, 578
애몬스, 리샤르(Richard Aemons) 260
애쉬, 앤소니(Anthony Ashe) 471
야곱(Jacob) 217-218, 411
야망(Ambition), 칼뱅의 68, 79, 182-183
어린이, 제네바의(Children in Geneva) 360-363, 364-365
언약, 하나님의(Divine covenant) 122, 201
에드그노(Eidguenots, Geneva) 143-144, 159
에드워드 6세, 잉글랜드 왕(Edward VI, 1537-1553, King of England) 316, 430, 452, 453, 457, 472
에드워드 시대 교회(Edwardian church) 456, 466
에라스무스, 데시데리우스(Desiderius Erasmus, 1466-1536) 33, 39, 41, 45, 47, 48, 49, 61. 66, 89, 109, 113, 114, 115, 124, 199, 201, 210, 350, 410, 479; 와 그리스어 신약성경 48, 50; 『잠언』 48, 71, 72, 110; 세네카에 대해 68-69, 81; 우정에 대해 77; 『파라클레시스』 91; 교부 저술 편집 111
에라일, 에브라르(Evrard Erail) 484
에서(Esau) 217-218, 411
에스겔(Ezekiel, 예언자) 518, 582
에스더서(Book of Esther) 349
에스티엔, 로베르(Robert Estienne, 1503-1559) 412, 429-430, 468, 511, 512, 515
에스파냐(Spain) 49
에스파냐령 네덜란드(Spanish Netherlands) 48, 316, 482-486
에크, 요한네스(Johannes Eck, 1486-1543) 114, 188
엘리야(Elijah, 예언자) 128
엘리자베스 1세, 잉글랜드 여왕(Elizabeth I, 1533-1603, Queen of England) 458, 469-475, 567, 601
엘리자베스 시대 정책(Elizabethan Settlement) 469, 472, 474
엠덴(Emden) 421, 471, 483, 484
여성, 제네바 교회와 사회에서의 (Women in Genevan church and society) 253, 256
『여자의 괴물 같은 통치에 반대하는 첫 번째 나팔소리』(First Blast of the Trumpet Against the Monstrous Regiment of Women) 470-471, 547
여호수아(Joshua) 104
역사(History): 와 법학 62-65; 와 성경 연구 66, 211-213
연옥(Purgatory) 593
염려, 칼뱅과(Calvin and anxiety) 105, 269
『영적이고 가장 소중한 진주』(A Spyrytuall and most Precyouse Pearle, 1550) 456
영혼(Soul): 불멸 101, 593; 『영혼의 잠』 교리 102
『영혼의 잠』(Psychopannychia) 100-

103, 105, 119, 122-123, 131, 390, 591, 593
예레미야(Jeremiah, 예언자) 86, 211, 582
예레미야애가(Book of Lamentations) 582
예루살렘(Jerusalem) 104, 105
예배(Worship) 129, 141, 146, 205, 300; 제네바에서 236, 238, 241, 252-256, 352; 프랑스 교회에서 541
"예수 그리스도와 그분의 복음을 사랑하는 모든 이에게 보내는 편지"("Letter to those who love Jesus Christ and his Gospel" 121, 180
예수회(Jesuits) 41
예언자들, 구약(Old Testament Prophets) 211, 594
예의(Decorum) 211
예전(Liturgy) 115, 147, 170, 238, 253, 302; 예전 도구 140; 제네바의 영향 461, 467; 잉글랜드에 대한 칼뱅의 의향 없음 462
예정(Predestination) 179, 180, 217-221, 246, 294, 297, 369-372, 376, 394, 405, 410-411, 413-414, 435, 476, 532, 533, 538; 또한 '선택'을 보라.
오르브(Orbe) 137, 291
오를레앙(Orléans) 58, 60-62, 64, 65, 81, 83-84, 99, 100, 115, 503, 556, 565, 569
오리게네스(Origen, 185-254) 111
오베르뉴(Auvergne) 335
오스트리아(Austria) 448
오키노, 베르나르디노(Bernardino Ochino, 1487-1564) 456
오토 하인리히, 팔츠 선제후(Heinrich Otto, 1502-1559, Elector Palatine) 487
오트망, 프랑수아, 칼뱅의 비서(François Hotman, 1524-1590, as Calvin's secretary) 274-275, 498, 512, 549, 551
오포리누스, 요한네스(Johannes Oporinus, 1507-1568) 111, 112, 119, 146, 179, 403, 406, 410
오피탈(Hôpital, Geneva) 142
옥스퍼드(Oxford) 450, 459
올레비아누스, 카스파르(Kaspar Olevianus, 독일 신학자, 1536-1587) 487-489
올리베탕, 피에르로베르, 올리베타누스 (Pierre-Robert Olivétan, Olivetanus, 약 1506-1538) 60, 114, 120, 122, 180, 462, 506
와스키, 얀(John a Lasco, 1499-1560) 421, 423, 431, 436, 457, 461, 462, 476, 480
왈도파(Vaudois, Waldensians) 120, 327, 331, 332, 358, 444
외콜람파디우스, 요한네스(Johannes Oecolampadius, 1482-1531) 109, 295, 305, 393, 395, 405, 418, 426, 516
요나(Jonah) 183
요리스, 다비드(Joris, David, 약 1501-1566) 403, 406
요세푸스 플라비우스(Josephus Flavius,

37-약 100) 414
『요아킴 베스트팔의 비난에 응답하는 성
찬에 대한 경건하고 정통적인 신앙
의 두 번째 변호』(Second Defence
of the Pious and Orthodox Faith
concerning the Sacraments in
Answer to the Calumnies of Joachim
Westphal, 1556) 436-438
요한 프리드리히, 작센 선제후(Johann
Frederick, 1503-1554, Elector of
Saxony) 316
요한복음(Gospel of John) 170
욥(Job) 102
용병(Mercenaries) 324, 568
우르시누스, 자카리우스(Zacharius Ursinus, 1534-1583) 488
『우리 주님이 산에서 전하신 설교 강해』
(Exposition of the Sermon Delivered by Our Lord on the Mount, 1515) 48
우상숭배(Idolatry) 85, 87, 128-129, 136, 236, 253, 300, 305, 339, 340, 343, 345, 349, 352, 401, 453, 538, 560, 572
우정(Friendship): 칼뱅과 40, 77-79, 175, 178, 202, 296, 308, 314, 373, 504, 588; 파렐과 비레와 보 지방에서 나눈 276-287, 336, 578; 제네바 서클 497, 503, 512-513
우텐호버, 얀(Jan Utenhove, 1516-1566) 461-462
위장(Dissembling) 95, 96, 133-134, 140, 190, 355, 473; 또한 '니고데모파'

를 보라.
위장(Dissimulation) 211, 345
위팅엄, 윌리엄(William Whittingham, 약 1524-1579) 467, 473
유대교 학문(랍비 학문, Rabbinical scholarship) 114
유대인(Jews) 122, 209, 217, 221, 405
의(Righteousness) 214, 215, 217; 행위 222
『의지의 속박과 해방』(Bondage and Liberation of the Will, 1543) 297
의회, 제네바(Council, Geneva) 144-145, 163, 237-238, 327, 360, 370, 377, 395, 398, 400, 407, 433
이단(Heresy) 52, 55, 56, 94, 101, 188, 399, 400; 칼뱅에 대한 정죄 148-149, 378-379, 390; 프랑스 329-336, 546; 과 처형 390, 546; 징벌 402-408
이레나이우스(St. Irenaeus, 약 115-202) 394, 397
이삭(Isaac) 217
이스라엘 사람(민족, Israelites) 35, 105, 122, 217, 222, 492, 510, 519
이탈리아 난민(Italian refugees) 359, 406; 칼뱅의 반대자들 402-408
이혼(Divorce) 523-524
인문주의(Humanism) 36; 프랑스의 39, 45-47, 52, 66, 77, 81, 336; 법 62-64
잉글랜드(England) 47, 176, 441, 447, 449-475, 547, 601; 망명 공동체의 귀환 471
『잉글랜드에 있는 하나님의 진리를 고백하는 이들에게 보내는 신실한 권고』

(*Faithful Admonition to the Professors of God's Truth in England*) 466

자연법(Natural law) 74, 75, 224,
『자유파 반대』(*Against the Libertines*, 1545) 349
작센(Saxony) 419, 437, 438
장로, 제네바 교회의(Elders in Genevan church) 239-240, 249, 251-252
저지대 국가들(Low Countries) 482-486, 514
적응(조정, 수용, 맞춤, Accommodation): 칼뱅의 70, 76, 195, 211, 225, 281, 303, 395, 455, 492, 518; 과 칼뱅의 대적자들 352
전염병(Plague) 83, 114, 234, 235, 544
제1차 스위스 신앙고백(First Helvetic Confession, 1536) 118
제2차 카펠전쟁(Second War of Kappel) 109, 118, 311
제네바(Geneva) 35, 37, 40, 101, 112, 113, 209, 229-266, 329, 330, 350, 351; 종교개혁 136-145; 당파 싸움 (또는 당파주의) 143-144, 145, 184, 229, 233, 260, 358, 363, 380-388; 이단의 온상과 동일시 148-149, 335, 379; 와 베른 159-162, 185, 229, 234, 249, 285-287, 367-369, 382-388; 망명기 칼뱅과의 관계 181-186; 관원들 235, 237, 238; 종교 축제들 239; 교회들 246-249, 252-256; 토착 가문들 248, 249; 외국인에 대한 분노 250, 357-360, 363-364; 목회자들의 설교와 256-260, 383, 516-522; 목회자에 대한 분노 264-265, 380, 385; 청년 288, 525; 와 프랑스 329-336; 생활 조건 357-360; 사회 복지 360-363; 스위스 연방 가입 시도 367; 관원들이 스위스 도시들에 조언을 구하다 369, 395-399; 세르베투스 사건 381, 389-408; 부르주아 신분 구매 384; 선거(1555) 383-388; 잉글랜드 망명자 466-468, 528; 네덜란드에 끼친 영향 482-486; 와 팔츠 486-490; 인쇄 문화 510-522; 경제생활 525-527; 사부아와 프랑스의 위협 567
제네바 교구(Geneva Parishes) 238
제네바 교리문답(Catechisms in Geneva) 302, 462, 480, 600
『제네바 교회의 기독교 신앙 교리문답 혹은 교육』(*Catechism or Instruction of the Christian Religion of the Church of Geneva*, 1537) 148
제네바 목사회(Company of Pastors, Geneva): 설립과 사역 238, 242-244, 248; 카스텔리오 290; 기금 장부를 감독 363; 세례명 논쟁 366, 378, 380; 앙부아즈 음모 548-552; 프랑스 목회자들 554-556; 비레 559, 570
제네바 목회자(목사, Genevan Ministers) 235, 237-240, 243-249, 552-556
제네바 성경(Geneva Bible) 467-468
제네바 아카데미(Genevan Academy)

528-531, 553, 556, 571, 588
제네바 콩그레가시옹(Geneva Congrégations): 설립과 사역 146, 242, 252; 카스텔리오 270; 볼섹 369; 칼뱅의 마지막 방문 587
제네바 콩시스투아르(Geneva Consistory) 113, 571, 579; 설립과 사역 238, 239, 249-252, 359; 증거 활용 253; 와 칼뱅 269, 434, 522-527, 579; 분노 363; 볼섹 370; 권위에 대한 논쟁 380-383
제네바의 대부모 제도(Godparenting in Geneva) 365-366
제르노즈, 자크모즈(Jacquemoz Gernoz) 398
제르송, 장(Jean Gerson, 1363-1429) 48, 336
제베데, 앙드레(André Zébédée) 310-312, 377
구약 족장들(Patriarchs, Old Testament) 103
존빌리에, 샤를 드(Charles de Jonvilliers) 363, 512
졸로투른(Solothurn) 232
종교 회의들(religious Colloquies, 1540-1541) 191, 199, 230, 285, 295, 298, 317, 329, 486; 하게나우 193, 199; 보름스 193-194, 199, 414, 444; 레겐스부르크 196, 231
종교, 참된 종교와 거짓된 종교에 대한 칼뱅의 견해(Religion, Calvin on true and false) 71, 179, 180, 205, 453

종교개혁(Reformation): 독일 49, 52, 99, 119, 138, 192, 201, 320, 585; 스위스 52, 56, 138, 201, 311; 스위스 연방의 프랑스어권 136-141; 폴란드의 475-482
종교 재판소(Inquisitions, 로마와 베네치아) 315, 389
죄(Sin) 213, 250-251, 302, 304
주기도문(Lord's Prayer) 54, 123
주터러, 피터 아나스타시우스 더 (Pieter Anastasius de Zuttere, 1536-1574) 404
죽은 자를 위한 기도(Prayers for the dead) 149
죽음에 대한 칼뱅의 견해(Calvin on death) 102-103, 591-593
줄처, 지몬(Simon Sulzer, 1508-1585) 187, 285, 311, 326, 382, 395-396, 402-403
쥐시, 잔느 드(Jeanne de Jussie) 144
즈고니옹차, 피오트르(Peter Gonesius, 약 1525-1573) 480
지그문트 2세, 폴란드 왕(Sigismund II, 1520-1572, King of Poland) 477-479
지라르, 장(Jean Girard) 275, 288, 498, 511, 512
지옥(Hell) 593
지혜(Wisdom) 213, 223
집사, 제네바(Deacons, Geneva) 240-241, 360-363
『짧은 논박』(Brief Refutation) 394, 397

창세기(Book of Genesis) 114, 517
처형, 복음주의자의(Executions of evangelicals) 97, 330-334, 546
천국(천상, Heaven) 593
철학(Philosophy) 50, 71
청년 교육(Instruction of youth) 147, 525
체르비니, 마르첼로 추기경(Marcello Cervini) 296
초기 교회(Early church) 205-206, 237
추르킨덴, 니클라우스(Niklaus Zurkinden, 1506-1588) 408
『추문에 대하여』(On Scandals, 1550) 339, 351
출교(Excommunication) 147, 159, 160, 162, 170, 179, 378-383, 392; 제네바에서의 목적 240, 250; 보에서 벌어진 논쟁 287
취리히(Zurich) 108-109, 111, 116-117, 127, 143, 146, 152-153, 163-165, 202, 203, 243, 254, 301, 321-322, 359, 382, 404, 406, 420-421, 450, 461, 503, 553; 와 칼뱅 231, 232, 313-315, 321-322, 336, 349, 365, 370, 373-374, 428-429, 438, 444-445, 447-450, 493, 570, 598; 세르베투스 문제를 상의 395-398
취리히 일치신조(Consensus Tigurinus, 1549) 370, 374-375, 377, 379, 419-421, 424-426, 515
츠빙글리, 울리히(Huldrych Zwingli, 1484-1531) 50, 54, 60, 97, 108-109, 116-119, 129, 153, 309, 311-312, 324, 405, 418, 424, 426, 445, 594; 칼뱅의 인식 301, 304-305, 373; 볼섹 논쟁 369, 371
츠빙글리파(Zwinglians) 119, 153, 169, 193, 203, 233, 286, 296, 304-305, 306-307, 311, 418-419, 425, 426-427, 444, 585, 600
칭의 교리(Doctrine of Justification) 51, 193, 318

카롤리, 피에르(Pierre Caroli) 54, 113, 139, 148, 176, 390
카르멜, 가스파르(Gaspard Carmel) 112
카를 5세, 신성로마제국 황제(Charles V, 1500-1558, Holy Roman Emperor) 89, 135, 199, 296, 310-311, 316, 320, 324, 327-328, 410, 419, 456, 466, 486, 498
카를슈타트, 안드레아스 보덴슈타인 폰(Andreas Bodenstein von Karlstadt, 1486-1541) 110, 418
카브리에르(Cabrières) 331
카스텔리오, 세바스티앙(Sebastian Castellio, 1515-1563): 사부아 인문주의자 40; 칼뱅 235, 270, 287, 289, 417, 595; 제네바에서 떠남 287-288; 성경 287; 바젤에서 404-411;『이단자 그리고 그들이 핍박받아야 하는지에 대하여』 409-410;『칼뱅의 책에 반대하며』 412-413; 라틴어 성경 413, 폴란드에서의 영향력 480, 프랑스에서의 영향력 594
카토-캉브레지 평화 조약(Peace of

Cateau-Cambrésis, 1559) 545
카트린 드 메디시스, 프랑스 왕비
(Catherine de' Medici, 1519-1589,
Queen of France) 545, 551,
556-557, 565, 567
카피토, 볼프강(Wolfgang Capito, 1478-
1541) 99-100, 117, 156, 169, 284,
343
칼리굴라(Caligula, 12-41) 74
칼뱅, 장(John Calvin, 1509-1564): 사제
가 되려는 의도 31, 39, 41; 아버지와
의 관계 31, 59; 자서전적 시편 주석
서문 31-32, 86, 112, 156, 172, 590;
섭리적 소명 인식 32, 34, 169; 예언
자 32, 34, 183, 217, 269, 344, 520,
561; 성품(또는 기질, 특성) 32, 43,
40, 154-156, 166-168, 175, 176-178,
267-276; 질병 33, 168, 268, 493,
495-497, 571, 581-583, 586-589;
어린 시절 33-34, 37, 84; 어린 시절
에 대해 33; 성경 해석 32-33, 102,
120, 200-201; 회심 34, 84-88, 100,
105, 110, 590; 역사 32, 70, 127, 204,
236-237; 교육 38; 귀족을 대하는 태
도 38, 492, 539-541, 579, 584; 파리
에서 39-43, 91, 101, 135; 우정(또는
동료, 친구) 45, 77-79, 175, 178, 202,
296, 308, 314, 323, 503; 오를레앙과
부르주에서 법학 공부 58-65; 『아우
렐리우스 알부치에 대한 변증』 서문
63; 학창시절 공부 습관 65-66; 신
학과 법학 공부와의 관계 66, 75-76,
129, 210; 로마 문화 74; 고전과 기독

교 사상의 조화 75; 율법의 용도 73;
공동체 75 491-495; 인간의 법과 신
적 법의 관계 76; 파렐 78, 135-136,
163-168, 229-230, 231, 232, 234,
238, 257, 275-276, 276-280, 317,
337, 374, 376, 390, 421, 440, 444,
457, 460, 497, 500-501, 577, 598; 그
리스어 및 히브리어 지식 82; 사돌레
토에게 보낸 편지 85, 186-191, 192,
201, 202; 교회 85, 186-191, 193,
200, 202, 206, 210, 225-227, 236-
237, 250-252, 334, 408, 453-455,
476-479, 493, 503, 507-510, 522-
524, 534, 588; 마르틴 루터 86, 91-
92, 295-300, 304-307, 308, 309; 가
톨릭교회 88-89, 96, 106, 127, 156-
157, 195, 201, 299-300, 341-343,
539, 573; 그리스도인의 삶 87, 102-
106, 148, 210, 223-227, 238, 304,
336, 584, 591; 콥의 연설에 연루 91-
92; 교부 93, 111, 121, 123, 130, 139,
205-207, 317, 531; 남부 프랑스에
서 92-94; 르페브르식 복음주의 96;
프랑스에서 도피 99; 마르티누스 루
키아누스 99; 망명(망명자, 추방, in
exile) 99-103, 108, 123, 140, 231;
망명에 관한(망명 생활, on exile)
99, 507, 539, 561, 572, 590; 아나뱁
티즘 101, 124, 128, 339, 389, 483,
493; 세르베투스 101, 389-402, 428,
532; 그리스도인의 순례 102-106; 바
젤에서 107-132, 166, 169, 181, 336;
과 부처 154, 155, 160, 163-164, 167,

168-177, 180, 191-197, 203, 205, 230, 278, 284, 295, 298, 299, 323, 336, 441, 442, 486, 598; 과 불링거 118, 160, 165, 176, 202-203, 231, 268, 308, 313-315, 321-327, 336, 370-375, 420, 421, 422, 423, 429, 438-444, 479, 490, 493, 503, 565, 568, 570, 581, 585, 586, 598; 성찬 139, 301-304, 493, 534; 로잔 논쟁 139; 제네바에서 첫 체류 145-162; 과 설교 146, 161, 170, 223, 256-260, 303, 516, 522; 이단에 대한 정죄 148-150, 379, 389; 과 베른 149, 150, 153, 156-162, 232, 278-279, 284-285, 310-313, 315, 326, 353, 369, 375-380; 논쟁 활용 161, 207, 275, 336-342, 428, 513; 스트라스부르에서 168-197, 200, 202, 223, 225, 230-232, 238, 298, 304, 327, 579; 목회 170, 185-186, 227, 238, 243-249, 554; 교사로서 170; 과 성적 유혹 171; 결혼 171-173; 후손 173; 과 바울 185, 205, 209-123, 225-227, 244, 269, 270, 340, 361, 518, 594; 과 루터파 191-197, 295, 296, 304, 306, 417-445, 557, 583, 600; 프로테스탄트의 일치 201-205, 295, 299-300, 443; 법학 공부의 영향 202, 238; 성경 해석자의 역할 204, 211-213; 종교개혁에서의 역할 204, 299-300; 과 멜란히톤 205, 208, 295, 297, 300, 308-310, 336, 348, 435, 439, 443, 496, 534, 582; 중세 스콜라주의 206-207, 305; 초기 교회 205-207, 237, 361, 478; 하나님 213-215, 217-221, 505-510, 535; 과 비례 229-230, 246-247, 274-275, 310-313, 315, 336, 375-376, 383, 406, 423, 497, 501-502, 570-579; 과 교회들 231, 285, 374, 443; 관원과의 관계 229-235, 237-240, 241, 245, 265, 364-367, 378, 506, 513-515; 제네바 복귀 231-233; 제네바에서의 수입 232; 카스텔리오 235, 270, 287-290, 409-416, 417, 420, 428, 501; 제네바 목회자들 237-249; 제네바 교회 제도 237-252, 360-363; 과 목사회 238, 242, 246, 248, 289, 434, 528, 575, 582; 목회의 네 직분 240-241; 제네바의 지지자들 241; 교회 치리 250, 488, 491-495; 제네바 예배 공간 조정 256; 춤 반대 261; 제네바에서의 개인적 위험 263; 평신도 여성과 성경을 두고 생긴 갈등 264; 기도 267; 사도의 역할 269; 과 비서들 268, 274-275; 성경 주석 268, 275, 305, 310, 322, 339, 361, 418, 485, 498, 513, 538, 539; 여성과 아이들에 대한 관심 271, 361, 524-525; 인간 존재의 불안 270-272; 삶의 즐거움 272; 일상적 학문 생활 273-274; 설교 272, 274, 516-522, 553, 582; 문체 274; 과 인쇄 275, 510-513; 비례의 결혼 290-291; 이들레트의 죽음 292-294, 497; 츠빙글리 301, 304, 307; 과 츠빙글리파 310-313; 독일

프로테스탄트의 패배 316; 세속 권위 316-320, 453, 492; 트리엔트 공의회 318-319; 성찬에 대한 합의(1549) 321-327; 프랑스 대리자 324; 스위스의 프랑스와의 동맹 324-325; 과 프랑스 329-356, 537-579; 프랑스어로 집필 335, 336-338; 라틴어 실력 336-338; 현지어 청중 338; 유머 활용 341; 니고데모파 공격 343-352; 리옹의 다섯 학생 352-356; 과 세례명 논쟁 364-367; 과 볼섹 369-373, 532; 출교 논쟁(1550년대) 381-388, 392; 페랭파와의 싸움 381-388, 394, 417, 468, 495, 506, 515; 과 이단 징벌 389-390, 392-393, 397-400; 세르베투스 처형으로 매도당하다 402-408; 베스트팔 417-430, 532; 종교개혁자들과의 소통 네트워크 447-449; 과 잉글랜드 449-475; 과 엘리자베스 1세 469-475; 여성 통치자 469-471, 547-548; 과 반삼위일체론자 480-482; 과 저지대 국가들 482-486; 과 팔츠 486-490; 기독교 사회 491-495, 522-527; 상업 및 경제생활 494, 525-527; 저항 493, 551, 568, 570, 572; 과 베즈 498, 501-502, 548, 556-559, 563, 564, 570, 575, 577; 과 파렐의 결혼 500-501; 제네바의 교사로서 527-531; 과 제네바 아카데미 528-531; 앙부아즈 음모 548-552; 성경 강좌 553; 다니엘서 560-563; 유언 561, 589-591; 전쟁 578; 마지막 해 581-587; 죽음과 매장 587-589

커버데일, 마일스(Miles Coverdale, 약 1488-1569) 467
케누아, 유스타슈 드(Eustache de Quesnoy) 476
코낭, 프랑수아 드(François de Connan) 61
코르디에, 마튀랭(Maturin Cordier, 1479-1564) 39
코뱅 집안(Cauvin family) 36-37, 67; 앙투안 37, 135, 172, 268; 샤를 37, 81; 프랑수아 37; 마리 37, 135
코뱅, 지라르(Girard Cauvin) 37-38, 81
코클라이우스, 요한네스(Johannes Cochlaeus, 1479-1552) 318
콕스, 리처드(Richard Cox, 약 1500-1581) 464
콘스탄츠(Constance) 327
콜라동, 니콜라(Nicolas Colladon, 1530-1586) 59; 『칼뱅의 생애』 59, 119, 211, 595; 쾰른에서 결혼; 프랑스
콜레주 데 카페트(Collège des Capettes) 38
콜레주 드 라 마르슈(Collège de la Marche) 39-40
콜레주 드 리브(Collège de Rive) 40, 288, 403, 528-529
콜레주 드 몽테귀(Collège de Montaigu) 40-41; 권위주의적 환경 (authoritarian atmosphere) 42
콜레주 드 카디널르무안느(Collège de Cardinal-Lemoine) 50
콜레주 드 포르테(Collège de Fortet) 82

콜레주 루아얄(Collège Royal) 왕립 강연
(Royal lectureships, 1530) 61, 81-
82, 88, 91
콜리네, 장(Jean Colinet) 403
콜리니, 가스파르 드, 프랑스 제독
(Gaspard de Coligny, Admiral of
France, 1519-1572) 542
콜리니, 프랑수아 당들로 드(François
d'Andelot de Coligny, 1521-1569)
542, 543, 545, 547, 556, 569, 586
콥, 니콜라(Nicolas Cop) 91, 108, 112,
248
콥, 미셸(Michel Cop, 약 1501-1566)
248, 262; 연극 반대 262
콥, 장(Jean Cop) 84
콩데, 루이 1세 드 부르봉, 콩데 공(Louis
I de Bourbon Condé, 1530-1569,
Prince of Condé) 547-549, 570, 584
콩피에뉴 칙령(Edict of Compiègne,
1557) 544
쾰른(Cologne) 48; 사라진 종교개혁 전망
299
쿠로, 엘리(Elie Couraud) 162
쿠리오네, 첼리오 세쿤도(Celio Secundo
Curione, 1503-1569), 『복된 하나님
나라의 넓이에 대하여』 411
쿠시 칙령(Edict of Coucy, 1535) 97,
134
쿠쟁, 장(Jean Cousin, 313) 553
쿤츠, 페터(Peter, Kuntz) 155, 187
퀸틸리아누스(Quintilian, 약 35-100) 72,
124
크노벨스도르프, 유스타헤(Eustache
Knobelsdorf) 330-331
크라코프(Kraków) 475
크라탄더, 안드레아스(Andreas Cra-
tander) 11
크랜머, 토머스(Thomas Cranmer, 1489-
1556) 450, 452, 458; 와 칼뱅 452,
458-461
크레스팽, 장(Jean Crespin, 1520-1572)
331
크레피 평화안(Peace of Crépy, 1544)
299
크루솔, 앙투안 드(Antoine de Crussol)
584
크로이, 앙투안 드, 포르시앙 공(Antoine
de Croÿ, prince of Porcien) 584
크롬웰, 토머스(Thomas Cromwell,
약 1485-1540) 450
크리소스토무스(St. Chrysostom, 349-
약 407) 121, 174, 205
크리스토프, 뷔르템베르크 공작
(Christoph, Duke of Württemberg,
1515-1568) 558
클라인, 카타리나(Katarina Klein) 111,
112
클레(Claix) 92
클레페의 안나, 잉글랜드 왕비(Anne
of Cleves, 1515-1557, Queen of
England) 451
키케로(Cicero, 주전 106-43) 35-36,
71-72, 77, 273, 281
킨키우스, 베르나르두스(Bernardus
Cincius) 296
킹 제임스 성경(King James Bible) 467

타키투스(Tacitus) 71
탕페트, 피에르(Pierre Tempête) 42
테르툴리아누스(Tertullian, 160-220)
122, 139, 394, 398
토마스 아퀴나스(St. Thomas Aquinas,
1225-1274) 43, 131
투르(Tours) 98
투생, 피에르(Pierre Toussaint) 113
툴루즈(Toulouse) 350
튀빙겐(Tübingen) 113
트란실바니아(Transylvania) 482
트래헤런, 바톨로뮤(Bartholomew
Traheron) 462
트레프로, 루이(Louis Treppereaux) 259
트롤리에, 장(Jean Trolliet) 377
『트리엔트 공의회 법령들과 해결책』
(Acts of the Council of Trent with
Antidote, 1547) 317-318
트리엔트 공의회(Trent, Council of,
1545-1563) 315, 317-319, 401
티베리우스, 로마 황제(Tiberius, 주전
42-주후 37, Roman Emperor) 74
티소, 피에르(Pierre Tissot) 259
틸레, 루이 뒤(Louis du Tillet) 92, 93,
99, 101, 112, 119, 133, 134, 135,
165, 166, 181-184, 190

파기우스, 파울(Paul Fagius, 약 1504-
1549) 456
파렐, 기욤(Guillaume Farel, 1489-
1565): 과 모 서클 52-55, 56, 113;
과 칼뱅 78, 135-136, 163-168, 229-
231, 232, 234, 238, 257, 275, 276-
280, 317, 336, 374, 376, 390, 391,
421, 440, 441, 444, 457, 460, 497,
500-501, 577, 578, 598; 프랑스어
권 개혁 운동 98-99, 111, 137-138,
166-167; 뇌샤텔에서 136-137, 166,
276-279; 제네바 141-162; 『개론』
(1529) 147; 『방법과 방식』 147; 『조항
들』 저자 147; 보 지방과 제네바에서
칼뱅 및 비례와 동역 276-287, 573;
메츠에서 298; 순교에 대해 343; 세
르베투스 처형 399; 어린 소녀와 결
혼 500-501, 524
파리(Paris) 31, 36, 39, 46, 47, 50, 54, 67,
142; 파리 대학 39-41, 44, 58, 60,
62, 82, 83, 84, 91, 92, 115, 157; 와
인쇄업 63; 고등법원 44, 45, 55, 57,
88, 90, 93, 329, 332, 333, 334, 350,
544-545, 563; 의 이단 96-99; 프로
테스탄트의 등장 540, 541, 542, 544,
546, 549, 551, 556, 557, 569, 571; 첫
전국 회의(1559) 546; 파리로 가라
는 명령을 받은 비레 575
파브르, 가스파르(Gaspard Favre) 366
파비아(Pavia) 62; 파비아 전투(1525) 55
팔레, 자크 드, 자크 드 부르고뉴
(Jacques de Falais, Jacques de
Bourgogne) 292, 369, 404, 498-499
팔츠(Palatinate) 319, 435, 486-490,
582
페라라, 칼뱅의 방문(Calvin in Ferrara)
133-134, 157
페랭, 아미(Ami Perrin) 229, 232, 258,
399, 404; 신 당파 261; 칼뱅과의 초

찾아보기 701

기 갈등 262; 반역 시도 265; 칼뱅에
대한 반대 380-384
페랭파(Perrinist party) 380-388, 395,
417, 468, 495, 506, 515
페레, 클로드 드(Claude de Féray) 113
페뤼셀, 프랑수아(François Perussel)
430, 434
페르나, 피에트로(Pietro Perna) 403,
406
페트라르카(Petrarch) 210
편재설, 루터파 교리(Ubiquity, Lutheran
doctrine) 305, 418, 421
평신도(Laity): 종교계의 47; 프랑스에 복
음주의 사상을 전파한 98, 331-333;
제네바의 238, 252-256; 목회자에 대
한 적대감 265-266
폭력(Violence) 138, 143, 258, 383-384,
542, 557, 565, 575
폭스, 존(John Foxe, 1517-1587) 331
폴란드(Poland) 48, 475-482
퐁텐, 니콜라 드 라(Nicolas de la
Fontaine) 392
퐁텐블로 칙령(Edict of Fountainebleau,
1540) 329
푸르비티, 기(Guy Furbity) 144
푸아시 회의(Colloquy of Poissy, 1561)
503, 556-559, 563
푸아티에(Poitiers) 410, 541
푸팽, 아벨(Abel Poupin) 262
풀랭, 발레랑(Valérand Poullain) 431,
432, 434, 464, 498
퓌메, 앙투안(Antoine Fumée) 309,
344-345

프랑수아 1세, 프랑스 왕(Francis I,
1494-1547, King of France) 45, 46,
55, 56, 88, 89, 90, 115, 123, 125,
134, 196, 316, 317, 323, 329, 332,
350, 452; 와 이단 52, 55, 96-97
프랑수아 2세, 프랑스 왕(Francis II,
1544-1560, King of France) 545,
548, 549, 551, 556
프랑스(France): 중세 후기 43-47; 복음
주의 운동의 태동 47-58; 칼뱅과 119,
560-563; 와 제네바 160-162, 234;
카스텔리오와 411-416, 447, 448; 프
로테스탄트의 성장 539-548; 프로테
스탄트 목회자들 541-542, 552-556
프랑스 기금(Bourse française) 361,
515, 571
프랑스 종교전쟁(Wars of Religion,
French) 517, 568, 575
프랑스 프로테스탄트 전국 회의(French
Protestant Synods) 546, 576
프랑스어(French language) 48-52,
120, 151, 335-336
프랑스의 르네, 페라라 공작 부인(Renée
of France, 1510-1575, Duchess of
Ferrara) 133, 344, 452
프랑크푸르트(Frankfurt) 358; 제국의회
191; 도서전 268, 273, 297; 프랑스
난민 교회 396, 431-434, 436; 잉글
랜드 난민 464-469
프러시아 왕국(Royal Prussia) 476
프로방스(Provence) 358, 360
프로벤, 요한(Johann Froben, 1460-
1527) 49, 111, 112

프로페차이(Prophezei, 취리히) 146
프리드리히 2세, 팔츠 선제후(Frederick II, 1482-1556, Elector Palatine) 486-487
프리드리히 3세, 팔츠 선제후(Frederick III, 1515-1576, Elector Palatine) 582
플라스, 피에르 드 라(Pierre de la Place) 338
플라키우스, 마티아스 일리리쿠스(Matthias Flacius Illyricus, 1520-1575) 419, 439
플라터, 토마스(Thomas Platter, 1499-1582) 111, 410
플라터, 펠릭스(Felix Platter, 1539-1614) 112
플라톤(Plato) 75, 534-535
플라톤의 아카데미(Platonic Academy) 413
플루크, 율리우스 폰, 나움베르크 주교 (Julius von Pflug, 1499-1564, bishop of Naumberg) 319
플루타르코스(Plutarch, 약 46-약 122) 71
피기우스, 알베르투스(Albertus Pighius, 약 1490-1542) 296
피드몽(Piedmont) 120
피카르디(Picardy) 36, 50; 피카르디어 36
핀추프(Pinczów) 476, 480
필리페 2세, 에스파냐 왕(Philip II, 1527-1598, King of Spain) 551, 567
필립파(Philippists) 419, 434

핍박(박해, Persecution): 프랑스 복음주의자 56, 61, 97, 101, 115, 125, 148, 197, 323, 329-336, 342, 351, 355, 443, 574; 칼뱅의 견해 538, 539, 541

하나님 나라(Kingdom of God) 103-106, 302
하나님(God): 연합 104; 칼뱅이 말하는 121-123, 190-191, 200-204, 491-495, 532-536; 의(righteousness of) 215-217; 선택 217-221
하나님에 대한 지식(Knowledge of God) 131, 223, 302-303, 494, 532, 535
하나님의 말씀에 대한 칼뱅의 관점 (Calvin on Word of God) 85, 131, 204, 207, 223, 238, 240, 256-260, 304, 491, 507, 519
하나님의 법(율법, God's Law) 123, 209, 221-223
하박국(Habakkuk, 예언자) 214
하이델베르크(Heidelberg) 487, 488, 598; 대학 487; 교리문답 488
학교 제도, 근대 초기(Schooling, early-modern) 38
할러, 요한네스(Johannes Haller) 311-312, 315, 376, 449
할례(Circumcision) 216, 218, 239
행정관(상원 의원, Syndics, Senators, 제네바) 366
헝가리(Hungary) 448, 600
헤롯왕(King Herod) 405
헤센의 필립(Philip of Hesse, 1504-

1567) 116, 196, 316; 중혼 320
헨리 8세, 잉글랜드 왕(Henry VIII,
　1491-1547, King of England) 317,
　448, 450, 451, 453
헨트(Ghent) 404
헬딩, 미카엘(Michael Helding) 319
형상(성상, Religious images) 137, 140,
　563
화체설(Transubstantiation) 116
화형 재판소(Chambre Ardente)
　332-334
회심, 칼뱅의(Calvin's Conversion)
　84-88, 105, 133; 귀족에 대한 태도
　455, 539-542

회중주의, 프랑스(French Congregationalism) 577
후원(Patronage) 39, 40, 62, 65, 67
히그먼, 프란시스(Francis Higman) 338
히브리어(Hebrew) 52, 82, 110, 114, 120
히에로니무스(St. Jerome, 약 340-420)
　111, 121

200인 의회(Council of Two Hundred,
　Geneva) 143, 265
3학(Trivium) 43
4과(Quadrivium) 43
6개 조항(Six Articles, 1539) 450

연표

1509	7월 10월, 누아용에서 출생하다.
1515	어머니가 세상을 떠나다.
1521	3월, 소르본 학자들이 칼뱅 서적을 비판하다.
	12세의 나이에 첫 성직록을 받다.
1523	누아용을 떠나 파리로 가다.
1523-1527/1528	파리의 마르슈 대학과 몽테규 대학에서 기초 공부하다.
1524	루터의 서적을 프랑스어로 번역하기 시작하다.
1528	파리를 떠나, 오를레앙에 도착하다.
1528-1529	오를레앙에서 법학을 공부하다.
1529-1530	부르주에서 법학을 공부하다.
1531	아버지가 세상을 떠나다.
1531	세네카의 『관용론』에 대한 주석을 쓰다.
1532	4월, 파리에서 세네카의 『관용론』 주석을 출간하다.
1533	11월 1일, 학장 니콜라 콥이 취임 연설을 하다.
1533/1534	파리로 도피하다.
1533-1534	앙굴렘과 파리에서 체류하다.
1534	누아용에서 체류하다.
	벽보 사건이 일어나다.
1534-1536	바젤에서 체류하다.

1535	8월, 『기독교강요』 초판 서문을 작성하다.
	『프랑스어 성경』의 서문을 작성하다.
1536	『기독교강요』를 출판하다.
	페라라 궁전을 방문하다.
	제네바 시민 회의를 통해 종교개혁 실행에 대한 찬성을 맹세하다.
	제네바에서 체류하다.
	제네바에서 성경 강의를 시작하다.
1536/1537	파렐과 함께 『교회 조직에 대한 조항들』을 제네바 의회에 제출하다.
1538	4월 23일, 제네바에서 추방당하다.
	5월 말, 바젤로 가서 머물다.
	여름, 바젤과 스트라스부르를 오가며 제네바 사태에 대한 결백을 주장하는 편지들을 쓰다.
	9월, 스트라스부르에서 사역을 시작하다.
1539	1536판 『기독교강요』를 개정하여 출간하다.
	추기경 야코포 사돌레토와 공식적으로 서신을 교환하기 시작하다.
1540	『로마서 주석』을 출간하다.
1540	여름, 하게나우에서 열린 첫 번째 종교 회의에 참석하다.
	보름스 종교 회의에 참여하다.
1540	여름, 이들레트 드 뷔르와 결혼하다.
1541	1월, 레겐스부르크 회의에 스트라스부르 의회 대표 중 하나로 참석하다.
	9월 13일 제네바에 재입성하다.
	복귀의 조건으로 거룩한 공동체를 세우기 위한 『교회법』을 내세워 협상하다.
	『성찬에 대한 소고』를 출간하다.

1543	성유물에 대한 소논문을 출간하다.
1543-1544	세바스티앙 카스텔리오와 논쟁하다.
1544	『니고데모파 신사들에게 드리는 답변』을 출간하다.
1545	『제네바 교리문답』 라틴어판 출간하다.
1546	제네바 유지들과 날카롭게 대립하다.
1547	슈말칼덴 전쟁에서 카를 5세의 가톨릭 군대가 승리하다.
	프랑수아 1세가 사망하다.
	9월 초, 아우크스부르크 제국의회가 열리다.
1549	봄, 아내 이들레트가 세상을 떠나다.
	취리히 일치신조를 작성하다.
1551	예정론에 대해 볼섹과 논쟁하다.
1553	세르베투스가 화형에 처하다.
1555	『시편 주석』을 쓰기 시작하다.
1557	『시편 주석』 서문에 자신의 회심에 대한 이야기를 기록하다.
1559	제네바 아카데미를 설립하다.
	『기독교강요』 최종판을 출간하다.
1564	5월 27일, 제네바에서 사망하다.

옮긴이의 말

한국에서 칼뱅 혹은 종교개혁에 관심이 있는 독자는 거의 대부분 일반적으로 그리스도인이며, 거기에 더하여 그 대다수는 신학생 혹은 목회자일 것이다. 이는 한국에서 16세기 종교개혁과 칼뱅을 읽는 독자들은 일정한 거리를 유지한 채 대상을 객관적으로 대하기 어렵다는 말이다. 물론, 독자가 신앙적으로 또는 신학적으로 칼뱅을 읽을 경우, 좀더 깊은 감정이입을 하면서 같은 신앙인이자 모델로서 칼뱅의 세계에 동참하면서 그의 신앙과 신념을 자신의 것으로 전유할 수 있다는 장점이 있다. 그러나 애정이든 혐오든 감정적으로 밀착되어 있는 대상일수록 한 발 떨어져서 혹은 더 먼 거리에서 바라보아야 하는 경우가 많다. 그래야 미처 알지 못했던 본 모습을 제대로 알게 되기 때문이다. 신앙이 아니라 역사로 보는 칼뱅이 중요한 이유가 바로 그것이다.

오늘날 칼뱅과 종교개혁에 대한 문헌을 주로 소비하는 한국 교계와 신학계(역사학계가 아니다!)에는 칼뱅에 대한 양가감정이 지나치게 뚜렷하다. 이런 현상은 전 세계적으로 한국 개신교만의 독특한 지형도, 즉 장로교가 주류인 현실에서 연유한 것이기도 하다. 대개 장로교, 특히 장로교 보수 진영으로 분류되는 교단이나 신학교에 속한 이들에게는, 그들 스스로 이를 인지하든 그렇지 못하든 칼뱅을 신성화하는 경향이 있다. 마치 칼뱅이 성육신한 그리스도에게서 모든 비밀의 지식을 직접 전수받은 사도인 양, 칼뱅을 모든 성인과 성자를 능가하는 무오하고 유일한 절대 성자로 칭송하는 경향이 있다. 널리 알려져 있듯이, 이런 경향은 혹시라도 자신을 숭배하는 관습이 생길까 봐 이를 방지하려고 장례식과 묘지 장식마저도 최소화하려 했던 칼뱅의 의도와는 전적으로 모순된다. 그러나 칼뱅의 압도적 영향력과 그를 따르는 이들의 과도한 성인화 작업에 대한 반감 때문에, 칼뱅에 대한 감정을 오히려 반대 방향으로 특화시킨 이들도 있다. 그를 절대 복종과 순종만을 유일한 선택지로 강요한 신학적·신앙적 독재자이자 교조주의의 주창자로 혐오하는 이들도 적지 않은 편이다.

 브루스 고든은 칼뱅과 그의 신학, 그가 했던 종교개혁 운동의 가치와 성취를 분명하고 풍성하게 인정하며, 이를 곳곳에서 탁월하게 증명한다. 그럼에도 그는 칼뱅을 흠 없는 성인이나 메시아로 만들지 않는다. 그렇기에 이 책은 이 극단에 있는 칼뱅에 대한 관점들을 교정하고, 다면적인 '인간' 칼뱅의 초상을 마땅히 있어야 할 자리로 가져가 걸어 놓는 역할을 제대로 감당한다.

 브루스 고든은 "감사의 글"을 시작하면서, "예일 대학교 출판부의 헤더 맥켈럼이 더 많은 독자가 읽을 수 있는 전기를 칼뱅 비전문가가 쓸 수 있다고 나를 설득"했다고 말한다. 여기서 칼뱅 전기를 쓰도록 고든을 설득한 인물이 예일 대학교 출판부의 헤더 맥켈럼인 것을 알 수 있는데, 놀라운 사실은 고든이 칼뱅 비전문가로 지칭된다는 사실이다. 이 단어를 고든에게 붙인 것이 고든 자신인지, 맥퀠럼인지 알 수 없지만, 나는 이 문장을 일종의 유머, 즉 사기꾼 같은 너스레로 읽었다. 비록 그가 칼뱅에 대한 본격적인 전기나 단행본을 출간하지는 않았지만, 그래서 칼뱅 한 사람만을 일평생 파고들었다는 의미에서의 칼뱅 전문가는 아니지만, 그럼에도 그를 어느 누구도 칼뱅 비전문가라 부를 수는 없다. 그의 학력과 경력을 통해 이를 살펴보자.

1962년생인 고든은 캐나다 출신으로, 장로교 배경에서 자랐다. 캐나다 동남부 해안에는 노바스코샤 Nova Scotia라는 큰 섬으로 구성된 주가 하나 있다. 이 섬은 '새로운 스코틀랜드'라는 이름에서도 알 수 있듯이, 옛 영국 식민지 시절 스코틀랜드 이민자들이 세운 새 정착지였다. 18-19세기에 유럽에서 북미로 이주한 여러 민족이 그랬듯, 이들 대부분은 신대륙으로 이민하면서 자신들의 민족 유산도 함께 가져갔는데, 그중 중요한 것이 언어와 종교였다. 그리고 가장 중요한 것은 종교였다. 언어 면에서는 대부분 공동체에서 몇 세대가 지나면서 첫 이민자들이 사용한 모국어 대신 영어가 공용어가 되었지만, 이와 달리 종교는 20세기 중반까지도 지속적으로 이들 디아스포라 공동체를 규정하는 핵심 정체성으로서 유지했기 때문이다. 노바스코샤 출신인 고든은 이 지역 출신의 재능 있는 학생들이 걸었던 전형적인 코스를 밟았다. 즉 노바스코샤에 소재한 유명한 장로교계 학교인 달하우지 대학교의 킹스 칼리지에 진학해서 학사와 석사 학위를 받았다. 이 과정에서 그는 역사학, 특히 중세 역사를 전공했다. 석사 학위가 신비주의자 마이스터 에크하르트의 라틴어 설교에 대한 연구였던 것으로 보아, 아마 이 시기부터 중세 역사 중에도 교회사 영역을 진로로 확정한 것 같다.

캐나다에서 석사 학위를 마무리한 후 고든은 본토 친척 아비의 고향, 즉 스코틀랜드로 이동해서 박사 학위 과정을 밟았는데, 이 전형적인 스코틀랜드계 캐나다인 학자들의 모범을 충실히 따른 것이라 할 수 있다. 영국에서 일찌감치 독립하여 독자적인 길을 걸었던 미국과는 달리, 영연방에 머물며 영국과의 깊은 정치적·문화적 연대를 끊으려 하지 않는 캐나다, 오스트레일리아, 뉴질랜드의 연구자들은 박사 학위 과정과 그 이후 연구 과정을 주로 영국(그리고 유럽 대륙)에서 밟고 싶어 하는 성향이 있다. 고든은 1413년에 세워져 600년이 넘는 역사를 자랑하는 스코틀랜드 최고(最古)의 세인트앤드루스 대학교에서 역사학으로 박사 학위를 했다. 그는 박사 학위 논문을 16세기 취리히 종교개혁 당시의 치리와 교회 회의에 대한 주제로 썼다. 중세 전공으로 출발한 역사학도가 교회사의 문을 열고 들어온 후, 결국 스코틀랜드 혈통이자 장로교인답게 개혁파 종교개혁의 출발지인 취리히의 우물을 파기 시작한 것이다. 이로써 학자 고든은 중세 말기와 근대 초기 교회사, 그중에서도 16세기 스위스 종교개혁 분야의 전문가로 자리매김했다.

고든은 박사 학위 후 독일 마인츠에 소재한 유럽사 연구소에서 연구원으로 2년을 보내고, 모국 캐나다 토론토 대학교에 소속된 장로교계 학교인 녹스 칼리지에서 조교로 1년을 더 보냈다. 그 후 박사 학위를 받은 세인트앤드루스로 돌아가 14년을 교수로 봉직했다. 전공 연구 영역은 당연히 중세 말과 근대 초기 역사, 그중에서도 종교개혁사였다. 그런데 그가 소속되어 가르친 학과가 신학과가 아니라 역사학과였다는 사실이 특이하면서도 의미가 있다. 비록 신학과 소속 교회사 교수들도 함께 참여하는 종교개혁 연구소가 주 활동 무대이기는 했지만, 그는 역사학과 소속 교수였다. 종교를 다루지만, 신앙고백적인 신학이나 역사 신학의 영역보다는 정치, 경제, 사회, 문화, 사상의 영역, 즉 인문학의 한 영역으로서 역사학의 관점에서 교회 역사를 연구하는 학자로 일평생 경력을 유지했다.

그동안의 연구 업적을 인정받아, 2008년에는 미국 내 교회사, 기독교 역사 연구 분야의 메카 역할을 지난 100년 이상 유지한 예일 대학교 신학부로 부임했다. 예일 대학교에서 그는 이제 더 이상 역사학과가 아니라, 신학자와 목회자를 양성하는 신학부 소속의 교회사 교수였다. 따라서 그가 신학과의 연결 고리를 조금 더 강조하는 학문적 접근을 해야 한다는 압박감을 어느 정도 느꼈을 수도 있다. 그럼에도 자유로운 학풍을 자랑하는 예일대 신학부의 특성상, 그의 연구 접근법이 신학이나 신앙고백 쪽으로 급격하게 방향 전환을 한 것 같지는 않다. 실제로, 그가 쓴 이 칼뱅 전기를 읽어 보면, 그가 종교개혁 신학 전반을 통달하고 있고, 곳곳에서 루터파 신학자들과 칼뱅 및 다른 개혁파 신학자들의 다양한 주장을 세세하게 구분해서 독자들에게 설명하고 있음을 확인할 수 있다. 그러나 그는 이 신학적 주장들 하나하나를 조직신학적으로, 명제적으로 정리하는 데는 별로 관심이 없다. 그보다는 이 신학적 주장들이 탄생한 배경과 맥락에 더 관심을 두며, 이 주장들이 당대 인물, 교회, 세속 사회가 생존하고 경쟁하며 다투고 타협하며 쇠락하고 전수되는 상황에서 어떤 기능을 했는지 더 상세히 다룬다.

무엇보다도 이 책은 칼뱅이라는 인물이 어떤 생각을 했는지를 다루는 신학서나 사상서가 아니라, 칼뱅이라는 인물이 어떻게 살았는지 보여 주는 평전, 즉 비평적 전기라는 점에 주목해야 한다. 사실상, 이 점에서 그는 "감사의 글"에서 밝힌 겸손한 너스레와는 달리, 독보적인 전문가다. 칼뱅의 삶의 궤적을 제대로 드러내려면, 한 개인으로서 칼뱅이 태어나고 살아간 환경, 곧 중세 말과 르네상스 시기 유럽 전역, 그중에서도 프랑스와 스위스의 모든 세밀한 역사적 상황을 완전히 숙지해야 한다. 그가 쓴 거의 모든 신학 단행본과 논문들, 넘치도록 많은 주석과 설교들을 다 읽고 분석해야 한다. 외부 공개용으로 의도적으로 작성된 이런 출판용 서적들은 한 개인의 지성과 사상과 사회적 맥락을 드러낼 수 있다. 그러나 드러나지 않은 인간관계, 내면 깊은 곳에 담긴 감정의 흐름을 구체적으로 보여 주지는 못한다. 이를 알기 위해서는 당시 칼뱅이 보낸 셀 수 없이 많은 편지 모두를 섭렵해야 한다. 심지어 칼뱅이 누군가에게 보낸 편지 뿐 아니라, 칼뱅이 수많은 이들에게서 받은 편지들, 즉 발신 편지 수의 몇 배에 달할 만큼 많은 수신 편지도 대부분 분석해야 한다는 뜻이다. 이런 준비 과정을 거쳐야 비로소 완전한 대작 평전이 탄생할 수 있다.

칼뱅 전문가가 아니라, 스위스 종교개혁 전문가인 고든은 이 점에서 극히 유리한 고지에 있다. 그가 이 전기에 앞서 출간한 단행본과 편집서, 논문 등을 보면, 그의 연구 영역은 신성로마제국 북동부 비텐베르크의 루터와 멜란히톤, 제국 남서부 스트라스부르의 부처와 베르미글리, 스위스 취리히의 츠빙글리와 불링거, 바젤의 외콜람파디우스와 이후의 반-칼뱅파 종교개혁자들, 심지어 프랑스어권인 제네바와 로잔, 뇌샤텔의 파렐, 칼뱅, 비레, 베즈 그리고 프랑스 및 잉글랜드, 스코틀랜드의 종교개혁 상황을 포괄한다. 그렇기에 그는 이들 다양한 지역 종교개혁자들이 직접 쓴 원전 논쟁서들과 개인 편지들을 종횡무진 분석하고 인용한다. 심지어는 한 개인이 쓴 글 안에 담긴 뉘앙스와 자기모순까지 끄집어내며, 같은 사안에 대해 상호 모순되는 두 기록을 남긴 다수 저자의 기록 중 어떤 것이 더 사실에 가까운지 사실 확인까지 해 주는 문서 비평의 달인 같은 면모도 보여 준다.

이미 언급했듯이, 일생의 종교개혁 연구와 전기 작가로서의 역량을 통해 고든이 보여 주는 칼뱅의 초상은 결국 한 인물의 다양한 면모, 즉 다면성인 것 같다. 따라서 칼뱅을 영웅으로 받드는 사람, 그를 저주받을 독재자라고 비하하는 사람, 칼뱅의 신학을 일점일획도 오류가 없는 계시적 말씀으로 환원하는 사람, 칼뱅의 교리를 성경과 전통의 경계를 넘어선 자기기만적 교조주의로 격하하는 사람은 모두 칼뱅의 단면에만 집착하는 것이라 할 수 있다. 이들은 모두 고든의 평전을 읽으며 우리 모두가 얼마나 단편에 집착하기 쉬운 존재인지 반성해야 한다. 고든은 숲을 볼 뿐 아니라 나무까지 본다는 것이 무엇인지, 숲 안에 있는 각 나무의 개별적 특징뿐 아니라, 그 나무가 다른 생명체들과 유기적으로 맺는 관계가 얼마나 다채로울 수 있는지 알려 준다.

결국 한 '인간'은 극도로 복잡한 존재다. 오늘을 살아가는 나 한 사람에 대해서도 주변의 평가가 얼마나 다양할 수 있는지 인생 경험이 쌓이면서 점점 더 분명히 알게 된다. 하물며 500년 전 인물, 그 기간 동안 전 세계적으로 엄청난 영향력을 끼치며 자기 이름이 붙인 '주의'와 '신학'과 '파'를 탄생시킨 인물, 그동안의 평가가 극단적으로 상반될 만큼 모순적 면모를 지닌 인물에 대한 평전을 쓴다는 것이 얼마나 위험천만한 모험이겠는가? 고든은 이 숲과 나무의 면모 중 어느 하나도 빠뜨리지 않고 다루려고 노력하면서, 과도하게 한쪽으로 기울어지지 않은 또 하나의 칼뱅 상을 만들어 내는 자기 과업을 완수했다. 그 과업이 성공적인지 아닌지에 대한 평가는 독자의 몫이다.

2018년 종교개혁 기념일
이재근

옮긴이 이재근은 아세아연합신학대학교 신학과를 졸업(B.Th.)하고 합동신학대학원 대학교에서 목회학 석사(M.Div.)를 받았다. 이후 아세아연합신학대학교에서 신학 석사(Th.M.), 미국 보스턴 대학(Boston University)에서 신학 석사(S.T.M.)를 거쳐, 스코틀랜드 에든버러 대학(The University of Edinburgh)에서 세계기독교연구소장(Centre for the Study of World Christianity) 브라이언 스탠리(Brian Stanley)를 사사하여 철학 박사(Ph.D.) 학위를 받았다. 교회사의 전 영역과 시기, 선교학의 다양한 주제에 관심을 가지고 연구하지만, 특히 한국 교회사와 선교 역사, 동아시아 기독교 역사, 종교개혁사, 미국 기독교사, 세계 기독교학에 집중한다. 현재 웨스트민스터신학대학원대학교 소속으로 선교학을 가르치면서, 합동신학대학원대학교, 국제신학대학원대학교 등에서도 교회사와 선교학을 가르친다. 광교산울교회 협동 목사다. 저서로는 『세계 복음주의 지형도』(복있는 사람), 『종교개혁과 정치』(SFC출판부), 『종교개혁과 평신도의 재발견』(공저, IVP)이 있으며, 옮긴 책으로는 『근현대 세계 기독교 부흥』『복음주의 세계 확산』『복음주의 확장』『종교 개혁은 끝났는가?』(이상 CLC) 등이 있다.

칼뱅

초판 발행_ 2018년 12월 10일

지은이_ 브루스 고든
옮긴이_ 이재근
펴낸이_ 신현기

펴낸곳_ 한국기독학생회출판부
등록번호_ 제313-2001-198호(1978.6.1)
주소_ 04031 서울시 마포구 동교로 156-10
대표 전화_ (02)337-2257 팩스_ (02)337-2258
영업 전화_ (02)338-2282 팩스_ 080-915-1515
홈페이지_ http://www.ivp.co.kr 이메일_ ivp@ivp.co.kr
ISBN 978-89-328-1602-9
ISBN 978-89-328-1603-6 (세트)

ⓒ 한국기독학생회출판부 2018

책값은 뒤표지에 있습니다.
무단 전재와 복제를 금합니다.